Gleichgewicht – Revision – Restauration

Gleichgewicht – Revision – Restauration

Die Außenpolitik der Ersten Tschechoslowakischen Republik im Europasystem der Pariser Vororteverträge

Herausgegeben von

KARL BOSL

Vorträge der Tagungen des Collegium Carolinum
in Bad Wiessee am Tegernsee
vom 27. bis 30. November 1975 und vom 22. bis 25. April 1976

R. OLDENBOURG VERLAG MÜNCHEN WIEN 1976

CIP-Kurztitelaufnahme der Deutschen Bibliothek

Gleichgewicht, Revision, Restauration: d. Außenpolitik d. 1. Tschechoslowak. Republik im Europasystem d. Pariser Vororteverträge; Vortr. d. Tagungen d. Collegium Carolinum in Bad Wiessee vom 27.—30. November 1975 u. vom 22.—25. April 1976 / hrsg. von Karl Bosl. — 1. Aufl. — München, Wien: Oldenbourg, 1976.
ISBN 3-486-44521-9
NE: Bosl, Karl [Hrsg.]; Collegium Carolinum ⟨München⟩

Redaktion: Dr. Eila Hassenpflug, Thierschstraße 11—17, 8000 München 22

Satz, Druck und Einband: Verlagsdruckerei Michael Laßleben, 8411 Kallmünz

Umschlag- und Einbandgestaltung: Gerhard M. Hotop, München

ISBN 3-486-44521-9

INHALT

Karl Bosl

GRUNDELEMENTE UND GRUNDFRAGEN DER AUSSENPOLITIK DER ERSTEN TSCHECHOSLOWAKISCHEN REPUBLIK

Statt eines Vorwortes oder einer längeren Einleitung seien hier Überlegungen und Gedanken vorgetragen, die das Collegium Carolinum veranlaßten, im Herbst 1975 und im Frühjahr 1976 einen immer dichter werdenden Kreis von Historikern und Politikern nach Wiessee zu Vorträgen und Gesprächen über die Außenpolitik der Ersten Tschechoslowakischen Republik einzuladen. Der internationalen Gruppe von Experten, die sich alle in irgend einer Form, sei es in gelehrter Bemühung, sei es in praktischer Politik, mit Detailfragen der Ersten Republik befaßt hatten, wie auch dem Institut war klar, daß man die Vorträge der beiden Konferenzen zwar als einen geschlossenen Band herausbringen sollte, daß man sich dabei aber bewußt sein müßte, daß man damit weder ein handbuchartiges historisch-diplomatisches Nachschlagewerk oder eine Monographie ersetzen oder vorwegnehmen, sondern nur einen Überblick über allgemeine und detaillierte Probleme der tschechoslowakischen Außenpolitik in der Zwischenkriegszeit bieten könnte, der nützlich zu sein und Anregungen zu geben vermöchte. Das Ziel dieser Veröffentlichung konnte schon darum nur bescheiden eine Bestandsaufnahme der außenpolitischen Daten, Fakten, Voraussetzungen, Ziele, Wandlungen und Ergebnisse anstreben, weil es heute schwierig geworden ist, an die Quellen heranzukommen, also den Wissensstand zu erweitern, den Kenntnisstand zu überprüfen und aus dem Fluß internationaler Forschung, vor allem tschechoslowakischer Eigenbemühung, Gewinn zu ziehen.

Die Frage der Quellen und der Belege tritt immer drängender in den Vordergrund, wenn man sich nicht ständig nur im eigenen Kreise drehen will. Der Amerikaner Campbell, einer unserer Referenten, hat aber in seinem Buche „Confrontation in Central Europe" gezeigt, daß es auch in der gegenwärtigen Situation möglich ist, zu neuen oder detaillierten Ergebnissen zu gelangen, wenn man die Archive der Einzelstaaten aufarbeitet, die mit der ČSR in diplomatischen Beziehungen standen und sowohl Partner wie Objekt ihrer Außenpolitik waren. Tröstlicherweise gibt es auch zahlreiche internationale Aktenpublikationen zu diesem Thema und außerdem konnten zahlreiche tschechische und nichttschechische Historiker, Journalisten, Politiker auch aus den Prager Archiven in den Zeiten vor der Sperre schöpfen; ihre Veröffentlichungen gewinnen damit eine Art Quellenwert. Die Frage nach den Quellen ist darum so intensiv, weil unser Interesse an der ČSR der Zwischenkriegszeit, ihrer inneren (gesellschaftlich-wirtschaftlich-politisch) Struktur wie ihrer außenpolitischen Situation und Aktivität nicht antiquarisch, sondern wissenschaftlich und politisch darum aktuell ist, weil man beim Studium der europäischen Entwicklung und Politik im 20. Jahrhundert auf Schritt und Tritt auf die ČSR stößt (als Modell, als Motor, als Objekt) und dieser Kenntnis auch für ein Verständnis der mitteleuropäisch-deutschen Politik nicht entraten kann. Der sooft inkriminierte Revanchismus und Revisionismus verbietet sich anders als nach 1918 schon auf Grund der nationalen und internationalen Realitäten von heute. Daß aber eine deutsche Außenpolitik wie eine deutsche Zeitgeschichte heute auch die Entwicklung der ČSR in der Zwischenkriegszeit kennen muß, braucht nicht bewiesen zu werden. Der Abbau von Barrieren, Mißverständnissen, Ideologien, Frustrationen ist eine Aufgabe der politischen Vernunft.

Als Methode für die Behandlung unseres Themas bot sich nicht eine Diskussion der Voraussetzungen, Ziele, Methoden, Kriterien der tschechoslowakischen Außenpolitik, sondern eine detaillierte Analyse der außenpolitischen Beziehungen der ČSR zu den einzelnen Ländern an. Das kam nicht nur den Detailstudien und Einzelforschungen unserer Referenten entgegen, sondern auch der derzeitigen Quellenlage und dem Erfordernis, aus dem Quellen- und Kenntnisstand der Einzelländer das Material für ein Gesamturteil über die Außenpolitik des konkreten Staates ČSR zusammenzutragen. Ich hoffe, daß das im Buch vorgelegte Ergebnis sich als lohnend und ergiebig erweist.

Wenn auch die außenpolitischen Beziehungen eines Staates durch unpersönliche Faktoren wie Geographie, Bevölkerung, Wirtschaft sowie durch die Zwänge vorausgehender Ereignisse und Entwicklungen wie Kriege, Verträge, Bündnissysteme, durch Ideologien und Mentalitäten vorgeprägt sind, üben doch Staatsmänner und auch Diplomaten einen entscheidenden Einfluß aus. Ihre Erfahrung aber ist wiederum durch Zeit und Zeitstruktur, in der sie leben, ihre politische Orientierung ist gesteuert von Ideologien, die auch die Entscheidung im Einzelfall beeinflussen. Je geringer und kürzer die Erfahrung, umso ideologischer und idealistischer fällt die Politik aus. Erzväter und Baumeister der Ersten Tschechoslowakischen Republik sind in besonders ausgeprägtem Maße zwei Männer, der Philosophie- und Soziologieprofessor Th. G. Masaryk und der Politiker Dr. Edvard Beneš, letzterer über lange Zeit der verantwortliche Außenpolitiker der jungen Republik, eines Kleinstaates. Das ungestörte Zusammenwirken dieser beiden in Mentalität und Werdegang so verschiedenen Charaktere hat dem Staate eine erfolgreiche und eine staunenswert kontinuierliche Entwicklung über fast zwei Jahrzehnte gesichert. Diese Zusammenarbeit gründete in gleichen Grundauffassungen über Politik, Demokratie und Völkerleben. Die Ergebnisse der beiden letzten Tagungsbände des Collegium Carolinum über den „Burgkreis" haben deutlich gemacht, wie stark die Autorität des Gründerpräsidenten und die loyalen Dienste einer neuen Führungsschicht die Einheit im Innern des Staates gegen die Interessen der Gruppen und Nationalitäten absicherten und dabei dem Grundkonzept und den Prinzipien Geltung verschafften, deren Theorie Beneš in politische Praxis umsetzte. Was dem Juniorpartner an politischem Charisma ermangelte, das dem alten Philosophen eignete, ersetzte er durch überlegene Aktivität, Klugheit und Raffinement; doch zeichnete beide ein moralisches Sendungsbewußtsein aus, das Masaryk besser stand als Beneš; des letzteren „Vermittlungsdiplomatie" in der ersten Nachkriegszeit zielte auf die Durchsetzung der demokratischen Staats- und Lebensform im innerstaatlichen wie internationalen Raum ab. In den Augen der westlichen Welt genoß darum die ČSR den Ruf eines Musterlandes der Demokratie in Ostmitteleuropa. Seinen „idealistischen Realismus" formulierte Beneš 1924 mit den Worten: „Wir wissen, daß es zwischen den Völkern Gegensätze der Interessen und Anschauungen gibt und geben wird, aber wir wünschen, daß sie auf demokratische Weise gelöst werden, d. h. durch Übereinkommen und Widerstreit der Gedanken, der Argumente, des Verstandes und überhaupt durch Methoden, die dem Geist der Humanität entspringen *. Das eigentliche Forum und Wirkungsfeld dieses höchst agilen Außenministers war der Genfer Völkerbund. Aus Enttäuschungen und Krisen gewann er allerdings hier auch die Erfahrung, daß Großmachtinteressen stärker waren als Appelle und Hoffnungen kleiner Staaten; das sah er bei England, als es Frankreich gegenüber das Garantieversprechen für die ČSR ablehnte, bei Frankreich im Ruhrkonflikt, beim faschistischen Italien, das gegen Frankreich eingestellt war, in der Balkanpolitik.

Die Außenpolitik des Gründerpräsidenten wie seines Außenministers gründete im Verständnis beider für die geographische Mittellage ihres Staates zwischen Ost- und Westeuropa und der daraus resultierenden geschichtlichen Aufgabe der Tschechoslowakischen Republik, die Beneš als Vermittlung zwischen dem Westen und Rußland praktizierte. Sie beide wußten um das wahre, d. h. geringe Gewicht ihres Staates, seine beschränkten natürlichen Hilfsquellen, die Gefahren seiner geographischen Lage, den Mangel an Tradition im Konzert der europäischen Mächte, um das durch die Minderheiten stets labile Gleichgewicht im Innern, um die geistigen Spannungen zwischen slawischer Zugehörigkeit und westlicher Orientierung. Diese Tatsachen bestimmten das außenpolitische Konzept der beiden Staatsmänner und empfahlen ihnen eine eigene Methode. Die tschechoslowakische Außenpolitik mußte grundlegend defensiv bleiben und die Erhaltung des Status quo als ihr Hauptziel immer im Auge behalten; dies umsomehr, als die Konsolidierung des innerstaatlichen Lebens und der Ausgleich seiner Gegensätze ein oberstes Gesetz waren. Beide Politiker hatten aus ihrer erfolgreichen Politik im Exil während des Weltkrieges, die die neue ČSR grundlegte, auch für die Zeit danach die Erfahrung und den Schluß gezogen, daß nur eine aktive Außenpolitik einem Staat wie der ČSR angemessen sein könne. Das Parkett des Genfer Völkerbundes gab Beneš die Möglichkeit, europäische Politik aktiv mitzugestalten und dabei eine persönliche Stellung aufzubauen, deren Gewicht nicht der realen Macht seines Landes entsprach.

Erhaltung und Sicherung des Status quo war oberstes Ziel der ČSR. Aus dem Zerfall der alten Mächte in Mittel- und Osteuropa erwuchs eine Reihe neuer Kleinstaaten, die den Eindruck der „Balkanisierung“ dieser Räume, wie man damals sagte, machte. Die Pariser Vorortsverträge hatten die Auflösung der Habsburger Donaumonarchie endgültig besiegelt und damit den Bestand der selbständigen Nachfolgestaaten gesichert. Niemand dachte mehr daran, sie wieder zu errichten. Der zentrale Rechtsstaat Deutsch-Österreich stellte nur durch die labile Dynamik des Anschlußgedankens an das Reich eine Gefahr für die neue ČSR dar. Anders war es beim Deutschen Reich, das trotz seiner Niederlage und des „Diktates“ von Versailles in weiten Kreisen den Traum einer Großmachtstellung in Europa und der Welt sowie die Hoffnung auf ihre Wiederherstellung nicht aufgegeben hatte. Der augenblickliche oder anfängliche Schwächezustand der beiden Großmächte Rußland und Deutschland hatte nur für einen Augenblick die Befürchtungen gebannt. Deutsch-

---

* Beneš, E.: Problémy nové Evropy a zahraniční politika československá [Die Probleme des neuen Europa und die tschechoslowakische auswärtige Politik]. Projevy a úvahy z r. 1919—1924. Praha 1924, S. 282 (Rede vom 6. Februar 1924).

lands Stellung im Herzen Europas wurde durch die französische Hegemoniepolitik niedergehalten und seine wirtschaftliche und innenpolitische Kraft und Ausgewogenheit schien für längere Zeit gestört, ungeachtet der Tatsache, daß darunter auch andere Staaten, wie selbst die ČSR litten. Die Ruhrbesetzung durch französische und belgische Truppen, die Aufgabe des passiven Widerstandes an der Ruhr durch Deutschland, das Auseinandertreten von England und Frankreich in der Europapolitik sowie der Dissens zwischen dem faschistischen Italien und Frankreich weckten mehr Befürchtungen als zuversichtliche Hoffnungen: all das schlug sich im Selbstverständnis und in den außenpolitischen Zielen der neuen Kleinstaaten Ostmitteleuropas nieder und wurde verstärkt durch den Blick auf Rußland, das durch Revolution und Bürgerkrieg, durch innenpolitische Wirren, Interventionen und Hungersnöte trotz wirksamer kommunistischer Weltpropaganda doch lange als zählbare und entscheidende Macht im Kräftespiel ausschied. Polen und Rumänien widerstanden fürs erste dem Bolschewismus und behaupteten im Frieden von Riga und von Bessarabien ihre neugewonnenen Gebiete.

Als stärkste Stützen der nationalen Existenz der ČSR und der erfolgreichen Wahrung des Status quo boten sich in der damaligen Situation das neue französische Bündnissystem und die Organisation des Genfer Völkerbundes an. Frankreich und England hatten fürs erste die Garantie für das Funktionieren des Vertragssystems von Versailles übernommen. Dabei mußte in Prag Frankreich aber als die verläßlichere, ja verläßlichste Größe europäischer Politik erscheinen, auch wenn es lange zögerte, die Ostgrenze Polens und Rumäniens zu garantieren. Englands weltweite Bindungen und Verbindungen ließen ein intensives Dauerengagement in Einzelfragen kontinentaler Politik nicht zu; darum weigerte es sich auch, die Territorialgewinne der Kleinstaaten nach dem Siege anzuerkennen, darum war es auch zur Intervention Chamberlains 1938 und zum Münchener Abkommen im Interesse des gesamteuropäischen Friedens bereit, darum hat es auch bis heute der tschechischen Version der Interpretation des Münchener Abkommens nicht zugestimmt und darum hörte es sich damals auch die Vorstellungen des deutsch-böhmischen Adels und der Henleinpartei an. England war realistisch genug, den Schwächezustand Rußlands und Deutschlands schon aus wirtschaftlichen Gründen nicht für dauernd zu halten. Seit dem Streit zwischen England und Frankreich auf der Konferenz von Genua 1922 und den Komplikationen des Ruhrkonflikts 1923 wußten Beneš und die ČSR genau, daß ein Versteifen ihrerseits auf eine gemeinsame Entente-Politik zu viele Risiken beinhaltete; deshalb verließ man sich in erster Linie auf Frankreich und seine europäische Hegemoniepolitik, vor allem nach dem Ausscheiden Amerikas aus der europäischen Politik und in realistischer Einschätzung der antifranzösischen Haltung der faschistischen Macht Italiens. Alle Staaten Ostmitteleuropas schlossen mit Frankreich bilaterale Verträge. Ihre Einbindung in das Versailler Friedens- und in das französische Hegemonialsystem aber bedurfte der Ergänzung und Sicherung durch regionale Abkommen. Diese Funktion erfüllte die Kleine Entente, in der sich ČSR, Rumänien und Jugoslawien mit dem Ziel der Abwehr des ungarischen Revisionismus zusammentaten. Wegen der Prager Angst einer Verwicklung in den russisch-polnischen Grenzstreit und wegen der Ablehnung des Führungsanspruchs des westslawischen Nachbarn blieb Polen aus der Kleinen Entente ausgeschlossen. Mit Ausnahme Rumäniens aber lag Polen mit allen Anrainerstaaten in offenem Grenzstreit, was seinen Bündniswert auch für Frankreich herabsetzte.

Die trotz aller Bindungen in Bündnissysteme ungesicherte Lage der ČSR zwang die tschechoslowakischen Staatsmänner, in erster Linie Beneš, die Chance des Genfer Völkerbundes mit vollem Herzen zu ergreifen. Hier konnte man seine Interessen und Anliegen den anderen, vorab den Großen, verständlich machen und präventiv schon die auftauchenden Schwierigkeiten im Keime ersticken oder mindestens abschwächen. Beneš konnte sich zudem eine angesehene Stellung schaffen, die ihm Zugang zu vielen Gesprächen, Problemen und Arcana der Politik eröffnete, deren Kenntnis ihm sonst verschlossen oder nur mühsam erreichbar gewesen wäre. Der Völkerbund konnte freilich seine Chance nicht realisieren, ein internationales Parlament zu werden, in dem die neugegründeten Demokratien vor allem von einem außenpolitischen Interessenausgleich profitieren konnten, wenn es gelang, den im Prinzip internationaler Konfliktregelung vorgegebenen Weg zu beschreiten. Der Völkerbund eröffnete kleinen Staaten wie der mit Frankreich verbündeten tschechoslowakischen Republik aber noch eine weitere Chance. Weil die Macht Frankreichs erdrückend werden konnte, da es die staatliche Integrität dieser Staaten garantierte, war das Forum deswegen wertvoll und wichtig, weil es der ČSR zugleich eine gewisse Distanznahme erlaubte. Gerade weil der Entstehungsmodus, die aktuelle Sicherung der staatlichen Existenz und die Garantie der neuen Grenzen die tschechoslowakische Republik auf Gedeih und Verderb an die europäische Großmacht Frankreich banden und zwangen, war der kleine Freiraum für eigene politische Entscheidungen dringend nötig, den das Engagement im Völkerbund offen ließ. Aus der Deutschlandpolitik und dem französisch-italienischen Gegensatz im Donauraum aber ergaben sich Interessengegensätze mit Frankreich, die vom Bundesgenossen und der Schutzmacht unabhängige Entscheidungen der tschechoslowakischen Außenpolitik unabdingbar machten. Ein wirtschaftlicher Aufstieg Deutschlands und Österreichs lag ganz im Interesse der ČSR, die aber andererseits die politischen Forderungen einer erstarkenden deutschen Großmacht, die im Anschluß Österreichs und in der Lösung der Minderheitenfragen zunächst gipfelten, energisch zurückweisen mußte, wollte sie überleben. Beides verbot eine völlige Angleichung an Frankreich und legte ein Zusammengehen der westlichen Alliierten dringend nahe. Das letztere erhöhte den allgemeinen Machtzuwachs der gemeinsamen Verbündeten und hielt Frankreichs egoistische Politik in Schach. Ein System kollektiver Sicherheit hatte im tschechoslowakischen Kalkül immer den Vorzug vor einer einseitigen Bindung an Frankreich, wie auch die Erhaltung der „Großen Entente" über alle Meinungsverschiedenheiten hinweg und eine Politik der Vernunft mit Deutschland die unabdingbare Voraussetzung eines Dauererfolgs dieser demokratischen Staatsgründung waren.

Wahrung nationaler Interessen und deren Ausgleich mit den Zielen der unmittelbaren Nachbarn, Garantien der staatlichen Integrität und der außenpolitischen Stellung durch eine solide Großmacht, schließlich genügende Bewegungsfreiheit für eine autonome Politik waren die drei Grundfragen und Grundelemente der tschechoslowakischen Außenpolitik in der Zwischenkriegszeit. Weil aber Sicherheit und Selbständigkeit gerade für kleinere Staaten selten auszugleichen und zu verwirklichen sind, die Voraussetzungen dafür sich in den dreißiger Jahren zusehends verschlechterten, darum erforderte Außenpolitik höchste Aufmerksamkeit und alle Energien, darum wurde sie je länger desto mehr zu einer gefährlichen Gratwanderung, deren wichtigstes Werkzeug Vermittlungsdiplomatie war, für die persönliches Prestige eines noch so fähigen Außenministers ohne reale Macht nicht ausreichte. Weil die ČSR letztlich auf Gedeih oder Verderb von der französischen Unterstützung abhängig war und blieb und weil sie Annäherung und Abstoßung der europäischen Großmächte England, Frankreich, Italien, Sowjetunion, Deutschland weder beeinflussen noch davon profitieren konnte, darum blieb sie in entscheidenden Situationen auf sich selbst gestellt, d. h. isoliert. Solange das Pariser Friedenssystem und die französische Hegemonialpolitik leidlich funktionierten, war Beneš im ganzen erfolgreich. Es scheiterte nicht sein außenpolitisches Konzept, das die unverrückbaren Gegebenheiten seines Staates zum Vorwurf nahm, es änderten sich die Voraussetzungen in seiner nächsten Nachbarschaft, es verwandelte sich das politische, militärische und wirtschaftliche Potential Rußlands und Deutschlands, es scheiterte der Völkerbund (eine der drei Grundprämissen) am Egoismus der Großmächte und die Basis der Kleinen Entente war zu schwach und zu negativ. In der gegebenen Situation war Schaukelpolitik (neben Vermittlungspolitik) der einzige Weg tschechischer Außenpolitik. Es fehlten Kraft und Einsicht zur großen Entscheidung nach einer Seite. Doch erhebt sich hier die berechtigte Frage, wohin die Entscheidung hätte fallen sollen. Deutschland kam aus vielerlei Gründen nicht in Frage, ein endgültiger Anschluß an Frankreich war zu riskant. Die Rivalitäten und die Last der Geschichte verboten die wahrscheinlich vernünftigste Verbindung mit Polen und eine Verankerung in der alten Wirtschaftseinheit des Donauraums verbot sich deshalb, weil man aus der Habsburger Donaumonarchie eben erst ausgestiegen war (Habsburgerkomplex).

Natürlich darf man die Zusammenhänge zwischen Innen- und Außenpolitik nicht übersehen, die in vielfacher Weise Abstand und Nähe zwischen und zum demokratischen Volk bestimmt haben. Der Versuch, ein demokratisches Bild von Mitteleuropa zu entwerfen und durchzusetzen ist an zu vielen Voraussetzungen gescheitert und die einseitige Betonung des antirevisionistischen Standpunkts auch im Innern hat dann doch eine lebendige aktive Außenpolitik behindert und verhindert. Der französische Gesandte in Prag berichtete 1927 an Briand, daß sich bestimmte sudetendeutsche Kräfte der Regierung nähern und mit den herrschenden tschechischen politischen Kreisen arrangieren wollten, daß sie aber in der Außenpolitik überhaupt keinen Einfluß hätten und keinen erringen könnten, solange Masaryk und Beneš das Ruder führten. Die perfekte Zusammenarbeit zwischen dem Präsidenten und seinem Außenminister entfremdete sie zu einem guten Teil dem parlamentarischen Leben und den gesellschaftlichen Kräften auf die Dauer. Man muß deshalb gründlich untersuchen, inwieweit die tschechische Außenpolitik von damals den politischen und wirtschaftlichen Interessen und Kräften des Landes entsprach; jedenfalls wuchsen stetig die Verständigungs- und Koordinationsschwierigkeiten. Diese Probleme der strukturellen Schwierigkeiten wirtschaftlicher, gesellschaftlicher, politischer Art sind nie recht in Angriff genommen und ein Übergang vom Agrar- zum Industriestaat nie ausbalanciert, geschweige denn gelöst worden. Das zeigen gerade die Probleme der sudetendeutschen (Leicht-) Industrie, die stark auf den Konsumgüterbereich konzentriert, an mangelnden Investitionen litt. Ich würde hier nicht von Schuld sprechen, da es sich um eine allgemeine Weltwirtschaftskrise handelte, aber man kann sich des Eindrucks nicht erwehren, daß die Losgelöstheit der Außenpolitik Edvard Benešs von den innenpolitischen Entwicklungen, ja der Versuch, beide Bereiche getrennt zu halten, dem Staate letztlich mehr schadete, als alle Beteiligungen an Konferenzen, Absprachen, Bündnissen, Systemen einbringen konnten, die am Schlusse doch in tote Geleise einmündeten. Beneš hat es schon gemerkt, daß seine Aktivitäten am stärksten durch die Wirtschaftspolitik der Kleinen Entente beeinträchtigt wurden. In der Außenwirtschaftspolitik hat Beneš über anderen Dingen, die ihm vordringlicher waren, eine Reihe von Chancen verpaßt; und dies wirft über alles Schicksaldenken hinaus doch die berechtigte Frage auf, welche Konzessionen an potentielle Freunde und Verbündete möglich waren, um das Disaster am Ende rechtzeitig auszuschließen; solche Konzessionen waren an Polen, Rumänien, Jugoslawien, Deutschland (das demokratische) möglich. Trotzdem bleibt die fatalistische Frage, ob die Rettung der ČSR nicht schon vor 1918/1919 hätte beginnen müssen; dabei aber fällt unser Blick unweigerlich auf die Großmachtstruktur des damaligen Europa und seine extreme Labilität, die diesen jungen Staat von Anfang an gefährdete. Ripka spricht von einem rechtzeitig durchgeführten Vasallenstatus. Im Gegensatz zu Beneš, der eine Konzentration der tschechoslowakischen Politik auf den mitteleuropäischen Raum ablehnte und deshalb in der Innenpolitik die Konfrontation mit den Agrariern und Nationaldemokraten in Kauf nahm, der darum auch die Konzeption Hodžas ablehnte, neigte Masaryk in seinen letzten Jahren der Ansicht zu, daß man sich ohne Rücksicht auf auswärtige Verbündete doch in Mitteleuropa hätte entscheidend arrangieren müssen, um die Zukunft der ČSR zu lösen und zu retten. Wenn beide als ein Hauptziel ihrer „Revolution" und ihrer „Demokratie" die Abschaffung der Monarchie verstanden, dann war mit dem Sturz der Habsburger Monarchie und der Hohenzollerndynastie doch eine wesentliche Voraussetzung ihrer Politik geschaffen, das revolutionäre demokratische Europa zusammen mit den im Verständnis Masaryks und Benešs noch im 20. Jahrhundert revolutionären Vereinigten Staaten von Amerika und der revolutionären und demokratischen Sowjetunion. Daraus aber hätte sich im Rahmen des Völkerbundes eine automatische Friedensentwicklung einleiten lassen müssen.

Ich hoffe, man empfindet den Vergleich mit der bayerischen Geschichte des 17. und 18. Jahrhunderts — unser Tagungsort Wiessee liegt in dem schönen bayerischen Tegernseer Tal — nicht als zu weit hergeholt und anachronistisch, mit dem ich meine Vorbemerkungen schließen möchte. Ob daraus eine historische Gesetzmäßigkeit abzuleiten wäre, lasse ich dahingestellt. Jedenfalls ist im 250. Todesjahr des bayerischen Kurfürsten Max Emanuel, dem eine Ausstellung in dem von ihm erbauten Schloße Schleißheim gewidmet wurde, eine lebhaftere Diskussion über absolutistische Barockpolitik aufgeflackert. Kurfürst Maximilian I. hatte zunächst im Bunde mit dem habsburgischen Kaiserhaus in Verbindung mit der Konfessionsfrage und dem Ständeaufstand in Prag eine europäische Großmachtpolitik begonnen, die ihm den Kurhut und das Eisenerzland der Oberpfalz einbrachte, ihn dann aber auch an die Grenzen einer solchen Politik hart erinnerte, als er sein Land den verheerenden Schwedeneinfällen aussetzte, weil er gegen seinen mächtigen Nachbarn Österreich und die casa de Austria ein Bündnis mit dem fernen Frankreich, das zur Hegemonie strebte, eingehen wollte, das ihm das pfälzische Kurland am Rhein bringen sollte. Er, wie sein Enkel Max Emanuel, haben damit die Kräfte ihres Landes überspannt, es einer harten und schrecklichen fremden Besatzung ausgesetzt und Max Emanuel hat ihm vor allem Schulden hinterlassen, die Bayern fast hundert Jahre lang am Abgrund des Bankrotts siechen ließen. Die Hegemoniepolitik Frankreichs im 17. und 18. Jahrhundert, die im Zeichen Ludwigs XIV. stand, war ein Element der Labilität und Instabilität, dem damals die spanischen Habsburger ihr Konzept der pax Hispanica für die Ordnung Europas entgegensetzten. Diese Labilität bekam der kleinere und ferne Bundesgenosse, der sich ausblutete, dann zu spüren, wenn der unmittelbare Nachbar, die Großmacht Habsburg, das hegemoniehungrige Frankreich im Bunde mit den anderen europäischen Mächten im Zeichen des Gleichgewichts der Kräfte besiegte. Man muß Bayern vorwerfen, daß es um des unbegründeten Traums von einer kleinen Großmacht willen keine Realpolitik betrieb, die es an die Seite der Kaisermacht und der anderen deutschen Territorien geführt hätte.

Die im Buch zusammengefaßten Referate wollten nicht nur die Außenpolitik der Zwischenkriegs-ČSR an Hand der Beziehungen zu den einzelnen Ländern Europas analysieren, sondern gewährten auch Einblick in das Europa zwischen 1918 und 1938/39. Es war politisch geprägt durch das Friedenssystem der Verträge von Versailles, Saint Germain und Trianon und durch dessen vielfache Weichenstellungen und Geleise, die schwer intakt zu halten waren. Wo diese nicht funktionierten, konnten sich die revisionistischen wie die dynamischen Kräfte einen Weg bahnen und das System sprengen. Am Ende der Bahn steht der zweite Weltkrieg, der nicht nur die tschechoslowakische Republik, sondern ganz Europa, auch England und Frankreich, vollends aus den Angeln gehoben hat. Als Mitglied des Warschauer Paktsystems und des Comecon hat die heutige ČSSR Vasallenstatus; das bedeutet konzentrische Integration in einen ostmitteleuropäischen Staatenblock, der einseitig und eindeutig orientiert ist und jeden Einzelgang und jede westliche Abweichung ausschließt. Was Masaryk in seinen letzten Jahren als Weg und Ziel einer tschechoslowakischen Außenpolitik erkannte, ist in Erfüllung gegangen, allerdings mit anderem Vorzeichen und unter anderen Voraussetzungen, als er es meinte.

Einige einschlägige Literatur:

A l e x a n d e r , M.: Der deutsch-tschechoslowakische Schiedsvertrag von 1925 im Rahmen der Locarno-Verträge. München/Wien 1970 (Veröff. des Coll. Carol. 24); D e r s.: Das Scheitern von Benešs Vermittlungsdiplomatie im Frühjahr 1924. BohJb 17 (1976); D e r s.: Die Tschechoslowakei u. d. Probleme der Ruhrbesetzung 1923. BohJb 12 (1971) 297—336.

B e n e š , E.: Der Aufstand der Nationen. Der Weltkrieg und die tschechoslowakische Revolution. Berlin 1928; D e r s.: Boj o mir a bezpečnost státu. Československá zahraniční politika v projevech ministra Dra Ed. Beneše 1924—1933 [Der Kampf um Frieden und Sicherheit des Staates. Die tschechoslowakische Außenpolitik in Äußerungen des Ministers Dr. Ed. Beneš 1924—1933]. Prag 1934.

Beiträge zum deutsch-tschechischen Verhältnis im 19. und 20. Jhdt. Vortr. d. wiss. Tagungen des Coll. Carol. in Nürnberg und Salzburg v. 6.—8. Nov.1964. München 1967 (Veröff. des Coll. Carol. 19).

Die „Burg". Einflußreiche politische Kräfte um Masaryk und Beneš. Hrsg. von K. Bosl. 2 Bde. München 1973, 1974. [Mitarbeiter: Bachstein, Bosl, Firt, Glassl, Kuhn, Lemberg, Lipscher, Prinz, Seibt, Zeissner, Alexander, Hoensch, Huber, Kostrba-Skalicky, Slapnicka, Stölzl, Wessely].

Břach, R.: To the origins and the beginnings of Czechoslovak foreign Policy. In: Problems of contemporary history. Prague 1968, S. 1—55.

Čelovsky, B.: Das Münchener Abkommen von 1938. Stutgart 1958.

Černý, B.: Wirtschaftliche Voraussetzungen der tschechoslowakischen Politik zwischen den Weltkriegen. Historica 11 (Prag 1965) 177—215.

Gajanová, A.: La politique extérieure tchécoslovaque et la „question russe" à la Conférence de Genève. Historica 8 (1964) 135—176; Dies.: ČSR a středoevropská politika velmocí 1918—1938 [Die ČSR und die Mitteleuropa-Politik der Großmächte 1918—1938]. Prag 1967; Dies.: Entstehung und Entwicklung der internationalen Beziehungen der ČSR. In: Die Entstehung der tschechoslowakischen Republik und ihre international-politische Stellung. Zum 50jähr. Gründungsjubiläum der ČSR. Prag 1968, S. 135—161 (Acta Universitatis Carolinae. Philosophica et Historica 1968, 2/3).

Německý imperialismus proti ČSR 1918—1939 [Der deutsche Imperialismus gegen die ČSR 1918—1939]. Hrsg. von K. Gajan. Prag 1962; Ders.: Die ČSR und die deutsche Frage (1918—1925). In: Die Entstehung der tschechoslovakischen Republik 183—208.

Hoensch, J. K.: Die „Burg" und das außenpolitische Kalkül. In: Die „Burg". Bd. 2. München 1974, S. 31—57.

Lukacs, J. A.: The Greatpowers and Eastern Europe 1917—1952. New York 1953.

Machovec, M.: Thomas G. Masaryk. Graz-Wien-Köln 1969.

Masaryk, Th. G.: Die Weltrevolution. Erinnerungen und Betrachtungen 1914—1918. Berlin 1925.

Olivová, V.: Die russische Linie der tschechoslowakischen Außenpolitik 1918—1938. In: Die Entstehung der tschechoslowakischen Republik 163—182; Dies. u. Kvaček, R.: Československo-polske oztahy v letech 1918—1939 [Tschechoslowakisch-polnische Beziehungen 1918—1939]. Sbornik z dějin čs. polských vztahy [Sammelband Aus der Gesch. d. tschechisch-polnischen Beziehungen]. Prag 1963.

Renouvin, P.: Historie des relations internationales. Paris 1958 ff.

Rhode, G.: Die Tschechoslowakei von 1918 bis 1939. Aus Politik u. Zeitgeschichte. Beil. z. „Das Parlament" 348 u. 49 (1962) 605—639.

Reichert, G.: Das Scheitern der Kleinen Entente. Internationale Beziehungen im Donauraum von 1933 bis 1938. München 1971.

Sergecona-Jazkova, A.: Malaja Antanna v evropejskoj politike 1918—1925 [Die Kleine Entente in der europäischen Politik]. Moskau 1974.

Strauss, E.: Tschechoslowakische Außenpolitik. Eine geschichtliche Einführung. Prag 1936.

Vondracek, F. J.: The foreign policy of Czechoslovakia 1918—1935. New York 1937.

Wandycz, P.: France and her eastern allies. French-Czechoslovak-Polish relations from the Paris Peace-Conference to Locarno. Minneapolis 1962.

Walters, F. P.: A history of the League of Nations. 2 Bde. London 1952.

Wierer, B.: Die Voraussetzungen für die Außenpolitik der Ersten Tschechoslowakischen Republik. BohJb 5 (1964) 313—333.

Ladislav Lipscher

DIE GESTALTUNG DER AUSSENPOLITIK UND DIE INNENPOLITISCHEN REALITÄTEN

Die Zielsetzung der einzelnen Referate der beiden Tagungen ist sinn- und inhaltsmäßig den partiellen außenpolitischen Beziehungen gewidmet. Eine bedeutende Frage, nämlich die des Hintergrunds, konkreter ausgedrückt, die der staatsrechtlich-philosophischen Grundlagen, Prinzipien, Voraussetzungen und Methoden, auf denen sich die tschechoslowakische Außenpolitik entfaltete, kann selbstverständlich nicht zusammenhängend behandelt werden. Anschließend werden die, in allgemeinen Umrissen gehaltenen, Wechselbeziehungen zwischen der Außen- und Innenpolitik sowie einige der bedeutendsten innenpolitischen Realitäten gestreift.

Den Verfassungsbestimmungen nach nehmen unter den verantwortlichen Gestaltern der Außenpolitik der Staatspräsident und der Außenminister eine führende Rolle ein. Der Staatspräsident übt die Funktion des völkerrechtlichen Repräsentationsorgans aus (§ 64, Abs. 1, Z. 1 der VU). Der Chef des auswärtigen Ressorts ist ein den anderen Kollegen gleichgestelltes Regierungsmitglied. Die auswärtige Politik gehört zu den Regierungsgeschäften eminent politischer Natur. In diesen Fällen hat die Regierung grundsätzlich als kollegiales Organ zu entscheiden (§ 81, Abs. b der VU).

Die wirklichen machtpolitischen Verhältnisse haben dazu geführt, daß diese Bestimmungen die äußere legale Grundlage hergaben, die den ohnehin großen politischen Einfluß von Masaryk und Beneš in diesem Bereich der Staatspolitik bekräftigten[1]. Das lag einfach daran, daß keiner ihrer politischen Gegenspieler über so umfangreiche Verbindungen, nicht nur zu Politikern, verfügte und ein so hohes Ansehen vor allem außerhalb der Staatsgrenzen genoß[2]. Im Gegensatz zu

---

[1] Vgl. Die „Burg". Einflußreiche politische Kräfte um Masaryk und Beneš. Hrsg. von K. B o s l. 2 Bde. München-Wien 1973, 1974.

[2] Einige Beispiele: Auf seiner Durchfahrt nach Europa mußte Masaryk seine Reise in Tokio unterbrechen. Auf Anregung des dortigen amerikanischen Gesandten verfaßte er für Präsident Wilson das Memorandum vom 10. 4. 1918 über die Lage Rußlands und des Bolschewismus. M a s a r y k , T. G.: Die Weltrevolution. Erinnerungen und Betrachtungen 1914—1918. Berlin 1925, S. 212—216.
Mehrere Presseagenturen und Zeitungen, namentlich The New York World, International New Service, Universal Service u. a. ersuchten Masaryk, eine Erklärung über die Bedeutung der Washingtoner Abrüstungskonferenz, die am 12. 11. 1921 begann, abzugeben. Im tschechischen Wortlaut veröffentlicht in: M a s a r y k , T. G.: Cesta demokracie. Soubor projevů za republiky [Der Weg der Demokratie. Sammlung der Reden in der Zeit der Republik]. Bd. 2. Prag 1934, S. 185—189.
Auf von verschiedenen Seiten geäußerte Anliegen hin erarbeitete Masaryk das Memorandum vom 10. 2. 1922 unter dem Titel „Hilfe Europas und Amerikas an Rußland", das den alliierten Regierungen vertraulich zugesandt wurde. E b e n d a 231—249.
Sehr häufig unterhielten sich namhafte ausländische Journalisten mit Masaryk über aktuelle und brisante Probleme der Weltpolitik. Teilweise veröffentlicht in Cesta demokracie, Bd. 1—2.

den übrigen Nachfolgestaaten entwickelte sich die tschechoslowakische Außenpolitik kontinuierlich und zeichnete sich stets durch Stabilität aus. Diese Feststellung bezieht sich nicht nur auf ihre Grundeinstellung und Verwirklichung, also auf den sachlichen Bereich, sondern das trifft auch in personeller Hinsicht zu[3]. Daran ändert auch die Tatsache nichts, daß sich im Jahre 1935 bzw. 1936 ein Wechsel in der Person des Staatspräsidenten und Außenministers vollzog. Im Gegensatz zur Innenpolitik, wo Masaryks Vorstellungen und die Interessen der politischen Parteien allmählich auseinandergingen, blieb sein Einfluß auf die Außenpolitik ungeschmälert.

Masaryk war, wie er in seinem bekannten Antrittsvortrag an der School of Slavonic Studies in London am 19. Oktober 1915 bekannte, ein unbedingter Verfechter des Gedankens, daß ohne Heranziehung der Wissenschaft — ihrer Methoden und Erkenntnisse — keine wirkliche und erfolgreiche Staatspolitik denkbar sei[4]. Masaryks Ansichten sind nicht an der Grenze der theoretischen Überlegungen stehengeblieben. Vielmehr zeigte der weitere Verlauf, daß sie zu einem Wegweiser seiner politischen Tätigkeit, namentlich während des Ersten Weltkriegs, wurden. Mit wissenschaftlichen Argumenten bemühte er sich, maßgebende alliierte politische Stellen davon zu überzeugen, daß auch kleine Völker ein Recht und die Möglichkeit haben sollten, ein selbständiges kulturelles und staatliches Leben zu führen. Masaryk verfolgte die gesetzten Ziele mit Beharrlichkeit und unerschütterlichem Willen. Er blieb auch in jener Zeit standhaft bei seiner Überzeugung, als die Alliierten das Selbstbestimmungsrecht der unterdrückten Nationen zwar anerkannten, jedoch die Integrität der Doppelmonarchie zu erhalten wünschten und nur ihre Abhängigkeit vom kaiserlichen Deutschland zu eliminieren versuchten[5].

Beneš wurde zum Generalreferenten in der Abrüstungsfrage berufen. Er war sechsmal Vorsitzender des Völkerbundrates und Präsident der Völkersession, die über Sanktionen gegen Italien, wegen dessen Überfall auf Abessinien, beriet. Unter den vielen ausländischen Ehrungen ist seine Wahl zum Mitglied der Französischen Akademie der moralischen und politischen Wissenschaften hervorzuheben. Mackenzie, C.: Dr. Beneš. Übersetzung aus dem Englischen. Prag 1948, S. 195, 231.

[3] Beneš bekleidete ununterbrochen die Funktion des Außenministers vom 14. 10. 1918 bis 18. 12. 1935.

[4] „. . . Wissenschaft heißt methodisches und exaktes Denken über alles, was im Bereich des menschlichen Lebens sich befindet . . . Das höchste Ziel der Wissenschaft ist das Verständnis der Lebenziele und das Finden der richtigen Mittel zur Verwirklichung . . . Kurz, die wahre Wissenschaft sowohl in moralischer als auch in politischer Hinsicht leitet und härtet den Willen. Der Wille — denn es genügt dem Menschen nicht, zu wünschen und sich vorzustellen, daß er bereits seinen Willen ausübt — der Wille in Moral und Politik setzt klares Sehen, Verständnis und Wissen voraus." Masaryk, T. G.: Das Problem der kleinen Völker in der europäischen Krisis. Autorisierte Übersetzung aus dem Englischen mit einer Einleitung von J. Reichmann. Prag 1922, S. 10—11.

[5] „In einigen Kreisen der Entente", schreibt Masaryk mit einer gewissen Wehmut, „wird die Meinung propagiert, Österreich sei von Deutschland wider seinen Willen zum Kriege getrieben worden und werde sich nach dem Kriege wiederum gegen Deutschland stellen. Wenn Österreich den Slawen nachgibt, wird es ein Verbündeter der Entente werden. Das ist eine irrige Auffassung der geschichtlichen Vorgänge . . ." Masaryk, T. G.: Das neue Europa. Der slawische Standpunkt. Berlin 1922, S. 67.

Der Ausgang des Ersten Weltkriegs bestätigte Masaryk in seinem Realismus, den er als Methode in der Politik anzuwenden suchte. Masaryk und sein engster Mitarbeiter Beneš verstanden unter diesem Begriff die genaue Feststellung der Tatsachen, die die allererste Voraussetzung aller politischen Arbeit sein muß. Masaryks ausgeprägter Wirklichkeitssinn bezeugt auch seine für ihn sicherlich schmerzhafte Erkenntnis, die er im Gespräch der englischen Historikerin Elizabeth Wiskemann anvertraute. Sie vermerkt mit großem Erstaunen: „Er erklärte, daß ein so kleines Land wie das seine kaum mehr erhoffen dürfe, als dann und wann zwei Jahrzehnte der Freiheit[6]."

Beneš, der langjährige Leiter der tschechoslowakischen Außenpolitik, legte seit dem Beginn seiner praktisch-politischen Tätigkeit Wert auf die Feststellung, daß seine politischen Grundüberzeugungen und außenpolitischen Entscheidungen größtenteils wissenschaftlichen Erkenntnissen entsprangen, wenngleich er sich daneben stets bewußt blieb, daß die Politik der Kunst verwandt sei und jeder schöpferische Staatsmann ein Stück Künstlertum in sich trage. Seiner Ansicht folgend, braucht „... die auswärtige Politik vor allem ... feste philosophische Grundlagen, eine feste Weltanschauung, die zu jedem Beginnen ein festes ideelles Programm ... gibt"[7]. Unter dem Begriff eines festen ideellen Programms subsummierte Beneš die Erhaltung des Friedens und der menschlichen Zivilisation, unmittelbar verbunden mit der Existenz der Demokratie. In die konkrete Außenpolitik übertragen verstand er darunter die theoretische Begründung für die Schaffung grundlegender Voraussetzungen für die Rekonstruktion des tschechoslowakischen Staatswesens sowie für die Sicherstellung der staatlichen und nationalen Unabhängigkeit. Das Sterben nach Erhaltung des Friedens betrachtete er geradezu als Substanz der Demokratie[8]. Masaryk faßt die Demokratie als Basis der Beziehungen nicht nur zwischen den einzelnen Individuen, also als innenstaatliche Devise, sondern auch als Plattform der Außenpolitik auf[9]. In der Hierarchie der Werte stand die Demokratie für sie schon vor der Staatsgründung an vorderster Stelle[10].

---

[6] Wiskemann, E.: Erlebtes Europa. Ein politischer Reisebericht 1930 bis 1945. Bern 1969, S. 72.

[7] Beneš, E.: Problémy nové Evropy a zahraniční politika československá [Die Probleme des neuen Europa und die tschechoslowakische auswärtige Politik]. Prag 1924, S. 4.

[8] Strauss, E.: Tschechoslowakische Außenpolitik. Eine geschichtliche Einführung. Prag 1936, S. 78.

[9] Masaryk: Das Problem der kleinen Nationen 28.

[10] Aus dieser Sicht ist auch Masaryks und Benešs Deutung des Ersten Weltkriegs zu verstehen, der für sie im Kampf zweier gegeneinander stehender philosophischer Konzeptionen zu suchen ist. Das tschechische Volk, bedingt durch seine historische Entwicklung, mußte durch seine Konzeption sowie seine geistige und soziale Struktur unausweichlich im Lager Westeuropas stehen, das sich stets für die Verwirklichung der Prinzipien der nationalen Freiheit, Humanität, Demokratie und des Fortschritts einsetzte. Deshalb kam es zu einer vollständigen Übereinstimmung des Sinnes der tschechoslowakischen Revolution mit dem von den alliierten Mächten im Weltkrieg verfolgten Ziele. Masaryk: Weltrevolution 345 f. — Ders.: Das neue Europa 20—21. — Beneš, E.: Smysl československé revoluce [Sinn der tschechoslowakischen Revolution]. Prag 1923, S. 7—8. — Ders.: Der Aufstand der Nationen. Der Weltkrieg und die tschechoslowakische Revolution. Berlin 1928, S. 706 f.

Neben den theoretischen Grundlagen, die sicherlich für die Verwirklichung der Staatspolitik von großer Bedeutung sind, ist die praktische Politik von unzähligen Faktoren, objektiver und subjektiver Natur, abhängig.

Beneš hat in einem beachtenswerten Aufsatz[11] richtungweisende Aussagen in bezug auf die Gestaltung der tschechoslowakischen Außenpolitik gemacht. Das Kernstück seiner Überlegungen ist in der Lehre von den konstanten und unveränderlichen Kräften in der Politik enthalten. Als konstante Kräfte bezeichnet er die geographische Lage, wirtschaftliche und kulturelle Verhältnisse, die zahlenmäßige Größe der Nation, ihre Geschichte und das Verhältnis zu den Nachbarstaaten. Die wechselseitigen Beziehungen, schreibt Beneš weiter, werden durch gegebene, in der Hauptsache unabänderliche Kräfte bestimmt, woran die veränderlichen und vergänglichen Nebenerscheinungen auf die Dauer nicht zu rütteln vermögen. Es ergibt sich nun die Frage, wie Beneš und die von ihm gesteuerte Außenpolitik diesen Tatsachen Rechnung getragen hat.

Die geographische Lage bestimmt als erste dieser Faktoren, welche Probleme auf die Außenpolitik der Tschechoslowakei zukommen werden. Das Hauptproblem lag in der unmittelbaren Nachbarschaft mit Deutschland, dem — außer Rußland — größten und völkerreichsten Staat Europas. Rückblickend auf die tschechische Geschichte und gemeint als Erkenntnis für die Zukunft hob der bekannte Historiker Josef Pekař als geschichtsbildenden Hauptfaktor „von unermeßlicher Wirksamkeit" die Lage seines Heimatlandes zwischen den Völkern, „vor allem ... mitten unter den Deutschen hervor"[12]. Von besonderer Tragweite war die Nachbarschaft im Süden mit Österreich und Ungarn sowie im Norden und Osten mit Polen. Es entspricht nicht der Aufgabestellung des Referats, hinsichtlich dieser Fragen auf Einzelheiten einzugehen; übrigens müßte es notgedrungen zum Vorgreifen auf die folgenden Referate kommen. Hinzuzufügen wäre, daß Masaryks und Benešs Bemühungen dahin gingen, wenn nicht freundschaftliche, so doch wenigstens korrekte Beziehungen, namentlich zu Deutschland, anzubahnen[13]. Dieses Vorhaben führte zum teilweisen Erfolg, nämlich zum guten Verhältnis zu Österreich und zeitlich begrenzt auch zu Deutschland. Der tschechoslowakischen Außenpolitik ist es jedoch nicht gelungen, ein freundschaftliches und dauerhaft korrektes Verhältnis zu allen Nachbarn herzustellen. Es geht nicht darum, bei dieser Gelegenheit die Schuldigen zu suchen. Eins leuchtet sofort ein, nämlich daß Nachbarschaft und traditionelle Freundschaft in starken Widerspruch geraten können.

---

[11] Beneš, E.: Princípy a předpoklady naší zahraniční politiky (Úvahy z praktické a teoretické sociologie) [Grundsätze und Voraussetzungen unserer Außenpolitik (Betrachtungen aus der Sicht der praktischen und theoretischen Soziologie)]. Sociologická revue 2 (1931) H. 1, S. 7—17.

[12] Pekař, J.: Der Sinn der tschechischen Geschichte. Übersetzung aus dem Tschechischen von S. Pommerrenig. Brünn-Leipzig-Wien 1937, S. 51.

[13] Vgl. Masaryk: Cesta demokracie II, 130, 178, 194, 381. — Rede Benešs im AbgH. Stenographische Protokolle von der 48. Sitzung des AbgH., 27. 1. 1921. — Beneš: Problémy nové Evropy 111. — Vortrag Benešs im Prager Urania-Saal. Prager Tagblatt, 8. 2. 1935, Nr. 33.

Die Erfahrungen der Vergangenheit hinterließen in den Reihen der tschechischen politischen Repräsentanz eine begreifliche Angst vor dem Wiederaufkommen des deutschen Imperialismus und vor dem mit ihm verbundenen Pangermanismus. Die slowakischen politischen Kreise sahen die permanente Bedrohung von seiten des ungarischen Revisionismus wiederkehren. Mit Hilfe eines festen und auf breiter Basis aufgebauten Paktsystems sollte dieser Gefahr wirksam entgegengetreten werden.

Es liegt in der Natur der Sache, daß jeder kleine und erst recht ein neugegründeter Staat die Anlehnung an eine Großmacht sucht. Theoretisch hätte die Wahl auf jede der alliierten Großmächte fallen können. Die Gründe für das Zustandekommen der engen tschechoslowakisch-französischen Beziehungen sowie für die stets hervorgehobene Bedeutung Rußlands als möglichen weiteren Hauptgaranten der Sicherstellung der Republik werden kurzgefaßt im weiteren angesprochen. Das angestrebte Paktsystem war damit nicht ausgeschöpft, denn es sollte breitere Dimensionen annehmen. Masaryk hat andauernd auf Mitteleuropa hingewiesen, seiner Ansicht nach eines der wichtigsten ungelösten Nachkriegsprobleme überhaupt. Mitteleuropa war für ihn ein politischer Begriff, der sich keinesfalls mit dem geographischen deckte [14]. Unter Mitteleuropa verstand er eine Reihe mittlerer und kleiner Staaten, die sich zwischen dem Westen, namentlich Deutschland, und dem Osten, speziell Rußland, in der Richtung der Nord-Südlinie, konkreter zwischen dem Baltikum bis zur Adria, die Schweiz bis hin nach Frankreich inbegriffen, befanden. Eine Annäherung dieser Staaten sollte als starkes Bollwerk gegen ein mögliches wiedererwecktes imperialistisches Deutschland und zugleich als Schutz für Rußland wirksam werden [15]. Die Verwirklichung dieser Pläne war, realpolitisch gesehen, aus verschiedenen Gründen aussichtslos. Die Bildung der Kleinen Entente hat nur in sehr engen Grenzen Erfolg gehabt. Selbst Masaryks Aussagen in dieser Frage waren von unüberbrückbaren Widersprüchen geprägt. Das nächstliegende Ziel, eine politische Allianz der Donaustaaten einzugehen, wies er aus Furcht vor einer Wiedergabe der Doppelmonarchie kategorisch von sich [16]. Die historischen Ressentiments hatten in der tschechoslowakischen Öffentlichkeit starke Spuren hinterlassen [17].

Die heiß umstrittene Frage, die auch innenpolitische Konsequenzen zeitigte, war das Verhältnis zur Sowjetunion, die selbst bei den Gestaltern der Außenpolitik von Widersprüchen gekennzeichnet war. Einerseits unterzogen sie den Bolschewismus als politisches System und ideologische Richtung einer scharfen Kri-

---

[14] Masaryk: Weltrevolution 438—439 (Anmerkung).

[15] Die wiederholten Äußerungen Masaryks lassen darauf schließen, daß ihn diese Frage sehr beschäftigte. Vgl. Masaryks Botschaft an die Nationalversammlung vom 22. 12. 1918. Národní shromáždění československé v prvním roce republiky [Die tschechoslowakische Nationalversammlung im ersten Jahr des Bestehens der Republik]. Prag 1919, S. 77. — Ders.: Cesta demokracie II, 27, 79—80, 172, 186—187, 374. — Ders.: Das neue Europa 116 f.

[16] Tribune de Genève, 20. 8. 1919. — Sieghart, R.: Besuch bei Masaryk. Neues Wiener Tagblatt, 8. 5. 1923.

[17] Kolářik, J.: Galerie ministrů obchodu [Galerie der Handelsminister]. Přítomnost, 13. 1. 1927, Nr. 1, S. 4.

tik[18]. Anderseits haben Masaryk und Beneš, im Hinblick auf die geographische Lage ihres Landes, den Stellenwert eines in normale Bahnen zurückgekehrten Rußlands unterstrichen, das sie als aktive politische Kraft für die Existenz der Tschechoslowakei gerne gesehen hätten. Deshalb hat die tschechoslowakische Außenpolitik, im Gegensatz zu den anderen Nachfolgestaaten, zur Sowjetunion, trotz kritischer Einstellung zum herrschenden Regime, ein vertretbares Verhältnis anzubahnen gesucht[19].

2) Historische Tradition und Reminiszenzen, so wie sie sich im Verlauf der Jahrhunderte dauernden Geschichte im Verhältnis zu den Nachbarn und anderen Völkern entwickelten, sind von entscheidendem Einfluß auf die Außenpolitik gewesen. Obwohl überwiegend von Emotionen geprägt, ist dies als zweiter bedeutender, stets wirkender Faktor zu werten. Die Erinnerung der Tschechen an die historischen Kämpfe, die sie mit ihren Nachbarn, vor allem mit den Deutschen, ausgetragen haben, die damit verbundenen Auseinandersetzungen und Antipathien, die sich in einzelnen Zeitabschnitten in verschiedener Form offenbarten, der Kampf um die Erhaltung der nationalen Kultur und Sprache gegenüber dem mächtigen deutschen Einfluß sind zu Realitäten geworden, die die Außenpolitik zu beachten hatte. Anderseits haben die freundschaftlichen Beziehungen der Tschechoslowakei zu Frankreich, den Südslawen und Rußland einen historischen Hintergrund. Der enge Zusammenhang zwischen der möglichen Verwirklichung der innenpolitischen Vorstellungen und der Suche nach ausländischer Unterstützung war den Tschechen schon lange vor dem Ausbruch des Ersten Weltkriegs bewußt. Einer der ersten, welcher erkannte, daß die Tschechen in ihrem Kampf um die Neuordnung Österreichs die Unterstützung oder wenigstens das wohlwollende Verhalten des Auslandes brauchten, war F. L. Rieger. Er suchte sie naturgemäß bei jener Großmacht, welche seit alters her Deutschlands Gegner auf dem Kontinent war, bei Frankreich. Rieger wurde im Sommer 1869 von Kaiser Napoleon III. empfangen, dem er ein Memorandum vorlegte[20]. Während des Krieges im Jahre 1870 nahmen Tschechen offen für Frankreich gegen Preußen Stellung ein. Die tschechischen Politiker übergaben am 8. Dezember 1870 dem österreichischen Kanzler Beust ein Promemoria, in welchem sie ihren Sympathien

---

[18] Vgl. Memorandum Masaryks „Hilfe Europas und Amerikas an Rußland". Cesta demokracie II, 185 f. — Ders.: The Slavs after the war. The Slavonic Review (June 1922).
Er hat den Bolschewiki u. a. Intoleranz, Totalitarismus, Isolierung von Europa, Unterstützung der kommunistischen Parteien in aller Welt vorgeworfen.

[19] Masaryk: Weltrevolution 212—213. — Ders.: Cesta demokracie II, 248. — Beneš: Princípy a předpoklady 8—9.

[20] Einer der leitenden Gedanken wurde wie folgt formuliert: „Wenn Frankreich das österreichische Kaisertum als europäische Großmacht erhalten will, dann darf es sich nicht mit jenen deutschmagyarischen Dualisten, welche unausweichlich seine Zerstörung hervorrufen, verbinden, und wünscht es nicht die Vergrößerung Preußens, so darf es nicht die ausschließliche Herrschaft der deutschen Parteien in Österreich wünschen . . . Ein germanisiertes Böhmen würde sicherlich die Beute des preußischen Deutschland werden, ein slawisches Böhmen wird aber niemals russische Beute werden, denn es ist zu eifersüchtig auf sein historisches Sein und auf seine nationale Unabhängigkeit." Zitiert nach Strauss: Tschechoslowakische Außenpolitik 16.

für Frankreich und für die slawischen Völker, die unter türkischer Oberherrschaft standen, Ausdruck gaben[21]. Der wachsende Einfluß der Jungtschechen, welche über ihre Gegner bei den Landtagswahlen im Jahre 1889 und bei den Reichstagswahlen 1897 einen entscheidenden Sieg erfochten, brachte in die außenpolitischen Stellungnahmen eine schärfere Note. Karel Kramářs Aufsatz „Die Tschechen und das europäische Gleichgewicht", der im Jahre 1902 in der Londoner „National Review" erschien, hat in der englischen Öffentlichkeit einige Aufmerksamkeit für die tschechischen Anliegen hervorgerufen. Er sprach sich darin für die Annäherung der Doppelmonarchie an Rußland aus, weil eine solche europäische Konstellation den Einfluß der Deutschen in Österreich geschwächt und die Erreichung des innenpolitischen Zieles — eines böhmischen Staates im Rahmen des Habsburgerreiches — ermöglicht hätte[22]. Masaryks Einstellung und jene des unter seinem Einfluß stehenden Beneš zu Österreich-Ungarn, zum kaiserlichen Deutschland und zum Pangermanismus ist genügend bekannt, so daß von einer näheren Erläuterung dieser Frage abgesehen werden kann.

Ein neugegründeter Staat kann auf keine Erfahrungen auf außenpolitischem Gebiet zurückblicken. Die Tschechoslowakei war keine Ausnahme. Trotzdem erlauben die tschechischerseits abgegebenen Erklärungen, Stellungnahmen und Verbindungen zu anderen Völkern noch vor der Erlangung der staatlichen Unabhängigkeit und den eingegangenen Bindungen der Auslandsaktion im Laufe des Ersten Weltkriegs den Schluß zu ziehen, daß die Grundlinien der zukünftigen Außenpolitik noch vor der Gründung des neuen Staates vorgezeichnet wurden.

Den dritten wesentlichen Faktor für die Gestaltung der Außenpolitik bildeten die wirtschaftlichen Verhältnisse und die Beziehungen zur Außenwelt. Für manche Staaten sind die wirtschaftlichen Beziehungen von minderer Bedeutung; das hängt naturgemäß vom jeweiligen Stand der Wirtschaft und seiner Entwicklungsstufe ab. Die Tschechoslowakei war ein typisches Beispiel dafür, welch großen Einfluß und welch große Bedeutung die wirtschaftlichen Beziehungen auf die Außenpolitik ausüben können bzw. haben. Es genügt, dabei nur die allgemein bekannte Tatsache ins Gedächtnis zu rufen, daß der neue Staat nahezu 80 v. H. der Industrie und des Handels der Monarchie, die über 50 Millionen Einwohner zählte, übernahm. Der Außenhandel war der wichtigste Bestandteil der tschechoslowakischen Zahlungsbilanz[23]. Auf diese Tatsachen hinweisend, betonte Beneš, daß die Außenpolitik zugleich eine vernünftige und den ganzstaatlichen Interessen entsprechende Handelspolitik verfolgen müsse[24]. Bei einer anderen Gele-

---

[21] Česká politika. Díl třetí. Dějiny české politiky nové doby. Napsali Dr. K. Kramář a Dr. Zd. Tobolka [Die tschechische Politik. Dritter Teil. Die Geschichte der tschechischen Politik der Neuzeit. Verfaßt von Dr. K. K. und Dr. Zd. T.]. Prag 1909, S. 375—376.

[22] Sís, F.: 1914—1918. In: Dr. Karel Kramář. Život — Dílo — Práce vůdce národa [Dr. K. K. Leben — Werk — Arbeit des Führers der Nation]. Red. V. Sís. Prag 1936, S. 92—93. — Kramář, K.: Pět přednášek o zahraniční politice [Fünf Vorträge über die Außenpolitik]. Prag 1922, S. 24.

[23] Die Warenausfuhr der Tschechoslowakei betrug ungefähr 25 bis 30 v. H. des Nationalproduktes. Hejda, J.: Jak doplácíme na obchodní politiku [Wie wir auf die Handelspolitik daraufzahlen]. Přítomnost, 21. 12. 1932, Nr. 51.

[24] Rede am 30. 10. 1923 vor dem AbgH. Beneš: Problémy nové Evropy 269.

genheit drückte er es noch prägnanter aus, daß nämlich „die auswärtige Politik der heutigen Zeit zu mehr als der Hälfte Wirtschafts- und Finanzpolitik ist“ [25].

In manchen Entwicklungsphasen eines Staates und der Völker überdecken Probleme rein politischer Art, wie die Nachkriegszeit beweist, die Bedeutung des wirtschaftlichen Faktors und bestimmen überwiegend oder fast gänzlich die Richtlinien der Außenpolitik. Aber dies ist nur eine vorübergehende Erscheinung. Die tschechoslowakische Außenpolitik hegte die Hoffnung, daß ihre Bestrebungen nach Intensivierung der Handelsbeziehungen auf gleiches Verständnis bei ihren Nachbarn stoßen würden. Daraus ergäbe sich die Möglichkeit, daß sich die Handelspartner später auch politisch näherkämen, oder sogar einer Einigung zusteuern könnten. Anknüpfend an diese Erwartung, sprach Beneš die Vermutung aus, daß die gegenseitigen wirtschaftlichen Interessen durchaus geeignet wären, ausgleichend auf die Außenpolitik zu wirken und dies auch in den Fällen, wo sonst Tradition, nationale Gefühle und Reminiszenzen an die Vergangenheitskämpfe eine Zusammenarbeit behinderten [26]. Eine Überlegung, die zwar von einer engen Verzahnung von Wirtschaft und Politik ausging, deren Erfüllung jedoch von verschiedenen, auch unvorhergesehenen, Faktoren abhängt. Dabei sind negative Folgeerscheinungen nicht auszuschließen. Zwei Beispiele sind für viele andere zu erwähnen.

Abgesehen von den Veränderungen in der internationalen Lage haben die Handelsbeziehungen der Tschechoslowakei eine Verlagerung ihrer territorialen Orientation erfahren. Die wichtigsten Handelspartner in der Zeitspanne 1924—1929 waren Deutschland und Österreich. Der Durchschnittsanteil Deutschlands an dem Gesamtumsatz des tschechoslowakischen Außenhandels erreichte 32 und der Österreichs 12 v. H. [27]. In der weiteren Entwicklung bis zum Jahr 1937 haben allmählich die Handelsbeziehungen zu den Übersee- und nordeuropäischen Staaten sowie Frankreich, Belgien, Holland, der Schweiz die Oberhand gewonnen. Demgegenüber hat der Warenaustausch mit Deutschland, Österreich, Ungarn, Polen und Italien einen starken Rückgang zu verzeichnen. Der Anteil dieser fünf Staaten, von denen vier zu den unmittelbaren Nachbarn zählten, ging von 64 im Jahre 1924 auf 29 v. H. im Jahre 1937 zurück [28].

Als weiterer Grund ist die drastische Erhöhung der Zolltarife auf die Einfuhr von landwirtschaftlichen Erzeugnissen, die sich sehr ungünstig auf den Handelsverkehr mit den Agrarstaaten auswirkte, anzuführen. Die betroffenen Länder antworteten mit Gegenmaßnahmen. Polen erhöhte die Einfuhrzölle auf tschechoslowakische Industrieerzeugnisse, Ungarn unterbrach die Verhandlungen über einen neuen Handelsvertrag, die zu einem regelrechten Zollkrieg führten. Die eingeschlagene Zolltarifpolitik hatte in der Folge weitere Komplikationen: Ein Rückgang des Warenaustausches mit Jugoslawien und Rumänien, also mit den

---

[25] Rede am 20. 10. 1931. Zitiert nach: Strauss: Tschechoslowakische Außenpolitik 113.

[26] Beneš: Princípy a předpoklady 11.

[27] Československá statistika [Tschechoslowakische Statistik]. Bd. 67. Prag 1931, S. 80.

[28] Průcha, V. und Kol.: Hospodárske dejiny Československa v 19. a 20. storočí [Wirtschaftsgeschichte der Tschechoslowakei im 19. und 20. Jahrhundert]. Preßburg 1974, S. 161.

nächsten Verbündeten, war zu verzeichnen. Im Verlauf der dreißiger Jahre wurde Deutschland zum wichtigsten Handelspartner der übrigen Donaustaaten [29]. Der Spielraum der wirtschaftlichen Zusammenarbeit der Tschechoslowakei mit den Nachbarstaaten und den Kleine Entente-Verbündeten hat sich zusehends eingeengt. Die politischen Konsequenzen haben nicht auf sich warten lassen.

Die Grundpfeiler, welche die vierte Konstante der tschechoslowakischen Außenpolitik bildeten, werden in den einschlägigen Referaten besprochen. Lassen Sie mich deshalb nur einige Bemerkungen hinzufügen.

In erster Linie sind die Pariser Vorortfriedensverträge zu nennen, die dem neuen Staat die völkerrechtliche Anerkennung verschafften. Begreiflicherweise bestand die Tschechoslowakei mit größter Beharrlichkeit auf der Unantastbarkeit der Verträge und wies vorderhand kategorisch jedwede Revision ab [30]. Die Erhaltung des Friedens war für das neugegründete und kleine Land von eminenter Bedeutung, um das unmittelbare Ziel, die Konsolidierung und den Aufbau sowohl im Innern wie auch nach außen, zu bewerkstelligen.

Ein geeignetes Instrument, mit dessen Hilfe die staatliche Unabhängigkeit bewahrt und die aufkommenden lebenswichtigen Aufgaben erfüllt werden konnten, hoffte man in der Existenz und der Wirksamkeit des Völkerbundes zu finden [31]. Beneš hielt sich jedoch nach den Erfahrungen mit und in der Beurteilung des Völkerbundes von überschwänglichem Optimismus fern. Trotz seiner engen persönlichen Verbundenheit mit dieser Institution bewahrte er eine nüchterne Objektivität. Die schon bald erkannten Schwächen und Unzulänglichkeiten des Völkerbundes führten ihn zur Überzeugung, daß die erste Bedingung der Erhaltung der Unabhängigkeit und der Demokratie die eigene militärische Kraft sei [32]. Nichtdestoweniger steuerte die tschechoslowakische Außenpolitik auf eine enge Zusammenarbeit mit der Weltorganisation hin und entfaltete eine rege politische Tätigkeit direkt in Genf [33].

Durch die Ereignisse im Ersten Weltkrieg sowie durch die tatkräftige Unterstützung während der Friedenskonferenz wie später bei der Abwehr der Habsburgerrestauration ist das Zusammengehen mit Frankreich zum Rückgrat der tschechoslowakischen Außenpolitik geworden [34]. Die Politik Frankreichs war nicht uneigennützig. Die durch die Friedensverträge von 1919 geschaffene Situation in

---

29 In den Jahren 1929—1937 verringerte sich der Anteil der Tschechoslowakei an der Gesamteinfuhr Jugoslawiens von 18 auf 11, Rumäniens von 14 auf 10, Ungarns von 22 auf 6 v. H. Der Anteil Deutschlands an der Gesamteinfuhr dieser Staaten hat sich demgegenüber beträchtlich erhöht. Olšovský, R.: Světový obchod a Československo [Der Welthandel und die Tschechoslowakei]. Prag 1961, S. 258. — Zentrifugalkräfte am Werk. Prager Tagblatt, 10. 1. 1935, Nr. 8.

30 Beneš: Problémy nové Evropy 282.

31 Beneš, E.: Demokratie heute und morgen. Zürich-New York 1944, S. 144 f.

32 „. . . ein Volk, welches sich nicht mit allen Kräften gegen einen Angriff wehren würde, letzten Endes auch von Genf verlassen würde, selbst wenn es in seiner Politik Wahrheit und Gerechtigkeit völlig auf seiner Seite haben würde." Exposé des Außenministers vor dem AbgH. Stenographische Protokolle von der 8. Sitzung des AbgH., 5. 11. 1935.

33 Die Tschechoslowakei, ein Kleinstaat, war von 1923 bis 1928 im Völkerbundrat vertreten.

34 Rede des Außenministers am 6. 2. 1924. Problémy nové Evropy 295—296.

Mitteleuropa war ein Teil des europäischen Systems, auf dem Frankreichs Großmachtstellung beruhte — eine Schwächung der Tschechoslowakei hätte also auch eine schwere Einbuße für Frankreich bedeutet. Zweitens verband beide Staaten die gemeinsame Angst vor dem Erstarken Deutschlands. Aus dieser engen Verbundenheit ergab sich, daß die deutsch-tschechoslowakischen Beziehungen durch den Stand des Verhältnisses Deutschlands zu Frankreich mitbestimmt wurden. Deshalb hatte die Tschechoslowakei, wie es Beneš formulierte, ein vitales Interesse an dessen Normalisierung[35].

Die Abhängigkeit der Außenpolitik eines kleinen Staates von seiner beschützenden Großmacht ist selbstverständlich[36]. Trotzdem wollte Beneš diese Abhängigkeit nicht als eine unumstößliche Tatsache hinnehmen[37].

Die Tschechoslowakei hat in Wahrung eigener Interessen auch selbständige Wege eingeschlagen, die sich mit den außenpolitischen Vorhaben Frankreichs nicht unbedingt deckten. Einige Beispiele sind zu nennen: So hat die Tschechoslowakei vor dem Machtantritt der Nationalsozialisten in allen französisch-deutschen Auseinandersetzungen strengste Neutralität bewahrt. Sie bemühte sich sogar, den harten Kurs der französischen antideutschen Politik zu mäßigen. Die deutsche Regierung hat sich mehrmals an die Tschechoslowakei zwecks direkter Vermittlung von Vereinbarungen mit Frankreich gewendet[38]. Der Abschluß des Bündnisses der drei Donaustaaten, das die Kleine Entente begründete, hatte anfangs nicht die restlose Zustimmung Frankreichs gefunden, teils weil man mit der Möglichkeit eines Gegenbündnisses gegen den Dreibund rechnete, teils weil mit Schaffung von solchen Bündnissen eine Beeinträchtigung des Völkerbundes befürchtet wurde.

---

35 Une tasse de thé devant la mer avec un Président de République. M. Masaryk nous définit sa politique: „Rester absolument pacifique“. L'Intrasegeant Paris, 28. 6. 1921. — Beneš: Principy a předpoklady 8.

36 Abg. Dr. Ripka (tschech. nationaler Sozialist) hat das sinngemäß so offenbart: Wenn Dr. Beneš an Weltkonferenzen Verhandlungen führt, die die Interessen der Tschechoslowakei betreffen, kann er einfach nicht damit drohen, die Konferenz zu zerschlagen, um seinen Forderungen Nachdruck zu verleihen. Er ist nur imstande soviel herauszuholen, wie es ihm gelingt, Frankreich zu überzeugen. Stenographische Protokolle von der 53. Sitzung des AbgH., 26. 5. 1930.

37 Im Exposé vor dem AbgH. vom 23. 5. 1922, betreffend die Ergebnisse der Konferenz von Genua, formulierte Beneš seine Ansicht zu diesem Problem wie folgt: „Jeder kleine Staat muß den Standpunkt der großen Staaten berücksichtigen, was ihn gewissermaßen zwingt, sich danach zu richten. Seine Verbundenheit mit einem großen Staat ist jedoch durch die Interessen des eigenen Staates beschränkt. Der große Staat muß die lebenswichtigen Interessen des kleineren Staates respektieren, wenn dieser in eine Lage kommt, in welcher er gezwungen ist, seinen eigenen Standpunkt zu wählen.“ Beneš: Problémy nové Evropy 186.

38 Olivová, V.: Československo v rozrušené Evropě [Die Tschechoslowakei im zerrütteten Europa]. Prag 1968, S. 140.
Brügel berichtet, daß in der ersten Hälfte des Jahres 1921 das französische Verlangen nach gemeinsamen Sanktionen gegen Deutschland wegen angeblicher Nichterfüllung der Reparationsverpflichtungen im Vordergrund der Erwägungen stand. Beneš wehrte sich erfolgreich dagegen, sein Land an eventuellen Schritten gegen Deutschland mitzubeteiligen. Brügel, J. W.: Tschechen und Deutsche 1918—1938. München 1967, S. 203.

Ein anderer Fall betrifft die Intervention der Alliierten in Rußland. Den tschechoslowakischen Standpunkt vermittelte ganz entschieden Beneš in einem seiner Aufsätze wie folgt: „Nach drei Jahren Schwanken hat Europa begriffen, daß die Politik militärischer Interventionen in Rußland der größte Fehler der Geschichte war[39]." Emil Strauss, der eine umfangreiche, mit faktographischem Material versehene Arbeit über die tschechoslowakische Außenpolitik veröffentlichte, hob hervor, daß weder ein französischer noch ein englischer Außenminister sich in diesem Sinne äußerten „und es zeigte sich hier, daß die tschechoslowakische Außenpolitik nicht einfach die Sklavin der Kabinette von Paris und London war"[40].

Der Leiter der auswärtigen Politik widersetzte sich schlechthin, im Interesse der Sicherstellung der staatlichen Existenz, außenpolitische Abenteuer und Interventionen zu unternehmen, um, auch aus innenpolitischen Gründen, mögliche Reaktionen von links oder rechts zu verhindern.

Wenn die Grundpfeiler der tschechoslowakischen Außenpolitik auch nur flüchtig angegangen werden, muß die Kleine Entente unbedingt Erwähnung finden. Beneš wollte das Bündnis keinesfalls nur gegen Ungarn gerichtet wissen. Entsprechend den vereinten Kräften, hat er auf eine umfangreichere Zielsetzung hingearbeitet. Jedes der Mitglieder der Kleinen Entente hatte eine der Großmächte als Nachbarn (Italien, Deutschland, Rußland), die traditionsgemäß nach Mitteleuropa und dem Balkan expandierten. Die Kleine Entente sollte vor allem ein Faktor des Gleichgewichtes und des Friedens in Mitteleuropa werden[41].

Als letztes ist noch eine Tendenz erwähnenswert, die in der tschechoslowakischen Außenpolitik des öfteren zum Vorschein kam. Die verantwortlichen Politiker wollten die von ihnen formulierten staatserhaltenden Ziele — ein Begriff, unter dem Rekonstruktion, Demokratie und die Sicherstellung der Existenz der Republik verstanden wurde[42] — mittels einer im europäischen und sogar im weltpolitischen Rahmen eingebetteten Außenpolitik verwirklicht wissen. Ihrer Ansicht nach konnte nur diese Linie einer echten nationalen Außenpolitik entsprechen. Mit anderen Worten gesagt — man wollte sich ständig bemühen, bei allen wichtigen internationalen Konferenzen stets direkt vertreten zu sein, um die eigenen Interessen besser wahrzunehmen und in der internationalen Politik eine entsprechende Rolle zu spielen. Stellvertretend seien zwei Beispiele angeführt: Die Waffenstillstandsverhandlungen mit Österreich-Ungarn haben ohne Teilnahme der tschechoslowakischen Vertreter begonnen. Beneš hielt die Abwesenheit seines Landes „für folgenschwer, da daraus wirklicher Schaden für die nationalen Interessen sowohl sachlich ... als auch formell — ... erwachsen konnte". Seine nachdrückliche Intervention im Quai d'Orsay hatte Erfolg[43]. Zum zweiten: Im Zu-

---

[39] Revue de Genève, 15. 9. 1921. — Beneš: Problémy nové Evropy 179.

[40] Strauss: Tschechoslowakische Außenpolitik 72.

[41] Beneš: Princípy a předpoklady 16. — Ripka, H.: Die Tschechoslowakische Republik in der internationalen Politik. In: Die Tschechoslowakische Republik. Ihre Staatsidee in der Vergangenheit und Gegenwart. Bd. 2. Prag 1937, S. 327.

[42] Beneš: Problémy nové Evropy 273.

[43] Beneš: Der Aufstand der Nationen 649—650.

sammenhang mit dem Abschluß des Briand-Kellogg Paktes verfocht Beneš mit Zähigkeit den Standpunkt, daß sich sein Land unter den Signataren des Paktes befinden müsse. Dieses Ziel hat er erreicht, im Glauben, die Sicherheit seines Landes dadurch erhöht zu haben.

Kurz zusammengefaßt kann folgendes festgehalten werden: Die tschechoslowakische Außenpolitik zeichnete sich durch einen erstarkten Konservativismus aus, um den durch die Friedensverträge geschaffenen Stand zu bewahren und zu verteidigen. Diese Grundtendenz und die vorher angeführten Faktoren prägten ihre ganze Konzeption.

Bis dahin wurde den Konsequenzen, die sich aus der gegebenen geographischen Lage sowie der aus der Neuordnung Europas nach dem Ersten Weltkrieg für die Tschechoslowakei entstandenen außenpolitischen Situation ergaben, Aufmerksamkeit geschenkt.

Der eingangs angedeuteten Zielsetzung des Referats entsprechend, sind noch zwei Fragenkomplexe unbesprochen geblieben. Erstens die Wechselbeziehungen zwischen Innen- und Außenpolitik, zweitens die verschiedenen Pläne einiger politischer Parteien zwecks Umgestaltung der offiziellen Außenpolitik.

Die enge Verzahnung der Außen- und Innenpolitik ist ein Merkmal, das jedem modernen Staat eigen ist. In Betracht zu ziehen sind jedoch die Unterschiede in der Intensität der gegenseitigen Beeinflussung. Für die Tschechoslowakei sind in der Entwicklung dieses Verhältnisses drei Phasen zu unterscheiden.

Unmittelbar nach der Staatsgründung ging es in der Hauptsache um die Festlegung der Grenzen und die Verteidigung der Staatssouveränität, d. h. um eine politische Aufgabe.

Wie Beneš in seinem ersten Exposé[44] zu berichten wußte, haben die zunehmenden Schwierigkeiten, die in den Nachfolgestaaten aufgekommen sind, erhebliche Befürchtungen und einiges Mißfallen bei den alliierten Großmächten ausgelöst. Sie befürchteten eine Balkanisierung Mitteleuropas. Um diese Befürchtungen zu entkräften, beeilte sich die tschechoslowakische Regierung, Maßnahmen nicht nur im politischen sondern auch im sozial-ökonomischen, kulturellen und militärischen Bereich, zwecks rascher innerer Konsolidierung, durchzuführen. Es wäre sicherlich nicht richtig, wenn diese Maßnahmen ausschließlich unter dem Gesichtspunkt der außenpolitischen Notwendigkeit aufgefaßt würden. Im Hinblick auf die allgemein herrschende revolutionäre Situation hatten sie auch eine außerordentlich wichtige innenpolitische Begründung. Jedenfalls muß gesagt werden, daß die zeitliche Verwirklichung dieser Maßnahmen von außenpolitischen Gegebenheiten maßgebend beeinflußt wurde.

Im Staatsinteresse ist ein harmonisches Zusammengehen beider Komponenten der Staatspolitik wünschenswert, aber nicht immer durchführbar. Die Tschechoslowakei ist dafür ein besonders geeignetes Beispiel, denn unterschiedliche Faktoren leiteten den Gang der Innen- und Außenpolitik. Die verfolgten parteipolitischen Interessen in der Innenpolitik entsprachen nicht immer den gesamtstaatlichen Interessen in der Außenpolitik. Diese Situation trat eindeutig in der zwei-

---

[44] Stenographische Protokolle von der 89. Sitzung der Nationalversammlung, 7. 11. 1919.

ten Phase in Erscheinung, während welcher der innenpolitische Stabilisierungsprozeß in den Vordergrund gerückt ist. In dieser Zeitspanne hat die Agrarpartei ihre Machtstellung ausgebaut, die anderen politischen Parteien wurden mehr oder weniger in die Defensive gedrängt. Diese Verschiebungen spiegelten sich nicht nur in der Innenpolitik sondern zunehmend auch in der Handelspolitik wider. Die vermeintlichen Interessen der Landwirtschaft wurden auf Kosten des Exports von wichtigen Industriegütern gefördert. Am meisten war davon die Leichtindustrie betroffen, die im überwiegenden Maß in den von den Sudetendeutschen bewohnten Gebieten angesiedelt war [45]. Anderseits wurde durch übertriebene Zollschutzmaßnahmen die Einfuhr von Landwirtschaftsprodukten und Erzeugnissen der favorisierten heimischen Industrie, wie Fahrzeugen, Maschinen und chemischen Produkten, mit Erfolg unterbunden. Es war kein Zufall, daß gerade diejenigen Industriezweige Schutz genossen, die der Interessensphäre der Agrarpartei nahestanden [46]. Welch schwerwiegende Auswirkungen diese der Wirtschaftsstruktur des Landes widersprechende Handelspolitik zeitigte, wurde im Verhältnis zu den übrigen Mitgliedern der Kleinen Entente sowie zu einigen Nachbarstaaten klar.

Im Zusammenhang mit den Handelsvertragsverhandlungen mit Jugoslawien im Jahre 1928 hat Beneš, auf die allgemeine Handelspolitik zurückkommend, nicht versäumt zu bemerken: „Es entsteht für uns eines der schwierigsten Probleme unserer Handelspolitik ... Dies hängt übrigens damit zusammen, ... daß alle unsere maßgebenden Faktoren sich endlich einmal definitiv einigen werden und die gesamtstaatliche Linie der Handelspolitik bestimmen müssen, in der die Position der Industrie und des Handels, der Landwirtschaft und der Konsumenten entsprechend festgesetzt werden wird [47]."

Die schon angesprochenen wirtschaftlichen Nachwirkungen der verfehlten Handelspolitik reichten spürbar auch in den politischen Bereich herüber. Um noch-

---

[45] Aus dem Vergleich zwischen der Ausfuhr des Jahres 1929 (das stärkste Konjunkturjahr) und den ersten zehn Monaten des Jahres 1932 ist ersichtlich, daß die Wareneinfuhr auf 62,6 und deren Ausfuhr auf 62,8 v. H. zurückfiel. Sofern die wichtigsten Exportindustrien (Baumwolle, Leinen, Wolle, Seide, Konfektion, Glas und Porzellan) aus der Gesamtausfuhr ausgeklammert werden, so ist der übrige Export nur um 43,7 v. H. zurückgegangen. Demgegenüber beträgt der Verlust bei der Ausfuhr von Baumwollwaren 72, der von Leinen- und Hanferzeugnissen 79, von Seide 50, von Glas- 55, von Porzellanerzeugnissen 66, und Konfektion 68 v. H. Während im Jahr 1929 die Ausfuhr der genannten Erzeugnisse noch 50 v. H. des Gesamtexportes betrug, ist dieser Anteil im Jahr 1932 auf 34 v. H. zurückgegangen. H e j d a : Jak doplácime na obchodní politiku. Přítomnost, 21. 12. 1932, Nr. 51.

[46] Die einseitig betriebene Handelspolitik sowie die Bevorzugung einiger Indutriezweige ist vielerorts auf Widerstand gestoßen. Der Präsident der Reichenberger Handelskammer, Liebig, sprach von einer handelspolitischen Isolation der Tschechoslowakei. Deutsche Zeitung Bohemia, 27. 2. 1931, Nr. 50. Anläßlich der Vollversammlung des Deutschen Hauptverbandes der Industrie im Jahre 1935 hat ihr Vorsitzender, Dr. Mühlig, auf die große Gefahr für den ganzen Staat hingewiesen, falls die Landwirtschaft weiter kein Verständnis für das Arbeitslosenproblem aufbringt. Die Agrarier haben das Wort. Prager Tagblatt, 24. 3. 1935, Nr. 71.

[47] Die aktuellen internationalen Probleme und die Tschechoslowakei. Exposé des Außenministers Dr. E. Beneš im Außenausschuß des Abgeordnetenhauses und Senats am 4. Oktober 1928. Prag 1928, S. 24.

mals auf Benešs Ausführungen zu dieser Frage zurückzukommen, sei gesagt, daß er eindringlich vor der stets angewendeten Autarkie in der Landwirtschaft warnte, die er als Rückschritt betrachtete und sogar für ein Unglück hielt. „Wir würden uns, wenn wir unseren Freunden keine landwirtschaftlichen Produkte abnehmen können, ihnen mit der Zeit politisch entfremden[48].“

Wenn auch der faktische Zerfall der Kleinen Entente nicht nur auf die verfehlte Handelspolitik der Tschechoslowakei zurückzuführen ist, muß doch bemerkt werden, daß sie entscheidend dazu beigetragen hat — ein offenkundiges Beispiel dafür, wie die Agrarpartei durch die Innenpolitik, in der sie eine dominierende Stellung einnahm, mittelbar auf die auswärtigen Beziehungen einwirkte.

In der letzten Phase wurde die Staatspolitik von der sich allmählich verschlechternden internationalen Lage beherrscht. Der außenpolitische Faktor gewann wieder entscheidende Bedeutung. Es muß jedenfalls vorausgeschickt werden, daß schon die Auswirkungen der Weltwirtschaftskrise — zum großen Teil aus strukturbedingten Gründen — besonders schwerwiegende Nachteile für die sudetendeutsche Bevölkerung brachten. Eines der Hauptprobleme der Innenpolitik — die nationale Frage — verschärfte sich ebenfalls zusehends.

Obwohl die nationale Frage schlechthin und die sudetendeutsche im besonderen ein innenpolitisches Problem darstellten, hatte der nationalsozialistische Umsturz im benachbarten Deutschland naturgemäß unmittelbare Auswirkungen. In Europa herrschte allgemein Mißtrauen gegen das Dritte Reich, ein Mißtrauen, das auf die programmatischen nationalsozialistischen Formulierungen in den 25 Punkten, z. B. die Zusammenfassung aller Deutschen zu einem Großdeutschen Reich oder die Aufhebung der Friedensverträge, zurückgeht und durch die Behauptung einer expansiven Politik des Dritten Reiches, verbunden mit einer rasch vorwärts schreitenden Aufrüstung, genährt wurde. Ungarns Forderung nach Revision des Trianoner Friedenvertrages hat neue Impulse bekommen. Polen, das mit dem Dritten Reich einen Freundschaftsvertrag schloß, glaubte Nutzen daraus zu ziehen, wenn es seine unfreundlichen Angriffe gegen seinen Nachbarn steigerte. Die von der Tschechoslowakei getroffenen Staatsverteidigungsvorkehrungen, die sich auf die Minderheiten psychologisch ungünstig auswirken mußten, sind als Nachwirkungen dieser außenpolitischen Geschehnisse aufzufassen.

Eingangs wurde die herausragende Rolle Masaryks und Benešs schon erwähnt. Ihre Autorität bewirkte, daß die politischen Parteien der Außenpolitik keine allzu große Aufmerksamkeit schenkten. Das bedeutete noch keineswegs, daß die von Masaryk und Beneš verfolgte Außenpolitik von allen politischen Parteien mit einmütiger Zustimmung getragen wurde. Auch die Persönlichkeit des Außenministers war nicht unumstritten und von mehreren Seiten herber Kritik ausgesetzt.

Als verbissenster Gegner der offiziellen außenpolitischen Linie erwies sich von allem Anfang an Karel Kramář, führender Politiker der tschechischen Nationaldemokraten. Die grundverschiedenen Ansichten über die Einschätzung des Zaren-

---

[48] In deutscher Sprache gehaltener Vortrag im Industrieklub in Prag am 27. 2. 1935. Prager Tagblatt, 28. 2. 1935, Nr. 50.

reiches und die Gestaltung des Verhältnisses zur Sowjetunion waren der Zündstoff, an dem die Auseinandersetzungen entbrannten.

Schon während des Ersten Weltkriegs setzte Masaryk seine Hoffnungen eher auf den demokratischen Westen als auf den durch wirtschaftliche, soziale und politische Mißstände unterhöhlten Zarismus [49]. Der Kreis um Kramář übernahm den romantischen Russophilismus und setzte seine Karte, sofern er nicht mit dem Sieg der Zentralmächte rechnete, auf den großen russischen Bruder, auf das „slawische Imperium" [50]. Nach der Gründung des tschechoslowakischen Staates kamen die Unstimmigkeiten offen zum Ausbruch. Kramář verfocht leidenschaftlich die Politik des aktiven Eingreifens in den Kampf gegen den Bolschewismus und für die Wiederherstellung des alten „nationalen" Rußland. Die Stellungnahme Benešs in dieser Frage, die auch von Masaryk geteilt wurde, war gegen eine Intervention in Rußland und bezeichnete den von Kramář vertretenen Kurs als unrichtig, politisch unreif und deswegen unmöglich [51]. Dieser die Außenpolitik betreffende Entschluß von Masaryk und Beneš hängt mit der richtigen Einschätzung der damaligen innenpolitischen Situation zusammen. Die sozialistischen Parteien, die einen beachtenswerten innenpolitischen Machtfaktor darstellten, und der überwiegende Teil der von einer spürbaren Kriegsmüdigkeit befallenen Öffentlichkeit hätten sicherlich kein Verständnis für eine Intervention aufgebracht.

Als die Tschechoslowakei die Sowjetunion am 10. Juni 1934 de jure anerkannte, waren die Nationaldemokraten in der Opposition. Kramář kommentierte dieses Ereignis in den „Národní listy" als „Verrat am Slawentum", als „das größte Verbrechen" [52].

Was die Beziehungen zu anderen Staaten betrifft, haben die Nationaldemokraten, die den Faschismus bewunderten, ein freundschaftliches Verhältnis zu Italien befürwortet. Von ihrer nationalistischen Einstellung ausgehend, vertraten sie eine auf Konfrontation eingestellte Politik zu Polen und zeigten kein Interesse an den Bestrebungen der offiziellen Stellen, ein korrektes Verhältnis zu Deutschland und Österreich herzustellen.

Die Ende des Jahres 1926 ausschließlich aus bürgerlichen Parteien zusammengesetzte Regierung strebte zugleich eine Änderung der Außenpolitik an, die bis dahin als Domäne der sog. Burggruppe angesehen wurde. Die neue Regierung bemühte sich, von der einseitigen, französischfreundlichen Richtung Abstand zu nehmen und lehnte eine Annäherung an die Sowjetunion grundsätzlich ab. Die außenpolitische Schwächung und die sich anbahnende Isolation der Tschechoslowakei sollte durch die politische und wirtschaftliche Anlehnung an die Weimarer Republik überbrückt werden. Der katastrophale Zusammenbruch der Demokratie in Deutschland hat diese Konzeption vorübergehend zunichte gemacht.

Ende 1935 hat die Agrarpartei den von ihr gestellten Regierungsvorsitzenden Jan Malypetr von seiner Funktion abberufen. An seine Stelle kam am 5. Novem-

---

49 Masaryk: Weltrevolution 15.

50 Vgl. Kramář: Pět přednášek o zahraniční politice. — Sís, V.: Slovanství a zahraniční politika dra K. Kramáře [Das Slawentum und die Außenpolitik Dr. K. K.]. In: Dr. Karel Kramář 153 f.

51 Beneš: Problémy nové Evropy 52—53.

52 Sís, V.: Slovanství 176.

ber 1935 Milan Hodža. Im Hintergrund dieses Austausches stand der vollzogene Rechtsruck der Agrarpartei. Der neue Regierungschef gehörte nicht zum rechten Flügel. An die Spitze der Regierung kam jedoch ein Mann, der den Anspruch erhob, in die Außenpolitik maßgebend eingreifen zu können.

Hodžas mitteleuropäische Konzeption, aufgebaut auf der engen Zusammenarbeit mit Österreich und Ungarn, sollte die Beherrschung dieser Region durch das Dritte Reich vereiteln. Der Anschluß Österreichs, das einen der Grundpfeiler dieses Planes bilden sollte, bedeutete automatisch sein Ende.

Der rechte Flügel der Agrarpartei, der sich für eine Anpassung der Außenpolitik an die neuentstandene Situation einsetzte, sprach sich für ein engeres Zusammengehen mit Polen und, nach dessen Vorbild, für eine direkte Verständigung mit dem Dritten Reich aus. In diesen Punkten ist eine vollständige Übereinstimmung mit der von der Slowakischen Volkspartei vertretenen Linie zu vermerken. Die außenpolitischen Ansichten der Slowakischen Volkspartei werden im Mittelpunkt des Referats von Prof. S. Kirschbaum stehen. Deshalb kann man diese Frage übergehen. Die tschechoslowakischen sozialistischen Parteien bekannten sich vorbehaltlos, die tschechische Volkspartei mit einigen Einschränkungen, zum offiziellen außenpolitischen Kurs.

Die Tschechoslowakei wurde jedoch nicht nur von Tschechen und Slowaken bewohnt, sondern auch von anderen Volksgruppen. In einem Mehrvölkerstaat können sich alle in bezug auf die Außenpolitik einig sein, oder aber es gelingt einer dieser Gruppen, die Durchsetzung des außenpolitischen Willens der anderen zu vereiteln. In der Tschechoslowakei hat die zweite Alternative Oberhand gewonnen, denn den Sudetendeutschen und Madjaren war die Möglichkeit entzogen, auf die offizielle Außenpolitik Einfluß zu nehmen. Der Kern der sudetendeutschen außenpolitischen Absichten kann dahin gedeutet werden, daß die Konzeption eines neuen Mitteleuropa verfolgt wurde. Das demokratische Sudetendeutschtum stellte sich die Entwicklung in der Weise vor, daß ein großes Mitteleuropa mit Einschluß Deutschlands auf friedlichem Weg geschaffen werde. Damit hätte die Abschaffung der Handelshindernisse, der Ausbau der Selbstverwaltung der Völker in jedem Staat, die freie Betätigung der Kulturgemeinschaft der Völker untereinander Hand in Hand gehen sollen, ohne daß die territoriale Integrität verletzt worden wäre. Mit der Wendung der reichsdeutschen Politik im Jahre 1933 ist dieser Konzeption wohl für lange Zeit die psychologische Grundlage entzogen worden. Die demokratischen sudetendeutschen politischen Parteien haben aus dieser Änderung der Situation die entsprechenden Konsequenzen gezogen.

Das einmütige Bekenntnis der sudetendeutschen Sozialdemokraten zum tschechoslowakischen Staat war in Anbetracht des Schicksals ihrer Schwesterpartei im Dritten Reich selbstverständlich. Die Einstellung der beiden anderen Parteien, des Bundes der Landwirte und der sudetendeutschen Christlichsozialen, hat sich in ähnlicher Weise manifestiert. Ihre offiziellen Sprecher haben, wenn auch nuanciert, ihr Einverständnis mit der friedwilligen Außenpolitik sowie mit den zur Staatsverteidigung getroffenen Maßnahmen grundsätzlich ausgesprochen[53].

---

[53] Vgl. Reden des Abg. Zierhut (Bund der Landwirte). Stenographische Protokolle von

Die Vertreter der Sudetendeutschen Partei haben in dieser Hinsicht nur allgemein gehaltene Erklärungen abgegeben, in denen der Ausbau gutnachbarlicher Beziehungen, namentlich zum Dritten Reich, empfohlen wurde. Konkrete Vorstellungen über die Gestaltung dieser Beziehungen waren offiziell jedoch nicht verlautbart.

Demgegenüber hat sich keine der beiden madjarischen politischen Parteien in der Tschechoslowakei jemals auch nur bedingt zu einer positiven, staatsbejahenden Einstellung durchringen können.

Masaryk hat den Gedanken geäußert, „daß die Staaten sich durch diejenigen politischen Kräfte erhalten, durch die und aus denen sie entstanden sind“ [54].

Die innere Kraft stellte das politische Regime vor, das während des ganzen Bestehens der Republik seinen durch die Verhältnisse modifizierten, demokratischen Charakter bewahrte. Zugleich hat sich gezeigt, daß die Tschechoslowakei dadurch in einen andauernden Widerspruch zu der politischen Entwicklung der mittel-, ost- und südosteuropäischen Länder geraten ist. Dieser Umstand vertiefte noch die außenpolitische Isolation in einem Raum, in dem die nationalsozialistischen und faschistoiden Kräfte eindeutig dominierten.

Der sichtbar gewordene Schiffbruch der offiziellen außenpolitischen Linie mußte unausweichlich auch ihre innenpolitische Isolation herbeiführen. Die entsprechenden Pläne für eine Korrektur der Richtung der bisherigen Außenpolitik sind an anderer Stelle angeführt. Es ist jedoch fraglich, ob die angestrebten Kursänderungen zum Erfolg geführt hätten. Man kann wohl der englischen Historikerin E. Wiskemann beipflichten, die die Lage der Tschechoslowakei so beurteilte: „Die Wahrheit ist, daß keine wie immer geartete Politik die Tschechen retten konnte, außer — aber auch das ist nicht sicher — wenn Hitler geglaubt hätte, durch einen Angriff auf sie einen Zweifrontenkrieg in Kauf nehmen zu können ... Die Tschechoslowakische Republik repräsentierte alles, was Hitler am tiefsten zuwider war [55].“

Im Bereich der Außenpolitik gingen Masaryk und die sog. Burggruppe von der Einsicht aus — nicht unberechtigt übrigens —, daß die Existenz der Tschechoslowakei auf das engste mit der Aufrechterhaltung derjenigen Struktur Europas, die im Jahre 1918 geschaffen wurde, verbunden sei. Unter dieser Vorstellung war konkret das unveränderliche Weiterbestehen des Versailler Vertragswerkes, das Bündnis mit Frankreich, die Kleine Entente und die Wirksamkeit des Völkerbundes als Garant für die Existenz der kleinen Staaten gemeint. Aus Zeitmangel

---

der 266. Sitzung des AbgH., 27. 4. 1933, von der 12. Sitzung des AbgH., 8. 11. 1935, von der 40. Sitzung des AbgH., 29. 4. 1936. — Reden des Abg. Dr. Luschka (deutsche christlich-soziale Volkspartei). Stenographische Protokolle von der 341. Sitzung des AbgH., 4. 7. 1934, von der 40. Sitzung des AbgH., 29. 4. 1936. — Rede des Abg. R. Böhm (Bund der Landwirte). Stenographische Protokolle von der 18. Sitzung des AbgH., 7. 12. 1935. — Rede des Abg. Jaksch (deutscher Sozialdemokrat). Stenographische Protokolle von der 40. Sitzung des AbgH., 29. 4. 1936.

[54] Masaryk: Weltrevolution 386. — Antwort auf die überbrachten Glückwünsche der Nationalversammlung, der Regierung und der obersten Behörden. Masaryk: Cesta demokracie I, 258.

[55] Wiskemann, E.: The Rome-Berlin Axis. London 1959, S. 117.

ist es nicht möglich, die ganze Entwicklung auch nur in Stichworten zu verfolgen. Es sei jedoch noch vermerkt, daß sich die Stellung der Tschechoslowakei im Rahmen der komplizierten und widerspruchsvollen europäischen Entwicklung grundsätzlich zu ihrem Nachteil veränderte.

Der Widerspruch, der die Beziehungen der europäischen Staaten zueinander kennzeichnete, lag nicht so sehr im Freund-Feind Verhältnis aus den Kriegsjahren als vielmehr in der Einstellung eines jeden Staates zur Neuordnung Europas, die durch die Friedensverträge entstanden war. Gegen die eine Gruppe von Staaten, die diesen Stand als besser, gerechter und ihren Lebensinteressen entsprechender befunden hat, stand die zweite, die sich für eine Revision im kleineren oder größeren Ausmaß einsetzte. Dieser allgemein wirkende Widerspruch mußte sich unsausweichlich auch auf die tschechoslowakische Außenpolitik auswirken. Die geopolitische Lage des Staates und das eingegangene Bündnissystem machten diese Tatsache anschaulich und bewußt. Dazu zwei Aussagen.

Hubert Ripka, ein angesehener politischer Journalist der damaligen Zeit, stellte sich die Frage, ob eine andere außenpolitische Orientierung, die eine noch größere Sicherheit verbürgen würde, nicht vorteilhafter wäre. Konkret dachte er an eine Verständigung mit Deutschland bei gleichzeitiger Abgrenzung gegenüber den bisherigen Verbündeten. Er fand, daß eine solche Politik zwar möglich wäre, aber „wir müßten uns nur damit abfinden, deutsche Vasallen zu werden“ [56].

Im Gegensatz zu dieser Stellungnahme befaßte sich Kamil Krofta, damals ständiger Vertreter des Außenministers, in seiner Betrachtung, die er im Jahre 1934 veröffentlichte [57], mit der zweiten Komponente dieses Widerspruchs — mit dem Stellenwert der geschlossenen Freundschaften für die Existenz der Tschechoslowakei. Seine Schlußfolgerung, die zugleich als eindringliche Warnung gedacht war, könnte folgendermaßen umschrieben werden: Wer erwarten würde, daß die Tschechoslowakei sozusagen auf ewige Zeit nicht nur die Freundschaft der siegreichen Alliierten sondern auch ihre vorbehaltlose Unterstützung in allen Wünschen und Bedürfnissen gesichert hätte, könnte eine große Enttäuschung erleben. Die weitere Entwicklung hat diese Vorahnung bestätigt. Alle Bündnisse, die die Tschechoslowakei abgeschlossen hatte, gingen allmählich in die Brüche. Dazu machte sich die wachsende außenpolitische Isolation Frankreichs, verbunden mit dem fortschreitenden Verlust seiner Stellung als führende europäische Großmacht, bemerkbar.

Das Abkommen von München, das die im Jahre 1918 aufgebaute Struktur wesentlich veränderte, machte alle Voraussetzungen zunichte, auf denen die Existenz der Tschechoslowakei begründet war. Zuletzt blieb nur eine Möglichkeit offen — sich auf eigene Kräfte zu verlassen. Die Verteidigung der Freiheit und Unabhängigkeit, selbst wenn sich nur minimale Erfolgschancen bieten, ist das notgedrungene Gebot, um nicht später als untertäniger Bittsteller dazustehen.

---

[56] Ripka 329.
[57] Krofta, K.: Československo v mezinárodní politice [Die Tschechoslowakei in der internationalen Politik]. Zahraniční politika (1934) 20—28.

William Sheldon

DIE AMERIKANISCHE AUSSENPOLITIK GEGENÜBER DER TSCHECHOSLOWAKEI 1938

Die außenpolitischen Intentionen Franklin D. Roosevelts und seines Außenministers Cordell Hull klärten sich 1937 und 1938 immer deutlicher ab. Ihre Ziele wechselten gelegentlich und ihr Konzept war nicht immer klar sichtbar. Aber im wesentlichen verfolgten sie in der tschechoslowakischen Frage die Tendenz, die Tschechoslowakei aktiv gegen Deutschland zu unterstützen [1]. Ihre Intentionen verwirklichten sich in verschiedenem Grad in den beiden für die Tschechoslowakei relevanten Bereichen der amerikanischen Außenpolitik — der Außenwirtschaftspolitik und den im engen Sinne politischen und diplomatischen Beziehungen. Das hing mit der Konstellation von 3 Faktoren, die die amerikanische Außenpolitik zur Zeit der tschechoslowakischen Krise im wesentlichen bestimmten, zusammen: nämlich Präsident und Kabinett, Kongreß und öffentliche Meinung sowie Weltmächtesystem.

Die Tschechoslowakei in Hulls außenwirtschaftspolitischem System

Die Voraussetzungen. Im Bereich der Außenwirtschaftspolitik war der entscheidende Faktor Außenminister Hull, der die volle Unterstützung Roosevelts genoß. Kongreß und öffentliche Meinung, der zweite Faktor, hatten in diesem Bereich wenig Einfluß, da der Kongreß mit dem Trade Agreement Act 1934 dem Außenminister großen Spielraum gegeben hatte und da die Öffentlichkeit der Außenwirtschaftspolitik wenig Aufmerksamkeit schenkte, solange sie keine politischen Verpflichtungen heraufbeschwor; die politischen Implikationen der Handelsbeziehungen wußte Hull in Rücksicht auf die Isolationisten herunterzuspielen [2]. Die weltpolitische Kräftekonstellation, der dritte Faktor, setzte ihm zunächst noch keine unannehmbaren Grenzen; die Wirtschaftsgroßmacht USA konnte noch die Führung und Gestaltung der Welthandelsbeziehungen beanspruchen. Obwohl die USA mit dem Wirtschaftsblock des britischen Commonwealth und zunehmend mit der aggressiver werdenden Außenwirtschaftspolitik Japans und Deutschlands rechnen mußten, konnte die amerikanische Regierung bis 1938 in der Außenwirtschaftspolitik weitgehend ihre Intentionen verwirklichen.

---

[1] Mit meinen Ausführungen widerspreche ich der verbreiteten These von einer passiven amerikanischen Außenpolitik, bzw. einer Appeasementpolitik der USA zur Zeit der Tschechoslowakei-Krise. Für einen kurzen Überblick über die Problematik des Appeasement-Problems vgl. Kleine-Ahlbrandt, W. Laird (Hrsg.): Appeasement of the Dictators. Crisis Diplomacy? In: European Problem Studies. New York 1970 sowie die Einleitung der anregenden Untersuchung von Schröder, Hans-Jürgen: Deutschland und die Vereinigten Staaten 1933—1939. Wirtschaft und Politik in der Entwicklung des deutsch-amerikanischen Gegensatzes. Wiesbaden 1970, S. 142 (Veröffentlichungen des Instituts für europäische Geschichte Mainz 59).

[2] The Memoirs of Cordell Hull. 2 Bände. New York 1948, S. 529. In diesem Aufsatz wird nur auf Bd. 1 Bezug genommen.

2) *Ziele und Struktur von Hulls Außenwirtschaftspolitik.* In Hulls Außenwirtschaftspolitik stand die Außenhandelpolitik im Vordergrund. Deren Kernstücke waren die Meistbegünstigungsklausel und die Herabsetzung der Zölle; danach konnten alle Beteiligten unter gleichen Zoll-, Quoten- und Währungsbedingungen Handel treiben und den Vorzug reduzierter Zölle genießen. Mit dieser multilateralen Außenhandelskonzeption wurde die ökonomische Verflechtung der Länder anerkannt, eine internationale Kooperation als notwendig postuliert und ein absoluter Zuwachs am Welthandelsvolumen durch Senkung der Zölle erstrebt [3]. Die liberale Struktur der Handelsbeziehungen schien Hull der demokratischen Struktur seines Landes zu entsprechen [4]. Natürlich wollte Hull mit seiner Außenhandelspolitik die Überwindung der Depression, die Erhöhung des amerikanischen Lebensstandards und die Sicherung einer größeren wirtschaftlichen Einflußsphäre der USA erreichen. Aber er erstrebte damit auch eine internationale Ordnung, Weltfrieden und wirtschaftlichen Ausgleich [5].

Hauptgegner dieses Systems wurde Deutschland, das seit 1934 mit seinem „Neuen Plan" eine Präferenzpolitik verfolgte, eine bilaterale Außenhandelskonzeption. Unter Abbau der Meistbegünstigung führte Deutschland Quoten, Handelskontrolle, Regierungsmonopole etc. ein. Dieses System entsprach Deutschlands Anspruch zunächst auf politischen und wirtschaftlichen Einfluß und schließlich Beherrschung anderer Staaten [6].

Ernsthafte Auseinandersetzungen zwischen diesen beiden gegensätzlichen handelspolitischen Systemen erreichten ihren Höhepunkt 1934, als Deutschland die unbegrenzten Meistbegünstigungsklauseln des Handelsvertrags mit den USA von 1923 in der Hoffnung auf einen günstigeren Vertrag kündigte. Spätere deutsche Fühlung um Wiederaufnahme auch während der Krise um die Tschechoslowakei wurde zurückgewiesen [7]. Der politische Druck des amerikanischen Außenhandelssystems wuchs mit der zunehmenden Zahl der Handelspartner, 1939 waren es 21

---

[3] Schröder: Deutschland 142.

[4] Sayre, Francis B.: Reciprocal Trade Agreements. Washington 1936, S. 10 f. — Sayre, der Schwiegersohn von Woodrow Wilson, wurde 1933 zum Assistant Secretary of State ernannt. Seine Verantwortung erstreckte sich hauptsächlich auf wirtschaftliche und handelspolitische Probleme, er bereitete das Handelsprogramm vor. Vgl. Hull 356. — S. a. Sayres allgemeine Darstellung dieses Programms: The Way Forward. The American Trade Agreements Program. New York 1939. — Allen, William R.: The International Trade Philosophy of Cordell Hull, 1907—1933. The American Economic Review 43 (1953) 101—116 gibt eine kurze treffende Analyse. — Einseitig und nicht richtig ist die Interpretation von Drummond, Donald F.: Cordell Hull. An Uncertain Tradition. American Secretaries of State in the Twentieth Century. Hrsg. von Norman A. Graebner. New York 1961, S. 184—209.

[5] Hull 577. Für die Ziele des Programms vgl. auch das Reciprocal Trade Agreement with Czechoslovakia vom 7. 3. 1938. In: U. S. Department of State Executive Agreement Series No. 147 oder 53 Stat. 2293.

[6] Schröder: Deutschland 142 f.

[7] Ebenda 184 f. — Hull 594. — Akten zur Deutschen Auswärtigen Politik 1918—1945, Serie D, Bd. 1 [zitiert ADAP, D, I], S. 584 f. — Dieckhoff an das Auswärtige Amt [zitiert AA], 25. Juni 1938. — Politisches Archiv des Auswärtigen Amts [zitiert PA] Handakten (Ha Pol) Wiehl: Amerika, Bd. 11; — Foreign Relations of the United States, 1923, Bd. 2 [zitiert FRUS 1923, II], S. 29. — Ebenda 1934, II, 453.

einschließlich Groß-Britannien; die meisten waren auch Gegner der Achse. Hull verstand das Außenhandelssystem auch als politisches Instrument, mit dessen Hilfe er Deutschland zu nötigen hoffte, sich der liberalen handelspolitischen und politischen Auffassung anzupassen [8].

Deutschlands Außenhandelsinteressen kollidierten mit denen der USA vor allem in Lateinamerika, aber auch in Mittel- und Südosteuropa. In beiden Gebieten versuchten die USA die deutsche Expansion aufzuhalten. Die Tschechoslowakei war der Schlüssel für Mittel- und Südosteuropa in dieser Auseinandersetzung.

Der Verlauf der Verhandlungen zu einem Handelsabkommen zwischen der Tschechoslowakei und der USA. Der Verlauf der Vorverhandlungen, die 1935 begannen, und der eigentlichen Verhandlungen, die schließlich Anfang März 1938 zum Abschluß eines amerikanisch-tschechoslowakischen Abkommens führten, war langwierig, weil die USA und die Tschechoslowakei unterschiedliche Interessen bezüglich des Abkommens hatten.

Für die USA stand 1935 die wirtschaftliche Seite eines Vertrages mit der Tschechoslowakei ganz im Vordergrund. Die politischen Folgen eines Handelsabkommens mit der Tschechoslowakei waren selbstverständlich; sie waren nicht primäres Ziel eines Vertrages. Darum bestand Hull bei den Verhandlungen zunächst auf der strikten Einhaltung der Grundsätze seines Systems: nämlich dem Meistbegünstigungsprinzip und dem daraus folgenden Verzicht auf Präferenzverträge der Mitglieder.

Die tschechoslowakische Regierung war, wenn auch nicht einstimmig [9], an einem Handelsabkommen mit der USA aus wirtschaftlichen, aber auch aus politischen Gründen interessiert. Als ein Land, das Exportgüter produzierte [10], erhoffte es sich Zugang zu dem amerikanischen Markt; außerdem wollte die ČSR eine Einbeziehung in das deutsche Wirtschaftssystem verhindern, und schließlich erhoffte sie für sich und auch für die Donauländer Unterstützung von den USA gegen den

---

[8] Hull 524 f., 529; — Memo Moffat vom 31. 1. 1938, FRUS 1938, I, 60. — Vgl. Stimson über Hull am 24. 3. 1938, zitiert in Schröder: Deutschland 195. — Morgenthau verfolgte aktiv und bewußt eine anti-deutsche Finanzpolitik, was besonders in dem Tripartite Pact von 1936 zum Ausdruck kam. Vgl. Blum, John Morton: From the Morgenthau Diaries. 3 Bde. Bd. 1: Years of Crisis, 1928—1938. Cambridge 1959, S. 455—464. — Hulls Konzept von „economic appeasement" hat wenig gemeinsam mit dem landläufigen, von Chamberlain geprägten Begriff „appeasement". — Auch Hodža verwendete befürwortend den Begriff „Appeasement". Hodža, Milan: The New European Situation and Czechoslovakia. Prague 1938. Speech delivered in the two Chambers of Parliament at Prague on the 4th of March 1938, S. 25 (Czechoslovak Sources and Documents 24).

[9] FRUS 1935, II, 152 f.

[10] Die ČSR mußte jährlich 30 % ihrer industriellen Produktion exportieren, um überhaupt existieren zu können. Teichova, Alice: An Economic Background to Munich. International Business and Czechoslovakia 1918—1938. London 1974, S. 24 (Soviet and East European Studies). — Das Hauptwirtschaftsproblem der ČSR nach 1919, das durch den Verlust eines großen und sicheren Binnenmarktes verursacht wurde, war die Vermehrung des Auslandsabsatzes. Hildebrandt, Walter: Die kleine Wirtschaftsentente als agrarpolitisches Problem der Tschecho-Slowakei. Breslau 1938 (Schriften des Osteuropa-Instituts zu Breslau 10).

deutschen Expansionsdrang. Die tschechoslowakische Regierung wünschte eine Ausnahmeregelung in der Erfüllung des Meistbegünstigungsprinzips und in der Aufgabe der Präferenzverträge. Sie wollte die sogenannte „Donauklausel" mit in den Vertrag einbeziehen, d. h. ihre Präferenzverträge mit den Donauländern Österreich, Ungarn, Jugoslawien und Rumänien beibehalten. Je mehr der deutsche Druck auf die ČSR zunahm, um so fester beharrte sie auf der Beibehaltung dieser Klausel, und um so deutlicher argumentierten die tschechoslowakischen Politiker mit politischen Gesichtspunkten.

Auf Anfrage des tschechoslowakischen Botschafters Ferdinand Veverka in Washington im Januar 1935 bot Hull die Möglichkeit eines provisorischen Handelsabkommens an, einen „modus vivendi", der kurzfristig gekündigt werden konnte. Er sollte den zukünftigen Partnern die Vorteile der amerikanischen Meistbegünstigung gewähren und die Gelegenheit geben, eine gleichberechtigte Behandlung der amerikanischen Importe in ihrem Lande vorzubereiten. Obwohl Hull keine Ausnahmen gestatten wollte, kam am 29. März 1935 ein allerdings vorläufiges Handelsabkommen zwischen den USA und der Tschechoslowakei, doch mit Einschluß der „Donauklausel", zustande[11]. Die Tschechoslowakei konnte also die Vorteile eines bilateralen und eines liberalen Systems genießen; sie konnte eine Zollunion mit den Donauländern anstreben und zugleich ein ebenbürtiges Glied einer größeren Zoll- und Handelsunion werden.

Die ČSR bemühte sich seit dem Sommer 1935 um die Aufnahme der Verhandlungen zu einem endgültigen Handelsvertrag. Das State Department wies ihre Vorstellung mehrfach ab mit der Begründung: 1. Die Tschechoslowakei führe die Bedingungen des provisorischen Vertrages nicht aus, sie wende das Meistbegünstigungsprinzip nicht auf die amerikanischen Importe an. 2. Die Tschechoslowakei habe die „Donauklausel", die Hull immer für unvereinbar mit seinem System gehalten hatte, noch nicht modifiziert. Hull wiederholte diese Argumente im November 1935 in einer Denkschrift an die tschechoslowakische Delegation[12].

Die Erfüllung des Meistbegünstigungsprinzips war für die Tschechoslowakei nicht ohne Schwierigkeiten, da die meisten ihrer Handelspartner Währungs- und Handelskontrolle betrieben[13]. Frankreich, wichtigster Verbündeter der ČSR, genoß Vorzugsbehandlung. Nach einem Bericht des amerikanischen Botschafters in der Tschechoslowakei, J. Butler Wright, bestanden zunächst sehr gegensätzliche Auffassungen über das Meistbegünstigungsprinzip in der tschechoslowakischen Regierung, aber die Hullschen Prinzipien fanden wachsende Zustimmung[14]. Zweimal, im April und im November 1936, drohte das amerikanische State Department, den provisorischen Vertrag mit den Vorteilen der Meistbegünstigung und den reduzierten Zöllen nicht zu erneuern, wenn die Tschechoslowakei nicht selbst

[11] FRUS 1935, II, 137 ff. Für die Vorverhandlungen vgl. ebenda 137—170. — FRUS 1936, II, 24—65. — FRUS 1937, II, 238—258.

[12] Hull hatte den amerikanischen Botschafter in der ČSR, J. Butler Wright, um einen Bericht über die Wirkung des vorläufigen Vertrages gebeten. Vgl. FRUS 1935, II, 153—158.

[13] FRUS 1937, II, 253 f.

[14] Ebenda.

diesem Prinzip folge[15]. Wright berichtete aber im September 1936 über Fortschritte in den Besprechungen und im Dezember 1936 über die bedingungslose tschechoslowakische Zustimmung zu einer fairen Behandlung der US-Importe[16]. Das State Department zeigte sich in einem Gutachten vom 27. März 1937 über die tschechoslowakische Befolgung des Meistbegünstigungsprinzips befriedigt; die amerikanische Regierung war auf den Wunsch der tschechoslowakischen hin bereit, in Verhandlungen über ein endgültiges Handelsabkommen einzutreten.

Die zweite Schwierigkeit in den Vorverhandlungen, nämlich die „Donauklausel“, war damit jedoch keineswegs beseitigt. Tschechoslowakische Politiker und amerikanische Botschafter drückten ihre wachsenden Befürchtungen vor einer nationalsozialistischen Durchdringung Südosteuropas aus und unterstrichen die Notwendigkeit eines Zusammenhalts der Donauländer.

Im Januar 1936 vertraute der ČSR-Außenminister Kamil Krofta dem amerikanischen Botschafter Wright anläßlich eines Besuches des österreichischen Kanzlers Kurt von Schuschnigg an, daß die tschechoslowakische Regierung eine verstärkte Kooperation zwischen Österreich, den Mitgliedern der Kleinen Entente und Ungarn anstrebe. Wright sah darin allerdings eine größere Ausdehnung der Donauklausel, als die amerikanische Regierung akzeptieren wollte[17].

Nach dem deutsch-österreichischen Abkommen im Juli 1936, das auch ein Handelsabkommen einschloß, wuchs, wie Wright berichtete, Kroftas Besorgnis. Krofta erwartete nämlich, daß Hitler der ČSR ein ähnliches politisches und wirtschaftliches Abkommen wie Österreich anbieten werde. Wenn die ČSR annähme, würde sie sich der kleinen Entente entfremden und in den deutschen Machtbereich gezogen. Wenn die ČSR sich weigerte, gälte sie als Friedensstörer in Europa[18].

Der ernsteste und nachdringlichste Warner war George Messersmith, damals amerikanischer Botschafter in Österreich. Nach Hitlers Besetzung der entmilitarisierten Zone des Rheinlandes im März 1936 und noch einmal im September 1936 wies Messersmith das State Department eindringlich darauf hin, daß Hitler seine politische und wirtschaftliche Souveränität weiterhin über Südosteuropa ausdehnen werde; dadurch könnte er Europa vollständig beherrschen und Frankreich und Groß-Britannien in zweitrangige Positionen abdrängen[19]. Messersmith schien ein Handelsabkommen mit der Tschechoslowakei vor diesem Hintergrund zu sehen und einen baldigen Abschluß zu wünschen, selbst unter Konzessionen der USA. Nach seiner Meinung konnte bei großzügiger Auslegung des Meistbegünstigungsprinzips und mit Einschluß der „Donauklausel“ die Voraussetzung zu einer größeren ökonomischen Unabhängigkeit der südosteuropäischen Staaten geschaffen und dem deutschen Hegemoniestreben in diesem Raum entgegengetreten werden[20].

---

15 FRUS 1936, II, 28—32, 47 ff.

16 Ebenda I, 326 f.; II, 63 f.

17 Ebenda I, 182.

18 Ebenda 326—329.

19 Ebenda 220. — Vgl. auch Dodds Bericht an das State Department, ebenda 279 und Messersmith an Hamilton Fish Armstrong, 4. 8. 1936, zitiert in Schröder: Deutschland 277.

20 Schröder: Deutschland 277 f. — Retrospektiv betrachtete Sumner Welles die Schaffung einer Donauföderation als die einzige Möglichkeit, ein „wirtschaftliches

Die amerikanische Regierung hatte sich diesen Standpunkt jedoch noch nicht zu eigen gemacht; sie akzeptierte die politischen Gesichtspunkte noch nicht, sondern argumentierte weiterhin aus rein wirtschaftlicher Sicht, als schließlich die Verhandlungen zu einem endgültigen Abkommen am 10. Dezember 1937 begannen. Sie verlangte, daß die Tschechoslowakei ihre Präferenzverträge mit den Donaustaaten einschränke, wozu die tschechoslowakische Verhandlungsdelegation nicht autorisiert war [21]. Hull schrieb im Januar 1938 an den neuen amerikanischen Botschafter in Prag, Wilbur Carr, daß nach seiner Ansicht die Tschechoslowakei zu großen Wert auf den Markt der Donauländer lege, in die sie doch wenig mehr als in die USA exportiere [22]. Ende Januar erließ er an die tschechoslowakische Delegation eine ultimatumsähnliche Weisung [23].

Messersmith, inzwischen nach Washington als Assistant Secretary of State berufen, warnte im Februar 1938 noch einmal in einer tiefdringenden Analyse, die Hull an Roosevelt weiterreichte. Messersmith kritisierte scharf die englische und französische Appeasementpolitik, deren erstes Opfer Österreich war und deren zweites die Tschechoslowakei sein würde. In diesem Zusammenhang wies er abermals auf die Wichtigkeit eines Handelsabkommens hin: Diese Entwicklungen „haben ein sehr reales Interesse für uns, denn diese Länder in Südosteuropa haben lange auf ein Handelsabkommen mit uns als einen konstruktiven Schritt zu wirtschaftlichem Frieden gewartet. Man hat unsere Verhandlungen mit der Tschechoslowakei genau verfolgt, und jedes dieser Länder hat gehofft, daß Verhandlungen zwischen ihnen und uns folgen würden. Deutschland fürchtete unser Programm von Handelsabkommen; da es aber nun auch in dieser Richtung zu expandieren beginnt, sehe ich geringe Aussichten für unseren Fortschritt in Südosteuropa“ [24]. Noch deutlicher drückte der neue tschechoslowakische Botschafter in Washington, Vladimír Hurban, seine Besorgnis aus. „Man müsse befürchten, daß Deutschland plane, Österreich und die ČSR mit politischen Mitteln zu beherrschen, während die Donau- und Balkanländer in die Großraumwirtschaft Deutschlands durch umfassende Zollabkommen wirtschaftlich eingegliedert werden sollten.“ Der tschechoslowakische Botschafter hoffte, daß die USA angesichts dieser Entwicklung „nicht starr auf der Sprache in unserem Handelsabkommen bezüglich der Donauklausel beharren [wür-

---

Chaos“ in den Donauländern zu verhindern. Welles, Sumner: The Time for Decision. New York 1944, S. 20. — Hodžas Erwartungen waren optimistisch: „It is to be noted with satisfaction to-day that all-round progress has been achieved in the organization of economic cooperation among the Danubian States. So far this progress has manifested itself in supplementing the network of commercial treaties, so that to-day this network, from standpoint of both Czechoslovakia and the whole Danubian area, is complete. The progress that I wish to note to-day lies in the fact that the evolution towards a recognition of exceptions to the most-favoured nation clause is showing satisfactory advance.“ Hodža: New European Situation 27.

21 FRUS 1937, II, 251.

22 FRUS, 1938, II, 225. Auch aus jugoslawischer Sicht waren die Versuche, „aus der Kleinen Entente einen Wirtschaftsblock zu machen“, „zu völliger Harmlosigkeit“ verurteilt. — Schröder, Hans-Jürgen: Südosteuropa als ‚Informal Empire‘ Deutschlands. JbGO 23 (1975) 87.

23 FRUS 1938, II, 228.

24 Ebenda I, 20 ff.

den]; denn, sagte er, eine Donauallianz scheine der einzige Weg, um erfolgreich die Verwirklichung des oben gezeichneten Planes zu verhindern"[25].

Nur drei Wochen später und wenige Tage vor dem Anschluß Österreichs, am 7. März 1938, wurde das tschechoslowakisch-amerikanische Handelsabkommen unterzeichnet, und zwar unter Einschluß der „Donauklausel". Über die Gründe für den plötzlichen Wechsel in Hulls Haltung werden wahrscheinlich die Akten des State Department in den National Archives in Washington und die in den USA verstreut aufbewahrten Nachlässe Hulls und seiner Mitarbeiter genaue Auskunft geben; sie waren mir jetzt nicht zugänglich. Man darf aber doch als wahrscheinlich annehmen, daß politische Überlegungen, wie sie Messersmith und Hurban eindringlich formuliert hatten, entscheidend dazu beitrugen, daß Hull schließlich doch der Tschechoslowakei ihre Präferenzverträge mit den Donauländern gestattete, die er Argentinien und Brasilien abgeschlagen hatte.

Die Erwartungen, welche die ČSR bezüglich des Abkommens hegte, drückte Jan Masaryk, der tschechoslowakische Botschafter in London, im August 1938 aus: wachsende wirtschaftliche Unabhängigkeit der ČSR von Deutschland, Hoffnung auf eine ähnliche Entwicklung in den Donauländern und Aussicht auf ein Anhalten der deutschen Expansion im Südosten Europas[26]. Für Deutschland bedeutete dieser Vertrag — zusammen mit dem in Kürze erwarteten britisch-amerikanischen Handelsabkommen — eine „handelspolitische Einkreisung", wie der deutsche Botschafter in Washington, Hans Dieckhoff, bemerkte[27]. Am Tage des Abschlusses dieses Abkommens bemerkte Hennen im Auswärtigen Amt: „Unsere heutige handelspolitische Lage gegenüber Amerika ergibt sich am klarsten aus der Erwägung, daß wir geographisch durch die Hullsche Handelspolitik nahezu völlig eingekreist sind. Alle wichtigen Industrieländer Europas: Schweiz, Frankreich, Belgien, Holland, Italien, Schweden, Tschechoslowakei und in erster Linie auch England genießen die vertragliche Meistbegünstigung und weitgehende Zollermäßigungen. Von den Vorteilen all dieser Verträge ist durch besondere Proklamation des Präsidenten jeweils Deutschland allein ausgenommen[28]." — Weder die Erwartungen Masaryks noch die Befürchtungen im Auswärtigen Amt haben sich erfüllt. Auf Hitlers Politik in Südosteuropa hat das tschechoslowakisch-amerikanische Abkommen keinen Einfluß gehabt. Das hatte Messersmith bereits im Februar 1938 vorausgesehen:

---

25 Ebenda II, 229 f. — Schon am 4. März konnte Hodža von Fortschritten in diesen Verhandlungen berichten. Siehe Anm. 20.

26 Jan Masaryk sagte: „Exports from Czechoslovakia to Germany have been gradually reduced in order to lessen Czechoslovakian economic dependence on Germany to a point where Czechoslovakian exports to Germany including Austria, represent only 19 % of their total exports. They were formerly 40 % to Germany alone. Any corresponding weakening of the economic ties of the Danubian countries on Germany would therefore contribute to strengthening the position of Czechoslovakia and blocking Germany's expansion to the East. . . . Concluding his remarks Masaryk said that his country would always be grateful to the United States for the generous attitude they took in negotiating the trade agreement which had been of invaluable assistance to his country." FRUS 1938, I, 546 f.: Johnson an Hull, 16. 8. 1938.

27 ADAP DI, 584 ff., 594. — Vgl. Schröder: Deutschland 192.

28 PA Handakten (Ha Pol) Wiehl: Amerika. Bd. 12: Aufzeichnung Hennen für Wiehl vom 11. 3. 1938. — Vgl. auch Schröder: Deutschland 192.

„Denn welchen Wert haben unsere Abmachungen zwischen unabhängigen Staaten, wenn ein internationaler Gangster mit gezogener Pistole wirtschaftliche Unterwerfung erzwingt[29]?" — Immerhin hatte Hull rückblickend die Genugtuung, daß seine Handelsverträge insofern die Absteckung der feindlichen Lager bestimmt hatten, als sich die Vertragspartner im Zweiten Weltkrieg in der Anti-Hitler-Koalition wiederfanden[30].

Der politisch-diplomatische Aspekt der amerikanischen Außenpolitik gegenüber der Tschechoslowakei 1938

Die Voraussetzungen. Während Hull und Roosevelt ihre Intentionen im Bereich der Außenhandelspolitik bis Ende 1938 weitgehend verwirklichen konnten, war im Bereich der politisch-diplomatischen Beziehungen im engeren Sinne ihr Spielraum viel stärker eingeschränkt. Die beiden einengenden Faktoren waren die vorwiegend isolationistisch orientierte öffentliche Meinung und der Kongreß einerseits und der Führungsanspruch Groß-Britanniens in Europa andererseits.

Der Isolationismus der öffentlichen Meinung und des Kongresses entsprang der Abneigung und der Furcht vor einer abermaligen Beteiligung der USA an einem Krieg. Mit 3 Neutralitätsgesetzen legten sich die Amerikaner 1935, 1936 und 1937 eine strenge außenpolitische Selbstbeschränkung auf[31]. Wie stark das isolationistische Element auch noch Anfang 1938 war, zeigt die nur knappe Mehrheit im Kongreß gegen das Ludlow-Amendment; danach wäre — außer im Falle eines direkten Angriffes auf die USA, ihre Territorien oder die Westliche Hemisphäre — zur Kriegserklärung ein nationales Referendum nötig geworden. Ihre Sicherheit sahen die Isolationisten nicht von Hitlers Politik gegen die Tschechoslowakei bedroht. Sie betrachteten zunächst die junge Republik mit Wohlwollen und erwarteten deren Verteidigung von England und Frankreich, jedoch ohne jede eigene Verpflichtung[32]. Auf dieses isolationistische Sentiment mußten Roosevelt und seine Regierung 1938 mehr denn je Rücksicht nehmen, da die Popularität des Präsidenten im Sinken war; man warf ihm diktatorische Praktiken vor, auch unter seinen Anhän-

---

[29] FRUS 1938, I, 22.

[30] Hull 365.

[31] Keppler, Kurt: Die Neutralitätspolitik der Vereinigten Staaten von Amerika. Beiheft zum Bd. 24 (1941) der Zeitschrift für Völkerrecht. Berlin 1940. — Hull 397 ff.

[32] Krofta erkannte die Bedeutung der öffentlichen Meinung für die Außenpolitik der USA. Er schätzte die „active intervention of the United States and President Roosevelt" und bemerkte mit Genugtuung einen allmählich entstehenden Interventionismus bezüglich des Fernen Ostens in der öffentlichen Meinung. Krofta, Kamil: Czechoslovakia and the International Situation at the Beginning of 1937. Rede gehalten in Prag am 2. 3. 1937. Prague 1937, S. 18 f. (Czechoslovak Sources and Documents 19). — S. a. Krofta, Kamil: Czechoslovakia and the International Tension. Rede gehalten in Prag am 11. 11. 1937. Prague 1937, S. 23—26 (Czechosolvak Sources and Documents 21). — In seiner Beurteilung von Kroftas Rede vom 2. 3. 1937 hob der deutsche Botschafter in Prag, Eisenlohr, hervor, „in welchem Maße die Tschechoslowakei bereits Verständnis, Anlehnung und Schutz bei den Vereinigten Staaten von Amerika und vor allem bei England gefunden zu haben glaubt . . ." PA Botschaft Washington Po 3 Tschechoslowakei 248/2: Eisenlohr an AA vom 4. 3. 1937.

gern wuchs die Zahl der Kritiker am New Deal. Bei den Kongreß- und Gouverneurwahlen 1938 trugen die oppositionellen Republikaner den Sieg davon [33].

Der zweite einengende Faktor lag in der Kräftekonstellation: England beanspruchte zur Zeit der Krise um die Tschechoslowakei die Führungs- und Vermittlerrolle in Europa. Der britische Premierminister Neville Chamberlain glaubte, sich mit Hitler verständigen zu können und hielt, im Gegensatz zu seinem Außenminister Anthony Eden, eine Annäherung an die USA nicht für nötig. Ja, er und kräftige Pressure Groups in der Conservative Party fürchteten ein wachsendes wirtschaftliches Übergewicht der USA und zögerten, die Verhandlungen mit den USA über ein Handelsabkommen zu Ende zu führen [34]. Roosevelt machte auf Vorschlag des Under-Secretary of State Sumner Welles einen Vorstoß zur Lösung der europäischen Probleme: er wollte am 22. Januar 1938 eine europäische Sicherheitskonferenz nach Washington einberufen. Chamberlain lehnte diesen Plan jedoch ab. Von nun an ergriff Roosevelt nicht mehr die Initiative in europäischen Fragen, sondern überließ sie Frankreich und besonders Groß-Britannien. Er stand in der Tschechoslowakei-Krise, wie allen Beteiligten klar war, hinter diesen beiden Staaten, wenn er auch ihre Appeasementpolitik mißbilligte [35].

Der dritte entscheidende Faktor der amerikanischen Außenpolitik neben dem Weltmächtesystem und dem Kongreß und der öffentlichen Meinung waren Hull und Roosevelt; sie gewannen die Einsicht, daß angesichts des Hegemonialstrebens der Achsenmächte die Handelspolitik Hulls an seine Grenzen gekommen war [36]. Der Internationalismus, auf dem Hulls Handelssystem beruhte, setzte ein intaktes Gleichgewicht der Mächte, eine Bereitschaft zur friedlichen Lösung von Konflikten und zur Bewahrung des „status quo“ voraus. Seit Mitte der 30er Jahre begann der „status quo“ im Fernen Osten und in Europa zu zerbrechen; damit war das Ende einer internationalistischen Politik gekommen. Hull und Roosevelt waren beide Interventionisten, was sich in Roosevelts Politik viel deutlicher als in Hulls manifestierte. Beide waren von dem Expansionsdrang und der Unersättlichkeit

---

[33] In den Wahlen Ende 1938 gewannen die Republikaner 8 Mandate im Senat, 81 Mandate im Repräsentantenhaus und 11 Governorships in den Bundesländern. Viele Demokraten und die meisten Republikaner vertraten zu dieser Zeit eine isolationistische Außenpolitik. Die innenpolitischen Fehler von Woodrow Wilson wollte Roosevelt nicht wiederholen. Langer, William L. / Gleason, S. Everett: The World Crisis and American Foreign Policy. 2 Bde. Bd. 1: The Challenge to Isolation. 1937—1940. New York 1952, S. 39. In diesem Aufsatz wird nur auf Bd. 1 Bezug genommen.

[34] Für die Entwicklung von Chamberlains Einstellung über ein Handelsabkommen mit den USA vgl. Schatz, Arthur W.: The Anglo-American Trade Agreement and Cordell Hull's Search for Peace. Journal of American History 57/1 (1970) 93, 97 ff. — Vgl. auch Kreider, Carl: The Anglo-American Trade Agreement. A Study of British and American Commercial Policies, 1934—1939. Princeton 1943, 38 ff.

[35] Celovsky, Boris: Das Münchener Abkommen 1938. Stuttgart 1958, S. 32—35, 245—250 (Quellen und Darstellungen zur Zeitgeschichte 3). — „The reply made by Neville Chamberlain [to the Roosevelt proposal] was in the nature of a douche of cold water.“ Welles 66 ff. — Hull 573.

[36] In der Zeit der ČSR-Krise äußerte sich Roosevelt Morgenthau gegenüber: „Henry, these trade treaties are just too goddamned slow. The world is marching too fast. They're just too slow.“ Blum I, 524.

Hitlers sowie der drohenden kriegerischen Auseinandersetzung mit ihm überzeugt [37]. Beide sahen in Hitlers Politik eine gefährliche Bedrohung des Weltfriedens, der Sicherheit und der Interessen der USA. Sie mahnten die amerikanische Öffentlichkeit vielfach, daß die USA nicht im Isolationismus verharren dürften; sie warnten die Aggressoren, daß die USA in einem Konfliktfall wohl nicht unbeteiligt bleiben könnten; sie ermutigten dadurch die von den Achsenmächten bedrohten Länder. Sie betrieben die Wiederaufrüstung mit dem Argument einer notwendigen nationalen Sicherheit; Roosevelt wünschte seit 1938 die Neutralitätsgesetzgebung, die die Verwirklichung seiner interventionistischen Konzeption verhinderte, abzubauen. Vor allem wollte er das Gesetz über das Waffenembargo mildern und nur auf die angreifenden, nicht auf die angegriffenen Staaten beschränkt haben. Beide hielten einen harten Kurs gegen Deutschland für notwendig. Hull kritisierte mehrere Aktionen seines Under-Secretary of State, Sumner Welles, die er für Beschwichtigungspolitik hielt [38]. Hull und Roosevelt billigten die britische Appeasementpolitik nicht. Schon im Januar 1938 kritisierte das State Department eine englische Anerkennung der italienischen Eroberung Äthiopiens: wenn England auf ein Ultimatum hin die Anerkennung ausspreche, ließe es sich erpressen, und das wiederum würde zu unvorstellbaren deutschen Forderungen führen. Roosevelt erkannte im April nur die Friedlichkeit des englisch-italienischen Abkommens an [39].

Roosevelt war auch zu einer aktiven Unterstützung eines harten Kurses bereit. Jedoch war die amerikanische Außenpolitik voller Doppeldeutigkeit; denn sie bewegte sich in dem Spannungsfeld von interventionistischer Politik und hartem Kurs des Präsidenten und des Secretary of State einerseits und dem isolationistischen

---

37 Am 8. 12. 1937 schrieb Roosevelt an seinen neuen Botschafter in der UdSSR, Davis: „It was perfectly clear that there was no possibility of doing anything to divert the forces in Germany, which under Hitler's concept of world domination and conquest, were driving inevitably to war." D a v i s, Joseph E.: Mission to Moscow. New York 1943, S. 255. — Vgl. auch M o l t m a n n, Günter: Die USA 1936—1939. In: Weltpolitik 1933—1939. Göttingen 1973, S. 152.

38 Welles hielt es noch 1937 und Anfang 1938 für möglich, mit Deutschland (aber nicht mehr mit Japan) zu verhandeln. Im Herbst 1937 schlug er Roosevelt einen Aufruf zu einer Weltfriedenskonferenz, im Januar 1938 die Abhaltung einer europäischen Sicherheitskonferenz vor. Hull nannte die Vorschläge „concept bargain". Die Verwirklichung der Vorschläge scheiterten an Hulls, bzw. Groß-Britanniens Widerstand. F R U S 1938, I, 11. — Vgl. auch Welles Ansprache vor der Presbyterian Social Union in Baltimore/ Maryland vom 24. 5. 1938. Exemplar in PA Pol Abt IV, Po 3, Tschechoslowakei/USA. — H u l l 591—595.

39 E d e n, Anthony, Earl of Avon: Facing the Dictators. Boston 1962, S. 632 f. — Vgl. O f f n e r, Arnold A.: American Appeasement. United States Foreign Policy and Germany, 1933—1938. Cambridge 1969, S. 233 f. — F R U S 1938, I, 147 f. — L a n g e r / G l e a s o n 30. — Roosevelt schrieb an Cudahy: „Over here there is the same element that exists in London. Unfortunately, it is led by so many of your friends and mine. They would really like me to be a Neville Chamberlain — and if I would promise that the market would go up and they would work positively and actively for the resumption of prosperity. But if that were done, we would only be breeding far more serious trouble four or eight years from now." R o o s e v e l t, Elliot (Hrsg.): F. D. R. His Personal Letters. 1928—1945. 2 Bände. Bd. 2. New York 1950, S. 776: F D R an John Cudahy, 16. 4. 1938.

Sentiment eines großen Teils der Öffentlichkeit und der Appeasementpolitik Groß-Britanniens und Frankreichs andererseits. Roosevelt und Hull fürchteten den Widerstand der Isolationisten, wollten sie aber doch zugleich für eine interventionistische Politik umstimmen. Sie billigten nicht Chamberlains Appeasementpolitik und wollten doch Groß-Britannien und Frankreich deutlich gegen Hitler unterstützen.

In der Verfolgung der politischen Konzeption unterwarf sich Hull mehr als Roosevelt den Spielregeln der Isolationisten[40]. Er zeigte keine Zähne und hielt sich in seiner öffentlichen Funktion eng an den Geist und an den Buchstaben der Neutralitätsgesetze. Er beschränkte daher seine Aktivitäten auf Friedensappelle, auf Enthaltsamkeit in Äußerungen und Handlungen und höchstens auf doppeldeutige Reden. Auch zur Zeit der Krise um die Tschechoslowakei nahm er sorgfältig auf die Neutralitätsgesetze und die Isolationisten Rücksicht: er vermied einerseits alles, was als eine Unterstützung der englischen Appeasementpolitik gedeutet werden und andererseits alles, was England als eine Aufmunterung, in den Krieg einzutreten, auffassen konnte[41]. — Diese Haltung resultierte oft in Passivität, die Roosevelt nicht bei allen Gelegenheiten zu üben bereit war. Er entfernte sich öfters vom Geist der Neutralitätsgesetze; bedeutendstes Beispiel ist seine Quarantänerede vom 5. Oktober 1937, in der er eine — nie spezifizierte — Quarantäne gegen Aggressoren, in diesem Fall gegen die Japaner, forderte[42]. Während der Tschechoslowakei-Krise wurde sein interventionistischer Kurs auch der Öffentlichkeit immer deutlicher; wegen der isolationistischen Reaktion mußte er allerdings gelegentlich dementieren, zurücknehmen oder sich auf vertrauliche, persönlich-diplomatische Kommunikation beschränken.

Während der Krise um die Tschechoslowakei hat Roosevelt selbst seine Politik mit der Wendung „methods short of war" — Methoden, die sich bis zum Rande des Krieges bewegen — bezeichnet. Erst in der Neujahrsansprache vor dem Kongreß, am 4. Januar 1939, konnte er sie öffentlich darlegen: „Worte können wirkungslos sein, aber Krieg ist nicht das einzige Mittel, um eine angemessene Achtung für die Meinungen der Menschheit zu erwirken; es gibt Methoden ‚short of war', aber stärker als bloße Worte, die den Regierungen der Aggressoren die gesamte Meinung unseres Volkes klarzumachen vermögen[43]."

---

[40] Vgl. Morgenthau über Hull zu Roosevelt: „ ‚You know Mr. Hull', he said to Roosevelt, ‚as represented to the public, is about 100 per cent different from the real Mr. Hull'." Blum I, 519.

[41] Vgl. FRUS 1938 I, S. 515, 568 f., 599, 638 f., 676.

[42] In der ČSR wurde diese Rede als Unterstützung verstanden und begrüßt. Otto D. Tolischus berichtete aus Prag in der New York Times, 8. 11. 1937: „President Roosevelt's Chicago speech against dictatorships was applauded in all Czechoslovakian movie theaters with almost pathetic eagerness." — Vgl. auch Krofta: Rede vom 11. 11. 1937, 25. — Mit Recht bezeichnete Thomsen diese Rede als „ersten Kilometerstein" in der Entwicklung der amerikanischen Volksstimmung, sie wende sich von einer ehrlich gewollten Erhaltung der Neutralität ab. PA Handakten (Ha Pol) Wiehl: Amerika. Bd. 14: Thomsen an AA vom 23. 2. 1941.

[43] Rosenman, Samuel I. (Hrsg.): The Public Papers and Addresses of Franklin D. Roosevelt. 1939 Volume: War-And Neutrality. New York 1941, S. 3. — Für die Diskussionen mit Hull über diesen Begriff vgl. Hull 612.

Für die amerikanische Außenpolitik zur Zeit der Krise um die Tschechoslowakei ergibt sich also folgende Frage: Welche außenpolitische Maßnahmen hat die amerikanische Regierung in der Auseinandersetzung von Interventionismus und Isolationismus und von hartem Kurs und Appeasementpolitik ergriffen. Die Frage, ob die USA Appeasementpolitik betrieben haben oder nicht, trifft nicht die Situation. Es kann aber gefragt werden, ob die Interventionisten die neutrale Rolle ihres Landes änderten, ob die Interventionisten appeasementfreundliche oder -feindliche Intentionen hatten und ob die tatsächlich betriebene Politik die Wirkung von Appeasement hatte oder nicht.

Die amerikanische Außenpolitik von der Maikrise bis zum Münchener Abkommen. Die amerikanische Außenpolitik der Tschechoslowakei gegenüber durchlief von der Maikrise bis zum Münchener Abkommen 3 Phasen. 1. Während der Maikrise war sie tastend und zurückhaltend; die Regierung nahm große Rücksicht auf die Isolationisten, beobachtete die englische und französische Politik und unterstützte vorsichtig deren harten Kurs. 2. Ab August, als sich die Krise in den Augen der Amerikaner zuspitzte, wagte sich Roosevelt mit seiner Unterstützung eines harten Kurses an die Öffentlichkeit. Er wollte England zum Widerstand ermutigen, Hitler drohen und die Isolationisten zum Interventionismus führen. Da diese Politik aber bei den Isolationisten heftige Kritik hervorrief und wenig Resonanz bei Chamberlain fand, zog Roosevelt sich von der öffentlichen Plattform auf die persönlich-diplomatische Ebene zurück. 3. Nach Hitlers Ultimatum vertrat und forderte Roosevelt nicht mehr einen harten Kurs, seine politischen Maßnahmen waren Friedensappelle und Versuche, Verhandlungen wieder in Gang zu bringen.

Für die amerikanische Regierung kam die Tschechoslowakei-Krise nicht unerwartet. Seit 1936 hatte Messersmith vor der nationalsozialistischen Durchdringung Südosteuropas gewarnt[44]. Im Februar 1938 gab Messersmith der Tschechoslowakei angesichts der englischen und französischen Appeasementpolitik nur noch 4 oder 5 Monate[45]. Wenige Tage nach dem Anschluß sagte Roosevelt zu Morgenthau, er glaube schon seit 3 Monaten, daß Deutschland die Tschechoslowakei im Sturm nehmen werde[46]. Die ČSR hatte sich seit 1937 leise Hoffnungen auf amerikanische Hilfe im Falle einer Krise gemacht[47]; aber trotz des Abschlusses eines Handelsabkommens,

---

[44] FRUS 1936, I, 220, 279. Schon 1935 warnte der USA-Botschafter in Berlin, Dodd, davor. Dallek, Robert: Beyond Tradition: The Diplomatic Careers of William E. Dodd and George S. Messersmith, 1933—1938. South Atlantic Quarterly 66 (Spring 1967) 237.

[45] FRUS 1938, I, 19.

[46] Blum I, 501.

[47] Vgl. die oben zitierten Reden von Krofta. — Dieckhoff meldete nach Berlin, daß die Tschechoslowakei Hoffnung auf Unterstützung der USA hegte. PA Botschaft Washington Po 3 Tschechoslowakei 248/2. — Die tschechoslowakische Propaganda in den USA hob eine geistige Verwandtschaft und die historischen Beziehungen zwischen den USA und der ČSR hervor. Am 8. 3. 1937 funkte Jan Masaryk einen Gruß an die USA. Er sagte, das tschechoslowakische Geistesgut käme aus Amerika; er glaube an den Endsieg der Demokratien, die jetzt gefährdet seien; er bekenne sich zu den Idealen von Washington, Lincoln und Masaryk; er lehne den Rassenhaß ab. „Wir rechnen mit Eurer

trotz der bedrohlichen Lage nach dem Anschluß und der starken Kritik der amerikanischen Presse an diesem Ereignis war das State Department zu keiner derartigen Zusicherung bereit[48]. Freilich verhehlte das State Department Dieckhoff gegenüber nicht seinen „ohnmächtigen Zorn". Außerdem verlangte zu diesem Zeitpunkt Hull öffentlich die Aufrüstung. Schließlich strich er wenige Tage später in der Antrittsrede Kennedys, des neuen amerikanischen Botschafters in London, den Passus, daß die USA England auch im Falle eines Krieges keine Unterstützung geben würden[49].

In der Maikrise wurde das tschechoslowakische Problem akut. Am 20. Mai mobilisierte die Tschechoslowakei mit der Begründung, daß deutsche Truppenbewegungen auf die Grenze der ČSR hin stattfänden. Die Franzosen versicherten, daß sie im Falle eines Angriffs auf die Tschechoslowakei zu ihrer Garantie ständen; England ließ in Berlin warnen, daß es auf der Seite Frankreichs stehen würde, wenn Frankreich seinem Bundesgenossen zu Hilfe käme. Die USA hielten sich zunächst zurück. William C. Bullitt, der im allgemeinen appeasementfreundliche amerikanische Botschafter in Paris, schlug vor, daß Roosevelt bei einem drohenden Zusammenstoß die Beteiligten zu einer Konferenz in Den Haag zusammenrufen sollte; Washington ging auf diesen Vorschlag nicht ein. Der amerikanische Botschafter in Berlin, Hugh R. Wilson, wollte mit seinem Amtskollegen in Prag, Carr, in Berlin und in Prag gleichzeitig auf eine friedliche Lösung des Konflikts drängen. Hull riet von diesem Vorhaben ab. In Befolgung des Prinzips der Nichteinmischung enthielt sich die Regierung zunächst jeden öffentlichen Kommentars. Erst am 28. Mai wies Hull in einer Erklärung auf den Kelloggpakt und auf die unvorhersehbaren Konsequenzen jedes Ausbruchs von Feindseligkeiten hin[50]. — Über Roosevelts Haltung in der Maikrise berichtete der französische Botschafter in Washington, Saint-Quentin, am 26. Mai in einem geheimen Telegramm: Roosevelt habe sehr offen auf die immer größer werdende Kühnheit der Diktatoren hingewiesen und bedauert, daß sie schon zu lange straflos ausgegangen seien. Er freue sich darüber, daß Frankreich und England in der tschechoslowakischen Angelegenheit mit einem Schlag Einhalt geboten haben. Von den anderen Äußerungen, deren amtliche Bestätigung das Außenministerium sicherlich verweigern würde, habe ich folgende Erklärung behalten, die er mit abgewandtem Kopf wie zu sich selbst und

---

Führerschaft . . . Wir wissen, daß Ihr uns nicht enttäuschen werdet und daß mit Eurer Hilfe und der Hilfe Englands der Friede, den die Welt so braucht, erhalten werden wird." Prager Presse, 8. März 1937. In: Ebenda.

[48] Sumner Welles antwortete auf die Vorstellung des tschechoslowakischen Botschafters, daß die USA eine Neutralitätspolitik verfolgten, sie hätten nichts in Österreich unternommen und beabsichtigten auch nicht, etwas zu unternehmen. FRUS 1938, I, 485 f. — Über Hulls ablehnende Bemerkung zum Anschluß: Ebenda 467. — Vgl. auch Celovsky 141 f. — In der deutschen diplomatisch-politischen Korrespondenz, Berlin, wurde am 22. 4. 1938 zu der wirtschaftlichen Bedeutung des Anschlusses für die ČSR berichtet: „Durchaus mit Recht erklärt der Minister, daß das Verschwinden Österreichs eine selbständige wirtschaftliche Organisierung des Donauraumes schwierig, wenn nicht unmöglich gemacht habe." PA Botschaft Washington Po 3 Tschechoslowakei 248/3.

[49] Offner 238.

[50] FRUS 1938, I, 520 f.

im Tone innerster Überzeugung äußerte: „Sollte Frankreich untergehen, so würden wir ganz offenbar mit ihm untergehen[51].“

Die USA, Frankreich und England überzeugten sich bald, daß keine deutsche Truppenbewegung auf die tschechoslowakische Grenze hin stattgefunden hatte. Franzosen und Engländer waren über die tschechoslowakische Bedrohung des Friedens verärgert. Daladier dankte Deutschland öffentlich für seine „Entschlossenheit zum Frieden“, der er privat die Unverantwortlichkeit von Beneš gegenüberstellte[52]. Der französische Regierungschef Bonnet ließ durch Bullitt und Saint-Quentin die amerikanische Regierung bitten, sie möge „der tschechoslowakischen Regierung Zurückhaltung und Kompromiß anraten“[53]. Sumner Welles folgte dieser Aufforderung in einer Rede am 24. Mai, die an Doppeldeutigkeit kaum zu übertreffen war. Seine Rede enthielt u. a. auch das übliche Plädoyer für Frieden und Verhandlungen. Die Presse, die in der Maikrise zum größten Teil hinter der Tschechoslowakei stand, sah in dieser Bemerkung keine Ermahnung der Tschechoslowakei, sondern vielmehr Deutschlands. Der deutsche Botschafter in Washington, Dieckhoff, schrieb über diese Rede einen aufschlußreichen, bisher in der Forschung unbeachteten Bericht nach Berlin: „In der Rede des Unterstaatssekretärs hat der Pressechef des Staatsdepartments dem hiesigen DNB-Vertreter, Herrn Dr. Sell, mitgeteilt, daß die Rede auf die internationale Situation, insbesondere auf die Ereignisse in der Tschechoslowakei, zurückzuführen sei. Am Ende der vergangenen Woche habe sich die Lage in der Tschechoslowakei so zugespitzt, daß es eine Zeitlang schien, als ob die tschechoslowakische Regierung nur noch einer kleinen Ermutigung von Frankreich oder Amerika bedürfe, um loszuschlagen. Sumner Welles habe bewußt mit seiner Rede klar zum Ausdruck gebracht, daß Amerika diese Ermutigung nicht geben wolle. Der Pressechef, dessen Äußerung ich streng vertraulich zu behandeln bitte, hat Herrn Dr. Sell nahegelegt, mir seine Erklärung mitzuteilen[54].“ Mit dieser vertraulichen Erklärung gab Sumner Welles die von Frankreich erbetene Unterstützung für das friedfertige Verhalten Deutschlands, ohne das Bild der amerikanischen Öffentlichkeit von Deutschland als Aggressor und der Tschechoslowakei als Opfer zu verwirren[55]. Nach anfänglich hartem Kurs verfolgten Frankreich und Groß-Britannien mit ihrem öffentlichem Lob für das deutsche Verhalten und mit der weniger öffentlichen Kritik für das tschechoslowakische ihre Verständigungspolitik mit Deutschland; die USA vermieden mit ihrer geheimen Botschaft diesen Ein-

---

51 Archivkommission des Auswärtigen Amtes. Roosevelts Weg in den Krieg. Geheimdokumente zur Kriegspolitik des Präsidenten der Vereinigten Staaten. Berlin [1943], S. 44; vgl. für England S. 42.

52 Braddick, Henderson B.: Germany, Czechoslovakia and the „Grand Alliance“ in the May Crisis, 1938. Denver 1969, S. 41 f. (The Social Science Foundation and Graduate School of International Studies. University of Denver, Vol. 6, Monograph No. 2); vgl. für England S. 42.

53 FRUS 1938, I, 517 f.

54 PA Pol Abt IV — Tschechoslowakei, Po 3 Tschechoslowakei — USA.

55 „Die Presse hatte nicht einmal recht die Tatsache herausgestellt, daß Deutschland keine Truppenverschiebungen zur tschechoslowakischen Grenze vorgenommen hatte; für sie war die Tschechoslowakei zusammen mit Frankreich und England das Bollwerk des Friedens.“ PA Botschaft Washington Po 3 Tschechoslowakei 248/3: Telegramm Dieckhoffs an AA vom 24. 5. 1938.

druck. Dieckhoff faßte die vertrauliche Mitteilung auch nicht als amerikanische Bereitschaft zu einer Verständigungspolitik auf, und schloß seinen Bericht lapidar und kritisch: „daß er [Welles] eine wirklich ernst gemeinte Ermahnung an die tschechoslowakische Regierung in sehr viel klarerer und unmißverständlicherer Form hätte zum Ausdruck bringen müssen“ [56]. Tatsächlich war jedoch zu diesem Zeitpunkt das Vertrauen der USA, wie auch Groß-Britanniens und Frankreichs, in die Regierung Beneš und die Absichten der ČSR gesunken. Die Großmächte fürchteten, daß ein kleines Land sie abermals gegen ihren Willen in einen Krieg verwikkeln könnte [57].

Seit Juni versuchte die englische Regierung mit der Tschechoslowakei Verhandlungen zu führen und die Tschechoslowakei zu Verhandlungen und Konzessionen mit der Sudetendeutschen Partei zu bewegen. Die Einstellung des amerikanischen State Department zur Sudetenfrage charakterisierte Hans Thomsen, der erfahrene Geschäftsführer der deutschen Botschaft in Washington, folgendermaßen: „. . . auch diese Kreise haben ihre Zweifel, ob eine Lösung der sudetendeutschen Frage in dem von uns angestrebten Sinne [d. h. für ihn: eine kulturelle und Verwaltungs-Autonomie] überhaupt möglich ist, ohne automatisch die unerwünschte Zertrümmerung des tschechoslowakischen Staatsgebildes zur Folge zu haben.“ Der deutsche Volksteil würde bei Autonomie seine Verwaltung nach den Prinzipien der deutschen „Diktatur“ gestalten und damit der Gesamtstaat auseinanderbrechen, im Gegensatz zur Schweiz, wo unter den drei Nationalitäten völlige Harmonie der demokratischen Grundauffassung bestehe. Ein Ausweg aus diesem Dilemma sei noch nicht gefunden [58].

Mitte August 1938 entstand in Washington der Eindruck drohender Kriegsgefahr [59]. In Depeschen berichteten Bullitt aus Paris und Joseph P. Kennedy, der amerikanische Botschafter in London, von Hitlers Entschlossenheit, die Tschechoslowakei wenn nötig auch mit Waffengewalt zu nehmen. Nur eine entschlossene Haltung der USA könne Hitler von seinen Absichten abhalten [60]. Daraufhin hielt Hull am 16. August eine vielbeachtete Rede, in der er betonte, die USA müßten „. . . zusammen mit anderen Völkern das eine Ziel unterstützen, nämlich die Flut der Gesetzlosigkeit zum Zwecke des Friedens und der Sicherheit eindämmen“, und er fügte hinzu, „natürlich immer im Rahmen unseres traditionellen Prinzips der Nichteinmischung.“ Rückblickend erklärte Hull die Absicht seiner Rede: den Amerikanern zu zeigen, daß die isolationistische Haltung sie nicht vor den Wirkungen eines andernorts geführten Krieges schützen könne, und den Achsenmächten deutlich zu machen, freilich mit Rücksicht auf die isolationistischen Gefühle im Lande, daß sie die USA nicht bei der Verfolgung ihrer Pläne übersehen könnten [61]. Zwei

---

[56] PA Pol Abt IV — Tschechoslowakei, Po 3 Tschechoslowakei — USA.
[57] FRUS 1938, I, 533, 535, 537, 541 f., 550, 561, 565, 570, 582, 595 ff., 621 f.
[58] PA Botschaft Washington Po 3 Tschechoslowakei 248/4: Thomsen an AA vom 20. Juli 1938.
[59] Hooker, Nancy H. (Hrsg.): The Moffat Papers. Selections from the Diplomatic Journals of Jay Pierrepont Moffat. Cambridge/Mass. 1956, S. 194. — Hull 586 f.
[60] Bullitt an Roosevelt vom 17. 8. 1938, zitiert bei Offner 256.
[61] Hull 586 f.

Tage später hielt Roosevelt eine ähnliche Rede in Kingston, Ontario. Aus eigener Initiative fügte er dem von seinem State Department vorbereiteten Text den entscheidenden Passus hinzu: „Das Dominium Canada ist ein Teil der Schwesternschaft des Britischen Empires. Ich versichere, daß die Menschen in den Vereinigten Staaten nicht müßig zusehen werden, wenn die Herrschaft des kanadischen Bodens von irgendeinem anderen Land bedroht wird[62].“ Es war wohl keine Überinterpretation, die Hans Thomsen dem Auswärtigen Amt vorlegte: Roosevelt wolle, in entschiedener Abwendung vom Isolationismus, England wertvolle Rückendekkung geben und eine Garantie für Kanada, das im Kriegsfall Vorratskammer und Kriegsarsenal für England wäre. Außerdem stelle er als Gegner in einem zukünftigen Krieg Deutschland neben Japan hin und wolle das amerikanische Volk rüstungsfreudig halten[63].

Ähnlich interpretierte auch die isolationistische Presse die beiden Reden, sah in ihnen einen Verstoß gegen den Geist der Neutralitätsgesetze und reagierte kritisch oder ablehnend[64]. Der britische Außenminister Earl of Halifax hingegen bedankte sich bei Roosevelt für die Rede und bat um weitere Erklärungen in diesem Sinne[65]. Anfang September wurde noch einmal die scharfe Kritik der Isolationisten provoziert[66]. Nachdem Frankreich am 3. September versicherte, es werde zu seinen Bündnisverpflichtungen gegenüber der Tschechoslowakei stehen, sagte Bullitt am nächsten Tage — Presseberichten zufolge — bei einem Bankett: „Die Vereinigten Staaten und Frankreich sind untrennbar in Krieg und Frieden vereint.“ Bei der starken kritischen Reaktion der Isolationisten mußte Bullitt dementieren: Ein franzö-

62 Hull 587 f. — Rosenman 1938 Volume: The Continuing Struggle for Liberalism. New York 1941, S. 492 f.

63 PA Pol Abt IX — USA, Po 3 Bd. 1: Telegramm Thomsens an AA vom 20. 8. 1938.

64 Der Generalkonsul Wymann in Chicago drückte die öffentliche Meinung im isolationistischen Mittleren Westen zu dieser Zeit richtig aus: „Nach der Lektüre der hiesigen Zeitungen kann man sich dem Eindruck nicht entziehen, daß der Präsident und Herr Hull sich und die amerikanische Außenpolitik bereits heute weitgehend den englischen Wünschen verschrieben haben und sich nur noch nicht darüber im klaren sind, ob und in welcher Form sie dies der Welt und insbesonders Deutschland zum Ausdruck bringen sollen.“ PA Botschaft Washington Po 3 Tschechoslowakei 248/5: Wymann an AA vom 2. 9. 1938. — In Illinois, dem Herzen des Isolationismus, führte diese Stimmung am 4. 9. 1938 zu einer Aktion des früheren Bürgermeisters von Chicago, William H. Thompson. Er hatte 512 000 Unterschriften für eine Petition gesammelt, die eine Abstimmung der Bevölkerung von Illinois am 8. 11. 1938 über das sogenannte W. H. Thompson Public Policy Proposal ermöglichen sollte. Fände dieser Proposal die erforderliche Unterstützung, dann würden die Kongreßvertreter von Illinois einen Gesetzesvorschlag gegen die aktive Beteiligung der USA an einem Krieg auf fremdem Boden einbringen müssen. — Langer / Gleason 40 übersehen diese Reaktion.

65 Hull 588. — FRUS 1938, I, 551. — Sir John Simon schätzte diese Rede sehr. PA Botschaft Washington Po 3 Tschechoslowakei 248/4. — Die tschechoslowakischen und jugoslawischen Geschäftsführer meinten, daß diese Reden von Hull und Roosevelt „anxious thought“ in Berlin verursachten. FRUS 1938, I, 549.

66 Vgl. u. a. Minneapolis Tribune vom 6. 9. 1938. — Auch der Bericht vom Press Contelunion (Lueckenhaus) vom 15. 9. 1938. PA Botschaft Washington Po 3 Tschechoslowakei 248/5. — Und der Bericht vom Generalkonsul in Chicago vom 14. 9. 1938. Ebenda.

sischer Reporter übernahm die Verantwortung für das Mißverständnis[67]. Am Tage darauf, am 9. September, betonte Roosevelt auf einer Pressekonferenz, daß man ihn falsch interpretiert habe, wenn man annähme, zwischen Amerika und den übrigen Demokratien bestände eine Art Allianz „to stop Hitler". Man nahm ihm aber diese Erklärung nicht ab[68].

Inzwischen hatte Roosevelt jedoch weitere Pläne zur faktischen Unterstützung von Frankreich und England entworfen. Am 30. August schlug Roosevelt seinem Finanzminister und persönlichen Freund Henry Morgenthau vor, einen Fond zur sicheren Aufbewahrung von französischem und englischem Gold einzurichten und einen Vorschlag auszuarbeiten, wie das Gold für Waffen und Munition verwendet werden könnte — obwohl die Neutralitätsgesetze im Kriegsfall totales Waffenembargo für kriegführende Staaten geboten. Roosevelt ließ aber die Vorschläge, die Morgenthau ausarbeitete, wieder fallen, möglicherweise wegen Hulls Opposition[69].

Anfang September gab die Regierung bekannt, daß eine Atlantik-Flotte aufgebaut werde. Die Washington Post interpretierte dieses Projekt, wie es gemeint war:

---

[67] Offner 258. — Zu den Hintergründen dieser Affaire vgl. auch Hooker 196 f., 199. — „Die Abendpost" vom 7. 9. 1938 bemerkte treffend dazu: „Diese Äußerung stimmt dem Sinn nach völlig überein mit den Andeutungen, die Präsident Roosevelt bei seiner Rede in Kanada gemacht hat . . . Inzwischen scheint die amerikanische Grenze an den Rhein vorgeschoben worden . . . Da der Rede eine Zusammenkunft der amerikanischen Botschafter in Paris, Berlin und London vorhergegangen war, darf man annehmen, daß der Inhalt der Rede Bullitts in jeder Weise den Absichten der amerikanischen Regierung entsprach. Es scheint also doch trotz allen offiziellen Ablehnungen eine Art Gentleman's Agreement mit gewissen ausländischen Regierungen zu bestehen, von dem Kongress und Volk nichts wissen." PA Botschaft Washington Po 3 Tschechoslowakei 248/5.

[68] Friedländer schreibt: „Diese seltsame Erklärung [Roosevelts] ist bis heute unverständlich geblieben." Friedländer, Saul: Auftakt zum Untergang. Hitler und die Vereinigten Staaten von Amerika 1939—1941. Stuttgart 1965, S. 231. Roosevelts Dementi ist aber doch verständlich. Bullitts Rede war zwar ganz im Sinne von Roosevelt, die Pressereaktion darauf zeigte jedoch, daß die Grenzen des politisch Ratsamen überschritten waren. Roosevelts Dementi sollte die Isolationisten beruhigen. Zugleich wußte er, daß die Internationalisten und vor allen Dingen die demokratischen Länder die Gründe für seine Dementis verstehen würden, falls sie den Dementis überhaupt Aufmerksamkeit schenkten. Hans Thomsens Erklärung der Dementi ist wohl richtig: Die „amerikanische Regierung bemüht sich in letzten Tagen offensichtlich, hier bestehende Kriegspsychosen zu dämpfen . . . Amerika will Zeit gewinnen . . . Auffassung gewinnt aber an Verbreitung, daß baldige Lösung tschechoslowakischen Problems Dauer-Krise vorzuziehen ist. Inneres Gefüge tschechoslowakischen Staates erscheint hier nach Zusammenschluß Sudetendeutschen, Ungarn, Polen und Slowaken gegen Prag so geschwächt, daß tschechoslowakischer Staat mit seiner Bildung beabsichtigten Funktionen in Zukunft nicht mehr ausführen könne. Trotzdem hat sich Grundeinstellung amerikanischer Außenpolitik nicht geändert. Wenn England und Frankreich im Fall einer deutschen Intervention in der Tschechoslowakei zum Angriff auf Deutschland schreiten, so wird Amerika auf ihrer Seite zu finden sein." Auch Thomsens Bemerkung, die er im Konzept durchstrich, traf zu: „Amerika würde deutsches Eingreifen in Tschechoslowakei nach wie vor als unerwünschte und gefährliche Ausdehnung deutscher Machtsphäre bekämpfen, wobei nach außen natürlich die bekannten moralischen Argumente ins Feld geführt werden würden." PA Botschaft Washington Po 3 Tschechoslowakei 248/5: Telegramm von Thomsen an AA vom 10. 9. 1938. — Vgl. auch Hooker 200.

[69] Blum I, 515 f.

Es werde Mächte wie Groß-Britannien und Frankreich, die jetzt versuchten, eine friedliche Lösung der ČSR-Krise herbeizuführen, stärken; es sei ganz im Geiste der Kingston Rede konzipiert[70].

Im State Department setzte sich Anfang September die Auffassung durch, daß eine Einigung auf ein nicht näher definiertes Plebiszit in der ČSR der beste Ausweg sei[71]. Nach Thomsens Bericht hatte sich aber an der grundsätzlichen Einstellung des State Department nichts geändert: Amerika wäre auf der Seite von Frankreich und England zu finden, wenn diese nach einer deutschen Intervention in der Tschechoslowakei Deutschland angreifen würden[72]. Auch der englische Botschafter in Washington, Sir Ronald Lindsay, berichtete am 12. September an Halifax, daß Washington hoffe, England „werde einen harten Kurs gegen Aggression führen"; Roosevelt habe privat zugegeben: „Sie können auf jede Art von Unterstützung von uns rechnen — außer auf Truppen und Darlehen[73]."

Offiziell hielt Washington jeden Kommentar zurück, auch als Chamberlain am 15. September nach Berchtesgaden flog. Hull gab auf Wunsch des britischen Außenministers nur eine unterstützende Erklärung ab: man hoffe auf eine friedliche Lösung des Konflikts und verfolge die Vorgänge mit größtem Interesse[74]. Die der Regierung nahestehende New York Times hoffte auf eine unnachgiebige Haltung Chamberlains[75], während die isolationistischen Zeitungen jetzt die Abtretung der sudetendeutschen Gebiete empfahlen. Die Isolationisten hatten sich seit Zuspitzung der Krise im September überzeugt, daß sie der Tschechoslowakei nicht einmal mehr moralische Unterstützung, die sie ihr bisher gewährt hatten, schuldeten. Sie entwickelten Verständnis für die Sudetendeutschen und ihre Forderungen und Zweifel an der Gerechtigkeit und Weisheit des Versailler Friedens[76].

Angesichts dieses Wandels der isolationistischen Haltung von der verbalen Unterstützung eines harten englisch-französischen Kurses zur Appeasementpolitik konnte Roosevelt noch weniger seine Verfolgung eines harten Kurses öffentlich darlegen. Er beschränkte seine Äußerungen auf nicht-öffentliche Kreise. Er bezweifelte die Klugheit von Chamberlains Kurs und schrieb am 15. September an den amerikanischen Botschafter in Italien, Philipps, sie verschöbe nur den unvermeidlichen Konflikt. In einer Kabinettssitzung am 16. September klagte er, „daß

---

[70] Washington Post, 3. 9. 1938. In PA Botschaft Washington Po 3 Tschechoslowakei 248/5.

[71] Hooker 199. Eintragung vom 9. 9. 1938.

[72] PA Botschaft Washington Po 3 Tschechoslowakei 248/5: Telegramm von Thomsen an AA vom 10. 9. 1938. — Ebenda vom 1. 9. 1938.

[73] Documents on British Foreign Policy 1919—1939, 3 d Series [zitiert D B F P], II, S. 301.

[74] F R U S 1938, I, 605. — Moffat schrieb: „As usual the British asked the President to issue a public approval of Mr. Chamberlain's move. After talking it over, the Secretary [Hull], Messersmith and I unanimously agreed that this would be a tragic mistake." Hooker 202 f.

[75] PA Botschaft Washington Po 3 Tschechoslowakei 248/5: Press Contelunion (Hepp) vom 16. 9. 1938.

[76] Ebenda Press Contelunion (Lueckenhaus) vom 15. 9. 1938. — Vgl. ebenda Bericht des Chicago Generalkonsuls vom 14. 9. 1938, und auch ebenda: Telegramm Thomsen an AA bereits vom 20. 7. 1938. — Siehe die Aufzeichnung von Moffat vom 15. 9. 1938 in F R U S 1938, I, 605 und Hooker 204 f.

Chamberlain für einen Frieden um jeden Preis sei"[77]. Am 17. September sagte er zum Innenminister Harold Ickes: anscheinend würden England und Frankreich die Tschechoslowakei aufgeben und das Blut von ihren Judas-Ischariot-Händen waschen. Er erwähnte seinen Plan eines Defensivkrieges, in dem England und Frankreich die Forderungen Deutschlands zurückweisen und bei Kriegsausbruch nicht in Deutschland einmarschieren, sondern seine Grenzen blockieren und das Reich bis zur Kapitulation bombardieren sollten[78].

Nach den Londoner Vorschlägen, in denen sich England und Frankreich auf die Abtretung der sudetendeutschen Gebiete ohne Abstimmung geeinigt hatten, entwickelte Roosevelt noch einmal sein Konzept eines Defensivkrieges und zwar in einer Unterredung mit Morgenthau am 19. September. Morgenthau gewann den Eindruck, daß Roosevelt die amerikanischen Sympathien für einen Defensivkrieg auch demonstrieren wolle[79]. Tatsächlich rief Roosevelt noch am gleichen Tag ohne Wissen des State Department den englischen Botschafter Lindsay zu einer Unterredung in das Weiße Haus. Roosevelt meinte, daß der englisch-französische Plan „das gewissenloseste Opfer" verlangte, das jemals von einem Land verlangt worden sei. Er verstünde die Schwierigkeiten, denen England und Frankreich gegenüberständen, und wenn die englische Politik Erfolg hätte, würde er als erster zujubeln: er würde auch keine Mißbilligung über die deutsche Aggression aussprechen, außer daß sie die Tschechoslowakei zu aussichtslosem Widerstand reizen könnte. Aber selbst wenn Hitler erhielte, was er wolle, würde er neue Forderungen an Polen, Dänemark und Rumänien stellen, bis ein Krieg ausbräche. England, Frankreich und Rußland könnten nicht gewinnen, wenn sie in klassischer Art Krieg führten. Für Roosevelt schien es somit nur folgende Alternativen zu geben: 1. Die Westlichen Mächte könnten eine Weltkonferenz organisieren; er sei bereit, an ihr teilzunehmen (vorausgesetzt, sie käme außerhalb Europas zusammen), „um alle unbefriedigenden Grenzen nach rationalen Richtlinien" zu ziehen. 2. Wenn die Demokratien eine Weltkonferenz für sinnlos hielten und sich für Krieg entschieden, sollten sie Deutschland blockieren und die Nordsee, das Mittelmeer und den Suezkanal abschließen. Amerikas Beiträge dazu wären begrenzt. Er könne weder Truppen nach Europa schicken, noch die Neutralitätsgesetze ignorieren, die einen Export von Waffen an kriegführende Staaten verbieten. Alles, was der Präsident nach der Verfassung und den Neutralitätsgesetzen tun könne, sei, amerikanischen Schiffen den Eintritt in die Gefahrenzone — außer auf ihr eigenes Risiko — zu verbieten. — Lindsay berichtete Halifax über diese Unterredung; Halifax ließ Roosevelt für sein Interesse danken, stellte aber die Wirksamkeit einer Blockade in Frage[80]. Senator Pittman, Vorsitzender des außenpolitischen Ausschusses des Senats, der sich in Roosevelts Sinne um eine Milderung der Neutralitätsgesetze be-

---

[77] Offner 260.

[78] The Secret Diary of Harold L. Ickes. 3 Bde. New York 1953—55. Bd. 2: The Inside Struggle, 1936—1939, S. 467 ff.

[79] Blum I, 519.

[80] Lindsay an Halifax vom 20. 9. 1938; Halifax an Lindsay vom 23. 9. 1938. DBFP 3 d series, VII, 627—630.

mühte[81], vertrat am 21. September nach Bekanntwerden der Londoner Vorschläge den harten Kurs öffentlich in einem Presseinterview. Er versuchte, die interventionistische Stimmung im Lande zu fördern, indem er die Sicherheit der USA als bedroht heraushob: Hitler, Mussolini und die Militärclique in Japan wollten die ganze Welt mit ihren Diktaturen beherrschen und dächten daran, eines Tages auch die USA anzugreifen. Er richtete bittere Vorwürfe gegen England und Frankreich, weil sie die Tschechoslowakei in der Stunde der Not im Stich gelassen hätten. „Gottseidank brauchen wir uns nicht auf andere Länder zu verlassen, um unsere Demokratie und unser Land zu verteidigen[82].“

Die isolationistische Presse reagierte auf die Londoner Vorschläge in ihrer neugewonnenen appeasement-freundlichen Haltung: die Tschechoslowakei sei ein künstliches politisches Zweckgebilde der Versailler Siegerstaaten, in dem die Tschechen zum Nachteil der übrigen Minderheiten ihre eigenen Taschen füllten, während den wirtschaftlich schwer bedrängten Sudetendeutschen viele, ihnen gesetzmäßig garantierte Rechte verweigert wurden. Das sei der wahre Grund für Hitlers Vorgehen. 1914 noch sei es den europäischen Westmächten gelungen, die ganze Welt wegen des „armen blutenden Belgien“ zu Tränen zu rühren, aber wer würde sich heute noch über eine Aufteilung der Tschechoslowakei aufregen. „Amerika . . . lassen wir die Finger davon[83].“

Nach den ergebnislosen Besprechungen zwischen Chamberlain und Hitler in Bad Godesberg vom 22.—24. September und nach Hitlers Ultimatum an die Tschechoslowakei änderte Roosevelt den Schwerpunkt seiner Politik in der tschechoslowakischen Frage. Noch immer schien er angesichts des drohenden Kriegsausbruchs bereit, Frankreich und England „mit mehr als Worten“ zu unterstützen, sollten sie in einen Krieg um die Tschechoslowakei verwickelt werden. Aber mehr als zuvor setzte er sich jetzt für Verhandlungen ein und unterstützte Chamberlains Verhandlungspolitik. Die Motive dieser neuen Richtung werden aus den mir zugänglichen Quellen und der Literatur nicht ganz klar. Wahrscheinlich wollte Roosevelt nun, da man sich über das Prinzip der Abtretung geeinigt hatte, Hitlers Herausforderung über die Modalitäten der Übergabe nicht zum Anlaß eines Krieges werden lassen. Außerdem wurde es immer klarer, daß Frankreich und England nicht genügend gerüstet und nicht bereit waren zu kämpfen[84] und daß die ČSR diplo-

---

[81] Cole, Wayne S.: Senator Key Pittman and American Neutrality Policies, 1933—1940. Mississippi Valley Historical Review 46 (1960) 652 ff.

[82] PA Botschaft Washington Po 3 Tschechoslowakei 248/6: Press Contelunion (Hepp) vom 21. 9. 1938.

[83] Ebenda 248/5: Press Contelunion (Lueckenhaus) vom 20. 9. 1938.

[84] Kurz nach der Unterzeichnung des Münchener Abkommens erklärte Roosevelt Morgenthau: „I believe we should do everything possible to prevent a European war until England and France are prepared to meet it. In the meantime I think the people of the United States should strive for peace, but I also believe that peace is so important to the future of the world that we should be prepared, and willing, to fight for it if necessary.“ Blum, John Morton: From the Morgenthau Diaries. Bd. 2: Years of Urgency 1938—1941. Boston 1965, S. 50. — Vgl. Hull 588 ff. — FRUS 1938, I, 654 f. — AA Botschaft Washington Po 3 Tschechoslowakei 248/6: Press Contelunion (Hepp) vom 21. 9. 1938.

matisch isoliert war. Schließlich wurde sich die Öffentlichkeit während der tschechoslowakischen Krise großer Mängel im tschechoslowakischen Staatsgebilde und in der Führungsspitze bewußt. So gaben Roosevelt und das State Department in der folgenden Woche vertrauliche Zusagen zu einer Unterstützung im Falle eines deutschen Angriffs auf die Tschechoslowakei und riefen gleichzeitig zur Wiederaufnahme von Verhandlungen auf.

Auf Hitlers Ultimatum hin bewahrten die amtlichen Kreise der USA in der Öffentlichkeit strikte Zurückhaltung. Roosevelt und Hull wiesen die Bitte des französischen Außenministers Bonnet zurück, die Schiedsrichterrolle zu übernehmen, da das den Widerstand, ja den „Zorn" der Isolationisten heraufbeschwören würde[85]. Roosevelt wollte jedoch an die europäischen Staatsmänner appellieren, Hull riet davon ab, denn nur Gewalt oder Kapitulation könne Hitler von einem Krieg abhalten. „Ein Appell würde uns in ein Appeasement-Lager zusammen mit Chamberlain stellen[86]. Trotzdem sandte Roosevelt am frühen Morgen des 26. September gleichlautende Botschaften an Hitler und Beneš und durch Hull an Chamberlain und Daladier: die Verhandlungen sollten fortgesetzt werden, da die Alternative Gewalt sei. Am gleichen Tag antworteten Chamberlain, Daladier und Beneš positiv, während Hitler auf Roosevelts Rat nicht einging; er legte statt dessen den deutschen Standpunkt klar und schob die Schuld für die Krise auf den Versailler Vertrag und den tschechoslowakischen Staat. Die amerikanische Öffentlichkeit, auch die isolationistische Presse und der Kongreß, billigten den im Geiste der Neutralitätspolitik gehaltenen Friedensappell. Die deutschen Beobachter waren freilich sicher, daß die USA zumindest mit moralischer und wirtschaftlicher Hilfe hinter Frankreich und Groß-Britannien stehen würden[87]. Auch die isolationistisch orientierte Chicago Tribune erklärte am 27. September in einem Leitartikel, der Präsident habe sich bereits so eindeutig gegen Deutschland und seine Verbündeten festgelegt, daß er nicht mehr als der Sprecher eines neutralen Blocks in der Welt auftreten könne. Kein englischer oder französischer Staatsmann sei so weit gegangen wie er[88].

Auch der französische Botschafter Saint-Quentin überzeugte sich von dieser Tatsache bei einer Unterredung mit Sumner Welles am 27. September. Der Under-Secretary of State äußerte sich befriedigt darüber, daß England ein bedingungsloses Beistandsversprechen an Frankreich im Falle eines deutschen Angriffs auf die Tschechoslowakei gegeben habe. Welles versicherte ihm, „daß die Regierung alle durch das Neutralitätsgesetz aufgeworfenen Fragen sorgfältig geprüft habe, und er gab mir deutlich zu verstehen, daß diese Prüfung in einem für uns günstigen Sinne durchgeführt worden sei"[89]. Dieckhoff betonte „mit allem Nachdruck" ge-

---

[85] Hull 591.

[86] Ebenda.

[87] PA Botschaft Washington Po 3 Tschechoslowakei 248/6: Press Contelunion (Hepp) vom 27. 9. 1938.

[88] Ebenda: Chicago Generalkonsul Wymann an AA vom 27. 9. 1938.

[89] Saint-Quentin an den französischen Außenminister vom 27. 9. 1938, in Archivkommission 49 f. — Am 17. 9. 1938 hatte Hull in einer Pressekonferenz erwähnt, daß in der Kabinettssitzung am 16. 9. 1938 die Frage erörtert worden sei, inwieweit

genüber dem Auswärtigen Amt in Berlin, daß die isolationistischen Tendenzen im amerikanischen Volk nachließen, und daß das Volk und die Regierung meinten, man müsse Hitler Widerstand leisten, wenn er die Verhandlungen, die ihm Chamberlain noch einmal am 27. September angeboten habe und bei denen ihm alles gewährt werden würde, ausschlage. Denn dann beweise er der Welt, daß er ein Eroberungsprogramm habe; und dessen Dynamik würde sich immer wieder auswirken[90].

Am 27. September unternahm Roosevelt einen weiteren Versuch, die Verhandlungen wieder in Gang zu bringen. Er sandte durch Philipps, den amerikanischen Botschafter in Rom, eine persönliche und vertrauliche Note an Mussolini, in der er ihn bat, sich bei Hitler für die Fortsetzung der Verhandlungen einzusetzen. Am gleichen Tag appellierte er noch einmal an Hitler, dieses Mal an ihn allein: Verhandlungen seien immer noch möglich, wenn Hitler nur einwillige. Roosevelt wollte nicht nur, daß die Verhandlungen wieder aufgenommen würden, sondern er wollte auch Hitler vor der Weltöffentlichkeit allein verantwortlich machen für den Fall, daß ein Krieg ausbräche. Ohne auf Roosevelts Telegramm einzugehen, lud Hitler am Nachmittag des 28. September Mussolini, Daladier und Chamberlain nach München ein. Aber weder Roosevelts noch Chamberlains Note an den italienischen Staatschef dürften den entscheidenden Einfluß auf Mussolinis Vermittlung gehabt haben. Roosevelt war über die Einberufung der Konferenz sehr erleichtert und ließ Chamberlain mitteilen: „Good man".

Die Reaktionen auf das Münchener Abkommen waren in den USA unterschiedlich. Sowohl in der interventionistischen als auch in der isolationistischen Presse wurde eine „Verstimmung gegen Frankreich und England" laut, „die unbegreiflicherweise ihr praktisches politisches Interesse vor die Rücksichtnahme auf alle demokratische Verantwortung . . . gestellt haben". Das amerikanische Volk war aber froh, daß ein ernsthafter Konflikt vermieden worden war. Man erkannte auch die Möglichkeit einer Basis für zukünftige Zusammenarbeit zwischen Deutschland, England, Frankreich und Italien an[91]. In zahlreichen Blättern setzte sich die Ansicht immer mehr durch, daß Friedensappelle und die Vertretung hoher moralischer Werte nichts bewirkten, wenn jede konkrete Mitarbeit und Verantwortung abgelehnt würden[92].

Sobald Morgenthau von dem Abkommen erfuhr, gratulierte er Roosevelt tele-

---

das amerikanische Neutralitätsgesetz durch einen etwaigen europäischen Krieg berührt werde. PA Botschaft Washington Po 3 Tschechoslowakei 248/5: Press Contelunion (Lueckenhaus) vom 17. 9. 1938.

90 A D A P, D, II, 786.

91 PA Botschaft Washington Po 3 Tschechoslowakei 248/6: Chicago Generalkonsul Wymann an AA vom 3. 10. 1938. — A D A P, D, IV, 557. — Nach einer Gallup-Meinungsumfrage antworteten auf die Frage: „Glauben Sie, daß England und Frankreich das Beste taten, als sie Deutschland nachgaben, anstatt zum Krieg zu schreiten?" 60 % mit ja, 40 % mit nein. New York Times, 12. 10. 1938, S. 20. — Hooker 219. — Friedländer 15 vereinfacht und entstellt die Reaktion.

92 PA Botschaft Washington Po 3 Tschechoslowakei 248/6: Press Contelunion (Sell) vom 10. 10. 1938.

fonisch[93]. Öffentliche Stellungnahmen gaben Hull und Welles ab. In seiner Ansprache am Tage nach dem Münchener Abkommen drückte Hull — allerdings indirekt und versteckt — sein Unbehagen über das Abkommen aus. Er sprach nur von „*immediate* peace results", im bewußten Gegensatz zu Chamberlain, der das Resultat mit einem Shakespeare-Zitat als „peace *for our time*" gelobt hatte. Hull hielt das Abkommen nur für eine kurzfristige Lösung und ermahnte, in den Anstrengungen zur Erhaltung der Prinzipien internationaler Beziehungen nicht nachzulassen, sondern sie zu verdoppeln[94]. Welles äußerte sich am 3. Oktober in einer Radiosendung optimistisch. Mit wenigen Worten drückte er sein Mitgefühl für die Tschechoslowaken, die zur Umsiedlung gezwungen seien, aus; er lehnte einen Kommentar zur Substanz des Abkommens ab und erwähnte die weltweite Erleichterung über die friedliche Lösung des Konflikts und schloß hoffnungsvoll: „Heute vielleicht mehr als zuvor während der letzten beiden Jahrzehnte ist den Nationen die Gelegenheit gegeben, eine neue Weltordnung, gegründet auf Gerechtigkeit und Gesetz, zu errichten." Die öffentliche Stellungnahme beurteilte der DNB-Vertreter in Washington, Dr. Sell, aber als nur lauwarm, verglichen mit den enthusiastischen Reaktionen aus Frankreich und England[95].

Roosevelts Urteil über das Münchener Abkommen war Chamberlain gegenüber höflich zustimmend, doch mit einer gewissen Zurückhaltung. Er teilte Chamberlains Hoffnung und Glauben, daß nun die beste Gelegenheit seit Jahren bestünde, eine neue in Gerechtigkeit und Gesetz verankerte Ordnung zu begründen. Chamberlain werde seinen persönlichen Kontakt mit Hitler sicher dazu benutzen, diejenigen Probleme mit ihm zu behandeln, die gelöst werden müssen, um die neue und bessere Ordnung herzustellen[96]. Seine Bedenken äußerte Roosevelt deutlicher in einem Brief an den kanadischen Premierminister Mackenzie King am 11. Oktober 1938: er sei froh über die friedliche Lösung des Konflikts, sehe aber mit Sorge in die Zukunft Europas. Nur Abrüstung und die Beseitigung der Handelsbarrieren könnten eine gerechte und friedliche Ordnung ermöglichen[97]. In einer Rede am 26. Oktober kritisierte er scharf das Münchener Abkommen, die Appeasementpolitik und Hitlers politische Methode. Er drückte seinen Zweifel aus, daß Frieden geschaffen sei: „Es kann keinen Frieden geben, wenn die Zügel des Gesetzes durch eine wiederholte Sanktion reiner Gewalt ersetzt werden. Es kann keinen Frieden geben, wenn die Politik einer Nation Kriegsdrohungen als vorsätzliches Instrument anwendet[98]."

---

93 Blum I, 522.
94 Hull 595 f.
95 PA Botschaft Washington Po 3 Tschechoslowakei 248/6: Press Contelunion (Sell) vom 10. 10. 1938.
96 FRUS 1938, I, 791 f.
97 Roosevelt II, 816: FDR an Mackenzie King vom 11. 10. 1938.
98 Rosenman: 1938 Volume, 564. — Roosevelt wollte wohl auch mit dieser Rede die Verwirrung in der öffentlichen Meinung über die Außenpolitik der USA beseitigen, die eine appeasementfreundliche Rede J. P. Kennedys am 19. 10. 1938 verursacht hatte. — Hooker 220 f.

Beurteilung der amerikanischen Außenpolitik in der Krise um die Tschechoslowakei 1938

Der Einfluß der amerikanischen Außenpolitik auf den Verlauf der Ereignisse in Europa von der Maikrise bis zum Münchener Abkommen war nicht sehr groß. Die USA betrieben keine Appeasementpolitik, hemmten sie nicht, schreckten aber Hitler auch nicht ab. Die Isolationisten, von allen Staaten als wichtiger Faktor ernst genommen, erwarteten und erhofften zunächst einen harten Kurs Englands und Frankreichs zugunsten der Tschechoslowakei, während sie im September in das Appeasement-Lager überwechselten. Die Nichteinmischung als außenpolitisches Prinzip des Isolationismus mußte die Politik der führenden Staaten in Europa dulden; sie unterstützte — gewollt oder ungewollt — die englisch-französische Appeasementpolitik.

Der von Roosevelt intendierte harte Kurs gegen Deutschland zugunsten der Tschechoslowakei wurde in seiner Verwirklichung wesentlich durch die isolationistische Öffentlichkeit und den Kongreß auf der einen Seite und durch die englisch-französische Appeasementpolitik auf der anderen eingeschränkt; sie wurde durch appeasement-freundliche Äußerungen von den Botschaftern Bullitt, Kennedy und Wilson verdunkelt. Roosevelts moralische Unterstützung eines harten englisch-französischen Kurses war der amerikanischen und der Weltöffentlichkeit trotz seiner Zurückhaltung in dieser Zeit klar, eine wirtschaftliche und möglicherweise militärische Unterstützung eines harten englisch-französischen Kurses war den englischen, französischen und deutschen Diplomaten wahrscheinlich geworden. Eine Verpflichtung zur wirtschaftlichen oder militärischen Hilfe ging Roosevelt nicht ein oder konnte sie nicht eingehen.

Daß er sie im Kriegsfall oder im Falle einer ernsthaften Bedrohung Groß-Britanniens eingehen würde — davon waren der englische Botschafter Lindsay[99] und der deutsche Botschafter Dieckhoff fest überzeugt. Chamberlain wurde dadurch nicht in seiner Appeasementpolitik bestärkt, er ließ sich aber auch nicht von ihr abhalten. Dieckhoff, von Weizsäcker dazu ermutigt[100], warnte ständig vor wirtschaftlicher und militärischer Hilfe der USA und einer Aufhebung der Neutralitätsgesetze im Falle eines deutschen Angriffskrieges[101]. Hitler kannte Dieckhoffs Berichte, ließ sich aber nicht in seinem Urteil über die Außenpolitik der USA von ihnen beeinflussen. Für ihn waren die USA ein neutrales Land, das nicht auf Krieg vorbereitet war und keinen Machtfaktor in der Krise um die Tschechoslowakei darstellte.

Wenn die amerikanische Außenpolitik auch nicht von bedeutendem Einfluß auf die deutsche, englische und französische Politik gegenüber der Tschechoslowakei war, so hatte doch die Tschechoslowakei-Krise eine große Wirkung auf die weitere Außenpolitik der USA.

1. Der Verlauf der Ereignisse von der Maikrise bis zum Münchener Abkommen bestärkte Roosevelt in der Richtigkeit des Kurses, den er anstrebte, aber nicht voll hatte verwirklichen können.

---

[99] Offner 251.

[100] ADAP, D, I, 705 f.

[101] Offner 235 f., 253, 254.

2. Das Bild von Deutschland als einem Aggressorstaat festigte sich in der ČSR-Krise in der Öffentlichkeit. Zwischen Hitlers Ultimatum und dem Münchener Abkommen ließen die isolationistischen Tendenzen nach und interventionistische Bestrebungen begannen sich auszubreiten.

3. Der Verlauf der Krise bewirkte eine Ernüchterung Englands über Hitler, und die USA stellten sich als wahrscheinlicher Bündnispartner heraus. Damit wurde eine Annäherung möglich. Wenige Tage nach dem Münchener Abkommen schlossen die USA und England das so lange hinausgezögerte Handelsabkommen ab, das von nationalsozialistischer Seite mit Recht als „offene Bündnispolitik" bezeichnet wurde [102].

Ausblick

Wenn Washington noch einen Hoffnungsschimmer hatte, daß die westlichen Demokratien Probleme mit einem nationalsozialistischen Deutschland friedlich lösen könnten, so erlosch er mit den Judenpogromen in der Kristallnacht [103]. Diese Ereignisse waren für die amerikanische Öffentlichkeit moralisch eindeutiger als die Krise um die Tschechoslowakei; darum waren auch die Erregung und Empörung größer. Die Öffentlichkeit forderte tatkräftigere Maßnahmen Roosevelts als in den letzten Monaten. Am 14. November wurde der amerikanische Botschafter Wilson von Roosevelt aus Berlin zurückgerufen. Am selben Tag drückte Roosevelt privat sein Bedauern aus, daß er Hitler gedrängt habe, sich an den Verhandlungstisch zu setzen und einen Frieden auszuarbeiten: „Das mag jetzt viele Leben gerettet haben, aber das kann letzten Endes zu einem vielfachen Verlust von Menschenleben führen [104]." Er betonte an diesem Tag in einer Konferenz im Weißen Haus, daß „die Wiederherstellung der deutschen Macht in München unsere eigenen internationalen Beziehungen völlig neu orientiert" habe; „denn zum ersten Mal seit der Heiligen Allianz von 1818 sind die USA mit der Möglichkeit eines Angriffs auf die atlantische Küste in der nördlichen und südlichen Hemisphäre konfrontiert [105]."

Die Zerschlagung der Rest-Tschechoslowakei im März 1939 kam für das State Department überraschend. Nach Morgenthau „schnappte Welles nach Luft" [106].

---

102 Schröder: Deutschland 196, 197. — Schon im Mai 1936 ließt das State Department das Foreign Office wissen, daß das gewünschte Handelsabkommen mit Groß-Britannien das Gewicht der USA in das politische Gleichgewichtssystem in Europa hineinwerfen dürfte. Schatz 95. — Vgl. auch Gardner, Lloyd C.: Economic Aspects of New Deal Diplomacy. Madison/Wisc. 1964, S. 106 f.

103 Compton, James V.: Hitler und die USA. Die Amerikapolitik des Dritten Reiches und die Ursprünge des Zweiten Weltkriegs. Oldenburg 1968, S. 54 f.

104 Blum II, 49.

105 Ebenda 48.

106 Ebenda 82. Zurückblickend glaubte Morgenthau, daß die Liquidation der Rest-ČSR „The immediate starting point of the present war" war. „That was when Schacht's policy of economic penetration of Southeast Europe and of scrupulously respecting these countries' sovereignty was rejected in favor of Ribbentrop's plan." U. S. Senate Committee on the Judiciary. Morgenthau Diary (Germany). Bd. 1. Washington/D. C. 1967, S. 91.

Aber der Präsident hatte die Tschechoslowakei und Südosteuropa bereits abgeschrieben. Das Ende der ČSR verursachte einen vollkommenen Wandel in Chamberlains Haltung und Politik und brachte ihn endgültig in ein Lager mit Hull und Roosevelt. Roosevelt hatte seit einiger Zeit England und Frankreich als die erste Verteidigungslinie der USA betrachtet. England nahm nun, wenn auch zögernd, diese Rolle an und Frankreich sollte bald folgen. Am 17. März nahmen Roosevelt, Hull und Welles zu den Ereignissen vom 15. März Stellung. Sie sprachen „eine Verurteilung der Taten“ aus, „die zur Auslöschung der Freiheiten eines freien und unabhängigen Volkes geführt haben, mit dem das Volk der Vereinigten Staaten besonders enge und freundschaftliche Beziehungen hatte“ [107]. Die USA erkannten die Annexion nicht an und empfingen Vladimír Hurban weiterhin als legitimen tschechoslowakischen Botschafter in den USA. Das Handelsabkommen mit der Tschechoslowakei, das Hull mit großen Konzessionen geschlossen hatte, wurde suspendiert, damit Deutschland keinen Nutzen daraus ziehen konnte. Das Finanzministerium setzte in Übereinstimmung mit dem State Department Zuschlagzölle auf Importe aus Deutschland [108]. Das Handelsministerium forderte amerikanische Exporteure auf, Verschiffungen in die ehemalige ČSR einzustellen und schwimmende Sendungen in außerdeutschen Häfen aufzuhalten [109]. Die „measures short of war“ wurden erheblich eskaliert. Die Intentionen von Roosevelt und Hull nahmen während der Krise um die Tschechoslowakei Form an; nach dem Münchener Abkommen und der Zerschlagung der Rest-Tschechoslowakei wurden sie zunehmend realisierbar und realisiert.

---

[107] Rosenman: 1939 Volume, 165.

[108] Für diese Verhandlungen vgl. Blum II, 78—82. Für die Reaktion des Auswärtigen Amts dazu, vgl. PA Handakten (Ha Pol) Wiehl: Amerika. Bd. 12: Thomsen an AA vom 17. 3. 1939. Siehe auch die Aufzeichnung Wiehls in ADAP, D, VI, 1318.

[109] Thomsen an AA vom 16. 3. 1939 in PA Handakten (Ha Pol) Wiehl: Amerika. Bd. 12.

Peter Claus Hartmann

EIN ASPEKT DER FRANZÖSISCH-TCHECHOSLOWAKISCHEN BEZIEHUNGEN VON 1919 BIS 1938: DER VERTRAG VON 1924

„Frankreich hat der tschechoslowakischen Nation während des Krieges und während der Friedenskonferenz unvergleichliche Dienste erwiesen", so schreibt Edvard Beneš, der laut Karl Bosl [1] und Helmut Slapnicka [2] in den ersten 17 Jahren der tschechoslowakischen Republik das Monopol der Außenpolitik innehatte. In diesem Brief vom Juli 1925 an den französischen Außenminister Aristide Briand fährt Beneš weiter unten fort: „Ich habe gesehen, mit welcher Hingabe, Sympathie und wahrer Freundschaft Frankreich als erster geholfen und praktisch diplomatisch fast unser Schicksal 1918 entschieden hat, indem es die anderen antrieb, dieselbe Haltung einzunehmen [3]." Beneš, durch sein Doktorat der juristischen Fakultät Dijon und durch seinen Studienaufenthalt den Franzosen sehr verbunden [4], hebt die „Freundschaft, die zwischen den beiden Nationen während der entscheidendsten und tragischsten Periode ihrer Geschichte existierte", besonders hervor [5]. Er hatte dabei die französische Anerkennung des tschechoslowakischen Nationalrates in Paris als Repräsentation der Nation schon am 29. Juni 1918 vor Augen, ferner die Anerkennung dieses Rates als De-facto-Regierung am 14. Oktober sowie die französische Unterstützung bei der Übernahme der Kontrolle in der neu geschaffenen Tschechoslowakei durch diese Regierung nach dem Zusammenbruch der Mittelmächte [6]. Nicht von ungefähr sagte auch Präsident Masaryk in seiner ersten Ansprache, die er an das Kabinett richtete: „Wir müssen einen Freund haben, der immer auf unserer Seite ist und der wird Frankreich sein [7]."

Die wenigen oben zitierten Sätze mögen illustrieren, welch großen Stellenwert Frankreich ganz allgemein als Geburtshelfer der neuen tschechoslowakischen Republik im außenpolitischen Denken dieses jungen Staates von Anfang an einnahm. Außerdem kamen noch konkrete machtpolitische Abhängigkeiten hinzu.

---

[1] B o s l, Karl: Der Burgkreis. Leitende Figuren, Minoritäten, gesellschaftlich-wirtschaftliche Kräfte (Zusammenfassung). In: Die „Burg". Einflußreiche politische Kräfte um Masaryk und Beneš. Hrsg. von Karl B o s l. Bd. 2. München-Wien 1974, S. 198.

[2] S l a p n i c k a, Helmut: Die böhmischen Länder und die Slowakei 1919 bis 1945. In: Handbuch der Geschichte der böhmischen Länder. Hrsg. von Karl B o s l. Bd. 4. Stuttgart 1970, S. 54.

[3] Archives du Min. des Affaires Etrangères [abgek.: A. E.], Europe 1918—1929. Tchécoslovaquie [abgek. Tchéc.], vol. 39, fol. 25: Beneš an Briand, ohne Datums- und Ortsangabe, am 7. Juli 1925 klassiert.

[4] Vgl. W e r n e r, Arthur: Eduard Beneš. Der Mensch und der Staatsmann. Prag 1936, S. 26—48. — P a p o u š e k, Jaroslav: Dr. Edvard Beneš. Sein Leben. Prag 1937, S. 9, 10. — Vgl. dazu auch B r ü g e l, Johann W.: Zum Streit um Eduard Beneš. Osteuropa 14 (1964) 729—735.

[5] A. E. Europe 1918—1929, Tchéc., vol. 39, fol. 28.

[6] Vgl. W a n d y c z, Piotr. S.: France and her Eastern Allies 1919—1925. French-Czechoslovak-Polish Relations from the Paris Peace Conference to Locarno. Minneapolis 1962, S. 11—21.

[7] Zitiert bei W a n d y c z 21.

Die tschechoslowakische Armee, die von Frankreich geschaffen [8] und anfangs auch hauptsächlich finanziert worden war [9], stand zunächst noch unter dem Oberkommando des Marschall Foch. Sie wurde in den ersten Jahren der Republik weiterhin von französischen Offizieren ausgebildet und weitgehend geleitet. Bis Anfang 1926 fungierte der Chef der französischen Militärmission (1919—1921: General Pellé und 1921—1926: General Mittelhauser) gleichzeitig als Leiter des tschechoslowakischen Generalstabes, wie dies in den Militärabkommen von 1918 festgelegt wurde [10]. Die tschechoslowakische Armee war somit, wie Masaryk 1923 dem General Pellé gegenüber betonte, in den ersten Jahren der jungen Republik praktisch französischer Kontrolle unterworfen [11].

Die tschechoslowakische Republik war jedoch auch finanziell auf die französische Starthilfe angewiesen, obschon von Anfang an reiche Gelder aus den USA flossen [12].

Neben zahlreichen Krediten, die der tschechoslowakische Nationalrat in der Kriegszeit aufgenommen hatte [13], bat Beneš z. B. am 15. November 1918 noch von Paris aus seinen französischen Kollegen Pichon um eine Vorauszahlung von einer Million Francs, damit man die nationale Regierung, einen diplomatischen Dienst, das Kriegs- und Außenministerium der tschechoslowakischen Republik bilden könne [14]. Aber Beneš benötigte in den folgenden Monaten und Jahren noch Kredite ganz anderer Größenordnung von Frankreich, ein Problem, das in einer eigenen Studie näher behandelt werden soll.

Welchen Stellenwert hatte jedoch andererseits die Tschechoslowakei für Frankreich, wenn es sich diese Freundschaft so viel kosten ließ?

Außenminister Pichon bezeichnete am 18. Februar 1919 in einem Brief an den französischen Finanzminister die tschechoslowakischen Länder als den Angelpunkt der französischen Politik in Zentraleuropa [15]. In ähnlichem Sinne schrieb genau

---

[8] Sie war aus den unter französischem Oberbefehl stehenden tschechoslowakischen Legionen entstanden. — Vgl. Faucher, Général Louis-E.: La Défense nationale tchécoslovaque (1918—1938). L'Année politique française et étrangère 14 (1939) 86. — Wandycz 21.

[9] Siehe A. E. Europe 1918—1929, Tchéc., vol. 78, fol. 79: „Tableau", „Dettes de la Tchécoslovaquie".

[10] A. E. Europe 1918—1929, Tchéc., vol. 40, fol. 1 ff.: General Pellé an den Kriegsminister, Prag, 28. IV. 1919, mit Kopie einer „Note" des tschechoslowakischen Kriegsministers Štefánik, die die Militärabkommen von 1918 kommentiert. — Vgl. Faucher 100, 101. In den ersten Jahren hatten französische Offiziere das Kommando über einen Teil der großen militärischen Einheiten der Armee inne; alle Militärschulen wurden von der französischen Militärmission gegründet und zunächst unterhalten.

[11] A. E. Europe 1918—1929, Tchéc., vol. 41, fol. 25: Pellé an Peretti (Leiter der Direction politique et commerciale du Quai d'Orsay). Dobřichovice, 29. IX. 1923.

[12] Am 19. November 1918 erhielt die Tschechoslowakei z. B. einen Kredit von 7 Millionen Dollar, bis zum 7. Juli 1919 alles in allem 55 330 000 Dollar; vgl. A. E. Europe 1918—1929, vol. 78, fol. 5: Jusserand [franz. Botschafter] an Pichon, Washington, 19. XI. 1918 [Telegr.]; fol. 42: Übersetzter Auszug aus der Los Angeles Times, 8. VII. 1919.

[13] Vgl. Anm. 9.

[14] A. E. Europe 1918—1929, Tchéc., vol. 78, fol. 2: Beneš an Pichon, Paris, 15. XI. 1918 [Kopie].

[15] A. E. Europe 1918—1929, Tchéc., vol. 78, fol. 20: Pichon an den französischen Finanzminister, 18. II. 1919 [Minute].

zwei Jahre später Briand: „Die Sicherheit der Tschechoslowakei ist uns unabdingbar, um unsere Verbindung mit Polen aufrechtzuerhalten, um Deutschland in Schach zu halten und es an einer eventuellen Verbindung mit Ungarn zu hindern[16].“ Für Frankreich stellte also die Tschechoslowakei ein wichtiges Glied einer Politik dar, die in Ostmitteleuropa einen „cordon sanitaire“ gegen Deutschland und gegen das bolschewistische Rußland aufzurichten suchte. Frankreich sah in der neu geschaffenen Republik einen „alliierten Satelliten“ (so d'Abernon)[17], eine Bastion seiner „künstlichen Hegemonie“, wie Hermann Graml es bezeichnet[18], oder vielleicht besser ein Bollwerk der französischen Sicherheitspolitik gegen das deutsche Übergewicht[19].

Die allgemeine Anerkennung der von Frankreich stark geförderten tschechoslowakischen Republik in den problematischen historischen Grenzen und die Stabilisierung dieses neuen Staatsgebildes bedeuteten somit für die französische wie für die tschechoslowakische Diplomatie einen Triumph, wie Wandycz mit Recht betont. Beide Länder verband damals das gemeinsame Interesse, Deutschland, Österreich und Ungarn niederzuhalten[20]. Die Krönung dieser Interessengemeinschaft sollte im Verständnis Frankreichs ein Bündnisvertrag werden, der die Zusammenarbeit in feste, vertragliche Formen bringen sollte. Dieser 1924 abgeschlossene Vertrag, einer der wichtigsten Meilensteine der französisch-tschechoslowakischen Beziehungen in der Zwischenkriegszeit, wurde auch, zusammen mit dem Locarnovertrag, zu einem Hauptargument für die französische Beistandspflicht im Jahre 1938. Da sich zu dem Vertrag von 1924 im Archiv des Quai d'Orsay besonders zahlreiche Quellen finden, die von der Literatur noch nicht im einzelnen analysiert worden sind[21], möchte ich im folgenden diesen „traité d'amitié“ zum Schwerpunkt meines Referates machen.

---

16 A. E. Europe 1918—1929, Tchéc., vol. 78, fol. 84: Briand an den französischen Finanzminister, 18. II. 1921.

17 Vgl. Wandycz 312.

18 Graml, Hermann: Europa zwischen den Kriegen. In: Deutsche Geschichte seit dem Ersten Weltkrieg. Hrsg. vom Institut f. Zeitgeschichte. Bd. 1. Stuttgart 1971, S. 276 ff. Erdmann spricht von „französischer Hegemonialpolitik auf dem Kontinent“. Erdmann, Karl Dietrich: Die Zeit der Weltkriege. 1. Teilband: Der Erste Weltkrieg. Die Weimarer Republik. In: Gebhardt-Grundmann: Handbuch der deutschen Geschichte. 9Stuttgart 1973, S. 229.

19 Vgl. allgemein dazu: Duroselle, Jean-Baptiste: Histoire diplomatique. 6Paris 1974, S. 15 ff. — Baumont, Maurice: La Faillite de la Paix (1918—1939). Bd. 1: De Réthondes à Stresa (1918—1935). 5Paris 1967. — Renouvin, Pierre: Histoire des relations internationales. Bd. 7. Les crises du XXe siècle. Teil 1: De 1914 à 1929. Paris 1957. — Siehe auch Hartmann, Peter Claus: Das Friedensprojekt [von Versailles]: Grundstein der französischen, antideutschen und antibolschewistischen Hegemonialpolitik? In: Versailles — St. Germain — Trianon. Umbruch in Europa vor fünfzig Jahren. Hrsg. von Karl Bosl. München-Wien 1971, S. 77—92. — Zu den französisch-tschechoslowakischen Beziehungen in dieser Zeit vgl. Alexander, Manfred: Die Tschechoslowakei und die Probleme der Ruhrbesetzung 1923. BohJb 12 (1971) 297—336.

20 Vgl. Wandycz 74.

21 Die entsprechenden Quellen wurden erst 1971 der Forschung freigegeben. Wandycz, der die Frage am ausführlichsten behandelt, hatte deshalb diese Dokumente noch nicht heranziehen können. Campbell hat allerdings, soweit sein Thema berührt wird, diese

Als erster regte Marschall Foch bei seinem Pragbesuch im Mai 1923 einen solchen Vertrag an[22]. Beneš, der dem Marschall die frankreichfreundliche Orientierung seiner Politik beteuerte, nahm diesen Vorschlag positiv auf und dachte an eine politische Konvention, der später eine militärische folgen sollte. Er ließ sofort durch den französischen Gesandten in Prag, Couget, den Premier- und Außenminister Raymond Poincaré um die Zusendung eines Vertragsprojektes bitten, über das er dann in Paris verhandeln wollte[23].

Hierauf legte schon am 1. Juni Laroche, der stellvertretende Direktor der Abteilung „Affaires politiques et commerciales" im Quai d'Orsay[24] Poincaré ein Arbeitspapier mit zwei fertigen Alternativvertragsprojekten vor. Der vor allem vom französisch-polnischen Vertrag inspirierte 1. Artikel dieser Projekte war ziemlich allgemein gehalten und wurde später in die endgültige Konvention übernommen. Der zweite Artikel faßte ganz klar eine deutsche Aggression ins Auge. Er lautete: „Im Falle eines nicht provozierten deutschen Angriffs gegen Frankreich oder die Tschechoslowakei verpflichten sich die hohen vertragschließenden Parteien, sich gegenseitig zu helfen, und sie werden sich abstimmen, um die Verteidigung ihres Territoriums und die Wiederherstellung des Friedens zu sichern." Ein weiterer Artikel sah eine Militärkonvention vor. Im ersten Projekt, das als Alternativvorschlag verfaßt wurde, war noch ein Absatz eingeschoben, der den Eventualfall eines ungarischen Angriffs auf die Tschechoslowakei eigens aufführte. Die weiteren Artikel sahen gegenseitige Konsultationen und außerdem die Bekanntmachung des Vertrages beim Völkerbund vor[25].

Um zu vermeiden, daß Frankreich in irgendeiner Weise indirekt sofort der Kleinen Entente beitrete, sprachen sich Laroche und sein Chef Peretti[26] sowie der sofort konsultierte Maréchal Foch für das Projekt ohne den Ungarnalternativartikel aus[27].

Während Poincaré zunächst das Projekt Beneš erst bei seiner Ankunft in Paris

---

Archive schon berücksichtigt: C a m p b e l l, Gregory: Confrontation in Central Europe. Weimar Germany and Czechoslovakia. Chicago-London 1975, S. 122—124, 128, 129. Andererseits berührt Manfred Alexander diese Fragen, stützt sich aber auf die nichtfranzösischen Quellen: A l e x a n d e r, Manfred: Das Scheitern von Benešs Vermittlungsdiplomatie im Frühjahr 1924. Über die Probleme der Außenpolitik eines kleinen Staates. BohJb 17 (1976) (im Druck).

22 A. E. Europe 1918—1929, Tchéc., vol. 41, fol. 1: Couget an Poincaré, Prag, 23. V. 1923; fol. 20: Couget an Poincaré, Prag, 2. VIII. 1923. — Vgl. W a n d y c z 292; Zur Reise Fochs, die ihn zuerst nach Warschau und dann nach Prag führte vgl. A l e x a n d e r, Manfred: Zur Reise von Marschall Foch nach Warschau und Prag im Frühjahr 1923. BohJb 14 (1973) 289—319.

23 A. E. Europe 1918—1929, Tchéc., vol. 41, fol. 1: Couget an Poincaré, Prag, 23. V. 1923 [Kopie].

24 Vgl. Annuaire diplomatique et consulaire de la République française pour 1923, Paris 1923, S. 4.

25 A. E. Europe 1918—1929, Tchéc., vol. 41, fol. 2: „Note pour le Président du Conseil", 1. VI. 1923; fol. 3: „Projet de traité" (1er état); fol. 4: „2ème Projet", beide 1. VI. 1923; vgl. Anhang Nr. 1 und 2.

26 M. de Peretti de la Rocca, Direktor der Abteilung Aff. politiques et commerciales im Quai d'Orsay. — Vgl. Annuaire diplom., S. 4.

27 A. E. Europe 1918—1929, Tchéc., vol. 41, fol. 4: „2ème Projet".

vorlegen wollte[28], riet Marschall Foch, es schon vorher nach Prag zu schicken, da sonst die Gefahr bestehe, daß dort die Unentschiedenen Aufwind bekämen und vielleicht sogar die vorgesehene Reise Benešs und Masaryks verschoben werden könnte[29]. Daraufhin schickte Poincaré am 9. Juni das Vertragsprojekt[30] an Couget nach Prag und bat diesen, er solle auf eventuelle Einwände wegen einer fehlenden Ungarnklausel auf den allgemeinen 1. Artikel und auf eine zu schließende Militärkonvention verweisen. Der Gesandte sollte außerdem beim tschechoslowakischen Außenminister auf absolute Geheimhaltung dringen, da Poincaré Reaktionen der europäischen oder amerikanischen öffentlichen Meinung scheute, die ihm vielleicht wieder „Imperialismus" vorwerfen würden[31].

Nachdem Couget das Projekt überreicht hatte, begann Beneš sich vorsichtig von der klaren französischen Zielrichtung gegen Deutschland zu distanzieren. Er meinte, der Vertrag müsse eine sehr allgemeine Gültigkeit erhalten und alle Eventualitäten abdecken; die Gefahr einer deutschen Aggression halte er für die nächsten 10 Jahre für unwahrscheinlich[32].

Wie ganz anders klingen hier die Worte Marschall Fochs, der dem Chef der französischen Militärmission in Prag und Leiter des tschechoslowakischen Generalstabs damals die Thesen einhämmerte: „Ein siegreiches Deutschland zerstört die neue Organisation Mitteleuropas, ein besiegtes Deutschland führt zu seiner Rettung. Die erste Sorge der Tschechoslowakei muß es also sein, Deutschland die Stirn zu bieten und an seinem Ruin mitzuarbeiten, der alles regelt ... sie sieht Frankreich und seine Alliierten Belgien und Polen in der gleichen Aufgabe verpflichtet. Ein Vertrag der Tschechoslowakei mit Frankreich stärkt und sichert den Sieg über den Hauptfeind ... Ein Staat wie der Ihre kann gegen Deutschland nur standhalten, wenn er in die Koalition gegen Deutschland eintritt[33]."

Aber im Gegensatz zu Foch hielten die Tschechoslowaken Deutschland nicht für einen Erbfeind. Deshalb äußerte sich Beneš, nach Rücksprache mit Präsident Masaryk, im Juli 1923 noch zurückhaltender als früher und brachte diese und jene Bedenken vor. Couget meinte dazu, „daß Beneš wenig Neigung zu verspüren scheint, sich durch einen Vertrag mit uns zu verbinden, der Deutschland ins Auge

---

28 A. E. Europe 1918—1929, Tchéc., vol. 41, fol. 2: handschriftliche Bemerkung zur „Note" von Laroche.

29 A. E. Europe 1918—1929, Tchéc., vol. 41, fol. 6: „Note pour le Président du Conseil", 5. VI. 1923.

30 Ohne den Ungarn-Artikel.

31 A. E. Europe 1918—1929, Tchéc., vol. 41, fol. 7, 8: Poincaré an Couget, Paris, 9. VI. 1923 [Minute].

32 A. E. Europe 1918—1929, Tchéc., vol. 41, fol. 11: Couget an Poincaré, Prag, 20. VI. 1923.

33 A. E. Europe 1918—1929, Tchéc., vol. 41, fol. 29, 30: Foch an General Mittelhauser, 5. VI. 1923 [Kopie]: „... Au total, une Allemagne victorieuse défait la nouvelle organisation de l'Europe Centrale; une Allemagne vaincue la sauve intégralement.
La préoccupation première de la Tchécoslovaquie doit donc être de tenir tête à l'Allemagne et de collaborer à sa ruine qui règle tout. ... elle trouve heureusement pour elle, engagée dans la même tâche, la France avec ses Alliés: Belgique, Pologne ... Un Etat comme le vôtre ne peut tenir contre l'Allemagne que s'il entre dans la coalition contre l'Allemagne."

faßt. Die Anwesenheit einer bedeutenden deutschen Minderheit in der Tschechoslowakei, bedeutend durch ihre Zahl und die Rolle, die sie im Handel und in der Finanz spielt, ist dafür ein Grund, um so mehr, als Präsident Masaryk immer die Verwirklichung seines humanitären Ideals einer brüderlichen Eintracht unter den Völkern der Republik verfolgt." Der französische Gesandte wies auf den beträchtlichen, lukrativen deutsch-tschechischen Handelsaustausch hin, den die Prager Regierung nicht gefährdet sehen wolle[34].

Außerdem hielten Masaryk und Beneš demnach den Moment für ein Bündnis mit Frankreich aus Rücksicht auf England nicht für opportun, dessen Anleihen die tschechoslowakische Regierung benötigte[35]. Aus all diesen Gründen beurteilte auch die dortige Presse die Zeit für eine einseitige Bindung an Frankreich nicht günstig[36].

Couget meinte deshalb zusammenfassend zum bevorstehenden Besuch Benešs in Paris, Poincaré werde einen Gesprächspartner finden, der versuchen werde, die präzise Frage einer Allianz, die Deutschland ins Auge faßt, in einer Menge von komplexen Fragen zu ertränken und keine Verpflichtungen zu übernehmen, die ihn binden würden[37]. Tatsächlich erklärte Beneš am 10. Juli in Paris, die Zeit sei für Verhandlungen noch nicht reif. Gleichzeitig beteuerte er jedoch: „Meine ganze Politik ist auf dieses Ziel hingerichtet." Beneš, der auf eine günstige Konstellation nach den nächsten Wahlen hoffte, versicherte, er wolle die Außenpolitik so orientieren, daß seine Nachfolger in diesem Punkte ein für allemal festgelegt seien. Er meinte, im günstigen Augenblick werde er die Vertragsidee wieder aufgreifen, und schlug vor, einstweilen pragmatisch durch Absprachen der Generalstäbe vorzugehen und gemeinsame militärische Pläne zu entwickeln. Beneš, der sich als den französischsten aller Tschechen bezeichnete, sagte auch, daß Masaryk auf seiner Parisreise hauptsächlich von militärischen Angelegenheiten sprechen wolle. Allerdings sei noch die öffentliche Meinung seines Landes zu bearbeiten, damit sie für die Notwendigkeit eines Abschlusses von Verträgen der Generalstäbe Verständnis

---

[34] A. E. Europe 1918—1929, Tchéc., vol. 41, fol. 12—14: Couget an Poincaré, Prag, 5. VII. 1923: „. . . L'Allemagne n'est pas considérée par la Tchécoslovaquie comme une ennemie héréditaire . . ."
„. . . Il n'en reste pas moins qu'il paraît peu enclin à se lier à nous par un traité visant l'Allemagne. La présence en Tchécoslovaquie d'une minorité allemande importante par son nombre et la place qu'elle tient dans le commerce et la finance en est une raison, d'autant plus sérieuse que le Président Masaryk poursuit toujours la réalisation de son idéal humanitaire de concorde fraternelle entre les populations de la République."
Der Handel mit Frankreich war demgegenüber nicht sehr bedeutend und nahm dauernd ab. Während die tschechoslowakischen Exporte nach Frankreich 1921 noch 8,61 % des nationalen Exports ausmachten, waren es 1922 noch 4,78 % und 1923 nur 3,51 %; vgl. Wandycz 296.

[35] A. E. Europe 1918—1929, Tchéc., vol. 41, fol. 12—14: Couget an Poincaré, Prag, 5. VII. 1923.

[36] A. E. Europe 1918—1929, Tchéc., vol. 41, fol. 15: „Annexe à la dépêche du 5 juillet 1923".

[37] A. E. Europe 1918—1929, Tchéc., vol. 41, fol. 12—14: Couget an Poincaré, Prag, 5. VII. 1923.

aufbringe. Dafür, so meinte der Außenminister, sei Zeit nötig, zwei oder drei Jahre[38].

Der französische Kriegsminister war mit Benešs Anregung durchaus einverstanden, bereits vor Aushandlung eines politischen Vertrages eine Übereinkunft zwischen dem französischen und dem tschechoslowakischen Generalstab zu schließen. Um diese Pläne zu konkretisieren, bestimmte er noch im Juli einen besonders qualifizierten Generalstabsoffizier, der an den tschechoslowakischen Manövern im September teilnehmen sollte[39].

Was die französische Armee von der Tschechoslowakei erwartete, faßte Marschall Foch in einem Schreiben an Beneš zusammen, das er diesem während seines Parisaufenthaltes zusandte. Foch betonte darin, daß die günstige Konstellation, die zur Unabhängigkeit der Tschechoslowakei geführt hatte, nicht wiederkehren werde. Deshalb würden auch pazifistische Absichten und Ideen nicht genügen, die freie Existenz der Republik zu sichern. Der Marschall unterstrich die Notwendigkeit, daß die dortige Kriegsindustrie, die Militärkommandostellen, die wirtschaftliche, technische und finanzielle Macht in rein tschechoslowakischen Händen liegen müßten und empfahl, jedes Jahr ein Maximum zu nationalisieren und gleichzeitig den Einfluß der ethnischen Minderheiten zu begrenzen. Am Schluß seiner Ausführungen schärfte der Marschall dem tschechoslowakischen Außenminister ein: „Vor allem nationalisieren Sie Ihre Technik und stützen Sie sich nicht auf eine deutsche Technik ... in der tschechoslowakischen Luftfahrtindustrie ist kein Platz für ethnische Minderheiten[40].“

Aber zurück zu Beneš! Warum der Rückzieher? Warum war jetzt plötzlich die Zeit für einen Vertrag nicht reif, nachdem er sich noch vor ein paar Wochen für eine solche politische Konvention ausgesprochen hatte?

Nach der Meinung des französischen Gesandten in Prag, Couget, hatte Präsident Masaryk Einwände erhoben[41]. Diese Vermutung wird voll und ganz durch einen Brief bestätigt, in dem General Pellé von einem langen vertraulichen Gespräch mit Masaryk berichtete. Demnach hielt der Präsident einen solchen Vertrag mit Frankreich für unnütz; denn erstens — so lauteten seine Argumente — wäre im Falle eines französisch-deutschen Krieges die Tschechoslowakei notwendigerweise auf seiten Frankreichs. Zweitens wäre die Vorbereitung einer solchen gemeinsamen Aktion durch den permanenten Kontakt der beiden Generalstäbe gesichert. Schließlich sei aber 3. ein naher Krieg zwischen Deutschland und Frankreich äußerst unwahrscheinlich.

Andererseits sah Masaryk jedoch in einem Abschluß dieses „überflüssigen Ver-

---

[38] A. E. Europe 1918—1929, Tchéc., vol. 41, fol. 16, 17: „Visite de M. Beneš à M. Laroche“, 10. VII. 1923; fol. 18: „Visite de M. Beneš à M. de Peretti“, 16. VII. 1923.

[39] A. E. Europe 1918—1929, Tchéc., vol. 41, fol. 19: Kriegsminister an Poincaré, Paris, 30. VII. 1923.

[40] A. E. Europe 1918—1929, Tchéc., vol. 41, fol. 31: Foch an Beneš, 13. VII. 1923 [Kopie], dazu fol. 32: „Note“: „Avant tout nationalisez votre technique en l'appuyant sur une technique non germanique ... dans l'aéronautique tchécoslovaque il n'y ait pas de place pour des minorités éthniques.“

[41] A. E. Europe 1918—1929, Tchéc., vol. 41, fol. 20: Couget an Poincaré, Prag, 2. VIII. 1923.

trages" viele Nachteile: er könnte nicht geheimgehalten werden und würde die tschechoslowakische Regierung in innenpolitische Schwierigkeiten bringen: Opposition der Deutschen, der Kommunisten und vielleicht der Gruppe Kramář. Außerdem würde all denen in England, Amerika und bei den Neutralen, die Frankreich „Imperialismus" vorwerfen, ein neues Argument geliefert. Schließlich würde in Rußland neues Mißtrauen aufkommen.

Laut Pellé waren die zwei außenpolitischen Leitmotive Masaryks zwar eine enge Bindung an die französische Politik, aber auch die Notwendigkeit eines Einvernehmens zwischen Frankreich und England[42].

Beneš, einerseits durch seine früheren politischen Äußerungen Foch und Couget gegenüber und andererseits durch die Einwände Masaryks etwas in die Zwickmühle geraten, versuchte eine vermittelnde Zwischenposition einzunehmen. Nachdem er mit General Pellé über dessen Konversation mit Masaryk gesprochen hatte, drückte sich der Außenminister in Nuancen doch um vieles positiver aus als sein Präsident. Er unterschied jetzt zwischen Militärkonvention und eigentlichem Garantievertrag. Während er die erstere aus denselben Gründen wie Masaryk ablehnte, bezeichnete er einen sehr allgemein gehaltenen Garantievertrag wieder für nützlich, der allerdings später zu unterzeichnen sei, nach entsprechender Zeit zur Vorbereitung der tschechoslowakischen öffentlichen Meinung[43].

So standen die Vertragsverhandlungen, als Präsident Masaryk und Außenminister Beneš zum offiziellen Staatsbesuch nach Paris kamen. Obwohl der Besuch eine grandiose Manifestation der französisch-tschechoslowakischen Freundschaft wurde[44], tauchten, wie zu erwarten, Meinungsverschiedenheiten über das Vertragsprojekt auf. Präsident Masaryk erhob nach wie vor Einwände gegen eine Bindung dieser Art, während sein Außenminister, nicht gleichermaßen prinzipiell dagegen, laut Poincaré den „Argumenten nachgab, die den Nutzen einer schnellen Unterzeichnung eines solchen Abkommens hervorhoben". Beneš wirkte nun auf Masaryk ein, bis dieser schließlich auch grundsätzlich einverstanden war, allerdings noch mit einigen Vorbehalten bezüglich der Wahl des Zeitpunktes[45]. Wenn Beneš es für möglich hielt, sich über einen eventuellen politischen Vertrag zu einigen, so betonte er doch gleichzeitig, daß die Situation in Deutschland und die Stimmung der öffentlichen Meinung in seinem Lande im Moment für den Abschluß einer Militärkonvention ungünstig seien[46].

Poincaré einigte sich mit ihm immerhin darüber, die Verhandlungen über das politische Vertragsprojekt wiederaufzunehmen, damit man im Dezember, während Benešs nächstem Aufenthalt in Paris, den Vertrag unterzeichnen könne. Der

---

42 A. E. Europe 1918—1929, Tchéc., vol. 41, fol. 25: General Pellé an Peretti, Dobřichovice, 29. IX. 1923.

43 A. E. Europe 1918—1929, Tchéc., vol. 41, fol. 35: General Pellé an Peretti, Paris, 7. X. [1923] [handschr.].

44 Wandycz 297.

45 A. E. Europe 1918—1929, Tchéc., vol. 41, fol. 52: Poincaré an Cosme [chargé d'affaires], Paris, 23. X. 1923 [Minute, „Très confidentiel"].

46 A. E. Europe 1918—1929, Tchéc., vol. 41, fol. 41—43: „Visite de M. Beneš à M. de Peretti", 18. X. 1923 [von Peretti verfaßt].

französische Premier- und Außenminister wollte seinem Kollegen ein neues Vertragsprojekt als Verhandlungsgrundlage vorlegen und kam mit ihm überein, daß dieser nach Prüfung des Projektes seine schriftlichen Bemerkungen zu den einzelnen Bestimmungen schicken werde[47].

Das von Laroche ausgearbeitete Vertragsprojekt, das Cosme Anfang November Beneš überreichte[48], hatte das vorherige Projekt zur Grundlage. Im Gegensatz dazu hatte Laroche aber, unter dem Einfluß der Berichte von Couget und Pellé, den früheren 2. Artikel, der ausdrücklich eine deutsche Aggression ins Auge faßte, ersatzlos gestrichen, um dadurch der tschechoslowakischen Auffassung entgegenzukommen. In seiner Notiz für Poincaré bemerkte Laroche dazu: „Das beiliegende Projekt hat also einen sehr allgemeinen Charakter, wie es die tschechoslowakische Regierung wünscht." Der hohe Beamte des Quai d'Orsay meinte zu seinem Projekt weiter, wenn Herr Beneš gegen den Artikel 2 (den Artikel 3 des vorigen Projektes) — er sah eine Militärkonvention vor — Einwände erhebe, so könne man ihn als Konzession folgendermaßen redigieren: „Im Hinblick auf eine eventuelle Anwendung des Vertrages wird ein dauerndes Einvernehmen zwischen den beiden Generalstäben aufrechterhalten." Laroche bemerkte schließlich: „Es erscheint in der Tat, daß unter diesen Bedingungen das Vertragsprojekt keine Einwände der tschechoslowakischen Regierung mehr hervorrufen dürfte[49]."

Für Masaryk und Beneš galt es nach ihrer Rückkehr nach Prag, die Stimmung ihres Landes für einen baldigen Vertragsabschluß zu gewinnen. Obwohl die Presse nämlich anläßlich ihres Staatsbesuches die Freundschaftsbindungen mit Frankreich besonders hervorhob, war die öffentliche Meinung durchaus noch nicht davon überzeugt, daß eine entschiedene Bindung an Paris im Interesse des Landes liege[50].

Präsident Masaryk bemühte sich deshalb am 28. Oktober in einer Rede vor den Kabinettsmitgliedern, die friedliche Gesinnung des französischen Staatspräsidenten Millerand und seine eigene Übereinstimmung mit diesem hervorzuheben[51]. Am 30. des Monats sprach dann Beneš vor dem Parlament klar den Wunsch aus, die bereits existierende Zusammenarbeit mit Frankreich möge eine festere Form annehmen[52].

Beneš hatte im Parlament gut vorgearbeitet; die Debatten, die am 5. und 6. November seiner außenpolitischen Rede im Parlament folgten, liefen ohne dramatische Szenen ab. Nachdem sein Exposé in der Kammer von den Stimmen der Koalition und zwei weiteren Parteien gebilligt worden war, konnte der

[47] Wie Anm. 45.
[48] A. E. Europe 1918—1929, Tchéc., vol. 41, fol. 55: Cosme an Poincaré, Prag, 3. XI. 1923.
[49] A. E. Europe 1918—1929, Tchéc., vol. 41, fol. 39: „Projet de traité", 17. X. 1923; fol. 37, 38: „Note de M. Laroche", 17. X. 1923.
[50] A. E. Europe 1918—1929, Tchéc., vol. 41, fol. 47 ff.: Cosme an Poincaré, Prag, 18. X. 1923 [Kopie].
[51] A. E. Europe 1918—1929, Tchéc., vol. 39, fol. 17: Cosme an Poincaré, Prag, 29. X. 1923 [Kopie].
[52] A. E. Europe 1918—1929, Tchéc., vol. 41, fol. 54: Cosme an Poincaré, Prag, 30. X. 1923 [Telegramm].

Außenminister, mit parlamentarischer Rückendeckung ausgestattet, einem baldigen Abschluß der Bündnisverhandlungen optimistisch entgegensehen[53].

Ihm gelang es gleichzeitig, die tschechoslowakische Presse entsprechend zu leiten, damit auch die öffentliche Meinung für einen Vertragsabschluß reif wurde[54].

Trotzdem ließ sich Beneš mit der Sendung seiner Änderungswünsche nach Paris Zeit. Dort fragte man schon ungeduldig den tschechoslowakischen Gesandten Osuský, der versprach, in Prag bei seiner Regierung entsprechend nachzufragen[55]. In Paris war man wegen England etwas nervös, da man im Inselreich voll Argwohn hinter den französisch-tschechoslowakischen Verhandlungen den Abschluß einer geheimen Militärkonvention vermutete. Das Foreign Office ließ Masaryk sogar während dessen Londonbesuchs direkt danach fragen[56].

Ende November erklärte dann Beneš dem französischen Gesandten, er habe die Absicht, Poincaré in Paris eine neue Redaktion des Vertragsprojektes zu präsentieren. Er sagte: „Ich möchte einen umfassenderen Text, in bestimmter Weise einen herzlicher gehaltenen, der die Ganzheit der politischen Beziehungen zwischen Frankreich und der Tschechoslowakei einschließt und alle Eventualitäten, die auftreten könnten[57]."

In der französischen Hauptstadt angekommen, übergab Beneš schließlich am 13. Dezember 1923 sein neues Vertragsprojekt zusammen mit schriftlichen interpretierenden Bemerkungen. Er betonte, wenn man sein Projekt, das er mit Rücksicht auf die Stimmung in der Tschechoslowakei redigiert habe, in seinen wesentlichen Teilen nicht mehr verändere, so werde es dort aller Voraussicht nach akzeptiert. Beneš bat schließlich um baldige Stellungnahme[58].

Aus taktischen Gründen, um die feindliche Propaganda der Pazifisten, Sozialisten, eventuell auch der deutschen und italienischen Nationalisten und der britischen Liberalen zu entwaffnen, sowie aus Rücksicht auf den Völkerbund, hatte Beneš den konkreten und klar limitierten französischen Vertragstext in einen sehr allgemein gehaltenen ohne Zeitgrenze umgeformt. Laut Beneš sollte „ein Vertrag ewiger Freundschaft zwischen den zwei Nationen" geschaffen werden. Die bedeutendste Änderung bestand in der Streichung des ursprünglichen Artikels, der eine Militärkonvention vorsah. Allerdings interpretierte er in seinen schriftlichen „Remarques" seinen sehr allgemein gehaltenen Artikel folgendermaßen: es könnten eventuell militärische Pläne ab sofort vorbereitet werden und es müßte der dauernde Kontakt der Generalstäbe festgelegt und aufrechterhalten werden.

---

53 A. E. Europe 1918—1929, Tchéc., vol. 41, fol. 57 ff.: Cosme an Poincaré, Prag, 7. X. 1923.

54 A. E. Europe 1918—1929, Tchéc., vol. 41, fol. 59: „Visite de M. Osusky", 13. XI. 1923; fol. 61: Poincaré an Cosme, Paris, 19. XI. 1923 [Minute].

55 Wie Anm. 54.

56 A. E. Europe 1918—1929, Tchéc., vol. 41, fol. 62: Saint-Aulaire an Poincaré, London, 21. XI. 1923 [Telegramm].

57 A. E. Europe 1918—1929, Tchéc., vol. 41, fol. 64: Couget an Poincaré, Prag, 28. XI. 1923.

58 A. E. Europe 1918—1929, Tchéc., vol. 41, fol. 65: „Note de M. de Peretti", 13. XII. 1923.

Dadurch baute er den Franzosen, die eine Militärkonvention wünschten, eine goldene Brücke. Das französische Außenministerium erklärte sich nämlich jetzt mit dem allgemein gehaltenen Projekt Benešs einverstanden, allerdings unter der Bedingung, daß man der von Beneš gegebenen, oben zitierten Interpretation des Artikels 2 durch den Austausch von Briefen eine konkrete Form gebe. Diese „Lettres interprétatives“ sollten dann dem Vertrag beigefügt werden[59].

In einer Konferenz mit Peretti und Laroche erklärte sich Beneš damit einverstanden. Da die Franzosen die bisherige Form der Zusammenarbeit der Generalstäbe angesichts des vor allem tschechoslowakischen Auftrags des Generals Mittelhauser für ungenügend hielten, brachten sie den Wunsch des französischen Kriegsministers vor, ab sofort durch die Entsendung des Colonel Dosse eine Verbindung mit dem tschechoslowakischen Generalstab einzurichten. Dieser sollte beauftragt werden, die militärischen Pläne für eine eventuelle gemeinsame Verteidigung vorzubereiten. Beneš erklärte, er wolle sofort Präsident Masaryk und den Ministerpräsidenten informieren, daß die Franzosen schon Anfang nächster Woche das Agrément für Dosse erbitten würden.

Am Schluß der Konferenz einigte man sich noch, daß man im Quai d'Orsay Projekte für die zwei interpretierenden Briefe ausarbeiten und diese dann Beneš zusenden wolle. Noch am Nachmittag desselben Tages setzte sich Laroche mit General Desticker und den Obersten Fournier und Dosse zusammen, um diese Briefe vorzubereiten[60].

Während der Vertrag selbst nun im wesentlichen in der von Beneš vorgeschlagenen Form, jedoch mit einigen Umformulierungen am 20. Dezember endgültig stand[61], drehten sich die weiteren Verhandlungen noch um die beiden Briefe, die Peretti dem tschechoslowakischen Außenminister schon am 21. Dezember zuschickte[62].

Poincaré telegraphierte bereits Ende des gleichen Monats, als Beneš noch in Paris mit ihm und Peretti verhandelte, an Couget, er möge gleich nach der Rückkehr Benešs nach Prag die dortige Regierung um das Agrément für Colonel Dosse bitten und ihm sofort telegraphieren, damit man diesen so schnell wie möglich auf den Weg schicken könne[63]. Der tschechoslowakische Außenminister war mit den französischen Briefprojekten einverstanden und wollte sie sogleich Masaryk

---

59 A. E. Europe 1918—1929, Tchéc., vol. 41, fol. 78 ff.: „Note de M. Laroche“, 14. XII. 1923; fol. 70 ff.: „Remarques sur le projet de traité“, 13. XII. 1923; vgl. Anhang Nr. 3 und 4.

60 A. E. Europe 1918—1929, Tchéc., vol. 41, fol. 82: „Note de M. de Peretti“, 20. XII. 1923.

61 A. E. Europe 1918—1929, Tchéc., vol. 41, fol. 84 ff.: Vertragsprojekt vom 20. XII. 1923; vgl. den gedruckten endgültigen Vertrag: vol. 40, fol. 163 ff., 25. I. 1924; Anhang Nr. 5. Zu den formalen Textänderungen vgl. vol. 41, fol. 78 ff.: „Note de M. Laroche“, 14. XII. 1923.

62 A. E. Europe 1918—1929, Tchéc., vol. 41, fol. 87: Peretti an Beneš, Paris, 21. XII. 1923 [Minute]; vgl. dazu fol. 88: Poincaré an Couget, Paris, 27. XII. 1923 [Telegramm].

63 A. E. Europe 1918—1929, Tchéc., vol. 41, fol. 89: Poincaré an Couget, Paris, 27. XII. 1923 [Telegramm, „confidentiel“].

vorlegen. Der französische Ministerpräsident, der den Vertrag als Präzedenzfall für ein entsprechendes Abkommen mit England sah, stimmte nun Beneš gegenüber sogar zu, daß die vorgesehenen Vertrags- und Brieftexte einem Abschluß einer Militärkonvention vorzuziehen seien. Sie würden nämlich die beiden Länder ebenso verpflichten, ohne daß man dem Völkerbund einen Militärvertrag vorlegen müsse[64]. Die beiden interpretierenden Briefe machten also, wie Poincaré an Couget schrieb, die Unterzeichnung einer Militärkonvention hinfällig[65].

Nachdem Poincaré mit Zustimmung Benešs auch den Polen die Konvention — nicht aber die Briefe —, wie vertraglich vorgesehen, mitgeteilt hatte[66], waren von französischer Seite alle Voraussetzungen für eine Unterzeichnung des Vertrages erfüllt. Die Regierung der Tschechoslowakei, deren öffentliche Meinung den bevorstehenden Vertragsabschluß begeistert feierte[67], war jedoch durch die Reaktionen irritiert, die in Deutschland, Polen und besonders in Italien und Großbritannien die bevorstehende Beendigung der Verhandlungen hervorrief. Beneš bat deshalb auf Wunsch Masaryks darum, die beizufügenden Briefe nicht am gleichen Tag der Vertragsunterzeichnung auszutauschen, sondern ein wenig später. Er wollte damit dem möglichen Vorwurf aus dem Wege gehen, daß er gerade am selben Tag einen Kontakt der Generalstäbe verabredet habe, an dem die beiden Vertragsparteien behaupteten, es werde keine Militärkonvention abgeschlossen[68].

Ansonsten wollte Beneš im Januar direkt nach seiner Reise nach Belgrad und London zur Unterzeichnung des Vertrages in die französische Hauptstadt kommen[69].

Nachdem er in London nochmals lebhafte Vorwürfe deswegen geerntet hatte, weil die Engländer nach wie vor hinter dem französisch-tschechoslowakischen Allianzvertrag eine geheime Militärkonvention vermuteten[70], unterzeichnete Beneš schließlich am 25. Januar 1924 gleichzeitig mit Poincaré den Freundschafts- und Allianzvertrag. Darin verpflichteten sich die beiden Länder in sehr allgemein gehaltenen, etwas vagen Artikeln, sich über jene auswärtigen Fragen zu verständigen, die ihre Sicherheit in Gefahr bringen könnten, und sich über Maßnahmen zu einigen, um ihre gemeinsamen Interessen zu schützen. Die beigefügten Briefe

---

64 A. E. Europe 1918—1929, Tchéc., vol. 41, fol. 91: „Note de M. de Peretti“, 27. XII. 1923.

65 A. E. Europe 1918—1929, Tchéc., vol. 41, fol. 102: Poincaré an Couget, 31. XII. 1923 [Minute, „confidentiel“].

66 A. E. Europe 1918—1929, Tchéc., vol. 41, fol. 106: „Visite de M. Osusky“, 31. XII. 1923; fol. 122: Poincaré an Couget, Paris, 3. I. 1924; fol. 129: Poincaré an Panafieu, Paris, 4. I. 1924.

67 A. E. Europe 1918—1929, Tchéc., vol. 41, fol. 117: Couget an Poincaré, Prag, 2. I. 1924.

68 A. E. Europe 1918—1929, Tchéc., vol. 41, fol. 156: Couget an Poincaré, Prag, 9. I. 1924; fol. 107, 111, 114: Herbette, Pozzi bzw. Panafieu [Telegramm] an Poincaré, Brüssel, 31. XII. 1923, München, 31. XII. 1923 bzw. Warschau, 2. I. 1924.

69 A. E. Europe 1918—1929, Tchéc., vol. 41, fol. 163: Couget an Poincaré, Prag, 11. I. 1924.

70 A. E. Europe 1918—1929, Tchéc., vol. 41, fol. 39: Saint-Aulaire an Poincaré, London, 21. I. 1924 [Telegramm].

wurden auf den 26. bzw. 31. Januar datiert und sollten im Gegensatz zum Vertrag selbst nicht dem Völkerbund mitgeteilt werden [71].

Schließlich mußte man sich noch auf eine Erklärung über die militärische Entente zwischen Frankreich und der Tschechoslowakei einigen, die von beiden Regierungen vor ihrem jeweiligen Parlament verlesen werden sollte. Laroche arbeitete einen Vorschlag aus [72], der sich eng an den Inhalt der Briefe anlehnte, während Beneš ein anderes eigenes Projekt vorlegte [73]. Schließlich einigten sich beide auf ein drittes, in dem als Kompromiß beide Textvorschläge berücksichtigt wurden. Hier erläuterte man den Vertrag und fügte hinzu, man müsse in der Tat den Fall voraussehen, daß diplomatische Aktionen machtlos wären, einen Konflikt zu verhindern; man wolle deshalb darüber wachen, daß die beiden Länder nicht eine plötzliche Aggression überraschen könne. Als Mittel und Weg für die Vorbereitung gegenseitiger Hilfe sah man deshalb vor, daß die Generalstäbe der zwei Länder weiterhin, sogar nach dem eventuellen Verlassen der Tschechoslowakei durch die Militärmission, ihre Zusammenarbeit im selben Geiste und zum gleichen Zweck fortsetzen sollten [74].

So wurde der Kompromißtext bis auf eine kleine Passage auch von Poincaré gebilligt. Auf seinen Wunsch hin wurden mit Zustimmung Benešs die Worte „sogar nach dem eventuellen Verlassen" durch „sogar im Falle eines Verlassens" ersetzt [75].

Am 4. März wurden dann die Ratifikationsurkunden ausgetauscht und bald darauf dem Völkerbund der Vertrag von den beiden Regierungen gleichzeitig bekanntgegeben [76].

Obwohl diesem Vertrag, der nach französischer Absicht eine klare Zielrichtung gegen Deutschland und eine konkrete Militärkonvention hätte festlegen sollen, auf tschechoslowakischen Wunsch hin diese Zielrichtung genommen worden war und er nur ganz allgemein gehaltene, an sich wenig aussagende Bestimmungen enthielt, war die Reaktion im Ausland nicht günstig. In Großbritannien, der für die Tschechoslowakei so wichtigen Finanz- und Wirtschaftsmacht, hat der Vertragsabschluß trotzdem Mißvergnügen hervorgerufen [77]. Man kann sich sogar

---

71 A. E. Europe 1918—1929, Tchéc., vol. 42, fol. 1 ff.: „Visite de M. Beneš à M. de Peretti", 25. I. 1924; zum Vertrag vgl. Anhang Nr. 5.

72 A. E. Europe 1918—1929, Tchéc., vol. 42, fol. 7: „Premier projet de declaration".

73 A. E. Europe 1918—1929, Tchéc., vol. 42, fol. 9: „2e projet de declaration"; die „Lettres interprétatives" selbst waren bei den entsprechenden Archivdokumenten nicht zu finden.

74 A. E. Europe 1918—1929, Tchéc., vol. 42, fol. 10: „Troisième projet de declaration accepté par M. Beneš, 25. I. 1924.

75 A. E. Europe 1918—1929, Tchéc., vol. 42, fol. 19: „Note pour le président du conseil", 26. I. 1924; fol. 20: „Texte de la declaration"; fol. 33: Poincaré an Couget, Paris, 31. I. 1924.

76 A. E. Europe 1918—1929, Tchéc., vol. 42, fol. 49: Poincaré an Couget, 16. II. 1924; fol. 28: Mitteilung des „Service du Protocole", 4. III. 1924.

77 A. E. Europe 1918—1929, Tchéc., vol. 41, fol. 164: Saint-Aulaire an Poincaré, London, 16. I. 1924; fol. 171: Telegramm von Saint-Aulaire, London, 21. I. 1924; fol. 182: Poincairé an Saint-Aulaire, Paris, 24. I. 1924; vol. 42, fol. 29: Poincaré an Saint-Aulaire, Paris, 30. I. 1924.

fragen, inwieweit er zur Abwendung Englands von der Tschechoslowakei beigetragen hat, die zu dessen fataler Haltung gegenüber der bedrohten Republik im Jahre 1938 führte.

Noch negativer war die Reaktion in Deutschland. Dort veröffentlichte das Berliner Tageblatt am 19. März 1924 sogar den Text eines angeblichen französisch-tschechoslowakischen Vertrages, der sehr weitreichende Bestimmungen enthielt. Obwohl dieser Vertragstext sofort von Beneš und den Franzosen energisch dementiert und als Fälschung widerlegt wurde, fand diese Veröffentlichung in Deutschland und in der Welt doch ein williges Echo. Es blieben da und dort Zweifel an den Dementis [78].

Wie bewährte sich nun der Vertrag von 1924 im Jahre 1938, als er in Anwendung hätte kommen müssen? Wir wissen alle, daß Frankreich der tschechoslowakischen Republik in ihrer Bedrohung 1938 nicht beistand. In der entscheidenden geheimen Sitzung des „Comité permanent de la Défense nationale" am 15. März 1938 erklärte der französische Verteidigungs- und Kriegsminister Daladier, daß Frankreich keine direkte Hilfe leisten könne [79]. Man war also nicht für einen Krieg gegen Deutschland vorbereitet. Außerdem waren die verschiedenen Bündnisse Frankreichs nicht mehr miteinander vereinbar. „Frankreich war", so schreibt Karl Dietrich Erdmann, „mit der Tschechoslowakei, die sich von Polen, und mit Polen, das sich von der Sowjetunion bedroht fühlte, und mit der Sowjetunion selbst verbündet. Der französischen Politik mangelte die Entschiedenheit zwischen diesen drei nicht mehr vereinbaren Bündnissen zu wählen [80]."

Ist unter diesen Umständen nicht die passive Haltung der Verantwortlichen Frankreichs durchaus zu verstehen, zumal da 1938 der größte Teil der öffentlichen Meinung in dem durch innere Konflikte und Streiks zerrütteten Land um jeden Preis den Frieden, eine Politik „de l'apaisement" wünschte [81] und zumal da in der französischen Öffentlichkeit Zweifel an der Beistandspflicht der Tschechoslowakei gegenüber laut wurden? Bestimmte Kreise hielten dort den dem Locarnovertrag beigefügten Beistandspakt vom 16. Oktober 1925 durch das Schei-

---

78 A. E. Europe 1918—1929, Tchéc., vol. 42, fol. 65, 66, 73, 81, 84: Margerie an Poincaré, Berlin, 18., 19., 20., 21. III. 1924; fol. 87: Poincaré an Margerie, Paris, 22. III. 1924; fol. 90: Couget an Poincaré, Prag, 22. III. 1924; fol. 94: Lefevre Pontalis an Poincaré, Wien, 22. III. 1924; fol. 99: Allize an Poincaré, Bern, 25. III. 1924; fol. 103: Couget an Poincaré, Prag, 8. IV. 1924.

79 „Proces-verbal de la séance du 15 mars 1938 du Comité permanent de la défense nationale". Gedr. bei Caton, Paul-Emile: 1939—1940. Une Guerre perdue en 4 jours. Bd. 2: Contre-Témoignages sur une catastrophe. Blainville-s.-M. 1974, S. 813—820.

80 Erdmann, Karl Dietrich: Die Zeit der Weltkriege. In: Gebhardt-Grundmann: Handbuch der deutschen Geschichte. 8Stuttgart 1959, S. 233.

81 Dies zeigen die Kommentare der Zeitungen L'Action française, Le Temps, La Justice, Le Populaire und besonders auch die enthusiastische Aufnahme des Vertrages von München in der Bevölkerung. In der sonst zerstrittenen Chambre des Députés wurde er immerhin mit 535 gegen nur 75 Stimmen gebilligt. Vgl. Chastenet, Jacques: Histoire de la Troisième République. Bd. 6: Déclin de la Troisième 1931—1938. Paris 1962, S. 203—206. — Bonnefous, Edouard: Histoire politique de la Troisième République. Bd. 6: Vers la Guerre: Du Front populaire à la conférence de Munich (1936—1938). Paris 1965, S. 347—352.

tern des gesamten Vertragssystems für hinfällig[82]. Aber wie stand es mit dem Allianz- und Freundschaftsvertrag von 1924? War er doch „unnütz", wie Masaryk es 1923 allerdings in einem anderen Zusammenhang und Sinn gemeint hatte? Waren seine Bestimmungen nicht zu allgemein und vage, so daß sie es den Franzosen erleichterten, passiv zu bleiben? Alle konkreten gegen einen deutschen Angriff gerichteten Passagen waren ja auf tschechoslowakischen Wunsch hin gestrichen worden. Rächte sich jetzt das Fehlen einer Militärkonvention, die von der Tschechoslowakei abgelehnt worden war? Jedenfalls konnten die zwei interpretierenden Briefe eine solche Konvention nicht ersetzen. Sie haben auch nicht zu der gewünschten engen militärischen Zusammenarbeit Frankreichs mit der Tschechoslowakei geführt; denn die Vertreter der Generalstäbe sind nur ein einziges Mal, und zwar im Januar 1924, zusammengekommen[83].

Vielleicht werden wir mehr Antworten auf all diese Fragen über die Hintergründe und Gründe der französischen Haltung dann bekommen, wenn die Bände 10 bis 12 der offiziellen „Documents Diplomatiques Français[84] erscheinen werden und wenn im Archiv des Quai d'Orsay auch die Dokumente bis 1939 der Forschung zugänglich gemacht werden.

Qu

ANHANG

Nr. 1

Erstes Vertragsprojekt, 1. VI. 1923

A. E. Europe 1918—1929, Tchéc., vol. 41, fol. 3: wurde am 1. VI. 1923 von Laroche verfaßt und seiner kommentierenden „Note" beigefügt.

Projet de traité entre la France et la Tchécho-Slovaquie

Le Gouvernement de la République française et le Gouvernement de la République tchéco-slovaque,

Egalement soucieux de maintenir et de sauvegarder la paix à laquelle ils sont fermement attachés, et résolus à assurer à cet effet le respect des traités qu'ils ont signés en commun,

---

[82] In der sehr angesehenen Zeitung „Le Temps" hat z. B. der Professor J. Barthélemy diese These vertreten; vgl. Chastenet VI, 287. — Siehe auch den Artikel von Cassin, in dem dieser lebhaft gegen diese Zweifel polemisierte: Cassin, René: Les traités d'assistance entre la France et la Tchécoslovaquie. Politique étrangère 3 (1938) Nr. 1, S. 334—359.

[83] Vgl. Général Gamelin: Servir. Bd. 2: Le Prologue du Drame (1930—Août 1939). Paris 1946, S. 469 (Annexe II).

[84] Ministère des Affaires Etrangères. Commission de Publication des Documents relatifs aux origines de la Guerre 1929—1945 (Hrsg.). Documents Diplomatiques Français 1932—1939. 2e serie (1936—1939). Paris 1963 ff.; Bd. 10 und 11 sind im Druck. Im Archiv sind zur Zeit die Dokumente bis 31. Dezember 1929 zugänglich.

Considérant que des garanties réciproques de sécurité contre une agression éventuelle sont indispensables à la défense de leur territoire et à la restauration de la stabilité en Europe,

Ont désigné pour leurs plénipotentiaires, savoir:

Le président de la République française .....

Le Président de la République tchéco-slovaque, ...

Lesquels, après avoir échangés leurs pleins pouvoirs reconnus en bonne et due forme, sont convenus des dispositions suivantes:

Article 1er

Les Gouvernements de la République française et de la République tchéco-slovaque s'engagent à se concerter sur les questions extérieures de nature à mettre en danger leur sécurité et à porter atteinte à l'ordre établi par les traités de paix dont ils sont l'un et l'autre signataires.

Article II

Dans le cas d'une agression non provoquée de l'Allemagne contre la France ou contre la Tchéco-Slovaquie, les Hautes Parties contractantes s'engagent à se prêter mutuellement assistance et se concerteront en vue d'assurer la défense de leur territoire et le rétablissement de la paix.

Article III

Dans le cas d'une agression non provoquée de la Hongrie contre la Tchéco-Slovaquie, la France s'engage à prêter assistance à la Tchéco-Slovaquie et à se concerter avec elle à cet effet[85].

Article IV

Les autorités militaires dument qualifiées des deux pays détermineront d'un commun accord les dispositions nécessaires à l'application éventuelle des articles II et III de la présente convention. Une entente constante sera maintenue à cet effet entre les Etats-Majors respectifs.

Article V

Les deux Gouvernements s'engagent à se communiquer les accords qu'ils ont déjà conclus et qui intéressent leur politique en Europe centrale, et à se consulter avant d'en conclure de nouveaux.

Article VI

Le présent accord (sera ratifié et entrera en vigueur dès l'échange des ratifications. Il) sera communiqué à la Société des Nations, conformement à l'article 18 du Pacte.

---

[85] Diesen Artikel ließ man in dem von Laroche bevorzugten zweiten Projekt weg. Der Artikel IV wurde dann zu Artikel III mit einer kleinen unwesentlichen Umformulierung des Textes. A. E. Europe 1918—1929, Tchéc., vol. 41, fol. 4.

Nr. 2

Von Laroche verfaßte „Note", 1. VI. 1923

A. E. Europe 1918—1929, Tchéc., vol. 41, fol. 2: Laroche kommentierte hier sein Vertragsprojekt.

Note pour le President du Conseil[86]

Le projet de traité ci-joint a été rédigé, après étude: 1° de l'accord politique franco-polonais; 2° de la Convention militaire franco-polonaise; 3° des différents traités conclus par les Etats de l'Europe centrale et par la Pologne; 4° du projet français de pacte franco-britannique.

C'est ainsi notamment que le 3ème alinéa du préambule (Considérant que des garanties réciproques, etc. ...) s'inspire du 4ème considérant du projet français de pacte franco-britannique. Il en est de même de la dernière phrase de l'article 3.

L'article 1er est principalement inspiré de l'accord franco-polonais, mais il est plus précis. L'article second n'a pas d'équivalent dans l'accord franco-polonais: entre la France et la Pologne, c'est dans la Convention militaire qu'on a spécialement visé l'Allemagne. Il a semblé que cette procédure, qui avait sans doute pour objet de ménager des susceptibilités internationales, ne devait pas être reproduite, car une stipulation de cet ordre ne doit pas figurer dans un accord militaire, mais dans une Convention politique. Il est à remarquer que l'accord entre les Tchèques et les Serbes contient une stipulation aussi nette, en ce qui concerne l'éventualité d'une agression de la Hongrie, et que cet accord a été communiqué à la Société des Nations, sans appeler d'observations. Du reste même dans le projet de pacte élaboré par M. Lloyd George, l'eventualité d'une agression de l'Allemagne motivant une coopération militaire de la France et de la Grande-Bretagne était ouvertement envisagée.

Le projet ci-joint ne vise expressément qu'une agression de l'Allemagne. Il est possible que les Tchèques réclament une clause visant la Hongrie, bien que M. Beneś n'y ait pas fait allusion dans la conversation qu'il a eue avec M. Couget, et au cours de laquelle il rapportait son entretien avec le Maréchal Foch sur ce sujet. Il serait facile, semble-t-il, de faire observer au Gouvernement tchèque qu'une clause de ce genre doit comporter la réciprocité et que la France n'ayant pas à être attaquée par la Hongrie, il serait difficile de prévoir un cas de ce genre. Par contre l'article 1er est assez général pour permettre d'insérer dans la Convention militaire prévue par l'article 3 des dispositions qui préciseraient le genre de concours que nous aurions à prêter à la Tchéco-Slovaquie dans le cas où elle serait attaquée par la Hongrie. C'est ce que nous avons fait dans la Convention militaire franco-polonaise, en prévision d'une attaque de la Russie contre la Pologne. Il est bien évident, en effet, qu'il ne pourrait être question, en pareil

---

[86] Raymond Poincaré. Dieser schrieb folgende Bemerkung an den Rand: „Il serait sans doute préférable de ne pas envoyer le papier à Prague et d'attendre la venue de M. Beneš. Consulter toutefois à cet egard le m[aréch]al Foch."

cas, d'une aide directe, mais seulement d'une assistance par l'envoi de munitions, de matériel et même de cadres.

Le Maréchal Foch qui avait demandé à être tenu au courant, a eu connaissance du projet ci-joint. Sous réserve de l'approbation de Monsieur le Président du Conseil, il a déclaré qu'en ce qui le concernait, au point de vue de la garantie militaire qu'il désire voir obtenir, il donnait son plein assentiment au texte ci-joint.

Nr. 3

Das Vertragsprojekt von Beneš, 13. XII. 1923

A. E. Europe 1918—1929, Tchéc., vol. 41, fol. 66—69.

Projet de traité d' Alliance et d' Amitié

Le Gouvernement de la République française et le Gouvernement de la République tchéco-slovaque,

Egalement soucieux de maintenir et de sauvegarder la paix à laquelle ils sont fermement attachés,

Résolus à assurer le principe du respect des engagements internationaux, établi solennellement de nouveau par le Pacte de la Société des Nations,

Désireux d'assurer en outre la politique de paix, de stabilité politique et de reconstruction économique en Europe et l'ordre juridique et politique international nouveau établi par les traités signés en commun,

Considérant que des garanties réciproques de sécurité et de la défense de leurs intérêts communs leur sont indispensables pour atteindre ce but,

Ont désigné pour leurs plénipotentiaires, savoir:

Le Président de la République française

Le Président de la République tchéco-slovaque,

Lesquels après avoir échangé leurs pleins pouvoirs reconnus en bonne et due forme sont convenus des dispositions suivantes.

Article Ier

Les Gouvernements de la République française et de la République tchéco-slovaque s'engagent à se concerter sur les questions extérieures de nature à mettre en danger leur sécurité et à porter atteinte à l'ordre établi par les traités de paix dont ils sont l'un et l'autre signataires.

Article II

Les deux hautes parties Contractantes s'engagent, dans le cas où ils croiraient leurs intérêts communs menacés, à se mettre d'accord sur les mesures propres à les sauvegarder.

Article III

Vu les dispositions du Traité de St-Germain de l'article 88 et les dispositions des Protocoles de Genève, signé le 4 octobre 1922 par la France, la Grande-Bretagne, l'Italie, le Japon, la Tchéco-Slovaquie et l'Autriche; prenant en considération d'un côté les dispositions de l'accord politique entre la République tchéco-slovaque et la République fédérale d'Autriche, particulièrement les articles 2, 3 et 4, ainsi que de l'autre côté les dispositions des notes échangées le 8 février 1921 entre les Gouvernements du Royaume d'Italie et de la République tchéco-slovaque, les deux hautes parties contractantes se confirment mutuellement l'identité des vues à ce sujet et s'engagent à se concerter sur les mesures à prendre dans les cas, où les lignes politiques, contenues dans ces documents se trouveraient en danger.

Article IV

Les deux hautes parties contractantes vu les décisions de la Conférence des Ambassadeurs du 3 février 1920 et du 1er avril 1921, au sujet des affaires de la Hongrie, ainsi que la déclaration du Gouvernement hongrois du 10 novembre 1921 aux représentants diplomatiques alliés, s'engagent à suivre cette politique et à se concerter à ce sujet dans le cas où les intérêts de l'une ou de l'autre partie étaient engagés.

Article V

Les deux hautes parties contractantes, vu les dispositions du traité de Versailles concernant les membres de la maison de Hohenzollern et vu les engagements du Gouvernement allemand concernant la même dynastie s'engagent de prendre dans l'avenir la même attitude dans cette question.

Article VI

Dans le cas où des questions litigieuses surgiront dans l'avenir entre les deux parties contractantes après la conclusion du présent tra[i]té, les deux Gouvernements s'engagent à tâcher de se mettre d'accord par une entente à l'amiable; ils présenteraient éventuellement le litige à la Cour permanente de Justice internationale ou à un arbitre ou à des arbitres choisis ad hoc.

Article VII

Les deux Gouvernements s'engagent à se communiquer les accords qu'ils ont déjà conclus et qui intéressent leur politique en Europe centrale, et à se consulter avant d'en conclure de nouveaux. Ils déclarent en outre, que le présent accord n'est pas en contradiction avec les accords conclus antérieurement.

Article VIII

Le présent traité sera ratifié et les instruments de ratification seront échangés à Paris le plus tôt possible.

Article IX

Le présent traité sera communiqué à la Société des Nations conformément à l'article 18 du Pacte.

En foi de quoi ...

Nr. 4

Bemerkungen Beneš zu seinem Vertragsprojekt, 13. XII. 1923

A. E. Europe 1918—1929, Tchéc., vol. 41, fol. 70—76.

Remarques sur le projet de traité d'alliance et d'amitié entre la République Française et la République Tchécoslovaque

Considérations générales

1. Le projet français est spécial et limité. Le Gouvernement tchécoslovaque préfererait avoir un traité général sans limite de temps, indiquant toutes les lignes générales de la politique de deux democraties française et tchécoslovaque et contenant pour ainsi dire de grandes principes de la philosophie politique; cela lui faciliterait énormement sa situation vu la structure générale de la nation et vu la nécessité d'engager à tout prix les éléments de gauche, particulièrement les socialistes democrates pour aujourd'hui et pour toujours à cette politique commune. Ce serait un traité, pour ainsi dire, de l'amitié éternelle entre les deux nations, et le cadre d'où aucun gouvernement tchécoslovaque et aucun des ministres des Affaires Etrangères futurs ne pourrait sortir. Vu l'idéologie de l'opinion publique tchécoslovaque, il est plus ou moins nécessaire, pour des raisons de tactique, de procéder de cette façon de notre part. C'est pour cette raison aussi que le préambule de notre projet est élargi et que le traité tout entier a été conçu dans la forme plus large pour embrasser pour ainsi dire tous les problèmes importants de notre politique touchant la France.

2. Dans la communication additionelle au projet français M. Poincaré m'a fait dire que le projet restreint français s'applique pratiquement aussi à la Hongrie sans la nommer. Il y a donc l'accord de deux côtés que le projet s'applique à l'ensemble des problèmes. Notre gouvernement préfererait formuler la question de la façon plus large en indiquant nettement pour l'avenir la tendence *générale* de notre collaboration. Cela aussi pour des raisons de tactique: non seulement tous nos éléments de gauche seraient désarmés, mais aussi tous les éléments progressifs et democratiques en Allemagne, Autriche, Angleterre, Italie et ailleurs seraient fatalement forcés de cesser de parler de l'impérialisme, du militarisme, de l'hégémonie sur le continent etc., du moment où le traité serait formulé de la façon adopté dans notre projet.

3. Le but que je cherchais à atteindre dans mon projet était le suivant:

a) D'embrasser dans une formule générale l'ensemble des questions touchant la politique, contenu dans un cadre inchangeable, établissant l'amitié générale et éternelle, et indiquant pour l'avenir aux deux pays leur attitude définitive.

b) Désarmer la propagande ennemi: pacifiste, socialiste, éventuellement nationaliste allemande et italienne, ou libérale britannique.

c) De ne pas répousser les éléments modérés et politiquement raisonables rassemblés autour des amis sincères et dévoués à l'idée de la Société des Nations, qui comme une grande force morale internationale doit être plutôt gagnée que repoussée.

d) De présenter le présent traité comme un cas spécial de traités régionaux défendant la paix et la democratie, dans le sens dans lequel on en a parlé ce dernier temps à la Société des Nations.

Considérations spéciales

1. L'article 1er, 2 et 5 touchant avant tout l'Allemagne, l'article 3 et 4 la Hongrie et Autriche. L'article 1er et 7 sont identiques aux deux projets.

2. L'article 2, suivant la pensée du gouvernement tchécoslovaque signifie:

a) l'engagement de se mettre d'accord tout de suite quand n'importe quel danger menace l'un ou l'autre de deux Etats; il les engage en outre à se mettre d'accord sur les mésures de n'importe quel genre à prendre.

b) Ces mésures peuvent être politiques, économiques, diplomatiques, militaires etc.

c) L'article 2[87] signifie pratiquement aussi de prévoir les dangers d'une attaque armée éventuelle et de se préparer pour ces dangers; cela veut dire que les plans militaires eventuels peuvent être préparés des à présent, et que le contact constant des Etats Majors Généraux doit être établi et maintenu sous une forme à convenir.

d) L'article ne précise pas la signature d'un traité militaire. Vu la conversation entre M. M. les Présidents Millerand et Masaryk à ce sujet, le gouvernement tchécoslovaque croyait pouvoir satisfaire les deux côtés par l'article 2 qui donnerait l'avantage d'un pareil traité sans les inconveniants de la signature dans l'état politique actuel de l'Europe. Il laisserait en outre la voie ouverte à toutes les éventualités pour l'avenir, qui pour le moment ne seraient pas réalisables, vu la situation de la majorité gouvernementale actuelle en Tchécoslovaquie. Dans tous les cas cette formule laisserait d'un côté, ouverte la voie à l'évolution postérieure des rélations contractuelles entre les deux pays dans le sens que le projet français désirerait à présent, et de l'autre côté il n'excluerait pas l'accord immédiat sur le travail des spécialistes militaire dans le sens indiqué plus haut sans la signature d'un traité militaire dans le sens strict de ce terme.

3. L'article 3 et 4 signifient avant tout l'obligation de la Tchécoslovaquie de veiller à ce que l'idée du rattachement de l'Autriche à l'Allemagne ne puisse pas se réaliser. C'est une des tâches principales que la Tchéchoslovaquie assume vis à vis de la France ainsi que, de veiller à ce que, restant séparée de l'Allemagne, l'Autriche indépendante ne puisse pas servir comme corridor à la Hongrie, qui s'unirait aussi, dans le cas de rattachement de l'Autriche, à l'Allemagne et marcherait avec elle. Suivant la formule traditionelle tchécoslovaque cela veut dire que la Tchécoslovaquie a pour devoir d'empecher à ce que les Allemands de Bohême et d'Autriche, et les Hongrois — en tout à peu pres 20 millions d'ha-

[87] Neben diesen Artikeln befindet sich auf dem Rand folgende Bemerkung, die von Seiten des Quai d'Orsay hinzugefügt wurde: „c et d; cette interpretation pourrait être l'objet d'une échange de lettres."

bitants — ne puissent pas appuyer directement ou indirectement l'Allemagne contre la France.

Pour ces raisons je mentionne particulièrement le Protocole de Genève qui a avant tout cette signification.

Je parle, en outre, des accords italo-tchécoslovaques pour ne pas produire en Italie l'impression d'un arrangement antiitalien et provoquer plutôt les sentiments d'approbation de ce côté. Je souligne dans le projet la question des Habsbourg. Je ne la considère pas aujourd'hui comme dangereuse, croyant qu'elle est pratiquement liquidée, mais je le fais pour deux raisons spéciales.

1. Par cette clause c'est pratiquement la Petite Entente tout entière qui est fatalement ainsi rattaché à la France, sans que celle-ci soit obligé d'assumer d'autres obligations qu'elle n'a eu jusqu'à présent, sauf celle de s'entendre avec les Puissances de la Petite Entente sur le roi éventuelle de la Hongrie (ce qui pratiquement, je crois, se ferait dans tous les cas, même sans cette obligation stipulée expressément).

2. Le traité où serait cette clause, sans parler de la tendence générale qu'il obtiendrait par cette clause, serait très favorablement accueilli en Tchécoslovaquie et dans les autres Pays de la Petite Entente.

Je mentionne dans notre projet l'accord tchécoslovaque-autrichien pour deux raisons: a) L'idée de non rattachement à l'Allemagne y est d'une manière particulièrement forte exprimée et soulignée.

b) Le traité franco-tchécoslovaque mentionnant l'Autriche n'aura pas ainsi la pointe contre l'Autriche, puisqu'il se conforme à des arrangements volontaires de l'Autriche.

4. La formule sur les Hohenzollern dans l'article 5 pourrait être eventuellement changée ou arrangée suivant le besoin.

5. L'Article 6 est contenu dans le projet avant tout pour les raisons de tactique:

a) D'une part je satisfaits pour cela certains milieux tchécoslovaques;

b) d'autre part l'opinion publique internationale pacifique et partisant de la Société des Nations y verra les tendances pacifiques de deux gouvernements.

c) Les tendences et les idées générales et exprimant le caractère de ce traité seraient par cela soulignées d'une façon plus particulière encore.

6. Dans l'ensemble les deux idées qui dominaient la conception de notre projet étaient les suivants:

a) Une idée tactique: désarmer tous ceux qui voudraient crier à l'impérialisme, à l'hégémonie continentale de la France, à l'inféodation de la Tchécoslovaquie et de la Petite Entente à la politique française.

b) Une idée de synthèse: établir dans une conception synthétique tous les engagements internationaux qui lient déjà nos anciens ennemis vis à vis de la France et de la Tchécoslovaquie, et en mettant tous ces engagements ensemble dans un seul(e) document diplomatique en faire une ligne commune de conduite politique générale et un cadre pour la politique future de nos deux pays, cadre qui serait définitif et serait l'expression d'une amitié dévouée, fidèle, resistante à toute épreuve.

Nr. 5

Französisch-tschechoslowakischer Allianz- und Freundschaftsvertrag, 25. I. 1924

A. E. Europe 1918—1929, Tchéc., vol. 40, fol. 163, 164: gedr. Kopie.

Traité d'Alliance et d'Amitié entre la France et la Tchécoslovaquie

Le Président de la République française et le Président de la République tchécoslovaque,

Fermement attachés au principe des engagements internationaux confirmé solennellement par le Pacte de la Société des Nations, Egalement soucieux de sauvegarder la paix dont le maintien est nécessaire à la stabilité politique et au relèvement économique de l'Europe,

Résolus, à cet effet, d'assurer le respect de l'ordre juridique et politique international établi par les traités qu'ils ont signés en commun,

Considérant que pour atteindre ce but des garanties réciproques de sécurité contre une agression éventuelle, et en vue de la défense de leurs intérêts communs, leur sont indispensables, ont désigné pour leurs plénipotentiaires, savoir:

Le Président de la République française:

M. Raymond Poincaré, Président du Conseil, ministre des affaires étrangères;

Le Président de la République tchécoslovaque:

M. Edouard Benes, ministre des Affaires étrangères, Lesquels, après avoir échangé leurs pleins pouvoirs reconnus en bonne et due forme, ont convenu des dispositions suivantes:

Article premier

Les Gouvernements de la République française et de la République Tchéco-Slovaque s'engagent à se concerter sur les questions extérieures de nature à mettre en danger leur sécurité et à porter atteinte à l'ordre établi par les traités de paix dont ils sont l'un et l'autre signataires.

Article 2

Les Hautes Parties Contractantes se mettront d'accord sur les mesures propres à sauvegarder leurs intérêts communs dans le cas où ils seraient menacés.

Article 3

Les Hautes Parties Contractantes pleinement d'accord sur l'importance que présentent pour le maintien de la paix générale les principes d'ordre politique contenus dans l'article 88 du Traité de Paix de Saint-Germain-en-Laye du 10 septembre 1919, ainsi que dans les Protocoles de Genève du 4 octobre 1922 dont elles sont toutes deux signataires.

S'engagent à se concerter sur les mesures à prendre au cas où l'observation de ces principes serait menacée.

Article 4

Les Hautes Parties Contractantes, prenant en considération particulière les déclarations faites par la Conférence des Ambassadeurs le 3 février 1920 et le 1er avril 1921, dont leur politique continuera à s'inspirer, ainsi que la déclaration faite le 10 novembre 1921 par le Gouvernement hongrois aux representants diplomatiques alliés.

S'engagent à se concerter dans le cas où leurs intérêts se trouveraient menacés par l'inobservation des principes énoncés dans ces diverses déclarations.

Article 5

Les Hautes Parties Contractantes confirment leur plein accord sur la nécessité qui s'impose à elles, en vue du maintien de la paix, d'adopter une attitude commune en présence de toute tentative éventuelle de restauration de la dynastie des Hohenzollern en Allemagne et s'engagent à se concerter sur les mesures à prendre dans cette éventualité.

Article 6

Conformement aux principes énoncés dans le Pacte de la Société des Nations, les Hautes Parties Contractantes conviennent que, au cas où il surgirait entre elles, dans l'avenir, des questions litigieuses qui ne pourraient être résolus par un accord amiable et par la voie diplomatique, elles soumettront ce litige soit à la Cour permanente de Justice internationale, soit à un ou plusieurs arbitres choisis par elles.

Article 7

Les Hautes Parties Contractantes s'engagent à se communiquer les accords intéressant leur politique en Europe centrale qu'elles ont conclus antérieurement et à se consulter avant d'en conclure de nouveaux. Elles déclarent que, à cet égard, rien dans le présent traité n'est contraire aux susdits accords et spécialement au traité d'alliance entre la France et la Pologne, aux accords ou arrangements conclus par la Tchécoslovaquie avec la République féderale d'Autriche, la Roumanie, le Royaume des Serbes, Croates et Slovènes, non plus qu'à l'accord constaté par l'échange de lettres intervenu le 8 février 1921 entre le Gouvernement italien et le Gouvernement tchécoslovaque.

Article 8

Le présent traité sera communiqué à la Société des Nations conformément à l'article 18 du Pacte.

Le présent traité sera ratifié et les instruments de ratification seront échangés à Paris le plus tôt possible.

En Foi de quoi les Plénipotentiaires respectifs dûment autorisés à cet affet ont signé le présent traité et l'ont revêtu de leurs cachets.

Fait à Paris, en double exemplaire, le 25 janvier 1924

(L. S.) Signé: R. Poincaré

(L. S.) Signé: Dr Edouard Benes.

Wolf D. Gruner

„BRITISH INTEREST" IN DER ZWISCHENKRIEGSZEIT. ASPEKTE BRITISCHER EUROPA-POLITIK 1918—1938[1]

Vorbemerkungen

Der Komplex „British Interest" ist ein Bereich, der im Rahmen dieser Tagung kaum umfassend dargestellt werden kann. Es mußte daher versucht werden, Schwerpunkte herauszugreifen, die Ansätze für eine neue Wertung der britischen Europapolitik, vor dem Hintergrund der globalen britischen Interessen, bieten und gleichzeitig klar machen können, daß künftige Forschungen über die Außenpolitik der Ersten Tschechoslowakischen Republik — und nicht nur der Tschechoslowakischen Republik — aus dem Schlagschatten des eigenen Kirchturms heraustreten müssen, wollen sie sich nicht dem Vorwurf der zu einseitigen Betrachtungsweise aussetzen. Ein wichtiger Schritt auf diesem Wege wäre es, bei der Behandlung von Themen auf dem Felde der internationalen Beziehungen stärker als bisher Faktoren der Innenpolitik, der Binnen- und Außenwirtschaft sowie der Bedingungen des internationalen Mächtesystems — nicht nur der bilateralen Beziehungen — in ihren vielfältigen Verflechtungen ebenso in die Analyse einzubeziehen wie die am Entscheidungsprozeß beteiligten Persönlichkeiten. In diesem Bezugsrahmen eröffnet sich ein weites Feld für neue Forschungen, nicht nur im Rahmen dieser Tagungsthematik. Wichtig wäre für die Erweiterung unserer Kenntnisse über die Erste Tschechoslowakische Republik die Förderung auch vergleichender Studien[2], wie wir sie in Ansätzen u. a. für die Zwischenkriegszeit in den Arbeiten von Klaus Hildebrand, Gustav Schmidt und Bernd Jürgen Wendt,

---

[1] An dieser Stelle möchte ich meinen Kollegen Francis L. Carsten, Hermann Graml, Ludwig Hammermayer, Klaus Hildebrand, Lothar Kettenacker, Gustav Schmidt, Alice Teichova und Bernd Jürgen Wendt besonders dafür danken, daß sie sich der Mühe unterzogen haben, das Manuskript vor der Drucklegung noch einmal zu lesen. Für Ihre Anregungen und Ihre Kritik herzlichsten Dank. Dank auch den Teilnehmern der Diskussion während der Tagung, vor allem Peter Krüger, Stephan Dolezel und William Sheldon.

[2] Ansätze hierzu sind bereits die unter Karl Bosl vom Collegium Carolinum durchgeführten Tagungen, die den Versuch unternommen haben, die Forschungen über die Tschechoslowakei in einen größeren europäischen Zusammenhang unter strukturanalytischen Perspektiven zu stellen. Vgl. hierzu, die von Karl Bosl herausgegebenen Tagungsbände: Versailles-St. Germain-Trianon. Umbruch in Europa vor fünfzig Jahren. München-Wien 1971. — Das Jahr 1945 in der Tschechoslowakei. Internationale, nationale und wirtschaftlich-soziale Probleme. München-Wien 1971. — Die ‚Burg'. Einflußreiche politische Kräfte um Masaryk und Beneš. Bd. 1. München-Wien 1973. — Die ‚Burg'. Einflußreiche Kräfte um Masaryk und Beneš. Bd. 2. München-Wien 1974. — Die demokratisch-parlamentarische Struktur der Ersten Tschechoslowakischen Republik. München-Wien 1975. In diese Richtung geht wahrscheinlich auch die von Friedrich Prinz betreute Dissertation von Reiner F r a n k e : Englands Haltung gegenüber der ČSR zwischen 1919 und 1938, die vor dem Abschluß steht.

um nur einige zu nennen, für den Komplex „Deutschland und Großbritannien" für einzelne Teilbereiche verwirklicht haben[3].

Für die Erneuerung des historischen Bewußtseins hierzulande wäre es dringend notwendig, derartige Studien zu fördern, da sie durch eine zwangsläufige Tendenz zur Objektivierung des historischen Prozesses verhindern könnten, daß alte „Negativbilder" durch neue ersetzt werden. Die Geschichte der Tschechoslowakei oder auch Deutschlands und Großbritanniens kann heute nur unter der Perspektive eines europäisch-globalpolitischen Vergleiches geschrieben werden[4], will sie nicht den Rückfall in die Einseitigkeit der „Väter" riskieren.

---

[3] Vgl. Hildebrand, Klaus: Vom Reich zum Weltreich. Hitler, NSDAP und koloniale Frage 1919—1945. München 1969. — Zum 19. Jahrhundert die Habilitationsschrift von Hildebrand, Klaus: Preußen als Faktor der britischen Weltpolitik 1866—1870. Studien zur Außenpolitik Großbritanniens im 19. Jahrhundert. MS, Mannheim 1972. Ergebnisse zusammengefaßt in: Ders.: „British Interests" als Staatsraison. Grundlagen britischer Außenpolitik im 19. Jahrhundert. Untersucht am Beispiel der Beziehungen zwischen Großbritannien und Preußen 1866—1870. Mitteilungen der Gesellschaft der Freunde der Universität Mannheim 22 (1973). — Schmidt, Gustav: Politische Tradition und wirtschaftliche Faktoren in der britischen Friedensstrategie 1917—1919. Grundzüge der europäischen Nachkriegsordnung in der Sicht englischer Machteliten. Habilitationsschrift. Münster 1971. Sch. hat bisher am konsequentesten vergleichend gearbeitet. Vgl. u. a. Schmidt, Gustav: Parlamentarisierung oder „Präventive Konterrevolution"? In: Gesellschaft, Parlament und Regierung. Zur Geschichte des Parlamentarismus in Deutschland. Hrsg. v. Gerhard A. Ritter. Düsseldorf 1974, S. 249—278. — Ders.: Effizienz und Flexibilität des politisch-sozialen Systems in der Phase des Übergangs von der Kriegs- zur Friedenswirtschaft — Die deutsche und die englische Politik zwischen ‚Decontrol' und ‚Reconstruction' 1918/19. MS. Im Druck: VZG 24 (1976). — Wendt, Bernd Jürgen: Economic Appeasement. Handel und Finanz in der britischen Deutschland-Politik 1933—1939. Düsseldorf 1971. — Ders.: Appeasement 1938 — Wirtschaftliche Rezession und Mitteleuropa. Frankfurt 1966.

[4] Zu den jüngsten Auseinandersetzungen hierzu in der westdeutschen Historiographie vgl. u. a. Löwenthal, Richard: Internationale Konstellation und innerstaatlicher Systemwandel. HZ 212 (1971) 41—58. — Winkler, Heinrich August: Gesellschaftsform und Außenpolitik. Eine Theorie Lorenz von Steins in zeitgeschichtlicher Perspektive. HZ 214 (1972) 335—362. — Hillgruber, Andreas: Politische Geschichte in moderner Sicht. HZ 216 (1973) 529—552. — Ders.: Methodologie und Theorie der Geschichte der internationalen Beziehungen. GWU 27 H. 4 (1976) 193—210. — Hildebrand, Klaus: Hitlers Ort in der Geschichte des Preussisch-Deutschen Nationalstaates. HZ 217 (1973) 584—632. — Ders.: Imperialismus, Wettrüsten und Kriegsausbruch 1914. Zum Problem von Legitimation und Revolution im internationalen System. Teil 1: Neue Politische Literatur H. 2 (1975) 160—194; Teil 2: ebenda H. 3 (1975) 339—364. — Ders.: ‚Geschichte' oder ‚Gesellschaftsgeschichte'? Die Notwendigkeit einer Geschichtsschreibung von den internationalen Beziehungen. MS. Im Druck: HZ 223 (1976). — Schmidt, Gustav: Wozu noch politische Geschichte? Zum Verhältnis von Innen- und Außenpolitik am Beispiel der englischen Friedensstrategie 1918/19. Aus Politik und Zeitgeschichte B 17/75 v. 26. 4. 1975, S. 21—45. — Wehler, Hans Ulrich: Moderne Politikgeschichte oder „Große Politik der Kabinette"? Geschichte und Gesellschaft H. 2/3 (1975) 344—369. — Nipperdey, Thomas: Wehlers ‚Kaiserreich'. Eine kritische Auseinandersetzung. Geschichte und Gesellschaft H. 4 (1975) 539—560. Eine erweiterte Fassung in: Ders.: Gesellschaft, Kultur, Theorie. Göttingen 1976, 360—389.

Die nachfolgend gemachten Aussagen legen bewußt Schwerpunkte, die sich auf den Problemkreis „Grundelemente britischer Politik“ und innenpolitische, binnen- und außenwirtschaftspolitische Gesichtspunkte konzentrieren, da sich gerade hier zahlreiche Ansatzpunkte für weiterführende Forschungen erkennen lassen. Für die zuletzt genannten Punkte kann man die Quellenlage nach der Freigabe der entsprechenden Akten für diesen Bereich als sehr gut bezeichnen, wissen wir doch gerade über die Wechselbeziehungen von innenpolitischen, außenpolitischen und wirtschaftlichen Interessen— gerade für die Zeit vor und nach der Weltwirtschaftskrise — noch viel zu wenig.

Auf den Tagungen der vergangenen Jahre wurden eingehend die Bestimmungsfaktoren und Bewegungselemente der tschechoslowakischen Innen- und auch teilweise Wirtschaftspolitik analysiert[5] sowie auch auf die außenpolitischen Optionen der „Burg“ hingewiesen. Das Thema Großbritannien und die Tschechoslowakei hatte im letzten Jahr schon Reiner Franke unter vornehmlich diplomatiegeschichtlichen Aspekten aufgegriffen[6]. Unter diesen Rahmenbedingungen erscheint es sinnvoll und legitim, die Akzente einmal anders zu setzen und die britisch-tschechischen Beziehungen, eingebettet in die Europa- und Weltpolitik Großbritanniens, vor dem Hintergrund der vielfältigen Wechselbeziehungen von Innenpolitik — hierbei sollen Aspekte der Gesellschaft und Wirtschaft eingeschlossen werden — und Außenpolitik (internationale Konstellationen, langfristige Ziele, Empire, Wirtschafts- und Sicherheitsinteressen) zu verfolgen. Neben gedrucktem Material und der Memoirenliteratur wurde auch bisher weitgehend unbekanntes Archivmaterial herangezogen, das neue Aufschlüsse bieten kann, sowie die neueste Literatur[7].

Der Hauptakzent wurde auf die britischen Interessen gelegt, an denen aus der Sicht Großbritanniens, vor dem Hintergrund politischer und wirtschaftlicher Probleme, der Stellenwert der Tschechoslowakei im Koordinatensystem einer Weltmacht im Niedergang gemessen werden kann.

Nachfolgend wird von einer Definition für „British Interest“ ausgegangen, wie sie in den dreißiger Jahren dieses Jahrhunderts von einem hohen Beamten des Foreign Office formuliert wurde. Ralph Wigram, von 1933 bis 1936 Leiter der Mitteleuropa-Abteilung im britischen Außenamt, begann wenige Monate nach der Machtergreifung Hitlers eine Vorlesung über britische Außenpolitik vor dem Royal Naval War College in Greenwich mit der Bemerkung:

„The object of [British foreign policy] ... is the maintenance of British interests, British honour, British territory, British independence; and because that is its object, and not for any idealistic or humanitarian or altruistic consideration,

---

[5] S. o. Anm. 2.

[6] Vgl. Franke, Reiner: Die Tschechoslowakei in der politischen Meinung Englands 1918—1938. In: Bosl: Demokratisch-parlamentarische Struktur 247—269.

[7] Die Literatur über den hier vor allem behandelten Zeitraum hat derartige Ausmaße angenommen, daß bereits Arbeiten über die Historiographie, die sich mit den Problemen der 1930er Jahre befaßt, angefertigt werden. Vgl. z. B. die in Edinburgh vergebene Dissertation: Mace, N. R. S.: The historiography of the Munich crisis, and the significance of Munich as a model for British foreign policy-making 1938—1956.

British foreign policy aims at the preservation of peace. British interests require peace all over the world, and principally in the continents of Europe and Asia, and on the high seas and maritime trade routes. British interests can only be jeopardized by war, particularly in any of the three areas mentioned, for in each and all of them war might result not only in the interruption of our trade, but also in a direct threat to our security[8]."

Was Ralph Wigram 1933 als Wesensmerkmale des „British Interest"[9] umriß, stellte in seiner Zeit keine Einzelmeinung dar. Sie war vielmehr Ausdruck eines weitverbreiteten Konsensus. „British Interest" umfaßte gleichermaßen die Zielprojektion der „Appeaser" und „Antiappeaser" in Großbritannien zwischen den beiden Weltkriegen, vor 1914, ja sogar seit dem Ausgang des 18. Jahrhunderts. Damit wird die Frage nach einer neuen historischen Einordnung des Begriffs „Appeasement" aufgeworfen, mit dem sich jeder auseinanderzusetzen hat, der ein Thema europäischer Politik nach den Pariser Friedensverträgen von 1919/20 aufgreift. „Appeasement" auf seine ursprüngliche historische Dimension zurückgeführt, ohne die weitgehend emotionsgeladene Negativwertung ex post, ist ein Strukturelement britischer Politik seit dem Übergang zu einem globalpolitischen System nach den Napoleonischen Kriegen und kann damit dem gleichgesetzt werden, was Wigram in der angeführten Definition als „British Interests" umschrieben hat. Eine Neudefinition des in Forschung und Politik schon so häufig mißbrauchten Appeasementbegriffes wäre dringend erforderlich. Als ein Weg bietet sich die weitere „Enteuropäisierung" und Rückverlängerung bis weit in das 19. Jahrhundert hinein an[10]. Dies bedeutet aber gleichzeitig, daß man, ähnlich

---

[8] Public Record Office, London (in der Folge abgekürzt als P. R. O.). Foreign Office (in der Folge abgekürzt als F. O.) 800/292. British Foreign Policy. Lecture at the Royal Naval War College. Greenwich, July 17th 1933.

[9] Zum Begriff ‚National Interest' vgl. u. a. Frankel, Joseph: National Interest (Key Concepts in Political Science). London 1970 (deutsch: Nationales Interesse. München 1971, bes. S. 11 ff.). — Hildebrand, Klaus: „British Interests" als Staatsraison 1 ff. — Ders.: „British Interests" und „Pax Britannica". Grundfragen englischer Außenpolitik im 19. und 20. Jahrhundert. HZ 221 (1975) 623—639. — Joll, James (Hrsg.): Britain & Europe. Pitt to Churchill 1793—1940. London 1967, S. 8 f.

[10] Vgl. u. a. Hildebrand: „British Interests" als Staatsraison. — Ders.: Von der Reichseinigung zur „Krieg in Sicht"-Krise. Preußen-Deutschland als Faktor britischer Außenpolitik 1866—1875. In: Das kaiserliche Deutschland. Politik und Gesellschaft 1870—1918. Hrsg. v. Michael Stürmer. Düsseldorf 1970, S. 205—234. — Ders.: Imperialismus, Wettrüsten. — Ders.: „British Interests" und „Pax Britannica" 623—639. — Niedhart, Gottfried: Friede als nationales Interesse: Großbritannien in der Vorgeschichte des Zweiten Weltkriegs. Neue Politische Literatur (1972) 451—470. — Tamchina, Rainer: Commonwealth und Appeasement: Die Politik der britischen Dominions. Neue Politische Literatur (1972) 471—489. — Schmidt, Gustav: Strategie und Außenpolitik des ‚Troubled Giant'. Militärgeschichtliche Mitteilungen 14 (1973) 200—220. — Wendt, Bernd Jürgen: Der blockierte Dialog. Militärgeschichtliche Mitteilungen 17 (1975) 201—211. — Im Zusammenhang der Diskussion über den Appeasementbegriff in der deutschen Forschung werden Schmidt und Wendt in absehbarer Zeit Stellung nehmen: Schmidt, Gustav: Economic Appeasement — Genesis und Axiome einer britischen Konzeption der Friedensstrategie. — Wendt, Bernd Jürgen: Appeasement als konservative Strategie des Status Quo. — Als Beiträge zu

wie für Deutschland[11], auch für Großbritannien die Frage nach der Kontinuität oder Diskontinuität britischer Geschichte wird zur Diskussion stellen müssen[12]. Allerdings erscheint es in diesem Zusammenhang erforderlich darauf hinzuweisen, daß man bei der Bewertung der historischen Entwicklung Großbritanniens seit dem beginnenden 19. Jahrhundert neben den durchgehend im Rahmen des „Britisch Interest" nachweisbaren „pattern" auch die spezifischen Konstellationen und Charakteristika einer Epoche stets vor Augen haben sollte[13].

Strukturelemente britischer Europa- und Weltpolitik im 19. und 20. Jahrhundert

Für denjenigen, der sich mit der Geschichte Großbritanniens im 19. und 20. Jahrhundert beschäftigt, ist es auffällig, daß sich einzelne Verhaltensmuster feststellen lassen, die in der Phase des Aufstieges zur Weltmacht, in der Phase des Höhepunktes der „Pax Britannica" um die Jahrhundertwende, und in der Phase des Niederganges nach dem Ersten und Zweiten Weltkrieg nahezu gleichbleibende Strukturelemente britischer Politik bilden. Sie finden ihren Niederschlag im Begriff des „British Interest", der auch das mit einbindet, was wir als „appeasement" im positiven und negativen Sinn bezeichnen. „British Interest" umgreift die breite Palette der Freiheiten und Beschränkungen britischer Außenpolitik, wie sie sich aus den Innen- und Außenbeziehungen Großbritanniens seit dem Wiener Kongreß ergeben haben. Kennzeichen waren innenpolitische Reformbereitschaft und außenpolitische „Defensive". Einige Grundelemente seien hier zum besseren Verständnis britischer Politik in den dreißiger Jahren skizziert, die am deutlichsten die Strategie des „peaceful change" als Kennzeichen des „British Interest" erkennen lassen.

Die Neuordnung Europas 1814/15, bei der Großbritannien, vertreten durch den „europäischsten Außenminister seiner Geschichte" (Webster) Lord Castlereagh, erstmals in seiner Geschichte die dominierende Rolle gespielt hatte, leitete gleichzeitig den Übergang zu einem globalpolitischen System ein[14]. Während der Napoleonischen Kriege schuf sich Großbritannien die Voraussetzungen für seine

---

dieser Diskussion soeben erschienen: Cowling, Maurice: The Impact of Hitler. British Politics and British Policy 1933—1940. London 1975. — Funke, Manfred (Hrsg.): Hitler, Deutschland und die Mächte. Studien zur Außenpolitik des Dritten Reiches. Düsseldorf 1976. — Niedhart, Gottfried (Hrsg.): Kriegsbeginn 1939. Entfesselung oder Ausbruch des Zweiten Weltkriegs? Darmstadt 1976, bes. S. 1 ff., 227 ff.

11 Vgl. u. a. die Arbeiten von Dehio, Hillgruber und Fischer. Hillgruber, Andreas: Großmachtpolitik und Militarismus im 20. Jahrhundert. Düsseldorf 1974. — Fischer, Fritz: Krieg der Illusionen. Düsseldorf 1969. — Hillgruber, Andreas: Deutschlands Rolle in der Vorgeschichte der beiden Weltkriege. Göttingen 1967. — Dehio, Ludwig: Gleichgewicht und Hegemonie. Zürich 1948.

12 Northedge, Frederic Samuel: Freedom and Necessity in British Foreign Policy. Inaugural Lecture at The London School of Economics and Political Science. London 1972. — Ders. / Grieve, M. J.: A hundred years of international relations. 2. Aufl. London 1974.

13 So geben Kritiker einer allzu großen Ausweitung des „Appeasement"-Begriffes, wie Gustav Schmidt, mit gewissem Recht zu bedenken, daß es Großbritannien nur einmal mit Hitler zu tun hatte.

künftige Weltmachtstellung, durch den „Erwerb" von Schlüsselkolonien und Stützpunkten für seine Flotte, auf dem Wiener Kongreß noch ergänzt durch Stützpunkte im Mittelmeer[15]. Durch Interessenabgrenzung und Mitwirkung an Separatfriedensverträgen in den europäischen Randzonen (Skandinavien, Türkei, Persien) sowie durch die Einleitung einer neuen Nordamerikapolitik (Friede von Gent 1814) in der Form eines außenpolitischen „Appeasements" gegenüber den Vereinigten Staaten[16] schuf sich Großbritannien auf dem europäischen Kontinent die Voraussetzungen, die Umverteilung der Macht im Sinne seiner Sicherheitsinteressen durchzusetzen. Zwei Grundelemente dieser Politik waren für Castlereagh die Erhaltung Frankreichs als europäische Großmacht und gleichzeitig die Neuordnung des mitteleuropäischen Raumes im Sinne einer *Eindämmungspolitik* gegenüber Frankreich. Durch die Schaffung des Deutschen Bundes sollte die Mitte Europas stabilisiert und so stark gemacht werden, daß ein Angriff aus dem Osten (Rußland) oder Westen (Frankreich) für den Aggressor zum Risiko würde[17]. Der Bund als Element des europäischen Friedens ermöglichte es Großbritannien, seinen wachsenden Aufgaben in der europäischen und globalen Politik nachzukommen. Zur Aufrechterhaltung von Ruhe und Sicherheit in Deutschland und damit im Zentrum Europas war es bereit, stillschweigend Maßnahmen der beiden deutschen Vormächte Österreich und Preußen im Deutschen Bund zu akzeptieren bzw. über Hannover mitzutragen (Karlsbader Beschlüsse 1819, Eingriffe in die einzelstaatlichen Rechte 1832), die im Widerspruch zum britischen Verfassungsverständnis und der Politik der inneren Reform standen.

Durch politisches und wirtschaftliches „appeasement" verschaffte es sich freie Hand für die Lösung von Konflikten in den europäischen Randzonen und in Übersee. Ergänzt wurde diese Politik durch die britische Strategie, sich durch Verträge die *Möglichkeit*, nicht jedoch die *Verpflichtung zum Eingreifen* zu sichern[18].

---

[14] Vgl. u. a. N o r t h e d g e / G r i e v e : 100 years 2 ff. — H i n s l e y , F. H.: Power and the Pursuit of Peace. Theory and Practice in the History of Relations between States. Cambridge 1967, S. 195 ff. — H o l b r a a d , Carsten: The Concert of Europe. A Study in German and British International Theory. London 1970, S. 117 ff. — W e b s t e r , Charles Kingsley: The Foreign Policy of Castlereagh 1812—1815. 3. Aufl. London 1963. — G r u n e r , Wolf D.: Die Interaktion britischer Deutschland- und Europapolitik zur Zeit des Wiener Kongresses und in der Anfangsphase des Deutschen Bundes. In: Großbritannien und Deutschland. Festschrift für John W. Bourke zum 65. Geburtstag. Hrsg. v. Ortwin K u h n. München 1974, S. 93—138. — D e r s.: Tendenzen der britischen Süddeutschlandpolitik im Vormärz. Überlegungen zu einem Memorandum des britischen Geschäftsträgers in Frankfurt aus dem Jahre 1827. Militärgeschichtliche Mitteilungen 18 (1975) 75—98.

[15] Zur Funktion und Rolle von Stützpunkten vgl. M a h n c k e , Dieter: Stützpunkte als Faktor maritimer Macht. In: Seemacht und Außenpolitik. Hrsg. von Dieter M a h n c k e und Hans Peter S c h w a r z. Frankfurt a. M. 1974, S. 414—44.

[16] Vgl. B o u r n e , Kenneth: Britain and the Balance of Power in North America 1815—1908. London 1967. — D e r s.: The Foreign Policy of Victorian England 1830—1902. London 1970, S. 47 ff. — H i l d e b r a n d : Imperialismus, Wettrüsten I, 185.

[17] Vgl. G r u n e r : Interaktion 106 f., 116 ff. — D e r s.: Tendenzen 75 ff.

[18] Vgl. hierzu den Brief Lambs an Palmerston v. 31. 1. 1833. Er findet sich im Nachlaß Palmerstons, den zu benutzen mir die Trustees der Broadlandpapers freundlicherweise gestattet haben: B. P. / G. C. / BE 70—128, Brief 74: Doktrin Castlereaghs sei es ge-

Das Handeln bestimmte dann die Interessenlage „of the day“, d. h., wenn „British Interest“ betroffen war, konnte das britische Kabinett mit Intervention drohen bzw. auch tatsächlich eingreifen oder nichts unternehmen [19]. Garantieverpflichtungen in Europa ging es nur in Form von „joint guarantees“ ein. Durch diese Politik verschaffte sich Großbritannien die Voraussetzungen, an der Lösung von internationalen Konflikten beteiligt zu sein, die Führungsrolle wann und wo es sich anbot zu übernehmen, um damit zu verhindern, daß diese Position einer anderen europäischen Großmacht zufiel. Durch den Auf- und Ausbau eines neuen Empires nach dem Wiener Kongreß 1814/15 behauptete Großbritannien die durch die Ergebnisse der Napoleonischen Kriege erlangte politische Weltmachtstellung und baute gleichzeitig seine Position als führende Handels- und Wirtschaftsmacht mit überlegenem industriellem und technologischem Vorsprung aus. In seiner Funktion als „workshop of the world“ [20] war dem „Handelsstaat England“ [21] zunehmend weniger daran gelegen, durch außenpolitische Aktionen den Export der eigenen Wirtschaft zu gefährden und als „Weltpolizist“ aufzutreten. Mit Recht hat man daher hervorgehoben, daß, bedingt durch eine innige Verflechtung von innenpolitischen, wirtschaftlichen und außenpolitischen Interessen innerhalb der Herrschaftseliten [22], die britische Außenpolitik stark von ökonomischen Interessen bestimmt war und aus handelspolitischen Überlegungen primär darüber wachte, „daß der Besitz seines Weltreiches grundsätzlich gewahrt blieb. Dies bezog sich nicht nur auf die direkt beherrschten Kolonien, sondern erstreckte sich auch auf das informal empire des Landes. Märkte neu zu erobern bzw. für die englische Wirtschaft im Kampf mit anderen Nationen offen zu halten, galt als ein Grundprinzip britischer Weltpolitik“ [23]. Die wirtschaftliche Expansion, verbunden mit den wachsenden und oft nur widerwillig übernommenen weltpolitischen Aufgaben, führte in den Jahren der Reichsgründung dazu, daß sich Großbritannien mehr in der Rolle einer asiatischen und amerikanischen Macht sah, denn einer europäischen. Grundlage britischer Weltmachtstellung war das Empire, vor allem sein Zentrum Indien. Um die eigenen Kräfte nicht zu überspannen, konzentrierte sich Großbritannien in den 1860er Jahren darauf, die

---

wesen „that what we [i. e. Great Britain] signed we undertook to respect ourselves what we guaranteed we engaged to cause to be respected by others: and he therefore declined giving guarantees in all cases whatever“. Zum Komplex Möglichkeit, nicht jedoch Verpflichtung zum Eingreifen vgl. auch Howard, Christopher: Britain and the Casus Belli 1822—1902. A Study of Britains international Position from Canning to Salisbury. London 1974.

[19] Beispiele: Griechenland 1847/1862; Belgien 1832/1869.

[20] Vgl. u. a. Chambers, J. D.: The Workshop of the World: British Economic History from 1820 to 1880. London 2. Aufl. 1968 (1974). — Landes, David S.: The unbound Prometheus. Technological change and industrial development in Western Europe from 1750 to the present. Cambridge 1969 (deutsch: Der entfesselte Prometheus. Köln 1973, S. 144 ff.). — Barlett, C. J.: Britain Pre-eminent. Studies in British World Influence in the Nineteenth Century. London 1969, S. 31 ff.

[21] Schulin, Ernst: Handelsstaat England. Das Interesse der Nation am Außenhandel vom 16. bis ins frühe 18. Jahrhundert. Wiesbaden 1969.

[22] Die politische Elite rekrutierte sich aus der „landed, trading and moneyed“ Gentry.

[23] Hildebrand: „British Interests“ als Staatsraison 3 f.

Seewege und das wichtige Stützpunktsystem gegen die potentiellen Weltmächte USA und Rußland zu sichern, als Voraussetzung für die Lösung der anstehenden innenpolitischen Probleme. Das scheinbare „disengagement" Großbritanniens in Europa bedeutete einen wichtigen Faktor für die Gründung des preußisch-kleindeutschen Nationalstaates 1866/1870—71[24]. Die Bildung eines starken Nationalstaates in Zentraleuropa gegen Österreich und Frankreich, der die Voraussetzungen in sich vereinigte, statt Frankreichs „Queen of the Continent" (Carlyle) zu werden, begünstigt durch die zeitweilige Schwäche und Ablenkung der östlichen Flügelmacht (Rußland) und der anderweitigen Beschäftigung der westlichen Flügelmacht (Großbritannien), störte die „Balance of Power" in Europa zunächst nicht. Aufgrund der wachsenden überseeischen Verpflichtungen zur Absicherung der Weltmachtstellung und der inneren Probleme erkannte die britische Herrschaftselite jedoch frühzeitig, daß Großbritannien seine frühere europäische Rolle — Organisation einer Allianz gegen die eine europäische Hegemonie anstrebende stärkste Großmacht — nicht mehr spielen konnte. Die Sicherung des Empires und die notwendigen „improvements" im Innern zogen auf dem europäischen Schauplatz eine Neuorientierung nach sich. Künftighin versuchte die britische Außenpolitik durch Aussöhnung der europäischen Großmächte untereinander eine europäische Détente zu erreichen. Parallel zu den Verbesserungen der britisch-französischen und britisch-russischen Beziehungen liefen die Bemühungen um einen Ausgleich mit der stärksten Kontinentalmacht Deutschland. Ziel dieser Politik „of getting rid of particular questions in dispute"[25] war es, Großbritannien zum Freund beider sich herausbildender Machtblöcke in Europa zu machen, um auf diese Weise den Frieden durch Abbau der Spannungen zwischen den Blöcken zu erhalten. Diese „one-by-one"-Methode zur Lösung internationaler Konflikte, vor dem Kriege gegenüber Deutschland, Frankreich und Rußland sehr oft erfolgreich praktiziert, war im Grunde nichts anderes als das, was in den dreißiger Jahren Neville Chamberlain mit der „Wiederherstellung des guten Einvernehmens unter den Großmächten" erreichen wollte.

Seit dem Ausgang des 19. Jahrhunderts wurde die „Pax Britannica" immer mehr in Frage gestellt. Auf verschiedenen Gebieten, auf denen Großbritannien im 19. Jahrhundert seine Vorrangstellung behauptet und ausgebaut hatte und die zum Schlüssel seiner Weltmacht wurden, traten Rivalen auf. Als Wirtschaftsmacht Nr. 1 büßte Großbritannien seine Vorrangstellung ein und mußte auf verschiede-

---

[24] Vgl. u. a. Hofer, Walther: Europa und die Einheit Deutschlands. Köln 1970. — Burckhardt, Helmut: Deutschland - England - Frankreich. Die politischen Beziehungen Deutschlands zu den beiden westeuropäischen Großmächten 1864—1866. München 1970. — Mosse, W. E.: The European Powers and the German Question 1848—1871. With special Reference to England and Russia. (Reprint) New York 1969. — Millman, Richard: British Foreign Policy and the coming of the Franco-Prussian War. Oxford 1965. — Hildebrand: British Interests als Staatsraison 2 ff. — Ders.: Reichseinigung. — Joll, James: Europe since 1870. An international History. London 1973, S. 1 ff.

[25] Woodward, Llewellyn: British Foreign Policy in Retrospect. International Journal, vol. XXIII (1968) 507—519, S. 512. — Vgl. auch Hildebrand: Pax Britannica 633 f.

nen Sektoren Deutschland und den Vereinigten Staaten den Vortritt lassen[26]. Auch die unumschränkte Seegeltung als Grundbedingung britischer imperialer Macht wurde durch die Flottenrüstung des Deutschen Reiches und der Vereinigten Staaten gefährdet. Hinzu kam die Herausbildung eines eigengewichtigen internationalen Großraumes im Fernen Osten. In den letzten Jahren vor dem Weltkrieg wuchsen auch noch die inneren Spannungen. Zur Absicherung seiner imperialen Interessen in Asien ging Großbritannien 1902 mit Japan einen Bündnisvertrag ein, um eine Erweiterung des russischen Einflusses in Asien zu verhindern. Gleichzeitig wurden die Gefahren, die sich aus der französisch-russischen Allianz in Europa ergaben, vermindert und machten außerdem ein sofortiges Bündnis mit Deutschland unnötig. Der Wunsch nach einer „special relationship" verschwand angesichts der Herausforderung durch die deutsche Flottenpolitik[27] und der Versuche, den deutschen Einfluß in Vorderasien zu erweitern[28].

Was Landsdowne und Grey nicht beabsichtigt hatten, eine Anlehnung an eine franco-russische Allianz, wurde zur ungeliebten Option aufgrund der deutschen Politik und dem Scheitern aller Rüstungsbeschränkungen. „British Interest" forderte einen Eintritt in den Krieg, wollte man bei einer möglichen Niederlage Frankreichs und Rußlands im Kriege nicht riskieren, daß „a defeat of these powers would leave her (i. e. Great Britain) helpless against a military domination of the continent by Germany"[29]. Zu den Grundelementen britischer Sicherheitspolitik hatte es seit dem Wiener Kongreß gehört, daß die „Low Countries" Holland und Belgien nicht unter dem direkten Einfluß einer kontinental-europäischen Großmacht stehen sollten. Ein deutscher Sieg konnte eine deutsche Präsenz am Kanal mit sich bringen. Das aber bedeutete ein Risiko für Großbritannien und sein Empire. Seit der Jahrhundertwende war der außenpolitische Spielraum immer mehr eingeschränkt worden. Trotz der Ausgleichspolitik zwischen den bei-

---

[26] Vgl. Statistiken in Hardach, Gerd: Der Erste Weltkrieg. In: Geschichte der Weltwirtschaft im 20. Jahrhundert. Bd. 2. München 1973. — Weitgehend ungeklärt ist noch die Frage inwieweit das Bildungs- und Ausbildungssystem in Großbritannien für den Verlust der Vorrangstellung eine Rolle gespielt haben.

[27] Vgl. hierzu Berghahn, Volker R.: Der Tirpitz-Plan. Genesis und Verfall einer innenpolitischen Krisenstrategie unter Wilhelm II. Düsseldorf 1971. — Ders.: Rüstung und Machtpolitik. Zur Anatomie des ‚Kalten Krieges' vor 1914. Düsseldorf 1973. — Ders.: Germany and the Approach of War in 1914. London 1973. — Hildebrand: Imperialismus, Wettrüsten I, 182 ff. — Schottelius, Herbert / Deist, Wilhelm (Hrsg.): Marine und Marinepolitik im kaiserlichen Deutschland. Düsseldorf 1972. — Zur britischen Außenpolitik der Vorkriegs- und Kriegszeit: Lowe, C. J. / Dockrill, M. L.: The Mirage of Power. Vol. 1: British Foreign Policy 1902—1914; vol. 2: British Foreign Policy 1914—1922; vol. 3: The Documents. British Foreign Policy 1902—1922. London-Boston 1972.

[28] Vgl. hierzu Mommsen, Wolfgang J. (Hrsg.): Finanzimperialismus und Mächterivalitäten im Nahen und Mittleren Osten vor dem Ersten Weltkrieg. In: Geschichte und Gesellschaft 1 H. 4 (1975). — Kurzfassung der Referate des Historikertages in Braunschweig 1974 in: GWU. Beih.: 30. Versammlung deutscher Historiker in Braunschweig. Stuttgart 1976, S. 105—108. — Ders.: Europäischer Finanzimperialismus vor 1914. In: XIV. International Congress of Historical Sciences. San Francisco 1975, S. 2 f. (Sonderdruck).

[29] Woodward: British Foreign Policy 512.

den Blöcken — auf deren Entstehung Großbritannien keinen Einfluß hatte nehmen können — hatte Großbritannien 1914 keine andere Wahl, als sich für die eine oder andere Seite zu entscheiden. Neutralität schied, wie Außenminister Sir Edward Grey vor dem House of Commons am 3. August 1914 deutlich zu verstehen gab, aus:

„I do not believe for a moment that at the end of this war, even if we stood aside and remained aside, we should be in a position, a material position, to use our force decisively to undo what had happened in the course of the war, to prevent the whole of the West of Europe opposite to us — if that had been the result of the war — falling under the domination of a single Power [30].“

Auch ein Sieg der russisch-französischen Allianz hätte nicht dem „British Interest“ gedient, da, wie der britische Botschafter in St. Petersburg es am 2. September 1914 formulierte:

„If we do not respond to the Emperor's (of Russia) appeal for our support, we shall, at the end of the war, whatever be its issue, find ourselves without a friend in Europe, *while our Indian Empire will no longer be secure* from attack by Russia [31].“

Mit gewissem Recht haben daher britische Historiker darauf hingewiesen, daß „Britain went into a war in 1914 which was none of her making in order to prevent another European Power or group of Powers dominating the peace conference at the end of the war“ [32]. Der Verlauf des Ersten Weltkrieges zeigte zunächst, daß Deutschland, ohne nennenswerte Unterstützung durch seine Verbündeten, für seine europäischen Rivalen einschließlich Großbritanniens mehr als ein ebenbürtiger Partner war. Vor dem militärischen Eintritt der Vereinigten Staaten in den Krieg und dem Zusammenbruch Rußlands hatte das Deutsche Kaiserreich die dominierende Stellung in Europa erlangt. Es sollte sich zeigen, daß das seit 1871 gestörte alte europäische Gleichgewicht nicht länger allein europäischen Bedingungen unterworfen war. Als Gegengewicht zum Deutschen Reich bedurfte es einer außereuropäischen Großmacht, der Vereinigten Staaten von Amerika, um das Pendel auf die Seite der Kriegsalliierten zu neigen. Es gehörte wohl zu den Fehleinschätzungen der siegreichen Alliierten, die Niederlage Deutschlands 1918 machtpolitisch nicht richtig eingeordnet zu haben. Der Erste Weltkrieg war nicht einfach eine Fortsetzung des preußisch-französischen Krieges von 1870/71, wie es die Unterzeichnung des Friedensvertrages im Spiegelsaal von Versailles, der Gründungsstätte des Deutschen Kaiserreiches, zu symbolisieren versuchte. Es war nicht allein der Sieg einer europäischen Koalition. Zur militärischen Niederringung der Mittelmächte hatte, trotz der Entwicklung neuen und besseren Kriegsmaterials in Frankreich und Großbritannien, in sehr hohem Maße psychologisch und mate-

---

30 Hansard Parliamentary Debates Commons (in der Folge abgekürzt als H. C.). 5. Serie, vol. 65, Sp. 1823 f.

31 Gooch, G. P. / Temperley, H. (Hrsg.): Documents on the Origins of the War, 1898—1914. Vol. 11. London 1926 ff., S. 277 (Hervorhebungen d. A.).

32 So Northedge: Freedom and necessity 6. — Ähnlich Woodward: British Foreign Policy 511 ff. — Medlicott, W. N.: Contemporary England 1914—1964. London 1969, S. 12 ff.

riell das Potential der Vereinigten Staaten, einer assoziierten Macht, beigetragen. Als sich die Vereinigten Staaten 1920 politisch aus Europa und den von ihnen getragenen Versailler Friedensbeschlüssen zurückzogen, waren machtpolitisch die Voraussetzungen geschaffen für einen Wiederaufstieg Deutschlands[33]. Zu den Fehlentscheidungen britischer Außenpolitik nach dem Kriege gehörte es daher, trotz des Wissens, daß Deutschland nach seiner Niederlage noch immer das relativ größte und entwicklungsfähigste Machtpotential der europäischen Großmächte besaß, nicht Frankreich, nichts unternommen zu haben, die französische Deutschland- und Europapolitik „friedensichernd“ zu beeinflussen.

Als Grundelemente britischer Außenpolitik seit dem Wiener Kongreß kann man festhalten:

Die britischen Interessen als Welt- und Handelsmacht wurden am besten durch eine Politik des friedlichen Wandels gewahrt. In den internationalen Beziehungen bedeutete dies die Bereitschaft, Verträge und Abkommen *mit* zu unterzeichnen, nicht jedoch *einzeln* zu garantieren. Dies bot die *Möglichkeit,* nicht jedoch die *Verpflichtung,* beim Bruch von Vereinbarungen zu intervenieren. Wenn Veränderungen nicht im Gegensatz zu britischen Interessen standen, konnte man diese akzeptieren bzw. indirekt fördern. Von daher war britische Außenpolitik in ihrer Grundstimmung defensiv und an friedlichen Veränderungen interessiert. Zur Erreichung dieses Zieles griff man auch zu der Möglichkeit, Entwicklungen durch die Ausübung politischen und wirtschaftlichen Drucks, allein oder zusammen mit anderen Großmächten, in die gewünschten Bahnen zu lenken. Kennzeichen dieser Politik friedlicher Konfliktlösung war auch die Neigung zu Kompromissen, die oftmals zuungunsten der kleineren Partner im Interesse der Solidarität der Großmächte erzielt wurden. Motor dieser außenpolitischen Strategie in der Phase des politischen und wirtschaftlichen Aufstieges bis zur Jahrhundertwende war die Notwendigkeit, die zur Verfügung stehenden Kräfte nicht unnötig zu überspannen und vor allem auch nach innen die notwendigen Voraussetzungen für die Bewältigung der Probleme der Industrialisierung und des Übergangs zu einer Industriegesellschaft auf dem Wege innenpolitischer, den jeweiligen Zeitbedürfnissen angepaßter Reformen, zu schaffen, bei gleichzeitiger Stabilisierung der Position der Herrschaftseliten. Im Zeichen des Niedergangs britischer Macht nach der Jahrhundertwende war die Notwendigkeit, Konflikte im inneren und auch im internationalen System friedlich zu lösen, größer denn je. Der außenpolitischen

---

[33] In diesem Zusammenhang verdient die These Northedge's Beachtung, der in seiner Antrittsvorlesung von 1971 an der London School of Economics and Political Sciences meinte: „The result was that when the United States withdrew 1920 from the enforcement of the peace they had made, nothing could prevent the resurgence of Germany to the position of ascendeney she had in fact occupied for a brief spell in 1917 except a reentry of the United States into the European balance, this time associated with a far stronger Russia than in the First World War. The Second World War was necessary to complete that which the First World War had begun, namely the containment of German Power, and which became undone when America went isolationist in the 1920s.“ (Northedge: Freedom and Necessity 9). Zur amerikanischen Politik vgl. neuerdings: Schwabe, Klaus: Der amerikanische Isolationismus im 20. Jahrhundert: Legende und Wirklichkeit. Wiesbaden 1975.

Handlungsfreiheit wurden jedoch durch die Zerstörung und Verlagerung des europäischen Gleichgewichts, durch die Entstehung eines eigengewichtigen internationalen Großraumes im Fernen Osten und durch die ersten Anzeichen einer Desintegration des Empires Grenzen gesetzt.

Nach dem Ersten Weltkrieg traten noch verstärkt Faktoren der Innenpolitik hinzu, die eine weitere Einschränkung der Optionsmöglichkeiten bedeuteten.

Die von Großbritannien seit dem Wiener Kongreß verfolgte Politik des friedlichen Wandels im Innern und nach außen konnte nur dann von Erfolg gekrönt sein, wenn in beiden Bereichen Übereinstimmung über die Qualität des Systems bestand, wie auch immer es zustande gekommen sein mochte. Der Erfolg oder Mißerfolg einer Politik des friedlichen Wandels, d. h. einer Strategie zur Wahrung des innenpolitischen und außenpolitischen Friedens[34], ist sonst stets, wie es Klaus Hildebrand jüngst formuliert hat, „abhängig von den Forderungen desjenigen Mitgliedes einer Gesellschaft bzw. der Staatengesellschaft, das am rigorosesten auftritt und die Politik der Friedenserhaltung gegen den Willen und das Interesse ihrer Mentoren durch revolutionäre Herausforderung in den Zustand der kriegerischen Auseinandersetzung überführt“[35]. Gerade aber weil in Hitler und dem Nationalsozialismus sowie in Mussolini und dem italienischen Faschismus derartige Herausforderer des internationalen Systems auftraten, wurde die Zerbrechlichkeit einer Politik der Friedenssicherung deutlich. Systemgegnern gegenüber blieb dann letzten Endes als ultima ratio nur noch der bewaffnete Konflikt. War aber eine Regierung, wie die britische, in Verfolgung ihrer traditionellen Politik gezwungen, aufgrund innerer und äußerer Faktoren, einen Krieg um nahezu jeden Preis zu verhindern und „den Frieden als Primärziel der politischen Wertskala“ (Hildebrand) zu fordern, so wurde ihr das nicht als staatsmännische Klugheit ausgelegt, sondern als schwächliches Nachgeben. An die Stelle der harten, einseitigen Verurteilung der britischen Politik in der Zwischenkriegszeit tritt in den letzten Jahren, vor allem nach Freigabe der bisher nicht gedruckten Akten, eine gerechtere Beurteilung und wir stehen erst am Anfang einer Neubewertung. Gerade auch bei einem Thema wie dem hier vorzutragenden, sollte man bei der kritischen Analyse britischer Politik neben dem bereits angeführten strukturellen Element stets folgende Momente berücksichtigen[36]:

---

[34] Zum Begriff der Friedensstrategie vgl. Schmidt: Wozu noch ‚politische Geschichte?‘ 33.

[35] Hildebrand: Imperialismus, Wettrüsten I, 185.

[36] Den Stand der derzeitigen Appeasementdiskussion zusammenfassend: Niedhart: Friede als nationales Interesse 454 f. — Hildebrand: Pax Britannica. — Vgl. auch oben Anm. 10. Neben der dort angeführten Literatur vgl. Hildebrand: Deutsche Außenpolitik 76 ff. — MacDonald, C. A.: Economic Appeasement and the German ‚Moderates‘ 1937—1939. Past & Present 56 (1972) 105—135. — Coghlan, F.: Armaments, Economic Policy and Appeasement. Background to British Foreign Policy, 1931—37. History 57 (1972) 205—216. — Kleine-Ahlbrandt, W. (Hrsg.): Appeasement of the Dictators Crisis Diplomacy? New York 1970, S. 7 ff. — Lundgreen, Peter: Die englische Appeasementpolitik bis zum Münchener Abkommen. Voraussetzungen, Konzeption, Durchführung. Berlin 1969. — Seeland, Rolf: Appeasement. Eine Methode zur Lösung internationaler Konflikte. Hamburg 1968. — Gilbert, Martin / Gott, Richard: The Appeasers. London 1963, S. 3 ff. (deutsch

1. Europa war nur eine von mehreren weltweiten Interessensphären der seit dem Ersten Weltkrieg zunehmend schwächer werdenden Weltmacht Großbritannien. Vorrang hatten stets die bereits von Castlereagh und Wellington verfolgten Überlegungen, daß das britische Sicherheitsinteresse vor allem auf die Länder Nord-West- und Süd-West-Europas sowie auf den Mittelmeerraum ausgerichtet ist.
2. Eine Ablenkung von Europa trat vor allem auch durch die wachsenden Emanzipationsbewegungen im Empire und Commonwealth auf, so daß in den sicherheitspolitischen Überlegungen Europa stets nur *einen* Ausschnitt des Gesamtspektrums darstellte.
3. Japan wurde im Fernen Osten seit dem Ende der zwanziger Jahre zunehmend ein machtpolitischer Faktor, mit dem Großbritannien rechnen mußte[37].
4. „In einem von totaler Interessendivergenz geprägten Weltstaatensystem war die politische und wirtschaftliche Machtposition zu einem Zeitpunkt seiner relativen Schwäche an die Bedingung des Friedens gebunden." „British Interest" zielte daher noch stärker auf die Freihaltung der Handelsrouten auf den Weltmeeren, um die notwendige Versorgung des Mutterlandes mit Nahrungsmitteln und Rohstoffen — zur Aufrechterhaltung des inneren Friedens — zu gewährleisten. Als weiteres Element tritt hinzu, daß Großbritannien auf den Handels- und Wirtschaftsverkehr mit anderen Staaten angewiesen war und die „fundamental handels- und investitionsorientierte Wirtschafts- und Finanzpolitik nicht durch internationale Krisen ... gefährden oder durch kriegerische Konflikte gar unterbrechen" konnte und wollte[38].
5. Der innenpolitische Faktor, und hier vor allem die Strategie der sozialen und wirtschaftlichen Reformen, muß viel stärker als bisher in eine Analyse britischer Politik einbezogen werden, denn Friedenssicherung auf dem Felde der äußeren Politik diente einmal der Bewahrung des Bestandes des Empires und war auch gleichzeitig ein Grundelement für die Aufrechterhaltung der gesellschaftlichen, wirtschaftlichen und *innen*machtpolitischen Strukturen.

Die Berücksichtigung der genannten Strukturelemente britischer Politik ist essentiell für die Beurteilung des Krisenverhaltens und der zwischenstaatlichen Beziehungen Großbritanniens, nicht nur in der Zwischenkriegszeit.

---

gekürzt erschienen unter dem Titel: Der Gescheiterte Friede. Stuttgart 1964). — Middlemas, Keith: Diplomacy of Illusion. The British Government and Germany 1937—39. London 1972, S. 9 ff. — Watt, Donald Cameron: Personalities and Policies. Studies in the Formulation of British Foreign Policy in the twentieth Century. London 1965, S. 1 ff., 83 ff., 139 ff.

[37] Vgl. hierzu u. a. Watt, Donald Cameron: Britain, The United Staates and Japan in 1934. In: Ders.: Personalities and Policies 83—99. — Louis, Wm. Roger: British Strategy in the Far East 1919—1939. Oxford 1971, S. 1 ff. — Shai, Aron: Was there a Far Eastern Munich? Journal of Contemporary History 9 (1974) 161—169. — Vgl. auch Anm. 123, 124, 127.

[38] Niedhart: Friede als nationales Interesse 455.

„Ich hoffe, wir dürfen sagen, daß nun, an diesem schicksalhaften Morgen, alle Kriege ein Ende gefunden haben[39]!" Mit diesen Worten kommentierte der britische Premierminister Lloyd George den Abschluß eines Waffenstillstandes zwischen den alliierten und assoziierten Mächten auf der einen Seite und den Zentralmächten auf der anderen Seite. Seine Bemerkung hatte neben der außenpolitischen Komponente auch eine innenpolitische[40]. Der Krieg hatte mit zunehmender Dauer das soziale Klima in Großbritannien immer stärker belastet. Wollte Großbritannien bei den Friedensverhandlungen die wohl sich letztmalig bietende Chance wahrnehmen, entscheidend auf die europäische Friedensregelung einzuwirken, so war es zur Durchsetzung außenpolitischer Interessen (vor allem der Sicherheitsinteressen) innenpolitisch erforderlich, durch Strukturreformen soziale Spannungen abzubauen und sich Handlungsspielraum zu schaffen. Um einen „British Peace" zu erzielen, wie ihn Castlereagh 1814/15 erreichte, mußte es der britischen Regierung gelingen, die Fragen der inneren und äußeren Sicherheit „zu einer das Handlungsbewußtsein prägenden Norm" zu verschmelzen. Mit Recht bezeichnete es Gustav Schmidt daher als ein entscheidendes Problem, „ob die britische politische Führung in der Lage war, einerseits in der Innenpolitik Errungenschaften aufzuweisen, die innere Sicherheit verbürgten, andererseits diese Erfolge außenpolitisch zu nutzen; denn wegen des Scharniers von Wirtschafts- und Finanzpolitik bekäme die britische Regierung unmittelbar zu spüren, ob ihr die Koordination und Synchronisation von Innen- und Außenpolitik zu einer britischen Friedensstrategie gelang oder ob ihr — sichtbar in den Folgen für die Exportwirtschaft und in der eingeschränkten Funktion als Finanz- und Handelszentrum der Welt — der Erfolg versagt blieb"[41].

Diese Vorgänge aus der Vorbereitungsphase der Versailler Friedensverhandlungen lassen die Verschränkung von Faktoren der Innenpolitik und der Außenpolitik im politischen Handeln Großbritanniens sehr deutlich[42] hervortreten. Dieser bisher in der Forschung viel zu wenig untersuchte Zusammenhang bestimmte verstärkt nach 1919 — im Zeichen der Rolle Großbritanniens in der Welt als „Troubled Giant"[43] — das politische Handeln der Briten. Eingehend Fragen der

---

[39] H. C. Debates, 5. Serie, vol. 110, Sp. 2463 (v. 11. 11. 1918).

[40] Vgl. das ‚Fontainebleau Memorandum' v. 25. 3. 1919: Lloyd George. Some Considerations for the Peace Conference before they finally draft their Terms. Abgedruckt in: Joll: Britain & Europe 241—248. — Vgl. auch Lloyd George, David: The Truth about the Peace Treaties. Vol. 1. London 1938, S. 404—411.

[41] Schmidt: Wozu noch politische Geschichte 34.

[42] Eine sehr klare und den Einstieg in die Problematik vermittelnde Skizze bei Schmidt: Wozu noch politische Geschichte, bes. 36 ff. Wesentliche Aufschlüsse hierzu wird die Habilitationsschrift Schmidts bringen, die in absehbarer Zeit im Druck vorliegen wird (s. o. Anm. 3). — Vgl. auch Ders.: ‚Decontrol' u. ‚Reconstruction' MS. S. 2 ff.

[43] Titel einer Arbeit von Northedge, Frederic Samuel: The Troubled Giant. Britain among the Great Powers 1916—1939. London 1966. — Zur britischen Außenpolitik dieser Jahre vgl. auch Schmidt: Strategie und Außenpolitik des ‚Troubled Giant'. — Ders.: Britische Strategie und Außenpolitik. Wahlchancen und Determinanten britischer Sicherheitspolitik im Zeitalter der neuen Weltmächte 1897—1929. MGM 9 (1971) 197—218.

Innenpolitik Großbritanniens zu behandeln, ist hier nicht der Ort. Es kann daher nur versucht werden, wesentliche Bestimmungsfaktoren zu skizzieren, die als konstitutive Elemente der Politik des „British Interest“ gesehen werden können [44].

Die letzten Jahre vor dem Krieg in Großbritannien waren von schweren sozialen Konflikten gekennzeichnet (1909—1914), die sich vom Sommer 1910 an bis zum Kriegsausbruch in einer Welle von Streiks entluden [45]. Nach dem „Burgfrieden“ der Kriegsjahre befürchtete man das erneute Auseinanderklaffen der divergierenden Interessen der Gruppen in der Gesellschaft. Diese Entwicklung schienen die seit dem Sommer 1918 erneut aufflammenden Streiks anzudeuten. Bis 1932 gab es dann kein Jahr, in dem Großbritannien nicht von größeren Streiks heimgesucht wurde. Höhepunkt hierbei die großen Streiks im Jahre 1919 (mit der Drohung eines Generalstreiks) und der Generalstreik 1926. Die Regierung bemühte sich, den sozialen Frieden im Innern durch eine „Reformpolitik“ auf dem Felde der Sozial- und Wirtschaftsstruktur zu erreichen [46]. Diejenigen, die 1919 unter außenpolitischen Perspektiven diese Politik forcierten, waren sich einig in der Auffassung: „Großbritannien, glaubte man, war vor 1914 ein wohlhabendes Land. Der Krieg hatte gezeigt, daß den nationalen Resourcen nahezu keine Grenzen gesetzt waren. Daher könne Großbritannien sich tiefgreifende soziale Reformen leisten, ohne elementare Veränderungen in seinem Wirtschaftssystem vorzunehmen. Der Wohlstand würde sich schon wieder von selbst einstellen, sobald die staatlichen Eingriffe der Kriegsjahre aufgehoben würden [47].“ Diese Annahme Lloyd Georges und die des Ministers für Wiederaufbau Addison erwies sich als Trugschluß. Ein Kennzeichen der Zwischenkriegszeit in Großbri-

---

44 Einen guten Überblick über die innenpolitischen Probleme bieten die folgenden Arbeiten: Medlicott, bes. 73 ff. — Seaman, L. B. C.: Post-Victorian Britain 1902—1951. London 1966 (Reprint: 1974), S. 7 ff. — Mitchell, Alan / Deak, Istvan: Everyman in Europe. Essays in Social History. Vol. 2: The Industrial Centuries. Englewood Cliffs 1974, S. 199 ff. — Halévy, Elie: Halévy's History of the English People in the nineteenth Century. Vol. 6: The Rule of Democracy (1905—1914). 2. Aufl. London 1952 (Reprint: 1970), S. 3 ff., S. 235 ff., S. 441 ff. — Pelling, Henry: Modern Britain 1885—1955. London 1974, S. 47 ff. — Lichtheim, George:Europe in the Twentieth Century. London 1974, S. 29 ff., S. 124 ff. — Roebuck, Janet: The Making of Modern English Society from 1850. London 1973, S. 68 ff. — Joll: Europe since 1870 26 ff., 143 ff., 169 ff. — Ensor, R. C. K.: England 1870—1914. In: The Oxford History of England. Vol. 14. Oxford 1968 (Reprint von 1936), S. 342 ff. — Mowat, C. L.: The Shifting Banlance of World Forces 1898—1945. In: The New Cambridge Modern History. Vol. 12. 2. Aufl. Cambridge 1968, S. 519 ff. — Kluke, Paul: Großbritannien von den Reformen Gladstones bis zum Ende des I. Weltkrieges. In: Handbuch der Europäischen Geschichte. Hrsg. v. Theodor Schieder. Bd. 6: Europa im Zeitalter der Nationalstaaten und europäische Weltpolitik bis zum Ersten Weltkrieg. Stuttgart 1968, S. 272—308, hier S. 286 ff. — Hay, J. R.: The Origins of the Liberal Welfare Reforms 1906—1914. London 1975. — Emy, H. V.: Liberals, Radicals and Social Politics, 1892—1914. Cambridge 1973.

45 Zu der Anzahl der Streiks vgl. Butler, David / Sloman, Anne: British Political Facts 1900—1975. 4. Aufl. London 1975, S. 296 f. und Seaman 29 ff.

46 Vgl. Schmidt: Wozu noch politische Geschichte 37 u. Anm. 91 sowie Ders.: ‚Decontrol‘ u. ‚Reconstruction‘.

47 Taylor, A. J. P.: English History 1914—1945. Harmondsworth 1973, S. 188.

tannien war die Massenarbeitslosigkeit. Zwischen 1921[48] und 1938 lag die Zahl der Arbeitslosen nie unter 1,4 Millionen, bei einem Erfassungszeitraum von 18 Jahren, sogar zehnmal über 2 Millionen mit einem Spitzenwert von 2,9 Millionen 1932. Eine Hauptursache für diese Entwicklung lag in der Exportschwäche Großbritanniens, die seit 1920, dem Ende der Wiederaufbauphase, immer deutlicher erkennbar wurde.

Das Weltwirtschaftssystem hatte durch den Weltkrieg einen tiefen Wandel erfahren[49]. In Übersee wurden kriegsbedingt Kapazitäten geschaffen, die nach dem Krieg als etablierte Konkurrenz der Europäer auftreten konnten. Von allen europäischen Industrieländern litt die britische Wirtschaft unter dieser Umlenkung der Handelsströme am meisten. Vor allem auf dem Fertigwarensektor, vor 1914 mit einem Anteil von zwei Dritteln am Gesamtexport beteiligt, war eine Stagnation eingetreten. Eine entsprechende Nachfrage im Innern fehlte. Betroffen waren vor allem Maschinen, Fahrzeuge, Schiffe, Textilien sowie die Kohle-, Stahl- und Eisenindustrie.

Im Gegensatz zu Deutschland, Frankreich, Japan und den Vereinigten Staaten war das Produktionswachstum in Großbritannien in den letzten Jahren vor dem Krieg langsamer[49a]. Die britische Industrie war daher nicht in dem Maße wie die Industrie in den anderen Industriestaaten zur ständigen Rationalisierung und Modernisierung gezwungen. Diese Tatsache wurde nach dem Kriege zu einem Wettbewerbsnachteil. Großbritanniens Anteil am Weltstahlexport sank so beispielsweise von 38 % 1912/13 auf 34 % 1927/28 und schließlich 25 % im Jahre 1937. Hinzu kam noch, daß Großbritannien sich erst 1932, auf dem Höhepunkt der Wirtschaftskrise, zu einem Schutzzollsystem entschloß, gekoppelt mit einem Präferenzsystem für das Commonwealth, das sich besonders im Hinblick auf Südosteuropa negativ auswirken sollte.

Die britische Währungspolitik (Wiedereinführung des Goldstandards, Herstellung der alten Vorkriegsparitäten des britischen Pfundes) setzte in der ersten Dekade nach dem Krieg[50] falsche Prioritäten. Ihre Folgen waren u. a.:

1. Erhöhung der strukturellen Arbeitslosigkeit;

---

[48] Gesamtzahlen für die Höhe der Arbeitslosigkeit liegen erst ab 1921 vor. Vgl. Butler/Sloman 299 f.

[49] Vgl. Hobsbawm, E. J.: Industry and Empire. In: The Pelican Economic History of Britain. Vol. 3. Harmondsworth 1971, S. 207 ff. — Landes, David: Entfesselter Prometheus. (Prometheus unbound. Cambridge 1972.) Köln-Berlin 1973, S. 333 ff. — Ratcliff, Barrie M. (Hrsg.): Great Britain and Her World 1750—1914. Essays in honour of W. O. Henderson. Manchester 1975. — Pollard, Sidney: The Development of the British Economy, 1914—1950. London 1962, bes. S. 110 ff. — Aldcroft, Derek H. / Richardson, Harry W.: The British Economy 1870—1939. London 1969. — Alford, B. W. E.: Depression and Recovery? British Economic Growth 1918—1939. Studies in economic History. London 1972 (Reprint 1975).

[49a] Vgl. Ashworth, William: An Economic History of England 1870—1939. London 1974, Table VIII S. 148.

[50] Morgan, E. V.: Studies in British Finance Policy 1924—1925. London 1952, S. 98, 152. — Vgl. auch Kindleberger, Charles P.: Die Weltwirtschaftskrise 1929—1939. München 1973, S. 46 ff.

2. Kreditrestriktionen, um die Nachfrage zu dämpfen;
3. Investitionen zur Modernisierung der Industrien konnten wegen des hohen Zinssatzes nicht vorgenommen werden;
4. Großbritanniens Exportindustrien waren wegen des künstlichen Pfundkurses auf dem Weltmarkt nicht konkurrenzfähig und die britische Industrie nahm am allgemeinen Aufschwung der Weltwirtschaft 1925 bis 1929 kaum teil.

Die Aufhebung des Goldstandards 1931 beseitigte die finanzpolitischen Beschränkungen und die 1932 eingeführten Zölle sollten im wesentlichen dem Schutz des britischen Inlandsmarktes dienen. Eine wirtschaftliche Erholung Großbritanniens war jedoch aufgrund der weltweiten Rezession nicht möglich. Das Hauptinteresse der britischen Regierung lag aus diesen Gründen an einer Wiederbelebung des Welthandels, die nur unter den Bedingungen eines weltweiten Friedens erreicht werden konnte. Auf diesem Wege hoffte man, „den inneren Wandlungsprozeß in einer Periode außenpolitischer Windstille unter normalen Welthandelsbedingungen und ohne die Belastung einer Kriegswirtschaft durchführen zu können“ [51].

Das „National Government“ der Mittdreißiger Jahre war daher auch nicht bereit, trotz einer Erholung des Binnenmarktes, durch die vermehrte Vergabe von Rüstungsaufträgen die Massenarbeitslosigkeit abzubauen. Aufrüstung würde außenpolitisch einer Politik des Ausgleiches im Wege stehen und in der Wirtschaft, wie nach dem Kriege, Überkapazitäten schaffen, sobald der Rüstungswettlauf im Rahmen von Abrüstungsvereinbarungen eingestellt würde. Im Zeichen dieser Politik bemühte sich Großbritannien zusehends, die Wirtschafts- und Handelsbeziehungen zu seinem wichtigsten Handelspartner Deutschland zu normalisieren und zu intensivieren.

Es ist erstaunlich, daß Großbritannien trotz der wirtschaftlichen Schwierigkeiten in der Zwischenkriegszeit und im Zeichen der Massenarbeitslosigkeit — bedingt durch die Exportschwäche der Wirtschaft — von politischen Unruhen mit revolutionärem Charakter verschont blieb. Durch ihre Politik der innenpolitischen Systemstabilisierung durch Reformen und Hilfsmaßnahmen gelang es den Kabinetten der Zwischenkriegszeit, die sozial schwachen Gruppen an den Staat heranzuführen und nicht den Wunsch zur Revolutionierung des bestehenden parlamentarischen Systems wach werden zu lassen. Der Aufstieg der Labour-Party zur stärksten nicht-konservativen Kraft nach 1922 gab außerdem berechtigten Anlaß zu der Hoffnung, daß diese Partei, sollte sie mit einer sicheren Mehrheit in die Regierungsverantwortung gebracht werden — was 1945 dann auch eintraf —, noch mehr als die liberalen und konservativen Regierungen, oder auch die Labourminderheitsregierungen von 1924 und 1929/30, sozialen Reformen verpflichtet sein würde.

Die politische Handlungsfähigkeit jeder britischen Regierung der Zwischenkriegszeit in ihren äußeren Aktionen wurde weiterhin noch durch zwei weitverbreitete Stimmungselemente im Innern, die psychologische Wurzeln haben, eingeengt:

---

[51] Wendt: Economic Appeasement 623.

1. Das einschneidende Erlebnis des Ersten Weltkrieges und seiner Ergebnisse.
2. Die tiefverwurzelte pazifistische Grundstimmung der britischen Labourbewegung und der linken Intellektuellen.

Diese beiden Gesichtspunkte sollen noch kurz skizziert werden: Trotz des Aufbaus einer antideutschen Stimmung in Großbritannien vor 1914 traf der Kriegsausbruch die britische Öffentlichkeit relativ unvorbereitet. Ein rein europäischer Konflikt wurde zum „casus belli" für Großbritannien. Probleme und Zusammenhänge europäischer Politik waren der Öffentlichkeit aber weitgehend unbekannt[52]. Trotz der Tatsache, daß die Besetzung Belgiens die Sicherheit Großbritanniens gefährdete, war es für den Soldaten nicht sehr motivierend, für die Rückkehr von Elsaß und Lothringen zu Frankreich zu kämpfen. Die Vorstellung vom Krieg verband sich mit dem Gedanken, daß dieser „would be a combination of sacrificial bloodletting, atonement for the sterile sins of the past, and a brief, colourful, exciting military tattoo. Some deaths were inevitable, but the shedding of a little blood was a necessary part of the drama and was therefore a part of the peagentry of honour and glory. England expected to work the poison out of its system. The boys would enjoy the lark and their women enjoy the excitement, the bravery, and the sweet sorrow of a brief parting. Then the nation could get to its legitimate business of being happy and glorious"[53]. Man hoffte, die konfliktgeladenen Jahre 1909—1914 durch die Solidarität stiftenden „war efforts" zu überwinden. Diese Hoffnung, vor allem der britischen Herrschaftselite, erwies sich als Illusion. Die Kriegsjahre hatten nur scheinbar den sozialen Frieden gebracht. Die langen, verlustreichen Kämpfe und Entbehrungen ließen, nicht nur als Ergebnis der Sommer-Schlacht und der Kämpfe des Jahres 1917, die inneren Spannungen wieder aufbrechen. Das Erlebnis des Krieges, mit seinem hohen Blutzoll an jungem Menschenleben, die lange Dauer, die Grausamkeit und die durch die Hochindustrialisierung erst möglich gewordene brutale Maschinerie des Krie-

---

[52] Vgl. Woodward: British Foreign Policy 511: „At the time of the Austro-Serbian crisis following the assassination of Archduke Ferdinand in June 1914, British ministers (including Lloyd George) showed an amazing ignorance of the sinister facts of the European situation and the quasi — engagements of their own country in the event of a continental war. One can, incidentally, understand this ignorance only by taking into account the almost universal neglect in British higher education of a study of contemporary Europe. The books of a few brilliant journalists had some influence, but never reached a wide public . . . The fact that in the summer of 1914 British opinion was concerned with possible civil war in Ireland and was totally surprised by the outbreak of a European war does not mean that the Foreign Office had been unaware of the increasing tension in Europe. The Foreign Office knew that Europe was divided into two armed groups between whom there was danger of collision and that Great Britain might find it difficult to remain neutral in a continental war." Ähnlich Northedge: Freedom and Necessity 15: „European politics from which the war sprang were practically unknown territory to the vast majoritiy of the British people . . . To most British the war came like a thunderbolt from cloudless Edwardian skies." Zum Foreign Office vgl. Steiner, Zara S.: The Foreign Office and Foreign Policy 1898/1914. London 1969 und die Kritik Gustav Schmidts: Schmidt: Strategie und Außenpolitik 201 ff.

[53] Roebuck 87.

ges wurden zu einem lange nachwirkenden Trauma. Man konnte und wollte nicht glauben, daß ein derartiger Krieg sich unter zivilisierten Völkern noch einmal wiederholen würde. Die neue Nachkriegsordnung, wie sie in Paris geschaffen wurde, schien auf den ersten Blick nur wenig den Britischen Interessen zu entsprechen. Manche Teile des Friedenswerkes wurden nicht als verteidigungswürdig angesehen, da man die Berechtigung nach Revision akzeptierte. Die Prophezeiung Frankreichs, Deutschlands Militarismus werde wieder auferstehen, wenn man nicht ausreichend Sicherheitsmechanismen in die Verträge einbaue, wurde als Vorwand für die eigenen Hegemoniebestrebungen betrachtet. Man war nicht willens, aus Furcht vor der Wiederholung der Konstellationen von vor 1914 (Rüstungswettlauf zweier militärischer Blöcke), eine „Balance of Power" gegen die Staaten mit Revisionsbestrebungen einzugehen. Zum Wortführer dieser Auffassung machte sich der bekannte Wirtschaftsexperte Professor John Maynard Keynes und gab ihr in seinem Buch „The Economic Consequences of the Peace"[54] beredten Ausdruck.

Den aus dem Krieg heimkehrenden Soldaten und der Zivilbevölkerung im Lande erschien dieser Friede nicht im Einklang mit dem Wahlmanifest von Lloyd George vom 22. November 1918 zu stehen, in dem er versprochen hatte: „... our first task must be to conclude a just and lasting peace, and so to establish the foundations of a new Europa that occasion for further wars may be for ever averted[55]." Großbritannien war u. a. 1914 in den Krieg eingetreten, um die Hegemonie *einer* Macht in Europa zu verhindern und um sich selbst eine Schlüsselstellung auf den Friedenskonferenzen zu erwerben. Dieses Ziel konnten die Briten 1919 nicht vollständig verwirklichen. Für weite Teile der Bevölkerung schien sich hieraus als Folge zu ergeben:

— Die Kriegsanstrengungen Großbritanniens in Form von Menschenopfern und hohen finanziellen Aufwendungen für Kriegsgerät waren umsonst, denn „war settles nothing", wie ein altes Sprichwort sagt. Der Krieg war ein tragischer Irrtum, das Werk von stümperhaften Diplomaten und Kriegsgewinnlern[56].

— Großbritannien hatte durch seine Opfer Frankreich zu einer machtpolitischen Position auf dem Kontinent verholfen, die im Widerstreit zu den Britischen Interessen stand. Die Pariser Friedensregelungen ließen Forderungen nach Revision dieser Bestimmungen nur gerechtfertigt erscheinen.

---

[54] Keynes, John Maynard: The Economic Consequences of the Peace. London 1919. — Ders.: A Revision of the Treaty. London 1922.

[55] Wahlmanifest vom 22. 11. 1918. Zit. nach Joll: Britain & Europe 271. — Zu dem von Lloyd George versprochenen „Land fit for Heroes" vgl. die grundlegende Arbeit von: Johnson, P. B.: Land Fit For Heroes. The Planning of British Reconstruction 1916—1919. University of Chicago Press 1968, sowie die Überlegungen bei Schmidt: ‚Decontrol' u. ‚Reconstruction'. MS. S. 1, 6 ff.

[56] Vgl. Northedge: Freedom and Necessity 15: „But the treaties which emerged from that peace conference were at first sight not very attractive; in fact, in British eyes, some parts of the peace treaties seemed, when war passions had cooled, to be positively repugnant and indefensible, and they had the authority of a famous economist, J. M. Keynes, to confirm their judgement."

Die Linke in Großbritannien identifizierte die sozialen Mißstände — Massenarbeitslosigkeit, niedrige Löhne, schlechte Wohnverhältnisse, schlechte Ausbildungsmöglichkeiten für die sozial Schwachen — mit dem kapitalistischen internationalen System, das für den Krieg und den gehaßten Frieden verantwortlich war. Leuten wie Ernest Bevin und Hugh Dalton gelang es im wesentlichen erst in den dreißiger Jahren, in der Labour Party angesichts der wachsenden Gefahren durch Nationalsozialismus und Faschismus die pazifistische Grundstimmung der Labourbewegung und der intellektuellen Linken zu verdrängen[57].

Diesen weitgehend psychologisch bedingten Stimmungen innerhalb Großbritanniens mußte jede britische Regierung bei der Konzipierung ihrer Außenpolitik Rechnung tragen. Eine große europäische Friedenslösung, der Chamberlain im September 1938 näher gekommen zu sein schien, als er von München zurückkehrend glaubte, den „Frieden in unserer Zeit" gesichert zu haben, bedeutete aber gleichzeitig eine Grundvoraussetzung dafür, die notwendigen strukturellen Reformen durchzuführen.

Positionen und Optionen Großbritanniens in der internationalen Politik in der Zwischenkriegszeit (1919—1936)

Die Friedensordnung in Mitteleuropa 1919/20. Auf den Pariser Friedenskonferenzen 1919 standen ähnliche Grundprobleme im Vordergrund, wie sie sich den Siegern nach den Napoleonischen Kriegen 1814/15 stellten[58]:

— Neuordnung des europäischen Staatensystems, vornehmlich unter sicherheitspolitischen Gesichtspunkten;

— Schaffung eines Überwachungsorgans, das den Frieden sichern, Streitigkeiten schlichten und eine allgemeine Abrüstung nach den enormen Anspannungen der Kriegsjahre (Finanzen, Material, Menschen) herbeiführen sollte.

Wie während der Napoleonischen Kriege waren während des Ersten Weltkrieges von den Alliierten zur Verstärkung der eigenen „Bataillone" Zusagen gegeben worden, die man bei den eigentlichen Friedensverhandlungen oftmals als störend empfand. Eines der Problem waren die Versprechen der Alliierten an verschiedene Nationalitäten in der Habsburger Monarchie, bei den Friedensverhandlungen für die Schaffung eines eigenen, souveränen Staates einzutreten. So konnten beispielsweise die Tschechen immer wieder auf ihren Einsatz für die Alliierten hinweisen, sei es durch Truppen in Rußland, Italien, an der französischen Front und auf dem Balkan, oder durch die Agitation im Innern der Monarchie.

---

[57] Vgl. Medlicott: Contemporary England 57 ff.

[58] Vgl. Philipps, Walter Alison: The Confederation of Europe. A Study of the European Alliance 1813—1823 as an experiment in the international organisation of Peace. London 1920. — Webster, Charles Kingsley: The Congress of Vienna 1814—1815. Foreign Office Historical Section. London 1919. — Ders.: The Congress of Vienna and the Conference of Paris 1919. London 1923 (English Historical Association Leaflet 56). — Hinsley: Power and the Pursuit of Peace. — Ders.: Nationalism and the International System. London-Sydney 1973. — Baumgart, Winfried: Vom Europäischen Konzert zum Völkerbund. Darmstadt 1974.

Für diesen Einsatz mußten den Tschechen aber auch Garantien gegeben werden. So berichtete Oberstleutnant Stanhope über ein Gespräch, das in der britischen Sektion des „Supreme War Council" am 22. April 1918 mit Beneš stattgefunden hatte: Beneš forderte, daß den tschechoslowakischen Truppen, die für Großbritannien, Frankreich und Italien kämpften, die Zusicherung gegeben werden müßte, nach dem Kriege Staatsbürger der entsprechenden Nation werden zu können, so daß, sofern der Sieg der Alliierten nicht so überwältigend ausfallen würde „that Austria-Hungary were crushed, these individuals would have an alternative to that of returning to their own country where they would be maltreated, or probably murdered" [59]. Beneš betonte, daß Aktionen in der Habsburger Monarchie nur dann erfolgreich und glaubwürdig durchgeführt werden könnten, wenn Großbritannien und Frankeich eindeutig Stellung bezögen, und zwar gegen die Existenz der Monarchie: „that policy to be the recognition without guarantees of the independence of any part of Austria which desires to set up independence and a statement that the Hapsburg dynasty and the Austro-Hungarian Government has proved itself to be not better than the House of Hohenzollern and the Prussian Government and that *both are an obstacle to the peace and general progress of the world* [60]." Diese Anerkennung wurde dem Tschechoslowakischen Nationalrat von der französischen und italienischen Regierung erteilt, so daß auch die britische Regierung Stellung nehmen mußte. In einem Begleitschreiben zu einem Briefentwurf an Beneš vom 23. Mai 1918 schlug Robert Cecil daher vor, der Bitte des Nationalrates zu entsprechen. Die Anerkennung allein würde Großbritannien nicht zu vermehrten „war obligations" verpflichten [61].

Damit entschieden sich die Alliierten im Sommer 1918 endgültig gegen eine Aufrechterhaltung der österreichisch-ungarischen Monarchie nach dem Kriege. In einer Diskussion über die Kriegsziele stellte der britische Außenminister Balfour diese Tatsache mehr resignierend als freudig fest. Ausschlaggebend waren für ihn nicht das Ideal der nationalen Selbstbestimmung, sondern vielmehr machtpolitische Aspekte, die zu dieser Entscheidung führten. Seiner Meinung nach hatte die Entwicklung der letzten vier Jahre gezeigt, daß Österreich nicht mehr ein Gegengewicht gegen Deutschland in Zentraleuropa spielen konnte. Es wäre undenkbar, sich Bedingungen vorzustellen, unter denen Österreich „would play the part which we should like to see her play, namely, that of an independant powerful counterpoise to the other great Central Power, Germany. Thus consequently (sic!) the whole movement, almost unconsciously, but quite steadily, has been going or drifting in the direction of giving autonomy, real independence, if possible, to the Poles ... the Czecho-Slovaks ... and to the Jugo-Slavs ..." [62].

---

[59] P. R. O. CAB 24/50 Secret GT 4414 War Cabinet. The Czecho-Slovak Movement fol. 60—63, 62.

[60] Ebenda fol. 62. Hervorhebung d. A.

[61] P. R. O. CAB 24/52 Secret GT 4647 War Cabinet. Czecho-Slovak National Council fol. 151.

[62] Borden-Papers. Zit. nach Nelson;, Harold I.: Land and Power. British and Allied Policy on Germany's Frontiers 1916—19. Newton Abbot 1971 (zuerst erschienen Lon-

Bei der Bildung der Tschechoslowakei ging man in der britischen Regierung vor allem — neben der Sympathie, die sich die Vertreter des Nationalrates geschaffen hatten — von strategischen, geographischen, wirtschaftlichen und historischen Überlegungen aus, weniger von der Frage des Selbstbestimmungsrechtes. Unter strategischen Gesichtspunkten mußte die Tschechoslowakei sichere Grenzen haben, um die ihr zugedachte Rolle spielen zu können. Sonst würde die Tschechoslowakei Deutschland preisgegeben sein[63].

Böhmen bildete einen geographisch einheitlichen Raum, der durch die Gebirgsketten nach außen klar abgegrenzt war.

Politisch stellten die Deutschen Böhmens stets einen Teil dieses Landes dar. Wirtschaftliche Gründe sprachen ebenfalls für die Aufrechterhaltung der historischen Länder, denn so wurde in einem Ausschußbericht auf der Friedenskonferenz festgestellt: „The whole of the region occupied by the Germans of Bohemia is industrially and commercially dependant upon Bohemia rather than upon Germany. The Germans of Bohemia cannot exist without the economic co-operation of the Czechs, nor the Czechs without the economic co-operation of the Germans. There is between them a complete interdependence in this respect[63]."

Zweifelsohne sah man auch die Probleme recht klar, die sich aus der Verweigerung des Selbstbestimmungsrechtes für die Deutschen in Böhmen und Mähren ergeben konnten. Mit über 3,5 Millionen würde etwa ein Viertel der Bevölkerung der Tschechoslowakei deutsch sein, was „certain disadvantages to the future of the new State" mit sich bringen dürfte. Hierauf machte auch ein Memorandum aufmerksam, das sich mit den britischen Wünschen bei einer Friedensregelung für Südosteuropa und dem Balkan beschäftigte. Das Nationalitätsprinzip müßte man im Falle der Tschechoslowakei beiseite lassen, um diesen neuen Staat lebensfähig zu machen. Er werde sich sehr wahrscheinlich als „the greatest asset in Central and Eastern Europe" für Großbritannien erweisen[64]. Man müsse aber die Tschechen auf die dringende Notwendigkeit eines modus vivendi mit dem

---

don 1963), S. 43 f. — Vgl. auch PRO CAB 23/42 v. 13. 8. 1918. — Zur britischen Kriegszielpolitik vgl.: Fest, Wilfried B.: The Habsburg Monarchy in British War Aims, 1914—1918. D. Phil. (Masch.), Oxford 1970. — Ders.: British War Aims and German Peace Feelers during the First World War (December 1916 — November 1918). The Historical Journal 15/2 (1972) 285—308. — Recker, Marie Louise: England und der Donauraum 1919—1929. Phil. Diss. Münster 1974 (gedruckt: Stuttgart 1976). — Calder, Kenneth J.: Britain and the Origins of the New Europe 1914—1918. Cambridge 1976.

63 P. R. O. CAB 27/627 fol. 58 f. — Zu den britischen und alliierten Überlegungen vgl. Nelson: 10 1 ff., 282 ff. — Weiterhin Boadle, Donald Graeme: Winston Churchill and the German Question in British Foreign Policy 1918—1922. Den Haag 1973, S. 6 ff. — Lloyd George, David: Truth about the Peace Treaties. London 1938. — Middlemas, Keith (Hrsg.): Th. Jones. White Hall Diaries. Vol. 1: 1916—1925. London 1969. — Roskill, Stephen: Hankey. Man of Secrets. Vol. 1: 1877—1918; Vol. 2: 1919—1931. London 1970—1972. — Medlicott, W. N.: British Foreign Policy since Versailles 1919—1963. 2. Aufl. London 1968. — Headlam-Morley, Agnes / Bryant, Russell / Cienciala, Anna (Hrsg.): Sir James Headlam-Morley: A Memoir of the Paris Peace Conference 1919. London-New York 1972.

64 Foster-Papers: „South-Eastern Europe and the Balkans". Zit. nach Nelson 102.

deutschen Bevölkerungsteil hinweisen. Würden die Tschechen eine antideutsche Politik im neuen Staatsverband führen und keine Mäßigung zeigen, so würde, betonte das Memorandum weitblickend, „German Bohemia ... remain a storm-centre in Europe as long as politics are discussed in terms of nationality, and it will be probably be found beyond the reach of statesmanship to devise any solution for the problem"[65]. Unter diesen Aspekten sei es auch notwendig, daß die Deutschböhmen von nationalen Bestrebungen auf ihre ökonomischen Interessen abgelenkt würden, da wirtschaftliche Stabilität und Prosperität grundlegend für den inneren Frieden der Tschechoslowakei seien. Aus diesen Gründen riet man der britischen Regierung, auf den Friedenskonferenzen internationale Vereinbarungen zu erzielen, die der Tschechoslowakei den „commercial access to rail and water-routes" sichern sollten.

Die Förderung des Handels der neu entstandenen Staaten, vor allem die Schaffung von Verbindungswegen (freier Transithandel) zu den Meeren, gehörte zu den Hauptanliegen Großbritanniens. In einem Memorandum des Board of Trade[66] aus dem November/Dezember 1918 wurde betont, daß die Frage des direkten Zugangs der Länder Ost- und Mitteleuropas zum Meer für Großbritannien als „premier shipping and export country" von größerer Bedeutung sei, als für seine anderen Alliierten. Im übrigen wurde darauf verwiesen, daß die wirtschaftlichen Interessen der anderen Alliierten „differ very widely". Am günstigsten jedoch sei für die „British Interests" das Prinzip der offenen Tür für den Handel. Auf diese Weise eröffneten sich vor allem für Großbritannien in den neuen Staaten günstige wirtschaftliche und finanzielle Anlagemöglichkeiten. Zur Erreichung dieses Zieles mußte bei der Regelung der Territorialfragen in Osteuropa auf eine stabile und gerechte Lösung hingearbeitet werden. Wie auf dem Wiener Kongreß glaubte Großbritannien, als in Territorial- und Wirtschaftsfragen nicht unmittelbar interessierte Macht, die Möglichkeit zu haben, „(to) assume the position of a disinterested and impartial mediator ... It is needless to say that the position is one, which will give an unprecedented opportunity for the legitimate extension of British influence: good political understanding will afford the best basis for commercial and financial openings. Our object should be that when the whole transaction is concluded, all these nations, Czecho-Slovaks, Jugoslavs, Poles — we may perhaps add even Hungarians, Magyars, and Germans — will feel that on the part of the British nation there has been an honest attempt to carry through a disinterested policy which has sought the best interests of all, for, in the long run, the interests of each nation are not antagonistic to those of other nations. If we succeed in this, we shall begin the new era with a large fund of good-will which will be of great advantage to us[67]." Alle diese Überlegungen führten dazu, daß Großbritannien für die Tschechoslowakei eine Lösung befürwortete,

---

65 Ebenda 103.

66 Memorandum by the Board of Trade on the Economic Considerations affecting the terms of peace" November/December 1918. Zit. nach Nelson 109 ff.

67 Foster-Papers. Memorandum des Foreign Office „The Settlement". Zit. nach Nelson 97.

die allen Interessen einigermaßen gerecht zu werden schien. Nachdem die Tschechoslowakei auf den Friedenskonferenzen versprochen hatte, „den Deutschen in Böhmen Rechte zuzusichern, durch die sie die gleichen Rechte wie die Tschechoslowaken selbst haben würden, (daß) ... Deutsch zweite Landessprache (Amtssprache) würde, (daß) gegen die deutsche Bevölkerung keine Schikanen unternommen würden (und daß) eine Regierungsform eingeführt werden sollte, die der der Schweiz ähneln würde“ [68] (Kantonatsverfassung), schien eine gerechte Lösung gefunden.

Wichtiger für eine neue Friedensordnung in Europa war für Großbritannien das Verhältnis zwischen dem geschlagenen Deutschen Reich und Frankreich. Deutschland sollte einen Frieden erhalten, der nicht bereits den Keim für einen neuen Krieg in sich barg. Daher trat die britische Delegation in Paris vor allem in den Territorialfragen für einen gemäßigten, versöhnlichen und pragmatischen Kurs gegenüber Deutschland ein [69]. Entschieden widersetzte man sich den Forderungen der Franzosen nach Abtretung des linken Rheinufers und des Saargebietes an Frankreich. Außer der Rückkehr von Elsaß-Lothringen an Frankreich und der Abtretung kleinerer Gebietsteile an Belgien (Eupen, Malmedy) mußte Deutschland daher dem Sicherheitsbedürfnis seiner westlichen Nachbarn keine territorialen Opfer bringen. Um Frankreich zur Akzeptierung einer nur kurzfristigen Besetzung des linksrheinischen Gebietes, zur Anerkennung einer entmilitarisierten rechtsrheinischen Zone von 50 km Tiefe und zur Reduzierung der Deutschen Armee zu bewegen, mußten die Briten und Amerikaner sich bereit erklären, das französische Territorium zu garantieren und Frankreich im Falle einer deutschen Aggression zu Hilfe zu kommen [70].

Frankreich widersetzte sich auch entschieden und mit Erfolg territorialen Gewinnen des Deutschen Reiches aus dem Erbe der Habsburger Monarchie (Anschluß Deutsch-Österreichs). Die Deutschland auferlegten harten Reparationen waren nicht im Interesse britischer Politik, denn, so meinte Lloyd George: „Wir können nicht gleichzeitig Deutschland verkrüppeln und erwarten, daß es bezah-

---

[68] Die tschechischen Memoranden zur Friedenskonferenz abgedruckt bei Lapradelle, A. G. de la: La Documentation internationale: la paix de Versailles. 13 Bde. Paris 1929—1939, hier bes. Bd. 9, Teil 1 und 2. Teil 1: Délégation Tchécoslovaque, Mémoires No. 1—9, S. 18 ff. Bezug wird genommen auf Memorandum No. 9, S. 298, 185, 1126 f. — Zur Beurteilung Nelson 282 ff. — Goldmann, Rüdiger: Die sudetendeutsche Frage auf der Pariser Friedenskonferenz. München 1971, S. 44 ff., 69 ff. — Aus britischer Sicht vgl. auch Nicolson, Harold: Die Friedensmacher 1919. (Peacemaking 1919. Boston 1933.) Berlin 1933. Nicolson war Mitglied der Kommission für tschechoslowakische Angelegenheiten. Vgl. Lapradelle Bd. 9, Teil 2. Zusammenfassend Bosl (Hrsg.): Versailles-St. Germain-Trianon.

[69] Vgl. Nelson 381: „In sum, British policy on the German boundaries aimed at reconciling opposing domestic and international tendencies. This endeavour led to an effort to reconcile balance of power calculations with the forces of nationality. At Paris, The British delegation as a whole pursued a moderate, conciliatory, and pragmatic course in the German territorial negotiations.“

[70] Vgl. den britisch-französischen Vertrag vom 28. 6. 1919, abgedruckt bei Grenville, J. A. S.: The major international Treaties 1914—1973. A History and Guide with Texts. London 1974, S. 71 f.

len wird[71].“ An Bezahlungen Deutschlands mußte Großbritannien aber interessiert sein, um die bereits während des Krieges eingegangenen Schuldverpflichtungen gegenüber den Vereinigten Staaten abbauen zu können[72].

Territorial- und wirtschaftspolitisch konnte Großbritannien auf den Friedenskonferenzen seine Vorstellungen nicht in dem von ihm gewünschten Maße durchsetzen, und damit auch nicht die angestrebte Stabilisierung der europäischen Verhältnisse, die angesichts der vielfachen politischen, militärischen und wirtschaftlichen Verpflichtungen Großbritanniens in aller Welt, angesichts des einsetzenden Strukturwandels im britischen Empire und der innenpolitischen Bedingungen notwendig gewesen wären[73]. Die heftige Kritik an den Versailler Friedensvereinbarungen mit Deutschland, angeheizt durch John Maynard Keynes' Buch über „Die wirtschaftlichen Folgen des Friedensvertrages“, ließ in Großbritannien ein Schuldgefühl gegenüber Deutschland entstehen. Dieses wurde eine der Wurzeln einer als notwendig erkannten Politik der Aussöhnung mit Deutschland. Aus politischen, wirtschaftlichen und sicherheitspolitischen Gründen wurde dieser Politik hohe Priorität beigemessen.

Völkerbund und kollektive Sicherheit. Zur Aufrechterhaltung des Friedens in der Welt schufen die Sieger des Ersten Weltkrieges im Rahmen der Friedensverhandlungen den Völkerbund[74]. Der Völkerbundsgedanke, der an die Stelle des überkommenen Staatensystems eine neue internationale Verfassung treten lassen sollte, wurde bereits während des Krieges von den Hauptgegnern der Mittelmächte als sinnvoll angesehen. Aber auch Kritik wurde laut. Das System einer *kollektiven Sicherheit* wurde als gefährlich empfunden. So bemerkte bereits im März 1916 Maurice Hankey[75]: „Generally, it appears to me that any such

---

71 Lloyd George: Peace Treaties I, 405.

72 Vgl. hierzu u. a. Beloff, Max: Imperial Sunset. Vol. 1: Britain's Liberal Empire 1897/1921. London 1969. — Lloyd George, David: Truth about Reparations and War Debts. London 1932. — Krüger, Peter: Deutschland und die Reparationen. 1918/19. Stuttgart 1973. — Kindleberger.

73 Vgl. hierzu Schmidt: Britische Strategie und Außenpolitik 215 ff.

74 Vgl. hierzu u. a. Walters, F. P.: A History of the League of Nations. New York-London-Toronto 1960, bes. S. 1—80. — Graml, Hermann: Europa zwischen den Kriegen. München 1969, S. 9 ff. (Dtv-Weltgeschichte des 20. Jahrhunderts 5). — Hinsley: Power and the Pursuit of Peace 147 ff., 309 ff. — Ders.: Nationalism and International System 112 ff. — Northedge / Grieve: International Relations 138 ff. — Gunzenhäuser, Max: Die Pariser Friedenskonferenz 1919 und die Friedensverträge 1919—1920. Literaturbericht und Bibliographie. Frankfurt 1970, bes. S. 161 ff. — Lloyd George: Peace Treaties I, 604—642. — Cecil, V. R.: A great Experiment. An Autobiography. New York 1941, S. 46—100. — Sontag, Raymond I.: A Broken World 1919—1939. New York 1971, S. 12 ff., S. 86 ff. — Marks, Sally: The Illusion of Peace. International Relations in Europe 1918—1933. London 1976, S. 6 ff.

75 Maurice Hankey (1877—1963), später Sir und 1st Baron. Ende des Ersten Weltkrieges Oberst. Leiter des Sekretariats des Commitee of Imperial Defence seit 1912 und des Kabinetts 1916—1938. Er hatte als Berater des Premierministers entscheidenden Einfluß auf die britische Sicherheits- und Verteidigungspolitik. Vgl. Roskill, Stephen: Hankey. Man of Secrets. Vol. 1: 1877—1918; Vol. 2: 1919—1931. London 1970, 1972.

scheme is dangerous to us, because it will create a sense of security which is wholly fictitious[76]." Dieses Sicherheitsgefühl würde auch dazu führen, die Rüstungen zu vernachlässigen, wie das Beispiel Belgiens bewiesen habe. Gegen ein System der kollektiven Sicherheit im Rahmen eines Völkerbundes sprach sich ebenfalls Sir Eyre Crowe aus, indem er auf die vielfältigen Probleme hinwies, die sich bei einer gemeinsamen Aktion des Bundes ergeben würden[77]. Ebenso wie Hankey betonte auch Crowe, daß das letztlich Entscheidende das Mächtegleichgewicht sei: „The balance of power reappears as the fundamental problem. To prevent the possibility of any one State or group of State(s) pursuing, through war and bloodshed, a policy of aggression and domination, nothing will serve but adequate force[78]." Auf den Friedenskonferenzen glaubte daher die britische Delegation, daß das Schwergewicht der Aufgaben des Völkerbundes in Vermittlungen zwischen Staaten und Staatengruppen liegen würde, d. h. friedliche Konfliktlösungen[79], nicht Strafaktionen und Sanktionen. Im Imperial War Cabinet wurde immer wieder darauf verwiesen, daß es vor Abschluß eines Friedens gefährlich sei, den Völkerbund und seine Satzung (Covenant) zu einem Instrument zur Durchsetzung des Friedens und der Verhütung künftiger Kriege zu machen, da sonst der Völkerbund von Anbeginn zum Scheitern verurteilt sein würde[80].

Während Großbritannien und die Vereinigten Staaten mehr den Versöhnungscharakter des Völkerbundes hervorhoben und das Moment von Strafaktionen gegen Mitglieder in den Hintergrund stellten, verfolgte Frankreich das entgegen-

---

76 P. R. O. CAB 27/626 fol. 12 ff.: Summary of some of the Criticisms of Proposals for a League of Nations Systems of Collective Security prior to the Peace Conference, 1919. fol. 12. Das Office-minute Hankeys vom 25. 5. 1916 zeigt auch bereits später eingetretene Tendenzen auf: „It seems reasonable to suppose that after the end of the present war financial and economic considerations will force peace on the world for at least a generation. During that time, no doubt, the proposed arrangement will work perfectly well. All differences between the nations which cannot be adjusted by diplomatic means will be referred to the international body. At the end of twentyfive years, and probably far before that, it will be claimed as an entire success, and the peace (which is really due to economic considerations) will be attributed to the new machinery. What a lever this will be in the hands of the enthusiasts for social reform and the anti-war and disarmament people! Is it not almost certain that they will persuade the nation to go to sleep so far as its military preparations go, and to divert its energies in other directions of greater immediate benefit to the human race?" (fol. 13) Erstaunlicherweise wird Hankey selbst dann 1919 und später der Verfechter der „Ten-Years-Rule". S. u. S. 113.

77 Ebenda fol. 17. — Vgl. auch die Bemerkungen Crowe's fol. 26 ff.

78 Ebenda fol. 18. — Bemerkungen zum Phillimore Report fol. 21 f. Interessant vor allem die Bemerkungen der Admiralität fol. 22.

79 Ebenda fol. 23: Robert Cecil: „The object was not so much coercion, as to procure delay and force the parties to come to an opinion and submit their dispute to the highest autority the world could supply. Should war ensue . . . it would be possible in this way to confine it to very narrow limits, and to prevent a world-wide conflagration such as we had just suffered."

80 Ebenda fol. 23 Lord Reading: „If you tried at this stage to guard against the causes of future war, the League of Nations was doomed to failure." — Lloyd George: „. . . it would be a mistake to attempt too much."

gesetzte Konzept[81]. Im Mittelpunkt der europaorientierten französischen Überlegungen standen die Sanktionen, und das französische Konzept sah eine internationale Streitmacht und einen internationalen Generalstab, im Grunde einen Superstaat vor[82]. Der „Covenant" des Völkerbundes wurde zu einem Kompromiß zwischen den beiden entgegengesetzten Positionen[83]. Verschiedene Bestimmungen der Völkerbundssatzung, gegen die sich Großbritannien bis zuletzt gestellt hatte, sollten zu entscheidenden Hemmschuhen für die Entwicklung des Völkerbundes werden:

In Artikel 10 wurde festgelegt, daß der Bund die politische Unabhängigkeit und die territoriale Integrität seiner Mitgliedsstaaten garantierte[84]. Damit machte sich der Völkerbund zum Bewahrer des durch die Verträge hergestellten status quo und verhinderte jede Revisionsmöglichkeit, die im Artikel 19 als möglich angedeutet wurde. Großbritannien, das seine traditionelle Politik, die Existenz der bestehenden Staaten zu unterstützen, zugunsten der Gründung von Nationalstaaten und der Anwendung des Selbstbestimmungsrechtes aufgegeben hatte, verwies auf die Gefahren der unbedingten Garantie des durch die Verträge geschaffenen territorialen Besitzstandes. Das gemeinsame Ziel einer stabilen europäischen Friedensordnung werde hierdurch gefährdet[85]. Natürliche Folge dieser Bestimmungen der Völkerbundssatzung war die Unmöglichkeit, für die Besiegten des Krieges mit verfassungsmäßigen Mitteln eine Revision zu erreichen. Innerhalb des Völkerbundes konnte sie nicht durchgesetzt werden. Völkerbundspolitik oder Re-

---

81 Vgl. Hartmann, Peter Claus: Das Friedensprojekt: Grundstein der französischen, antideutschen und antibolschewistischen Hegemonialpolitik? In: Bosl: Versailles-St. Germain-Trianon 77—92. Mitte der dreißiger Jahre betonte Wigram in einer Vorlesung über britische Außenpolitik: „Two conceptions underlay the steps taken to organise the League in 1919. The French, with their eyes on Europe, saw in it primarily the collective strength available to resist the aggressor. We, with worldwide responsibilities and Dominion relationships, welcomed it rather as the machinery which might assist in the preservation of peace by facilitating and regularising the means of international co-operation. The Covenant of the League was a compromise between those two conceptions; both could, and can be read into it." (P. R. O. F. O. 800/192 fol. 140 f.).

82 Vgl. hierzu die Kritik Crowes in P. R. O. CAB 27/626 fol. 17 f.

83 Vgl. u. a. die Kritik bei Watt, Donald Cameron: The Breakdown of the European Security System 1930—1939. In: XIV. International Congress of Historical Sciences. San Francisco 1975 (Sonderdruck), S. 1 ff.

84 Grenville 59—71, 60.

85 Memorandum des Foreign Office „The Settlement", Abschnitt „Europe". Zit. nach Nelson 94 f.: „1. As regards the Continent of Europe, as contrasted with Asia and Africa, this country has no direct territorial interests or ambitions, nor has it special and peculiar commercial interests; our general object must be the establishment of a stable condition; the great danger to be guarded against is anything which would again threaten to entangle us in a great continental War; it is also in our interest that civil disturbances should, as far as possible, be avoided. What we want is peace and order with open facilities for trade. 2. There have been, however, always been, and there still will remain, two special points which we cannot afford to neglect. These are: — (1). The Belance of Power. (2). The security of the coastline opposite our shores." Lord Robert Cecil hatte die Aufnahme von Art. 19 in die Völkerbundssatzung bewirkt. Dieser war jedoch zu schwach formuliert.

visionspolitik blieben für die Besiegten die einzige Alternative. Damit wurde die neugeschaffene Friedensordnung bereits bei ihrer Entstehung durch zwei potentielle feindliche Lager gefährdet: Die „Revisionisten“ und „Antirevisionisten“.

Artikel 21 sollte für die Entwicklungen der Zwischenkriegszeit und das kollektive Sicherheitssystem von zentraler Bedeutung werden. Er gestattete den Abschluß von Regionalpakten außerhalb des Bundes.

Das Sicherheitssystem des Völkerbundes selbst war aber nur *formal* weltweit. Bei den Beratungen in Paris hatte man sich nur wenig Gedanken über ein gesamteuropäisches Sicherheitssystem gemacht, da man sich über die Rolle, die Deutschland und Rußland in diesem System spielen sollten, unsicher war. An die Stelle der manipulierten „Balance of Power“ der Vorkriegsjahre mit ihrem System von feindlichen Allianzen, die man in der britischen und amerikanischen Delegation als Hauptursache des Krieges gesehen hatte, trat kein neues europäisches Sicherheitskonzept[86]. Nach dem Rückzug der USA von Europa und dem Völkerbund wurden auch die Sicherheitsgarantien, die Großbritannien und die Vereinigten Staaten Frankreich gegeben hatten, hinfällig[87]. An ihre Stelle trat für Frankreich als Minimalersatz ein Bündnissystem mit den Staaten Zwischeneuropas, die ihre Entstehung den Friedensverträgen verdankten, oder beträchtliche territoriale Gewinne bei der Verteilung der Beute gemacht hatten. Damit trat auch die Tschechoslowakei — der von den Briten die Funktion als Bindeglied („pivot“) zwischen der Sowjetunion und Deutschland zugewiesen werden sollte — in eine Mächtekombination mit einer eindeutig antideutschen Spitze ein[88].

Grundsätzlich aber litt das durch den Völkerbund vorgegebene europäische Sicherheitssystem darunter, daß es in ein System eingebunden wurde, das vorgab,

1. weltweit zu sein,
2. in der Lage zu sein, den Frieden durch die Drohung aufrecht zu erhalten, jeder Konflikt könne sich durch Eskalation zu einem Weltkrieg ausweiten,
3. die Souveränität aller seiner Mitglieder zu bewahren, und
4. die Senkung der Militärausgaben durch Abrüstung zu ermöglichen.

Dieser letzte Punkt wird in Artikel 8 der Völkerbundssatzung als Ziel genannt. Die Bundesmitglieder anerkannten die Notwendigkeit der Abrüstung als entscheidendes Element für den Frieden. Angesichts des Rückzuges der Vereinigten Staaten vom Völkerbund zeigte sich Frankreich nicht bereit, seine bewaffnete Macht zu reduzieren. In der Erkenntnis, daß man Deutschland nicht auf Dauer militärisch durch Beschränkungen niederhalten könne, wollte es seinen Rüstungsvorsprung möglichst lange erhalten wissen. Lediglich Großbritannien dokumen-

---

86 Vgl. Watt: Breakdown 1 f.

87 Zu einem britisch-französischen Sicherheitspakt, den Frankreich vorschlug, vgl. bes. Northedge: Troubled Giant 223 ff.

88 Vgl. Hartmann: Friedensprojekt 90 f. Vgl. auch den Vortrag in diesem Band sowie Alexander, Manfred: Die Tschechoslowakei und die Probleme der Ruhrbesetzung 1923. BohJb 12 (1971) 297—336. — Ders.: Zur Reise von Marschall Foch nach Warschau und Prag im Frühjahr 1923. BohJb 14 (1973) 289—319. Hier besonders das Wechselspiel von Sicherheitsinteresse Frankreichs und Reparationsfrage.

tierte nach der Unterzeichnung des Versailler Friedensvertrages, daß es ihm, jetzt, da der Frieden gesichert, mit der allgemeinen Abrüstung ernst sei. Diese Bereitschaft stand allerdings auch unter gewissen innenpolitischen und finanzpolitischen Zwängen. Die Regierung mußte die Ausgaben drastisch verringern, um das unnatürlich hohe Steuerniveau zu senken. Nur so konnte auch die Industrie wieder in Schwung kommen. Im Juli 1919 entschied daher das Kabinett: „beim Entwurf von (Verteidigungs-)Haushaltsplänen dieser Art dürfe angenommen werden, daß das britische Imperium während der nächsten zehn Jahre in keinen großen Krieg verwickelt wird, und daß kein Expeditionskorps für diesen Zweck erforderlich ist[89].“ Der Kern dieser Aussage wurde später als sog. „Ten-Years-Rule“ bekannt[90]. Sie sollte zu einem entscheidenden Faktor für die britische Rüstungspolitik bis ins Spätjahr 1933 werden. In den Jahren nach 1919 verminderten sich die Haushaltsansätze für Verteidigungsausgaben von 692 Millionen Pfund (1919) und 292 Millionen (1920) auf 105 Millionen (1923). Einen Tiefpunkt erreichten die Verteidigungsausgaben dann 1932 mit nur 103 Millionen. Bis 1935 blieben die Ansätze stets unter 120 Millionen. Danach stiegen sie über 136 Millionen (1935) langsam an, um 1938 254 Millionen und 1939 dann knapp den Stand von 1919 zu erreichen, nämlich 626 Millionen[91]. Rüstungsprogramme stellte man zurück, um die Steuern nicht auf dem hohen Niveau belassen zu müssen.

Stanley Baldwin, 1923 Finanzminister, begründete die weitere Reduzierung der Militärausgaben damit, daß es unmöglich sei, ohne diese Maßnahme eine Steuersenkung zu erreichen. Würde diese nicht durchgeführt, so bestehe die Gefahr einer Ablösung der gegenwärtigen konservativen Regierung durch eine, „whose regard for the defence Services is not particularly marked“[92], nämlich die Labour-Party. Mit ähnlichen Argumenten sprach er sich auch 1936 noch als Premierminister gegen die Wiederaufrüstung aus[93].

---

[89] P. R. O. War Cabinet 616 A. Deutsche Übersetzung des Zitats nach Gibbs, Norman: Das britische Aufrüstungsprogramm 1933 bis 1939 und das Ausmaß seiner Abhängigkeit von der Entwicklung in Deutschland. In: Forstmeier, Friedrich / Volkmann, Hans Erich (Hrsg.): Wirtschaft und Rüstung am Vorabend des Zweiten Weltkrieges. Düsseldorf 1975, S. 245—263, hier S. 245. Zur Rolle von Maurice Hankey (s. o. Anm. 75) vgl. Roskill: Hankey II, 107 sowie Howard, Michael: The Continental Commitment. The Dilemma of British Defence Policy in the Era of Two World Wars. Harmondsworth 1974, bes. S. 74 ff. und Schmidt: Troubled Giant 201 ff.

[90] Zur „Ten-Years-Rule“ vgl. Roskill, Stephen: The Naval Policy between the Wars. Vol. 1: The Period of Anglo-American Antagonism 1919/1929. London 1968, S. 214 ff.

[91] Zahlen nach Butler / Sloman 314. — Bernd-Jürgen Wendt danke ich für seine Mitteilung, daß der letzte Friedensvoranschlag vom Juni 1939 bereits auf 730 Millionen Pfund lautete, davon 480 Mill. durch Anleihe und 250 Mill. durch ordentliche Einnahmen. Nach Butler / Sloman 314 f. betrug die National Debt (ohne Nordirland): 1914 649,8 Mill. £; 1919 7434,9 Mill. £; 1920 7828,8 Mill. £ (Höchstmarke bis 1940); 1932 7433,9 Mill. £; 1937 6764,7 Mill. £; 1938 6993,7 Mill. £; 1939 7130,8 Mill. £; 1940 7899,2 Mill. £; 1945 21 365,9 Mill. £; 1974 40 124,5 Mill. £.

[92] Memorandum Stanley Baldwins vom 17. 5. 1923 vor dem Unterausschuß des Nationalen Verteidigungsausschusses P. R. O. CAB 16/47 (N. D. 33). Zit. nach Howard 79.

[93] H. C. Debates 5th series, vol. 317, Sp. 1133 ff. vom 12. 11. 1936. — Vgl. auch Middlemas, Keith / Barnes, John: Baldwin. A Biography. London 1969, S. 745 f. und 969 ff. — Howard 79.

Die britische Politik der systematischen Abrüstung hatte zur Folge, daß Großbritannien sich 1931 bei der Vorbereitung der Abrüstungskonferenz vom Völkerbund sagen lassen mußte, sein Heer sei so klein, daß Großbritannien nicht in der Lage sein würde, seine internationalen Verpflichtungen zu erfüllen [94].

Zu Beginn der dreißiger Jahre war auch der Stand der Marine unter die Quote des Washingtoner Vertrages von 1922 über die Flottenstärken im Pazifik gesunken [95].

Die Verteidigungsbereitschaft des britischen Weltreiches hatte damit zu Beginn der dreißiger Jahre einen Stand, der weit hinter den Friedensbedürfnissen lag. Einer der besten Kenner der gesamten Rüstungsproblematik in Großbritannien, Norman Gibbs, stellte zu dieser Entwicklung seit 1919 fest: „Es hatte also eine dreizehn- bis vierzehnjährige Periode tatsächlicher, wenn nicht sogar dauernd systematisch geplanter Abrüstung gegeben [96]."

Großbritannien, Frankreich und Deutschland. Das Verhalten Frankreichs auf den Friedenskonferenzen und in den Folgejahren hatte zwar den britischen Willen zu einer engen Zusammenarbeit mit Frankreich erhalten, doch sah man eher in Frankreich als in Deutschland die Gefahr für Europa. Gerade die Verträge Frankreichs mit den osteuropäischen Staaten wurden als Keim für eine Hegemoniebildung angesehen [97], die man auf der Insel argwöhnisch verfolgte. Eine

---

[94] Gibbs 246. — Zu den Abrüstungen vgl. P. R. O. CAB 24/232 C. P. (32) 251, 254 sowie D. B. F. P. 2. Series Vol. I, III, IV.

[95] Zum Vertragstext vgl. Grenville 87 ff.: Treaty between the United States, The British Empire, France, Italy and Japan limiting naval armament, 6 February 1922.

[96] Gibbs 246. Den Stand der Diskussion bis 1972 referierend die beiden Literaturberichte von Schmidt: Strategie und Außenpolitik. — Ders.: Troubled Giant.

[97] Lloyd George: Peace Treaties I, 251 f., 398 wirft Frankreich 1919 eine Politik der Hegemonialbildung vor. Ähnliche Auffassungen vertreten in den zwanziger Jahren Britische Minister, hohe Beamte des Außenamtes und Diplomaten. Der erste britische Nachkriegsbotschafter in Berlin, Lord d'Abernon, schrieb 1920: „Many of the arguments which were valid in 1914 against Germany are valid today against France. Indeed this is an understatement, for then the Triple Alliance was balanced by the Franco-Russian Alliance; today France and the Smaller Entente is balanced by nothing. Anyone who supposes that a French Government dominating the Continent as Napoleon dominated it after Tilsit will remain friendly to England must be a poor judge of national psychology." (D'Abernon, Lord: An Ambassador of Peace. 3 Bde. London 1929/30, hier Bd. 2, S. 238 f.). Mit Ausnahme der französischen Literatur (Duroselle, Renouvin) wird diese Auffassung vielfach vertreten u. a. von Northedge, Karl Dietrich Erdmann und J. M. Roberts. „French fear for the future was matched for a few years after 1919 by a great opportunity. The eclipse of Germany and the dissolution of Austria-Hungary gave France her last chance to exercise supremacy in Europe. No land power existed to restrain her; although her relations with Great Britain deteriorated rapidly, that could not affect her behaviour. The deterioration confirmed French convictions of the unreliability of her friends. The American failure to ratify the peace or the treaty of guarantee blew away any lingering restraints. In the vacuum of power which existed after 1919, France set out to provide for her own security in a brief Indian summer as a great power. Three main techniques were open to her: the traditional diplomacy of alliances; the use of the reparation system to strengthen her own resources and bleed those of Germany; and the direct use of military force against Germany.

Folge dieser Allianzen war auch eine Abkühlung der britischen Beziehungen zur Tschechoslowakei. Von Deutschland glaubten die Briten, auf absehbare Zeit keine Aggression befürchten zu müssen, doch sahen sie in dem forcierten Aufbau einer Luftwaffe in Frankreich eine Gefahr für die britische Sicherheit[98], lag doch London in der Reichweite französischer Bomberverbände. Die Vorstellung von Luftangriffen auf Großbritannien, die die Bevölkerung derart demoralisieren könnten, daß die Regierung zu einem Waffenstillstand gezwungen würde, wurde zu einem Trauma, das die öffentliche Meinung in den Jahren vor dem Zweiten Weltkrieg beherrschte.

Die eigenwillige und in britischen Augen unvernünftige Politik Frankreichs führte zu ernsthaften Verstimmungen zwischen beiden Ländern und brachte es mit sich, daß die Beziehungen zu Beginn der zwanziger Jahre einen Tiefstand wie während der Faschodakrise 1898 erreicht hatten. Irritiert waren die Briten

---

She used all of them." (Roberts, J. M.: Europe 1880—1945. 2. Aufl. London 1970, S. 335.) Aus dem Blickwinkel Großbritanniens betrachtet Northedge die „französische Gefahr". Er schreibt, daß die Entscheidungsträger der zwanziger Jahre „(a)lmost uniformly . . . considered that it was France, not Germany, which had to be guarded against after the First World War. France, many people in high places thought, had dragged us [i. e. Britain] into the war against the Central Powers contrary to our true national interests. France, almost everybody thought, was intriguing with the successor states of Eastern Europe to form a containment belt against Germany [and Russia] which could not but lead to a repetition of the catastrophe of 1914." (Northedge: Freedom and Necessity 18.) Erdmann spricht von einer militärischen Hegemonie Frankreichs in Europa nach der Wehrlosmachung Deutschlands. Die britische Position charakterisiert er dahingehend: „Gegenüber der hegemonialen Stellung Frankreichs mußte Deutschland aus englischer Sicht als lebensfähiger Partner im europäischen Staatensystem und als leistungsfähiger Lieferant und Kunde des britischen Handels erhalten bleiben". (Gebhardt: Handbuch der Deutschen Geschichte. Bd. 4/1: Die Zeit der Weltkriege. Der Erste Weltkrieg. Die Weimarer Republik. Bearbeitet von Karl Dietrich Erdmann. 9. Aufl. Stuttgart 1973, S. 198 f., 199.) Allgemein dürfte man jedoch in Großbritannien die französischen Möglichkeiten überschätzt haben, da man sich darüber klar sein mußte, daß Frankreich aufgrund seines Potentials zu schwach sein würde, diese Rolle zu spielen. Zutreffend dürfte daher die Feststellung Hartmanns sein: „Es gab gewiß Ansätze einer französischen Hegemonialpolitik, besonders von seiten Marschall Fochs oder Poincarés (Ruhrbesetzung), aber Frankreich war nicht stark genug, um wirklich eine Vorherrschaft aufzurichten. Außerdem war die französische Politik nicht so sehr auf Hegemonie in Europa, sondern ganz wesentlich auf die Sicherung Frankreichs vor einer potentiellen Revanche eines doppelt soviel Einwohner zählenden und industriell viel mächtigeren Deutschlands ausgerichtet . . . Das Friedensprojekt hätte nur dann Grundstein einer französischen, antibolschewistischen Hegemonialpolitik werden können, wenn man Deutschland völlig entmilitarisiert hätte. Dies war aber wegen der Gefahr der Bolschewisierung Deutschlands unmöglich." (Hartmann 91.) — Zum Komplex französische Sicherheitspolitik vgl. (demnächst in Druckfassung vorliegend): Wurm, Clemens: Die französische Sicherheitspolitik in der Phase der Umorientierung 1924—1926. Phil. Diss. Münster 1971.

[98] Vgl. Howard 82 f. und an anderen Stellen. Zur französischen Luftwaffe vgl. Young, Robert J.: The Strategic Dream: French Air Doctrine in the Inter-War Period. 1919—1939. Journal of Contemporary History 9 (1974) 57—76. Zu den Auseinandersetzungen auf der Washingtoner Konferenz und den Auswirkungen vgl. Roskill: Naval Policy I, 230 ff. Northedge: Troubled Giant 283 ff.

nicht nur über die Europapolitik Frankreichs, sondern auch über seine Rolle auf der Washingtoner Konferenz 1921/22 und im Mittelmeer. Die Beziehungen beider Länder, die nach Freigabe der Akten[99] noch eingehender analysiert werden müßten, verbesserten sich zwar nach den Locarnoverträgen und wurden formal wieder freundlich, doch gab die Politik der französischen Regierung immer wieder Veranlassung zu Mißtrauen, sah man doch im Verhalten Frankreichs vielfach einen Störfaktor für den Abbau der Spannungen in Europa. Hier dürften auch die Gründe dafür liegen, daß die öffentliche Meinung in Großbritannien Frankreich mißtraute. In britischen Regierungskreisen lehnte man daher auch das französische Bündnisangebot von 1922, das an die Stelle des nicht ratifizierten Garantievertrages von 1919 treten sollte, ab. Nur wenige engagierten sich für eine „entente cordiale" mit Frankreich und betonten die Vorteile, die sich hieraus für das Einwirken Großbritanniens auf die französische Politik bieten würden. Zu ihnen gehörte bereits in den zwanziger Jahren der spätere „Permanent Head" im Foreign Office, Sir Robert Vansittart[100]. In seinen Erinnerungen „The Mist Procession" machte er auf Auswirkungen aufmerksam, die sich aus der Ablehnung einer engen Zusammenarbeit zwischen Frankreich und Großbritannien für die Zwischenkriegszeit ergaben: „Britain did not clear out of Europe like the Americans but mistrusted the place almost as much. The latter made convenient scapegoats of themselves by washing their hands of it with saponaceous ostentation and wiping off the Treaty of Guarantee — a dirty trick. They might have ratified it, if it had not been confused with the Covenant. The combination caused them to withdraw helter-skelter; we were more leisurely in our earliest and biggest post-war blunder. Had we stood to our promise despite American pusillanimity, we should have doubled our influence on French policy and prevented it from being guided only by apprehension ... The French, more sceptical or worldly-wise than the British, trusted common sense so little that the recurrence of carnage always seemed possible. On the strength of the Guarantee they might

---

[99] Vgl. die klassische Studie von Wolfers, A.: Britain and France between Two Wars: Conflicting Strategies of Peace since Versailles. New York 1940 (jetzt als Nachdruck). — Jordan, W. M.: Great Britain, France and the German Problem 1918—1939. A Study of Anglo-French Relations in the making and maintenance of the Versailles settlement. New Impression originally issued under the auspices of the Royal Institute of International Affairs. London 1971. — Selsam, J. P.: The Attempts to form an Anglo-French Alliance: 1919—1924. Philadelphia 1936. — Vgl. auch die bei Schmidt: Troubled Giant aufgeworfenen neuen Dimensionen für weitere Forschungen. — Vgl. auch Newman, William J.: The Balance of Power in the Interwar Years. 1919—1939. New York 1968, bes. S. 54 ff.

[100] Vansittart, Robert Gilbert (seit 1941 Lord) (1881—1957). Seit 1902 im Diplomatischen Dienst. 1919 Mitglied der britischen Empiredelegation bei den Friedensverhandlungen (Vgl. Vansittart, Lord: The Mist Procession. The autobiography of Lord Vansittart. London 1958, S. 193 ff.). 1930—1938 Ständiger Unterstaatssekretär im Foreign Office. Seit 1938 abgeschoben auf den Posten des „Chief Diplomatic Adviser". Warnte seit Anfang der dreißiger Jahre vor dem „alten Adam", der in Deutschland wieder auferstehen könnte. Für die dreißiger Jahre vgl. Colvin, Ian: Vansittart in Office. An Historical Survey of the Origins of the Second World War based on the Papers of Sir Robert Vansittart. London 1965.

therefore have called upon us to rearm in time, and all would have been well[101]." Zu den Befürwortern einer engeren Zusammenarbeit mit Frankreich gehörte auch der Leiter der Mitteleuropa-Abteilung im Foreign Office, Ralph Wigram. In einem Vortrag zur Rolle Frankreichs in der britischen Außenpolitik beschwor er seine Zuhörer: „The difficulty forseen by Lord Granville[102] hundred years ago in securing not a Franco-British alliance, but nothing more than a close and unmistakeable Franco-British co-operation, has already cost Europe four wars and Great Britain a million men. Unless it is overcome, there is always the possibility that the cost to us all may be even more tremendous[103]." Nicht in Frankreich, sondern in Deutschland sah er den potentiellen Aggressor in Europa, denn als Ergebnis des Krieges wurde Frankreich in seinen Augen zu einer saturierten Macht, nicht jedoch Deutschland. Die Warnung, daß die Engländer vor Deutschland auf der Hut sein sollten, finden wir bei Wigram bereits vor 1933[104].

Die Entscheidungsträger für die britische Politik dieser Jahre sahen jedoch in Frankreich ein Haupthindernis für eine stabile europäische Friedensordnung[105]. Die unterschiedlichen Standpunkte in der Beurteilung der Sicherheitsfragen (Gen-

---

[101] Vansittart 242. Zur Beurteilung der britischen Haltung bzgl. der Garantie meinte Vansittart: „France, having reluctantly accepted a substitute for permanent inter-allied occupation of the Rhineland, smelt the rat which turned into a verb. She was doubly in the right, but the Anglo-Saxons two rights made a nuisance." (S. 234 f.) Als logische Folge dieser Entwicklung sah es V. an: „Disappointed of Anglo-Saxons, the French perforce made more display of their liens with the Poles and *Little Entente*. Defensive agreement with Belgium was more practical; but for the influence of the royal encourage it might have hed value. It was a shame to tell the weak that they must look to the League alone. Yet for insurances, which we belittled we charged France with megalomania. We should have been wiser to get more out of, and therefore to put more into, the forces of small countries." (S. 242)

[102] Granville, George Leveson-Gower, 1st Earl of (seit 1833) 1831—1841, britischer Botschafter in Paris.

[103] P. R. O. F. O. 800/292 fol. 41, ähnlich fol. 7 f.

[104] Ebenda fol. 7. Explizit auch in einem Vortrag im Frühjahr 1933, fol. 102 f.: Man sollte sich vor Augen halten, daß die junge Generation in Deutschland die Ergebnisse des Versailler Vertrages nicht ohne weiteres akzeptieren wird. Die gegenwärtigen wirtschaftlichen Schwierigkeiten werde man auf Versailles, nicht auf die allgemeine Wirtschaftskrise zurückführen. „All this must be borne in mind in any judgement we may form and we may prefer to suspend judgement upon an experiment which is still far from complete. But we ought also to remember that revolutions do not necessarily change national policy and aims . . . Whatever view, then, we may take of the present experiment in Germany . . . we should be on our guard, and, I think, we should keep before our minds the image of Prussia in the past, her aggression in 1864 and 1866 and 1870 and 1914, and the facts that the defeat of 1918 did not make Germans into Englishmen and Germans often do things which surprise completely the rest of the world."

[105] Vgl. u. a. Feiling, Keith: The Life of Neville Chamberlain. London 1947. — Zur Haltung der Labourparty vgl. Craig, Gordon A. / Gilbert, Felix (Hrsg.): The Diplomats 1919—1939. Vol. 2: The Thirties. New York 1974 (Arthur Henderson, S. 311 ff.). Für die Konservativen vgl. Thompson, Neville: The Anti-Appeasers. Conservative Opposition to Appeasement in the 1930s. Oxford 1971. Manche Einblicke geben auch die Tagebücher von Nicolson, Harold: Tagebücher und Briefe. Bd. 1: 1930—1941. Frankfurt a. M., 1969 sowie die Hankey-Biographie: Roskill II.

fer Protokoll 1924, Vertrag von Locarno, europäisches Sicherheitssystem), der Abrüstungsproblematik (besonders 1933/34) — hier zeigte Frankreich vor allem auf dem Sektor der Marine und der Luftwaffe keinerlei Bereitschaft, die Stärken zu verringern —, der Frage der deutschen Reparationen, der Revision der Friedensverträge von 1919/20 und der Währungs- und Handelspolitik schienen diese Auffassung nur zu bestätigen. Man war mißtrauisch gegenüber Beteuerungen französischer Politiker, daß es das Bestreben ihrer Politik sei, „not to compel Europe to accept French dictation, but to help Europe to organize itself in order to render war impossible"[106]. Alle politischen und wirtschaftspolitischen Initiativen Frankreichs in Europa schienen in britischen Augen den Zweck zu verfolgen, eine französische Hegemonie in Europa zu schaffen[107]. Wie vor 1914 nahm es Großbritannien jedoch auch in der Zwischenkriegszeit für sich in Anspruch, die erste Geige im europäischen Konzert zu spielen — eine Tatsache, die 1938/39 die Initiativen des amerikanischen Präsidenten Roosevelt in Europa blockierte[108]. Eine wichtige Rolle in der britischen Politik der Zwischenkriegszeit spielte auch die Sicherung und Erhaltung des Empires; auf diese Aspekte kann hier nicht näher eingegangen werden. Wie die Akten und die Literatur zeigen, spielte der Faktor „Empire" in den politischen und strategischen Überlegungen des Kabinetts, des Foreign Office und der Services eine wichtige Rolle, auch wenn die Akzentsetzungen vielfach differierten[109]. In diesem Zusammenhang kommt dem

---

[106] P. R. O. F. O. 800/292 fol. 2.

[107] S. o. Anm. 97. Die Vertragspolitik Frankreichs in den dreißiger Jahren trug das ihre dazu bei. Vgl. den Nichtangriffspakt mit der Sowjetunion v. 29. 11. 1932 (Grenville 148 f.) und den französisch-russischen Beistandspakt v. 2. Mai 1935 (Grenville 152 ff., abgedruckt auch bei Klöss, Erhard ⟨Hrsg.⟩: Von Versailles zum Zweiten Weltkrieg. Verträge zur Zeitgeschichte 1918—1939. München 1965, S. 217 f.). Vgl. auch Niedhart, Gottfried: Großbritannien und die Sowjetunion. 1934—1939. Studien zur britischen Politik der Friedenssicherung zwischen den beiden Weltkriegen. München 1972, S. 91 ff., 252 ff. Neuerdings auch Meyers, Reinhard: Britische Sicherheitspolitik. Studien zum außen- und sicherheitspolitischen Entscheidungsprozeß. Düsseldorf 1976. In den Gesamtrahmen dieser Politik gehörten auch die Verträge zwischen Polen und der Sowjetunion v. 25. 7. 1932 (Grenville 145 f.) und vom 5. 5. 1934 (Grenville 146 f.) sowie zwischen der Tschechoslowakei und der Sowjetunion vom 16. 5. 1935 (Grenville 154 ff.). Für führende Vertreter in der Politik, Finanz und Wirtschaft Großbritanniens bedeutete dies eine weitere Option für Deutschland als Bollwerk gegen den Bolschewismus und als stabilisierender Ordnungsfaktor in Europa. In britischen Augen schien sich Frankreich für das „Red Beast" entschieden zu haben, nicht für den „British Lion".

[108] Vgl. den Vortrag Sheldon in diesem Band.

[109] Vgl. hierzu Schmidt: Strategie und Außenpolitik, wo diese Probleme im Rahmen eines Literaturberichtes aufgegriffen werden. Die Services setzten alle unterschiedlich Prioritäten: Die Admiralität plante für einen Krieg mit Japan. Die Luftwaffe ging von der französischen Luftwaffe als potentiellem Gegner aus. Das Feindbild der Armee orientierte sich auf ein mögliches Eingreifen Rußlands in Indien. Die Verpflichtungen, die sich aus den Verträgen der britischen politischen Führung in Hinblick auf Europa ergaben, fanden in den Prioritäten der militärischen Führung keinen, oder nur wenig Niederschlag. Vgl. Howard: Commitment. — Ders.: War in European History. London 1976, S. 116 ff. — Dennis, Peter: Decision by default. Peacetime conscription and British Defence 1919—1939. London 1972. — Higham, R.:

Großraum Ferner Osten/Pazifik neben der Sicherung des Seeweges nach Indien ein Eigengewicht zu, das bei der Europapolitik Großbritanniens stets mit berücksichtigt werden muß.

Zu den Hauptzielen britischer Europapolitik gehörte die Schaffung einer Friedensordnung, die einen Ausgleich zwischen den divergierenden nationalen Interessen schaffen konnte. Wichtigste Voraussetzung hierfür war ein Arrangement mit Deutschland. Trotz mancher kritischer Stimmen wurde daher die Locarnopolitik der zwanziger Jahre als ein wichtiger Schritt in diese Richtung gesehen[110]. Mit der endgültigen Lösung der Reparationsfrage schien ein weiteres Hindernis für ein „Great Settlement" beseitigt. Zum Verständnis und zur Beurteilung britischer Politik und britischer Optionen in den dreißiger Jahren erscheinen noch die folgenden Überlegungen, die in der Forschung bisher noch zu wenig Beachtung gefunden haben, erforderlich[111].

Das Dilemma britischer Außenpolitik in den dreißiger Jahren hat seine Ursachen nicht allein in den „sins of ommission and commission" in den Beziehungen zu Frankreich (und zu Deutschland). Vielmehr spielen hier Faktoren einer „unzeitgemäßen Überlastung der englischen Weltmacht" in den zwanziger Jahren eine Rolle. Zu nennen sind die einem Prestigedenken entsprungenen Auseinandersetzungen mit den Vereinigten Staaten (Handelspolitik, Seekriegführung im Pazifik, Regelung der Schulden Großbritanniens aus dem Ersten Weltkrieg), die Probleme des Empires, Engagement im Nahen und Mittleren Osten, Indien, China, und Konflikte mit der Sowjetunion. Diese Probleme der Außenbeziehungen bewirkten eine zeitweilige Vernachlässigung der Europapolitik. In den dreißiger Jahren sah sich Großbritannien u. a. vor die Aufgabe gestellt, Herausforderungen zu begegnen, „die von den indirekten Gefahrenzonen (Japan/Singapur; Abessinienkrise/Sicherheitswege im Mittelmeer) ausgingen, bevor sie England unmittelbar bedrohten (Expansion der deutschen Luftwaffe, Wiedereinführung der Wehrpflicht)"[112]. In den Auseinandersetzungen um die zu treffende Option (Bündnis mit Frankreich oder Ausgleich mit Deutschland) entschieden sich die wichtigsten Mitglieder des National Government für Deutschland[113]. Das Arrangement mit Deutschland wurde im politischen, militärischen[114] und wirtschaft-

---

Armed Forces in Peacetime Britain 1918—1939. London 1962. — Johnson, F. A.: Defence by Committee. The British Committee of Imperial Defence 1885—1959. London 1960. — Roskill: Hankey. — Roskill: Naval Policy I. — Ders.: Naval Policy between the Wars. Bd. 2: The Period of Reluctant of Rearmament 1930—1939. London 1976. — Watt, Donald Cameron: Too Serious a Business. European armed forces and the approach to the Second World War. London 1975, S. 59 ff., 85 ff. — Schmidt: Troubled Giant, bes. 202 ff.

[110] Zur Locarnopolitik vgl. Jacobson, Jon: Locarno Diplomacy. Germany and the West 1925—1929. Princeton 1972, S. 216 ff., 228 ff. — Roskill: Hankey II, 394 ff. — Schmidt: Troubled Giant 218 ff. — Joll: Britain & Europe 284 ff. — D. B. F. P. Series 1 a. Vol. I.

[111] Nachfolgende Forschungsergebnisse nach Schmidt: Troubled Giant 215 f.

[112] Ebenda 215.

[113] Exponent dieser Richtung Maurice Hankey. S. o. Anm. 75.

[114] Dieser Komplex kann hier nur angedeutet werden. Es ist daher zu verweisen auf Watt: Too serious a Business. — Meyers. — Dülffer, Jost: Weimar, Hitler

lichen Bereich gesucht. Nachdem die beiden zuerst genannten Bereiche bereits relativ gut untersucht sind, wird nachfolgend der Schwerpunkt auf Aspekte der Außen- und Binnenwirtschaftspolitik gelegt, ohne damit die Rheinlandbesetzung und die Sudetenkrise als „Episoden" einstufen zu wollen.

Aspekte britischer Wirtschaftsinteressen und -politik 1919—1938

„British Interest" wurde am besten durch eine Strategie des „peaceful change" gefördert. Eine Grundvoraussetzung für den Erfolg dieser Politik war die Möglichkeit, erfolgreich und gewinnbringend Handel zu treiben. Für eine Nachkriegsordnung hatte das Foreign Office daher die Maxime aufgestellt: „What we want is peace and order with open facilities for trade[115]." Dieses Prinzip hatte die britische Delegation in Paris verfochten. Aus diesen Gründen wandten sie sich gegen zu harte Reparationsbedingungen und wirtschaftliche Beschränkungen für Deutschland. Dieser wichtigste Vorkriegshandelspartner Großbritanniens sollte als Markt erhalten bleiben, dies umso mehr, als der britische Export vor allem in Übersee durch den Krieg Märkte eingebüßt hatte. Aus wirtschaftlichen Erwägungen heraus stand man daher auch zeitweilig einem Anschluß Deutsch-Österreichs an das Reich positiv gegenüber, ließ diesen Gedanken dann jedoch aus strategischen und auch wirtschaftlichen Gründen — Erneuerung des deutschen Dranges nach Osten und Südosten — wieder fallen. Entschieden, aber ohne Erfolg, hatte sich Lloyd George ebenfalls für den freien Zugang Deutschlands zu den Rohstoffmärkten eingesetzt.

Die britische Befriedungspolitik für Europa, die Großbritannien immer wieder in Gegensatz zu Frankreich brachte, strebte ein „European Settlement" an, das im Stile der alten europäischen Großmachtpolitik des „Concert of Europe" die Stabilität und Sicherheit des Kontinents gewährleisten konnte. Die britische Führung war sich darüber im klaren, daß „The European situation commands ... the possibilities of action in other parts of the world"[116], ganz gleich welcher Art. Die vielfältigen Verpflichtungen und Interessen der Weltmacht in allen Tei-

---

und die Marine. Reichspolitik und Flottenbau 1920—1939. Düsseldorf 1973. — Henke, Josef: England in Hitlers politischem Kalkül 1935—1939. Boppard a. Rh. 1973. — Haraszti, Éva H.: Treaty-Breakers or „Real-Politiker"?. The Anglo-German Naval Agreement of June 1935. Boppard a. Rh. 1974. — Wendt, Bernd Jürgen: Der blockierte Dialog. Neuere Literatur zu den deutsch-englischen Beziehungen in den 30er Jahren. Militärgeschichtliche Mitteilungen 17 (1975) 201—211. — Wiggershaus, Norbert T.: Der deutsch-englische Flottenvertrag vom 18. Juni 1935. England und die geheime deutsche Aufrüstung 1933—1935. Bonn 1972. — Lüthi, Max: Das britische Parlament und Hitlers Bruch mit dem Versailler System. Ein Beitrag zur parlamentarischen Diskussion über die deutsche Wiederaufrüstung 1933—35. Zürich 1972. — Hildebrand: Deutsche Außenpolitik 35 ff. — Forstmeier / Volkmann. — Northedge: Troubled Giant, bes. 426 ff. Zum Komplex ‚Koloniale Frage' vgl. vor allem Hildebrand: Koloniale Frage. — D. B. F. P. 2. Series, vol. 13, S. 188 ff.

115 „The Settlement" Abschnitt „Europa". Memorandum des Foreign Office November/Dezember 1918. Zit. nach Nelson 95.

116 P. R. O. F. O. 800/292 fol. 142.

len der Welt, wirtschaftlich und politisch, erzwangen eine Ausgleichspolitik, dies um so mehr, als Europa zwei Fünftel des britischen Exports aufnahm. Von daher waren eine Politik der sinnvollen Revision der Verträge von Paris und eine Politik der Wiederherstellung der Wirtschaftsbeziehungen zum europäischen Kontinent „essentials" britischer Europapolitik. Diese Optionen bedingten, daß man bereit war, Deutschland als wirtschaftliche Großmacht in Europa zu akzeptieren und zum Wiederaufbau dieser Wirtschaft beizutragen. Aus französischer Sicht sah man hierin, wie es bereits Jordan nachgewiesen hat[117], eine Politik, die die Ergebnisse des Krieges ins Gegenteil verkehrte, war sie doch willens, Deutschland die „politischen Einfluß sichernde wirtschaftliche Hegemonie" (Schmidt) zuzugestehen.

Die neuen Staaten Zwischeneuropas konnten nur dann politisch stabil werden, wenn man ihnen wirtschaftliche Starthilfe gewährte[118]. Kapitalanleihen von seiten der britischen Regierung und privatwirtschaftliche Investitionen sollten die notwendigen Voraussetzungen hierfür schaffen[119]. Aufgrund der zu erwartenden besonderen Rolle der Tschechoslowakei — 53 % der Industriekapazität der alten Monarchie[120] befanden sich in Böhmen — beteiligte sich die britische Industrie, ebenso wie die französische, vor allem an den tschechoslowakischen Schlüsselindustrien.

Für eine richtige Beurteilung der britischen Interessen und der politischen Prioritäten Großbritanniens in Europa ist die Kenntnis der Positionen und Optionen auf wirtschaftlichem und politischem Gebiet in anderen Großräumen notwendig. Sie werden nachfolgend kurz skizziert.

Außereuropäische Wirtschaftsinteressen Großbritanniens. Kennzeichen der Weltwirtschaftsstruktur vor 1914 war es, daß Europa Fertigwaren gegen Grundstoffe aus nichteuropäischen Ländern, wie Rohstoffe und Lebensmittel, sowie nicht verarbeitete Produkte lieferte. Aufgrund des enormen Wachstums der europäischen Volkswirtschaften stieg der Bedarf an Grundstoffen. Die rege Nachfrage führte in den Lieferländern zu einer Ausweitung der Produktionskapazitäten, bedingt durch europäische Investitionen auf diesem Sektor. Der Weltkrieg und die damit verursachten Lieferschwierigkeiten der europäischen Industrieländer leiteten einen weitgehenden Strukturwandel ein und führten zu einer Neuorientierung der Handelsströme. Die britische Industrie spürte diese Einbußen für ihren Export in

---

117 Vgl. Jordan 130.

118 Kosta, Jiří: Die sozioökonomische Entwicklung der ČSR. Wirtschaftliche und soziale Probleme. In: Bosl: Die demokratisch-parlamentarische Struktur 7—33, hier S. 7 f.

119 Vgl. Teichova, Alice: Die deutsch-britischen Wirtschaftsinteressen in Mittelost- und Südosteuropa am Vorabend des Zweiten Weltkrieges (Forstmeier / Volkmann 275—295), bes. 275 ff. — Kosta.

120 Kosta 7 nennt mehr als 2/3 (70 %). In einigen Branchen erreichte die tschechoslowakische Wirtschaft zwischen 75 und 100 % der Produktion in der alten Monarchie: 75 % Baumwollspinnereien, Eisenindustrie; 90 % Leinen- und Hanfweberei; 90—100 % Zucker-, Malz-, Porzellanindustrie. Vgl. auch Teichova, Alice: An economic background to Munich. International Business and Czechoslowakia 1918—1938. Cambridge 1974.

Übersee, vor allem im Südamerikageschäft, im Indienhandel[121] und im Warenverkehr mit China[122].

Auf diesen Märkten hatten sich im Krieg vor allem die Vereinigten Staaten und Japan etabliert. Japan profitierte von einem frühen Industrialisierungsstadium (billige Fertigwaren, vor allem Textilien von geringer Qualität). Die Vereinigten Staaten von einer Rationalisierung und Mechanisierung ihrer Industrien und vor allem durch neue Produktionstechniken, die die Massenproduktion ermöglichten (Fließband). Diese unterschiedlichen Faktoren erschwerten es der britischen, exportorientierten Industrie, ihre Marktstellung zurückzugewinnen.

Hinzu kam das gravierende Problem der Veralterung der Industrieanlagen, die in der mittel- und spätviktorianischen Zeit entstanden waren.

Zur Absicherung seiner Interessen im Fernen Osten hatte Großbritannien 1902 einen Allianzvertrag mit Japan geschlossen. Während des Krieges 1914/18 blieb das Bündnis erhalten. Aufgrund der Ablenkung Großbritanniens durch die Vorgänge in Europa konnte Japan seine Position in China verbessern, vor allem auf dem wirtschaftlichen Sektor, wenn auch die Versuche, in China Sonderrechte gegenüber den europäischen und amerikanischen Konkurrenten zu erhalten, scheiterten. Der Allianzvertrag mit Japan wurde dann 1922 im Rahmen der Washingtoner Flottenkonferenz nicht erneuert. An seine Stelle sollte ein umfassender Garantie- und Sicherheitspakt der Pazifik-Großmächte treten[123]. Nach den Ergebnissen der Washingtoner Konferenz vermied es Japan, in China in offene wirtschaftliche Konkurrenz zu Großbritannien zu treten. Diese Politik wurde seit 1927 jedoch aufgegeben und brachte Japan auf einen wirtschaftlichen und politischen Konfrontationskurs, der 1931 mit dem Mukdenzwischenfall und der Besetzung der Mandschurei einen ersten Höhepunkt erreichte[124].

Bei den ausländischen Investitionen in China hatte Großbritannien 1931 seine traditionell führende Position gegenüber Japan nur knapp halten können[125]. Für

---

[121] Vgl. Svennilson, Ingvar: Growth and Stagnation in the European Economy. Genf 1954, S. 190.

[122] Fieldhouse, D. K.: Economics and Empire 1830—1914. London 1973, S. 433 f. — Remer, C. F.: Foreign Investments in China. New York 1933, S. 99, 138. — Hobsbawm 139 f.

[123] Vgl. Lowe / Dockrill II, III. — Fry, Michael G.: Illusions of Security. North Atlantic diplomacy 1918—22. Toronto 1972, S. 164 ff. — Nish, I. H.: Japan and the ending of the Anglo-Japanese Alliance. In: Studies in international History. Hrsg. v. Kenneth Bourne und Donald Cameron Watt. London 1967, S. 369—384. — Klein, I.: Whitehall, Washington and the Anglo-Japanese Alliance. 1919—1921. Pacific Historical Review 41 (1972) 460—483. — Roskill: Naval Policy I.

[124] Eine gute Zusammenfassung der britisch-japanischen Beziehungen und der Intentionen Japans findet sich in P. R. O. F. O. 371/16146. Verfasser des Memorandums, das am 6. Februar 1932 vorgelegt wurde, war Sir Victor Wellesley, 1925—1940 Deputy Under-Secretary im Foreign Office. — Vgl. auch D. B. F. P. 2. Series, vol. 8—11.

[125] Ausländische Investitionen in China:
Regierungsobligationen: 1902 *Großbritannien* 39,4 % (110,3 Mill. US-Dollars), 1914: 41,8 % (207,5 Mill. US-$), 1931: 36,1 % (211,6 Mill. US-$). 1902: *Japan* 0,0 %, 1914: 9,6 % (1,9 Mill. US-$), 1931: 38,2 % (224,1 Mill. US-$). 1902: *USA* 0,8 %

Großbritannien stellte China einen der wichtigsten, entwicklungsfähigen Märkte für die britische Außenwirtschaft dar. Ähnlich wie in ihrer Europapolitik lag das Hauptinteresse der Briten darin, eine stabile Ordnung in China zu erreichen, die dem Handel alle Möglichkeiten eröffnen würde, denn, wie ein Beamter des Foreign Office es 1933 formulierte: „Her vast territory, occupied by one-quarter of the human race, endowed with almost every gift except a sense of political realities and a capacity for centralisation is still an undeveloped market of almost fabulous potentialities[126]." Der Chinahandel machte effektiv nur 2 % des britischen Gesamtexports aus und band lediglich 5 % der gesamten im Ausland angelegten Investitionen, doch hatte sich Großbritannien zur Maxime gemacht, diesen Markt offen zu halten. Diese Auffassung war konträr zur japanischen Position. Die Ziele Japans waren territorialer und sicherheitspolitischer sowie wirtschaftlicher Art:

Japan strebte eine asiatische Vormacht- und Hegemoniestellung an[127]. Hierzu gehörte auch die Beherrschung Chinas. Mit Mißtrauen betrachtete Japan daher die Bemühungen der Nankinger Regierung Ende der zwanziger, Anfang der dreißiger Jahre, mit Hilfe fremder Mächte — unter Ausschluß Japans und japanischer Interessen — die Einheit Chinas wiederherzustellen. „British Interest" in China setzte andere Akzente als Japan. Dies macht eine Analyse Wigrams aus dem Jahre 1935 deutlich:

„How far does Japan's policy in China conflict or accord with ours? A considerable divergence springs largely from the fact that, while China is for us, though an import market, one of secondary importance and does not constitute

---

(2,2 Mill. US-$), 1914: 1,5 % (7,3 Mill. US-$), 1931: 7,1 % (41,7 Mill. US-$). Angaben nach Remer 138.
Private Investionen (Business Investments): 1902: *Großbritannien* 29,8 % (150 Mill. US-$), 1914: 36,9 % (400 Mill. US-$), 1931: 38,9 % (963 Mill. US-$). 1902: *Japan* 0,2 % (1 Mill. US-$), 1914: 19,4 % (210 Mill. US-$), 1931: 36,9 % (912,9 Mill. US-$). 1902: *USA* 3,5 % (17,5 Mill. US-$), 1914: 3,9 % (42 Mill. US-$), 1931: 6,3 % (155,1 Mill. US-$). Zahlen nach Remer 99.

126 So Sir John Pratt vom Foreign Office in einem Memorandum vom 1. 12. 1933. Seine Überlegungen faßte er dahingehend zusammen: „China has always ... been the occasion of political activities by Japan and the Great Powers of Europe and America out of all proportion to the volume of trade actually passing over her borders. At the beginning of the 20th century two related developments were the cause of considerable anxiety: the increasing weakness of China, which laid her open to aggression and spoliation; and the ambitions and growing rivalry of Russia and Japan. The general object of British policy was to prevent this great potential market being closed against us either by obstructive action on the part of China herself or by the predatory activities of other Powers." Zit. nach Louis, Wm. Roger: British Strategy in the Far East 1919—1939. Oxford 1971, S. 6 f. Die Arbeit von Louis ist vor allem für die wirtschaftliche Seite britischer Ostasienpolitik höchst interessant und aufschlußreich, besonders S. 16 ff. und 238 ff.

127 Vgl. Louis 2 ff. — Panikkar, K. M.: Asia and Western Dominance. 2. Aufl. London 1959 (Reprint 1974), bes. S. 225 ff. — Hall, John Witney: Das japanische Kaiserreich. Frankfurt a. M. 1968, S. 319 ff. (Fischer Weltgeschichte 20). — Chesneaux, Jean: Geschichte Ost- und Südostasiens im 19. und 20. Jahrhundert. München 1974. — Lee, Bradford A.: Britain and the Sino-Japanese War 1937—39. A Study in the Dilemmas of British Decline. London 1973.

in any way a political danger to the British Empire, she is in normal times one of Japan's most valuable customers[128]."

Welche sicherheitspolitischen Aspekte hier eine Rolle spielten, macht die erwähnte Analyse ebenfalls deutlich:

„Despite her present weakness, moreover, China may be regarded as a grave potential danger in Japan's eyes owing to her great size and proximity. It is as if we were faced with the whole continent of Europe unified under one hostile race, which if impotent at the moment, might one day turn and overwhelm us ...[129]." Nach britischer Auffassung wäre es daher gefährlicher für den Völkerbund oder die Westmächte, eine Regeneration Chinas anzustreben, ohne auf die Empfindlichkeit Japans Rücksicht zu nehmen. Die Westmächte müßten eine Politik entwickeln, die sich bemühe, eine gemeinsame Basis für eine Chinapolitik zu erarbeiten, die auch für Japan akzeptabel wäre. Anzeichen dafür, daß Japan eine Annäherung vor allem an Großbritannien anstrebe, seien vorhanden. Großbritannien müsse sich auch um eine Annäherung bemühen. Diese könnte aber nur derart sein, daß politisch und wirtschaftlich für Großbritannien keine Nachteile entstehen. Eine Annäherung an Japan sollte möglichst nicht einseitig sein und dürfe in sich nicht die Gefahr einer Belastung der Beziehungen zu China, den Vereinigten Staaten und der Sowjetunion bergen. Angesichts des wachsenden wirtschaftlichen Drucks Japans im Fernen Osten zeigte sich Großbritannien zur Aufrechterhaltung seiner imperialen Interessen im Pazifik zu „Economic Appeasement" in China und Burma bereit[130]. Nur so konnte der „Troubled Giant" Großbritannien einen weiteren Machtverfall in Asien verhindern, denn der amerikanischen Politik in diesem Raum, die aufgrund ihres überwältigenden wirtschaftlichen Einflusses in Japan (Amerika kontrollierte ca. 40 % des japanischen Außenhandels) Druck hätte ausüben können, mißtraute man. Dies macht eine Stellungnahme Wellesleys deutlich:

„The policy of the United States of America in China (as elsewhere) has been erratic and inconsiderate in the past ... The United States government is quite capable of backing out after we had agreed to give our support, leaving us to clear up the resultant mess[131]." Hierfür fehlten aber Großbritannien die militärischen Machtmittel. Die Auswirkungen der Ten-Years-Rule hatten die Marine bis

---

128 P. R. O. F. O. 800/292. British Foreign Policy. 1935. Sub „Far East" fol. 167.

129 Ebenda fol. 167.

130 Vgl. Shai 161 ff. — Louis 10 ff. — Northedge: Troubled Giant 464 ff. — Morell, W. P.: The Great Powers in the Pacific. Historical Association Pamphlet G. 54. London 1971 (1963), S. 24 ff.

131 Memorandum Wellesleys vom 1. 2. 1932, abgedruckt in: Documents on British Foreign Policy 1919—1939. Hrsg. v. R. Butler, E. L. Woodward, J. P. T. Bury u. a. London 1947 ff. Second Series. Vol. 9, Nr. 239 (in der Folge abgekürzt als: D. B. F. P. II/9). W.: „The United States of America, controlling about 40 per cent of Japan's foreign trade, holds a weapon mightier than the army and navy of Japan. But would she ever consent to use it? and would the Government of India (Japan's third most formidable customer) support her policy? Would the embargo produce an *immediate* collapse of Japan's offensive power? ..." Weiterhin wichtig ist die Äußerung Wellesleys: „The root trouble in the Far Eastern problem will be found to lie (as is the case with most international problems) in economic causes."

unter die Quote von Washington gedrückt und das Schiffsmaterial veralten lassen. In den dreißiger Jahren war die Seemacht Großbritannien nicht in der Lage, in Europa und in Asien eine Flotte gleichzeitig zu unterhalten. Man mußte sich für *eine* Machtsphäre entscheiden. Angesichts der Verbindungen zwischen dem nationalsozialistischen Deutschland, Italien und Japan im Rahmen des Antikominternpaktes war man in der britischen Führung gezwungen, eine Politik des „political and economic appeasement" in Asien *und* Europa zu betreiben[132]. So war dann auch bis Ende der dreißiger Jahre nur ein Teil der Empfehlung Wigrams durchführbar, den er in seinem Schlußsatz als politische Strategie formulierte:

„British policy is peace and defence; that our friendships are dictated by our interests; and that, where there is a conflict of interest, it is unwise to try to resolve it by one-sided concessions. In the present international situation (i. e. 1935) two powers — one in Europe and one in the Far East — must engage our serious attention. In both of them we cannot but encourage respect by showing that to defend what is ours we have the will and the force[133]."

Das britische Verhältnis zu Japan und das Problem der Sicherung des Chinahandels war auch insofern sehr wichtig, als vor allem das Empire intensiven Handelsverkehr mit Japan betrieb. So war Indien nach den Vereinigten Staaten der größte Handelspartner Japans[134]. Auch die weißen Dominions im Pazifischen Raum, Australien und Neuseeland, spielten für Japan als Exportmarkt eine wichtige Rolle. Als daher Großbritannien 1932 durch das Abkommen von Ottawa die Voraussetzungen für ein einheitliches Zoll- und Wirtschaftsgebiet innerhalb des Empire-Commonwealth schuf, brachte dies für den japanischen Außenhandel vor allem Einbußen auf den fernöstlichen Märkten. Neben dem Europahandel kam dem Empirehandel größte Bedeutung zu. Im Vergleich zu den Vorkriegsjahren war sein Umfang sogar noch gewachsen. Dem Nordamerikahandel kam hingegen nicht die Rolle zu, wie man anzunehmen geneigt wäre[135]. „British

---

132 Zu den verschiedenen Gruppen und Interessen in der Herrschaftselite und im Regierungsapparat vgl. Schmidt: Troubled Giant 209, 216 ff.

133 P. R. O. F. O. 800/292 fol. 175.

134

Gesamtexport Japans	1928 (in Mill. Yen):	2,196	1929: 2,216
Gesamtimport Japans	1928 (in Mill. Yen):	1,971	1929: 2,148
Jap. Export in die USA	1928 (in Mill. Yen):	826	1929: 914
Jap. Import aus USA	1928 (in Mill. Yen):	625	1929: 654
Jap. Export nach China	1928 (in Mill. Yen):	373	1929: 346
Jap. Import aus China	1928 (in Mill. Yen):	234	1929: 209
Jap. Export nach Indien	1928 (in Mill. Yen):	146	1929: 198
Jap. Import aus Indien	1928 (in Mill. Yen):	285	1929: 288
Jap. Export nach GB	1928 (in Mill. Yen):	58	1929: 63
Jap. Import aus GB	1928 (in Mill. Yen):	164	1929: 153

Zahlen nach dem Memorandum Wellesleys vom 1. 2. 1932 D. B. F. P. II/9 Nr. 239. — Vgl. auch Louis 9 f.

135 Vgl. The British Economy: Key Statistics 1900—1970. London 1970. — Vgl. auch Butler / Sloman 316.

Europahandel (Export)	1900: 37 %	1910: 32 %	1921: 29 %	1930: 30 %	1938: 30 %
Stirlingblock (Export)	1900: 30 %	1910: 29 %	1921: 36 %	1930: 38 %	1938: 38 %

Interest“ hatte daher auf dem Gebiet der Wirtschaftsinteressen des Landes zwei Hauptschwerpunkte. Einmal den Warenaustausch im Rahmen des Empires; zur Sicherung des Empires und auch des Handels von Teilen des Empires mit Dritten, wie China und Japan, gehörte auch ein möglichst konfliktfreies Verhältnis Großbritanniens zu Japan. Zum anderen der Europahandel, da Europa vor dem Kriege Hauptabsatzgebiet für die Britische Wirtschaft gewesen war. Von den kontinentaleuropäischen Staaten stellte Deutschland den wichtigsten Partner dar.

Deutschland als Faktor britischer Wirtschaftspolitik und -interessen. Nach den Statistiken der Jahre vor 1914 war das Deutsche Reich wichtigster europäischer Wirtschaftspartner des Vereinigten Königreiches. Bereits im Zusammenhang mit dem Komplex „britische Innenpolitik“ wurde darauf hingewiesen, wie stark binnenwirtschaftliche und innenpolitische Überlegungen Auswirkungen auf außenpolitische und außenwirtschaftliche Entscheidungen gehabt haben. Einen ersten Einblick in diese Wechselbeziehungen im Hinblick auf Großbritannien und Deutschland bieten verschiedene Studien von Bernd Jürgen Wendt, mit Schwerpunkt auf den dreißiger Jahren. Nachdem das entsprechende Quellenmaterial für Großbritannien nun in der vollen Breite vorliegt, ist in den kommenden Jahren mit weiteren Studien zu rechnen, die verschiedene Teilaspekte besonders herausgreifen[136] und uns ein differenziertes Bild bieten werden.

Nordamerika	(Export)	1900: 10 %	1910: 12 %	1921: 9 %	1930: 10 %	1938: 10 %
Sonstige	(Export)	1900: 23 %	1910: 27 %	1921: 26 %	1930: 22 %	1938: 22 %

Das Gesamtexportvolumen betrug 1900: 291 Mill. £. 1910: 430 Mill. £. 1921: 703 Mill. £. 1930: 571 Mill. £. 1938: 471 Mill. £. Die Importe lagen durchwegs zwischen 40 und mehr Prozent über den Exporten. Vgl. Butler / Sloman 310 f. — Zur Politik und Bedeutung des Empire-Commonwealth vgl. bes. Beloff, Max: Imperial Sunset. Vol. 1: Britains Liberal Empire 1897/1921. London 1969. The Cambridge History of the British Empire. Hrsg. v. E. A. Benian, Sir James Butler, C. E. Carrington. Vol. 3. Cambridge 1967. — Mansergh, Nicholas: The Commonwealth Experience. London 1969, bes. S. 212 ff. (deutsch: Das Britische Commonwealth. Entstehung — Geschichte — Struktur. München 1969, S. 390 ff.). — Bowle, John: The Imperial Achievement. The Rise and Transformation of the British Empire. London 1974, bes. S. 407 ff. — Tamchina: Commonwealth and Appeasement, sowie die soeben abgeschlossene Dissertation Tamchina, Rainer: Großbritannien, die Dominions und die europäische Krise 1935—39. Phil. Diss. Hamburg 1975. — Drummond, Ian M.: British Economic Policy and the Empire 1919—1939. London 1972 (u. a. mit einem Dokumententeil).

136 Vgl. hierzu Wendt: Economic Appeasement. — Ders.: Wirtschaftliche Rezession in Mitteleuropa. — Ders.: Südosteuropapolitik. — Mac Donald 105 ff. — Coghlan 205 ff. — Schmidt: Wozu noch politische Geschichte 36 ff. — Ders.: ‚Decontrol‘ u. ‚Reconstruction‘. — Kritisch zur Position Wendts Schmidt: Economic Appeasement. Genesis und Axiome. Zum noch zu wenig untersuchten Bereich der Rüstungswirtschaft vgl. Gibbs. — Parker, R. A. C.: Ökonomie, Aufrüstung und Außenpolitik Großbritanniens vor 1939. In: Forstmeier / Volkmann 264—274. — Volkmann, Hans Erich: Außenhandel und Aufrüstung in Deutschland 1933 bis 1939. In: Forstmeier / Volkmann 81—131, mit sehr aufschlußreichem statistischem Material. Zum Komplex britisch-deutsche Wirtschaftsbeziehungen fehlen bislang noch Arbeiten, die die Interessen der „New Industries“ eingehend behandeln. Beispielsweise auch, neben der schon angesprochenen Rüstungsindustrie, die Stahl/Eisenindustrie, der

Unmittelbar vor dem Ersten Weltkrieg hatte sich eine Verflechtung der britischen und deutschen Volkswirtschaft angebahnt, die durch den Kriegsausbruch und das Ausfuhrverbot vom 5. August 1914 unterbrochen wurde. Die britischen Exporte nach Deutschland machten 1913 7,9 % des Gesamtexportes aus, bzw. 21 % der europäischen Exporte. Das Deutsche Reich wurde damit nach den Vereinigten Staaten wichtigster Abnehmer britischer Produkte. 10,5 % des britischen Gesamtimports kamen aus Deutschland (d. h. 25 % der britischen Importe aus europäischen Ländern). Als Importeur wurde Deutschland nur durch Indien übertroffen. Die sich abzeichnende engere Zusammenarbeit und Arbeitsteilung beider Volkswirtschaften wurde durch den Ersten Weltkrieg gestört[137]. Im Krieg und in den zwanziger Jahren baute die britische Wirtschaft auf den früheren deutschen Hauptliefersektoren (Chemie, Elektromaschinen und Geräte, Optik und Feinmechanik, Schneidwaren, Uhren, Spielzeug) eigene Industrien auf, die nach dem Kriege eine Normalisierung der Handelsbeziehungen schwierig gestalteten. Deutschland konnte nicht mehr, wie vor dem Krieg, die dringend benötigten Rohstoffe (Kohle, koloniale Rohstoffe aus dem Zwischenhandel) durch die Lieferung von Industrieerzeugnissen bezahlen. In den zwanziger Jahren gestaltete sich die deutsche Handelsbilanz mit Großbritannien fast durchgehend passiv. Eine Normalisierung des Handelsverkehrs schien sich 1929 anzubahnen, als im Güteraustausch mit Großbritannien Deutschland erstmals wieder eine aktive Handelsbilanz aufwies. Die Weltwirtschaftskrise und der Übergang Großbritanniens zum Schutzzollsystem 1932 erschwerten die Wirtschaftsbeziehungen und warfen neue Probleme auf, gerade auch für die deutsche Ausfuhr nach Großbritannien.

Angesichts der fallenden Industrieproduktions- und Beschäftigungszahlen im Zuge der sich verschärfenden Weltwirtschaftskrise versuchten die Regierungen durch Erhöhung der Einfuhrzölle und die Festlegung von Importquoten den eigenen Binnenmarkt gegen ausländische Konkurrenz abzusichern. So lagen 1931 die Einfuhrzölle der 15 wichtigsten europäischen Staaten im Vergleich zu 1927 um durchschnittlich 64 % höher. Durch diese Entwicklung fiel der internationale Handel mit Industriegütern in den dreißiger Jahren weit hinter das Vorkriegsniveau zurück. Die Zollbarrieren und die Währungspolitik förderten die Entwicklung unterschiedlichen Preisniveaus in den einzelnen Staaten, was für die wirtschaftliche Situation in Europa und auf dem politischen Sektor Konsequenzen haben sollte.

Schiffsbau und Industrien, die vornehmlich binnenmarktorientiert waren. Weiterhin müßten die Machtstrukturen in den wirtschaftspolitischen Führungsgruppen und ihre Einflußmöglichkeiten noch genauer untersucht werden.

[137] Deutscher Export nach Großbritannien: 1913: 14,0 % 1924: 9,3 %.
Deutscher Import aus Großbritannien: 1913: 8,1 % 1924: 9,1 %.
In den dreißiger Jahren wird Großbritannien sogar zum größten Importeur. Vgl. die Statistiken bei Volkmann 102. — Vgl. auch Wendt: Economic Appeasement 32 ff. Zu den Gegnern einer engen wirtschaftlichen Kooperation mit Deutschland vgl. beispielsweise Colvin, Ian D.: The Safety of the Nation. Showing how our Security rests upon our Industries. London 1919, S. 213: „Before the war our national policy rested not on the rock of industrial security but on the shifting sands of international finance and commerce. We were ceasing to be an independent economic power and were becoming a mere annexe of the German system."

Neville Chamberlain, im National Government von 1931 Chancellor of the Exchequer, und damit zweitwichtigster Mann im Kabinett, begründete am 4. Februar 1932 vor dem Unterhaus die Maßnahmen der britischen Regierung im Kampf gegen die weltweite Wirtschaftskrise. Es gehe nun darum, die Versprechen aus dem Wahlkampf (zollpolitische Maßnahmen zur Förderung des Exports, Beschränkung des Imports, Handelsverträge, Wirtschaftsvereinbarungen im Rahmen des Empire/Commenwealth) einzulösen, um das Vertrauen in die finanzielle Stabilität wiederherzustellen[138]. Die „Import Duties Bill“ sah eine Zollerhöhung von 10 % auf alle Einfuhren mit Ausnahme von landwirtschaftlichen Erzeugnissen, Wolle und Baumwolle vor. Die maßvollen protektionistischen Maßnahmen, ausgerichtet nach den Bedürfnissen der Industrie und Landwirtschaft, sollten dazu beitragen, „to transfer to our own factories and our own fields work, which is now done elsewhere, and thereby decrease unemployment in the only satisfactory way in which it can be diminished“. Chamberlain verwies aber auch auf die langfristigen Ziele, die das Kabinett mit diesem Gesetz verfolgte. „We hope by the judicious use of this system of Protection to enable and to encourage our people to render their methods of production and distribution more efficient. We mean also to use it for negotiations with foreign countries which have not hitherto paid very much attention to our suggestions, and, at the same time we think it prudent to arm ourselves with an instrument which shall at least be as effective as those which may be used to discriminate against us in foreign markets. Last, but not least, we are going to take the opportunity of offering to the countries of the Empire in return for the advantages which they now give, or in the near future may be disposed to give, to us ... we believe that we have framed a policy which will bring new hope and new heart to this country, and will lay the foundations of a new spirit of unity and cooperation throughout the Empire[139].“

Mit der „Import Duty Bill“ von 1932 wurden in Großbritannien zwei Entwicklungen eingeleitet, die direkte und indirekte Rückwirkungen auf die britische Außen- und Außenhandelspolitik in Europa haben sollten.

Obwohl durch die Weltwirtschaftskrise nicht ganz so hart getroffen wie andere Staaten, mußte das „National Government“ eine Politik verfolgen, die die Möglichkeiten für eine Stabilisierung und Reorganisation der tradierten Wirt-

---

[138] H. C. Debates 5th Series. Vol. 261, Sp. 279—296. Das National Government erhielt bei den Unterhauswahlen vom 27. 10. 1931 bei einer Wahlbeteiligung von 76,3 % 67,0 % der Stimmen und 554 von 696 Sitzen. Ein eindeutiger Vertrauensbeweis und Auftrag. Vgl. Butler / Sloman 183. — Zur Wirtschaftssituation und zu den innenpolitischen Problemen vgl. Bell, Colin (Hrsg.): National Government 1931. Extracts from the Times January to October 1931. London 1975. — Cowling-Medlicott: Contemporary England 247 ff. — Taylor: English History 3?8 ff. — Feiling 198 ff. — Seaman 215 ff. — Larkin, Maurice: Gathering Pace. Continental Europe 1870—1945. Basingstoke-London 1969 (1972), S. 277 ff. — Nicolson, Harold: Tagebücher und Briefe. 1930—1941. Frankfurt a. M., 1969, S. ?3 ff. — Hoare, Sir Samuel (Viscount Templewood): Neun bewegte Jahre. Englands Weg nach München. Düsseldorf 1955, S. 13 ff. — Vgl. auch P. R. O. CAB 24/232 C. P. (32) 262, 265, 277 u. 297.

[139] H. C. Debates 5th Series. Vol. 261, Sp. 289.

schafts- und Sozialordnung eröffnete. Drohende Konflikte im Innern und auf dem Felde internationaler Politik sollten daher durch friedlichen Interessenausgleich und Kompromisse aus der Welt geschafft werden, da diese Strategie dem „British Interest“ am besten gerecht zu werden schien. Diese Politik schien den Leitern der britischen Politik auch für den Handelssektor zuzutreffen. Nur durch Interessenausgleich und Fördermaßnahmen konnte die durch die Depression gestörte Weltwirtschaftsordnung wieder auf eine stabilere, funktionsfähige Grundlage gebracht werden, als eine wichtige Komponente für die Bemühungen um ein allgemeines politisches „Settlement“, an dem die europäischen Großmächte (Frankreich, Italien, Deutschland, Großbritannien — nicht jedoch unbedingt die Sowjetunion) sowie für verschiedene Aspekte die Vereinigten Staaten beteiligt werden sollten. In der britischen Deutschlandpolitik setzten sich in Politik und Wirtschaft die Kräfte durch, die einen politischen und wirtschaftlichen Interessenausgleich einer Einkreisungspolitik — wie ihn Frankreich zu praktizieren versuchte — vorzogen. In der Wirtschaftspolitik zielte dieses „Economic Appeasement“ schon frühzeitig darauf ab, bei den wirtschaftlichen Autarkiebestrebungen des Deutschen Reiches die gemäßigten Kräfte in der deutschen Regierung durch Entgegenkommen zu stärken. So verfolgte die britische Regierung eine Politik „to demonstrate that legitimate German political and economic aims could be attained without the threat of war and massive rearmament“ [140]. Frühzeitig hatten Politiker wie Neville Chamberlain erkannt, daß die politischen und wirtschafts-handelspolitischen Möglichkeiten seines Landes bedingt werden durch die zur Verfügung stehenden Machtmittel. Diese Leitlinie verfolgte Chamberlain bis zu seinem Ausscheiden als Premierminister. Ein Tagebucheintrag vom 6. Juni 1934 macht dies deutlich: „we cannot provide simultaneously for hostilities with Japan and Germany, and the latter is the problem to which we must now address ourselves [141].“ Als kennzeichnend für die wirtschaftspolitisch gegenüber Deutschland in den dreißiger Jahren verfolgte Politik kann man eine Rede des britischen Handelsministers Lord Runciman aus dem Jahre 1933 in St. Ives bezeichnen. Runciman forderte wenige Wochen nach der nationalsozialistischen Machtergreifung in Deutschland, das Kontingentsystem im gegenseitigen Handelsverkehr zu beenden und den für beide Länder so wichtigen Handelsaustausch zu intensivieren und zu liberalisieren. Großbritannien sei zu einem Ausbau der Handelsbeziehungen bereit. Runciman gab der Hoffnung Ausdruck, „daß Deutschland die Bedeutung des britischen Marktes für seine eigene Wirtschaft noch immer hinreichend anerkennt, um den Handelsverkehr ohne die Einschränkung von Kontingentsziffern zu ermöglichen. Wesentliche Unterschiede zwischen der deutschen und der englischen Wirtschaft sind nicht vorhanden. Wir stellen zwar bis zu einem gewissen Maße dieselben Waren her, beliefern aber nicht dieselben Märkte. Wir sind zwar für Deutschland eine scharfe Konkurrenz, mißgönnen ihm aber seine Absatzmärkte nicht [142].“ Trotz mancher Konflikte und Probleme im gegenseitigen Han-

---

[140] Mac Donald 105.
[141] Zit. nach Feiling 253.
[142] Runciman im Februar 1933 in St. Ives/Cornwall. Zit. nach Wendt: Economic Appeasement 32.

delsverkehr wurden die Äußerungen Runcimans in gewisser Weise richtungweisend für die ökonomische Seite der britischen Deutschlandpolitik: Verbesserung der gegenseitigen Wirtschaftsbeziehungen als Mittel zur Ausweitung des gegenseitigen Exports (und auch des deutschen Empirehandels), der Aufweichung der deutschen Autarkiebestrebungen und der Stärkung der „Moderates" in Deutschland, als Mittel der Friedenserhaltung. Die wirtschaftlichen Beziehungen wurden als wichtiges Element für die anzustrebende Détente auf politischem Gebiet gesehen. Hierzu gehörte auch die Abgrenzung der Interessen auf Drittmärkten. Diese Politik verfolgten die Briten mit wechselndem Erfolg. Besonders für die Jahre von Ende 1936 bis 1939 kommt der Komponente „Economic Interest" im Rahmen des „British Interest" ein sehr hoher Stellenwert zu, der noch viel zu wenig untersucht ist. Mit seinen Arbeiten hat Wendt eine Diskussion eingeleitet, die auf gesicherter Aktenbasis in absehbarer Zeit ein abschließendes Urteil ermöglichen wird. Chamberlain hatte frühzeitig die Auffassung vertreten, daß ein Ausgleich mit Deutschland ein „essential" für die Wirtschaftsinteressen Großbritanniens sei. Premierminister geworden, betonte er in der Kabinettssitzung vom 19. Februar 1938 rückblickend, daß er stets der Meinung gewesen sei, Großbritannien würde nicht in der Lage sein, einen Rüstungswettlauf mit Deutschland zu bestehen. Als Handelsminister sei er aber auch nicht bereit gewesen — nicht nur aufgrund der wachsenden Zahlungsbilanzschwierigkeiten Großbritanniens —, die Rüstung zum Schaden des allgemeinen Handels zu fördern [143]. Vor allem das Schatzamt hatte Angst vor den ökonomischen und finanziellen Konsequenzen der Aufrüstung. Diese Bedenken belasteten in den Schlüsseljahren die Entscheidungen des Kabinetts, da sie zwei negative Alternativen waren [144]:

1. Unvorsichtige Regierungsanleihen können zu einem *Inflationsdruck* führen. Inflation fördert Importe zuungunsten der eigenen Exporte. Eine Verschlechterung der ohnehin schon schwachen Zahlungsbilanz sei kaum zu verantworten, würde sie doch zum Abzug kurzfristig angelegter Kapitalien in London führen. Inflation und Vertrauensverlust ausländischer Anleger könnten zu einem Absinken der britischen Gold- und Devisenreserven führen (und damit den „Kriegsschatz" verringern).
2. Drastische Steuererhöhungen und eine *Deflationspolitik* des „Treasury" würden vor allem die Mittelklasse hart treffen und in der Industrie zu Entlassungen führen und damit das bereits vorhandene Problem der Arbeitslosigkeit verschärfen.

Diese Überlegungen und Befürchtungen waren nicht grundlos, breitete sich doch Ende 1937 von Amerika ausgehend eine Wirtschaftsflaute aus, die 1938 zu einem Jahr der Rezession werden ließ, begleitet von einem Abzug ausländischer Gut-

---

143 P. R. O. CAB 23/92 Cabinet Conclusions v. 19. 2. 1938, hier Statement Chamberlains.

144 Nachfolgend referiert Ergebnisse der Forschungen von R. A. C. Parker, die er im Frühjahr 1974 auf einer Tagung vortrug. Jetzt gedruckt als Parker, R. A. C.: Ökonomie, Aufrüstung und Außenpolitik Großbritanniens vor 1939. In: Forstmeier / Volkmann 264—274, hier 273.

haben aus London[145]. Unter diesen Aspekten intensivierte das Kabinett seine Bemühungen um einen Ausgleich mit Deutschland. Ohne Zweifel erhalten die politisch-wirtschaftlichen, die innen- und finanzpolitischen Auseinandersetzungen in Großbritannien für die Entscheidungen des Jahres 1938 einen bisher viel zu gering eingeschätzten Stellenwert[146].

Handelspolitik und Wirtschaftsinteressen Großbritanniens im Donauraum. Die Maßnahmen des National Government im Kampf gegen die Wirtschaftskrise, von Neville Chamberlain am 4. Februar 1932 im Unterhaus bei der Vorlage der Import Duty Bill erläutert, sahen auch die Einführung eines Präferenzsystems gegenüber dem Commonwealth vor. Durch diese Maßnahme sollte der britischen Wirtschaft ein großes, aufnahmefähiges, einheitliches Zollgebiet eröffnet werden. Zudem wollte man auf diesem Wege durch eine stärkere wirtschaftliche Verflechtung des Empire-Commonwealth auch den politischen Verfallserscheinungen entgegenwirken. Die Imperial Conference von 1932 in Ottawa befürwortete das Präferenzsystem und in den folgenden Jahren stieg der Anteil des Empirehandels am britischen Gesamthandel beträchtlich[147]. Allerdings handelte es sich vielmehr um eine Umlenkung der Warenströme, weniger um eine Ausweitung des Handels. Die Wirtschaftshistoriker weisen daher auch darauf hin, daß „the export gains which Britain made in the Empire ... were substantially offset because they diverted competition into other markets where, in consequence, British goods found it even more difficult to maintain their position“[148]. Die handelspolitischen Maßnahmen und Optionen Großbritanniens hatten für die Bemühungen um eine wirtschaftliche Stabilisierung Ostmittel- und Südosteuropas fatale Auswirkungen.

Von allen europäischen Volkswirtschaften waren die Länder der ehemaligen österreichisch-ungarischen Monarchie, d. h. die Nachfolgestaaten, durch die Welt-

---

[145] Butler / Sloman 299: Die Arbeitslosigkeit stieg in Großbritannien von 1,373 Mill. im September 1937 auf 1,739 Mill. im Dezember, 1,818 Mill. im April 1938, 1,912 Mill. im Dezember 1938 auf 2,032 Mill. im Januar 1939, um dann bis zum August 1939 auf 1,23 Mill. zurückzugehen. Die Zahlungsbilanz entwickelte sich nach Butler / Sloman 310 seit 1935: + 32 Mill. £, 1936: — 18 Mill. £, 1937: — 56 Mill. £, 1938: — 70 Mill. £, 1939: — 250 Mill. £. Die Importe/Exporte betrugen 1935: 756/426 Mill. £, 1936: 848/441 Mill. £, 1937: 1028/521 Mill. £, 1938: 920/471 Mill. £, 1939: 886/440 Mill. £. — Vgl. auch Williams, L. J.: Britain and the World Economy 1919—1970. London 1974, S. 78 ff.

[146] Vgl. die Beratungen des Kabinetts. P. R. O. CAB 23/89, 90, 90 A, 91, 92, 93, 94, 95 (1937/38) sowie P. R. O. F. O. 371/21712 ff. sowie Gibbs; Parker: Ökonomie; Macdonald; Wendt: Economic Appeasement 427 ff.; Cowling-Middlemas, Keith: Diplomacy of Illusion. The British Government and Germany 1937—39. London 1972, S. 59 ff.

[147] Britische Importe aus dem Empire 1931: 24,5 % des Gesamtimports
Britische Importe aus dem Empire 1937: 37,3 % des Gesamtimports
Britische Exporte in das Empire 1931: 32,6 % des Gesamtexports
Britische Exporte aus dem Empire 1937: 39,7 % des Gesamtexports.
Zahlen nach Pollard 198. — Vgl. auch Svennilson.

[148] Williams 87. — Vgl. auch Katrak, H.: International Trade and the Balance of Payments. London 1975, S. 70 ff.: Trade Diversion and Trade Creation.

wirtschaftskrise und die Depression am härtesten getroffen worden[149]. Bei den Pariser Friedensverhandlungen waren sich vor allem die Briten darüber im klaren gewesen, daß politische Stabilität in den Nachfolgestaaten der Donaumonarchie nur zu erreichen sein würde, wenn die Volkswirtschaften dieser Länder, vor allem die Volkswirtschaft der Tschechoslowakei, gesund wären. Bis 1932 schien dies für den „Musternachfolgestaat" auch zuzutreffen. Der Tschechoslowakei kam für die ostmitteleuropäische und südosteuropäische Wirtschaft eine Schlüsselrolle zu, die vielfach auch politisch motiviert war. Die Westmächte Großbritannien und Frankreich hatten nach 1918 vor allem in der Tschechoslowakei ein Feld für Investitionen gefunden, das teilweise die Rolle übernehmen sollte, die in der Kapitalausfuhr vor dem Ersten Weltkrieg Rußland innegehabt hatte[150]. Österreichisches und deutsches Kapital hatte vor dem Zusammenbruch der Donaumonarchie dominiert. Die territoriale Neuordnung nach 1918 brachte auch eine Neuverteilung der politischen Einflußzonen der Großmächte. Die Westbindung der neuen Staaten Zwischeneuropas sollte auch auf wirtschaftlichem Gebiet gefördert werden. Neben langfristige Regierungsanleihen, aufgelegt in London und Paris, trat vor allem Kapital privater Investoren aus Großbritannien, Frankreich, Belgien und den Vereinigten Staaten. Diese Entwicklung wurde vor allem durch zwei Dinge gefördert:

1. Die Ergebnisse des Ersten Weltkrieges brachten für die exportorientierten Wirtschaftszweige empfindliche Einbußen, während die Erlöse aus dem Kapitalexport anstiegen. Nach der Ausschaltung der Besiegten des Krieges strömte verstärkt Kapital aus den westlichen Demokratien nach Mittel- und Südosteuropa, vor allem in die Tschechoslowakei. Die Tschechoslowakei schien nicht nur wegen des hohen Entwicklungsstandes der Industrie als außenwirtschaftliches Anlagefeld interessant. Hinzu kam die zu erwartende dominierende Position dieses jungen, nach demokratischen Prinzipien regierten Staates für die Wirtschaft im Donauraum.

2. Schon während der Pariser Friedensverhandlungen hatte Beneš Schritte unternommen, die Ententemächte noch enger an sich zu binden. Quasi als zusätzliche politische Absicherung sorgte vor allem Beneš für einen Kapitaltransfer in die westlichen Staaten Großbritannien, Frankreich und die Beneluxländer und damit für eine Ausschaltung deutscher, österreichischer und ungarischer Wirtschaftsinteressen im Donauraum. Wie Alice Teichova gezeigt hat, vermittelte der spätere Außenminister und Präsident der ersten Tschechoslowakischen Republik schon in Paris dem französischen Rüstungskonzern Schneider-Creusot die Kapitalmehrheit an den Skodawerken[151].

---

149 Vgl. hierzu: Raupach, Hans: Strukturelle und Institutionelle Auswirkungen der Weltwirtschaftskrise in Ost-Mitteleuropa. VZG 24 (1976) 40—57. — Neben wirtschaftlichen Faktoren spielen hier wohl vor allem innenmachtpolitische und auch gesellschaftsstrukturelle Bedingungen, die noch viel zu wenig untersucht wurden, eine nicht zu unterschätzende Rolle.

150 Vgl. die Statistiken bei Teichova: Economic background to Munich 30 ff. — Dies.: Deutsch-britische Wirtschaftsinteressen Mittelost-Südosteuropa 275 ff.

151 Teichova: Economic Background to Munich 196 ff.

In den Jahren nach 1920 wurde Mittel- und Südosteuropa für den britischen Kapitalexport nach dem britischen Empire und den südamerikanischen Republiken zum wichtigsten Anlagefeld. Wichtigster Anleger in der tschechoslowakischen Volkswirtschaft waren die Briten, gefolgt von Frankreich und den Vereinigten Staaten. Von den Donaustaaten stellte die Tschechoslowakei für Großbritannien auch den wichtigsten Handelspartner dar[152], mit einer hohen aktiven Handelsbilanz. Auch mit den Donaustaaten Österreich, Ungarn, Jugoslawien und Rumänien hatte die Tschechoslowakei eine außerordentlich hohe aktive Handelsbilanz[153]. Damit zeigte sich, daß die Tschechoslowakei die Position der historischen Kronländer der Habsburger Monarchie (Böhmen, Mähren, Schlesien) als die industriell am weitesten entwickelte Wirtschaft im Donauraum auch in der Zwischenkriegszeit halten konnte[154]. Hierzu hat wohl mit beigetragen, wie dies Alice Teichova in mehreren Studien eindrucksvoll nachgewiesen hat, daß die Tschechoslowakei zu einem Knotenpunkt wirtschaftlicher Transaktionen im Donauraum wurde und damit zur Basis für internationale Kartelle in der Schwerindustrie, der chemischen Industrie und auf dem Banken- und Versicherungssektor[155]. Westeuropäische Großkonzerne, wie Schneider-Creusot, Unilever, Imperial Chemical Industries (I. C. I.) und Solvay hatten durch die Politik der Tschechoslowakei nach 1918 deutsche Großkonzerne und deutsches Kapital verdrängt und den Markt neu aufgeteilt. Über Neugründungen ausländischer Unternehmen fand auch Kapitalexport aus der Tschechoslowakei in den südosteuropäischen Raum statt. Prag war an die Stelle Wiens als Finanzzentrum des Donauraumes getreten. Mit aus diesen Gründen sperrte sich die Tschechoslowakei 1931 gegen den deutsch-österreichischen Zollverbund.

---

[152] Vgl. die Aufstellung des britischen Handelsministers Lord Runciman vom 17. 3. 1932 im Zusammenhang mit den von Großbritannien mit Mißtrauen beobachteten Bestrebungen der USA, einen Handelsvertrag mit den Donaustaaten abzuschließen. P. R. O. CAB 24/229 (C. P. 103 (32)):
Britische Importe aus der CSR: 1929: 5,760 Mill. £, 1930: 5,574 Mill. £.
Britische Exporte in die CSR: 1929: 2,101 Mill. £, 1930: 1,731 Mill. £.

[153] Vgl. die Zusammenstellung in P. R. O. CAB 24/229 C. P. 103 (32).

[154] Vgl. Kosta in: Bosl: demokratisch-parlamentarische Struktur 7 ff.

[155] Vgl. Teichova: Economic background to Munich 62 ff., 189 ff., 277 ff., 336 ff. — Dies.: Deutsch-britische Wirtschaftsinteressen Mittelost-Südosteuropa 287 ff. Sehr aufschlußreich eine Feststellung T's: „Für Frankreich und Großbritannien sollte Mittel- und Südosteuropa wenigstens teilweise den russischen Absatzmarkt für Kapitalausfuhr ersetzen, während sich hier auch für langfristige amerikanische Anleihen günstige Gelegenheiten darboten. Abgesehen davon gewannen französische und britische Unternehmer und Bankiers die Hauptpositionen in Bergbau, Industrie und Bankwesen ihrer besiegten deutschen und österreichischen Konkurrenten in Mittelost- und Südosteuropa. Die politisch und formell unabhängigen Staaten auf diesem Gebiete wurden in Wirklichkeit von einem Netz verschiedenartiger finanzieller und diplomatischer Abhängigkeitsbeziehungen umsponnen: die größten Industriekonzerne der westlichen Welt und die führenden Banken von New York, London und Paris übten zunehmenden Einfluß auf ihr Wirtschaftsleben aus; ihre Politik war effektiv dem machtpolitischen System der Großmächte untergeordnet." (S. 277). — Vgl. auch Dies.: Internationale Kartelle und die chemische Industrie in der Vormünchener Tschechoslowakei. Tradition 17 (1972) 143—175.

Die Ablehnung der Zollunion, die in tschechischen Augen den Weg zu einer Donauföderation eröffnet hätte, hatte neben wirtschaftlichen Gründen vor allem auch politische, historische und emotionale Gründe.

Wie bereits im Zusammenhang mit dem Kapitaltransfer erwähnt, war den Verantwortlichen für die tschechoslowakische Politik der Nachkriegsjahre, vor allem Beneš, daran gelegen, die Wirtschaft ihres Landes auf Kosten der Vorkriegskonkurrenz zu stärken und aus dem ost- und südosteuropäischen Markt zu drängen. Nach Auffassung Benešs mußte es der Tschechoslowakei gelingen, wirtschaftlich unabhängig zu werden, vor allem von Deutschland. Dieses Ziel mußte erreicht werden, ehe Nachkriegs-Deutschland sich wieder wirtschaftlich konsolidieren konnte. Aus diesen Gründen stand die Tschechoslowakei in der Reparationsfrage auf der Seite Frankreichs, da man hierin ein Mittel sah, den deutschen Wiederaufstieg zu erschweren. Die Handels- und Währungspolitik der Tschechoslowakei wurde damit auch zu einem Mittel antirevisionistischer Politik. Das wirtschaftspolitische Konzept[156] der Tschechoslowakei, vor allem der verfolgte Protektionismus — nicht nur während der tschechoslowakischen Industriekrise —, führte neben der politischen Entfremdung gegenüber Großbritannien frühzeitig zu britischer Kritik, stand es doch im Gegensatz zu den britischen Freihandelsprinzipien. Als die Tschechoslowakei 1931 aus politisch-emotionalen Gründen wesentlich zum Scheitern des Zollunionsprojektes beitrug, stieß diese Haltung in Großbritannien auf Unverständnis. Man hielt die Furcht der Tschechen vor einem neuen Drang der Deutschen nach dem Osten für unbegründet. Man sah vielmehr in der antideutschen Aufladung der Politik der Tschechoslowakei und der Vetopolitik im Verein mit Frankreich eine Gefahr für die Stabilisierung der Verhältnisse in Europa, vor allem im Donauraum[157]. Im Zusammenhang mit den Entscheidun-

---

[156] Vgl. hierzu die soeben abgeschlossene Dissertation von Reiner Franke (s. o. Anm. 2). Ergebnisse dieser Arbeit hinsichtlich wirtschaftlicher Fragen vorgetragen am 23. 2. 1976 vor der Gesellschaft zur Förderung der Forschung über die Tschechoslowakei in München unter dem Titel: „Das tschechoslowakische Wirtschaftskonzept aus britischer Sicht."

[157] Vgl. Carr, E. H.: International Relations between the Two World Wars 1919—1939. A authoritative stocktaking of events following the Versailles Treaty, by a former Foreign Office official. London 1973 (1947), S. 136 ff. — Albrecht-Carrié, René: A Diplomatic History of Europe since the Congress of Vienna. London 1967, S. 453 ff. — Franke: Tschechoslowakei 254 f., wo F. eine frei erfundene Rede Benešs, die der britische Gesandte in Prag Addison 1931 nach London schickte, abdruckt (P. R. O. F. O. 371/15198 fol. 203—11), in der alle stereotypen Thesen Benešs karikiert werden. F. geht auch auf den tiefgreifenden Gegensatz Paris - Prag in der Anschlußfrage ein. Für Beneš war der Anschluß das kleinere Übel, für Frankreich die Restauration der Habsburger. „War der Anschluß für Paris das rote Tuch schlechthin — ein Ausdruck seines übermäßigen Sicherheitsbedürfnisses gegenüber Deutschland —, so konnte sich Prag niemals von seinem traditionellen Österreich- und Habsburgerkomplex lösen. Das Ergebnis war eine doppelte Negation der Politik als der Kunst des Möglichen in Mitteleuropa, eine von London mit zunehmender Besorgnis beobachtete negative Politik durch die französischen und tschechischen Verbündeten. London sah darin das Veto gegen jede organische Verbesserung einer sich rapide verschlechternden Situation. Während man in England die Notwendigkeit zumindest einer wirtschaftlichen Neuauflage der Donaumonarchie längst erkannt hatte, sperrte

gen über das Curtius-Schober Zollunionsabkommen brach die Front zwischen Revisionisten und Antirevisionisten erneut auf. Es ist bezeichnend, daß beim Spruch des Internationalen Gerichtshofes, ob der Vertrag zwischen Deutschland und Österreich — von den Gegnern als „Anschluß économique" bezeichnet — mit den Bestimmungen der Pariser Friedensverträge im Einklang stehe, die ablehnenden Richter aus dem antirevisionistischen Lager kamen. Der Gerichtshof hatte den Vertrag mit acht zu sieben Stimmen als im Widerspruch zu den Verträgen von Versailles und St. Germain sowie zum Anleihenprotokoll von 1922 stehend gewertet. Die deutschen, britischen und amerikanischen Vertreter hatten für den Vertrag votiert.

Die Ablehnung und Blockierung der deutsch-österreichischen Zollunion wurde in Großbritannien als ein Schlag gegen die Bemühungen zu einer Wiederherstellung gesunder wirtschaftlicher Verhältnisse in Europa gewertet. Vielfach findet sich die Meinung, daß der Tschechoslowakei der Weg nach München erspart geblieben wäre, hätte es seine (emotionalen) Vorbehalte gegen das Zollprojekt von 1931 zurückgezogen und wirtschaftlichen Überlegungen den Vorrang gelassen (40 % des Exports gingen nach Deutschland und Österreich). Hinzu kommt, daß die Tschechoslowakei durch ihre Handels- und Zollpolitik Österreich erst in Schwierigkeiten gebracht hat. Mit ihrem Veto schadete sie nicht nur der Lebensfähigkeit Deutsch-Österreichs, sondern langfristig auch ihrer eigenen.

Angesichts der sich rapide verschlechternden wirtschaftlichen Lage der Donaustaaten, vor allem Österreichs und Ungarns, unterbreitete Frankreich am 2. März 1932 ein Memorandum mit Vorschlägen zur Verbesserung der wirtschaftlichen Situation der Donauländer. Zu diesem Zweck sollte eine Kontaktaufnahme mit Großbritannien und Italien angestrebt werden[158]. Bereits im Dezember 1931 hatte der britische Außenminister Simon vorgeschlagen, eine Zollunion der fünf Nachfolgestaaten der Monarchie zu bilden, ausgehend von der Erkenntnis Großbritanniens, „that the real and ultimate remedy for the economic ills of Central Europe is the elimination of the tariff and other barriers which had been set up as the result of the constitution, after the War, of five independant nations in place of one political and economic unit"[159].

Durch die Pariser Friedensverträge und die dort festgelegten wirtschaftlichen Bedingungen wurden die Nachfolgestaaten in zwei Lager gespalten, untermauert durch kriegerische Auseinandersetzungen: die „Revisionisten" Deutschösterreich und Ungarn sowie die in der kleinen Entente zusammengeschlossenen „Antirevisionisten" Rumänien, Tschechoslowakei und Jugoslawien. Vor allem diese Tatsache würde ein Zusammengehen der Donaustaaten verhindern. Nach Auffassung Simons wäre eine Zollunion nur dann möglich, wenn die

---

sich die Tschechoslowakei gegen alle diese Pläne, solange eine führende Rolle Prags nicht gewährleistet war." (S. 256) — Vgl. auch Holmes, Blair R.: Europe and the Habsburg Restoration in Austria, 1930—1938. East European Quarterly 9 (1975) 173—184, bes. 178 f.

[158] P. R. O. CAB 24/229 C. P. 101 (32) The Economic Restoration of Central Europe, Annexe A: French Memorandum.

[159] Ebenda sub. 4.

betroffenen Staaten so stark unter wirtschaftlichen Druck gerieten, der politische und nationale Opfer notwendig machte, um eine engere wirtschaftliche Kooperation zu befördern[160]. Frankreich lehnte eine Zollunion politisch und wirtschaftlich als undurchführbar ab und schlug stattdessen die Einführung von Präferenzabkommen zwischen diesen Staaten vor, die von den Großmächten den Donaustaaten vorgeschlagen werden sollten. In der Zwischenzeit hatte aber Italien bereits Abkommen mit Österreich und Ungarn zur Erleichterung des Exports abgeschlossen, die 1934 dann in der Form der Römischen Protokolle sanktioniert wurden[161]. Italien lehnte den britischen und französischen Vorschlag ab und schlug bilaterale Verhandlungen der Donaustaaten mit den Großmächten (Frankreich, Großbritannien, Deutschland, Italien) vor.

Bezüglich der Realisierung einer Neuordnung der mitteleuropäischen Wirtschaft sah Großbritannien folgende politische Probleme:

1. Jede Aktion Frankreichs in Mitteleuropa würde von Deutschland und Italien mit Mißtrauen verfolgt werden. Sie sähen darin den Versuch Frankreichs, seinen politischen Einfluß in den Nachfolgestaaten zum Nachteil Deutschlands und Italiens zu erweitern.

2. Italien werde von dem Traume der Wiedererstehung der alten Habsburger Monarchie als politische Einheit verfolgt, zu der ein wirtschaftlicher Zusammenschluß ein Vorstadium wäre.

3. Deutschland und Österreich fürchteten jeden Versuch, der Österreich in einen wirtschaftlichen Zusammenschluß ohne Deutschland führte, und damit die Tür zu enger wirtschaftlicher und politischer Zusammenarbeit zuschlüge.

4. Die Tschechoslowakei werde sich gegen eine Konferenz ohne vorherige Konsultation seiner Ententeverbündeten aussprechen.

Nach Konkretisierung der französischen Vorschläge[162] glaubte Simon, daß eine engere Zusammenarbeit der Donaustaaten nur unter dem Druck der Großmächte zustandekommen könnte. Im Rahmen der großen Vier würde Großbritannien natürlicherweise als der einzigen nichtinteressierten Großmacht die Führungsrolle zufallen[163].

---

[160] Ebenda fol. 6 r: „It is clear that only under the pressure of severe economic distress would it be possible to get the countries concerned to make the political and national sacrifices necessary in order to bring about even the mildest form of closer economic co-operation."

[161] Vgl. das italienische Memorandum vom 7. 3. 1932. P. R. O. CAB 24/229 C. P. 101 (32) Annexe B.

[162] Vgl. ebenda Annexe C Aufzeichnungen Simons über seine Gespräche mit Tardieu, die er anläßlich der Beerdigung Briands in Paris am 12. 3. 1932 geführt hatte.

[163] P. R. O. CAB 24/229 C. P. 101 (32) sub 12: Hierzu schwebte Simon eine Konferenz vor, die nicht auf die 5 Donaustaaten beschränkt werden sollte. „In the light of past experience it seems certain that, left to themselves, these countries will never come to any agreement. There is no political personality, nor any force of public opinion, in any of the Danubian States strong enough to cut through the barbed wire entanglements of vested interests, political jealousies, and nationalistic prejudices which have always prevented, and will always prevent, any approach to even the mildest form

Gegen das Präferenzsystem führte Großbritannien aber wirtschaftliche Gründe ins Feld. Eine Aufgabe der Meistbegünstigten-Klausel für Großbritannien und die Dominien wäre bei Einführung eines derartigen Systems erforderlich. Großbritannien müßte hier die Zustimmung der Dominien und Indiens einholen und sich das Einspruchsrecht wahren, sollte ein Vertragsentwurf vorgelegt werden[164]. Insgesamt stand Großbritannien dem Projekt der notwendigen wirtschaftlichen Zusammenfassung der Donaustaaten positiv gegenüber — im Gegensatz zu dem 1937 vorgelegten Hodžaplan —, glaubte man doch, auf diese Weise das doppelte Ziel erreichen zu können „of appeasing political rivalries and expediting economic reconstruction in Europe“ [165].

Gerade in den vorstehend wiedergegebenen Überlegungen des britischen Außenministers Simon wird deutlich, wie stark die Verschränkung von außenpolitischen Kontinuitätselementen, wie die klassische Politik der europäischen Großmächte als Krisenmanager durch Kompromiß und damit als Schiedsrichter unter britischer Führung, und die optimale Wahrung der britischen Wirtschaftsinteressen im Zusammenhang des „British Interest“ in die Strategie britischer Politik Eingang fanden.

Der Tardieuplan wurde von Deutschland und Italien ebenso abgelehnt wie die Initiative Simons. Während man in Rom und Berlin schnell erkannt hatte, daß die britische Initiative durch Staaten, die sich nicht exponieren durften, lanciert wurde und die Vorschläge daher ablehnte, war der Plan des französischen Außenministers von Anbeginn als Initiative einer „Partei“ abzulehnen. Die britische Regierung war über diesen Plan ebenfalls nicht begeistert. Durch die Ergänzungen Flaudins zum Tardieuplan — Währungseinheit und Zollunion — wurde sehr schnell klar, daß für Frankreich neben dem wirtschaftlichen Aspekt vor allem der politische im Vordergrund stand. Bereits am Tardieuplan hatten Deutschland und Italien kritisiert, daß das vorgesehene Präferenzsystem im wesentlichen nur den Ländern der Kleinen Entente und hier besonders der Tschechoslowakei zugutekommen würde. Auf diese Weise wäre nur das sowieso schon vorhandene wirtschaftliche Übergewicht der Tschechoslowakei im Donauraum vergrößert worden. Nach Auffassung Berlins und Roms lag das Hauptproblem der sich verschärfenden Agrarkrise in den Donaustaaten in der gesunkenen Zahlungsfähigkeit und damit der rückläufigen Kaufkraft der Agrarstaaten. Der österreichische Export und die Getreideausfuhr der vorwiegend agrarischen Staaten sollte durch ein doppeltes Präferenzsystem gefördert werden. Ein Vorschlag, den die Tschechoslowakei kategorisch ablehnte, hätte sie doch hieraus keine Vorteile ziehen können. Die Londoner Konferenz der Großmächte im April 1932 führte zu keinen konkreten Ergebnissen,

---

of economic co-operation. Pressure by the Great Powers and a lead by His Majesty's Government as the one disinterested Great Power are, I feel convinced, indispensable factors if the economic problem of Central Europe is to be tackled at all along the line of mutual co-operation. Moreover, the Italian Government and most probable the German Government will want to participate . . .“ — Zu dieser Problematik vgl. auch D. B. F. P. 2. Series, vol. 2.

164 Ebenda sub 14.

165 Ebenda Aktennotiz. Telephoned to London (from Paris) at 3. 15 p. m. March 12, 1932 sub. 7.

waren doch die wirtschaftlichen und politischen Interessen in diesem Raum zu divergierend. Im Grunde war keine der beteiligten Mächte bereit oder in der Lage, Maßnahmen einzuleiten, die der akuten Struktur- und Agrarkrise in den Donauländern (ohne die Tschechoslowakei) mit Aussichten auf Erfolg begegnen konnten. Hier muß man stets die Wirtschaftskrise vor Augen haben, deren Auswirkungen die Nachfolgestaaten besonders treffen mußten[166], waren doch die europäischen Großmächte zunächst einmal vorrangig daran interessiert, mit ihren eigenen wirtschaftlichen Problemen fertig zu werden und mit Finanzhilfe herkömmlichen Stils, die die Auslandsverschuldung nur noch erhöhte, war wenig auszurichten. Aufgrund der politischen Entwicklungen und Veränderungen in den folgenden Jahren verschlechterten sich die Aussichten für eine Donauzollunion, oder zumindest wirtschaftliche Zusammenarbeit der Donaustaaten zunehmend, vor allem auch bedingt durch die ökonomischen Offensiven Italiens — dem Semmeringabkommen von 1933 folgten 1934 die Römischen Protokolle — und Deutschlands im Donauraum[167]. Hinzu kam die engere wirtschaftliche Kooperation der Länder der Kleinen Entente.

Für die weitere politische und wirtschaftliche Entwicklung im Donauraum wurden Faktoren wirksam, die bei einer Beurteilung aller Pläne für eine Donauföderation mit Berücksichtigung finden müssen. Es wurde bereits betont, daß die Staaten Mittelost- und Südosteuropas seit 1918 — und hin bis zum Münchner Abkommen und zum Ausbruch des Zweiten Weltkrieges — aufgrund der Kapitalumschichtungen und der Verdrängung deutschen Kapitals und deutscher Wirtschaftsinteressen aus diesem Raum zur „ökonomischen Einflußsphäre Frankreichs und Großbritanniens" (Teichova) gehörten. Die gefestigten Positionen westlicher Anleger in der Wirtschaft dieser Staaten führten dazu, daß der östliche Wirtschaftsraum für deutsche Kapitalausfuhr in den zwanziger und dreißiger Jahren

---

[166] „Under the stress of the present financial crisis to these impediments (i. e. break up of the economic union of the Danubian States after the War and creation of artificial barriers in the form of tariffs, exchange and communication) has been added a series of drastic restrictions on the freedom of trade which had been devised to give artificial protection to the currency of each country. The result has been to produce a condition practically amounting to strangulation. The combination of all these factors has produced a situation of the utmost gravity, which, if left uncontrolled and unremedied, may produce most serious economic and political effects in the whole of the European system." (P. R. O. CAB 24/229).

[167] Vgl. die Arbeiten von Alice Teichova und Wendt: Economic Appeasement 402 ff. — Ders.: England und der deutsche ‚Drang nach Südosten'. Kapitalbeziehungen und Warenverkehr in Südosteuropa zwischen den Kriegen. In: Geiss, Imanuel / Wendt, Bernd Jürgen (Hrsg.): Deutschland in der Weltpolitik des 19. und 20. Jahrhunderts. Düsseldorf 1973, S. 483—512. Hier interessant vor allem auch die Statistiken. — Vgl. auch zur deutschen wirtschaftspolitischen Initiative in diesem Raum: Adam, Magda: Les pays danubiens et Hitler (1933—1936). Revue d'histoire de la deuxième guerre mondiale 98 (1975) 1—26. — Schröder, Hans Jürgen: Südosteuropa als ‚Informal Empire' Deutschlands 1933—1939. Das Beispiel Jugoslawien. Jb. f. Geschichte Osteuropas 23 (1975) 70—96. — Ders.: Deutsche Südosteuropapolitik 1929—1936. Zur Kontinuität deutscher Außenpolitik in der Weltwirtschaftskrise. Geschichte u. Gesellschaft 2 (1976): Außenwirtschaft und Außenpolitik im ‚Dritten Reich' 5—32.

praktisch verschlossen blieb[168]. Für die Staaten des Donaubeckens war es aber erforderlich, wollten sie mit der Agrarkrise fertig werden, daß sie einen Markt für ihre Produkte fanden. Die Westmächte waren an Agrarimporten aus Südosteuropa nicht interessiert, da sie entweder selbst Agrarprodukte ausführten oder wie Großbritannien durch die Bindungen mit dem Empire-Commonwealth den Bedarf an Nahrungsmitteln aus diesem ihm näher stehenden Raum deckten. In diese Lücke konnte Deutschland in den dreißiger Jahren verstärkt vorstoßen und durch Abnahmegarantien von Agrarprodukten diesen den deutschen Markt öffnen. Mit Recht hat daher Alice Teichova darauf hingewiesen, daß die „deutsche Wirtschaftspolitik ... in verstärktem Ausmaße unter nationalsozialistischer Lenkung darauf hin (zielte), die Stützpfeiler des auf Kapitalverbindungen aufgebauten Gerüstes mit Handelsbeziehungen zu untergraben. Daher verschärfte sich der Widerspruch zwischen der Vorherrschaft westlicher Finanz und Industrie im Kapital der mittelost- und südosteuropäischen Wirtschaft und der ansteigenden Außenhandelsbeziehungen der südosteuropäischen Staaten mit Deutschland am Vorabend des Zweiten Weltkrieges"[169]. Neben die politischen Rivalitäten traten also in den dreißiger Jahren verstärkt wirtschaftliche.

Erneut wurde der Gedanke einer wirtschaftlichen Kooperation der Staaten des Donaubeckens 1937 durch den tschechoslowakischen Ministerpräsidenten Hodža aufgegriffen[170]. Allerdings wurde der sogenannte Hodžaplan zu einem Zeitpunkt vorgelegt, zu dem die entscheidenden Weichen in der Option der Staaten des Donaubeckens bereits gestellt waren, hatte sich doch seit 1934 das Dritte Reich zunehmend die politisch-ökonomische Zersplitterung des Donauraums für seine eigenen Zwecke zunutze gemacht[171]. Bei den britischen Überlegungen zum Hodžaplan[172] wurde diese Tatsache immer wieder hervorgehoben und auf die, wenn

---

168 Teichova: Mittelost und Südosteuropa 285: „Auf dem Gebiete der Kapitalanlagen stießen deutsche wirtschaftliche Expansionsversuche ebenso wie politische Revisionsbestrebungen auf britische und französische befestigte Positionen." — Vgl. hierzu auch Raupach 42 ff., sowie demnächst: Recker.

169 Teichova: Mittelost- und Südosteuropa 285.

170 P. R. O. F. O. 371/21139 Aide Memoire concerning the Economic rapprochement in Central Europe.

171 Besonders die politische Untätigkeit der Westmächte bei der Rheinlandbesetzung im Frühjahr 1936 ließ das Vertrauen in die Aktionswilligkeit vor allem Frankreichs schwinden. Die Mächte der Kleinen Entente waren überzeugt, daß Frankreich seinen Verbündeten im Casus Foederis zur Verteidigung des Status quo sehr wahrscheinlich nicht beistehen würde, sollte nicht seine eigene Sicherheit bedroht werden.

172 Bereits vor 1937 hatte Hodža verschiedene Vorschläge gemacht, die aber stets sehr wenig konkret waren. Die ersten Überlegungen sollten nur eine Ausweitung der wirtschaftlichen Kleinen Entente bringen — Der Organisationspakt der Kleinen Entente vom 16. 2. 1933 sah auch einen Wirtschaftsrat vor. Die erste Wirtschaftskonferenz der Staaten der Kleinen Entente tagte 1934 in Prag. Der Wirtschaftsrat tagte in gewissen Abständen, erreichte jedoch wenig Fortschritte auf dem Gebiet der wirtschaftlichen Kooperation (vgl. Grenville 124 ff.: Art. 7) — durch eine Vermittlerrolle der Tschechoslowakei für den Getreideexport (Import aus Rumänien und Jugoslawien und Verkauf auf dem Weltmarkt). Der zweite Hodžaplan sah die Ausweitung des gegenseitigen Präferenzsystems der Kleinen Entente auf Österreich, Ungarn und Bulgarien vor.

auch nicht klar formulierte, antideutsche Spitze des Plans hingewiesen. So heißt es in einem Memorandum des Foreign Office vom 11. Juni 1937 „Germany is the most important factor in Danubian trade; she takes the highest percentage of exports from *all* the six States[173] ... in each case, too, she is the largest supplier of imports. She is the dominating factor in any Danubian economic arrangement; and it is once again made clear by Baron von Neurath's present visit to Budapest, Belgrad and Sofia, and by Dr. Schacht's visits to the Balkans and Turkey, that Germany does not intend this to be forgotten. The economic side of these visits has been so definitely emphasised, that they may be regarded as a countermove to Dr. Hodža's activities ...[174]."

Der Plan des tschechoslowakischen Ministerpräsidenten, der nach Meinung britischer Experten viel zu vage formuliert war, sah folgende Kernpunkte vor:

1. Herstellung eines wirtschaftlichen Zusammenschlusses durch Vorzugszölle — dieser soll durch die Senkung der bestehenden Zölle unter den sechs Staaten des Donauraumes (Österreich, Ungarn, Tschechoslowakei, Jugoslawien, Rumänien, Bulgarien) hergestellt werden — sowie durch Aufgabe der Importquoten für bestimmte Produkte, nicht jedoch durch Erhöhung der Außenzölle der durch den Zusammenschluß entstandenen Wirtschaftsgemeinschaft.

2. Bilaterale und multilaterale Abkommen im Rahmen des gemeinsamen Zollverbandes.

3. Ziel sollte nicht die Herstellung einer völligen Zollunion bzw eines Zusammenschlusses zwischen Staaten sein.

4. Vorzugszölle nur für die wichtigsten Waren.

5. Ausweitung der Präferenzen auf bestimmte Haupthandelsposten der einzelnen Staaten in ihrem Handelsverkehr mit Deutschland und Italien, jedoch nur für eine Übergangszeit.

Der Hodžaplan wurde dem Wirtschaftsexperten des Foreign Office Frank Ashton-Gwatkin — 1938 Mitglied der Runciman-Mission — zur ersten Begut-

---

[173] 1935 betrug der Export nach Deutschland aus Österreich 16 %, aus Ungarn 24 %, aus der Tschechoslowakei 15 %, aus Jugoslawien 19 %, aus Rumänien 17 %, aus Bulgarien 48 % des Gesamtexports. Die deutsche Handelsstrategie, wie sie erfolgreich angewandt wurde, „consists in buying raw material and food-stuffs from those countries with which Germany has clearing agreements, and, after piling up a large debit balance, to force those countries to take German manufactures, e. g., steel, Machinery, armaments, in payment. This system has been successfully worked since 1935 with Hungary, Yugoslavia, Roumania, Bulgaria . . ." (P. R. O. F. O. 371/21139 fol. 272).

[174] P. R. O. F. O. 371/21139 Memorandum respecting the Economic Union in the Danubian Basin, and Dr. Hodža's Proposals fol. 271—276, fol. 272. In diesem Memorandum sowie in zahlreichen anderen, die sich mit den Problemen der Staaten Südosteuropas und Mitteleuropas beschäftigen, wird immer wieder darauf verwiesen daß „the problem of the Danubian countries has been [since the end of the Great War] to restore the economic union of pre-war years, while maintaining the political separation created by the peace treaties . . . The destruction of this important economic organism was one of the most serious mistakes of the peace settlement." (fol. 271).

achtung vorgelegt. Er sah in den Vorschlägen einen „vernünftigen Plan zur wirtschaftlichen Sanierung Mitteleuropas und wäre er durchführbar, würde er einen echten Beitrag zur Erhaltung des Friedens darstellen“ [175]. Ashton-Gwatkin gab jedoch folgende Vorbehalte zu bedenken:

1. Würden Deutschland und Italien von diesem Zollsystem ausgeschlossen, so böte der Zusammenschluß vor allem der tschechoslowakischen und in gewissem Maße der österreichischen Industrie Vorteile im gesamten Donauraum. Dies würde auf den Widerstand Ungarns und anderer Staaten stoßen, die derzeit eigene Industrien aufbauten.

2. Die gleichen Vorbehalte würden gelten, wenn man Deutschland und Italien in das Präferenzsystem einschlösse. Hinzu kämen die Meistbegünstigten-Rechte aller Konkurrenten in diesem Raum, einschließlich Großbritanniens.

3. Auch wenn es sich bezüglich des Donauraumes um einen Sonderfall handelte, wird der Board of Trade Einwände gegen die Bevorzugung tschechoslowakischer Waren, desgleichen gegen Vorzugszölle für Italien und Deutschland vorbringen und das „nicht nur aus rein wirtschaftlichen Gründen; sondern aus der Überlegung heraus, daß derartige Vereinbarungen dazu tendieren würden, regionale Zusammenschlüsse, die einer internationalen Grundlage des Handels entgegenstehen, zu verewigen“ [176].

Als Strategie schlug Ashton-Gwatkin vor, diesen Plan nicht wie die Ouchy-Konvention von vornherein „(to) turn ... down flat“, sondern den Tschechoslowaken entweder mitzuteilen, Großbritannien würde eine Modifizierung der Meistbegünstigten-Rechte überdenken, sollte Hodža Fortschritte mit seinem Plan machen, oder sich zu den letztgenannten Überlegungen erst bereit zu erklären, wenn ein detaillierter Plan vorliegen würde.

Hodža würde wohl die erste Variante bevorzugen, die zweite wäre die für Großbritannien angenehmste.

Die Weichenstellung für Hodžas Plan in London war denkbar ungünstig. Vor seinem Besuch in London schickte der britische Gesandte in Prag, Newton, zusammen mit einem Privatbrief Vansittart ein Dossier über Hodža, das nicht unbedingt schmeichelhaft ausfiel [177]. Der Plan einer Donauwirtschaftsunion wurde als Steckenpferd Hodžas bezeichnet, nahezu die einzige Spielwiese, die ihm geblieben war, nachdem er das Außenministerium an Krofta — den Parteigänger Benešs — hatte abgeben müssen. Der Plan selbst würde von Experten in der Tschechoslowakei abgelehnt: „Dr. Hodza's economic schemes, I should warn you, are considered amongst many experienced people here to be very much in the air

---

[175] P. R. O. F. O. 371/21139 fol. 30—32. „The merits of M. Hodza's plan is that it is the obvious sensible plan for the economic reconstruction of central Europe, and if it were practicable it would be a real contribution to peace.“ (fol. 30)

[176] Ebenda. Zusätzliche Randbemerkung Ashton-Gwatkins: „Not only on pure commercial grounds; but on the ground that such an arrangement will tend to perpetuate regional bases as opposed to an international basis for trade.“

[177] Ebenda. Dr. Milan Hodža.

and likely to remain there." Auch einer der besten Experten im Außenministerium, Fierlinger, lehnte ihn als unpraktikabel ab[178]. Bei seinem Londonbesuch führte Hodža ausführliche Gespräche über seinen Plan. Sein Gesprächspartner Vansittart hielt sich an die oben angeführten Richtlinien. Mit Erstaunen stellte das Foreign Office daher fest, daß Hodža, nach einem Bericht der PRAGER PRESSE aus Paris, eine mögliche gemeinsame britisch-französische Erklärung ankündigte, die eine engere wirtschaftliche Zusammenarbeit mit mitteleuropäischen Staaten empfehlen werde, und daß Großbritannien bereit wäre, seine Meistbegünstigten-Rechte aufzugeben, wenn Österreich und Ungarn in engere wirtschaftliche Zusammenarbeit mit der Tschechoslowakei träten[179].

Die Stellungnahmen der Referenten lassen keinen Zweifel darüber aufkommen, daß derartige Vorschläge Hodža in London nicht gemacht wurden. Der Board of Trade hätte sich zu einem Verzicht auf die Meistbegünstigten-Rechte nur bereit erklärt, wenn das Foreign Office ihn aus politischen Gründen hierzu gedrängt hätte[180]. Bereits wenige Tage nach dem Hodžabesuch konnte man den Plan in Großbritannien als nicht praktibakel abschreiben. In einem Gespräch der Außenminister Frankreichs und Großbritanniens über die Vorschläge Hodžas bezeichnete man sie als nicht durchführbar und man sollte Hodža bei der Verfolgung seiner Ideen nicht ermutigen[181]. Ende Mai hatte Ashton-Gwatkin ein Gespräch mit Dr. Wohltat aus dem Reichswirtschaftsministerium in Berlin. Beide besprachen auch den Hodžaplan, der für Deutschland angesichts der Investitionen zur Entwicklung dieser Länder und des Ausbaus der Handelsbeziehungen mit den Ländern Mittel- und Südosteuropas nicht wünschenswert sein würde, denn so re-

---

178 Ebenda. Newton-Vansittart. Confidential. Prague, April 27th, 1937. „Fierlinger, one of the best officials in the Ministry for Foreign Affairs, has told me that multilateral trade treaties are quite unpracticable and that even bilateral treaties concluded between Czechoslovakia and her neighbours have to be constantly varied to suit changes in the situation." Über die Ziele des Hodžaplans schreibt Newton: „Dr. Hodža's economic plan may . . . after all be about to be ushered into the world with the midwifely assistance of Dr. Schuschnigg. Even however if it fails to come to life as a plan, I feel that it is a policy. It may form a discreet line of approach to a measure of political collaboration which will enable the Danube states to resist domination by their great neighbours, avoid being drawn into orbits, and keep themselves politically to themselves. In his efforts to clarify what he had in mind Dr. Hodža said that he would like to create a neutral area in the Danube basin. He did not mean neutral in the sense of Belgian neutrality but an area withdrawn and aloof from the rivalries and intrigues of Great Powers."

179 Telegramm Newtons v. 20. 5. 1937 aus Prag (P. R. O. F. O. 371/21139).

180 Vgl. die Minutes der verschiedenen Referenten zum Vorgehen Hodžas. Orme Sargent brachte dies in einem Briefentwurf an Newton vom 16. 6. 1937 besonders zum Ausdruck: „We were surprised to see in your telegram that Dr. Hodža derived the impression during his London visit that H. M. Government would be willing to consider a waiver of most-favoured-nation rights if a preferential system between the Danubian States could thereby facilitated. Dr. Hodža has no justification for claiming that we told him anything of the kind . . ." (P. R. O. F. O. 371/21139).

181 Extract from a record of conversation at a lunch given by S of S (i. e. Secretary of State for Foreign Affairs Anthony Eden) to M. M. Delbos & Léger on 15 May (P. R. O. F. O. 371/21139).

sumierte Ashton-Gwatkin: „He was clearly not inclined to see these trade connexions interfered with by Dr. Hodza or anybody else[182]."

Ausschlaggebend für die britische Haltung gegen den Hodžaplan waren:

1. Die Aufgabe der eigenen Meistbegünstigten-Rechte zugunsten eines Präferenzsystems unter den Donaustaaten stand nicht im Einklang mit den wirtschaftlichen Interessen Großbritanniens, die auch das Commonwealth berücksichtigen mußten. Die Vorschläge Hodžas könnte man aber kaum ablehnen, wenn sie allein auf die wirtschaftliche Union im Donauraum ausgerichtet wären. Man müßte dann die frühere Politik hinsichtlich der verschiedenen Pläne für eine Neuordnung der Wirtschaft im Donauraum, die des „distant goodwill", aufgeben und als „Notstandsmaßnahme" formal die Meistbegünstigten-Rechte aufgeben.

2. Die Vorschläge hatten jedoch nicht nur eine wirtschaftliche Seite, denn der Plan war „highly political — a facet of the problem of mastery in Europe". Unter dem politischen Aspekt mußte man den Plan Hodžas als den Versuch erachten, die Donauländer von Deutschland und Italien wirtschaftlich unabhängig zu machen und in einer derartigen Kombination die Führungsrolle der Tschechoslowakei noch zu vergrößeren. In den Worten Hodžas sollte diese Vereinigung nicht gegen Deutschland oder Italien gerichtet sein. Seine deutliche Absicht war es aber, die durch den Zusammenschluß gewonnene Stellung auszubauen und sich mit den mächtigen Nachbarn zu einigen.

Die Briten gaben dem Plan wenig Chancen[183], zumindest zum gegenwärtigen Zeitpunkt. Allein die Tatsache, daß es ein tschechischer Plan war, würde die Deutschen und Italiener diese Vorschläge ablehnen lassen. Zur Herstellung einer Wirtschaftsunion der Donaustaaten hätten diese ihre eigenen Vorstellungen. Sollte die Weltpolitik aber nicht für immer auf dem Krankenbett bleiben, mußte eine derartige Union früher oder später kommen. Großbritannien wollte aber die Entwicklung abwarten und nicht zum Vorreiter werden.

Um die Entwicklung in Mitteleuropa zu stabilisieren, war man auch bereit, öffentlich sein Interesse an diesem Raum zu bekunden. Außenminister Eden betonte jedoch gleichzeitig vor der Imperial Conference am 3. Juni 1937, daß es gefährlich wäre, die südosteuropäischen Länder zum Widerstand gegen die deutsche Durchdringung aufzufordern. In diesem Zusammenhang sagte der Außenminister auch, daß man Desinteresse an diesem Raum schon deswegen nicht zeigen dürfte, da man sonst den Anschluß Österreichs an Deutschland ermutigen würde. Sollte Österreich den Anschluß jedoch wünschen, würde Großbritannien sich diesem nicht

---

[182] Ebenda. Aufzeichnung Ashton-Gwatkins v. 28. 5. 1937.

[183] Wenige Wochen vorher hatte der Gesandte der Vereinigten Staaten, Messersmith, ebenfalls einen Sanierungsplan für die Wirtschaft im Donauraum vorgelegt (Vgl. P. R. O. F. O. 371/21139 Memorandum on the Desirability of Preferential Treatment for South Eastern Agricultural Products. Vienna, April 6th, 1937. Strictly Confidential). Messersmith, später Unterstaatssekretär im State Department, galt als entschiedener Vertreter einer wirtschaftlichen und politischen Eindämmungspolitik gegen Deutschland. Es wäre einmal zu prüfen, inwieweit ein Zusammenhang zwischen dem Messersmith-Memorandum und dem Hodžaplan besteht.

widersetzen[184]. Eden interpretierte auch seine Äußerungen von Leamington und Bradford. Seine Aussagen hätten nach wie vor noch Gültigkeit, nämlich, daß „there is no automatic obligation to take military action. It is, moreover, right that this should be so, for nations cannot be expected to incur automatic military obligations save for areas where their vital interests are concerned“[185]. In Mitteleuropa und Südosteuropa hatte Großbritannien keine direkten „vital interests“. Strategisch gehörten hierzu vor allem die Niederlande (Holland, Belgien) und Nordfrankreich.

Nach Meinung Edens gab es für die britische Europapolitik verschiedene Alternativen:

1. „We might disinterest ourselves altogether in Central Europe and confine ourselves strictly to our vital interests in the Low Countries and Northern France. Such a policy would be unwise and would almost certainly invite aggression.“

2. „We might declare our readiness to fight for Czechoslovakia or Austria if they became the victims of aggression. That would mean going far beyond our obligations under the Covenant and far beyond what the people of this country were prepared to go. There could be no greater danger than for the Government to declare themselves in favour of a policy which did not command the general support of public opinion at home. This would only make things infinitely worse.“

3. „that without undertaking any military commitment we should make it clear that we were interested in events in Central Europa[186].“

Dem „British Interest“ erschien die dritte Möglichkeit als die geeignetste und die Staaten Mitteleuropas waren mit einer derartigen Erklärung zufrieden.

Wie sehr die führenden Politiker in Großbritannien angesichts der sich erneut verschlechternden wirtschaftlichen Situation des Landes Ende 1937 auf innenpolitische Probleme und die öffentliche Meinung Rücksicht nehmen mußten, macht ein Bericht des tschechischen Gesandten in Paris, Osuský, an Krofta vom 11. De-

---

184 P. R. O. F. O. 371/21139 Imperial Conference 1937 (3rd June 1937). Sub Central & South Eastern Europe: „. . . the United Kingdom was the only great Power which had no axe to grind in the affairs of Central Europe and could not adopt the attitude that she had no views as to how the problem ought to be solved. On the contrary, the United Kingdom Government would like to see the problem dealt with by the practice of self-determination in its fullest sense, by the promotion of economic and political co-operation between the Danubian States and by the exclusion of the rivalries of other European Powers from the Danubian Basin. If, however, Austria did express a definite wish for union with Germany, the United Kingdom Government would not oppose it. But such Union would not solve the Central European problem; on the contrary, owing to the difficult situation in which Czechoslovakia, Poland and Yugoslavia would then find themenselves, rivalries in Central Europe would possibly become keener as the result of an *Anschluss* than they were at present.“ (fol. 166r/167).

185 E b e n d a. Auszug aus der Leamington-Rede.

186 Imperial Conference 1937 E. (P. D.) (37) 1. Meeting. Minute v. 19. 5. 1937 (zit. nach Kopie in P. R. O. F. O. 371/21139 fol. 141 f., 142).

zember 1937 deutlich. Die Widerstände vor allem von Innenminister Hoare und dem Chancellor of the Exchequer Simon gegen die Außenpolitik Edens beruhten auf einer guten Kenntnis der Stimmungen im Lande. Vor allem die „Middle-class" sei entschieden gegen die sich aus der Aufrüstung ergebenden höheren Steuern, für die man Eden verantwortlich mache[187]. Zu den politischen Zielen britischer Politik seit Mitte der dreißiger Jahre gehörte es — auch angesichts der sich verschärfenden innenpolitischen Probleme —, die Spannungen in Europa durch Eingehen auf berechtigte deutsche Forderungen abzubauen und zu einem Interessenausgleich auf wirtschaftlichem und politischem Gebiet zu gelangen. Dieser Ausgleich sollte durch Verträge erreicht werden und damit eine Abgrenzung der Interessen zustandebringen. Mittelost- und Südosteuropa gehörten zu den Räumen, in denen Großbritannien keine „vital interests" hatte, im Gegensatz zu Deutschland. Dieses hatte durch seine Handelspolitik die Staaten des Donaubeckens in mehr oder minder große wirtschaftliche Abhängigkeit gebracht und auch seinen politischen Einfluß in Südosteuropa verstärken können.

Der Anschluß Österreichs im März 1938 verstärkte die wirtschaftliche Position Deutschlands in Mittel- und Südosteuropa, nicht nur handelspolitisch, sondern auch auf dem Kapitalsektor. Die britische Führung betrachtete die Situation in Europa, wie sie sich seit dem Anschluß entwickelte, sehr nüchtern und realistisch[188]. In den Beratungen der britischen Regierung kommen vor allem zwei Gesichtspunkte immer wieder zur Sprache:

1. Aufgrund der verschlechterten militärgeographischen Lage der Tschechoslowakei könnten die Westmächte bei einer militärischen Aggression durch Deutschland eine Garantieverpflichtung wahrscheinlich erst einlösen, wenn die Tschechoslowakei bereits überrannt sein würde. Ein Krieg aber würde die Tschechoslowakei nicht in der früheren Form wiederherstellen.

---

[187] K r á l , Václav: Das Abkommen von München 1938. Tschechoslowakische diplomatische Dokumente 1937—1939. Prag 1968, S. 58.

[188] Vgl. P. R. O. CAB 23/93—95. P. R. O. F. O. 371/21714 ff. P. R. O. F. O. 800/269: Cadogan-Henderson (Berlin). d. d. Rest Harrow, Sandwich, Kent 22. 4. 1938: „Thank Goddness Austria's out of the way. I cant help thinking that *we were very badly informed about feeling in that country* . . . we should evidently have been very wrong to try to prevent the Anschluss against the wishes of — to put it mildely — a very considerable proportion of the population. After all, it wasn't our business: we had no particular feelings for the Austrians: we only forbade the Anschluss to sprite Germany. What is Hitler now going to do about the Sudetendeutsch? I suppose he'll swallow them sooner or later, rightly invoking President Wilson. And then? That seems to me to be the real point. I'm afraid I can't look on the Reichs absorption of Germans with much horror. (Anyhow I don't believe for a moment that we're going to stop it) I sha'nt be able to work up much moral indignation until Hitler interfers with other nationalities. Is he? I suppose he'll try to get a stronghold on the little countries . . . That all looks very menancing and disturbing, but it hasn't happened yet. Anyhow if there's nothing to be done to stop it, there's no use merely shuddering at it. We'd better put our own defences in order (that goes much too slow at present) and try for a modification of the balance of Power — make friends where we can and tenure our position at least in the Mediterranean, if that be possible . . ." — Vgl. auch: D i l k s , David: The Diaries of Sir Alexander Cadogan 1938—1945. London 1971, S. 70, wo Teile dieses Briefes abgedruckt sind.

2. Deutschland wäre aufgrund der wirtschaftlichen Schlüsselstellung nach dem Anschluß Österreichs keineswegs auf militärische Aktionen angewiesen, sondern könnte der Tschechoslowakei durch wirtschaftlichen Druck seine Bedingungen diktieren, notfalls durch wirtschaftliche „Strangulierung“ [189]. Man glaubte, daß sich in Berlin die Tauben gegenüber den Falken durchsetzen würden.

Wirtschaftlich brachte die sich verändernde Situation keine Nachteile für Großbritannien. Über die internationalen Kartelle war der Einfluß auf die Wirtschaft in Mittel- und Südosteuropa auch nach einer Verstärkung der Stellung Deutschlands gesichert. Bei einem wirtschaftlichen Arrangement mit Deutschland würde die indirekte Kapitalausfuhr (über Berlin) intensiviert werden. Für die Aufgabe des wirtschaftlich für Großbritannien nicht so interessanten Südosteuropa könnte die britische Sicherheit für das Mittelmeer und den Fernen Osten im Rahmen eines „Great Settlement“ erkauft werden [190]. Unter diesen Perspektiven gewinnt auch der viel kritisierte Ausspruch von „Far away country“ in der Rundfunkrede Neville Chamberlains eine neue Wertung. Am 27. September 1938 sagte Chamberlain:

„... How horrible, fantastic, incredible it is that we should be digging trenches and trying on gas-masks here because of a quarrel in a far-away country between people of whom we know nothing ... However much we may sympathize with a small nation confronted by a big and powerful neighbour, we cannot in all circumstances undertake to involve the whole British Empire in war simply on her account. If we have to fight, it must be on larger issues than that. I am myself a man of peace to the depths of my soul. Armed conflict between nations

---

189 Vgl. P. R. O. CAB 23/93 Nr. 15 (38) v. 22. 3. 1938. D. B. F. P. III/1 Nr. 107 Halifax-Phipps (Paris) dd. F. O. 23. 3. 38, S. 86 ff., S. 87.

190 „British Interest“ wird in einem Telegramm Hendersons vom 26. 3. 1938 deutlich. Dort heißt es: „England is not only a European Power, but a World Power, which cannot afford to allow European conflicts to endanger her world interests ...“ (P. R. O. F. O. 371/21713 fol. 194 C 2148). 1938 war den Briten klar geworden, daß sich Deutschland nicht mit einem Einfluß auf dem Balkan begnügen würde, sondern durch seine Politik eine Bedrohung für die britischen Mittelmeerinteressen werden könnte (vgl. Gespräch mit dem deutschen Geschäftsträger in London, Dr. Woermann v. 23. 3. 1938. P. R. O. F. O. 371/21714 fol. 270 f.). Zur Absicherung britischer Interessen entschließt sich das Kabinett im Mai 1938 für eine finanzielle Unterstützung der Türkei (P. R. O. F. O. CAB 23/93 23 (38) v. 11. 5. fol. 256 ff. Vgl. hierzu auch das Memorandum C. P. 112 (38) Financial Assistance to Turkey), wohl wissend, daß die zu gewährenden Kredite kaum zurückgezahlt werden würden. Ein Verlust von 6 Mill. £ würde sich jedoch auszahlen, wie Chamberlain in der Kabinettssitzung erklärte, da „we should use our financial strength and resources for political purposes“. Für eine Unterstützung der Türkei sprächen „powerful political arguments“, denn „it must be remembered that Turkey was in a very special and exceptional position. She constitutes a real bulwark against German expansion in the Near and Middle East“ (fol. 265). Ähnliche Argumente findet Halifax in der Sitzung vom 1. 6. 1938 (Vgl. P. R. O. CAB 23/93 27 ⟨38⟩ v. 1. 6. fol. 387 sowie C. P. 127 ⟨38⟩), als man sich Gedanken über die Auswirkungen des „German political, economic and commercial influence“ in Mittel- und Südosteuropa seit dem Anschluß macht, und wie man dieser Entwicklung wirksam begegnen könnte, um sich einen britischen Einfluß in diesem Raum zu erhalten. Zur deutschen Mittelmeerpolitik vgl. auch P. R. O. F. O. 800/269.

is a nightmare to me; but if we were convinced that any nation had made up its mind to dominate the world by fear of its force, I should feel that it must be resisted. Under such a domination life for people who believe in liberty would not be worth living; but war is a fearful thing, and we must be very clear, before we embark on it, that it is really the great issues that are at stake, and that the call to risk everything in their defence, when all the consequences are weighed, is irresistible[191]."

Wenige Tage später glaubte Chamberlain durch das Münchener Abkommen den Frieden „in unserer Zeit" gesichert zu haben. In München hatte er mit Hitler auch über die „economic relations with S. E. Europe"[192] gesprochen. Im Rahmen weitreichender wirtschaftlicher Zusammenarbeit beider Länder erklärte sich Chamberlain bereit, den deutschen Interessen in diesem Raum Vorrang zu geben, allerdings unter der Bedingung, daß die Stärkung des politischen, wirtschaftlichen und militärischen Einflusses auf dem Balkan begleitet würde von einer Abgrenzung der Interessensphären beider Staaten. Hierüber konnten in den Monaten nach München keine zufriedenstellenden Ergebnisse für die Regierung Chamberlain erzielt werden. Großbritannien war aber nicht bereit, ohne deutsche Gegenleistungen wirtschaftliche und politische Positionen in Mittel- und Südosteuropa aufzugeben und sich jedes Einflusses in diesem Raume zu begeben. Als klar wurde, daß Deutschland nur forderte ohne zu geben, entschloß sich Großbritannien zur Absicherung seiner Interessen zu ökonomischen Stützungsmaßnahmen, eine Waffe, die spät eingesetzt wurde[193]. Man hatte nun erkannt, daß in „der Folge eines gründlichen Rückzuges britischer Interessen aus Südosteuropa ... Großbritannien eine Position nach der anderen auch im Westen verloren haben (würde), und dies war auch einer der Faktoren, warum Großbritannien seine Positionen ohne Krieg nicht verteidigen konnte"[194].

Schlußbetrachtung

Der „Komplex British Interest" konnte in dem hier zur Verfügung stehenden Rahmen kaum umfassend dargestellt werden. Immerhin aber sollte der Versuch unternommen werden, verschiedene Aspekte, die in der Forschung bisher kaum beachtet wurden oder deren Erforschung erst in jüngster Zeit in Angriff genommen wurde, besonders herauszugreifen. In den vorausgehenden Bemerkungen lag der Schwerpunkt der Aussagen daher auf Fragen der Kontinuität oder Diskontinuität britischer Geschichte, der Wechselbeziehungen von Innen- und Außenpolitik sowie von Binnen- und Außenwirtschaftspolitik. Zusammenfassend sollen nochmals die Ergebnisse skizziert werden:

---

[191] Chamberlain, Neville: The Struggle for Peace. London o. J., S. 275 f. Ein Teil der Rede abgedruckt bei Joll: Britain & Europe 333 f.

[192] Zit. nach Feiling 376 (Brief v. 2. 10. 1938 an den Erzbischof von Canterbury). Zum Gespräch zwischen Hitler und Chamberlain am 30. 9. 1938 vgl. D. B. F. P. III/2 Nr. 1228, S. 635—40 bes. 639 f. (South-Eastern Europe).

[193] Vgl. P. R. O. CAB 23/96 u. P. R. O. CAB 27/627 Secret F. P. (36) 70 u. F. P. (36) 54 British Influence. — Vgl. auch D. B. F. P. III/3 Appendix IV, S. 629—638.

[194] Teichova: Mittelost- und Südosteuropa 295.

Die britische Europapolitik, besonders die britische Mitteleuropapolitik, kann nur dann richtig eingeordnet werden, wenn man das Krisenverhalten Großbritanniens im Zusammenhang mit seinen weltpolitischen Verpflichtungen vor dem Hintergrund eines Wechselverhältnisses von außenpolitischen, innenpolitischen und wirtschaftlichen Entwicklungen zu beurteilen versucht. Das gilt ebenso für traditionelle, langfristige Grundmuster britischer Politik, wie für epochenspezifische Faktoren.

1. Grundmaxime britischer Politik, wie sie sich als „British Interest" artikulierte, war die Verfolgung einer Strategie des friedlichen Wandels nach innen und außen. Dies traf für die Phase des Aufstieges des Handelsstaates Großbritannien zur politischen und wirtschaftlichen Führungsmacht der Erde sowie auf dem Höhepunkt der Pax Britannica um die Jahrhundertwende und auch in der Phase des zunehmenden Machtverfalls nach 1918 gleichermaßen zu. Kennzeichen waren außenpolitische Defensive und innenpolitische Reformbereitschaft, die weitgehend durch wirtschaftliche Entwicklungen und Bedingungen bestimmt wurden.

Die britische Außenpolitik der Zwischenkriegszeit bewegte sich unter Berücksichtigung spezifischer epochaler Faktoren im Rahmen dieses Grundmusters.

2. Die innenpolitischen Bedingungen und Verhältnisse in Großbritannien wurden bisher für die Analyse des außenpolitischen Verhaltens kaum herangezogen. Streiks, Massenarbeitslosigkeit, soziale und wirtschaftliche „improvements" und die Strukturschwäche der Wirtschaft und, in engem Zusammenhang hiermit stehend, die Finanz- und Steuerpolitik der Regierung[195] bildeten Elemente, die den Freiraum für das außenpolitische Handeln ebenso einschränkten wie die Wandlungen im internationalen System seit der Jahrhundertwende. Hinzu trat als psychologischer Faktor die Tatsache, daß der Erste Weltkrieg aus Großbritannien nicht das gelobte „land fit for heroes" gemacht hatte. Vielmehr hatte der Krieg nur große Opfer an Menschen und Material gekostet, nicht jedoch einen sicheren Frieden gebracht. Die sich trotz der größten Ausdehnung des Empires (1921) nach 1919 stetig verschlechternde internationale Rolle Großbritanniens tat das ihre. Jede britische Regierung der Zwischenkriegszeit hatte diesen Faktoren Rechnung zu tragen[196], wollte sie nicht eine unpopuläre Politik gegen das Volk betreiben.

3. Europa war nur eine der machtpolitischen und ökonomischen Interessensphären der weltpolitischen Verpflichtungen des „troubled Giant" Großbritannien. Allerdings waren Sicherheit und Friede in Europa konstitutiv für die Aktionsfähigkeit in anderen Interessensphären, wie beispielsweise im Mittleren und Fernen Osten.

4. Die wachsenden Emanzipationsbewegungen innerhalb des britischen Empires engten den Handlungsspielraum jeder britischen Regierung ein. Nur durch eine Veränderung der Organisationsform und Zugeständnisse auf wirtschaftlichem Ge-

---

[195] Vgl. z. B. P. R. O. CAB 23/93 33 (38) v. 20. 7. 1938.

[196] Wie stark das Erlebnis des Krieges 1914/18 nachwirkte, vgl. z. B. die Reden Chamberlains v. 8. 4. 1938 in Birmingham und v. 22. 7. in Kettering (Chamberlain 170 ff., 237 ff.) sowie Feiling.

biet (Statut von Westminister 1931; Wirtschaftskonferenz von Ottawa 1932) konnte den Verfallserscheinungen entgegengewirkt und der Bestand des Empires gewahrt werden. Voraussetzung hierfür konnte nur eine Politik der Friedenssicherung sein. Die Bedeutung des Empire-Commonwealth als eigengewichtiger Faktor für die europapolitischen Entscheidungen der Regierung Ihrer Majestät im Vereinigten Königreich ist bisher erst wenig erforscht[197].

5. Auf den Pariser Friedenskonferenzen konnte sich Großbritannien mit seinen Vorstellungen für eine Nachkriegsfriedensordnung nur teilweise durchsetzen. In der nicht vollständig gelösten Frage des Selbstbestimmungsrechtes der Völker sah man eines der Hauptprobleme für den Frieden in Europa. Die Friedensregelungen schufen potentielle Konfliktherde. Hierzu gehörte in Mitteleuropa vor allem die neugegründete Tschechoslowakei, da man aus strategischen, historischen und wirtschaftlichen Überlegungen heraus Deutsch-Böhmen dem neuen Staat zuschlug. Nach britischer Auffassung konnte hier die politische Stabilisierung nur durch Finanz- und Wirtschaftshilfe erreicht werden sowie durch eine gemäßigte Politik in der Nationalitätenfrage. Die tschecho-slowakische Delegation hatte auf den Friedenskonferenzen die Lösung dieser Probleme im Rahmen eines „Schweizer Modells" zugesichert. So schien die gefundene Lösung für die Briten akzeptabel, bot sie doch die Aussicht darauf, daß die Tschechoslowakei nicht zum Sturmzentrum Europas werden würde.

6. Große Hoffnungen setzte man in Großbritannien auf den in Paris geschaffenen Völkerbund, auf das dadurch zu erwartende kollektive Sicherheitssystem sowie auf die weltweite Abrüstung. Gleich nach den Pariser Friedenskonferenzen rüstete Großbritannien daher drastisch ab. Es entstand die „Ten-Years-Rule". Die Vernachlässigung der Rüstungen — auch aus innenpolitischen Zwängen heraus — und die fehlende Übereinstimmung zwischen internationalen Verpflichtungen und militärstrategischen Überlegungen wurde zu einer schweren Hypothek für die Zukunft. Die politischen und militärischen Optionen der zwanziger Jahre wirkten sich dahingehend aus, daß sich Großbritannien in den dreißiger Jahren nicht in der Lage sah, den Frieden durch Stärke zu wahren, da politische und strategische Planungen nicht Hand in Hand gingen. Diese Diskrepanz mußte, wie es Sir Eyre Crowe 1908 formuliert hatte, „lead either to military diaster or political retreat"[198].

7. Für die britische Europapolitik in der Zwischenkriegszeit kommt dem Verhältnis zu Frankreich große Bedeutung zu. Nach Freigabe der französischen Akten öffnet sich hier ein Feld für weitere Forschungen. Die französische Deutschland- und Europapolitik in der Zwischenkriegszeit, die Sicherheits- und Bündnispolitik, die Wirtschafts-, Handels- und Finanzpolitik führten vielfach zu Mißtrauen auf britischer Seite, sah man doch in dieser Politik mit ihrer antideutschen Spitze eine Gefährdung für die Herstellung einer europäischen Friedensordnung

---

197 Vgl. z. B. P. R. O. CAB 27/626 F. P. (36) 25 Bruce (Australien). — P. R. O. PREM 1/260 General Hertzog (Südafrika) zur britischen Außenpolitik, ebenfalls P. R. O. F. O. 371/ 21714 fol. 325. — P. R. O. PREM 1/249. — Feiling 378 ff. — Tamchina: Diss.

198 P. R. O. CAB 27/627 F. P. (36) 56.

und den Versuch für eine europäische Hegemoniebildung durch Frankreich. Angesichts der Unterlassungen in den zwanziger Jahren und der in britischen Augen unvernünftigen Politik des französischen Nachbarn setzten sich in den dreißiger Jahren in der britischen Führung die Kräfte durch, die für ein Arrangement mit Deutschland eintraten.

8. Deutschland war auch in der Zwischenkriegszeit der wichtigste europäische Handelspartner Großbritanniens. Nach dem politischen und wirtschaftlichen Wiederaufstieg Deutschlands versuchte Großbritannien zu einem politischen, wirtschaftlichen und militärischen Arrangement mit Deutschland zu kommen. Auf diesem Wege, nicht durch eine Politik der Eindämmung, glaubte man die Voraussetzung für eine europäische Friedensregelung und den Ausgleich und die Abgrenzung der Interessen auf politischem und wirtschaftlichem Gebiet zu erreichen.

9. Ein wesentliches Grundelement des „British Interest" war es, nicht erst seit dem Ersten Weltkrieg, die Möglichkeit zum Handeltreiben zu gewährleisten. Hauptinteressengebiete für den britischen Handel waren neben dem Empire vor allem Südamerika, der Ferne Osten und Europa. Durch „economic appeasement" versuchte man die Interessen politisch abzusichern.

10. Nach dem Ersten Weltkrieg wurden die Länder Mittel- und Südosteuropas bei der Neuordnung der politischen und wirtschaftlichen Einflußsphären in das politische und wirtschaftliche System der Westmächte eingebunden. Im Interesse einer Westbindung unterstützten die Regierungen der Nachfolgestaaten einen Kapitaltransfer zugunsten der Ententestaaten, um dadurch die vor 1914 bestehenden Kapital- und Wirtschaftsinteressen Deutschlands, Österreichs und Ungarns auszuschalten. Neben langfristige Regierungsanleihen zur Stabilisierung der politischen Verhältnisse in den Donaustaaten traten nach 1920 verstärkt private Investitionen. Die Staaten des Donaubeckens übernahmen damit nach 1918 die Rolle, die vor dem Kriege für die Kapitalausfuhr Rußland gespielt hatte. Neben dem Empire und Südamerika wurden diese Staaten zum wichtigsten Anlagefeld für Auslandsinvestitionen Großbritanniens. Der Tschechoslowakei, als dem industriell am weitesten entwickelten Staat im Donauraum, kam eine Schlüsselrolle zu. Sie wurde zum Knotenpunkt für wirtschaftliche Transaktionen im Donauraum und zur Basis für internationale Kartelle in der Schwerindustrie und auf dem Banken- und Versicherungssektor.

11. Mittel- und Südosteuropa gehörten nicht zu den Räumen, in denen Großbritannien „vital interests" hatte. Die Herstellung einer Donaukonföderation, die die Wirtschaftseinheit dieser Staaten aus der Vorkriegszeit wiedererstehen lassen würde, wurde angesichts der wachsenden Struktur- und Agrarkrise in den Staaten des Donaubeckens in den dreißiger Jahren von Großbritannien als notwendig erachtet. An einer Ausweitung des britischen Handels mit den Agrarstaaten dieser Region war man jedoch nicht sonderlich interessiert, würde diese doch nur zu Lasten des Empirehandels möglich sein. Alle Initiativen wurden daher nach 1932 bestenfalls mit „distant goodwill" betrachtet.

12. Als mit bedingt durch die Weltwirtschaftskrise die Westmächte keine Hilfsmaßnahmen für die durch die Krise besonders hart getroffenen Länder des Do-

nauraums einleiten wollten bzw. konnten, wurde Deutschland in diesem Raum zunehmend aktiv. Den Staaten Südosteuropas wurde der deutsche Markt für ihre Agrarprodukte zugänglich gemacht. Aufgrund der Kontingentierung des gegenseitigen Handelsverkehrs gewann Deutschland zunehmend Einfluß auf den Außenhandel dieser Länder und wurde auch zunehmend zu einem politischen Faktor in diesem Raum. Die Dominanz westlichen Kapitals in den Volkswirtschaften des Donauraums und die Abhängigkeit dieser Staaten von Deutschland auf dem Außenhandelssektor, führten zu einer wachsenden Wirtschaftsrivalität zwischen Deutschland und den westeuropäischen Staaten im Donauraum. Nach dem Anschluß Österreichs gewann Deutschland auch auf dem Kapitalsektor an Einfluß. Über die internationalen Kartelle war die Einwirkungsmöglichkeit auf die Wirtschaft in Mittel- und Südosteuropa auch nach der Stärkung der deutschen Position gesichert, und man glaubte diese bei einem wirtschaftlichen Arrangement mit Deutschland noch intensivieren zu können. Die marxistische These, daß dem „politischen München" ein „wirtschaftliches München" vorausging, ist daher nicht haltbar[199].

13. Aufgrund der vielfältigen Probleme innenpolitischer, wirtschaftlicher, empirepolitischer und globalpolitischer Natur sah die britische Politik der Zwischenkriegszeit den Frieden als „Primärziel der politischen Wertskala" an. In nüchterner Abwägung der Optionsmöglichkeiten für die britische Politik in der Konstellation von 1938 entschied sich die Regierung Chamberlain gegen das „faraway-country" Tschechoslowakei, das sowieso durch seine Politik in Großbritannien seit Mitte der zwanziger Jahre, verstärkt seit 1931, nahezu jede Glaubwürdigkeit eingebüßt hatte[200]. Wichtiger erschien ein Arrangement mit Deutschland durch Abgrenzung der gegenseitigen Interessenräume als Vorstufe für ein „great Settlement" der europäischen Großmächte und der Sicherung des „British Interest". Erst als deutlich wurde, daß Deutschland hierzu nicht bereit war, entschloß sich die britische Regierung unwillig und halben Herzens zu einer Politik zur Erhaltung der „Balance of Power" in Europa, die damit das Konzept der Koexistenz auf der Grundlage getrennter Einflußsphären ablöste.

---

[199] Hauptvertreter Václav Král. Vgl. hierzu Teichova: Economic background to Munich 35 f.

[200] Vgl. Král 15: Masaryk - Mastný dd. London 4. 6. 1938: „Wir sind den Engländern intensiv zuwider. Wir fallen Ihnen nur zur Last und sie verfluchen den Tag unserer Gründung . . ." Zur britischen Haltung vgl. auch Franke: Tschechoslowakei.

Oswald Kostrba-Skalicky

PATHOLOGIE EINER BEZIEHUNG: DIE SOWJETUNION UND DIE TSCHECHOSLOWAKEI 1918—1938

Grundsätzliche Faktoren

Es bedarf einiger grundsätzlicher Einsichten in die durch das Thema gegebene Problematik, um festzustellen, daß eine Abhandlung über die Beziehungen zwischen der Tschechoslowakei und der Sowjetunion von 1918 bis 1938 sich weder auf die Erarbeitung eines theoretischen Schemas, noch auf eine mechanische Schilderung des sichtbaren Ablaufes beschränken kann. Der bis in unsere Tage wirkenden und schicksalhaftesten Bindung der Ersten Republik gerecht zu werden, heißt den Versuch einer Interpretation zu unternehmen. Dies einleitend zu sagen, erachte ich als unumgänglich, denn interpretieren heißt oft Urteile aussprechen und zwar hauptsächlich dann, wenn ethische Dimensionen berührt werden, was an Wendepunkten und in Konfrontationen, an denen es den tschechoslowakisch-sowjetischen Beziehungen nie mangelte, häufig der Fall zu sein scheint. Das gleiche trifft auch für die Rolle der wichtigsten Protagonisten zu.

Den Gegebenheiten entsprechend muß ein solcher Versuch über die zwischenstaatlichen Kontakte und, was deren Voraussetzungen und Motivationen anlangt, rückblickend auch über 1918 hinausgehen. Das ergibt dann die Notwendigkeit, noch zusätzliche polarisierende Begriffe beizuziehen, die durch die Kapitalen Prag und Moskau sowie die jeweiligen Namen der beiden Länder nur unvollkommen umrissen sind. Auch müssen Bereiche und Komponenten berücksichtigt sowie Fragen beantwortet werden, denen sonst in zwischenstaatlichen Beziehungen kaum Bedeutung zukommt.

Im Konkreten ergab sich eine ähnliche Ausweitung der Problematik auch für die tschechoslowakische Außen- und Innenpolitik und zwar ohne Rücksicht darauf, ob eine solche noch vom Tschechoslowakischen Nationalrat[1] im Pariser Exil des Ersten Weltkrieges oder später in Prag konzipiert wurde und entweder die hierarchische, politische und soziale Struktur, Stimmung und Position der tschechoslowakischen Auslandsrepräsentation, bzw. der Legion in Rußland, oder nachher die parteipolitische Situation, öffentliche Meinung im Lande selbst, und die internationale Stellung der Tschechoslowakei zu berücksichtigen hatte oder dieselben auszunützen gedachte. So war die tschechoslowakische Auseinandersetzung mit dem Phänomen „Sowjetrußland" und dem russischen Staatsvolk von Anfang an unvergleichlich komplizierter und komplexer als die mit irgendeinem anderen Land oder anderen Nationen. Im gegebenen Falle ging es nicht nur um die machtpolitischen, sondern auch um die traditionellen nationalen, rassisch-romantischen und sentimentalen Komponenten mit allen ihren sozial-politischen, ideologischen und psychologischen Aspekten. Auf der Ebene der Institutionen traten nicht nur die zwei Staaten in

---

[1] „Československá Národní Rada".

Erscheinung, sondern auch die parallelen hierarchischen und organisatorischen Strukturen der beiden kommunistischen Parteien, die — einem außerhalb der unmittelbaren Problematik liegenden Zentrum verpflichtet —, das Geschehen beeinflußten. Es wird begreiflich, daß auf einer so beschaffenen Szene die Bedeutung einzelner Persönlichkeiten stärker zur Geltung kommen mußte.

So gesehen, stellen die zwischenstaatlichen tschechoslowakisch-sowjetischen Beziehungen der Zwischenkriegszeit die Summe einer beachtlichen Anzahl von Faktoren und Einflüssen dar, die man ungefähr folgend aufgliedern bzw. kategorisieren könnte, ohne aber dabei ihre enge Verquickung und gegenseitige Wechselwirkung zu übersehen:

1. Das tschechoslowakische außenpolitische Kalkül[2] und alle jene klassischen Grundsätze, die für Beziehungen zwischen Staaten im machtpolitischen Bereich ausschlaggebend sind.

2. Alle Varianten der spezifisch tschechischen und, wie noch nachzuweisen, irrationalen Russophilie[3] als traditionellem Faktor des tschechischen bzw. tschechoslowakischen politischen Bewußtseins, mit seiner sentimentalen und romantischen Bedeutung und kompensatorischen Überhöhung.

3. Die traditionelle tschechische Neigung zu einem und Sympathie für ein sozialrevolutionäres Reformexperiment als logische Konsequenzen der spezifisch-tschechischen Entwicklung im 19. und 20. Jahrhundert.

4. Die Beschaffenheit der KPTsch, die sich als einzige legale KP Mittel-, Ost- und Südosteuropas in der Zwischenkriegszeit zu einer Massenpartei entwickeln, breite Kader aufbauen und einen unproportional intensiven Einfluß auf tschechoslowakische intellektuelle Schichten ausüben konnte. Die absolute Loyalität ihrer Führung zu Moskau und der Komintern sowie die Funktion der KPTsch als „bolschewistische Agentur“[4].

5. Der politische Einfluß von tschechoslowakischen Massenorganisationen (zum Beispiel Legionärsverbände, Sokol) sowie von Schlüsselfiguren, die Programme symbolisierten (Eduard Beneš, Karel Kramář, Václav Šmeral, Klement Gottwald, Alois Muna).

Eine solche Aufschlüsselung steckt Bereiche ab, deren Entwicklung innerhalb des vorgesehenen Rahmens weder im Detail behandelt werden kann, noch — vor die-

---

[2] Siehe auch: Hoensch, J. K.: Die ‚Burg‘ und das außenpolitische Kalkül. In: Die Burg. Bd. 2. München 1974, S. 31, 44—51.

[3] Die überzeugenden Ausführungen von Hans Lemberg lassen den Begriff „Slawische Idee“ für die tschechische politische Tradition einer Gemeinsamkeit slawischer Völker präziser erscheinen als die vereinfachende Bezeichnung „Panslawismus“. Siehe Lemberg, H.: Tschechen und Russen. Die slawische Idee in der Tschechoslowakei 1918—1938. In: Die demokratisch-parlamentarische Struktur der Ersten Tschechoslowakischen Republik. München 1975.
Doch erscheint es mir wichtig, darauf hinzuweisen, daß die von mir erwähnte „Russophilie“ in keiner Weise mit Lembergs „Slawischer Idee“ identisch ist.

[4] Oschlies, W.: Die kommunistische Partei der Tschechoslowakei in der Ersten Tschechoslowakischen Republik. In: Die demokratisch-parlamentarische Struktur der Ersten Tschechoslowakischen Republik. München 1975, S. 57.

sem Auditorium — im Detail behandelt werden muß. Die organisch aufbauende Themenwahl der Wiesseer Tagungen ermöglicht es, auf bereits erarbeitete und publizierte Einsichten hinzuweisen.

Die psychologische Landschaft

Es scheint nicht ohne Bedeutung zu sein — obwohl es nur eine der zusätzlichen Dimensionen der tschechisch-russischen, bzw. tschechoslowakisch-sowjetischen Beziehungen illustriert —, daß die ersten Bindungen — und zwar zwischen Elementen der sich konstituierenden Sowjetmacht und tschechischen links-sozialistischen Gruppen in Rußland — bereits im Oktober 1917 in Kiew mit finanzieller Unterstützung durch die Bolschewiki entstanden. Sie führten rasch zu einer ablehnenden Haltung beider Partner gegenüber der tschechoslowakischen Auslandsaktion unter Thomas Masaryk. Sowjetische Verhandlungen mit Professor Masaryk, seine Begegnung in Kiew mit dem sowjet-ukrainischen Sekretär für Militärangelegenheiten Kocjubinski und dessen Militärkommandanten Murawjev, kamen im Februar 1918 zustande. Diese Zweigleisigkeit der Beziehungen, das Unmittelbare der Kontakte auf Parteiebene sowie die Rolle der KPTsch als ausschließliches Werkzeug der sowjetischen Politik [5] — zuerst gegenüber der tschechoslowakischen Exilvertretung und der Legion in Rußland, später dann in der Tschechoslowakei — weicht zwar von der sowjetischen Taktik auch gegenüber anderen Staaten nicht ab, doch konnte sie sich im tschechischen Fall auf anders beschaffene Voraussetzungen stützen. Das Zusammenrücken der tschechischen Linken und der Bolschewiki 1917 in Rußland und besonders deren Einfluß auf die späteren Auflösungserscheinungen in der Legion [6] — die wahrscheinlich das Schicksal der Intervention im internationalen Maßstab entschieden — zeigt, wie fließend und durchlässig die Grenzen zwischen der tschechischen national-romantischen Russophilie und den der tschechischen sozialen Entwicklung und Struktur entsprechenden sozial-revolutionären Sympathien für das sowjetische Experiment waren.

Die spärlichen Kontakte zwischen tschechischen und russischen Arbeiterbewegungen beschränkten sich in der Vergangenheit überwiegend auf das 19. Jahrhundert und der destruktive Einfluß tschechisch-nationaler Tendenzen auf sozialistische Bewegungen in Österreich-Ungarn ist ebenso bekannt [7] wie die national-slawischen

[5] Für Chronologie, Interpretation und Details dieser Entwicklung sei auf die umfassende Arbeit von W. Oschlies hingewiesen (siehe Anm. 4).

[6] Základním obsahem činnosti čsl. komunistické strany na Rusi se stala . . . uvědomovací práce mezi legionáři, namířená proti reakčnímu vedení legií a za získání legionářů pro podporu ruské revoluce a formování oddílů čsl. rudoarmějců [Zum grundsätzlichen Inhalt der Tätigkeit der tschechoslowakischen kommunistischen Partei in Rußland wurde . . . die bewußtseinbildende Arbeit zwischen den Legionären, gegen die reaktionäre Führung der Legion und auf die Gewinnung der Legionäre zur Unterstützung der russischen Revolution und Aufstellung von Einheiten tschechoslowakischer Rotarmisten gerichtet]. Kollektiv VHO: Dějiny čsl. lidové armady [Geschichte der tschechoslowakischen Volksarmee]. In: Historie a vojenství 5/XII (1975) 3—26.

[7] Gründungserklärung der tschechischen National-sozialistischen Partei aus dem Jahre 1897: „Die internationale Soziale Demokratie ist keine Schöpfung der Arbeiterschaft sondern wurde durch berüchtigte Repräsentanten des Kapitals errichtet . . . , die Pioniere

Strömungen innerhalb der tschechischen Sozialdemokratie der Vorkriegszeit. So muß es als beachtlich erscheinen, wie bereits 1917 in Rußland, und ab 1918 in der Heimat, die irrationale, ja magische Anziehungskraft des großen slawischen Imperiums der Romanows anfing auf das Sowjetreich überzugehen, d. h. wie auch einander widersprechende bzw. verschieden motivierte Phänomene zur Deckung gelangten.

Die tschechische Faszination durch den russischen Osten — gleichgültig ob durch das weiße Mütterchen Moskau der Zaren oder den roten Kreml der Sowjets symbolisiert — und ihre Rolle — mehr als jeweiliger Katalysator denn als reales Element der tschechischen Politik — bleibt unbestritten. Vieles wurde über die Entstehung, Motivation und Entwicklung dieser schwer faßbaren und sentimentalen Komponente schon gesagt. Insofern sie als Facette oder Spielart jener Tendenz beizuordnen ist, die Hans Lemberg als „Slawische Idee" definierte, liegt über ihren Einfluß auf die Erste Republik überschaubar und überzeugend verarbeitetes Material vor[8]. Aus ihrem „geringen (machtpolitischen) Gewicht" wurde auf „steigenden Reifegrad und hohe Stufe politischer Differenzierung" folgerichtig geschlossen und ihre Funktion 1918—1938 als die einer „Hilfsideologie" bezeichnet[9]. Aber falls die „Slawische Idee" — diese präzise Bezeichnung für ein definierbares slawisches Solidaritätsgefühl mit klar umrissenen politischen Zielen — ein reiner Glaube, eine echte Ideologie war oder ist, so spielte sie in den tschechisch-russischen und tschechoslowakisch-sowjetischen Beziehungen nur eine unwesentliche Rolle, verglichen mit ihrem Abfallprodukt, der primitiven, naiven, politisch unartikulierten, undefinierbaren, nebulosen, sentimental-verschwommenen und daher jederzeit und in jeder Richtung manipulierbaren Russophilie, die — im Gegensatz zu Lembergs „Slawischer Idee" — als wichtigste und bestimmende psychologische Voraussetzung den Beginn und die gesamte Entwicklung der Beziehungen zwischen Prag und Moskau bestimmte und das jeweils entsprechende und manipulierbare Klima für politische Handlungen schaffte. Diese mindere Variante wirkte nicht nur in der Zwischenkriegszeit weiter, sondern auch von 1939 bis 1945, und von da an — man erinnere sich nur an die Zeit zwischen 1945 und 1948 in der ČSR — wahrscheinlich bis zum 21. August 1968. Sie schwächte die Ablehnung der Sowjetunion durch die Massen der tschechischen slawisch-national empfindenden Gruppierungen, entzog jedem auch gutgemeinten Widerstand der Agrarier und Nationaldemokraten gegen die offizielle Außenpolitik der dreißiger Jahre die notwendige populäre Unterstützung und verhinderte noch 1945 bis 1948 eine Demaskierung der KPTsch, die sich wissentlich in nationale und slawische Farben hüllte. Es war die gleiche Erscheinung, die vor 1917 sentimentale Sympathien für das dumpf-absolutistische Zarenreich auch bei tschechischen Anhängern fortschrittlich und sozialrevolutionär etikettierter Bewegungen nicht ausschloß und nach 1918 tschechische Vertreter humanitär-demokratischer Maximen die kanibalischen Züge des Sowjetregimes während der Kula-

---

der deutschen, besser der deutsch-jüdischen Kultur waren und geblieben sind . . . Wir wollen nicht mehr Spielzeug in den schmutzigen Händen der deutsch-jüdischen Fremdlinge bleiben . . ." Zit. in: Willars, Ch.: Die böhmische Zitadelle. Wien 1965, S. 456.

[8] Zum politischen Einfluß und der Bedeutung aller Varianten der tschechischen Russophilie in der Ersten Tschechoslowakischen Republik siehe Lemberg.

[9] Siehe: Lemberg.

kenliquidation und der Moskauer Prozesse übersehen ließ. Dieses unnatürliche Amalgam, mit welchem die verschwommene, emotionelle und naive Russophilie das tschechische politische Leben belieferte, erfordert Beachtung, denn in dieser Tatsache, daß vor 1914 dieses — aus europäischer Sicht — ferne, fremde, verkommene und rückständige Rußland in jeder Form und zu jeder Zeit eine brauchbare Synthese für die verschiedensten tschechischen Ambitionen, Wünsche, Träume und Hoffnungen anzubieten hatte, liegt — meiner Meinung nach — die Erklärung für alles, was sich ab 1917 zwischen Prag und Moskau abspielte.

Vor 1914 besaß jede tschechische politische Gruppierung ihren „slawischen Flügel". Das überrascht und erklärt weniger als das einmalig verworrene und undefinierbare Durcheinander von sich widersprechendem klein-bürgerlichen, chauvinistischem, radikalem, marxistischem, nationalem und liberalem Gedankengut, das damals — im Vergleich zum politischen Leben unabhängigerer Völker — die tschechischen Parteien kennzeichnete. Wie immer dort, wo böhmische Formen andersgeartete Inhalte aufweisen, liegt die Erklärung in der Vergangenheit, deren Konsequenz dann die Praxis des tschechischen Lebens unter der Herrschaft Wiens und Habsburgs ergab: die allzu lange passive Phase ohne Anteil an der Führung des Gesamtstaates; wirtschaftlicher Aufstieg und Kunst sowie Wissenschaften liefen der politischen Bedeutung weit voraus; keine Teilnahme an politischen Weltereignissen; machtpolitische Impotenz — als Folge dann die Glorifizierung der Kleinarbeit auf dem mühsamen Weg in das 20. Jahrhundert. So war die sentimentale Wendung nach dem Osten bereits im 19. Jahrhundert kaum mehr als eine reflexe Defensivbewegung gegen den Zerfall, die Degeneration und Unzulänglichkeit des eigenen nationalen und politischen Lebens, die verständliche Reaktion der tatsächlich Machtlosen, etwas Ähnliches wie die Illusion der bedrohten Montenegriner, die, nach ihrer Zahl befragt, zu antworten pflegten, „mit den Russen zusammen sind wir 170 Millionen". Weiter war es die Suche nach mächtigen Protektoren, wie es in der Neudichtung zusätzlicher Strophen zum „Hej, Slované"-Lied seinen Ausdruck in der Wendung fand, „der Russe ist mit uns, wer gegen uns, den fegt der Franzose weg" [10]. Schon die Generation der „nationalen Wiedergeburt" sah in Rußland nicht nur den einzigen slawischen Staat mit unabhängiger politischer Struktur, sondern fühlte sich auch von der russischen Sprache angezogen, weil diese „slawi-

---

[10] Žije, žije duch slovanský,
všem na vzdory kvete,
Rus je s námi, kdo proti nám
toho Francouz smete.
[Es lebt, es lebt der Geist der Slawen,
allen zum Trotz gedeiht er,
der Russe ist mit uns, wer gegen uns,
den fegt der Franzose weg.]

Kdyby bylo tolik Němců
jako čertů v pekle,
Rus je s námi, kdo proti nám
toho Francouz smete!
[Gäbe es so viele Deutsche
wie Teufel in der Hölle,
der Russe ist mit uns, wer gegen uns,
den fegt der Franzose weg!]

sche Schwester" Funktionen auszuüben fähig war, die das Tschechische damals überhaupt nicht kannte. All' das vor dem Hintergrund einer für 200 Jahre unterbrochenen eigenständigen Verbindung zum europäischen Westen. Nüchtern gesehen, ergab die entsprechende Kompensation nur ein fadenscheiniges und irrationales Gewebe, eine „Halluzination voll magischer Elemente und Romantik, die zur geographischen Lage und Vergangenheit des Landes im Widerspruch stand"[11]. Deshalb hielt sie auch nicht stand und es kamen die frustrierenden Zusammenbrüche nach der Niederwerfung der polnischen Aufstände durch die russischen Armeen, Enttäuschungen, die auch den kritischen politischen Blick Jan Nerudas, Karel Havlíčeks und schließlich Thomas Masaryks schärften. Und so folgte, im vollen Widerspruch zu den von Palacký ursprünglich erkannten Realitäten und nur emotionell verständlich, auch die Wiedererweckung dieses Götzen durch Riegers Pilgerfahrt[12] zu Alexander II. nach Moskau als Flucht nach vorne, nach dem für Böhmen degradierenden österreichisch-ungarischen Ausgleich des Dualismus im Jahre 1867.

Lohnte sich das alles? Die Antwort zeigt die tschechische Russophilie als immun gegen Realitäten: den Austroslawismus trug man bei dieser sentimental-melancholischen, aus einer Enttäuschung geborenen Wiederannäherung an Moskau zu Grabe. Die neue Hinwendung zu Rußland — die ein Ausweg aus den verfahrenen Verhältnissen zu Hause sein sollte — vergiftete die tschechisch-polnische Beziehung, steigerte das ungarische, österreichische und deutsche Mißtrauen, erhöhte die nationale Spannung im Land, verpflanzte den natürlichen geopolitischen Schwerpunkt des böhmischen Staates nach außerhalb seines Territoriums und brachte den Tschechen bei den Russen auch nichts ein, denn sie blieben als „Liberale" verdächtig, ihr Katholizismus, so lau er gewesen sein mochte, stand im Widerspruch zur Orthodoxie und die tschechische Skepsis vertrug sich schlecht mit der mystischen Schwärmerei für Rußlands Erlösermission. Daran änderte sich auch später nicht viel: auch der realistische Kerenski begegnete in den Tschechen eine ihm unverständliche Welt[13] und die russischen Internationalisten sahen in den tschechischen kommunistischen Bemühungen um die Erhaltung eines eigenen Staates nur eine „zentristische Abweichung", die Bucharin 1921 scharf kritisierte. Betrachtet man also die Zähigkeit dieses tschechischen, gegen Erfahrung und Tatsachen unempfindlichen und ausschließlich auf Rußland konzentrierten politisch vagen Gefühls, so muß man auf Grund des Ablaufs bis 1968 einräumen, daß Masaryks Versuchen um eine diesbezügliche Rationalisierung noch weniger Erfolg beschieden war als seinen Bemühungen um den Abbau des Volksantisemitismus.

So könnte man damit abschließen, daß die psychologischen Voraussetzungen der tschechoslowakisch-sowjetischen Beziehungen weder in Panslawismus, „Slawischer Idee", noch einer national-slawischen Ideologie, sondern in einer irrealen Volksmythologie wurzelten, die in den ihr eigenen Kategorien den Wunsch nach Geborgenheit, nationaler Absicherung und sozialer Gerechtigkeit zu vereinen vermochte.

---

11 Kusák, A.: Kulturní politika KSČ [Kulturpolitik d. KPTsch]. Manuskript, München 1974.

12 Zusammen mit Palacký, Sladkovský, Mánes und Erben.

13 Masaryk, T. G.: Die Weltrevolution 1914—1918. Berlin 1925. — Fischel, A.: Das tschechische Volk. Breslau 1928. — Willars: Die böhmische Zitadelle.

Anfänge in Rußland

Als die politischen Organe der Tschechen und Slowaken im Ausland über kein eigenes Territorium verfügten und noch keineswegs eindeutig feststand, daß es ein solches eines Tages auch überhaupt geben würde, repräsentierten die Einheiten der tschechoslowakischen Legion in Rußland das einzige und sichtbare Attribut der zukünftigen slowakischen Staatlichkeit. Am 10. Februar 1918 wurde nach Verhandlungen mit Thomas Masaryk vom sowjetisch-ukrainischen Sekretär für Militärangelegenheiten Kocjubinski die „bewaffnete Neutralität" der Legion anerkannt und am 15. März teilte die Sowjetregierung dem Kommissar der tschechischen Armee in Rußland P. Maxa ihr Einverständnis zur Überführung der Legion über Sibirien nach Frankreich mit. Widersprüchlichen Anweisungen aus Moskau an die lokalen Sowjets folgten erste Konflikte und am 26. März 1918 eine neuerliche Erlaubnis der sowjetischen Zentralstellen, doch diesmal mit Auflagen einer teilweisen Waffenübergabe[14]. In einer bereits gespannten Atmosphäre ereignete sich am 14. Mai 1918 das Inzident von Tscheljabinsk[15], es kam zu bewaffneten Zusammenstößen mit den Bolschewiken und zu L. Trotzkijs telegraphischem Befehl vom gleichen Tag: „Jeder Tschechoslowake, der mit einer Waffe . . . angetroffen wird, ist zu erschießen." Gleichzeitig erhielt der in Tscheljabinsk tagende Kongreß der Legion via Moskau Benešs telegraphische Anweisung aus Paris, „zu kapitulieren und die Waffen den Sowjets abzuliefern". Benešs Ansinnen bedeutet zweierlei: keine Auseinandersetzung mit der Sowjetmacht und keine Verzögerung des Transportes nach Frankreich. Benešs Direktive wurde vom Kongreß abgelehnt und das von der Legion gewählte Offizierstriumvirat Čeček-Vojcechovský-Gajda beschloß am 25. Mai 1918, im Widerspruch zum Nationalrat in Paris, den bewaffneten Durchbruch zu den pazifischen Einschiffungshäfen. Trotzkij, der bereits am 21. Mai die Vertreter des Tschechoslowakischen Nationalrates in Moskau, P. Maxa und Vl. Čermák, verhaften ließ, teilte man diesen Beschluß telegraphisch mit.

Die nachfolgende militärische Leistung der Legion veranschaulichte auch für die westlichen Großmächte ihren potentiellen Wert als Träger der Intervention gegen den Sowjetstaat und der Befehl, der am 7. Juli 1918 das erfolgreiche Vordringen in Richtung der Häfen stoppte und ihre Einheiten zurück an die Wolga beorderte — um dort eine neue alliierte Front gegen die Zentralmächte aufzubauen —, verwandelte die ursprüngliche, in Tscheljabinsk begonnene bewaffnete Auseinandersetzung in einen offenen Krieg mit den Sowjets, denn jetzt handelte es sich nicht mehr um den Abzug nach Wladiwostok, sondern um eine Nichtanerkennung oder

---

[14] Siehe auch: Beneš, E.: Světová válka a naše revoluce [Der Weltkrieg und unsere Revolution]. Prag 1927. — Steidler, E.: České hnutí na Rusi [Die tschechische Bewegung in Rußland]. Prag 1922. — Janin, M.: Moje účast v čsl. boji za svobodu [Meine Teilnahme am tschechoslowakischen Freiheitskampf]. Prag 1923. — Veselý, J.: Češi a Slováci v revolučním Rusku [Tschechen und Slowaken im revolutionären Rußland]. Prag 1954. — Olivová, V.: Československo-sovětské vztahy v letech 1918—1922 [Die tschechoslowakisch-sowjetischen Beziehungen i. d. Jahren 1918—1922]. Prag 1957. — Willars: Die böhmische Zitadelle. — Amort, Č.: Velká víra a naděje [Der große Glaube und die große Hoffnung]. Prag 1968.

[15] Willars 214—215. — Olivová, V.: Čeljabinsk. Dějiny a současnost 5/V (1964).

Verletzung des von den Sowjets abgeschlossenen Friedens von Brest-Litowsk durch Erneuerung der Kampfhandlungen gegen die Zentralmächte und die Unterbrechung der Transporte deutscher und österreichischer Gefangener aus Sibirien in ihre Heimatländer. Anfang September 1918 kontrollierte die Legion Sibirien und das Wolga-Gebiet bis Kazan und von dort waren es nach Moskau nur noch 450 Meilen[16]. Die Nähe des legendären Moskaus, der aktive Eingriff in die russische Entwicklung und die konkrete Konfrontation mit der ungeschminkten russischen Wirklichkeit erbrachten ein weites Spektrum an Reaktionen: von Rudolf Medeks späterem Aufruf an die Legion, „. . . auf unseren Bajonetten dem gemarterten Mütterchen Moskau die Grüße des ganzen befreiten Rußlands zu bringen", über Ablehnung der sich unter tschechischem Schutz formierenden — und bekämpfenden — weißen Armeen bis zur aktiven Unterstützung des sowjetischen Gegners. Dem unmittelbaren Einfluß des sich an diplomatischen Zweckmäßigkeiten orientierenden Nationalrates in Paris entzogen, wurde die Legion zu einem Spiegelbild der tschechischen Gefühle und Haltungen gegenüber Rußland[17]. Die nationalbürgerlichen Elemente der Armee traten für die Wiedererrichtung der von den Bolschewiki gestürzten russischen liberalen Demokratie ein. Noch unter Kerenski entstand eine großangelegte, vom Tschechoslowakischen Nationalrat subventionierte und von in Rußland alteingesessenen Tschechen zusammen mit der ökonomischen Sektion der Legion getragene Wirtschaftshilfe[18]. Die sozialistischen Elemente stießen sich dagegen an der Allianz mit den Weißen, deren Repräsentanten im krassen Gegensatz zu den traditionellen tschechischen Freiheits- und Gleichheitsidealen standen.

---

[16] Die Möglichkeit einer Erneuerung der Ostfront sowie die unterbundene Rückführung der deutschen Gefangenen bzw. deren Verwendung an der deutschen Westfront als auch die Störung der in Brest-Litowsk zwischen den Zentralmächten und den Sowjets getroffenen Vereinbarungen löste z. B. den Widerruf des von Gen. Ludendorff am 28. 4. 1918 erlassenen Befehls zur Rückkehr der deutschen Gefangenen aus, denen er darauf am 7. 6. 1918 empfahl, „sich General Taube zu unterstellen und mit den Bolschewiken zu gehen" (Lt. General Vergé in: Avec les Tchécoslovaques, S. 141). Der deutsche Minister Helfferich, der sich damals in Moskau befand, schrieb später: „Die Fortschritte der Tschechoslowaken waren bedrohlich. Von der Front kam eine Hiobsbotschaft nach der anderen." In: Helfferich: Vom Eingreifen Amerikas bis zum Zusammenbruch, S. 464.

[17] Mitglieder der vom Nationalrat zur Legion entsandten Delegationen wechselten einigemale aus Protest gegen die ihnen mitgegebenen Direktiven an Ort und Stelle zu der Armee über (z. B. Dr. Kleveta am 25. 6. 1918 bei Irkutsk), und Kommandeure der Legion handelten gegen erhaltene politische Befehle des Nationalrates (z. B. General Dieterichs in Wladiwostok am 29. 6. 1918). Auch das Scheitern der Mission General Štefániks zeigt, daß die Legion ein eigenständiges Leben führte. Der Befehl Marschall Fochs — der Legion durch den franz. Major Quinet in Tscheljabinsk überbracht —, die Intervention zu unterbrechen und sich nach Frankreich einzuschiffen, wurde von der Legion abgewiesen.

[18] Čsl. úvěrní ústav [Tschechoslowakische Kreditanstalt] in Žitomir und Zdolbunov, Hauptsitz in Kiew.
Svaz čsl. spolků na Rusi [Verband tschechoslowakischer Vereine in Rußland].
Spolek pro rusko-československé obchodní styky [Verein für russisch-tschechoslowakische Handelsbeziehungen], später: Český národohospodářský spolek [Tschechischer Volkswirtschaftsverein].

So überforderte die Konfrontation mit der russischen Phänomenologie schließlich den inneren Zusammenhalt einer Armee, die neben demokratischen Tugenden alle Nachteile des tschechischen Widerwillens auch gegen eine eigene Autorität personifizierte. Das alles inmitten der Brutalität der Roten und Weißen, der Anziehungskraft der gegnerischen Parolen, der wohlüberlegt an der Nahtstelle zwischen Offizierskorps und Mannschaft angesetzten Propaganda der tschechischen Rotarmisten [19], Überläufer zu den Sowjets und Agenten der tschechischen Kommunisten in Rußland.

Während ihre Soldaten in Rußland meistens professionelle Maßstäbe an die Ereignisse anlegten, richtete sich die tschechoslowakische politische Vertretung in Paris — und an erster Stelle Eduard Beneš — nach Gesetzen der Zweckmäßigkeit, d. h. sie versuchte den Wünschen jener Ententemächte nachzukommen, die für den zukünftigen Staat das meiste zu versprechen schienen. Solches ergibt sich aus Benešs Niederschriften, die er diesem Abschnitt seiner Tätigkeit widmete. Seine von den Kommandeuren der Legion in Rußland kritisierte Haltung [20] erscheint vor dem Hintergrund der anfangs zwiespältigen und uneinigen Einstellung der westlichen Großmächte zu einer eventuellen massiven Intervention als eine Identifikation mit der französischen Position, d. h. Beneš lehnte die Verwendung der Legion für eine Intervention in Rußland ab. Am 22. Mai 1918 stellte Clemenceau die französische Anerkennung des tschechoslowakischen Unabhängigkeitsanspruches und des Pariser Nationalrates in Aussicht — als Gegenleistung für tschechische Truppen an der verblutenden französischen Ostfront [21]. Abgesehen davon, daß hier manche Beobachter die Geburtsstunde von Benešs bedingungsloser Bindung an Frankreich zu lokalisieren vermeinen, bleibt die Frage der tschechoslowakischen Stellung zur Intervention in Rußland jener Punkt, an dem — für seine Anhänger und Gegner — die Persönlichkeit Benešs in den Vordergrund der Problematik der tschechoslowakischen Politik gegenüber der Sowjetunion tritt. Es ist nicht übermäßig schwierig, die kommunistische Forschung der fünfziger Jahre zu widerlegen, die im geforderten Feindbild Beneš als den Mann der Intervention schlechthin schilderte. Es wird noch nachzuweisen sein, daß es dagegen schwieriger erscheint, Benešs Ablehnung der Intervention in Rußland ausschließlich durch seine Bindungen an Frankreich zu erklären. Sein Gebrauch des fait accompli, seine Alleinentscheidungen und der Vorrang, den er Geheimverhandlungen einräumte, verursachten, daß „sein Anspruch, die tschechoslowakische Außenpolitik nach eigenem Gutdünken zu gestalten, nie ernsthaft in Frage gestellt wurde“ [22]. Obwohl er selber einst sagte, „die Außenpolitik brauche feste ideologische Grundlagen, eine feste Weltanschauung

[19] Im Grundsatztext der Novelle v. 30. 8. 1946 z. sog. „Legionärsgesetz“ v. 24. 7. 1919 (Amtsblatt d. ČSR, Nr. 462) wird die Zahl der tschechoslowakischen „Rotarmisten“ in Rußland mit „ca. 2000“ angegeben. Dagegen schätzt Věra Olivová (siehe Anm. 14) ihre Zahl auf „10 000—12 000“.

[20] „Wäre Beneš in Tscheljabinsk gewesen, die Legionäre hätten ihn gehängt.“ In: Gajda, R.: Moje paměti [Meine Erinnerungen]. Prag . . . ? Bestätigt durch Äußerungen des General Vojcechovský.

[21] Clemenceau an Beneš, in Beneš: Světová válka I, 214.

[22] Hoensch 38.

. . . ein festes ideelles Programm . . . und sittliche Festigkeit"[23], wir aber heute wissen, daß sich nicht nur in spezifischen Fragen, sondern auch in der „grundsätzlichen Einstellung zur Demokratie . . . die Auffassung Benešs im Laufe der Zeit wandelte"[24], erscheint es nicht ohne Bedeutung, daß er in einer Diskussion mit Karel Kramář (1925—1926) rückblickend über seine Einstellung zu Rußland sagte, sein Konzept der Slawischen Idee sei „seit jeher von der Tatsache eines *sowjetischen* Rußlands ausgegangen und hätte sich auf das *soziale* Motiv gestützt"[25]. Es bleibt daher fraglich, warum die Konfrontation mit dem ausklingenden slawischen Zarenreich und der antretenden slawischen Sowjetmacht gerade Eduard Beneš jenen Konflikt hätte ersparen müssen, den Hunderttausende seiner Landsleute zu bestehen hatten. Vielleicht begann eben zu jener Zeit das, was Beneš in seinem wenig beachteten Abschiedsbrief an Karel Čapek als „seinen weiten Weg von Bergson zu Marx" bezeichnete, und den er „mit weniger Rücksichten hätte gehen können, wäre er Professor der Soziologie geblieben"[26].

Es besteht heute kein Zweifel darüber, daß es — neben politischen Umständen — auch die wachsende innere Schwäche der tschechoslowakischen Legion in Rußland war, die nach zwei Jahren der Kämpfe mit den Sowjets zu ihrem Ausscheiden aus dem Verband der intervenierenden Armeen beigetragen hat. Die Konfrontation mit den rivalisierenden Regierungen in den von den Legionären befreiten Gebieten — Provisorische Sibirische Regierung, Regierung von Samara, Regierung der Zentralen Uralregion — und noch mehr die Unstimmigkeiten mit den diversen unorthodoxen Persönlichkeiten — wie den Atamanen Dutow, Semenow, Kalmykow und Orlow, dem Regenten der fernöstlichen Region Chorwat sowie mit Denikin und Koltschak — trugen die ursprünglichen tschechischen Sympathien für die Weißen rasch ab. Die Zersetzungsversuche der tschechischen Kommunisten in Rußland, aber auch großangelegte, kommunistisch gesteuerte Briefaktionen aus der inzwischen selbständig gewordenen Heimat, Berichte über Versammlungen von Familienangehörigen, die eine Abberufung der Legionäre aus Rußland forderten[27], sowie schließlich der mangelhafte Nachschub und Unzulänglichkeiten der alliierten Kriegführung und des Oberbefehls wirkten sich abträglich aus. Auch die Unterstellung der Legion dem französischen General Janin — dessen Aufgabe es auch war, das eigenwillige Offizierskorps der Legion dem Pariser Nationalrat gefügig zu machen —, und General M. R. Štefániks Versuch, das Heer zu disziplinieren und zum Großangriff auf die Rote Armee vorzubereiten, konnten die elementare Entwicklung nicht wenden, denn die Stellung der Legion konnte kaum schwieriger

---

[23] Beneš, E.: Problémy nové Evropy a zahraniční politika československá [Probleme des neuen Europa und die tschechoslowakische Außenpolitik]. Prag 1924.

[24] Seibt, F.: T. G. Masaryk und Eduard Beneš. In: Die Burg. Bd. 1. München 1973, S. 42.

[25] Olivová: Československo-sovětské vztahy 134—135.

[26] E. Benešs Abschiedsbrief an Karel Čapek, Oktober 1938, publiziert in: Nový Svět [Neue Welt], 13. 6. 1952, Cleveland/Ohio, unter d. Titel: Uvažujme objektivně o příčinách československého pádu [Denken wir objektiv über die Ursachen des tschechoslowakischen Niederganges nach]. Ausführlicher Text auch in: Willars: Die böhmische Zitadelle.

[27] Olivová (siehe Anm. 25). — Amort.

sein: sie kämpften zwar mit abnehmender Kraft und Überzeugung gegen die Sowjets aber dadurch automatisch für Kräfte, die den Kategorien der tschechischen Erfahrung mehr als fremd sein mußten. Des öfteren ging es um einen Kampf an zwei Fronten, gegen die rote wie gegen die weiße Diktatur. Das Verhältnis zur Armee des Admiral Koltschak grenzte an offene Feindseligkeit und gegen dessen Regierungsmethoden protestierte der Bevollmächtigte der tschechoslowakischen Regierung Bohdan Pavlu einige Male bei den Alliierten. Als nach dem Fall von Omsk Koltschak bei der Legion Zuflucht suchen mußte, wurde er unter nicht ganz geklärten Umständen — die Rolle des französischen Generals Janin blieb umstritten — am 15. Januar 1920 an die Rote Armee ausgeliefert. Am 4. Februar erklärten sich die Bolschewiken zu Waffenstillstandsverhandlungen bereit und am 7. Februar 1920 — am Tage von Koltschaks Hinrichtung, gegen die dann die Legion wieder mit dem Hinweis protestierte, die Sowjets hätten ja die Todesstrafe abgeschafft — konnte der Waffenstillstand zwischen der Legion und der Roten Armee unterschrieben werden.

Das Ausscheiden der Legion aus den alliierten Armeeverbänden ließ die Interventionsfront zerbröckeln, ermöglichte das Eindringen der Roten in die Ukraine, nach Sibirien und in den Kaukasus und beschnitt auch die bescheidenen Möglichkeiten einer Stabilisierung russischer, echt demokratischer Kräfte. Frankreich ließ dafür stellvertretend General Janin büßen. Seine Regierung behandelte ihn wie einen Angeklagten, der Ministerpräsident teilte ihm mit, daß die Auslieferung Admiral Koltschaks untersucht werden müßte [28].

Für die Legion war der Weg in die Heimat frei geworden, die erste unmittelbare Konfrontation mit dem Land hoffnungsvoller Visionen — eine Konfrontation, die den Tschechen im Gegensatz zu den Polen bis dahin erspart geblieben war — beendet. Sie hinterließ tiefe Wunden auf beiden Seiten und es ist schwer, mit der Ansicht übereinzustimmen, die Anabasis der Legion hätte die Erste Republik, bzw. die Beziehungen zwischen beiden Völkern nicht belastet, denn es blieben gleich einige Hypotheken auf die Zukunft: ein Teil der heute bereits schwer greifbaren Literatur der russischen Emigration zeugt von einem beachtlichen Ressentiment gegen die offizielle Tschechoslowakei der Zwischenkriegszeit, von einer tie-

---

[28] Ein Teil des Offizierskorps der Legion sah in Janin einen Exponenten der französischen Ablehnung der Intervention und einen „verlängerten Arm Benešs" bzw. seiner zweideutigen Einstellung zu den Entwicklungen in Rußland. Das weitere Schicksal General Janins läßt viele Fragen offen: Janin, immer noch Kommandeur der tschechoslowakischen Armee, durfte nicht nach Prag und zu seinem Stellvertreter ernannte man General Pellé. Er durfte auch nicht am Sokol-Fest 1920 in Prag teilnehmen. Die tschechoslowakische Regierung teilte nach Paris mit, Janins Anwesenheit würde als „Beunruhigung der inneren Situation" angesehen werden und erreichte seine Ersetzung durch General Mittelhauser. Aus: Janin, Gen. M.: Má účast na čsl. hnutí za svobodu [Meine Teilnahme am tschechoslowakischen Freiheitskampf]. Prag 1923. Inwiefern eine, wie aus Janins Schicksal ersichtlich, äußerst kritische Interpretation des Ausscheidens der Legion aus der Intervention in Rußland in Frankreich zurückerinnernd noch während der Krisen des Jahres 1938 nachwirkte bzw. die zögernde Haltung franz. konservativer Politiker und Militärs gegenüber einer vom Dritten Reich als „bolschewistisch" geschilderten ČSR beeinflußte, muß Nachforschungen in Paris bzw. Spekulationen überlassen werden.

fen Kränkung, die noch bei manchen Offizieren der Wlassow-Armee während ihrer Operation in Prag im Mai 1945 festzustellen war[29]. In Kramářs, aber auch Masaryks Bemühen um die russische Emigration schwang einiges mit, was man als schlechtes Gewissen angesichts enttäuschter russischer Erwartungen bezeichnen könnte. Die inneren Konflikte der Legion petrifizierten in den Legionärsverbänden und, wie noch anzuführen bleibt, bestimmten nicht nur deren Haltung in der Auseinandersetzung um das tschechoslowakische Verhältnis zu Sowjetrußland, sondern radikalisierten die Beziehungen der Verbände zueinander und deren Position in der parteipolitischen Polarisierung der Ersten Republik. Das Problem der tschechischen Rotarmisten und Überläufer zu den Sowjets beschäftigte noch 1946 das bereits in Gleichschaltung begriffene Prager Parlament[30] und führte 1948, mit 30jähriger Verspätung, zur Persekution der Legionäre nach der kommunistischen Machtübernahme in der Tschechoslowakei. Die Tatsache, daß das Auftreten der Legion in Rußland unzweideutig anti-sowjetische Züge trug, verschärfte die Auseinandersetzung mit der kommunistischen Partei, bzw. ihren Gegensatz zu einem Staat, der sich der Legionärstradition verpflichtet fühlte.

Die Entgötterung des Idols stellte schwierige Fragen für die Zukunft.

Die zwischenstaatlichen Beziehungen

Bereits drei Tage nach der Ausrufung der Tschechoslowakischen Republik, am 31. Oktober 1918, erhielt die provisorische Regierung in Prag — via Berlin — ein Telegramm des sowjetischen Volkskommissärs für auswärtige Angelegenheiten Tschitscherin. Es beinhaltete teils eine Rekapitulation aller gegenseitigen Vorwürfe, die mit der Intervention zusammenhingen, teils eine diesbezügliche Rechtfertigung der sowjetischen Regierung mit Hinweisen auf Siege der Roten Armee und endete mit der Absichtserklärung, die Feindseligkeiten einzustellen und über die Modalitäten des Abzugs der Legion aus Rußland in Verhandlung zu treten. Eine tschechoslowakische Antwort ohne Verzögerung werde erwartet[31]. Aber nach dem Vorbild der Ententemächte nahm auch Prag sowjetische Kommunikationen grundsätzlich nicht zur Kenntnis, wobei zu bedenken bleibt, daß zur gleichen Zeit die Legion mitten im Kampf mit der Roten Armee stand und das älteste Regiment der Legion, von tschechischen Kommunisten aufgewiegelt, meuterte[32]. Trotz des Prager Schweigens traf am 13. November, unaufgefordert und ungern gesehen, eine zweiköpfige sowjetische Repatriierungskommission in der Tschechoslowakei ein. Man erschwerte ihr die Kontaktnahme mit russischen Kriegsgefangenen, um sie dann nach allerkürzester Zeit wegen Verdachts kommunistischer Agitation aus der ČSR auszuweisen. Am 25. Dezember informierte Tschitscherin Prag in einer zweiten

[29] Mitteilungen unmittelbar Beteiligter sowie Gespräche des Autors mit ehemaligen Angehörigen der Wlassow-Armee in der BDR i. d. Jahren 1951—1953.

[30] Siehe Anm. 19.

[31] Olivová: Československo-sovětské vztahy. — Amort.

[32] Durch erwiesene kommunistische Agitation tschechischer Agenten meuterten die Regimenter Nr. 1 und 4 der Legion. Der später legendäre Oberst Švec erschoß sich angesichts der meuternden Truppe und wurde am 28. 10. 1918 in Aksakovo begraben.

radiotelegraphischen Depesche, im Kampf gefangen genommene Legionäre würden in Kriegsgefangenenlager eingeliefert und dort so lange gehalten werden, bis die tschechoslowakische Regierung sich bereit erklärte, Mittel, Wege und Bedingungen für Repatriation und Gefangenenaustausch bekannt zu geben. Dieser nicht zu übersehende Druck, um Prag zu einem Gespräch zu zwingen und eventuell auf dem Verhandlungsweg die Bedrohung der Sowjets durch die damals noch erfolgreiche Legion zu eliminieren, dürfte die Folge des am 18. November erfolgten weißen Umsturzes in Omsk gewesen sein, wo Admiral Koltschak mit Hilfe der Legion den Sowjet stürzte und die Macht übernahm. Aber auch auf diese sowjetische Kommunikation reagierte Prag ebensowenig wie auf die nachfolgende vom 5. Januar 1919, die außer der Frage der Legion und der tschechoslowakischen Kriegsgefangenen in Rußland auch die Frage der 8 000—10 000 russischen Gefangenen aufgriff, die sich auf dem Territorium der ČSR befanden und in den gegenseitigen Beziehungen insofern noch eine Rolle spielen sollten, als es zu jener Zeit tschechoslowakische Absichten gab, die in der ČSR lebenden Russen zur Unterstützung der alliierten militärischen Intervention in Rußland oder zur Verstärkung der weißen Armeen einzusetzen. Letzteres entsprach den enthusiastischen, später aber an den Realitäten gescheiterten Plänen Kramářs für eine großangelegte spontane Bewegung zur Befreiung bzw. Demokratisierung Rußlands. Aber auch Tschitscherins zweite Note blieb unbeantwortet. Man schickte sie — noch war Kramář am Regieren — an die Sowjets zurück. Für eine solche Haltung gab es einige Gründe: der neue Staat befand sich in Rußland in kriegerischer Auseinandersetzung mit den Sowjets, die Loyalität und Sympathie seines ersten Ministerpräsidenten galten einem „weißen" Rußland, für die Tschechoslowakei hieß es, sich der Politik ihrer westlichen Verbündeten anzuschließen, und die innere Situation erforderte eine Absicherung gegen sozial-revolutionäre Beeinflussung.

Die damalige Lage in der ČSR kann schlagwortartig beschrieben werden: allgemeine Gefährdung der bürgerlich-liberalen Demokratie im mittel-, ost- und südosteuropäischen Raum, wo die soziale Basis nach dem Zerfall der politisch-sozialen Ordnungen des habsburgischen, osmanischen und romanowschen Imperiums erst stabilisiert werden mußte; Beschwerlichkeit einer solchen Stabilisierung bei gleichzeitigem Eindringen sozial-revolutionären Gedankengutes aus Rußland; durch traditionelle tschechische „Russophilie" und spezifische sozial-politische Entwicklung eine erhöhte tschechische Bereitschaft und Empfänglichkeit für radikal reformatorische Konzepte. Weiters ist der Einfluß jener Heimkehrer aus Rußland zu berücksichtigen, deren Zustrom bereits nach dem Frieden von Brest-Litowsk einsetzte und die „Träger sozialrevolutionärer Gedanken" waren [33]. Entsprechend der nationalen Struktur der österreichisch-ungarischen Armee und ihrer aus der russischen Gefangenschaft heimkehrenden Soldaten muß man die erste Welle, die das Gebiet der späteren Tschechoslowakei 1917—1918 erreichte, mit ca. 88 000 ansetzen [34]. Die-

[33] Plaschka, R. / Haselsteiner, H. / Suppan, A.: Innere Front. Bd. 1. Wien 1974, S. 278—290.

[34] In russischer Kriegsgefangenschaft befanden sich ca. 54 146 österreichisch-ungarische Offiziere und Offiziersanwärter sowie 2,05 Millionen Mannschaftspersonen. Von 1000 aktiven österr.-ung. Offizieren waren 52 Tschechen und 1 Slowake

ser Zustrom stellte schon die österreichisch-ungarischen Militär- und Zivilbehörden vor ernste Probleme. Die zweite Welle, über die genaue Angaben fehlen, kam mit Kriegsende. „Viele von ihnen waren organisierte Mitglieder der kommunistischen Partei in Rußland, Absolventen politischer Kurse, kamen mit dem Auftrag, die tschechoslowakische revolutionäre Bewegung zu unterstützen und brachten geheimes Propagandamaterial mit[35]." Zur Lagebeschreibung ist noch die radikale Tradition des tschechischen „Sozialistischen Blocks" zu erwähnen sowie der spätere „Sozialistische Rat"[36] des radikalen Flügels der sozial-demokratischen und nationalsozialistischen Partei, die radikalen Tendenzen innerhalb der Sozialdemokratie, die Fraktion „Marxistische Linke", die gesamte parteipolitische Konstellation, aus der später die KPTsch entstand[37], die symptomatische Bedeutung des „tschechischen Kronstatt" Kladno, die öffentlichen Manifestationen der „Solidarität mit dem sowjetischen Rußland" in Prag, Mährisch-Ostrau, Böhmisch-Budweis, Pilsen und Brünn, Versuche der extremen Linken, die Nationalausschüsse in „Räte" umzufunktionieren, der rege Verkehr kommunistischer Agenten und Emissäre zwischen Sowjetrußland und der ČSR, schließlich der Konflikt mit der Ungarischen Räterepublik, die Ausrufung der Slowakischen Räterepublik und das symbolische Phänomen Alois Muna. Diese Umstände wurden bisher — besonders in der Literatur der Ersten Republik — unterspielt, aber sie besitzen hohen Stellenwert, wenn es um das Klima und die Atmosphäre geht, in der die Entwicklung der Beziehungen zwischen Prag und Moskau gesehen werden muß. So wird auch K. Kramářs Ruf nach einer alliierten militärischen Intervention bzw. Besetzung der Republik verständlich: „Die . . . in Paris denken, hier sei ein Eldorado des Friedens . . . aber wir leben am Rande eines Vulkans . . . die Explosion kann jeden Augenblick erfolgen . . . wir brauchen fremde Truppen gegen drohenden Bolschewismus . . . es droht Arbeitslosigkeit . . . Šmerals Leute agitieren, . . . verläßlich sind nur fremde Truppen, die für Propaganda unerreichbar[38]." Oder, einige Tage später: „Einige Minister mußten auf dem Wenzelsplatz die Massen beruhigen, die den Juden die Fenster einschlagen . . . der erste Schritt zu Stürmen . . . die zum Bolschewismus führen werden[39]." Der Verteidigungsminister Václav Klofáč — den

---

Von 1000 aktiven österr.-ung. Offiziersaspiranten waren 76 Tschechen und 1 Slowake
Von 1000 österr.-ung. Reserveoffizieren waren 106 Tschechen und 1 Slowake
Von 1000 österr.-ung. Reserveoffiziersaspiranten waren 120 Tschechen und 2 Slowaken
Von 1000 Mannschaftspersonen waren 126 Tschechen und 36 Slowaken.

Die politische Bedeutung der Heimkehrer wird von kommunistischen Autoren begreiflicherweise überschätzt. Auch fehlen meistens präzise Zahlenangaben. Für eine objektive Behandlung des Problems siehe Anm. 33. Geht man von den durchschnittlichen Prozentsätzen der Tschechen und Slowaken in der österreichisch-ungarischen Armee aus, dürften sich in russischer Gefangenschaft ca. 168 500 tschechische und slowakische Offiziere, Offiziersaspiranten und Mannschaftspersonen befunden haben. Davon wurden ca. 70 000 Legionäre. Zur Zahl der tschechoslowakischen „Rotarmisten" siehe Anm. 19.

35 Amort.

36 „Socialistická Rada".

37 Oschlies.

38 Schreiben des Ministerpräsidenten K. Kramář an Außenminister E. Beneš (Paris) v. 24. 11. 1918.

39 Dtto v. 1. 12. 1918.

kaum jene Vorwürfe treffen können, mit denen Kramář bedacht wird — schrieb schon am 2. Dezember 1918 an Beneš nach Paris: „Nach Böhmen müßten zwei Divisionen (auch amerikanische) . . . verlegt werden. Wir dürfen das verlangen, da 120 000 unserer Soldaten der Entente in Sibirien zur Verfügung stehen . . . die Entente läßt uns, die wir als einzige vor dem Bolschewismus verschont werden könnten, in einer bedenklichen Lage[40]. Masaryks Verhaltensmaßregeln, die er am 14. Juni 1919 durch eine Delegation an die Legion in Sibirien schicken ließ, sagten: „. . . jetzt haben wir uns überzeugt, daß die sowjetische Regierung in Ungarn eine Verbindung mit den russischen sowjetischen Armeen anstrebt.“ Mit anderen Worten: die Legende von den idyllisch-friedlichen Anfängen der Ersten Republik erfordert eine Revision, denn es scheint, als ob sich die Bedrohung des liberal-demokratischen Systems durch das Amalgam der unartikulierten Russophilie und revolutionär-sozialen Unrast in den ersten Jahren nach Erlangen der Unabhängigkeit nur noch intensiviert hätte. Unterstützung der revolutionären Tendenzen kam vor allem aus den Reihen der Intelligenz, so von Ivan Olbracht, Josef Hora, Fráňa Šrámek, Jaroslav Seifert, Marie Majerová, Helena Malířová, Antonín Sova, Václav Kaplický, aber auch von der „Arbeiterakademie“. Die russophile Sentimentalität von einst, verstärkt durch sozial-revolutionäre Motive trieb unheimliche Blüten. Der sonst so nüchterne, bis zum Zynismus realistische Šmeral kehrte aus Moskau zurück und schrieb in lyrischer Verzückung: „Auf dem Roten Platz knabbert das Zicklein an einer Staude[41].“

Damit soll illustriert werden, daß es echten Druck einer teils manipulierten teils genuinen Meinung gab und die Außenpolitik des Staates die verschiedensten Aspekte einzubeziehen hatte, z. B. auch Erklärungen des Führers der deutschen Kommunisten in Böhmen Karl Kreibich, denen zu entnehmen war, daß die Kommunistische Internationale es mit dem tschechoslowakischen Staat keineswegs gut meinte und für tschechoslowakische Angelegenheiten deutsche und ungarische Berater heranzog. Auch wenn später das tschechoslowakische außenpolitische Konzept die Absicherung gegen eine Revision der Pariser Vororteverträge als Hauptziel setzen mußte, so spielten unmittelbar nach Kriegsende die traditionellen Komponenten der tschechischen Einstellung gegenüber Rußland noch die Hauptrolle, sei es bei den durch Kramář repräsentierten militanten Gegnern des Sowjetsystems und ihren Bemühungen um internationale sowie auch tschechoslowakische Kooperation mit Denikin, Wrangel, Judenitsch oder Koltschak, sei es im Lager der gemäßigten Sozialisten, das nur durch die klare Absage der Sowjets an die Beschlüsse von Versailles und die kommunistische Animosität gegen den neuen Staat gehindert wurde, die Faszination durch das Sowjetsystem auch politisch umzusetzen. In einer solchen Atmosphäre gingen die sowjetischen Bemühungen um eine Aufnahme der Beziehungen zur ČSR weiter. Es gab den Versuch einer Vermittlung des einst von Trotzkij inhaftierten P. Maxa, den nach angeordneter Enthaftung Lenin empfing

---

40 Schreiben des Verteidigungsministers V. Klofáč an Außenminister E. Beneš (Paris) v. 2. 12. 1918.

41 Peroutka, F.: Jméno jež vyhaslo: Šmeral [Ein Name, der erloschen ist: Šmeral]. Svědectví 41/XI (Paris 1971) 59.

und mit einer Botschaft nach Prag entließ[42]. Am 10. April 1920 antwortete Beneš auf einen formalen Vorschlag Moskaus vom 25. Februar 1920, „Verhandlungen über Herstellung von friedlichen Beziehungen und Abschluß eines Friedensvertrages zwischen beiden Staaten aufzunehmen". Der Zeitpunkt schien aber von Moskau schlecht gewählt: die ČSR befand sich im Krieg mit Polen und wollte die schlechten Beziehungen zu Warschau nicht noch mehr belasten. In seiner Antwort teilte Beneš mit, er werde den Vorschlag dem „außenpolitischen Ausschuß des Parlaments und den Verbündeten vorlegen", aber er betonte gleichzeitig, die ČSR sei nie im Krieg mit Rußland gewesen. Den Kampf der Legion klassifizierte er als „lokale Vereinbarungen und Konflikte in Sibirien", womit der Sinn des zweijährigen Ringens — 3 000 Tote, 10 000 Verwundete — unter den Tisch gefegt wurde. Mit dem Hinweis auf das sibirische Chaos wich Beneš der Frage eines Friedensschlusses aus, bot aber Verhandlungen über wirtschaftliche Beziehungen und Repatriierung an, womit auch die heikle Frage der „diplomatischen Beziehungen", die die Ententemächte ablehnten, umgangen worden wäre. Dafür bot er den Sowjets „eine Dokumentation über den wahren Ablauf der Dinge an" und fügte beachtlicherweise die Neuigkeit hinzu, „der tschechoslowakische Staat wäre seit jeher gegen den Zaren gewesen", sowie die dem Überschwang der erworbenen Unabhängigkeit entsprechende Erklärung, dies sei so gewesen, weil die Tschechoslowaken „eines der demokratischsten Völker der Welt sind". Bereits am 22. April 1920 heißt Tschitscherin Benešs Erklärung „freudig willkommen" und schlägt die Entsendung einer Kommission sowie Aufnahme wirtschaftlicher Beziehungen vor. Dies sei ein „formeller Vorschlag, Benešs Dokumentation sei nicht nötig". Im Mai nimmt Beneš Tschitscherins Angebot an. Diese Vorwärtsentwicklung kam nicht von ungefähr: die Blockade Rußlands durch die Verbündeten war inzwischen aufgegeben worden, es gab inoffizielle Kontakte zwischen Prag und Moskau in Reval, London und Kopenhagen, und England und Rußland schlossen im Januar 1920 einen Vertrag über Austausch von Gefangenen.

Im Februar traf eine Mission des tschechoslowakischen Verteidigungsministeriums in Kopenhagen mit Maxim Litvinov zusammen. Es scheint an erster Stelle um die Kriegsgefangenenfrage gegangen zu sein und man weiß, daß die mit dem Roten Kreuz getarnte Mission an der Weigerung Prags scheiterte, sowjetische Beauftragte in die ČSR einreisen zu lassen. Eine diesbezügliche Diskussion im außenpolitischen Ausschuß des Parlaments löste Kramář aus und Beneš beschränkte sich darauf, auf den militärisch-hospitalen Spezialcharakter der Mission hinzuweisen, aber die Begegnungen von Kopenhagen und Reval — ebenso wie die Lockerung der westlichen Haltung gegenüber Sowjetrußland — schafften die Voraussetzungen für das durch den Notenwechsel Beneš-Tschitscherin eingeleitete offizielle Gespräch zwischen Prag und Moskau, wobei parallel laufende, von der radikalen Linken organisierte Veranstaltungen in der ČSR die Aufnahme von Beziehungen zu Sowjetrußland forderten. Beneš selber sagte im außenpolitischen Ausschuß des Parlaments am 11. März 1920: „In der fatalen Situation, in der wir uns befinden, ist es ausgeschlossen, mit Rußland *nicht* zu verhandeln." Das sozialdemokratische „Právo

[42] Siehe Amort 18—20.

Lidu" schrieb am 4. März 1920, es sei „notwendig, wirtschaftliche Beziehungen aufzunehmen". Thomas Masaryk äußerte sich skeptisch: an seinem Geburtstag, am 7. März 1920, sagte er im Dank für die Laudatio des Parlaments: „Über das Anknüpfen von praktischen Wirtschaftsbeziehungen zu Rußland werden die verfügbaren Kommunikationsmittel entscheiden und niemand solle sich Illusionen machen."

Der Austausch von Missionen des Roten Kreuzes, die sich der Repatriierung von Gefangenen aus beiden Ländern annahmen, bezeichnet den Anfang einer neuen Ära in den gegenseitigen Beziehungen. Der vorhergehende Notenaustausch sowie ein Telegramm von Alice Masaryk an das Rote Kreuz in Moskau zeugen von unvermindertem Mißtrauen — da noch Kramářs Einstellung das offizielle Klima bestimmte —, das auch durch die Tätigkeit der Mission voll gerechtfertigt wurde. Geführt von Dr. Gillerson [43] begann die russische Delegation ihre Tätigkeit am 10. Juli 1920. Die polizeiliche Überwachung ihrer Mitglieder, Tätigkeit, Besucher und Korrespondenzen [44] erinnert an Methoden, von denen westliche Diplomaten in kommunistischen Ländern heute berichten. Andererseits nahm Gillersons Dienststelle sofort intensive Kontakte zu revolutionär-marxistischen Organisationen und Parteien in der ČSR auf, beschäftigte sich, ebenso wie die am 1. Oktober 1920 eingetroffene Delegation sowjetrussischer Gewerkschaften, mit Distribution von Propagandamaterial und pflegte enge persönliche Kontakte mit Persönlichkeiten der extremen Linken und dem damaligen Zentrum kommunistischer Aktivitäten in Kladno. All' das führte zu wiederholten Protesten Prags in Moskau. Die Identität von Staat und Partei bei den russischen Vertretern und die Aktivitäten russischer Emigranten in der ČSR komplizierten auch die Lösung des Gefangenenproblems. Im Januar 1921 verließ der letzte Transport russischer Gefangener die ČSR. Der letzte tschechoslowakische Transport aus Sowjetrußland traf 1923 in der ČSR ein. Die Behörden bezeichneten diesen „Transport XX" als „total kommunistisch indoktriniert". Es würde den Rahmen dieser Abhandlung sprengen, würde man den graduellen Funktionswandel der ursprünglich ausgetauschten Rot-Kreuz-Missionen, zwischenstaatlicher Verbindungsstellen und später Handelsmissionen [45] sowie den begleitenden Notenwechsel im Detail verfolgen. Es sei nur gestreift, daß die russische Mission in Prag eine politische und organisatorische Rolle in der von den links-stehenden tschechoslowakischen Gewerkschaften durchgeführten Blockade des Nachschubs für Polen während des polnisch-sowjetischen Krieges spielte. Sie diente u. a. als Kontakt- und Koordinationsstelle kommunistischer Aktivitäten im Zusammenspiel der tschechoslowakischen extremen Linken mit Bela Kun während des Konflikts mit Ungarn.

Als sich die Außenpolitik der ČSR mit dem Gedanken einer Aufnahme wirtschaftlicher Beziehungen zu Moskau und der damit zusammenhängenden de facto-Anerkennung — doch unter gleichzeitiger Umgehung einer de jure-Anerkennung —

---

[43] Mitglieder der Mission: Viškovskij, Jacobson, Levin, Nette, Kuzmin.

[44] Detaillierte Zitate aus diesbezüglichen Berichten d. tschechoslowakischen Ämter in Olivová: Československo-sovětské vztahy.

[45] Sowjetische Handelsmission in Prag ab 14. 6. 1921.

Sowjetrußlands zu befassen begann, geschah es bereits unter veränderten außenpolitischen Voraussetzungen: im August 1920 wurde der tschechoslowakisch-jugoslawische, im April 1921 der tschechoslowakisch-rumänische und im Juni 1921 der jugoslawisch-rumänische Bündnisvertrag abgeschlossen und dadurch das Bündnissystem der Entente nach Mittel- und Südosteuropa ausgedehnt. Es folgten die Bündnisverträge zwischen Polen und Frankreich (19. Februar 1921), Polen und Rumänien (3. März 1921) und mit dreijährigem Abstand der Bündnisvertrag zwischen der ČSR und Frankreich (23. Januar 1924). Im Januar 1922 beschloß die Konferenz von Cannes die Einberufung einer Weltwirtschaftskonferenz nach Genua, die im April stattfand, und der deutsch-russische Sondervertrag von Rapallo wurde am 16. April 1922 unterschrieben.

Die Konferenz von Genua und hauptsächlich die überraschende Unterzeichnung des Vertrages von Rapallo, die eine Revision des Versailler Vertrages in den Bereich des Möglichen rückte, veränderten für die ČSR schlagartig die Bedeutung ihrer Beziehungen zu Sowjetrußland: dieselben stellten lange Zeit vor und unmittelbar nach der Ausrufung der tschechoslowakischen Staatlichkeit eine überwiegend interne tschechische bzw. tschechoslowakische Angelegenheit dar. Nach Rapallo sollten sie — trotz ihrer Empfindlichkeit gegenüber weiter bestehenden Sympathien und Antipathien im Inneren — theoretisch zu einem leidenschaftslos zu beurteilenden Faktor des außenpolitischen Kalküls werden. Inwiefern es nicht gelang, Moskau objektiv und emotionslos in das für die Tschechoslowakei entscheidende Spiel der Kräfte einzubauen, läßt sich vom weiteren Ablauf der Entwicklung ablesen. Von hier ab tritt auch die Persönlichkeit Benešs noch stärker in den Vordergrund. Es scheint, daß schon vor der grundsätzlichen Wandlung der europäischen Szene durch Rapallo und Locarno Beneš sich veranlaßt sah, im Rahmen des am 5. Juni 1922 ausgefertigten tschechoslowakisch-sowjetischen Handelsvertrags, die Sowjetmacht de facto anzuerkennen. Er wollte sogar schnellstens auch eine de jure-Anerkennung erreichen, doch außer den traditionellen Gegnern einer solchen Politik war auch Masaryk dagegen und forderte, Beneš solle in Genua „vorsichtig vorgehen . . . um dem russischen Volke zu zeigen, man wolle ihm, aber nicht den Bolschewiken helfen". Außerdem vertrat Masaryk die Meinung, „daß eine de jure-Anerkennung ein Fehler wäre" [46]. Das läßt annehmen, daß der Präsident — trotz der aufgewerteten sowjetischen Position in der Welt — weiterhin auf eine Wandlung des — wie er sagte — „sowjetischen analphabetischen Absolutismus" in eine russische bürgerliche Demokratie hoffte. Auf diesem Sektor ist die angebliche Identität von Masaryks und Benešs politischen Ansichten wenig überzeugend, wobei die in den fünfziger und sechziger Jahren von der tschechoslowakischen Forschung bevorzugten Schilderungen ihres hemmungslosen Anti-Sowjetismus überhaupt als sachlich unrichtig zurückzuweisen sind. Während sich Masaryks distanziert-kritische Einstellung homogen in das Gesamtbild seiner Persönlichkeit einfügt, trifft ähnliche Harmonie für Benešs Bemühungen um eine positive Politik gegenüber Moskau zu. Solche sind z. B. aus seinen Parlamentsreden ersichtlich: am 27. Januar 1921 „. . . in Ruß-

[46] T. G. Masaryk im Brief an E. Beneš v. 24. 4. 1922.

land nicht intervenieren, beim Aufbau mithelfen"; am 16. November 1921 über „die Notwendigkeit der Nichtinterventionspolitik" und im Anschluß daran Benešs Initiative in der Aktion gegen die Hungersnot in Rußland, für die er das Parlament um 10 Millionen Kronen ersuchte und die dann auf allen Ebenen 20 Millionen Kronen (3 Millionen Goldfranken) erbrachte und der ČSR — weltweit und in Relation zur Bewohnerzahl — die erste Stelle unter den hilfeleistenden Staaten sicherte[47]. (Daß die KPTsch von dieser Hilfe durch die übernehmenden sowjetischen Behörden 1 Million Kronen zugewiesen bekam, sei nur nebenbei erwähnt.) Bereits 1924 waren die von Beneš geführten parteipolitischen Verhandlungen über eine Normalisierung der Beziehungen zu Sowjetrußland so weit gediehen, daß sie von der Regierung behandelt wurden, doch das Kabinett lehnte eine entsprechende Ermächtigung ab. Das war die Zeit, in der Sowjetrußland in eine vorübergehende Phase der Isolierung kam, die durch den Protest des Völkerbundes gegen die brutale Niederwerfung des grusinischen Aufstandes durch die Rote Armee und die Ermordung von Familienangehörigen vierzig grusinischer Exilpolitiker ausgelöst wurde. Zu diesem Rückschlag äußerte sich Beneš rückblickend am 2. Juli 1934 — nach der Aufahme der diplomatischen Beziehungen zwischen Prag und Moskau — und sagte: „Schon seit 1922 bemühten wir uns um die Liquidation dieser Frage . . ., als 1924 alles schon vereinbart war, ersuchte mich der Herr Ministerpräsident, ich solle die Durchführung verschieben."

Aber nicht nur der Druck der öffentlichen Meinung und das Spiel der parteipolitischen Kräfte bestimmten die Entwicklung. Nicht alle der im Rahmen Österreich-Ungarns durch die böhmisch-mährischen Territorien belieferten Märkte fielen nach 1918 der ČSR zu. Das brachte dem neuen Staat auch wirtschaftliche Probleme. Um ein Klischee eines alten Buchtitels zu benützen: der „rote Handel lockte" im Ringen um Absatzgebiete auch das — wie seine Gegner sagten — „gierige tschechoslowakische Großkapital". Nach kaum ergiebigen Versuchen wirtschaftlicher Kontakte zwischen tschechoslowakischen Unternehmen und den „weißen" Gebieten Rußlands sowie nach privaten Initiativen, die man heute als „Wirtschaftshilfe für unterentwickelte Länder" klassifizieren würde, ließ der vertraglose Zustand den Handel mit Sowjetrußland stagnieren. Das Außenministerium in Prag kam bald unter den Druck der Wirtschafts- und Gewerbekammern, einzelner Industrieller sowie von diesen geschaffenen Interessengemeinschaften, unter denen auch Vertreter der sudetendeutschen Industrien aus Aussig, Reichenberg und Eger nicht fehlten[48]. Obwohl der Handel mit Sowjetrußland auch in der Ära der normalisierten Beziehungen bis zum Ende der Ersten Republik im Jahre 1938 volkswirtschaftlich unbedeutend blieb — 1938: 1,2 % der Gesamteinfuhr, 2,3 % der Ge-

---

47 An erster Stelle England (12 Millionen Goldfranken), gefolgt von ČSR, Italien (1,6), Norwegen (1,5), Schweden (1,5), Dänemark (0,42), Belgien (0,32), Frankreich (0,06).

48 Šedivý, J.: Z jakých hospodářských a politických příčin uzavřela ČSR prozatimní dohody se Sovětským Ruskem v r. 1922 [Aus welchen wirtschaftlichen und politischen Beweggründen schloß die ČSR die provisorischen Abkommen mit Sowjetrußland i. J. 1922]. In: Studie z dějin československo-sovětských vztahů 1917—1938. Prag 1967, S. 9—21.

samtausfuhr[49], kann der Einfluß der wirtschaftlichen „pressure groups" und „lobbies" auf die Entwicklung nicht völlig unbeachtet bleiben. Daß überhaupt bei dem Auf- bzw. Ausbau der Beziehungen zu Moskau immer wieder Zusammenhänge zu berücksichtigen waren, um die man sich bei Beziehungen zu anderen Ländern nicht kümmern mußte, zeigte sich bei Absprachen über einen tschechoslowakisch-sowjetischen Handelsvertrag, der die Frage der Anerkennung Sowjetrußlands nicht löste, sondern nur die dringlichsten wirtschaftlichen Probleme regeln sollte. Als Begründung bzw. Rechtfertigung sagte Beneš: „Warum wollen wir jetzt diese Sachen erledigen . . .? An *erster* Stelle um die Streitigkeiten zwischen unseren Legionären zu schlichten." Das Argument wird verständlicher, bedenkt man die populäre, ja privilegierte Stellung der Legionäre, ihren Einfluß auf die öffentliche Meinung und das politische Gewicht ihrer Organisationen[50]. Für die Majorität der Legionäre war Sowjetrußland eine unmittelbare Erfahrung und Anlaß zu Emotionen[51]. Die meisten standen dem Bolschewismus auch in der Republik ablehnend gegenüber. Sollten die Beziehungen zu Moskau Fortschritte machen, mußten die Legionäre für ein solches Vorhaben gewonnen werden. Am 26. Juni 1923 stellte die größte Legionärsorganisation das Thema „Unser Verhältnis zu Rußland während des Krieges und nachher" zur Diskussion. Beneš beteiligte sich und galt als Initiator. Es ging um die Frage, ob und wie die einstige Intervention der Legion mit einer den aktuellen Erfordernissen entsprechenden Einstellung der ČSR zu Sowjetrußland in Einklang gebracht werden könnte. Die Diskussion zeigte die zu erwartende Polarisierung. Versuchen, den Pariser Nationalrat und die Legionäre vom Vorwurf der Intervention freizusprechen, standen Stimmen gegenüber, die sich zur Intervention bekannten. Aber die antisowjetische Front der russischen Legionäre begann durchlässig zu werden, und wenn auch die abschließende Resolution noch alles offen ließ, faßte Beneš zukunftsweisend wie folgt zusammen: „Falls man behauptet, wir hätten in Rußland interveniert, dann muß man auch sagen, wer es gewesen war, wer die Schuld trägt. Wir in Paris waren gegen die Intervention

---

[49] Sowjetischer Anteil a. d. Gesamtein- und Ausfuhr der ČSR (in %):

1929	1,3	1,3
1930	1,9	1,9
1931	2,4	3,7
1932	2,0	1,6
1933	1,8	1,3
1934	1,5	0,4
1935	1,1	1,3
1936	1,2	2,2
1937	1,1	0,8
1938	1,2	2,3

[50] Československá Obec Legionářská [Tschechosl. Legionärsgemeinde] 47 000 Mtgl. Ústřední Jednota čsl. legionářů [Zentralgemeinschaft der tschechosl. Legionäre] 5 300 Mtgl. Nezávislá Jednota čsl. Legionářů [Unabhängige Gemeinschaft tschechosl. Legionäre] 13 000 Mtgl.
Die ersten zwei Organisationen standen den sozialistischen Parteien nahe, die dritte der Nationaldemokratischen Partei.

[51] Die Sowjets akzeptierten z. B. keine Legionäre als Mitglieder der ersten tschechoslowakischen Vertretungen in Moskau.

und die Ereignisse gaben uns recht. Wir müssen mit Rußland als europäischer Macht rechnen und nicht daran denken, wer dort regiert. Unsere Beziehungen dürfen wir weder vom Standpunkt unserer Kommunisten noch Nationaldemokraten sehen. Ich für meine Person denke, ich könnte philosophisch und ethisch beweisen, daß es in unseren Verhältnissen zwar notwendig ist, sich gegen jede Revolution von rechts zu stellen, aber eine Situation entstehen könnte, in der eine Revolution von links zu verteidigen wäre[52]." Die Voraussetzungen für eine echte Annäherung der beiden Staaten zu schaffen, erforderte es — und dessen war sich der Außenminister bewußt —, die wichtigsten innerpolitischen Faktoren einer solchen Marschrichtung anzupassen. Doch das Jahr 1925 bedeutete für die tschechoslowakische Außenpolitik eine negative Wende: Locarno kam einer stillschweigenden Anerkennung der deutschen Revisionsforderung im Osten durch die Westmächte gleich. Im Inneren entstand der Bürgerblock. Die tschechoslowakische und deutsche Sozialdemokratie und die tschechoslowakischen Nationalsozialisten verließen die Regierung und die Nationaldemokratie verstärkte ihre Angriffe gegen die Außenpolitik Benešs. Aber die Politisierung breiterer und auch außerparlamentarischer Schichten entschärfte den unmittelbaren Einfluß des nationaldemokratischen und agrarischen Establishments. Trotzdem dürfte in dieser innerpolitischen Konstellation die Erklärung dafür liegen, warum es Beneš nicht gelang, die nach 1922 in Europa einsetzende Welle der de jure-Anerkennungen Sowjetrußlands zu nützen. Notwendige Rücksicht auf die Kleine Entente, die schon erwähnte Schwächung der „Burg", und die offen gegen das Versailler System gerichtete Politik Sowjetrußlands dürften für diesen Rückschlag bestimmend gewesen sein. Auf diese Schwierigkeiten kam Beneš immer wieder zurück: „Schon seit 1922 bemühten wir uns um eine slawische Orientierung nach dem Osten . . . es war äußerst schwierig, aber von unseren Ideen und Plänen sind wir nicht abgekommen[53]." In diesem Sinne enthielt bereits 1922 der provisorische Handelsvertrag mit Sowjetrußland — auf Benešs Initiative — die wichtige Neutralitätsklausel, die aber, „dem Vorwort zum Vertrag eingefügt, zwar keine rechtliche Verpflichtung, aber die Manifestation einer bestimmten politischen Linie" darstellte[54]. Daß solche Diskrepanzen auf die Dauer und hauptsächlich durch den Widerspruch zur Realität die Glaubwürdigkeit der tschechoslowakischen Politik schädigten, zeigte sich z. B., als eine mühsam zustandegekommene gemeinsame Aktion der ČSR und Polens gegen den deutsch-sowjetischen Neutralitätsvertrag vom Jahre 1926 durch französische Desavouierung, Mangel an Unterstützung und Distanzierung auf peinlichste Weise zusammenbrach und die deutsche Presse die ČSR und besonders Beneš mit dem Hinweis angreifen konnte, die ČSR hätte doch bereits 1922 eine Neutralitätsvereinbarung mit Sowjetrußland abgeschlossen[55].

Die Konstellation der innerpolitischen Kräfte in der ČSR, besonders die auf

---

[52] Brouček, M. J.: Československá tragedie [Tschechoslowakische Tragödie]. New York 1956.

[53] Beneš, E.: Úvahy o slovanství. Hlavní problemy slovanské politiky [Erwägungen z. Slawischen Idee. Hauptprobleme slawischer Politik]. Prag 1947.

[54] Československá Republika. Prag 1926, Nr. 120 v. 30. 4. 1926.

[55] Slovanský přehled. Prag 1975, Nr. 4, S. 255—264.

Konflikten der Vergangenheit basierende Ablehnung der Sowjets durch das bürgerliche Lager, ließ die Tschechoslowakei von der Welle der Anerkennungen Sowjetrußlands und seinen erfolgreichen Versuchen, die Isolation zu durchbrechen, beinahe unberührt, während die klassische Problemstellung für die tschechoslowakische Außenpolitik klar zutage trat: die ČSR hatte sich mit drei revisionistischen Nachbarn auseinanderzusetzen. Gegen Ungarn hatte Prag das System der Kleinen Entente geschaffen. Da es bis 1933 mit Deutschland und Polen ohne ernsthafte Schwierigkeiten ging, konnten die Schiedsverträge mit Warschau (23. April 1925) und mit Berlin (16. Oktober 1925) im Rahmen des Locarno-Systems für die Sicherung der 1918 geschaffenen Ordnung als ausreichend erscheinen. Daß dies einem Trugschluß gleichkam, zeigte die Erschütterung des Locarno-Systems und die Ineffizienz der Defensivallianz mit Frankreich.

Im Gegensatz zu späteren Behauptungen muß der Eindruck entstehen, daß die tschechoslowakische Politik auf die Machtergreifung Hitlers kaum beunruhigt reagierte. Frühere Bemühungen um den Ausbau der Kleinen Entente zur Abwehrallianz auch gegen Deutschland wurden von Beneš abgewiesen[56]. Er wies auch polnische Vorschläge zu einem aktiven Vorgehen gegen Deutschland, vor allem Piłsudskis Präventivkriegsidee, zurück und war lediglich zu einem Freundschaftsabkommen mit Polen bereit[57]. Das widerspricht Benešs späterer Behauptung, sich von Anfang an entschieden gegen das nationalsozialistische Deutschland gestellt zu haben[58]. Berlin bezog eine antisowjetische Stellung, die Rapallo-Politik schien ihre Basis verloren zu haben, es kam zu Fühlungnahmen Moskaus in Paris und Warschau, und da in der tschechoslowakischen Innenpolitik Hodža und Beran, der rechte Flügel der Agrarier und andere bürgerliche Kräfte an der Durchschlagskraft der französischen Defensivallianz zweifelten und eine Hinwendung an den Mitteleuropäischen Raum erwogen — die slowakische Volkspartei tendierte zu Polen —, kam die Idee auf, die Kleine Entente durch eine Annäherung an die Sowjetunion zu festigen. Bis dahin war es Beneš nicht gelungen, weder die ČSR, noch Jugoslawien oder Rumänien auf den Weg nach Moskau zu bringen. Die ersten Spuren dieser neuen Tendenz sind in der offiziösen tschechoslowakischen Tagespresse jener Zeit zu finden, die begann, eine „Annäherung der Kleinen Entente an Moskau" zu diskutieren. Der Anlaß dazu: die Konferenz des Ständigen Rates der Kleinen Entente in Prag vom 30. Mai bis 1. Juni 1933. Die Presse präsentierte den Gedanken einer de jure-Anerkennung und einer Aufnahme diplomatischer Beziehungen zwischen der Sowjetunion und der Kleinen Entente mit einer einzigen sowjetischen diplomatischen Vertretung in Prag, um die innerpolitischen Bedenken in allen drei Staaten auszuschalten[59]. Den gleichen Vorschlag machte Beneš am 4 Mai 1933 dem sowjetischen Vertreter in Prag. Es ist zu überlegen, ob das nicht die schwerwie-

---

56 Reichert, G.: Das Scheitern d. Kleinen Entente. München 1971.

57 Chudoba, B.: Masaryk, Beneš, Kramář u. d. tschechisch-deutsche Verhältnis. München 1967, S. 41 (Veröffentl. d. Collegium Carolinum 19). — Namier, F. B. A.: Europe in decay — a study in disintegration 1936—1940. London 1950, S. 283. — Ross, H.: Die Präventivkriegspläne Piłsudskis von 1933. VfZ 3 (1955) 344.

58 Memoirs of Dr. Eduard Beneš. London 1954, S. 5, 33.

59 Bericht d. deutschen Gesandten in Prag, Koch, an das AA Berlin v. 2. 12. 1933.

gendste Erschütterung des Zusammenhalts der Kleinen Entente war: die rumänischen Gefühle gegenüber dem russischen Nachbarn konnten am besten an der mit einem Blick auf die Ostgrenze geschlossenen Allianz mit Polen gemessen werden. Für Jugoslawien kam eine Annäherung an Moskau überhaupt nicht in Frage. Da spielten ideologische und sentimentale Gründe eine entscheidende Rolle. Belgrad war vielleicht das wichtigste Zentrum der weißen russischen Emigration, die besonders in der jugoslawischen Armee starken Einfluß ausübte. König Alexander, am russischen Hofe erzogen, „konnte sich mit dem Gedanken, offizielle Beziehungen zu den Mördern der kaiserlichen russischen Familie unterhalten zu sollen, überhaupt nicht anfreunden“ [60]. So wiesen die Außenminister Titulescu und Jevtič bei der Konferenz in Prag Benešs Plan zurück [61]. Aber es sollte noch schlimmer kommen: der deutsche Austritt aus dem Völkerbund, Einführung der Dienstpflicht und die Hirtenberger Affäre in Österreich, Bruch der militärischen Bestimmungen des Versailler Vertrags durch Deutschland — alles ohne eine französische Reaktion, die den Glauben an das Bündnissystem hätte bestärken können. Dann der Viermächtepakt über „Verständigung und Zusammenarbeit“ zwischen Deutschland, Italien, Frankreich und England, der einer Bereitschaft der Westmächte zur Revision der Friedensverträge gleichkam, und schließlich der polnisch-deutsche Freundschafts- und Nichtangriffspakt. Die Basis der tschechoslowakischen Außenpolitik war zwar Frankreich, aber die französische Haltung mußte Zweifel aufkommen lassen und die Schwächung des Versailler Systems und des Völkerbundes sowie der Aufstieg des Dritten Reiches konnten ebensowenig übersehen werden, wie die wachsende Isolierung der ČSR. Obwohl der Gedanke der „kollektiven Sicherheit“ nur bei zuversichtlicher Betrachtung den Eindruck erwecken konnte, daß er für Prag eine tatsächliche Lösung der Probleme wäre, beseitigte der Austritt der Nationaldemokraten aus der Regierung in Prag ein wesentliches innerpolitisches Hindernis für die endgültige Ausrichtung der tschechoslowakischen Außenpolitik nach dem Grundkonzept von Beneš. Der sagte noch 1933 in Paris bei der Hundertjahrfeier der französischen Akademie der politischen Wissenschaften: „Der Kampf zwischen der rationalen Demokratie des französischen Typs mit den Gefühlen, Trieben, Passionen und dem extremen Subjektivismus, wie sich ein solcher in der russischen, deutschen und italienischen Revolution manifestiert, ist ein Kampf zwischen der traditionellen Rationalität des Westens und der Triebhaftigkeit des Ostens . . . und ich zweifle nicht daran, daß der Westen den Osten besiegen wird.“ Aber ein Jahr später unterstrich Beneš im Prager Parlament die Annäherung Rußlands an Europa als Folge des Konflikts im Fernen Osten und der veränderten Politik Deutschlands und ergänzte: „Schon 1931 sagte ich, daß es für uns keine Lösung der internationalen Situation . . . ohne Eintritt Rußlands in die Politik Europas und Mitteleuropas gibt.“ Die Erklärungen klingen zwar widersprüchlich, aber Frankreichs Konzepte einer Sicherung des europäischen Friedens, so wie sie dem Minister Barthou einschließlich eines Ostpaktes vorschwebten, hatten Beneš auf dem Wege der Einbeziehung Rußlands praktisch schon überholt. Er mußte nur nachziehen. Am

[60] Toynbee in: Survey of International Affairs. London 1934, S. 392.
[61] Reichert 109.

9. Juni 1934 erkannte die ČSR Sowjetrußland de jure an und in den Hauptstädten wurden Gesandtschaften eröffnet. Neben allen außenpolitischen Implikationen bedeutete das auch eine gewichtige Manifestation der einen Variante der alten tschechischen Faszination. Die andere kam in Kramářs Erklärung zur de jure-Anerkennung zu Wort: „Ich fürchte, daß der Fluch aller, die sich für unsere Freiheit geopfert haben, und der der Millionen Toten ewig auf der Zukunft der slawischen Staaten lasten wird. Ich fürchte, die Folgen wird das Volk tragen." Und zur von Beneš protegierten Aufnahme der Sowjetunion in den Völkerbund sagte Kramář im gleichen Jahr: „Eine Wandlung der Sowjets kann nur krankhafte Blindheit und naive Einbildung erwarten. Nein, die Sowjets werden sich nie ändern, aber die zivilisierte Welt wird ihre Grundsätze verraten." Es war die letzte Konfrontation zwischen zwei wenn auch verschiedenartig motivierten doch gleichwertig unrealistischen Sympathien für das Land der tschechischen Hoffnungen, die als Katalysatoren stets die Entwicklung beschleunigten [62].

Von jenem Augenblick an, als der Gefahr einer Isolierung der ČSR im mitteleuropäischen Raum taktisch begegnet werden mußte, scheint die Mechanik des Geschehens die Entwicklung der Beziehungen zwischen Prag und Moskau mehr bestimmt zu haben als eigene tschechoslowakische Initiativen: der national und ideologisch eingeengte Spielraum für die tschechoslowakische Außenpolitik bot nicht viele Möglichkeiten. Die Dominierung der Außenpolitik durch Beneš schloß neue Initiativen aus und jede Korrektur durch Versuche einer modifizierten Konzeption galt als innerpolitische Ketzerei. Die einzelnen Entwicklungsphasen sind leicht abzustecken: 2. Mai 1935 Beistandspakt Frankreich-Sowjetunion, zwei Wochen später Beistandspakt ČSR-Sowjetunion, zwei Tage nachher das deutsch-englische Flottenabkommen. Der Zerfall der Stresa-Front, der Nichtangriffspakt Jugoslawien-Italien vom März 1937 und Belgrads Zuwendung zu Berlin schafften Konstellationen, die die Funktion der Kleinen Entente überforderten und eine tatsächliche Infragestellung des außenpolitischen Konzepts der ČSR signalisierten. Doch die immer sichtbarer werdende Bedrohung des Staates von Außen ließ die Realitäten hinter dem alten Wunschtraum von der Geborgenheit unter dem Schutz Rußlands wieder aufleben — wenigstens bei einem Teil der Bevölkerung: die Unterzeichnung des tschechoslowakisch-sowjetischen Beistandspaktes im Jahre 1935 löste eine Welle enthusiastischer Reaktionen der Schriftsteller, Intellektuellen und Politiker aus: Karel Čapek, Ferdinand Peroutka, Hubert Ripka, Jožka David — auch Trotzkijs Gefangener Prokop Maxa. Karel Čapek schrieb: „Die Sowjetunion ist nicht nur das freieste Land, sondern ein Land, das einen neuen Typ der Demokratie erschafft." Von der extremen Linken gelenkte Organisationen wie „Praha-Moskva" und der oft den Namen wechselnde „Verband der Freundschaft mit der Sowjet-

[62] Dazu: Švankmajer, M. / Hostička, Vl. / Šťastný, Vl.: Úloha slovanství v dějinách národně osvobozovacího hnutí českého národa 19. století [Die Rolle der slawischen Idee in der Befreiungsbewegung des tschechischen Volkes im 19. Jh.]. In: Čsl. přednášky pro VI. Mezinárodní Sjezd slavistů. Praha 1968. — Sládek, Z. / Valenta, J.: K úloze slovanství ve Střední Evropě v létech mezi dvěma světovými válkami [Zur Rolle der slawischen Idee in Mitteleuropa in der Zwischenkriegszeit]. Ebenda.

union“ gewannen Zulauf aus allen Bevölkerungsschichten. Ein neuer Slawentaumel ließ Erfahrungen vergessen und heizte indirekt das durch das aufkommende Minoritätenproblem verschlechterte innerpolitische Klima an. Als Beneš im Parlament am 5. November 1935 über den neuen Vertrag sprach, war es seine erste Rede, die die kommunistischen Abgeordneten nicht störten. Einen Monat später, am 18. Dezember, gab die KPTsch ihre Stimmen für Beneš bei der Präsidentenwahl ab.

Mit dem Bündnisvertrag von 1935 kulminierten die tschechoslowakisch-sowjetischen Beziehungen und ein Urteil über ihre Bedeutung und Zweckmäßigkeit für die Erste Republik muß sich — wenn man davon absieht, spätere Erfahrungen mit tschechoslowakisch-sowjetischen Verbindungen einzubeziehen — aus der Bewährungsprobe 1938 ergeben. Es sei nur kurz erwähnt, daß während der Periode 1935 bis 1938 die wirtschaftlichen Kontakte weiterhin unbedeutend blieben, man dagegen eine Intensivierung des kulturpolitischen Austausches konstatieren kann, wobei, den damaligen aktuellen Gegebenheiten entsprechend, stark propagandistische Züge überwogen und eine ebenso auffallende wie begreifliche Nutzung des verbesserten Klimas durch die KPTsch und ihre Organisationen stattfand. Auch für manche nicht links stehende Gruppierungen erfüllte die Sowjetunion die traditionelle Klischeevorstellung des großen slawischen Protektors. So schlugen sich die Moskauer Prozesse hauptsächlich in weniger bedeutenden Auseinandersetzungen innerhalb der Partei und in ihren intellektuellen Verbänden nieder, während ihr Einfluß auf die öffentliche Meinung kaum zur Korrektur des sowjetischen Image beitrug. Aber das waren die unwesentlichen Aspekte, denn je schneller sich die europäische Entwicklung auf die Peripetie zubewegte, desto klarer mußte es werden, daß im Bewährungsfalle das Bündnis nur durch sein politisches Abschreckungsgewicht, d. h. durch seine militärische Bedeutung und Effizienz wirken kann. Denn in der „Stunde der Wahrheit“, d. h. vom militärischen Gesichtspunkt aus gesehen, fallen häufig die wortgewandten Argumentationen, die die Entstehung von Bündnissen begleiten, schnell in sich zusammen, was auch die vielen tschechischen und sowjetischen Versuche betrifft, die post festum das traurige Spektakel der Konfrontation mit der Wirklichkeit im Jahre 1938 durch haarspalterische Analysen der Vertragstexte zu rechtfertigen versuchten und sogar komplizierte Vergleiche der Übersetzungen anstellten [63]. Bei einer Analyse des tatsächlichen, d. h. militärischen Wertes der tschechoslowakisch-sowjetischen Allianz tritt die polnische Komponente der strategischen Lage der ČSR auffallend in den Vordergrund.

Unter den 1935 eingetretenen Umständen eine gemeinsame tschechoslowakisch-polnische Politik gegenüber Moskau zu formulieren, war undenkbar geworden. Prag zeigte nicht die geringste Bereitschaft, die polnische Ostgrenze zu garantieren, und Warschau bezog einen analogen Standpunkt zum tschechoslowakisch-ungarischen Spannungsfeld in der Slowakei. Frankreich war zwar gleichzeitig der Verbündete Polens und der Tschechoslowakei, aber Beneš lehnte es 1924 bei der Abfassung des französisch-tschechoslowakischen Vertrages ab, eine konkrete mili-

---

[63] Prasolov, S.: Československo-sovětská smlouva o vzájemné pomoci z roku 1935 [Der tschechoslowakisch-sowjetische Vertrag über gegenseitige Hilfe aus d. J. 1935]. In: Studie z dějin československo-sovětských vztahů 1917—1938. Prag 1967, S. 79—125.

tärische Verpflichtung für den Fall einer deutschen Aggression zu übernehmen[64]. Das geheime französisch-polnische Militärabkommen aus dem Jahre 1921 beinhaltete dagegen eine solche Verpflichtung und der französische und polnische Generalstab arbeiteten seit 1921 an Plänen für gemeinsame militärische Aktionen gegen Deutschland[65]. Die sonst unverständliche Zurückhaltung der ČSR gegenüber Paris war zwar im Einklang mit der tschechoslowakischen Haltung gegenüber Nachkriegsdeutschland, wie sich eine solche z. B. während der französischen Ruhrbesetzung manifestierte und als Zeichen einer kritischen Einstellung Prags zu den französischen Hegemonialbestrebungen gewertet werden kann[66], aber die Ablehnung einer effektiven Militärklausel durch die ČSR bzw. Beneš, wenn Frankreich der Garant des gesamten tschechoslowakischen Konzepts gegen die revisionistischen Mächte sein sollte, berührt die Grenze, hinter der Sachen unheimlich werden, ohne aber etwas an der Tatsache zu ändern, daß es zwischen den Generalstäben Frankreichs und der ČSR keine wie immer geartete Zusammenarbeit gab. Diese Feststellung läßt Benešs Erwartungen einer französischen Militärhilfe bzw. sein Verlangen nach derselben und seine entsprechend bitteren Klagen[67], als eine solche ausblieb, in einem sonderbaren Licht erscheinen.

In der gleichen Weise handelte Beneš aber auch beim Abfassen des tschechoslowakisch-sowjetischen Vertrages vom 16. Mai 1935, der gleich eine dreifache Absicherung für den Fall beinhaltet, daß die sowjetische Armee aus eigener Initiative — d. h. über polnisches oder rumänisches Gebiet — der ČSR zur Hilfe eilen möchte — wobei Finnland und Hitlers Offensive zur Genüge den Beweis erbringen sollten, daß sie einer solchen Initiative einfach nicht fähig gewesen wäre. Jedenfalls sagte Beneš schon im Oktober zum deutschen Gesandten Eisenlohr in Prag, „er habe keine militärischen Verabredungen mit Frankreich getroffen und keine mit Rußland . . . und er werde dies auch niemals tun[68].

Die Verpflichtung zur militärischen Hilfe bei einem nicht provozierten Angriff war außerdem kein integrierter Bestandteil der vertraglichen Automatik, sondern hing von der Entscheidung des Völkerbundes und von der ausdrücklichen Zustimmung Polens und Rumäniens ab. Weder die ČSR noch Beneš haben 1938 an den Völkerbund appelliert, weder die Regierung Rumäniens noch Polens wurde in der Angelegenheit konsultiert. Außerdem blieb die militärische Hilfe der Sowjets an ein militärisches Eingreifen Frankreichs gebunden, das — mutatis mutandis — vertraglich nicht festgelegt war. Aus diesen Tatsachen dürfte sich ziemlich klar ergeben, daß ohne französische militärische Hilfe, Aufforderung durch den Völkerbund und eine Zustimmung Polens und Rumäniens für die ČSR eine sowjetische militärische Assistenz wegfiel. Außerdem: obwohl vor der Sudetenkrise tschecho-

---

64 Lisický, K.: Čsl. cesta k Mnichovu [Der tschechoslowakische Weg nach München]. Bd. 20, Teil 2 und 3. London 1958 (Publikationen d. Dr. E. Beneš-Instituts).

65 Feret, S.: Polska sztuka wojenna 1918—1939 [Polnische Militärwissenschaft 1918—1939]. Warschau 1972, S. 74.

66 Olivová, V.: Čsl. diplomacie v době rűrské krise roku 1923 [Tschechoslowakische Diplomatie während der Zeit d. Ruhrkrise i. J. 1923]. ČSČH 6 (1958).

67 Beneš, E.: Mnichovske dny. Prag 1968, S. 74, 253.

68 Der deutsche Gesandte in Prag, Eisenlohr, an AA Berlin v. 17. 10. 1936.

slowakische und sowjetische Militärs in Frankreich intervenierten, beeilte sich der französische Generalstab keineswegs mit konkreten Beratungen für den Fall eines deutschen Angriffes gegen die ČSR. Einesteils gab es dafür keine vertragliche Basis, anderenteils wäre es im Widerspruch zur französischen Politik gewesen und schließlich war es sowieso ganz einfach zu spät. Die sowjetische Bereitschaftserklärung, vertragliche Verpflichtungen zu erfüllen, am gleichen Tag von M. M. Litvinov in Genf und Sergej Alexandrovskij in Prag abgegeben, kontrastierte daher scharf mit den Möglichkeiten der Roten Armee, tschechoslowakisches Territorium zu erreichen, ohne eine entsprechende polnische und rumänische Kooperation, ganz zu schweigen vom Nichtvorhandensein der geringsten Anzeichen einer sowjetischen Mobilisierung und Truppenkonzentration an der westlichen Grenze[69]. Als ein Beweis militärischen Unvermögens der Sowjets kann auch die Liquidation des Offizierskorps in den stalinistischen Säuberungen angesehen werden[70]. Benešs Klagen, was Frankreich sowie seine eigene Zurückhaltung, was den Gebrauch der angebotenen aber tatsächlich fiktiven sowjetischen Militärhilfe anbelangt[71], fehlt daher jede konkrete Basis.

Man kann noch weitere Illustrationen für die totale militärische Wertlosigkeit dieses Bündnisses anführen: Der englische Gesandte in Warschau, Sir Howard Kennard, berichtete am 14. Juni 1938 nach London, daß „Polen jeder sowjetischen Hilfeleistung für die Tschechoslowakei auf dem Landwege durch Südpolen mit Waffengewalt entgegentreten würde . . . und Warschau nicht einmal geneigt sei, den Überflug sowjetischer Flugzeuge zu gestatten“[72]. Das tschechoslowakische Verteidigungsministerium kaufte 1937 in der Sowjetunion 30 mittelschwere Bomber SB-2, die tschechoslowakische Piloten in kleinen Verbänden in die ČSR überflogen[73]. Sieben davon über polnisches Territorium im April — wobei polnische Jäger zu einem Abfangmanöver befohlen wurden. Sieben Maschinen zwischenlandeten in Rumänien im April und Mai, wogegen Polen Protest einlegte und der Rumänische Militärattache in Prag jedes einzelne Flugzeug nach der Landung nach Waffen und Kameras inspizierte[74].

Litvinov sagte zu Georges Bonnet und Nicolae Petrescu Comnen bei der Eröffnung der 102. Sitzung des Völkerbundrates bzw. der 19. Sitzung der Generalversammlung in Genf am 11. September 1938, daß „die Sowjetunion gewillt wäre zu helfen“, aber er ließ keine Zweifel, daß keine sowjetische Aktion unternommen werde, außer nach vorher erfolgter Militärassistenz Frankreichs an Prag und das auch nur dann, wenn der Völkerbund Rumänien dazu gebracht hätte (persuaded), sowjetischen Truppen und Flugzeugen den Durchmarsch zu gestatten. Er meinte,

---

[69] Lukeš, F. in: ČSČH 16 (1968) 703—729.

[70] Hauner, M.: Září 1938 — kapitulovat či bojovat [September 1938 — kapitulieren oder kämpfen]. Svědectví Nr. 49/XIII (1975).

[71] Beneš: Mnichovske dny 253, 310—324.

[72] Zitiert bei Laffan, R. G. D.: The Crisis over Czechoslovakia. Survey of International Affairs 1938. Bd. 2. Oxford 1951, S. 134, 280.

[73] Zwecks Modernisierung der veralteten Bomberwaffe und für den Lizenznachbau bei Fa. Avia als B-71.

[74] Laffan.

für Flugzeuge gelte das gleiche wie für die Landarmee, daher sei man an dem rumänischen Angebot „die Augen zu schließen“ nicht interessiert. Außerdem seien die Straßen schlecht, durch Wetter unpassierbar und es gäbe (in dem in Frage kommenden Gebiet) keine Eisenbahn[75].

Im Augenblick der ersten Belastung löste sich das tschechoslowakisch-sowjetische Bündnis zusammen mit dem gesamten außenpolitischen System der Ersten Republik in nichts auf. Mehr als Worte sagt ein Bild: eine Handvoll Funker im mährischen Hauptquartier des tschechoslowakischen Generalstabes versucht laut Befehl Kontakt mit der Roten Armee aufzunehmen. Es ist Ende September 1938, die ČSR hat mobilisiert — noch redet man nicht von Kapitulation — und erwartet den deutschen Angriff. Doch die Russen schweigen, auf die Funksprüche kommt keine Antwort[76]. Es gibt kaum eine prägnantere Illustration für die militärische Wertlosigkeit, die automatisch die Frage nach dem politischen Wert eines solchen Bündnisses beantwortet. Beneš sagte selber, es wäre mit Rücksicht auf den Westen politisch riskant gewesen, die Russen zu rufen[77] — wobei nachgewiesen ist, daß sie keineswegs in der Lage waren zu kommen.

Die Anerkennung des slowakischen Staates durch Sowjetrußland sowie die angeordnete Schließung der tschechoslowakischen Gesandtschaft in Moskau stecken die sowjetische Haltung zum Untergang der ČSR ab. Als in Genf der Vorsitzende des Völkerbundes Avenol am 13. Mai 1939 es ablehnte, Benešs Protest gegen die Besetzung Prags anzunehmen, da derselbe von einer Privatperson stamme, erklärte sich der sowjetische Delegierte Majskij zu einer Weiterleitung von Benešs Schreiben „im September 1939“ bereit, aber zu einem solchen Schritt kam es nicht mehr, da der Stalin-Hitler Pakt Loyalitäten zurückdrängte, die kaum je etwas anderes gewesen sind als die ersten taktischen Schritte der sowjetischen Hegemonialbestrebungen in Europa. Symbolisch für den radikalen Abbruch und die im Gegensatz zur tschechischen Seite emotionslose Liquidation dieses Abschnittes der gegenseitigen Beziehungen scheint der Fall des sowjetischen Gesandten in Prag Alexandrowskij. Dessen Prager Haus, die Villa Teresa, war 1936—1938 Treffpunkt der tschechoslowakischen Intellektuellen. Laco Novomeský besang es in Versen und dort traf sich „die ganze tschechische Literatur vom (Nationaldemokraten) Rudolf Medek bis zum (Kommunisten) Vítězslav Nezval. Aber Alexandrowskij verschwand spurlos und wir durften in London (1939—1945) nicht einmal nach ihm fragen[78]. Normalerweise also kaum Voraussetzungen für alles das, was in London, Moskau, Kaschau und später in Prag noch einmal begann, um am 21. August 1968 vorläufig zu enden, wenn es eben nicht jene Faktoren gegeben hätte, die für das so einmalige Phänomen der tschechisch- und tschechoslowakisch-sowjetischen Beziehungen verantwortlich sind.

---

75 Bonnet, G.: De Washington und Noel, L.: L'agression allemand contre la Pologne. Zitiert bei Laffan.

76 Mitgeteilt v. Augenzeugen Prof. Bohdan Chudoba (Madrid), bestätigt von Dr. Jan Stransky (New York).

77 Beneš: Mnichovske dny.

78 Firt, J.: Knihy a osudy [Bücher und Schicksale]. Köln 1972, S. 196.

Zusammenfassend könnte gesagt werden:

Im Gegensatz zu anderen zwischenstaatlichen Beziehungen der Ersten Republik war das Verhältnis zur Sowjetunion außerordentlich stark durch die spezifisch tschechische Beziehung zum russischen Volk und zu Rußland bestimmt.

Diese besondere Beziehung erklärt sich aus der irrational-sentimentalen Grundhaltung zum slawischen Rußland, die fließend in die Faszination durch das sozialrevolutionäre Sowjetrußland überging, wobei beides in der politischen und sozialen Formung des tschechischen Volkes seit dem 17. Jahrhundert seine Begründung besitzt.

Durch diese Umstände wurde die Entwicklung der Beziehungen zwischen der Ersten Republik und Sowjetrußland ebenso von Sympathien und Antipathien — wie sie in emotionellen aber auch programmatisch politischen Haltungen zum Ausdruck kamen — bestimmt wie von Versuchen sachlich-außenpolitischer Erwägungen.

Die Rolle des Außenministers und späteren Präsidenten Eduard Beneš übte einen entscheidenden Einfluß auf die Steuerung dieser Entwicklung aus. Er symbolisierte — als Außenminister und Präsident — das Bündnis mit Moskau und trug beinahe die Alleinverantwortung für sein Zustandekommen.

Da echte Widersprüche zwischen seinen jeweiligen Erklärungen und Handlungen bestehen, stellt sich die Frage, inwiefern seine Wandlung vom Befürworter einer liberalen Demokratie westlichen Typs zum Befürworter einer wirtschaftlichen, sozial-radikalen Volksdemokratie der Kriegs- und Nachkriegszeit[79] ein Ausdruck eines persönlich motivierten taktischen Verhaltens war. In seinen Memoiren berichtet Litvinov, der einstige sowjetische Kommissär für auswärtige Angelegenheiten, über Benešs Hilfestellungen für die sowjetische Außenpolitik in einer Zeit, da zwischen Prag und Moskau von einem feindseligen Verhältnis gesprochen werden konnte. Litvinov erwähnt Benešs „Hilfe während einer Kampagne der französischen Presse, über Benešs Bereitwilligkeit, Karpatorußland im Jahre 1920 an die Sowjets abzutreten, sowie über Benešs geheime Informationen über die französische Rußlandpolitik". Des weiteren führt er an „Stalins Dank für Benešs Intervention bei Briand und Berthelot, damit Paris mäßigend auf die Politik Piłsudskis gegenüber Moskau einwirke", und nennt Beneš einen „nützlichen Berichterstatter"[80]. Benešs Interpretation des Kommunismus als „Gesetzlichkeit der Geschichte" — in seiner Abhandlung „Leninismus und die Entwicklung in Nachkriegseuropa" —, mit der „eine Variante des tschechoslowakischen Sozialismus übereinkommen müsse", könnte unter Umständen in den Anfängen seiner politischen Karriere verwurzelt sein. Es ist, als ob es von seiner Auseinandersetzung mit der Legion in Rußland und seinen Bemühungen um das Näherrücken mit Moskau in der Zwischenkriegszeit über seine Gespräche mit Stalin und Molotov in Moskau[81] bis zu den Geschehnissen der Jahre 1945 einen roten Faden gäbe. Vielleicht waren das alles nur Stationen auf seinem „langen Weg von Bergson zu Marx"[82] und daran ändert auch

---

[79] Seibt 42 ff.

[80] Litvinov, M. M.: Notes for a journal. New York 1955, S. 64, 184.

[81] Mastný, V.: Benešovy rozhovory se Stalinem a Molotovem [Benešs Gespräche mit Stalin und Molotov]. Svědectví Nr. 47/XII (1974) 467—478.

[82] Siehe Anm. 26.

die Enttäuschung nichts, die er 1948, zwei Wochen vor seinem Tod, in den Worten zusammenfaßte: „Sie lügen alle, ohne Ausnahme, das ist der gemeinsame Zug aller Kommunisten, besonders der russischen[83]." Auch hier, wie im Herbst 1938, werden Konsequenzen von Entwicklungen beklagt, an denen verantwortlich, initiativ und mit tiefem Einblick mitgestaltet wurde. Es drängt sich daher der Verdacht auf, daß es um Konzepte ging, in denen all' das, was das irrationale tschechische Verhältnis zu Rußland seit jeher bestimmte, stärker war als die benützten taktischen Mittel einer Methode, die an das Ränkeschmieden der Diplomatie des 19. Jahrhunderts erinnert.

So kulminierten die Beziehungen der Ersten Republik zu Sowjetrußland in einem Bündnis, das sich um eine Integration von Gemeinsamkeiten — die es geschichtlich gesehen nicht gab — und gemeinsamem Nutzen, der — wie Moskau beweisen sollte — ephemerer Natur war, bemühte. Das brachte kaum mehr als eine Summe sich widersprechender Interessen zustande, die sich aufgrund ihrer Gegensätzlichkeit beinahe aufhoben. Schließlich konnte der eklatante Widerspruch zum geschichtlichen Auftrag der historischen Territorien der Tschechoslowakei nur zu einem unnatürlichen und lebensunfähigen Bündnis führen, das die Belastung verstärkte, die sich schon 1918 durch die Expansion des böhmischen Staates in fremde Räume und zusätzliche Spannungsfelder und die daraus resultierende Verstrikkung mit der Problematik der Ostkarpaten, des Balkans und der Adria ergaben. Die Bindung an Moskau potenzierte die Spannung nicht nur mit den Nachbarn sondern intensivierte die Rückwirkung von Spannungen in entlegenen Regionen auf den mitteleuropäischen Raum. Sie belastete und vernichtete schließlich das Verhältnis zu Polen und erschwerte für die böhmischen Deutschen eine positive Stellungnahme zum Staat.

Mit Hinweis auf die politischen Systeme in den Nachbarländern der damaligen ČSR wird oft gesagt, es hätte keine Alternative gegeben. Aber es bleibt zu bedenken, inwiefern ein rechtzeitiges und echtes Engagement im unmittelbaren geschichtlichen Raum positivere außen- und innerpolitische Entwicklungen hätte einleiten können.

---

[83] Peroutka, F.: Byl Edvard Beneš vinen [War E. Beneš schuldig]? Zit. in Svědectví Nr. 48/XII (1975) 665.

Peter Burian

DIE TSCHECHOSLOWAKEI ALS MITGLIED DES VÖLKERBUNDS

In dem Lesebuch „Lernfreude", das in zweiter Auflage im Jahre 1936 in Leitmeritz erschienen ist und das vom tschechoslowakischen Ministerium für Schulwesen und Volkskultur zum Gebrauch an deutschen Volksschulen in der ČSR zugelassen war, steht unter der Überschrift „Festspruch an Staatsfeiertagen" folgendes Gedicht:

Auf der großen Burg zu Prag
Wohnt ein hoher, guter Herr.
Ihm erweist am heut'gen Tag
Alles Volk die größte Ehr'.

's ist des Staates Präsident,
Den es heut' zu ehren gilt,
Den von uns ein jeder kennt,
Weil wir täglich schau'n sein Bild.

Den auch rühmt und hochverehrt,
Preist und schätzt die ganze Welt,
Da zum Bunde Er gehört,
Der den Frieden ihr erhält.

Mög' in Gottes Schutze stehn
Unser hoher Präsident!
Möge es Ihm wohlergehn
Bis an Seines Lebens End' [1]!

Ich habe diese 16 Verszeilen nicht deshalb an den Anfang meines Referats gestellt, um für den einen oder andern von Ihnen, der, so wie ich, dieses Gedicht seinerzeit in der Schule kennengelernt hat, das Ambiente unserer Ersten Republik wieder lebendig werden zu lassen. Ich habe dies auch nicht getan, um einen Nachtrag zu dem Thema vorzulegen, das 1972 und 1973 vom Collegium Carolinum auf seinen Jahrestagungen behandelt worden war, einen Nachtrag also zur Erscheinung der „Burg" und zur Stellung des Präsidenten der Republik [2], obwohl es nicht uninteressant ist, hier lesen zu können, wie sehr der Präsident als Personifikation der Republik verstanden wurde, denn es handelt sich ja ausdrücklich um einen Festspruch an Staatsfeiertagen und nicht etwa um ein Huldigungsgedicht zum Geburtstag des Präsidenten. Meinen Bericht über die Tschechoslowakei als Mitglied des Völkerbunds leite ich vielmehr deshalb mit diesen Versen ein, weil sie Ihnen zeigen können, wie sehr sogar noch auf dieser niederen literarischen Ebene einer für Kinder eingerichteten politischen Gebrauchslyrik die Bedeutung hervorgehoben wurde, die die Zugehörigkeit der Tschechoslowakei zum Völkerbund für die Staatsideologie der jungen Republik gehabt hat.

In der Tat waren die Beziehungen zwischen der Tschechoslowakei und dem Völkerbund überaus eng gewesen. Die Tschechoslowakei war Gründungsmitglied

---

[1] S c h l e g l, Maximilian: B-Ausgabe der deutschen Schreiblese-Fibel „Lernfreude". Leitmeritz [2]1936, S. 109. Schlegl ist auch der Autor dieses Gedichts.

[2] Vgl. vor allem S l a p n i c k a, Helmut: Die Rechtsstellung des Präsidenten der Republik nach der Verfassungsurkunde und in der politischen Wirklichkeit. In: B o s l, Karl (Hrsg.): Die „Burg". Einflußreiche politische Kräfte um Masaryk und Beneš. Bd. 2. München 1974, S. 9—29.

des Völkerbunds[3], sie gehörte in den Jahren 1924 bis 1927 und 1933 bis 1935, also während fast der Hälfte der Zwischenkriegszeit, zum Völkerbundsrat[4], und alle zeitgenössischen Beobachter, selbst wenn sie der Tschechoslowakei oder dem Völkerbund kritisch oder sogar ablehnend gegenüberstanden[5], stimmten darin überein, daß die ČSR zu jeder Zeit mit großem personellen und programmatischen Einsatz in der Genfer Liga mitgearbeitet hat[6]. Im Unterschied zu zahlreichen anderen Staaten — Brasilien, Japan, Deutschland, Italien oder UdSSR — hat sich die Tschechoslowakei mit dem Konzept oder mit den Institutionen des Völkerbunds niemals in einem ernsten Konflikt befunden, und aus Berichten über Gespräche mit Edvard Beneš während dessen Exils im Zweiten Weltkrieg wissen wir, daß der langjährige tschechoslowakische Außenminister die Tage und Wochen, die er alljährlich in Genf zugebracht hat oder in denen er anderswo im Auftrag des Völkerbunds tätig gewesen war, zu den glücklichsten und erfolgreichsten Zeiten seines politischen Lebens gerechnet hat[7]. Diese enge Bindung der Tschechoslowakei an den Völkerbund hat ein französischer Publizist bei der Darstellung der sehr intensiven Bemühungen der Prager Regierung um die Ausarbeitung des Genfer Protokolls von 1924 sogar in die übertreibende, aber sehr anschauliche Formel gefaßt, Beneš habe Genf, also den Sitz des Völkerbunds, als Kolonie für die Tschechoslowakei annektiert[8].

Wenn wir die in diesem Bonmot beabsichtigte Überspitzung unbeachtet lassen, finden wir in einer solchen Definition des Verhältnisses der ČSR zur Liga den instrumentalen Charakter, also den erhofften diplomatischen Nutzen der Mitgliedschaft für die tschechoslowakische Außenpolitik, durchaus zutreffend beschrieben. Selbstverständlich war die Mitarbeit der Tschechoslowakei im Völkerbund nicht so sehr von pazifistischen oder humanitären Erwägungen bestimmt als vielmehr von handfesten machtpolitischen Interessen, die, wenn man die Gründungsgeschichte

---

[3] Anlage I der Völkerbundssatzung. — Seit der vierten Sitzung (6. Februar 1919) der Kommission, die von der Pariser Friedenskonferenz mit der Ausarbeitung des Völkerbundsstatuts beauftragt worden war, war die Tschechoslowakei Mitglied dieses Ausschusses (Bleiber, Fritz: Der Völkerbund. Die Entstehung der Völkerbundssatzung. Stuttgart 1939, S. 36 ⟨Handbuch des Völkerrechts IV/1. A⟩). Ihr Einfluß auf die Tätigkeit dieses Kollegiums blieb allerdings gering (ebenda 44). Vgl. auch Burton, Margaret Ernestine: The Assembly of the League of Nations. Chicago 1941, S. 39 u. 46.

[4] Kleines Handbuch des Völkerbundes. Zweite deutsche Ausgabe. Genf 1939, S. 96.

[5] S. dazu etwa Truckenbrodt, Walter: Deutschland und der Völkerbund. Die Behandlung reichsdeutscher Angelegenheiten im Völkerbundsrat von 1920—1939. Essen 1941, S. 10, 120, 138, 142, 144 u. a. (Veröffentlichungen des Deutschen Instituts für Außenpolitische Forschung 9), und Moravec, Emanuel: Das Ende der Benesch-Republik. Die tschechoslowakische Krise 1938. Prag [5]1942, S. 7, 14—17, 22, 62, 137 u. a.

[6] S. dazu jetzt Hoensch, Jörg K.: Die „Burg" und das außenpolitische Kalkül. In: Bosl (Hrsg.): „Burg" II, 31—57, hier 48 f.

[7] „. . . the warm caressing expression of his eyes and face whenever he reminisced about his Geneva days showed unmistakably that those had been among his happiest moments." (Taborsky, Edward: The Triumph and disaster of Eduard Benes. FA 36 (1957/58) 669—684, hier 670).

[8] Suarez, Georges: Briand. Sa vie, son œuvre . . . 6 Bde. Paris 1938/52, hier Bd. 6, S. 52.

der ČSR in Betracht zieht, identisch waren, ja sogar identisch sein mußten mit dem Bemühen, die Existenz der Tschechoslowakei als eines unabhängigen Staates zu sichern und zu festigen. Beneš selbst hat dieses „egoistische" Motiv für die tschechoslowakische Mitgliedschaft im Völkerbund wiederholt zugegeben und begründet, am überzeugendsten wohl in dem letzten Exposé, das er als Außenminister vor den Außenausschüssen der beiden Kammern des tschechoslowakischen Parlaments vorgetragen hat. Er sagte in diesem Bericht, er würde es „einem anderen Staate niemals zum Vorwurfe machen, dass er sein eigenes Interesse mit dem Allgemeininteresse, in diesem Falle mit dem Interesse des Völkerbundes, in Einklang zu bringen verstand. Wir selbst sind und bleiben ja in Genf nicht nur aus ideellen Gründen, sondern auch deshalb, weil wir den Völkerbund im Geiste des Paktes für uns und für unsere Interessen nützen wollen. So ist es richtig und so sollten es alle machen. Der grösste Patriotismus und der verdienstvollste Volksegoismus ist jener, welcher das Interesse seines eigenen Volkes mit dem Allgemeininteresse zu verbinden versteht" [9].

Diese hier angestrebte Ineinssetzung von einzelstaatlichem Interesse mit dem Interesse der im Völkerbund organisierten Staatengemeinschaft war freilich nicht nur eines der Mittel, von denen die tschechoslowakische Staatsleitung annahm, daß sie ihr zur erfolgreichen Führung ihrer Außenpolitik zur Verfügung ständen, sondern sie beschreibt auch exakt den Kern des Problems, als welches sich für uns die tschechoslowakische Mitgliedschaft im Völkerbund darstellt. Denn die Frage war ja, ob es dieser im Jahre 1919 mit großen Erwartungen ins Leben gerufenen Organisation gelingen werde, ihren Mitgliedern deren machtpolitischen und territorialen Besitzstand zu garantieren, anders gesagt: die Frage war, ob diese Mitglieder der Überzeugung sein konnten, ihre eigenen Interessen seien weitgehend identisch mit dem Kollektivinteresse dieser Staatengemeinschaft, diese sei in der Lage, in Konfliktfällen auf friedlichem Wege einen Ausgleich herbeizuführen, und sie verfüge über genügend Macht, um einen Mitgliedsstaat mit Erfolg gegen einen Angreifer zu schützen, und zwar auch dann, wenn dieser selbst nicht der Liga angehörte.

Bekanntlich ist keine dieser Hoffnungen erfüllt worden. Wenn wir aber wissen, daß selbst ein Staat wie die Tschechoslowakei, der seine Bundespflichten stets gewissenhaft erfüllt hat, in den Zeiten, in denen seine staatliche Existenz immer offenkundiger gefährdet wurde, von eben diesem Bund keine Hilfe erfahren hat, so muß sich uns die Vermutung aufdrängen, daß sowohl die konzeptionelle Konstruktion dieses Staatenbundes als auch seine politische Praxis fehlerhaft gewesen seien.

---

[9] Beneš, Edvard: Der Kampf um die kollektive Sicherheit in Europa und der italienisch-abessinische Krieg. Exposé ... am 5. November 1935. Prag 1935, S. 59 f. (Čechoslovakische Quellen und Dokumente 10). — Vgl. damit Benešs Enttäuschung über das Scheitern des Völkerbunds: Beneš, Edvard: Demokratie heute und morgen. Zürich 1944, S. 125—166; das Manuskript dieser Veröffentlichung schrieb Beneš im Frühjahr 1939, also in den ersten Monaten seines Exils (S. 8).
Die Bemerkung zu Beginn des Zitats bezieht sich auf die Unterstützung der Völkerbundspolitik durch die britische Regierung in der ersten Phase der Abessinienkrise; s. dazu jetzt Petersen, Jens: Hitler - Mussolini. Die Entstehung der Achse Berlin—Rom 1933—1936. Tübingen 1973, S. 442—444 (Bibliothek des Deutschen Historischen Instituts in Rom 43).

Es liegt deshalb nahe anzunehmen, daß das Schicksal der Tschechoslowakei als Mitglied des Völkerbunds in vielem exemplarisch gewesen war für das Schicksal von Völkerbundsmitgliedern überhaupt, und es steht deshalb zu erwarten, daß bei einer genaueren Untersuchung der Beziehungen zwischen der ČSR und dem Völkerbund Einsichten gewonnen werden können, durch die unsere Kenntnisse vom Wesen und von der Bedeutung des Völkerbunds für die europäische Ordnung von 1919, für ihre Grundlegung wie für ihr Scheitern, erweitert und vertieft werden.

Eine so verstandene Durchführung des Themas, das mir für diese Tagung gestellt wurde, halte ich für um so nötiger, als es leider eine Tatsache ist, daß der Völkerbund nicht zu den bevorzugten Gegenständen unserer Wissenschaft gehört. Die erste und bisher einzige Darstellung seiner Geschichte, die zweibändige Niederschrift eines ehemaligen stellvertretenden Generalsekretärs der Liga, ist inzwischen ein Vierteljahrhundert alt [10], und wenn auch in Untersuchungen über die Zwischenkriegszeit Beratungen und Beschlüsse des Völkerbunds selbstverständlich erwähnt und beachtet werden, so geschieht dies doch eher beiläufig und dient in der Regel allein dazu, sogenannte Hintergrundinformation zu vermitteln. Und auch im Geschichtsbewußtsein unserer Zeit spielt der Völkerbund so gut wie keine Rolle, obwohl sein Ende erst dreißig Jahre zurückliegt und seine Auflösung zu den doch sonst noch sehr gut bekannten Ergebnissen des Zweiten Weltkriegs gehört.

Es wäre nun wenig sinnvoll, wenn ich Ihnen in einer Art summierender Aufzählung eine möglichst lückenlose Übersicht vorlegen würde über alle Initiativen, die die Tschechoslowakei im Völkerbund ergriffen hat, und über alle Funktionen und Aufgaben, die der Tschechoslowakei von der Genfer Liga im Laufe der Jahre übertragen worden sind. Es würde nicht nur schwer sein, mit Hilfe eines solchen statistisch-quantifizierenden Verfahrens Einzelheiten festzustellen, die wesentlich wären für die Beurteilung des Völkerbunds im System von 1919, es würde sich auch sogleich das Problem stellen, wie die einzelnen tschechoslowakischen Aktivitäten im Völkerbund angemessen zu bewerten seien. Denn so wesentlich für die tschechoslowakische Mitgliedschaft im Völkerbund auch die Rolle gewesen war, die Beneš bei der Ausarbeitung der verschiedenen Abrüstungskonzepte gespielt hat, so unwichtig war die Zugehörigkeit der Tschechoslowakei zu dem Dreierkomitee, das der Völkerbund im September 1932 eingesetzt hat zur Beilegung des Konflikts zwischen Paraguay und Bolivien über den Verlauf der Grenze zwischen diesen beiden Staaten durch das Gebiet des Gran Chaco [11], oder die Tätigkeit Benešs als Präsident der Internationalen Arbeitskonferenz im Mai 1925 [12]. Ich werde deshalb zur Erfüllung meiner Aufgabe einen anderen Weg einschlagen: ich werde an einigen Beispielen, die ich für besonders charakteristisch halte, zeigen, wie sich

---

[10] W a l t e r s, Francis Paul: A History of the League of Nations. 2 Bde. London 1952 (Nachdruck in einem Bd.: London 1960). Die jüngste Bibliographie zur Geschichte der Genfer Liga: G u n z e n h ä u s e r, Max: Der Genfer Völkerbund 1920—1946. In: Jahresbibliographie. Bibliothek für Zeitgeschichte. Weltkriegsbücherei Stuttgart 41 (1969) 425—536.

[11] T o y n b e e, Arnold J.: Survey of international affairs 1933. London 1934, S. 412 Anm.

[12] P a p o u š e k, Jaroslav: Dr. Edvard Beneš. Sein Leben. Prag 1937, S. 131.

— innerhalb der Genfer Liga — die Tschechoslowakei als Nutznießer der Ordnung von 1919 verhalten hat, das heißt also, was sie als Mitgliedsstaat unternommen hat, um diese Ordnung zu stabilisieren und zu perpetuieren.

Daß der Völkerbund, genauer gesagt: die Mitarbeit der Tschechoslowakei im Völkerbund, überhaupt von einem solchen Nutzen sein konnte für das Bemühen der Prager Regierung, das System von 1919 aufrechtzuerhalten und damit zugleich auch das Bestehen der Republik zu sichern, war eine Folge der Tatsache, daß nach dem Konzept der Bundesgründer die Liga in erster Linie die Aufgabe haben sollte, den politischen Zustand in Europa, wie er sich nach dem Ersten Weltkrieg ausgebildet hatte, zu bewahren [13]. Im formalen völkerrechtlichen Sinn war diese Verbindung zwischen der machtpolitischen Situation von 1919 und dem Völkerbund dadurch hergestellt, daß die Satzung des Völkerbunds zum originären Bestandteil der Pariser Friedensverträge gemacht wurde [14] und daß darüber hinaus der Völkerbund und seine Organe damit beauftragt waren, die Erfüllung und Einhaltung einzelner Bestimmungen dieser Friedensverträge zu überwachen sowie bei internationalen Streitfragen, die sich bei der Durchführung derartiger Vertragsbestimmungen ergeben konnten, als Schiedsinstanz zu fungieren [15].

Das bedeutete freilich nicht nur, daß der Völkerbund den im Krieg unterlegenen Mittelmächten gegenüber den Willen der siegreichen Alliierten durchsetzen sollte, sondern der Völkerbund mußte auch als Schlichter tätig werden bei Auseinandersetzungen innerhalb des Lagers der Sieger über Probleme, die sich aus dem Ausgang des Krieges ergeben haben. Für die Tschechoslowakei waren das vor allem tatsächlich durchgeführte oder zumindest erbetene Interventionen des Völkerbunds zur Regelung des Verhältnisses zum ebenfalls am Ende des Ersten Weltkriegs entstandenen polnischen Staat. Ich meine hier nicht so sehr die Entscheidung des Völkerbundsrats vom März 1924 über den Grenzverlauf im Javorinagebiet in der Hohen Tatra, das nach einem vorhergegangenen Beschluß des Ständigen Internationalen Gerichtshof der ČSR zugesprochen wurde [16], als vielmehr die wiederholten Versuche der Prager Regierung, den aus vielen Anlässen gespeisten Streit mit Polen dem Völkerbund mit der Bitte um eine schiedlich-friedliche Mediation zu unterbreiten [17] und auf diese Weise das internationale Ansehen der Liga, das den Genfer Beschlüssen lange Zeit hindurch ein besonderes Gewicht verliehen hat, dazu zu benutzen, die ständig getrübten Beziehungen zu Polen zu verbessern und auf diese

[13] Ein Zitat für viele: „. . . in politischer Hinsicht war er [sc. der Völkerbund] . . . in weitgehendem Maße eine Vereinigung zum Schutze der durch die Kriegsverträge festgesetzten neuen Ordnung.“ (Webster, Charles Kingsley: Vorschläge für eine Revision der VB.-Satzung. Völkerbund und Völkerrecht 1 ⟨1934/35⟩ 78—84, hier 79 f.).

[14] S. dazu Howard-Ellis, C.: The Origin, structure & working of the League of Nations. Boston 1929, S. 58 f., 110, und Göppert, Otto: Der Völkerbund. Organisation und Tätigkeit des Völkerbundes. Stuttgart 1938, S. 30—34 (Handbuch des Völkerrechts IV/1. B). Einen im vertragsrechtlichen Sinn erschöpfenden Überblick über die Stellung des Völkerbunds im System von 1919 geben Schücking, Walther / Wehberg, Hans: Die Satzung des Völkerbundes (Kommentar). Berlin [2]1924, S. 27—85.

[15] Göppert: Völkerbund 10—14.

[16] Schücking / Wehberg: Satzung 491 f.

[17] Strauß, Emil: Tschechoslowakische Außenpolitik. Eine geschichtliche Einführung. Prag 1936, S. 155.

Weise die hier bestehende Gefahr für den territorialen Besitzstand der ČSR zu verringern. Die für diesen Zustand charakteristischen Kontroversen zwischen der Tschechoslowakei und Polen waren nicht nur ausgelöst durch die polnische Unzufriedenheit über die Teschener Regelung und durch die vorgeblich unkorrekte Behandlung der jeweils im andern Staatsgebiet lebenden Angehörigen der eigenen Staatsnation, sondern sie waren oft auch ein nicht ganz wirkungslos bleibendes Instrument in einem permanenten publizistischen Kleinkrieg, den vom tschechoslowakischen Standpunkt aus Beneš einmal in diplomatisch verklausulierter Form so beschrieben hat: es handle sich um „Beschwerden .. über den feindlichen Charakter gewisser Manifestationen und Pressekampagnen in Polen gegen uns, über das unzulässige Vorgehen einiger polnischer Konsulatsvertreter bei uns und über Verlautbarungen im polnischen Rundfunk ..., welche ... in ihrer Form ungebührlich sind“ [18]. Die polnische Regierung hat es aber stets abgelehnt, gemeinsam mit der Tschechoslowakei eine derartige Intervention des Völkerbunds zu erbitten oder gar zuzulassen [19], das heißt, sie bestritt die Kompetenz des Völkerbunds zu einer solchen Intervention, so daß die Versuche der ČSR erfolglos blieben, mit Hilfe der Genfer Liga eine bleibende Befriedung des Verhältnisses zu Polen zu erreichen [20].

Viel wichtiger aber als die Rolle, die die Tschechoslowakei in ihrem diplomatischen Geplänkel mit einem slawischen Nachbarstaat dem Völkerbund zugedacht hatte, war nach den politischen Vorstellungen der tschechoslowakischen Staatsleitung die Verantwortung des Völkerbunds bei der Regulierung der Probleme, die durch die Auflösung der Habsburgermonarchie entstanden waren. Im wesentlichen ging es dabei vor allem um zwei Fragen, die für die tschechoslowakische Völkerbundspolitik bedeutsam waren: um die staatliche Unabhängigkeit Österreichs, also um die Verhinderung des sogenannten Anschlusses, und um die einer internationalen

[18] Beneš: Kampf 49 f. — „Die polnische Kampagne gegen die Tschecho-Slowakei erreichte in den letzten Wochen eine Intensität, die wir seit dem Anfang des Feldzuges gegen uns, seit Januar 1934, nicht verzeichnet haben. ... Die Polen sind eine Nation, die immer in der Geschichte durch irgend jemand irgendwo verfolgt wurde oder sich einbildet, es gewesen zu sein. Dieses Märtyrertum, die Notwendigkeit des Selbstbedauerns und der Bemitleidung durch andere, die Sehnsucht nach Rache, sind der polnischen Nationalseele Bedürfnis. Die Verfolgungen der Polen durch die Deutschen oder Russen sind ein zu altes Thema, und es ist heute für den Polen ein Anachronismus, sich darüber zu beschweren ... Die polnische Nationalseele braucht neue Nahrung, muß neues Unrecht gutmachen, die Landsleute von dem neuen Joch befreien, vor der Welt hinausrufen, daß sich wieder ein neuer Bedrücker der Polen gefunden hat, über den Polen siegen muß.“ (Bericht des tschechoslowakischen Geschäftsträgers in Warschau vom 30. September 1935; in Übersetzung abgedruckt bei Berber, Fritz (Hrsg.): Europäische Politik 1933—1938 im Spiegel der Prager Akten. Essen 1941, S. 51 f. ⟨Veröffentlichungen des Deutschen Instituts für Außenpolitische Forschung 8⟩).

[19] Strauß: Außenpolitik 155.

[20] Über die tschechoslowakisch-polnischen Beziehungen in der Spätphase der Ministerzeit Benešs s. auch Kozeński, Jerzy: Czechosłowacja w polskiej polityce zagranicznej w latach 1932—1938 [Die Tschechoslowakei in der polnischen Außenpolitik in den Jahren 1932—1938]. Posen 1964, S. 127—166 (Prace Instytutu Zachodniego 36). Für die polnische Einstellung zum Völkerbund noch immer grundlegend Bregman, Alexandre: La Pologne et la Société des Nations. La conception polonaise de l'organisation de la paix. Diss. Genf 1932, S. 116—125.

Aufsicht unterstellte Behandlung der zahlreichen nationalen Minderheiten in den Nachfolgestaaten. Daß die Vorstellungen der Tschechoslowakei bei der Beschäftigung des Völkerbunds mit diesen Problemen weit eher Gehör gefunden haben als bei der erhofften Beilegung der Streitigkeiten mit Polen, liegt selbstverständlich nicht zuletzt daran, daß es sich hier eben nicht um marginale, sondern um grundlegende Probleme der europäischen Nachkriegsordnung gehandelt hat und daß deshalb die Motive der tschechoslowakischen Staatsleitung identisch waren mit den Motiven, von denen das Verhalten der Hegemonialmacht auf dem Kontinent und also auch im Völkerbund in dieser Zeit, nämlich der französischen Republik, bestimmt gewesen waren. Die französische Regierung war bekanntlich fest entschlossen, der bei der Behandlung gerade dieser beiden Probleme bestehenden Möglichkeit mit Entschiedenheit entgegenzutreten, in diesem Teil Europas eine Revision der politischen und wirtschaftlichen Entscheidungen von 1919 herbeizuführen. Sie war lediglich einverstanden mit solchen Veränderungen, durch die das machtpolitische System von 1919 selbst nicht nur nicht in Frage gestellt werden konnte, sondern die im Gegenteil dazu beitragen sollten, dieses System zu stabilisieren.

Besonders charakteristisch für eine solche „konservative" Politik waren die wiederholten, unter der Ägide der Genfer Liga unternommenen und keineswegs erfolglos gebliebenen Versuche, eine wirtschaftliche Sanierung Österreichs herbeizuführen und dadurch die österreichische Bevölkerung von der Lebensfähigkeit eines unabhängigen österreichischen Staates zu überzeugen. Besonders bei der ersten derartigen Aktion des Völkerbunds, die zu den Genfer Protokollen vom Oktober 1922 geführt hat [21], war die Tschechoslowakei eine treibende Kraft gewesen, denn die Prager Regierung war verständlicherweise in besonderem Maß daran interessiert, daß durch eine solche Völkerbundshilfe die Anschlußtendenzen in Österreich [22] zurückgedrängt würden.

Schon bei der Vorbereitung der Genfer Beratungen zeigte sich die starke Stellung, die die Tschechoslowakei, gerade bei der Behandlung eines solchen Problems durch den Völkerbund, bereits damals in Genf besaß: der Völkerbundsrat setzte zur Prüfung des österreichischen Hilfegesuchs ein Komitee ein, in das auch die Tschechoslowakei berufen wurde, obwohl sie damals noch nicht Mitglied des Völkerbundsrats war und deshalb auch bei der Verwertung der Kommissionsarbeit durch dieses Völkerbundsorgan nicht beteiligt sein konnte [23]. Während der Verhandlungen selbst hat es Beneš verstanden, mit großem Geschick, mit „Rührigkeit und Wendigkeit", wie es in einer österreichischen Aufzeichnung heißt [24], die immer wieder auftreten-

[21] Für die Einzelheiten der Protokolle s. Schücking / Wehberg: Satzung 68 f.

[22] S. dazu jetzt die instruktive Skizze von Stadler, Karl R.: Die Anschlußbewegung in Österreich. In: Hütter, Joachim / Meyers, Reinhard / Papenfuss, Dietrich (Hrsg.): Tradition und Neubeginn. Internationale Forschungen zur deutschen Geschichte im 20. Jahrhundert. Köln 1975, S. 203—207.

[23] Ladner, Gottlieb: Seipel als Überwinder der Staatskrise vom Sommer 1922. Zur Geschichte der Entstehung der Genfer Protokolle vom 4. Oktober 1922. Wien 1964, S. 120 (Publikationen des Österreichischen Instituts für Zeitgeschichte 1).

[24] Zit. bei Ladner: Seipel 143. — „Beneš . . . became Seipel's most able advocate before the League; Czech influence was decisive in organizing the League's financial reconstruction." (Suval, Stanley: The Anschluss Question in the Weimar era. A study of nationalism in Germany and Austria, 1918—1932. Baltimore 1974, S. 204.)

den Schwierigkeiten, die sich bei der Regelung finanztechnischer Einzelheiten ergeben hatten, durch Kompromißvorschläge oder durch die Erklärung zu beseitigen, die ČSR sei bereit, bei dieser Stützungsaktion größere Verpflichtungen einzugehen, als dies zunächst von ihr zugesagt worden war [25].

Aber Benešs Haltung war auch nicht ohne Einfluß auf die österreichische Innenpolitik. Schon vor Beginn der Genfer Verhandlungen hatte er dem österreichischen Gesandten in Prag zur Weiterleitung an dessen Regierung den Vorschlag gemacht, bei der Durchführung einer erfolgversprechenden Sanierungspolitik, die gewiß unpopulär sein werde, möge Österreich — zur Stärkung der Staatsgewalt gegenüber politischen Widerständen — mit der Einsetzung einer fremden Autorität, etwa einer internationalen Finanzkontrolle, einverstanden sein, vorausgesetzt allerdings, daß Österreich dabei nicht seine Souveränität einbüße [26]. In der Tat hatte die Wiener Regierung, um die von ihr erbetene Völkerbundsanleihe zu erhalten, der künftigen Beaufsichtigung des Finanz- und Wirtschaftslebens in Österreich durch einen von der Liga bestellten Kommissar zustimmen müssen, und vor allem die österreichischen Sozialdemokraten hielten diese im Auftrag des Völkerbunds durchgeführte wirtschaftspolitische Intervention für das Ende des deutschen Österreich [27]. Aber was der österreichische Bundeskanzler Seipel einen Monat nach der Unterzeichnung der Genfer Protokolle sagte, entsprach genau den eben erwähnten Überlegungen des tschechoslowakischen Außenministers: „Eine Kontrolle, ausgeübt von den Siegern im Weltkrieg oder auch direkt von den Kreditgebern, wäre für uns schmerzlich gewesen. Nun haben wir aber eine Kontrolle im Namen des Völkerbundes. Wer so zum Völkerbund steht .. wie ich .., der kann nicht denken, daß die Ehre seines Landes verletzt wird, wenn ein Beauftragter des Völkerbundes hier eine gewisse Kontrolle übt" [28]. Seipel hat hier sehr überzeugend auf eine wichtige Eigenheit des Genfer Systems hingewiesen, nämlich auf die Tatsache, daß eine im Auftrag der Liga ausgeübte Kontrolle über einen Verlierer des Krieges von grundsätzlich anderer Qualität war, als wenn ein Organ der Siegerstaaten selbst — Botschafterkonferenz oder Interalliierte Militärkommission — dabei tätig geworden wäre.

Unerwähnt sollte auch nicht bleiben, daß es Beneš gewesen ist, der, gemeinsam mit anderen Staatsmännern aus der Kleinen Entente, in den folgenden Jahren ein

---

25 Über den Verlauf der Verhandlungen s. Ladner: Seipel 134—160.

26 Bericht des österreichischen Gesandten in Prag vom 18. Juni 1922, zit. bei Ladner: Seipel 61.

27 S. dazu Ladner: Seipel 161—165, und Klingenstein, Grete: Die Anleihe von Lausanne. Ein Beitrag zur Geschichte der Ersten Republik in den Jahren 1931—1934. Wien 1965, S. 22—24 (Publikationen des Österreichischen Instituts für Zeitgeschichte 5). — Die Großdeutschen hatten ähnliche Befürchtungen wegen der Erschwerung des Anschlusses, aber als Mitglieder des Kabinetts fügten sie sich der Koalitionsdisziplin. Im übrigen waren auch die Sozialdemokraten nicht konsequent in ihrem Widerstand, denn von den Gesetzen, die für die Durchführung der Genfer Protokolle nötig waren, lehnten sie nur solche ab, die auch ohne ihre Zustimmung in Kraft treten konnten (ebenda).

28 9. November 1922, zit. bei Ladner: Seipel 10. — Über die Durchführung dieser Kontrolle s. jetzt Bosmans, Jacques Louis Joseph: De nederlander Mr. A. R. Zimmerman als commissaris-generaal van de Volkenbond in Oostenrijk 1922—1926. Nimwegen 1973.

Projekt zu fördern versucht hat, von dessen Verwirklichung er sich eine weitere Stärkung des österreichischen Staatsbewußtseins und eine entscheidende internationale Aufwertung einer eben nicht mit Deutschland vereinigten Republik Österreich versprochen hat; ich meine den dann doch nicht verwirklichten Plan, den Sitz des Völkerbunds von Genf nach Wien zu verlegen [29].

Im Jahre 1931 war die tschechoslowakische Regierung ein zweites Mal erfolgreich in ihrem Bemühen, durch entschlossene politische und publizistische Unterstützung entsprechender Völkerbundsaktionen dazu beizutragen, daß im Interesse der Aufrechterhaltung des Systems von 1919 die völlige staatliche und wirtschaftliche Unabhängigkeit Österreichs gewahrt blieb und nicht einmal auf einem Teilgebiet ein Anschluß Österreichs an das Deutsche Reich zustande kam [30]. Sobald Mitte März 1931 durch eine anscheinend gewollte Indiskretion auf österreichischer Seite der Plan einer Zollunion zwischen der Weimarer Republik und Österreich vorzeitig bekanntgeworden war [31], gehörte die tschechoslowakische Regierung nicht nur zu den Staaten, die in großer Erregung diesen Plan kritisierten, sondern sie setzte sich auch von Anfang an mit Nachdruck dafür ein, daß der Völkerbundsrat mit diesem Projekt befaßt werden und den Regierungen in Berlin und Wien den Vollzug dieses Abkommens untersagen müsse. Die in der Literatur vertretene Meinung besteht offensichtlich zu Recht, daß die Haltung der französischen Regierung, die für das Zustandekommen einer solchen Intervention durch die Liga letztlich ausschlaggebend gewesen war, vornehmlich zurückzuführen sei auf die Entrüstung über dieses Projekt, die der tschechoslowakische Verbündete Frankreichs laut geäußert hatte [32].

Österreich hatte im Friedensvertrag von St-Germain bekanntlich einer Einschränkung seiner Souveränität auch insoweit zustimmen müssen, daß es sich verpflichtete, auf seine staatliche Unabhängigkeit nur mit Zustimmung des Völkerbundsrats zu verzichten [33]. Dieses unter die Garantie der Genfer Liga gestellte Anschlußverbot war im Sanierungsprotokoll von 1922 noch dadurch verschärft worden, daß die österreichische Regierung zusagen mußte, keinem Staat irgendwelche Konzessionen zu gewähren, durch die die Unabhängigkeit Österreichs auf wirtschaftlichem Gebiet in Frage gestellt werden könnte [34]. Gerade das aber, so argumentierten die Kritiker des deutsch-österreichischen Abkommens vom März 1931, werde sich bei der Verwirklichung dieser Zollunion zwangsläufig ergeben. Die Rede, die Beneš am 19. Mai 1931 während der Debatte des Völkerbundsrats über das Projekt der deutsch-österreichischen Zollunion gehalten hat, zeigt besonders deutlich die unlösbare Verflechtung politischer, völkerrechtlicher und wirtschaftlicher Überlegungen, von denen sich in diesem Fall die tschechoslowakische

---

29 W a l t e r s : History I, 417 f. — W e h b e r g / S c h ü c k i n g : Satzung 381.

30 Über den Zusammenhang von Zollunionsplan und Anschlußproblematik s. jetzt S u v a l : Anschluss Question 146—165. — Über die Zollunionsdiskussion im Rahmen der deutsch-tschechoslowakischen Beziehungen s. C a m p b e l l , F. Gregory: Confrontation in Central Europe. Weimar Germany and Czechoslovakia. Chicago 1975, S. 221—233.

31 K l i n g e n s t e i n : Anleihe 35.

32 E b e n d a ; vgl. auch C u r t i u s , Julius: Bemühung um Oesterreich. Das Scheitern des Zollunionsplans von 1931. Heidelberg 1947, S. 42 f.

33 Friedensvertrag von St-Germain vom 10. September 1919, Art. 88.

34 Genfer Protokoll I vom 4. Oktober 1922.

Völkerbundspolitik leiten ließ; auch handfeste nationalegoistische Interessen spielten eine wichtige Rolle. Bei der Prüfung dieses Projekts durch den Völkerbund gehe es, so betonte Beneš, nicht nur um eine Antwort auf die Frage, ob dieses Abkommen im formaljuristischen Sinn dem Friedensvertrag und den Genfer Protokollen widerspreche oder nicht. Ebenso wichtig sei eine Klärung der gravierenden politischen und wirtschaftlichen Probleme, die durch dieses Abkommen aufgeworfen worden seien, von seiten des Völkerbunds. Die tschechoslowakische Regierung sei davon überzeugt, daß eine Zollunion, vornehmlich wenn sie zwischen zwei Staaten von gleicher Rasse und Sprache, von denen der eine stärker und der andere schwächer sei, geschlossen werde, die Unabhängigkeit des schwächeren Staates verletze und seine Handlungsfreiheit einschränke. Der Vorbehalt in dem deutsch-österreichischen Protokoll, in wirtschaftlichen Fragen bliebe die Selbständigkeit beider Partner gewahrt, sei nur formeller Natur und falle bei der politischen Bewertung dieses Vorhabens nicht ins Gewicht. Die beabsichtigte Zollunion beschwöre nämlich trotz diesem Vorbehalt die Gefahr herauf, daß in Europa ein neuer wirtschaftlicher und politischer Block entstehe, daß überhaupt Europa in verschiedene wirtschaftliche und politische Gruppen zerfalle und daß es deshalb zu einem allgemeinen Zollkrieg kommen könne. Für die ČSR würde überdies dieser Vertrag politisch wie wirtschaftlich große Nachteile mit sich bringen, denn es sei zu befürchten, daß ein großer Teil der tschechoslowakischen Ausfuhr nach Deutschland nun durch österreichische Waren ersetzt werde und daß überhaupt die Ausfuhr der ČSR sowie ihre freien Zugänge zum Meer, die über die beiden Staaten führten, durch die Möglichkeit von Gegenmaßnahmen im Durchgangsverkehr beeinträchtigt werden könnten [35].

Der Völkerbundsrat überwies das Vorhaben einer deutsch-österreichischen Zollunion dem Ständigen Internationalen Gerichtshof in Den Haag zur Prüfung. Im September 1931 fällte dieses Gremium mit der Mehrheit von 8 gegen 7 Stimmen, wobei gegen das Zustandekommen dieser Mehrheit erhebliche juristische Bedenken laut geworden sind [36], die Entscheidung, die Zollunion sei unvereinbar mit dem Anleiheprotokoll von 1922, wenn auch nicht mit den Verpflichtungen, die im Vertrag von St-Germain festgelegt waren [37]. Für mein Thema ist nicht die Tatsache

[35] Société des Nations. Journal officiel 12 (1931) 1075—1077. — Ähnliche Argumente hatte Beneš auch schon früher verwendet: „Die Frage dieser sog. Zollunion ist eines der gewichtigsten politischen und wirtschaftlichen Probleme des heutigen Europa. Ihre politischen und wirtschaftlichen Folgen würden weitreichend sein. Bloß die juristische Seite der Angelegenheit zu prüfen, bedeutet die Prüfung nur eines verhältnismäßig unwesentlichen (!) Ausschnittes des Problemes. Auch wenn die juristische Seite der Angelegenheit sofort in diesem oder jenem Sinne gelöst würde, bleibt das politische und wirtschaftliche Problem in seiner ganzen Ausdehnung bestehen und kann morgen oder übermorgen in anderer Form neuerlich auftreten. Es ist daher ratsam, in Genf zu der ganzen Frage einen politischen, wirtschaftlichen und juristischen Standpunkt einzunehmen." (Beneš, Edvard: Das österreichisch-deutsche Abkommen. Exposé . . . am 23. April 1931. Prag 1931, S. 11 f. ⟨Quellen und Dokumente zur tschechoslovakischen Zeitgeschichte 6⟩).

[36] Göppert: Völkerbund 370, 372, 639. — Curtius: Bemühung 70—77.

[37] Hudson, Manley O.: The World Court 1921—1931. A handbook of the Permanent Court of International Justice. Boston [3]1931, S. 113—117.

wichtig, daß dieser Haager Beschluß, als er bekannt wurde, bereits überholt war und vom Völkerbundsrat lediglich zur Kenntnis genommen wurde, denn wegen der politischen und wirtschaftlichen Entwicklung in den vorhergegangenen Monaten hatten die Regierungen in Berlin und Wien bereits auf das weitere Verfolgen dieses Projekts verzichtet [38]; wichtig ist vielmehr, daß, in völliger Übereinstimmung mit der Argumentation Benešs, der Gerichtshof seinen Spruch primär mit politischen und erst in zweiter Linie mit juristischen Gründen gestützt hat. Die Mehrheit der Richter hatte sich nämlich von der Überlegung leiten lassen, die Unabhängigkeit Österreichs sei ein unabdingbares Element der politischen Ordnung, wie sie seit dem Krieg in Europa bestehe, und müsse deshalb auf jeden Fall aufrechterhalten werden. Bereits in der juristischen Diskussion der Zeit wurde wegen dieser Sentenz das Votum der in der Minderheit gebliebenen Richter besonders beachtet, wonach es unzulässig sein müsse, daß von einem internationalen Gericht politische Erwägungen lediglich eine rechtliche Bemäntelung erführen [39].

In den tschechoslowakischen Bemühungen um die Aufrechterhaltung der österreichischen Unabhängigkeit spielte der Völkerbund zum letzten Mal im Februar 1934 eine Rolle. Der zur Zeit des Februaraufstands in Paris weilende Außenminister Beneš erklärte ebenso wie sein Stellvertreter Krofta vor dem Außenausschuß des Prager Abgeordnetenhauses, der Versuch eines jeden Staates, die gegenwärtigen Wirren in Österreich auszunutzen und sich in die österreichischen Verhältnisse einzumischen, werde auf den entschlossenen Widerstand der Tschechoslowakei stoßen. Sie werde freilich nicht allein, das heißt also nicht auf eigene Faust, intervenieren, sondern nur in Übereinstimmung mit den „zuständigen Faktoren“, wie sich Krofta etwas vorsichtig ausdrückte, während sich Beneš offener äußerte und auf eine eventuell nötig werdende Absprache unter den Signataren des unter der Autorität des Völkerbunds geschlossenen Genfer Protokolls von 1922 verwies [40].

So wie die tschechoslowakische Völkerbundspolitik dazu beigetragen hat, daß im Interesse der Aufrechterhaltung des Systems von 1919 das in den Pariser Friedensverträgen ausgesprochene Anschlußverbot in Geltung blieb, so war auch die Prager Regierung darum bemüht, die Kompetenzen, die dem Völkerbund für die Überwachung des Minderheitenschutzes zustanden, dazu zu nutzen, die europäische

---

[38] Klingenstein: Anleihe 40. — Suval: Anschluss Question 159—164.

[39] Hudson: World Court 116 f. — Suval: Anschluss Question 158 f. — Diese Meinung war allerdings in der Wissenschaft nicht unumstritten. So setzte sich wenige Jahre später Hans Kelsen mit Nachdruck für die Zulässigkeit politischer Argumentationen bei der Entscheidung völkerrechtlicher Streitfragen ein: „Im Interesse der Ehrlichkeit wäre es allerdings gelegen, wenn das Gericht [sc. der Ständige Internationale Gerichtshof] gehalten wäre, seine Entscheidung nicht ausschließlich und allein aus dem Gesetz, den Normen des Gewohnheitsrechts oder der geltenden Verträge zu begründen; sondern wenn es verpflichtet wäre, bei gegebener doppelter oder mehrfacher Interpretationsmöglichkeit diese offen festzustellen und die rechtspolitischen Gründe anzugeben, aus denen es sich für die eine und nicht für eine andere entschieden hat.“ Kelsen, Hans: Zur rechtstechnischen Revision des Völkerbundsstatuts. Zeitschrift für öffentliches Recht 17 ⟨1937⟩ 401—490, 590—622, hier 407 f. Anm. 2).

[40] Archiv der Gegenwart (1934) 1281 D. — S. auch Beneš, Eduard: The Problem of Central Europe and the Austrian question. Speech . . . on the 21st March 1934. Prag 1934. (Czechoslovak sources and documents 7).

Nachkriegsordnung, vornehmlich auf dem Territorium der ehemaligen Habsburgermonarchie, zu stabilisieren. Die Pariser Friedenskonferenz hatte Bestimmungen zum Schutz ethnischer, religiöser oder sprachlicher Minoritäten festgelegt, die den Besiegten gegenüber Bestandteil der Friedensverträge waren, während mit den auf der Seite der Sieger stehenden neuen Staaten in Ostmittel- und Südosteuropa Minderheitenschutzverträge geschlosen wurden. Diese Verträge gaben den Minderheiten allerdings weder Rechte gegen die Staaten, in denen sie lebten, noch auch die Legitimation, irgendein internationales Forum, genauer gesagt: den Völkerbund, zur Schlichtung eines Minderheitenstreits anzurufen, sondern die Verträge begründeten lediglich völkerrechtliche Pflichten der betreffenden Staaten gegenüber den Großmächten.

Bereits 1920 beschloß der Völkerbundsrat die Grundsätze, nach denen er verfahren werde, um die dem Völkerbund als ganzem übertragene Aufsicht über die korrekte Einhaltung dieser Verträge wahrzunehmen. Danach war es ausschließlich das Recht der Ratsmitglieder, also nur einer sehr beschränkten Zahl von Staaten, den Rat als Kollegium aufmerksam zu machen auf eine eventuell vorliegende Vertragsverletzung. Die übrigen Staaten und die Minderheiten selbst, denen kein Kollektivstatus zugesprochen worden war, konnten zwar auch den Rat auf derartige Verstöße gegen die Minderheitenschutzbestimmungen hinweisen, aber ein solcher Schritt hatte nur den Charakter einer Petition oder einer Information und konnte eine Maßnahme des Völkerbunds nicht zwingend herbeiführen. Der Inhalt einer solchen Beschwerdeschrift wurde zwar allen Mitgliedern des Völkerbunds durch dessen Sekretariat zur Kenntnis gebracht, sie blieb aber, solange sich nicht ein Mitglied des Völkerbundsrats dieser Beschwerde annahm, rechtlich bedeutungslos und verpflichtete insbesondere nicht den in einer solchen Beschwerde beschuldigten Staat, auf die in ihr enthaltenen Vorwürfe einzugehen [41].

Diese wenigen Bemerkungen über die Prinzipien, nach denen der Völkerbund in Fragen des Minderheitenschutzes verfuhr, mögen als Erklärung dafür genügen, daß einerseits die Wirksamkeit der Liga auf diesem Gebiet gering geblieben ist, daß aber auf der andern Seite der propagandistische Effekt derartiger Beschwerden und der offiziellen oder in der Regel inoffiziellen Befassung des Völkerbunds mit einer solchen Beschwerde vor allem bei den Minderheiten selbst seit je besonders hoch eingeschätzt wurde. Gerade die tschechoslowakischen Politiker haben vor dem Völkerbund oder daheim bei der Erörterung der Rolle des Völkerbunds in dieser Frage immer wieder aufmerksam gemacht auf die hier vorhandene Möglichkeit einer zumindest verbalen Gefährdung der Ordnung von 1919 und sich dafür ausgesprochen,

---

[41] Laun, Rudolf: Art. Nationalitätenfrage einschließlich des Minderheitsrechts. In: Strupp, Karl (Hrsg.): Wörterbuch des Völkerrechts und der Diplomatie. Bd. 2. Berlin 1925, S. 82—108, hier S. 103 f. — Zur Behandlung minderheitenrechtlicher Fragen durch die Genfer Liga s. auch Junckerstorff, Kurt: Die Völkerbundsgarantie des Minderheitenrechts. Haag 1930. — Truhart, Herbert von: Völkerbund und Minderheitenpetitionen. Ein Beitrag zum Studium des Nationalitätenproblems. Wien 1931. — Junghann, Otto: Das Minderheitenschutzverfahren vor dem Völkerbund. Tübingen 1934. — Azcárate, Pablo de: La Société des Nations et la protection des minorités. Genf 1969. — Modeen, Tore: The international Protection of national minorities in Europe. Åbo 1969, S. 59—61 (Acta Academiae Aboensis A. 37/1).

diesem Mißbrauch der Minderheitenschutzbestimmungen, wie sie es nannten, ein Ende zu machen [42]. Bei der Behandlung der sehr zahlreichen Beschwerden der madjarischen Minderheit in Siebenbürgen vor dem Genfer Forum stellte sich die Prager Regierung verständlicherweise hinter die Politik ihres rumänischen Verbündeten [43]. Was die Lage der Minderheiten in der Tschechoslowakei, vor allem der Sudetendeutschen [44], betraf, so vertrat die tschechoslowakische Völkerbundspolitik in der Regel den Standpunkt, daß es nicht nötig sei, hier eine Intervention des Völkerbunds anzurufen, denn die Minderheiten in der ČSR hätten ohnehin einen besseren Status, als ihnen nach dem Wortlaut der Verträge zustehen würde. So jedenfalls war die Formulierung, die Beneš im Juni 1929 in einem seiner zahlreichen außenpolitischen Exposés gebrauchte, in dem er gerade auf die Frage des Minderheitenschutzes und auf die Aufgabe des Völkerbunds zur Garantierung dieses Schutzes ausführlich einging [45].

Selbstverständlich ist der tschechoslowakischen Staatsleitung nicht verborgen geblieben, daß die Grundsätze des Nationalsozialismus, nachdem sie in Deutschland zur Richtschnur der staatlichen Politik geworden waren, auch auf dem Gebiet des Minderheitenschutzes die bisher vorhandenen Möglichkeiten, im Wege des Völkerbunds eine Veränderung der Lage von 1919 zu verhindern, erheblich einschränken konnten [46]. Trotzdem hat die Prager Regierung auch weiter an der Auffassung festgehalten, daß allein der Völkerbund zur Regelung von Minderheitenfragen zuständig sei. Noch Ende November 1935 hat Beneš im Prager Parlament mit deutlicher Spitze gegen das Deutsche Reich erklärt, daß die ČSR jede Einmischung eines fremden Staates in die Angelegenheiten ihrer Minoritäten entschieden ablehne. Wenn jemand glaube, daß die Minderheitenschutzverträge verletzt seien, so möge er sich an den Völkerbund wenden, es sei aber unzulässig, unter Umgehung der Genfer Liga Minoritätenfragen zum Anlaß für bilaterale Auseinandersetzungen zu nehmen [47].

Die Bemühungen der tschechoslowakischen Regierung, ihre Mitgliedschaft im Völkerbund dazu zu benutzen, um die europäische Nachkriegsordnung zu stabilisieren und damit zugleich auch die Existenz des eigenen Staates zu sichern, war

---

42 Papoušek: Beneš 122.

43 S. dazu Marburg, Ernst: Der rumänisch-ungarische Optantenstreit vor dem Gemischten Schiedsgericht und dem Völkerbund. Zugleich ein Beitrag zur Lehre von der Enteignung im Völkerrecht. Leipzig 1928 (Frankfurter Abhandlungen zum Kriegsverhütungsrecht 8), und Papoušek: Beneš 136.

44 S. dazu jetzt Schmid-Egger, Barbara: Völkerbund und Sudetendeutsche 1920—1926. In: Glassl, Horst / Pustejovsky, Otfrid (Hrsg.): Ein Leben, drei Epochen. Festschrift für Hans Schütz zum 70. Geburtstag. München 1971, S. 385—415.

45 Schulthess' Europäischer Geschichtskalender 70 (1929) 265 f.

46 „... daß die von Deutschland erwähnte Auffassung über die Beziehungen zwischen Volkstum und Muttervolk die Minderheitenverträge ins Wanken bringen und die internationalen Beziehungen empfindlich stören würde." (Beneš am 4. Oktober 1933 im Politischen Ausschuß der Völkerbundsversammlung während der Debatte über Minderheitenbeschwerden deutscher Juden aus Oberschlesien über die Anfänge der diskriminierenden Judenpolitik des Dritten Reiches; Archiv der Gegenwart ⟨1933⟩ 1066 R).

47 Beneš am 26. November 1935 im Abgeordnetenhaus (Archiv der Gegenwart ⟨1935⟩ 2318 E).

aber nicht nur von prohibitiven Überlegungen bestimmt gewesen. Gerade die Tschechoslowakei hat sich mit Nachdruck darum bemüht, die Besiegten des Krieges, die ja für den Völkerbund zunächst nur Objekt gewesen waren, in dieses System einzubeziehen und ihm auf diese Weise eine Festigkeit zu geben, die dauerhafter zu sein versprach, als wenn sich die Garantierung dieser Ordnung durch den Völkerbund lediglich als Verewigung des Willens der Sieger darstellen würde.

Das bedeutete in den zwanziger Jahren vor allem, sich für die Aufnahme des Deutschen Reiches in den Völkerbund einzusetzen. Im Rahmen meines Themas sollte vor allem eine Einzelheit erwähnt werden, nämlich das Verhalten der Tschechoslowakei in den sehr schwierigen Verhandlungen, die vor der Aufnahme Deutschlands über die Neuverteilung der Ratssitze geführt werden mußten und in denen vor allem das internationale Prestige einzelner Mitgliedsstaaten und -staatengruppen eine Rolle gespielt hat. Für den Fall, daß Deutschland ein ständiger Sitz im Völkerbundsrat eingeräumt werde, hatte Brasilien ebenfalls einen solchen ständigen Ratssitz verlangt [48]. Dieser Antrag führte dazu, daß andere Staaten zumindest die nichtständige Zugehörigkeit zum Völkerbundsrat und die Zusage einer anschließenden Wiederwahl verlangten. Um dieses jetzt in Gang gekommene Revirement innerhalb der Mitgliedschaft des Völkerbundsrats zu erleichtern, erklärte sich, nach dem Vorbild Schwedens und auf französische Anregung hin, die Tschechoslowakei bereit, ihren Sitz im Rat zur Verfügung zu stellen [49], eine noble, wenn auch nicht uneigennützige Geste [50], die dazu beigetragen hat, daß die Krise gelöst und der Beitritt Deutschlands reibungslos vollzogen werden konnte. Der Austritt Brasiliens hat sich aber dadurch nicht verhindern lassen.

Und ebenfalls war es die Tschechoslowakei, die sich, in der nun bereits veränderten machtpolitischen Situation der dreißiger Jahre und nach dem Vorbild ihres großen französischen Verbündeten, mit Nachdruck für die Einbeziehung der UdSSR in das System des Völkerbunds einsetzte, um, nicht zuletzt zum Ausgleich für das inzwischen erfolgte Ausscheiden Deutschlands aus der Liga, ein zusätzliches stabilisierendes Element für die europäische Nachkriegsordnung zu gewinnen [51]. In dem

---

[48] Dafür und für das Folgende Spenz, Jürgen: Die diplomatische Vorgeschichte des Beitritts Deutschlands zum Völkerbund 1924—1926. Ein Beitrag zur Außenpolitik der Weimarer Republik. Berlin 1966, S. 125—171. — Der Wunsch Brasiliens ist nicht unverständlich, wenn man bedenkt, daß der Völkerbund eine globale Organisation sein sollte, daß wegen des Fernbleibens der USA aber kein Staat der Neuen Welt einen ständigen Ratssitz innehatte; der einzige nichteuropäische Staat, der über eine solche privilegierte Stellung im Völkerbund verfügte, war damals Japan.

[49] S. dazu jetzt Dolezel, Stephan: Die deutsch-tschechoslowakischen Beziehungen von ihren Anfängen bis zum Ausgang der Ära Stresemann (1918—1929). In: Bosl, Karl (Hrsg.): Die demokratisch-parlamentarische Struktur der Ersten Tschechoslowakischen Republik. München 1975, S. 225—246, hier S. 242.

[50] Bei der durch die damals beschlossene Vermehrung der nichtständigen Ratssitze notwendig gewordenen Neubestellung des Rates wurde im Herbst 1926 die Tschechoslowakei wiedergewählt: „Daß außer Polen auch die Tschechoslowakei . . . gewählt wurde, . . . durfte als persönlicher Erfolg Beneschs gewertet werden." (Spenz: Vorgeschichte 171).

[51] „Geneva's chance of drawing Moscow into its orbit is increased by certain factors inherent in the present diplomatic situation, viz. . . . 3) the awarness of the Little

Einladungsschreiben, das 30 Mitgliedsstaaten im September 1934 an die Sowjetunion gerichtet haben und das von Beneš überreicht wurde, ist gerade diese Erwartung ausgesprochen worden: der Beitritt der UdSSR zum Völkerbund werde den universalen Charakter der Liga stärken und deren Bemühungen um eine Friedenssicherung zugute kommen [52]. Wir sind uns heute zwar darüber im klaren, daß nicht nur die Niederlage der Mittelmächte, sondern auch das Fehlen der osteuropäischen Großmacht die kontinentale Neuordnung von 1919 überhaupt erst möglich gemacht hat, vor allem auch, was die Regelungen für die sogenannten Nachfolgestaaten betraf. Dem Historiker mag deshalb in der Distanz der Jahre dieser von der tschechoslowakischen Völkerbundspolitik unterstützte Versuch als absurd erscheinen, durch die Einbindung der Sowjetunion in das Völkerbundssystem dieses System zu retten, das ohne und auf weiten Gebieten ja geradezu gegen die Sowjetunion zustande gekommen war. Immerhin kann dieser Versuch aber auch verstanden werden als Ausdruck einer freilich immer schwächer werdenden Hoffnung, es sei möglich, mit den Mitteln einer kollektiv verfahrenden internationalen Diplomatie, durch Verhandlungen und durch Verträge, die europäische Nachkriegsordnung aufrechtzuerhalten und die immer wieder auftretenden Konflikte innerhalb der Staatengemeinschaft auf schiedlich-friedlichem Weg zu lösen. Das allerdings war eine Hoffnung, die ja gerade im Fall der Sowjetunion getrogen hat: die Sowjetunion ist der einzige Mitgliedsstaat gewesen, der wegen einer Angriffshandlung, wegen des Winterkriegs gegen Finnland 1939, vom Völkerbund unter Anwendung der entsprechenden Bestimmungen der Satzung als Aggressor verurteilt und aus der Liga ausgeschlossen worden ist [53].

Ich bin mir durchaus im klaren darüber, daß ich mit diesen Hinweisen auf die Bemühungen der tschechoslowakischen Regierung, durch die Mitarbeit der ČSR im Völkerbund dazu beizutragen, daß die europäische Nachkriegsordnung und damit zugleich auch die Existenz des eigenen Staates gesichert blieb, nur einen, wenn auch, wie ich finde, wichtigen Ausschnitt aus der tschechoslowakischen Völkerbundspolitik behandelt habe. Eine weiterführende Beschäftigung, die sehr zu wünschen wäre, müßte einmal ihr Augenmerk auf diejenigen Elemente in der tschechoslowakischen Völkerbundspolitik richten, die auch ohne Beachtung dieser instrumentalmachtpolitischen Zusammenhänge verstanden und als prinzipiell typisch angesehen werden können für die Einstellung eines Mittel- oder Kleinstaates zum Völkerbund [54]. Ich meine damit nicht nur die engagierte Teilnahme der ČSR in den ver-

---

Entente and Poland of Berlin's eastern policy . . ." (Davis, Kathryn W.: The Soviets at Geneva. The U. S. S. R. at the League of Nations, 1919—1933. Diss. Genf. Chambéry 1934, S. 293.) — S. dazu auch: Beneš, Edvard: Paměti. Od Mnichova k nové válce a k novému vítězství [Erinnerungen. Von München zum neuen Krieg und zum neuen Sieg]. Prag 1948, S. 10.

52 Archiv der Gegenwart (1934) 1624 A; für die Einzelheiten des Aufnahmeverfahrens s. Makarov, A. N.: Sowjet-Union und Völkerbund. ZAÖR 5 (1935) 34—60, hier 45—49.

53 Walters: History II, 807.

54 Allgemeine Überlegungen zu diesem Problem bei Rappard, William E.: Small States in the League of Nations. Political Science Quarterly 49 (1934) 544—575, und Bodmer, Heinrich: Die Stellung der Staaten in den internationalen Organisationen

schiedenen vom Völkerbund eingesetzten Abrüstungsgremien[55] und in solchen Ausschüssen, die sich mit der Vorbereitung internationaler Schiedsordnungen und mit der Ausarbeitung von Vorschlägen für eine institutionalisierte Kriegsverhütung beschäftigt haben, sondern ich meine damit vor allem eine genaue Analyse der Mitarbeit der ČSR in der Routine des Völkerbundsrats und eine Untersuchung der vehementen tschechoslowakischen Proteste gegen Pläne, die Satzung des Völkerbunds in der Weise zu revidieren, daß eine Art Direktorium der Großmächte geschaffen werde, während der Einfluß der Mittel- und Kleinstaaten in der Liga zurückgedrängt werden sollte. Beneš hat im Dezember 1933 solche Projekte abgelehnt und mit Nachdruck erklärt, daß der Völkerbund in seiner gegenwärtigen Form bestehen bleiben müsse, sonst komme eine weitere Mitgliedschaft der ČSR in der Liga nicht mehr in Frage[56]. Im übrigen ist in den Gesprächen, die der Aufnahme der UdSSR vorausgingen, einmal auch eine tschechoslowakische Überlegung laut geworden, für die Kleine Entente als Staatengruppe einen ständigen Sitz im Völkerbundsrat zu verlangen[57], ein Vorhaben allerdings, das nicht weiter verfolgt wurde und im übrigen lediglich eine formale Rangerhöhung bedeutet haben würde, denn seit den Vereinbarungen von 1926, die vor dem Eintritt Deutschlands getroffen worden waren, gehörte ohnehin immer mindestens ein Mitglied der Kleinen Entente dem Rat an[58]. Ferner müßte die Frage untersucht werden, ob es, bei aller offen zutage liegenden Harmonie zwischen dem Völkerbund und der tschechoslowakischen Regierung, nicht doch auch Situationen gegeben hat, in denen die Völkerbundssatzung und die Organe des Völkerbunds bei der Anwendung dieser Satzung ein bestimmtes Verhalten vorgeschrieben oder zumindest erwartet haben, von dem im jeweils konkreten Fall aber ein Nachteil für die Tschechoslowakei zu befürchten stand. Vor allem das Vorgehen der Tschechoslowakei in der Frage der Völkerbundssanktionen gegen Italien bedürfte unter diesem Aspekt noch einer eingehenden Klärung[59]. Und schließlich wäre eine Analyse der theoretischen Be-

---

unter besonderer Berücksichtigung der Kleinstaaten. Jur. Diss. Zürich. Winterthur 1955, S. 14—25.

55 S. dafür neben den zahlreichen Nachweisen bei Papoušek: Beneš und bei Strauß: Außenpolitik vor allem Loosli-Usteri, Carl: Geschichte der Konferenz für die Herabsetzung und die Begrenzung der Rüstungen 1932—1934. Ein politischer Weltspiegel. Zürich 1940 und Munk, Frank: Czechoslovakia and international organization. In: Rechcigl, Jr. Miloslav (Hrsg.): Czechoslovakia. Past and present. Bd. 1. Haag 1968, S. 150—157.

56 Archiv der Gegenwart (1933) 1174 J, 1177 G, 1186 A u. 1191 B. — Beneš bezog sich dabei auf italienische Pläne (Beschluß des Großen Faschistischen Rates vom 6. Dezember 1933; Archiv der Gegenwart ⟨1933⟩ 1172 A). — Vgl. auch Webster: Vorschläge 81 f. Schon zuvor waren ähnliche italienische Überlegungen, die im Juli 1933 zum Viererpakt geführt haben, von Beneš zurückgewiesen worden (Strauß: Außenpolitik 119—121).

57 Interview Benešs im Petit Journal, Paris, vom 5. Mai 1934 (Archiv der Gegenwart ⟨1934⟩ 1414 E).

58 Walters: History I, 335.

59 „Die Verpflichtungen, welche sich für uns aus der Mitgliedschaft im Völkerbunde ergeben, haben wir erfüllt und erfüllen wir in dem Bestreben, ein absolut nicht nur korrektes, sondern sogar ein freundschaftliches (!) Verhältnis zu Italien zu wahren." (Krofta, Kamil: Europa am Scheideweg. Exposé ... am 28. Mai 1936. Prag 1936,

schäftigung mit dem Völkerbundsgedanken lohnend, wie sie während der gesamten Zwischenkriegszeit in der Publizistik der Tschechoslowakei geführt worden ist.

Eine Gegenüberstellung der intensiven Mitarbeit des tschechoslowakischen Staates im Völkerbund, über die ich Ihnen heute berichtet habe, mit der Tatsache, daß in der Krise von 1938/39 eben dieser Völkerbund der ČSR nicht helfen konnte, legt als Antwort auf meine einleitend gestellte Frage nach dem möglichen historiographischen Ertrag eines solchen Durchgangs durch die tschechoslowakische Völkerbundspolitik abschließend diese Überlegung nahe: Die Tschechoslowakei ist nicht nur geographisch, sondern auch machtpolitisch ein Kernland in Europa. Sie ist aber als Staat zu schwach, um sich in einer unabhängigen Stellung behaupten zu können, sondern ist vielmehr gezwungen, sich einer Vormacht unter- oder zumindest nachzuordnen. Der Völkerbund nun ist der Versuch gewesen, die überkommene hegemoniale Gestalt der kontinentalen Staatenwelt zu ersetzen durch ein neuartiges Kollektivsystem von formell gleichen Staaten, freilich unter verhängnisvoller Aussparung weiter Teile Europas, und die Mitarbeit der Tschechoslowakei in der Liga ist nicht zuletzt deshalb so demonstrativ gewissenhaft gewesen [60], weil die tschechoslowakische Führung hier eine Möglichkeit sah, dem sonst drohenden Zwang zu einer ausschließenden Option für eine Vormacht zu entgehen [61]. Aber die Un-

---

S. 15 ⟨Čechoslovakische Quellen und Dokumente 11⟩). Ähnlich hatte sich Beneš schon ein halbes Jahr früher geäußert: „Wir haben . . . den Donaupakt vorbereitet, der . . . zwischen (Italien und) uns . . . in gewissen Richtungen direkt ein Allianceverhältnis schaffen sollte. Wir haben niemals vergessen, was Italien für uns während des Krieges getan hat, als es sich um die Wiedergeburt unserer Selbständigkeit gehandelt hat. Wir vergessen dies auch heute nicht. Wir sind uns weiter der grossen Position, der Bedeutung sowie der Verdienste Italiens und des italienischen Volkes in der europäischen Politik, in der Weltkultur und in der Geschichte der Völker überhaupt gut bewusst. Kein Ereignis kann diese unsere Gefühle und Anschauungen umstimmen." (Beneš: Kampf 39). Daß die Tschechoslowakei die Sanktionsbeschlüsse nur teilweise beachtet hat, erwähnt Funke, Manfred: Sanktionen und Kanonen. Hitler, Mussolini und der internationale Abessinienkonflikt 1934—36. Düsseldorf 1970, S. 57 f. (Bonner Schriften zur Politik und Zeitgeschichte 2).
Die de-jure-Anerkennung der italienischen Annexion Abessiniens wurde von der Prager Regierung am 19. April 1938 ausgesprochen. Einen Tag später erließ Staatspräsident Beneš aus Anlaß des 20. Jahrestages der Bildung einer tschechoslowakischen Legion in Italien einen Armeebefehl, in dem die italienische Hilfe bei der Gründung der ČSR lobend hervorgehoben wurde (Archiv der Gegenwart ⟨1938⟩ 3525 C).

60 Beneš: Paměti 11—13.

61 „Dies ist ein richtiges Prinzip, weil in einer Zeit, wo der Völkerbund existiert, die kleineren Staaten nicht dauernd in einem Regime politischer Patronanz oder Ingerenz der größeren Staaten leben können. Der Völkerbund . . . übt diese Funktion selbst einwandfrei und objektiv aus und schützt gleichzeitig sowohl die Interessen der Großen gegenüber den Kleinen, wie auch die der Kleinen gegenüber den Großen und auch die Interessen der einen wie der anderen untereinander." (Beneš, Edvard: Die Probleme Mitteleuropas. Exposé . . . am 22. März 1932. Prag 1932. S. 42 ⟨Tschechoslovakische Quellen und Dokumente 8⟩). — „Unser Staat . . . (ist) nach dem Sturze des Habsburgerreiches in Mitteleuropa einer der wichtigsten Faktoren des europäischen politischen Gleichgewichtes unter den Großmächten. . . . Die Čechoslovakei hat . . . eine gewisse europäische politische Funktion. . . . Und wir wollen hiebei nicht zu einem Instrument der Politik von irgendeiner Seite werden, nicht Westeuropas, aber auch nicht irgendeiner mitteleuropäischen oder osteuropäischen Großmacht. . . . Deshalb ist das, was ich in

terschiede im machtpolitischen Gewicht der einzelnen Glieder der europäischen Staatengemeinschaft waren durch das Inkrafttreten der Völkerbundssatzung nicht beseitigt worden. Das bedeutete, daß diese internationale Ordnung, auch wenn sie erklärtermaßen auf den Prinzipien kooperativer Zusammenarbeit und des einvernehmlichen schiedlich-friedlichen Interessenausgleichs beruhte, nur so stark und so zuverlässig sein konnte, wie dies ihre Mitglieder, namentlich die Großmächte, wünschten und zuließen, und soweit sie nicht gestört wurde durch solche Staaten, die außerhalb dieser Ordnung standen. Welche tragischen Konsequenzen diese Diskrepanz zwischen dem programmatischen Anspruch des Völkerbunds und der das damalige Europa bestimmenden politischen Wirklichkeit haben konnte, ist den Zeitgenossen gerade am Schicksal der Tschechoslowakei eindringlich vor Augen geführt worden.

---

meiner vorletzten Parlamentsrede erklärt habe, . . . daß wir . . . eine Politik des Völkerbundes weiter betreiben werden, aufrichtig, denn dies geht aus dem Wesen und der Struktur unseres Staates und aus seinen lebensnotwendigsten Bedürfnissen hervor." (Beneš, Edvard: Rede an die Deutschen in der ČSR. Prag 1935, S. 40—42). — Vgl. auch Liška, George: Czechoslovak Independence and the great powers. Retrospect and prospect. In: Rechcigl Jr. (Hrsg.): Czechoslovakia I, 747—759, hier 750 f.

F. Gregory Campbell

DER UNABHÄNGIGE TSCHECHOSLOWAKISCHE STAAT UND DEUTSCHLANDS MACHTSTELLUNG IN ZENTRALEUROPA

Die Gründung eines unabhängigen tschechoslowakischen Staates im Jahre 1918 überraschte die Tschechen und Slowaken genau so sehr wie die anderen Völker Europas. Eine echte Möglichkeit für völlige Unabhängigkeit entwickelte sich für die politisch und intellektuell führenden Persönlichkeiten der tschechischen Länder erst im letzten Kriegsjahr. Deren Haupttätigkeit bestand um 1918 in der Loslösung von der Fessel Österreich-Ungarn und in der Begründung von Organisationen, die als Dienststellen für die mögliche Machtüberführung nach Prag dienen sollten. Nur wenig Zeit war vorhanden für die eigentliche Planung in bezug auf die Beschaffenheit des neuen Staates, d. h. sein konstitutionelles System, seine politischen Machtträger und die Natur seiner sozialen und wirtschaftlichen Ordnung. Daran hatte es zum Teil gelegen, daß die Verfassung nicht vor 1920 fertig wurde; die Struktur der politischen Macht wurde erst in den Jahren 1921 und 1922 mit der Bildung der Pětka gefestigt; soziale Unruhen, durch wirtschaftliche Not hervorgerufen, flackerten gelegentlich bis zum Jahr 1923 auf. Die Stabilisierung des neuen Staates gelang hauptsächlich durch *Regula falsi,* ohne die Grundlage eines gutausgearbeiteten Plans für die Entwicklung eines solchen. Den Grund dafür finden wir in der Tatsache, daß die Unabhängigkeit ein Resultat des plötzlichen militärischen Zusammenbruchs war und nicht eines langen Kampfes der Tschechen und Slowaken für einen getrennten souveränen Staat.

Die Angriffe, die von außen an die Tschechoslowakei herangetragen wurden, waren nicht geringer als die einheimischen Probleme. Die bevorstehende Aufgabe, eine neue internationale Ordnung in Europa einzurichten, war überaus schwierig. Die Friedensstifter in Paris konnten zwar als Resultat des Krieges Grenzen festlegen und verschiedene Verhandlungsbestimmungen für die zentraleuropäischen Mächte vorschreiben, aber sie konnten nicht bestimmen, welches System von Beziehungen sich zwischen den Nachfolgestaaten entwickeln würde. Das konnte niemand. Mit der Auflösung der alten Kaiserreiche und dem Anwachsen von Hauptstädten wurde die diplomatische Situation unendlich komplizierter als sie je vor dem Kriege gewesen war. Die neue Ordnung, die heranwuchs, entwickelte sich allmählich und wieder ohne einen Plan, und zwar in der Art und Weise, in der jedes Land seine Beziehungen zu den Nachbarn festlegte.

Aus diesem Grunde haben die Tagungen, die unter der Schirmherrschaft des Collegium Carolinum stehen und sich mit der tschechoslowakischen Außenpolitik befassen, eine weitreichende Bedeutung. Das Resultat einer solchen Analyse sollte nicht nur deutlichere Einblicke in die politische Struktur der Tschechoslowakei gewähren, sondern auch in den Aufbau des allgemeinen internationalen Systems in Zentraleuropa nach dem Ersten Weltkrieg.

In den ersten Nachkriegsjahren herrschte zwischen den zentraleuropäischen Staaten eine bewegliche Atmosphäre. Zumindest in Berlin war nicht deutlich, wie sich die Beziehungen zwischen Deutschland und der Tschechoslowakei entwickeln würden. Infolge des militärischen Zusammenbruchs und der Revolution brauchte Deutschland dringend Freunde im Ausland, und einige Regierungsvertreter hofften sogar, daß tschechoslowakische Diplomaten bei den Westmächten für Deutschland Fürsprache einlegen würden. Im Oktober und November 1918 waren die Außenpolitiker gern bereit, den optimistischen Berichten des deutschen Generalkonsuls in Prag zu glauben und gleichzeitig die Expansionsempfehlungen des deutschen Botschafters in Wien zu ignorieren. Berlin erhob keinen Einspruch gegen die tschechische Besetzung der sudetendeutschen Gebiete im Dezember, und die Exilregierung unter Rudolf Lodgman von Auen konnte innerhalb Deutschlands für ihre antitschechoslowakische Agitation keinen Standort finden. Bald darauf schickte die deutsche Regierung einen Mann als Gesandten nach Prag, dem es an diplomatischer Erfahrung mangelte, der aber dafür seit langem seine persönliche Bewunderung für T. G. Masaryk verkündet hatte[1].

Diese deutschen Annäherungsversuche fanden in Prag allerdings nur eine lauwarme Aufnahme. Es wurde schnell deutlich, daß die tschechoslowakischen Regierungsvertreter nicht gewillt waren, ihre eigene Stellung in den Augen der Westmächte in irgendeiner Weise aufs Spiel zu setzen, besonders nicht solange noch die Pariser Friedenskonferenz tagte. Zwischen 1918 und 1921 wurden die deutschen Diplomaten von der tschechoslowakischen Politik immer mehr enttäuscht, besonders von den Diskussionen über Oberschlesien. Die Ablösung von Samuel Saenger durch Walter Koch als Gesandter in Prag im Herbst des Jahres 1921 bedeutete das Ende einer sich öffnenden Phase der deutschen Politik gegenüber der Tschechoslowakei. In einem frühen Bericht aus Prag vertrat Koch die Meinung, daß „Zurückhaltung mit Zurückhaltung" beantwortet werden sollte, und so war von da an eine bewußte Abkühlung in den Beziehungen zwischen Berlin und Prag festzustellen[2].

In Prag gab es viel weniger Debatten wegen der Formulierung der Außenpolitik als in Berlin. In den Vorkriegsjahren war der Nationalitätenkampf, der die Energien der meisten tschechischen und slowakischen Führer beanspruchte, hauptsächlich eine innere Angelegenheit des Habsburgerreiches gewesen. Nur selten hatten die Führer außerhalb der Grenzen des Kaiserreiches Hilfe gesucht, und wenn, dann gewöhnlich bei Rußland, in dem sie einen Beschützer der Slawen sahen. Aber der Zusammenbruch im Krieg und die bolschewistische Revolution hatten Rußland als eventuellen starken Verbündeten für den tschechoslowakischen Staat ausscheiden lassen. Da die einheimischen Führer nur wenig Erfahrung außerhalb Zentraleuropas und nur wenig Ahnung von der tschechoslowakischen Stellung in der Welt hatten, überließen sie die Führung in der Außenpolitik denen, die sich während des Krieges außerhalb der Grenzen aufgehalten hatten. Das Resultat davon war, daß während der 20jährigen Existenz der tschechoslowakischen Republik die Formulierung und Ausführung der Außenpolitik ausschließlich Aufgabe des Präsidenten-

[1] Die Mehrzahl der Anmerkungen im Quellenverzeichnis dieses Aufsatzes erscheint auch in meinem Buch: Confrontation in Central Europe. Weimar Germany and Czechoslovakia. Chicago 1975, 383 S., hier S. 55—62.

[2] Bonn, Auswärtiges Amt, Bericht Walter Kochs an das Auswärtige Amt, 30. X. 1921. Mikrofilmnummer: L 417 / L 119 810/4413.

büros blieb. Unter Führung und Schutz von Tomáš Masaryk bestimmte Edvard Beneš auf souveräne Art und Weise die tschechoslowakische Politik. Dies änderte sich auch nicht, als er Masaryks Nachfolger wurde. Als Schützling Masaryks blieb Beneš den Ideen treu, die die beiden während des Ersten Weltkrieges im Westen entwickelt hatten.

Masaryk bewies für einen über Sechzigjährigen eine bemerkenswerte intellektuelle Flexibilität während des Krieges. Er glaubte, daß ein Sieg der Zentralmächte einen unerträglichen nationalen Druck auf die Tschechen bewirken würde; er gab deshalb seine bisherige Auffassung von der Dauerhaftigkeit des Habsburgischen Reiches auf und ging ins Exil, um von dort aus für die Auflösung des Reiches zu kämpfen [3]. Nachdem er anfangs für eine konstitutionelle Monarchie eingetreten war, spürte er das Anwachsen von politischer Ideologie und änderte seine Ansicht zugunsten der Republik für den neuen tschechoslowakischen Staat. Er schwankte aber nicht in seiner westlichen Orientierung und in seiner Bindung an liberale demokratische Prinzipien. Masaryk und Beneš, der ihm bald darauf ins Exil gefolgt war, ernteten die Früchte ihrer klugen Voraussicht, als der Kriegsverlauf ihnen Recht gab. Beide wurden unentbehrliche Autoritäten für die tschechoslowakische Außenpolitik. Ihre diplomatischen Siege im Jahre 1918 waren unleugbar eindrucksvoll, etwa in der Art, wie sie die Kontrolle von tschechischen Legionssoldaten über Sibirien erfolgreich ausnutzten, um Anerkennung für die tschechoslowakische Unabhängigkeit in Paris, London und Washington zu gewinnen [4]. Die Grundlage für die Sicherheitspolitik zwischen den Kriegen hatte also ihren Ursprung in der Diplomatie der Tschechoslowakei. Bereits vor der Auflösung des Habsburgerreiches war der tschechoslowakische Staat mit den westlichen Hauptstädten — Paris, London und Washington — verbunden. Anfang der 20er Jahre kämpfte Beneš verbissen darum, die Garantien der Westmächte für seinen Staat zu gewinnen — und aufrecht zu erhalten. Dabei hoffte er, nicht zwischen ihnen wählen zu müssen. Aber die Weigerung der Vereinigten Staaten und Britanniens, Verpflichtungen in Zentraleuropa einzugehen, ließ als diplomatischen Verbündeten nur Frankreich übrig. In den Jahren nach Locarno hätte der Wert der französisch-tschechoslowakischen Allianz in Prag und Paris verdächtig erscheinen können.

Auch erhofften sich Masaryk und Beneš in der Zukunft diplomatische Unterstützung von der Sowjetunion. Sie waren niemals enthusiastische Fürsprecher einer Einmischung in den russischen Bürgerkrieg. Anfang der 20er Jahre unterstützte die Prager Regierung eine Nothilfe, wodurch hungrige russische Kinder in die Tschechoslowakei gebracht und wieder gesund gepflegt wurden. Und als im August 1920 die Rote Armee vor Warschau stand, weigerten sich die Tschechen energisch, Kriegsmaterial an Polen zu liefern, obwohl diese Weigerung in Warschau und Paris

---

[3] Dieses Bekenntnis legte Jan Masaryk, sein Sohn, im Jahre 1932 ab, als er es unternahm, die Handlungsweise seines Vaters zu erklären. Wien, Haus-, Hof- und Staatsarchiv, Bericht Ferdinand Mareks an das Ministerium für auswärtige Angelegenheiten, 30. IX. 1932. Archivnummer: N. P. A., Karton 67.

[4] Campbell 26—36. — Perman, D.: The Shaping of the Czechoslovak State. Diplomatic History of the Boundaries of Czechoslovakia, 1914—1920. Leiden 1962, 339 S., hier S. 28—47.

zu höchster Mißbilligung führen mußte[5]. Damit wollten sie eine Entfremdung von den Russen verhindern; eine Kombination von ausländischem und einheimischem Druck verzögerte jedoch die formale Anerkennung der sowjetischen Regierung bis in die 30er Jahre. Aber die sowjetisch-tschechoslowakische Wiederannäherung in den 30er Jahren war zum Teil nur deshalb möglich, weil die Prager Regierung bereits in den 20er Jahren den Grundstein dafür gelegt hatte.

Das Vertrauen auf die Westmächte, besonders Frankreich, und die Hoffnung auf eventuelle Unterstützung von der Sowjetunion weisen auf das Hauptproblem der tschechoslowakischen Außenpolitik hin, ja sogar auf die Existenz der Tschechoslowakei schlechthin. Der Krieg hatte überall nationalistische Gefühle geweckt, und in den frühen Jahren der Republik betrachteten viele Tschechen ihre Geschichte bloß als Fortführung deutscher Herrschaft. Der Versuch, einen tschechoslowakischen Nationalstaat zu gründen, war hauptsächlich eine Anstrengung der Tschechen, sich von dem überwältigenden Einfluß aller Dinge, die ans Deutsche gemahnten, zu befreien. Von Anfang an wurde die tschechoslowakische Regierung von dem Alpdruck geplagt, dem Schauspiel der deutschen Wiederbelebung in Zentraleuropa zusehen zu müssen. Das Land konnte leicht wieder unter deutschen Einfluß geraten, wenn ihm deutsches Kriegs- und Industriepotential gegeben würde; deshalb brauchte die Tschechoslowakei Zeit zur Konsolidation. Innerhalb der Tschechoslowakei versuchten einheimische Führer ein sicheres konstitutionelles System zu schaffen, das die Sudetendeutschen beruhigen, aber gleichzeitig auch deren echte politische Macht einschränken sollte. In der Außenpolitik versuchten Masaryk und Beneš die Jahre deutscher Schwäche auszunutzen und Sicherheiten für die tschechoslowakische Unabhängigkeit zu gewinnen, die auch standhalten würden, wenn sich Deutschland wieder erholt hatte. Daheim und in der Ferne wurde das deutsche Problem zum Hauptproblem. Wenn man die tschechoslowakische Außenpolitik verstehen will, muß man sich vorstellen, daß Deutschland in allen Kalkulationen Masaryks und Benešs das zentrale Problem bildete.

Zum Zweck der Analyse kann man die tschechoslowakisch-deutschen Beziehungen in drei Hauptteile gliedern. Der erste stellt die bilateralen Beziehungen zwischen den beiden Staaten dar und die Ereignisse, die für beide wichtig sind. Der zweite befaßt sich mit regionalen Problemen in Zentraleuropa und damit, wie sich Probleme, die andere Staaten in diesem Bereich betreffen, auf die tschechoslowakisch-deutschen Beziehungen auswirken. Der dritte Hauptteil stellt das Weimarer Deutschland und die Tschechoslowakei in einen größeren Zusammenhang von Beziehungen zwischen den Großmächten und versucht zu erkennen, wie die Hauptfragen der internationalen Politik sich auf die Atmosphäre zwischen Berlin und Prag auswirken. Der Rest dieses Aufsatzes wird nacheinander jeden dieser drei Hauptteile untersuchen.

Die Sudetendeutschen bildeten offensichtlich das Hauptproblem in den bilateralen Beziehungen zwischen Berlin und Prag. Obwohl die Frage der Minderheiten offiziell eine innere Angelegenheit der Tschechoslowakei war, waren sich beide Seiten völlig bewußt, daß das Schicksal der Sudetendeutschen eine allgegenwärtige,

---

[5] Campbell 101—104.

obwohl nur selten erwähnte, Tatsache in ihren diplomatischen Beziehungen war. Betrachtet man die Zentralität dieses Problems, dann lohnt es sich zu untersuchen, auf welche Art und Weise die Sudetendeutschen, die Weimarer Autoritäten und die tschechoslowakische Regierung die Situation behandelten.

Die Gründung des tschechoslowakischen Staates warf fundamentale Fragen über die Selbstwahrnehmung der Sudetendeutschen auf, deren grundsätzliche Loyalität ein Streitpunkt war. Während der Kaiserzeit waren sie als Deutsch-Böhmen oder Deutsch-Mährer bekannt, aber in der Republik setzte sich schnell die neue Bezeichnung „Sudetendeutsche" durch. Der Wechsel reflektierte die bewußte Anstrengung, das Nationalbewußtsein über die Loyalität zur Heimat zu stellen. Die Heimat war nun ein Teil eines Staates, in dem das Primat bei anderen Nationalitäten lag. Es wurde so argumentiert, daß die Deutschen, wenn sie ihre eigenen Interessen schützen wollten, ihre nationale Bindung betonen müßten. Zumindest triumphierte in der politischen Propaganda die Loyalität zum *Volk* über die zur *Heimat*[6]. Aber der Widerstand der Sudetendeutschen gegen die tschechoslowakische Autorität bestand fast nur aus Worten und war oft nichtssagend. Kriegsmüdigkeit und Schock über die Niederlage verhinderten den Widerstand gegen die Besetzung der deutschen Länder durch tschechische Legionssoldaten im November und Dezember des Jahres 1918. Nach der Pariser Friedenskonferenz war selbst die politische Propaganda von Lodgman und seiner Gruppe gezwungen, ihre Forderungen von völliger Unabhängigkeit auf lokale Autonomie umzustellen.

In den 20er Jahren konnten sich die verschiedenen sudetendeutschen Parteien bekanntlich nicht auf ein gemeinsames Programm einigen. Diese Uneinigkeit stärkte natürlich den tschechoslowakischen Staat. Die wachsende Spaltung zwischen den Aktivisten, die für eine Beteiligung an der Regierungskoalition eintraten, und den Negativisten, die der Obstruktionspolitik huldigten, gipfelte im Jahre 1926, als zwei deutsche Parteien der Regierung beitraten, während andere in parlamentarischer Opposition verharrten. Aber es schien sich dabei mehr um scheinbare als echte Unstimmigkeiten zu handeln. Der deutsche Minister in Prag gab in Berlin bekannt, daß die Parteien unter sich ein geheimes Abkommen unterschrieben hätten, in dem sie übereinstimmten, daß ihre Uneinigkeit mehr taktischer Natur sei. Sie wollten weiterhin gemeinsam für Ziele eintreten, die eigentlich nur als irredentistisch bezeichnet werden konnten. Walter Koch staunte nicht wenig über die Naivität der Aktivisten, ein derartiges Dokument in die Hände ihrer politischen Gegner zu spielen[7]. Die sudetendeutschen Parteien in der Koalition verhielten sich nach 1926

---

[6] Bereits vor dem Ersten Weltkrieg hatten Schriftsteller wie Franz Jesser und Josef Nadler den Ausdruck *sudetendeutsch* verwendet. Aber erst in den dem Ersten Weltkrieg unmittelbar folgenden Jahren wurde der Ausdruck ein Bestandteil der allgemeinen politischen Redeweise; er wurde dann in den 20er und 30er Jahren als Bezeichnung für die Deutschen in der Tschechoslowakei verwendet. Daß der Ausdruck bewußt aufgegriffen wurde, um anstatt der Heimat der Nationalität der Deutschen einen gewissen Nachdruck zu verleihen, ist aus einer Rede von Rudolf Lodgman von Auen aus dem Jahre 1919, als er in die Tschechoslowakei zurückkehrte, ersichtlich. Prager Tagblatt, 2. X. 1919, S. 3.

[7] Bonn, Auswärtiges Amt, Bericht Walter Kochs an das Auswärtige Amt, 7. VII. 1926. Mikrofilmnummer: K 91 / K 009 189—92/3697.

ruhig und schienen hauptsächlich daran interessiert zu sein, ihre Macht zu behalten. Weder sie noch die Negativisten bedeuteten eine unmittelbare Bedrohung für die Integrität der Tschechoslowakei. Die Popularität der Negativisten war in den späten 20er Jahren im Abnehmen begriffen, und die Sudetendeutschen als Ganzes schienen die neue Ordnung in Zentraleuropa zunehmend zu akzeptieren.

Es geschah deshalb erst in den Jahren zwischen 1933 und 1935, daß so etwas wie eine vereinigte sudetendeutsche Herausforderung an den Staat entstand. Die Radikalisierung der Sudetendeutschen und der überwältigende Sieg der Henlein-Bewegung bei den Parlamentswahlen von 1935 sind besonders auffallend, wenn man sie mit dem furchtbaren Mißerfolg einer ähnlichen und großzügig unterstützten Bewegung der Tschechen vergleicht. Die Nationaldemokraten verbanden sich — dabei von der Živnostenská Bank unterstützt — mit Jiří Stříbrnýs radikaler Gruppe, um die Nationalunion zu gründen, die bewußt Propaganda im faschistischen Stil nachahmte und sogar versuchte, mit einem weltmännischen Aristokraten als dynamischer Führerpersönlichkeit Anhang zu gewinnen. Sie erkannten dabei zu spät, daß Aristokraten schlechte Faschisten abgeben. Die Grundfrage an dieser Stelle ist folgende: Warum ließen die Sudetendeutschen ihre traditionellen Parteien zur selben Zeit im Stich, als die tschechoslowakischen Wähler zu den ihren hielten? Zugegeben, die Tragweite der Depression war groß; aber die Tschechen litten auch unter der Wirtschaftskrise, und die Unterschiede zwischen Tschechen und Sudetendeutschen waren bezüglich ihrer materiellen Grundlagen nicht so gravierend wie in bezug auf ihre politischen Ansichten[8]. Selbstverständlich war Hitlers Machtübernahme in Deutschland für viele Sudetendeutschen zum Vorbild geworden, das sie nachzuahmen versuchten, und das den Tschechen aus nationalen Gründen zuwiderlief.

Aber einen anderen hervorstechenden Grund können wir in der sozialen Psychologie der beiden nationalen Gruppen finden. Die Tschechen erfreuten sich des Bewußtseins, daß sie einen Teil der herrschenden Nationalität bildeten, während der Minderheiten-Status der Sudetendeutschen sich zu offensichtlich in den Symbolen des Staates zeigte, z. B. im Namen der Republik, in der Verwendung eines romantischen, tschechischen Gedichtes als Nationallied, in der Glorifizierung von wirklichen oder in der Einbildung bestehenden Helden der tschechischen Vergangenheit wie z. B. Přemysl, dem heiligen Wenzel, Jan Hus und Jan Žižka.

Derartige Symbole verschleierten oft die wirklichen Vorteile, deren sich die Sudetendeutschen in einer im Grunde liberalen demokratischen Republik er-

---

[8] Da sie von Industrie und Handel viel direkter abhängig waren, litten die Sudetendeutschen als Gruppe bedeutend mehr als die Tschechen. Aber die wirtschaftlichen Differenzen zwischen den beiden Gruppen genügen nicht, um ihre divergierenden politischen Wege zu erklären. Zeitgenossen erinnern sich, daß die Parlamentswahlen vom Mai 1935 von den Sudetendeutschen als „ihr Volksentscheid" betrachtet wurden, und zwar nach dem Vorbild der Saar im Januar. Aber für die Sudetendeutschen existierten hier keine derartigen Möglichkeiten; indem sie Henlein wählten, bewiesen sie nur ihre Radikalisierung und Entfremdung. Dagegen war es für die Tschechen in ihrem Bewußtsein, die herrschende Nationalität zu sein, leichter, den Glauben an das konstitutionelle System aufrecht zu erhalten, und sie blieben ihren traditionellen politischen Parteien treu.

freuten. Selbst während der Wirtschaftskrise blieben die tschechischen Wähler in dem Glauben, daß ihre Parteien sie wirkungsvoll in dem existierenden konstitutionellen System vertreten könnten. Viele Sudetendeutsche dagegen, die nicht so zuversichtlich waren, ließen ihre gemäßigten Parteien im Stich und wandten sich einer Bewegung zu, die in zunehmendem Maße das System als solches angriff. Es ist oft von Historikern beobachtet worden, daß das alte Habsburgerreich es unterlassen hatte, sein raison d'être für die Untertanen verständlich und akzeptabel zu machen. Die tschechoslowakische Republik verfiel in denselben Fehler; sie unterließ es, die Sudetendeutschen über ihre Mission aufzuklären, und verhinderte damit, daß sie diese hätten akzeptieren und unterstützen können. Im Grunde paßte sich die Erfahrung der 30er Jahre ganz der jahrhunderte-alten Tradition des Nationalitätenkonflikts in Zentraleuropa an. Nationale Rivalitäten reflektierten nur auf charakteristische Art und Weise die ursprünglichen politischen und sozio-ökonomischen Verschiebungen. In schweren Zeiten flammten sie auf, und die Menschen gebrauchten einen nationalistischen Wortschatz, um ihrer Empörung Luft zu machen, was wenig mit nationaler Identität als solcher zu tun hatte.

Wie ein bemerkenswerter Unterschied im Verhältnis zwischen den Sudetendeutschen und dem tschechoslowakischen Staat in den 20er und 30er Jahren bestand, genau so unterschied sich die Haltung gegenüber den Sudetendeutschen zwischen der Weimarer Zeit und unter Hitler. Es ist allgemein bekannt, zu welchen irredentistischen Zwecken Hitler die Sudetendeutschen ausnützte. Was normalerweise nicht so betont wird, ist die Tatsache, daß Weimarer Staatsmänner Irredentismus zu verhindern suchten und stattdessen hofften, die Sudetendeutschen würden in der Tschechoslowakei bleiben und entsprechenden Einfluß erlangen, der mit ihrer Anzahl und ökonomischen Macht vereinbar wäre. Das fundamentale Desiderat dabei war, daß die Sudetendeutschen die tschechoslowakische Außenpolitik in eine prodeutsche Richtung lenken würden. Sie sollten für das allgemeine Ziel arbeiten, die Tschechoslowakei nicht auszustoßen, sondern die deutsche Vorherrschaft in Zentraleuropa wieder herzustellen. Ganz im Gegensatz zu Hitlers revolutionärer Herausforderung an die internationale Ordnung nutzten die Weimarer Staatsmänner die Macht auf traditionelle Art und Weise für traditionelle Ziele. So unbequem diese Politik für die deutschen Nachbarländer auch gewesen sein mag, lag sie dennoch ganz innerhalb der Grenzen der alten und noch führenden diplomatischen Gewohnheit.

Wie manifestierte sich im einzelnen die Weimarer Politik gegenüber den Sudetendeutschen? Der Grundzug war Vorsicht. Deutschlands diplomatische Schwäche verlangte die Schaffung von Prioritäten — wie z. B. die Evakuierung des Rheinlandes — und vermied dabei offene und aggressive Einmischung bei den deutschen Minderheiten in Zentraleuropa. Außerdem hatte das Auswärtige Amt gar nicht den Wunsch, sich in gefährliche Streitfragen unter den Sudetendeutschen zu verwickeln. Im Jahre 1926 z. B., als es heftige Debatten gab, ob man dem Kabinett beitreten solle oder nicht, versuchten Aktivisten und Negativisten ein Treffen mit Stresemann herbeizuführen, um vom Deutschen Reich Unterstützung für ihre jeweilige Politik zu erlangen. Das Auswärtige Amt weigerte sich, sich einzumischen[9].

---

[9] Bonn, Auswärtiges Amt, Berichte Walter Kochs an das Auswärtige Amt, 27. II. 1926,

Im gleichen Jahr überraschte der tschechoslowakische Minister in Berlin die deutschen Diplomaten mit der Aufforderung zur Diskussion des sudetendeutschen Problems. Aber diese mißtrauten den tschechischen Beweggründen und vermieden, auf Anraten Walter Kochs in Prag, derartige Diskussionen. Koch führte an, daß die tschechoslowakische Regierung dabei unabänderlich viel mehr Beweise haben würde als Berlin je aufbringen könnte, und daß irgendwelche Zugeständnisse gegenüber sudetendeutschen Beschwerden wiederum bei einem Teil der Sudetendeutschen zur Entfremdung führen könnte[10]. Die stillschweigende Folgerung daraus war, daß zumindest einige der sudetendeutschen Beschwerden mehr in der Einbildung als in der Wirklichkeit existierten.

Es ist nicht überraschend und hat eigentlich nicht viel zu bedeuten, daß Beneš schon in den 20er Jahren von der sudetendeutschen politischen Führerschaft eine schlechte Meinung besaß, oder daß ausländische Beobachter, wie z. B. britische Diplomaten, wenig Respekt vor sudetendeutschem politischem Scharfsinn zeigten. Was noch auffallender ist, ist die Tatsache, daß auch Koch in seinen Berichten nach Berlin die sudetendeutschen Führer fortlaufend kritisierte. Er machte dabei eine Ausnahme in bezug auf die Führer der Deutschen Demokratischen Freiheitspartei, wie z. B. Bruno Kafka, für den er ziemliche Hochachtung zeigte[11]. Kochs fundamentale Beschwerde richtete sich gegen die Unfähigkeit der Sudetendeutschen, ihre innere Spaltung zu überwinden. Er wünschte eine vereinigte Bewegung, die sich an der bestehenden Koalition aktiv beteiligen und ihren Einfluß zugunsten von Deutschland ausüben sollte; stattdessen sah er nur Zersplitterung. Auch waren nach seiner Meinung die Aktivisten-Parteien in der Regierung nicht aggressiv genug, wenn es um die Verteidigung reichsdeutscher wie auch sudetendeutscher Interessen ging[12]. Anscheinend wurden Kochs Ansichten in Berlin geteilt. Diese Kritik zeigt eigentlich mehr über die reichsdeutsche Politik als über die Fähigkeiten der sudetendeutschen Politiker.

Während die Verantwortlichen für die deutsche Außenpolitik eine gewisse politische Distanz gegenüber den Sudetendeutschen zur Schau stellten, war aber finan-

---

18. III. 1926. — Erlaß Gustav Stresemanns an Walter Koch, 4. V. 1926. Mikrofilmnummern: L 437 / L 128 384—85/4424, L 437 / 128 386—91/4424, 3036 / D 617 932—33/1488. Vorsicht war das Gebot für die deutschen Politiker der 20er Jahre. Sie durften sich nicht den Anschein geben, als ob sie sich in die inneren Angelegenheiten der Tschechen einmischten; außerdem hatte es für sie keinen Sinn, in die mörderischen Auseinandersetzungen der Sudetendeutschen hineingezogen zu werden. Zahlreiche Sudetendeutsche faßten diese offizielle reservierte Haltung Berlins als Mangel an Interesse für das ganze Problem auf. Das war aber nicht der Fall, wie die Archive des Auswärtigen Amtes eindeutig zeigen. Eine betont angriffslustige Verteidigung der sudetendeutschen Interessen aber war in den 20er Jahren einfach nicht möglich.

[10] Bonn, Auswärtiges Amt, Bericht Walter Kochs an das Auswärtige Amt, 20. II. 1926. Mikrofilmnummer: 4582 / E 175 755—63/2350.

[11] Es wird hier darauf hingewiesen, daß Koch durch seine Identifizierung mit der Nationalen Liberalen Partei vor dem Ersten Weltkrieg sich an eine Person und Partei lehnte, die seine fundamentalen politischen Anschauungen teilten. Ich bin Herrn Hans Schütz dankbar, daß er mich auf diese Tatsache aufmerksam gemacht hat.

[12] Bonn, Auswärtiges Amt, Bericht Walter Kochs an das Auswärtige Amt, 1. XII. 1930. Mikrofilmnummer: L 417 / L 121 597/4415.

zielle Hilfe aus Berlin zur Stelle, wenn tschechische Oberherrschaft zu drohen schien. Seit Mitte der 20er Jahre unterstützte die reichsdeutsche Regierung im geheimen sudetendeutsche Banken, um zu verhindern, daß die kleinen Einzahler in die Hände von tschechischen finanziellen Interessen fielen. Aus den Aufzeichnungen über die Aktion wird ganz klar, daß nationale Beweggründe entscheidend waren [13]. Dieses Zusammenwirken von Sentiment und Politik scheint Teil eines größeren Planes gewesen zu sein, nach welchem die Weimarer deutsche Diplomatie sich von politischer Einmischung in die Tschechoslowakei zurückhielt, während sie sich gleichzeitig eine starke Unterstützung der Berliner Politik durch die Sudetendeutschen zu sichern versuchte.

Das sudetendeutsche Problem bedeutete für die tschechoslowakische Außenpolitik ein grundlegendes Dilemma. Auf der einen Seite stand die Bemühung, einen tschechoslowakischen Nationalstaat zu schaffen, in dem die Sudetendeutschen die zweite Geige spielen sollten; auf der anderen Seite verfolgte man das Ziel, die Tschechoslowakei im Ausland als demokratische Republik mit einer liberalen Nationalitätenpolitik zu repräsentieren. Die meisten tschechischen Führer, besonders Masaryk und Beneš, erkannten, daß es wegen der Außenpolitik sehr wünschenswert war, Sudetendeutsche Minister für die Regierung zu gewinnen. Selbst nach 1935 gab es noch Sudetendeutsche im Kabinett, obwohl deren Parteien ohne bedeutenden Einfluß im Parlament waren. Wir müssen uns hier aber erinnern, daß es nie mehr als drei sudetendeutsche Minister gab, und daß es diesen nie erlaubt wurde, besonders wichtigen Ministerien vorzustehen, wie z. B. dem Ministerium für auswärtige Angelegenheiten, für nationale Verteidigung oder für das Innere. In den frühen 20er Jahren, vor ihrem Eintritt in die Regierung, bedeuteten die sudetendeutschen Aktivisten eine stärkere Bedrohung für die tschechoslowakische Politik als die Negativisten. Während die Aktivisten im Jahre 1924 ohne weiteres der Regierung beitreten wollten, bestand die existierende Koalition der Pětka-Parteien darauf, an ihrer Macht festzuhalten, um den tschechoslowakischen Charakter der neuen Republik zu stärken [14].

Obwohl Beneš der getreue Jünger Masaryks war, gab es zwischen den beiden Männern eine unterschiedliche Einstellung gegenüber den Sudetendeutschen. Masaryk konnte ihnen gegenüber recht kritisch sein, war aber im Grunde zur Versöhnung geneigt. Er war ein Produkt des deutschen Milieus und bemerkte sogar einmal Anfang der 20er Jahre zum österreichischen Gesandten, daß er gern einmal privat nach Wien führe, nur um zu plaudern [15]. Beneš hatte in seiner Erziehung deutschen Einfluß für französischen eingetauscht, und außerdem wuchs er auf, als der Nationalitätenkonflikt viel stärker war als zur Zeit der Bildungsjahre von Masaryk. Französische Diplomaten nahmen den großen Generationsunterschied zwischen den tschechischen Politikern wahr und hofften, daß die jüngere, allem

---

[13] Bonn, Auswärtiges Amt, Aufzeichnungen vom 10. VI. 1925 und 27. XI. 1926. Mikrofilmnummern: L 504 / L 149 832—33/5068, K 95 / K 010 301—05/3699.

[14] Campbell 160—162.

[15] Der österreichische Minister in Prag erinnerte sich einige Jahre später an Masaryks Bemerkungen. Wien, Haus-, Hof- und Staatsarchiv, Bericht Ferdinand Mareks an das Ministerium für auswärtige Angelegenheiten, 30. IX. 1932. Archivnummer: N. P. A., Karton 67.

Anschein nach französisch orientierte Generation, an die Macht käme. Beneš unterstützte diese Hoffnung in Paris, und zeigte einen gewissen Mut darin, den Ansichten Masaryks zu widersprechen[16]. Die französische Regierung fürchtete den möglichen Einfluß der Sudetendeutschen, und als diese im Jahre 1926 dem Kabinett beitraten, sah sich Paris herausgefordert und berief seinen Gesandten zurück. Der neue französische Gesandte entlockte Beneš Bemerkungen über die Sudetendeutschen, die seinen immerwährenden Verdacht offenbarten:

„Ich habe keinerlei Illusionen, was wir von den Deutschen der Tschechoslowakei im Fall schwieriger Umstände erwarten können. Im Falle einer starken Bedrohung von außen werden sie nicht auf unserer Seite stehen. Darüber besteht kein Zweifel, und sollte der Fall eintreffen, dann werden wir mit der Kooperation aufhören und ohne sie weitermachen. Ihr Eintritt in die ministeriale Koalition und in die Regierung geht einfach von der Tatsache aus, daß in der Innenpolitik eine gleichmäßige und geradlinige Einstellung ihnen gegenüber unmöglich ist. Man kann sich ja nicht einmal eine Richtungslinie ihnen gegenüber vorstellen, die für alle Zeiten entweder sanft oder fest wäre, ohne daß man ihre Einstellung oder die Notwendigkeit der Innenpolitik mit in Kauf nehmen muß. In Wirklichkeit werden die Ereignisse, die Bedingungen unserer nationalen Entwicklung und die Umstände unserer internationalen Existenz voraussichtlich einen steten Wechsel dieser beiden Methoden fördern. Die Situation, in der uns eine Gefahr von außen drohte, die aber für sie keine enthielt, würde notwendigerweise zu einem Abbrechen der Zusammenarbeit mit ihnen führen[17].“ Beneš sagte ähnliches in den späteren 20er Jahren. Einer der Gründe, die er für die Auflösung der „Herrenkoalition“ und die frühen Parlamentswahlen von 1929 angab, war der, daß keine tschechoslowakische Regierung in bezug auf ihre parlamentarische Mehrheit von sudetendeutschen Parteien abhängen sollte. Selbst in den Jahren der besten Beziehungen konnte Beneš kein Vertrauen in die Loyalität der meisten Sudetendeutschen entwickeln. Die französischen diplomatischen Archive, die Benešs Gespräche mit seinen engsten Verbündeten enthalten, zeigen eine ganz andere nationale Einstellung[18], als Benešs Verteidiger verbreitet haben. Die Konflikte in den bilateralen tschechoslowakisch-deutschen Beziehungen während der Weimarer Jahre bezogen sich mehr auf die Zukunft als auf die Gegenwart. Beide Seiten erkannten die mögliche Macht der Sudetendeutschen, die eine voller Hoffnung, die andere voller Furcht.

Wenn man sich den regionalen Problemen in Zentraleuropa zuwendet sowie ihrer Auswirkung auf Deutschland und die Tschechoslowakei, dann wird man sofort der Zentralität Österreichs und der Anschlußfrage gewahr. Von der Stellung

[16] Paris, Ministère des Affaires Étrangères, Telegramm Clément Simons an das Ministerium für auswärtige Angelegenheiten, 1. VII. 1919. Erlaß Raymond Poincarés an Joseph Couget, 13. (?) VII. 1923. Archivnummern: Europe 1918—1929, Tchécoslovaquie. Bd. 22 und 25.

[17] Paris, Ministère des Affaires Étrangères, Bericht François Charles-Rouxs an das Ministerium für auswärtige Angelegenheiten, 22. II. 1927. Archivnummer: Europe 1918—1929, Tchécoslovaquie, Bd. 33.

[18] Paris, Ministère des Affaires Étrangères, Berichte François Charles-Rouxs an das Ministerium für auswärtige Angelegenheiten, 18. VI. 1928, 4. XII. 1928, und 4. X. 1929. Archivnummern: Europe 1918—1929, Tchécoslovaquie, Bd. 28 und 29.

Prags aus war der Anschluß eine fundamentale Bedrohung des tschechoslowakischen Staates. Militärische Strategie verlangte, daß Österreich kein Teil von Deutschland werden durfte, und innerhalb der Tschechoslowakei würden nationale Rivalitäten verschärft werden, falls ein erfolgreicher Anschluß den Irredentismus unter den Sudetendeutschen erneut entfachen würde. Aber die dringendere Sorge der 20er Jahre war die Wirtschaftslage, und die war ein Problem, das noch schwerer zu behandeln war. Die Ursache lag darin, daß Deutschland und Österreich die besten Handelspartner der Tschechoslowakei waren, die sich normalerweise mit 35 % oder 40 % am tschechoslowakischen Import und Export beteiligten. Man befürchtete deshalb in Prager Regierungskreisen, daß eine gemeinsame deutsch-österreichische Handelspolitik zur Ausübung eines Drucks auf tschechoslowakische politische Zugeständnisse hinzielen könnte. Aus diesem Grunde waren die Leiter der tschechoslowakischen Außenpolitik bereits frühzeitig entschlossen, alles zu tun, um einen Anschluß zu unterbinden.

Nach Unterzeichnung des Vertrags von St. Germain entwickelte sich zwischen Österreich und der Tschechoslowakei schnell eine harmonische diplomatische Beziehung. Wegen ihrer wirtschaftlichen Schwäche wurden die Österreicher zu Bittstellern bei den Tschechen. Angesichts der tiefen Verstimmung über Wien von seiten der tschechischen öffentlichen Meinung war die kooperative Antwort aus Prag ein überzeugender Beweis für den Wunsch der Regierung nach einem gesicherten, von Deutschland unabhängigen österreichischen Staat. Als Karl Renner im Januar 1920 Prag wegen wirtschaftlicher Unterstützung anging, kam es zwischen ihm und Beneš zu schwerst bewachten geheimen Unterredungen, die in einer Allianz gegen Ungarn gipfelten [19]. Zum Teil um den anti-ungarischen Charakter der Beneš-Renner-Verträge etwas abzuschwächen, besuchte Kanzler Johann Schober im Dezember 1921 die Tschechoslowakei und unterzeichnete den Vertrag von Lány, der erneut die internationalen Grenzen anerkannte, und festsetzte, daß irredentistische Organisationen von beiden Regierungen nicht toleriert werden würden [20]. Als Gegenleistung für solche politischen Zugeständnisse gewährte die Tschechoslowakei im Jahre 1922 ansehnliche Darlehen an Österreich und unternahm dabei finanzielle Verpflichtungen für den Auftrieb der österreichischen Ökonomie, die denen von Frankreich, Britannien und Italien nicht nachstanden. Im Jahre 1922 und 1923, als viele Beobachter die Lebensfähigkeit Österreichs als unabhängigen Staat anzweifelten, wiederholte Masaryk seine Aussagen an westliche Diplomaten, die deutlich das Ausmaß der tschechoslowakischen Entscheidung, den Anschluß zu verhindern, zum Ausdruck brachten. Masaryk betonte sein Vertrauen in die österreichische Lebensfähigkeit, aber sollte es notwendig werden, dann würde er sich für die Einverleibung Österreichs in die Tschechoslowakei einsetzen, nur um es nicht in deutsche Hände fallen zu sehen [21].

---

[19] Wien, Haus-, Hof- und Staatsarchiv, Staatsurkunde der Ersten Republik, 12. I. 1920.

[20] Ebenda.

[21] London, Public Record Office, Bericht George Clerks an das Foreign Office, 12. IX. 1922. Archivnummer: F. O. 371, C 13 124/74/3. Paris, Ministère des Affaires Étrangères, Brief Pellés an Peretti, 29. IX. 1923. Archivnummer: Europe 1918—1929, Tchécoslovaquie, Bd. 41. — Gasiorowski, Zygmunt J.: Czechoslovakia and the Austrian Question, 1918—1929. Südost-Forschungen 16 (1957) 111.

Die tschechoslowakische Opposition gegen den Anschluß suchte aber noch einen anderen Weg. Angesichts der erfolgreichen deutschen diplomatischen Initiative nach den Locarno-Vereinbarungen wuchs die Furcht in Prag, daß Deutschland die Anschlußfrage erneut aufrollen könnte. In den Jahren 1927 und 1928 machte Beneš seine größten Anstrengungen, eine besondere wirtschaftliche Beziehung zwischen den Nachfolgestaaten im Donaubereich zu schaffen. Hauptziel war, Österreich in die Donau-Gruppe zu bringen und dabei das Land von Deutschland zu isolieren. Diese Anstrengungen waren aber wegen der Unnachgiebigkeit Ungarns erfolglos[22]. Noch auffallender waren die Versuche Masaryks und Benešs, die deutschen Diplomaten davon zu überzeugen, ihre revisionistischen Anstrengungen in andere Richtungen zu lenken. In Gesprächen, die sich über Monate hinzogen, versuchten die beiden zu argumentieren, daß Österreich für Deutschland bei weitem nicht so wichtig wäre wie der polnische Korridor. Indem sie die polnisch-deutsche Grenze als „provisorisch" hinstellten, gaben sie zu verstehen, daß die Tschechoslowakei nichts gegen eine deutsche Wiedererwerbung der an Polen verlorenen Gebiete hätte, wenn Deutschland dabei die Anschlußfrage aufgäbe. In den Augen Benešs sollte sich Deutschland zwischen „Danzig und Wien" entscheiden[23]. Man muß dabei aber Masaryk und Beneš Gerechtigkeit widerfahren lassen, denn ähnliche Ideen kreisten auch in Warschau, nur mit umgekehrtem Vorzeichen. Einige polnische Führer hatten anscheinend nichts gegen den Anschluß, solange Deutschland den territorialen Revisionismus im Osten aufgab[24]. Es gab also nicht so etwas wie eine vereinigte tschechoslowakisch-polnische Front gegen deutschen Revisionismus.

Furcht vor dem Anschluß war Ende der 20er Jahre noch verfrüht, was Masaryk und Beneš allmählich einzuleuchten begann. Aber kaum hatten sie ihre Sicherheitsmaßnahmen etwas gelockert, als die plötzliche Bekanntgabe des österreichisch-deutschen Zollunion-Entwurfs vom März 1931 in Prag und Paris heftige Unruhen auslöste. Beide Hauptstädte betrachteten die Zollunion als „Wirtschaftsanschluß" und unternahmen wirkungsvolle Schritte, sie zu unterbinden. Schon bald nach Stresemanns Tod hatten die Beziehungen zwischen Prag und Berlin sich zu verschlechtern begonnen, und die Bekanntmachung der Zollunion rief die schlimmste Krise in der Geschichte der Weimardeutschen-tschechoslowakischen Beziehungen hervor. Obwohl Österreich und Deutschland ihren Plan aufgeben mußten, suchte die tschechoslowakische Regierung in den 30er Jahren nach neuen Handelspartnern. Die Regierung rief zu einer Wiederbelebung des tschechoslowakischen Außenhandels auf, aber es gab keine möglichen Handelspartner, die den Platz von Deutschland und Österreich völlig einnehmen konnten. In den 30er Jahren trug der Handelsrückgang Deutschlands mit der Tschechoslowakei zu einer allgemeinen Stockung

---

[22] Campbell 181—182, 188, 195—196.

[23] Bonn, Auswärtiges Amt, Aufzeichnung Carl von Schuberts, 12. III. 1928. Mikrofilmnummer: 3086 / D 617 976—77/1488.

[24] Paris, Ministère des Affaires Étrangères, Bericht Jules Laroches an das Ministerium für auswärtige Angelegenheiten, 28. II. 1927. Archivnummer: Europe 1918—1929, Autriche, Bd. 78. — Wandycz, Piotr S.: France and Her Eastern Allies. French-Czechoslovak-Polish Relations from the Paris Peace Conference to Locarno. Minneapolis 1962, 454 S., hier S. 344.

des tschechoslowakichen Außenhandels bei. Das ungelöste Dilemma der Tschechoslowakei war die Tatsache, daß der beste Handelspartner des Landes gleichzeitig auch sein schärfster politischer Rivale war.

In den 20er Jahren war die tschechoslowakische Besorgnis wegen des Anschlusses insofern übertrieben, weil die deutschen diplomatischen Prioritäten woanders lagen. Im Chaos der frühen 20er Jahre gab es kein festes politisches Programm, und die einflußreichen Männer der Stresemann-Jahre hatten schwere Zweifel an der Zweckmäßigkeit der Einverleibung Österreichs in Deutschland. Weder Präsident Hindenburg, noch Stresemann und Staatssekretär Schubert waren für den Anschluß, und ihre Ansichten wurden durch die von Kanzler Seipel in Wien reflektiert [25]. Aber die Anschlußfrage war auch ein nützliches diplomatisches Instrument für Berlin. In ihrer bloßen Existenz stellte sie eine Drohung für die Auslandsmächte dar und wurde von Deutschland als moralische Streitfrage betrachtet, da die Trennung Österreichs von Deutschland eine Verletzung des nationalen Selbstbestimmungsrechts bedeutete. Deshalb gaben deutsche Diplomaten in der Öffentlichkeit niemals die Hoffnung auf den Anschluß auf und setzten Wien unter Druck, sich keinesfalls in Abkommen mit den Nachfolgestaaten einzulassen, die Österreichs Nützlichkeit für Deutschland herabsetzen würden. Der Hauptwert Österreichs, besonders Wiens, war der eines Tores in die Donaugegend. Die Vervielfältigung der politischen Grenzen hatte nicht alle alten wirtschaftlichen und finanziellen Bindungen aufgelöst, die einst, in Habsburger Zeiten, von Wien geknüpft wurden. Ein unabhängiger österreichischer Staat, eng mit der deutschen Außenpolitik verbunden, war möglicherweise wertvoller für die Wiederbehauptung des deutschen ökonomischen und politischen Einflusses in Zentraleuropa als ein Österreich, das ganz dem Reich einverleibt wurde. Es soll hier erwähnt werden, daß die politischen Ansichten Berlins über die Sudetendeutschen und den Anschluß einen inneren Zusammenhang bildeten. Die Weimarer Außenpolitik zielte nicht auf territoriale Annexionen hin, sondern vielmehr auf die Verwendung der Sudetendeutschen und Österreicher im Falle einer eventuellen Wiederbegründung eines von Deutschland geführten Mitteleuropas [26].

---

[25] Paris, Ministère des Affaires Étrangères, Brief Alfred Grünbergers an de Beaumarchais, 12. VII. 1927. Archivnummer: Europe 1918—1929, Autriche, Bd. 79. — Bonn, Auswärtiges Amt, Aufzeichnungen Carl von Schuberts, 23. III. 1928 und 21. V. 1928. Mikrofilmnummern: 4577 / E 174 194—95/2348 und 4577 / E 174 218—21/2348.

[26] Die Theorie, daß in den 20er Jahren Ideen von Mitteleuropa im Auswärtigen Amt überlebten, bietet die glaubwürdigste Erklärung für die spezifischen politischen Verfahren Deutschlands in Zentral- und Südosteuropa. Traditionelle Handelsbeziehungen und deutsche wirtschaftliche Macht — im Vergleich zu der der Nachfolgestaaten — wiesen selbstverständlich auf deutsche Führungsstellung in dem Bereich hin. Es gab keinen Grund, warum ein derartiges Denken nicht in Stresemanns Auswärtigem Amt überleben sollte, waren doch die Ideen von Mitteleuropa bereits während des Ersten Weltkrieges von den deutschen Liberalen akzeptiert und unterstützt worden. Ein deutsches „zwangloses Reich“ (informal empire) wäre einfach ein Ausdruck der Machtrealitäten und könnte für alle nützlich sein.

Selbstverständlich gab es innerhalb des Auswärtigen Amts Meinungsverschiedenheiten wegen Prioritäten und Taktiken. Gegen Ende der 20er Jahre war eine Wiederannäherung an Frankreich oberstes Gebot. Eine Politik der offensichtlichen Aggression in Zentral-

Betrachtet man wie sich die wichtigsten Fragen der internationalen Angelegenheiten auf die tschechoslowakisch-deutschen Beziehungen auswirkten, dann nehmen die Fragen der europäischen Sicherheit eine Vorrangstellung ein. Berlins frühe Unsicherheit in den ersten Nachkriegsjahren über die außenpolitische Orientierung der Tschechoslowakei wurde zum Teil noch durch Masaryks und Benešs Bemühungen verstärkt, ihr Land nicht völlig mit Frankreich zu identifizieren. Noch während der Besetzung der Ruhr im Jahre 1923 betrachteten die tschechischen Führer die französische Sicherheitspolitik kritisch. Sie fürchteten, daß die Franzosen soviel soziale Unruhe in Deutschland hervorrufen würden, daß die Tschechoslowakei ebenfalls davon betroffen würde [27]. Aber die Ereignisse dieses Jahres trieben die Tschechen unwiderruflich in die Arme der Franzosen. Der französisch-tschechoslowakische Vertrag, begleitet von einer geheimen militärischen Übereinstimmung und unterschrieben im Januar 1924, rief eine überaus feindliche Reaktion in London hervor. Von dieser Zeit an kann man in den britischen diplomatischen Dokumenten eine wachsende kritische Einstellung gegenüber der Tschechoslowakei beobachten. Geringschätzige und sogar verletzende Bemerkungen über verschiedene osteuropäische Nationalitäten können in der Korrespondenz des britischen Foreign Office gefunden werden [28]. Die Entfaltung solcher Einstellung und die britische Weigerung, sich mit Sicherheitsverpflichtungen in diesem Gebiet zu befassen, helfen, die Appeasementpolitik der end-30er Jahre zu erklären.

Insofern es Deutschland in der großen Politik anging, betrachteten die Weimarer Diplomaten die Tschechoslowakei nur als einen wenig lästigen Vasallen Frankreichs. Als Beispiel dafür sei die berühmte Stresemannsche Bemerkung nach Locarno angeführt, in der er erwähnt, daß Frankreich sowohl Polen als auch die Tschechoslowakei fallen ließ, und zwar in dem Moment, als eine Übereinstimmung mit Deutschland zustande kam [29]. Ein anderes Beispiel ist die verächtliche Art und Weise, in der das Auswärtige Amt die Beschwerde Benešs über den Berliner Vertrag im Jahre 1926 behandelte [30]. Ende der 20er Jahre ermutigten deutsche politische Stabilität und ökonomische Wohlhabenheit zu dem Glauben, daß Deutschland günstige Zeiten bevorstünden. Es herrschte ein tiefes Vertrauen, daß die Realitäten

---

europa hätte die Versuche, zu einem Verständnis mit Frankreich zu kommen, unterminiert. Stresemann und seine Leute unternahmen deshalb keine bemerkenswerte diplomatische Initiative in diesem Bereich und wünschten nicht, dort in irgendwelche Unruhen verwickelt zu werden. Aber es war auch deutlich, daß eine Verbesserung der französisch-deutschen Beziehungen zu einem Nachlassen des französischen Interesses an Zentraleuropa führen konnte (Locarno hatte das erreicht), was wiederum den Deutschen einen freien Spielraum bieten würde. Es kann darum folgendes festgestellt werden: die Tatsache, daß sich die deutsche Außenpolitik auf eine Verständigung mit Frankreich konzentrierte, unterstützt die Behauptung, daß die Weimarer Außenpolitik Zentraleuropa als deutschen Interessenbereich betrachtete, anstatt sie zu widerlegen.

[27] Campbell 117—133.

[28] London, Public Record Office, Brief Joseph Addisons an Omar Sargent, 5. XI. 1931. Archivnummer: F. O. 371, C 8439/172/62.

[29] Akten zur deutschen auswärtigen Politik, 1918—1945. Serie B. 1, 1: 727—753.

[30] Bonn, Auswärtiges Amt, Erlaß Carl von Schuberts an die deutschen Botschaften in London, Paris, Rom und Brüssel, 22. IV. 1926. Mikrofilmnummer: 3086 / D 617 919—21/1488.

der Macht mit der Zeit die Tschechen zwingen würden, ihre Außenpolitik in eine mehr prodeutsche Richtung zu lenken. In der Zwischenzeit aber konnten sie in den größeren Fragen der internationalen Politik größtenteils ignoriert werden[31].

Die tschechischen Führer erkannten, daß ein internationales Sicherheitssystem für das Überleben ihres jungen Staates unentbehrlich war. Ein Hauptzweck von Beneš vielen Reisen und Vertragsabschlüssen war, die Tschechoslowakei als respektiertes Mitglied des europäischen Staatensystems einzuführen. Das war einer der Hauptgründe für seine energische Beteiligung an den Treffen des Völkerbundes in Genf. Er und Masaryk glaubten an kollektive Sicherheit zumindest in dem Maße, in dem sie eine Fortsetzung der Kriegsallianz bedeutete, welche die Gründung einer unabhängigen Tschechoslowakei unterstützt hatte. Da Beneš in ganz Europa einer der stärksten Opponenten von Revisionen in den Friedensverträgen war, faßte er den Völkerbund als Verteidigung des Status quo auf. Die Franzosen hatten also in Genf an Beneš einen getreuen Vertreter. Er half zum Beispiel, einen französischen Plan der Zwangsschlichtung im Jahre 1924 fördern, der als Genfer Protokoll bekannt wurde. Durch die Bank unterstützte er die französische Stellung in den Abrüstungs- und Sicherheitsdebatten Ende der 20er und Anfang der 30er Jahre.

Jedoch eine fundamentale Schwäche der tschechoslowakischen Sicherheitspolitik lag in dem Versagen, produktive Initiativen in Zentraleuropa zu ergreifen. Feindseligkeit kennzeichnete die Beziehungen zu Polen und auch Ungarn. Tschechoslowakische Staatsmänner waren besonders empfindlich gegenüber der Bedrohung durch monarchistische Restaurationen in Zentraleuropa, und das ungarische Problem machte die Allianz mit Rumänien und Jugoslawien möglich, die als Kleine Entente bekannt wurde. Aber auf die Kleine Entente konnte nur im Falle von ungarischem Revisionismus gezählt werden. Trotz aller Anstrengungen, sie in eine allgemeine Allianz zu erweitern, konnte die Tschechoslowakei niemals auf automatische Hilfe von Rumänien und Jugoslawien gegen Deutschland rechnen. Das Versagen der Nachfolgestaaten, unter sich zu einer Einigung über allgemeine Sicherheitsfragen zu gelangen, schuf in Zentraleuropa einen machtleeren Raum. Diese Situation machte die Tschechoslowakei übermäßig abhängig von einer Großmacht wie Frankreich, die imstande war — und es mit der Zeit auch fertigbrachte —, die tschechoslowakischen Forderungen nach Sicherheit zu ignorieren.

Aus der um ein halbes Jahrhundert späteren Sicht können wir wohl sagen, daß der Versuch, einen souveränen, unabhängigen tschechoslowakischen Staat zu gründen, ein enorm ehrgeiziges Unternehmen war. Es kennzeichnete ein Bemühen, sich von politischen, ökonomischen und kulturellen Bindungen, die das Resultat von jahrhundertealten Entwicklungen waren, zu trennen oder sie stark zu schwächen. Der Staat war ein typisches Produkt von nationalem Denken, das in den liberalen Kriegszielen der Westmächte während des Ersten Weltkrieges fest verankert war.

---

[31] Ende der 20er Jahre herrschte im Auswärtigen Amt nicht immer freudiger Optimismus vor. Besonders von Staatssekretär Carl von Schubert gewannen die ausländischen Diplomaten den Eindruck, daß er immer vorsichtig und oft pessimistisch wäre. Aber die Haltung, die die deutsche Außenpolitik gegenüber der Tschechoslowakei einnahm, war deutlich darauf ausgerichtet, den Tschechen zu zeigen oder sie zu überzeugen, daß sich nach einem gewissen Zeitablauf die traditionellen Machtbeziehungen in Zentraleuropa wieder behaupten würden.

Die Freude über die Gründung eines eigenen Nationalstaates ließ Tschechen aller Stände die Vorstellungen übertreiben, inwieweit ein kleiner Staat im Herzen Europas wirklich unabhängig sein konnte. Den Grund, daß es zu keiner Konföderation im Donaubereich kam, können wir darin suchen, daß die Nachfolgestaaten Angst hatten, ihre neu gewonnene Souveränität aufs Spiel zu setzen. Während der tschechische Wunsch bestand, dem deutschen Einfluß zu entgehen, bedeutete die bloße Existenz eines dichtbevölkerten und industriell entwickelten Deutschlands eine Bedrohung für die Tschechoslowakei. Diese Situation wurde selbst von den Weimarer Diplomaten, die die besten Vorhaben hatten, niemals richtig erkannt. Und es ist wohl indiskutabel, daß deutsche Absichten gegenüber der Tschechoslowakei nicht immer wohlwollender Natur waren. Die Neigung, Zentraleuropa als Sondergebiet deutschen Einflusses zu betrachten, konnte mit der tschechischen Auffassung von nationaler Unabhängigkeit und Souveränität nicht vereinbart werden.

Das zwischen den beiden Weltkriegen liegende System der Nationalstaaten in Zentraleuropa konnte wegen seiner inneren Widersprüche nicht von Dauer sein. Seit dem Zweiten Weltkrieg hat sich nicht mehr die Gelegenheit geboten, die Lebensfähigkeit eines solchen Systems noch einmal zu prüfen. Aber wenn einmal die Einflüsse von außen zurücktreten, dann werden gegenwärtige oder zukünftige Generationen vor der Aufgabe stehen, eine wiederum andere neue Ordnung in Zentraleuropa — wie in Europa überhaupt — zu entwickeln. Wenn die Erfahrungen des letzten halben Jahrhunderts als Richtlinien dienen, dann werden diese Generationen sich weder für die Herrschaft einer Großmacht noch für die Plethora eines möchte-gern souveränen, unabhängigen Nationalstaats entscheiden. Das fundamentale Problem wird sein, eine politische Staatsform zu entwickeln, die nationale Vielfältigkeit und Mentalität respektiert, aber ebenso dauernde gemeinsame Interessen der zentraleuropäischen Völker erkennt.

Jiří Sláma

DIE AUSSENHANDELSBEZIEHUNGEN DER ČSR MIT DEUTSCHLAND *

Diese natürlichen, durch Jahrhunderte hinweg gewachsenen Beziehungen sind in der Gegenwart auf einen absoluten Tiefstand gesunken. Es hat nicht nur einen historischen Wert, sondern auch einen sehr aktuellen Sinn, im Zusammenhang mit den Bedürfnissen der fälligen Wiederbelebung und Erweiterung dieser Kontakte ihren Umfang und ihre Ausrichtung in der Vergangenheit zu analysieren. Als die geeignetste Periode hierfür erscheinen uns die zwanziger Jahre dieses Jahrhunderts, da sie sich einerseits durch eine für diese Kontakte halbwegs günstige politische Lage ausgezeichnet hat und andererseits in der technischen und wirtschaftlichen Vergangenheit beider Länder nicht so weit zurück liegt, als daß sie nicht heute noch verwertbare Anregungen liefern könnte.

In den folgenden Tabellen 3 und 4 haben wir Daten zusammengestellt, die anschaulich zeigen, welchen Stellenwert Wirtschaftskontakte von Nachbarländern haben, wenn sie mehr von den wirtschaftlichen Überlegungen und Tatsachen ausgehen, und nicht durch Konfrontationspolitik behindert sind.

Das Jahr 1929 wurde gewählt, weil es den Höhepunkt der konjunkturellen Entwicklung beider Länder in den 20er Jahren, für die Tschechoslowakei sogar in der ganzen Vorkriegszeit bedeutet. Dabei muß betont werden, daß die politische Orientierung der ČSR in Richtung Frankreich und England, die nicht immer auf Gegenliebe dieser Partner auch im Wirtschaftsbereich gestoßen ist, sich doch in den Restriktionen des ČSR-Handels mit Deutschland (am Ende der 20er Jahre) bemerkbar machte.

„Mit der Vereinbarung mit Deutschland folgte die Tschechoslowakei zweifellos am ehesten ihren Interessen, die ihr eine Verständigung gerade mit diesem ihrem wichtigsten Partner besonders wertvoll machen mußten. Von der politischen Seite her war es jedoch wieder fatal, daß gerade mit einem Kriegsgegner — die Tschechoslowakei war ja offiziell unter die alliierten und assoziierten Mächte aufgenommen worden — das erste Wirtschaftsabkommen abgeschlossen wurde, während es erst am 4. November 1920 zu einem Wirtschaftsabkommen mit Frankreich, dem Hauptverbündeten, kam. Zunächst wurde die von politischen Erwägungen diktierte und von Währungsgesichtspunkten mitbestimmte Umorientierung des Außenhandels nach dem Westen, d. h. nach den westlichen alliierten Staaten, vorgenommen. Der Außenhandel sollte in erster Linie auf diese Staaten gelegt und intensiviert werden. Es war eine recht einseitige Liebeserklärung, denn von seiten dieser Westmächte war von einer Erwiderung gar keine Rede. Man kann auch nicht behaupten — die spätere Entwicklung der tschechoslowakischen Handelspolitik beweist es —, daß sich darin

* Aus dem 1975 vom Osteuropa-Institut München herausgegebenen Gutachten: Handels- und Kooperationsmöglichkeiten von Firmen im ostbayerischen Raum mit Betrieben der ČSSR (Verfasser: F. L. Altmann, J. Sláma).

etwa eine Vorstellung der künftigen wirtschaftlichen Möglichkeiten ausgedrückt hätte, die wohl nach Westen, allerdings nach einem viel umfassenderen Westen, hinwiesen. ... Wie wenig man handelspolitisch aber von seiten der Alliierten der Tschechoslowakei entgegenkommen wollte, zeigt einmal das erwähnte französisch-tschechoslowakische Abkommen vom 4. November 1920. Keineswegs war es ein gegenseitig gleich abgewogenes Abkommen. Die Tschechoslwakei gestand zwar Frankreich auf zolltariflichem Gebiet die uneingeschränkte Meistbegünstigung zu, aber Frankreich verstand sich nur zu einer, noch dazu recht bescheidenen Reziprozität. Und als dann später, am 17. August 1923, ein tschechoslowakisch-französisches Handelsabkommen mit Tarifvertrag unterzeichnet wurde, da war der Charakter der gleiche geblieben. Von einer Gewährung der uneingeschränkten Meistbegünstigung an die Tschechoslowakei war in Paris keine Rede [1].“ Es zeigt sich, daß die von der UdSSR vorgegebene wirtschaftliche Abtrünnigkeit der ČSSR kein Nachkriegsnovum ist — nur die Richtung hat sich geändert.

Die nachfolgenden Tabellen 1—3 zeigen die Entwicklung des Außenhandels der Tschechoslowakei, einschließlich der Handels- und Zahlungsbilanz, die Stellung des Jahres 1929 sowie die territoriale Struktur des Außenhandels der ČSR im Jahre 1929.

Tabelle 1

Exporte und Importe der Tschechoslowakei in den Jahren 1920—1937
(1927 = 100)

	Exporte	Importe
1920	41,1	52,2
1921	58,4	63,3
1922	58,6	59,2
1923	64,9	60,1
1924	74,4	82,6
1925	84,3	88,1
1926	84,9	82,7
1927	100	100
1928	104,2	104,6
1929	104,8	111,4
1930	96,0	101,8
1931	83,1	96,4
1932	50,2	71,9
1933	43,2	61,2
1934	50,1	64,0
1935	52,2	65,9
1936	57,8	72,2
1937	73,7	80,6

Quelle: Drábek, Z.: Trade Performance of East European Countries 1919—1939. Oxford 1973, S. 84, Manuskript.

[1] Dittrich, E.: Staatszerfall, Staatsneubildung und Wirtschaft. Leipzig 1937, S. 122—123.

Tabelle 2

Entwicklung der Handels- und Zahlungsbilanz der ČSR, 1925—1937 in Mio. Kč, zu jeweiligen Preisen

Jahr	Einfuhr	Ausfuhr	Handels-bilanz	Einnahmen	Ausgaben	Zahlungs-bilanz
1925	17 616	18 788	+ 1172	22 803	22 659	+ 144
1926	15 277	17 755	+ 2478	22 282	21 661	+ 621
1927	17 960	20 133	+ 2173	26 220	26 564	— 334
1928	19 191	21 205	+ 2014	27 170	27 168	+ 2
1929	19 962	20 497	+ 535	26 661	26 748	— 87
1930	15 712	17 472	+ 1760	24 069	22 970	+ 1099
1931	11 764	13 119	+ 1355	19 432	17 693	+ 1739
1932	7 487	7 343	— 144	10 536	10 569	— 33
1933	5 831	5 855	+ 24	7 879	7 647	+ 232
1934	6 382	7 280	+ 898	9 499	9 356	+ 143
1935	6 739	7 418	+ 679	10 338	10 404	— 66
1936	7 909	8 008	+ 99	11 615	12 432	— 817
1937	10 980	11 972	+ 992	17 378	17 636	— 258

Quelle: Kosta, J.: Die sozioökonomische Entwicklung der ČSR. Wirtschaftliche und soziale Probleme. In: Die demokratisch-parlamentarische Struktur der Ersten Tschechoslowakischen Republik. München 1975.

Tabelle 3

Territoriale Gliederung des tschechoslowakischen Außenhandels im Jahre 1929

Herkunfts- bzw. Bestimmungsland	Einfuhr 19 988 Mrd. Kč.	Ausfuhr 20 499 Mrd. Kč.
	davon in % aus:	davon in % nach:
Deutschland, ohne Häfen	25,0	19,4
Bremen	4,2	0,0
Hamburg	9,2	3,5
Deutschland mit Häfen	38,4	22,9
Österreich	7,8	15,0
Polen (mit Danzig)	6,5	4,4
Ungarn	4,8	6,4
Rumänien	2,4	3,8
Jugoslawien	1,7	5,6
Großbritannien	4,1	6,9
Frankreich	3,8	1,6
Italien	2,3	2,7
Sowjetunion	1,3	1,3
Bulgarien	0,6	0,9
USA	5,5	7,2

Quelle: Zahraniční obchod ČSR v roce 1929. Díl I. Prag 1930, S. 12.

Tabelle 4

Außenhandel der ČS(S)R mit den unmittelbaren Nachbarn

	1929	1972	1973
ČS(S)R Exporte in die Nachbarländer (ohne SU) % der Exporte	48,7 (45,2)*	32,9	34,9
ČS(S)R Importe aus den Nachbarländern (ohne SU) % der Importe	57,5 (44,1)*	33,9	35,5

* In Klammern ohne Hamburg und Bremen.

Wir stellen fest, daß der Anteil des Handels mit den direkten Nachbarn insgesamt gesunken ist. Die ganze Last dieser Reorientierung wird von zwei Nachbarländern getragen: Österreich und der BRD. Es darf natürlich nicht übersehen werden, daß es beim Vergleich der territorialen Struktur des Außenhandels einige Faktoren gibt, die den Handel mit entfernteren Regionen gegenüber dem Handel mit direkten Nachbarn begünstigen. Von diesen Faktoren möchten wir folgende zwei herausgreifen:

— die Änderung der Rohstoff-, Produktions- und Konsum-Strukturen sowie des Bedarfs der 70er Jahre im Vergleich mit den 20er Jahren (dazu einige Stichworte: Erdöl, tropische Früchte, Metallegierungen),

— die technische und wirtschaftliche Entwicklung des Transports.

Einerseits stimmt es zwar, daß für die neuen Maßstäbe der Produktion und ihre technische Entwicklung die alten Rohstoffbasen der Tschechoslowakei (dasselbe gilt übrigens auch für westeuropäische Länder) quantitativ (z. B. Eisenerz) und strukturell (z. B. Erdöl) nicht mehr ausreichend sind; sicherlich muß hier der rohstoffreiche Osten als möglicher Lieferant in Frage kommen: Die Frage ist allerdings, in welchem Ausmaß und unter welchen Bedingungen [2].

---

[2] „Die Industrialisierung Rußlands und anderer östlicher Länder hätte auch unter normalen Umständen eine Vergrößerung des Güteraustauschs mit diesem Teil der Welt gebracht. Es ist nicht umstritten, daß sich die Tschechoslowakei mit diesen Ländern günstig ergänzen kann. Die Voraussetzung für einen gesunden Warenaustausch stellt allerdings die freie Wahl der Märkte dar. Wenn die Tschechoslowakei diese gehabt hätte, hätte sich der Umsatz mit Rußland und anderen östlichen Ländern vergrößert, und zwar über den üblichen Umsatz mit traditionellen tschechoslowakischen Märkten und nicht im Austausch für diese." (B r z o r á d , V.: Plánované hospodářství [Planwirtschaft]. Svědectví 2 ⟨1957 Paris⟩ 64).

Den Unterschied zwischen dem Vorkriegs- und Nachkriegsrohstoffbedarf zeigt deutlich folgende Tabelle:

Tabelle 5

Rohstoffimport der ČS(S)R (ausgewählte Positionen)

	Meß-einheit	1936 absolut	1957 absolut	1957 davon UdSSR %	1973 absolut	1973 davon UdSSR %
Erdöl- und Erdölprodukte	Tsd t	423	1 221 *	97	14 176 *	92
Eisenerz	Tsd t	823	4 923	73	13 211	87
Wolle	Tsd t	35	19	21	16	25
Baumwolle	Tsd t	97	84	54	104	58
Weizen	Tsd t	0	975	100	950	77

* Nur Erdöl.

Quelle: Statistisches Jahrbuch der Czechoslowakischen Republik. Prag 1938, S. 140 f. — Statistická ročenka ČSSR 1961. Praha 1961, S. 382 f. — Statistická ročenka ČSSR 1974. Praha 1974, S. 425 f.

Es ist außerdem noch zu beachten, daß die vor dem Kriege außerordentlich hohe und nach dem Kriege bestenfalls stagnierende Außenhandelsintensität der ČSR den Rang der Tschechoslowakei unter den osteuropäischen Staaten verschlechtert hat.

Tabelle 6

Anteile des Exports am BSP (%)

	1929	1933	1937
Bulgarien	11,8	5,8	6,0 *
Tschechoslowakei	28,2	12,9	19,6
Ungarn	16,5	8,8	8,8
Rumänien	10,5	8,2	8,2
Jugoslawien	9,0	4,2	5,4

* 1935.

Quelle: D r á b e k.

Tabelle 7

Stellenwert des Außenhandels in den RgW-Staaten und einzelnen westlichen Ländern

	Pro-Kopf-Außenhandelsumsatz 1971 in DM	Anteil des Außenhandels am Bruttosozialprodukt 1970 in v. H.
	1	2
Sowjetunion	375	6 *
DDR **	2 128	22 *
ČSSR	1 984	23 *
Polen	842	16 *
Ungarn	1 845	29 *
Rumänien	715	20 *
Bulgarien	1 765	—
RgW insgesamt	669	10 *
RgW ohne SU	1 362	21 *
BRD	4 220	35
Niederlande	7 731	72
USA	1 493	8

* Angaben über das Bruttosozialprodukt sind mit großen Fehlerquellen behaftet wegen der Umrechnung der materiellen Nettoproduktion in das BSP zu Marktpreisen und der Umrechnung in US-Dollar. Höhere Außenhandelsanteile — oftmals in der Literatur über den RgW zu finden — beziehen sich auf niedrigere gesamtwirtschaftliche Rechnungsgrößen, wie z. B. das produzierte Nationaleinkommen.

** In dieser und in den folgenden Tabellen schließen Angaben über den Außenhandel der DDR und der BRD den innerdeutschen Handel mit ein. Dies ist aus Gründen der Vergleichbarkeit des Datenmaterials wünschenswert. Quelle: Baumer, M. u. a.: Modalitäten der wirtschaftlichen Zusammenarbeit der BRD mit den Staaten Osteuropas und der Sowjetunion. Eggenberg 1974, S. 64.

Quelle:

Spalte 1: Statistisches Jahrbuch der BRD 1973, S. 71—78 Anhang.

Spalte 2: BSP zu Marktpreisen errechnet nach IMF-Statistiken (Weltatlas): BSP pro Kopf multipliziert mit Bevölkerungszahl. Außenhandelsumsatz: Statistisches Jahrbuch der BRD 1973, S. 316 ff., S. 77, 78, Anhang, S. 121—133.

Bis jetzt wurde mit Hilfe einiger Stichjahre die grundsätzlich unterschiedliche territoriale Ausrichtung des ČS(S)R-Außenhandels vor und nach dem zweiten Weltkrieg veranschaulicht. Es muß allerdings weiter auf unterschiedliche Trends, denen die territoriale Struktur des ČS(S)R-Außenhandels vor und nach dem Kriege folgte, hingewiesen werden.

Während vor dem Kriege der ČSR-Handel mit Deutschland in den 30er Jahren zunächst unter dem Einfluß der Weltwirtschaftskrise und später nach der Machtergreifung der Nationalsozialisten in Deutschland sank, setzte sich nach Beendigung des Kalten Krieges der zögernde Aufstieg des ČSSR-Handels mit der BRD von dem Tiefstand zu Anfang der 50er Jahre doch durch. Diese Tendenzen zeigen die nun folgenden zwei Tabellen.

Tabelle 8

Außenhandel der ČSSR mit der BRD, DDR und Österreich 1960—1974[3] *(Mio. Kčs, fco-Grenze des Lieferlandes)*

		1960		1965		1970		1971		1972		1973		1974	
		abs.	%	abs.	%	abs.	%	abs.	%	abs.	%	abs.	%	abs.	%
DDR	Im	1 427	10,9	2 073	10,8	3 208	12,1	3 578	12,4	3 891	12,6	4 550	12,7	5 269	12,0
	Ex	1 408	10,1	1 995	10,3	3 285	12,0	3 319	11,0	3 552	10,9	3 948	11,2	4 470	10,8
BRD	Im	428	3,3	595	3,1	1 513	5,7	1 781	6,2	1 721	5,6	2 101	5,9	3 030	6,9
	Ex	489	3,5	664	3,4	1 501	5,5	1 662	5,5	1 689	5,2	2 086	5,9	2 488	6,0
Österreich	Im	271	2,1	349	1,8	735	2,8	761	2,6	738	2,4	969	2,7	1 479	3,4
	Ex	195	1,4	306	1,6	544	2,0	698	2,3	720	2,2	776	2,2	1 142	2,8
Außenhandel	Im	13 072	100	19 242	147	26 605	204	28 870	221	30 912	237	35 805	274	43 974	336
insgesamt	Ex	13 892	100	19 357	139	27 305	197	30 095	217	32 588	235	35 322	254	41 213	297

Quelle: Statistická ročenka ČSSR 1974. Prag 1974, S. 425 f. — Zahraniční obchod. Nr. 8/1975 Beilage.

[3] Die %-Angaben für die Importe und Exporte bei den einzelnen Ländern beziehen sich auf deren Anteil an den Gesamtimporten bzw. -exporten der ČSSR in den jeweiligen Jahren.

Die Indexzahlen in den Zeilen Import bzw. Export, Außenhandel insgesamt, haben das Jahr 1960 als Basis.

Tabelle 9

Außenhandel der ČSR in regionaler Gliederung 1924—1936, Umsatzanteile in %

Land	1924	1928	1932	1936
Deutschland [a]	32,1	32,4	27,8	19,1
Österreich	14,5	11,3	9,5	6,7
Ungarn	6,1	5,7	2,1	1,9
Jugoslawien	3,8	3,5	5,1	4,9
Rumänien	3,8	3,5	4,1	4,7
Polen	3,9	5,2	3,6	2,4
Frankreich	2,5	2,7	3,9 [b]	6,0 [b]
			4,8 [c]	4,3 [c]
Großbritannien	6,2	5,7	4,2 [b]	6,0 [b]
			5,0 [c]	9,0 [c]
USA	4,9	5,7	11,3 [b]	6,1 [b]
			6,9 [c]	9,1 [c]

[a] = incl. Hamburg, Bremen
[b] = nur Einfuhr
[c] = nur Ausfuhr

Quelle: K o s t a.

Nach der Analyse der regionalen Gliederung des tschechoslowakischen Außenhandels in der Vorkriegszeit soll nun noch kurz die Warenstruktur betrachtet werden. Die wichtigste Verhältniskennziffer der Außenhandelsstruktur ist die zwischen Rohstoffen und Fertigprodukten. Diese Relation ist zum einen von dem wirtschaftlichen Niveau des Landes und andererseits von seinem Rohstoffreichtum oder -mangel bedingt.

Das Gesagte gilt für die Güterstruktur des gesamten Außenhandels. In den Wirtschaftsbeziehungen mit nur einem Land kann jedoch die konkrete Handelsstruktur von der durchschnittlichen Struktur in der einen oder anderen Richtung abweichen — und zwar in Abhängigkeit von dem relativen Entwicklungsniveau, dem Rohstoffreichtum usw. dieser beiden Länder.

Die Tschechoslowakei gehörte vor dem Kriege zu den relativ rohstoffarmen, mittelentwickelten europäischen Ländern. Für ihre Außenhandelsstruktur waren negative Saldi bei den landwirtschaftlichen Produkten und bei den Rohstoffen und Halbwaren sowie positive Saldi bei den Fertigwaren typisch. Das zeigt die folgende Tabelle, die außerdem eine vergleichsweise Stabilität dieser Relationen dokumentiert.

Tabelle 10

Einfuhr und Ausfuhr der ČSR nach Warengattungen 1924—1936, in %

	1924		1928		1932		1936	
	Einf.	Ausf.	Einf.	Ausf.	Einf.	Ausf.	Einf.	Ausf.
I. Lebende Tiere	5,2	0,3	3,8	0,3	1,7	0,0	3,1	0,0
II. Nahrungsmittel	25,1	18,7	18,2	13,6	19,2	11,3	12,4	6,2
III. Rohstoffe und Halbwaren	48,1	21,7	47,6	17,3	40,5	18,7	54,4	20,7
IV. Fertigwaren	21,6	59,0	30,2	68,6	30,0	69,1	29,8	72,6
V. Edelmetalle und Münzen	0,0	0,3	0,2	0,2	8,6	0,9	0,2	0,5
Insgesamt	100,0	100,0	100,0	100,0	100,0	100,0	100,0	100,0

Quelle: Kosta.

Wenn wir nun die Güterstruktur des Außenhandels zwischen der Tschechoslowakei und Deutschland analysieren, zeigt sich, was schon angedeutet wurde, nämlich, daß aus dem entwickelteren Deutschland die ČSR zunehmend Fertigwaren einführt, während die ČSR-Ausfuhr zu Rohstoffen und Halbwaren tendiert. Diese Tendenzen werden ausführlich in den folgenden zwei Tabellen dokumentiert, die darüberhinaus eine detaillierte Übersicht der traditionellen Wirtschaftskontakte beider Länder liefern[4].

---

[4] Es wurden alle Zollklassen ausgewählt, die im Handel zwischen der ČSR und Deutschland einen höheren Wert als 50 Mio. Kč aufwiesen.

Tabelle 11

Die wichtigsten Positionen der ČSR-Ausfuhr nach Deutschland im Jahre 1929 (nach Zollklassen, in Mio. Kč.)

Zollklasse	Wert der Ausfuhr nach Deutschland in Mio. Kčs	%	Wert der Gesamtausfuhr in Mio. Kčs	%	Anteil Deutschlands in %
6 Getreide, Malz, Mehl u. Mehlerzeugnisse, Hülsenfrüchte, Reis	298	7,5	1 004	4,9	29,7
7 Obst, Gemüse, Pflanzen, u. -teile	165	4,2	368	1,8	44,8
10 Tierische Erzeugnisse	219	5,5	295	1,4	74,2
13 Getränke	56	1,4	91	0,4	61,5
15a Holz	313	7,9	1 585	7,7	45,0
15b Kohle und Torf	400	10,1			
17 Mineralien	128	3,2	276	1,3	46,4
20 Klebegummi u. Harz	53	1,3	84	0,4	63,1
22 Baumwolle u. -erzeugnisse	348	8,8	2 883	14,1	12,1
23 Flachs, Hanf, Jute und -erzeugnisse	147	3,7	642	3,1	22,9
24 Wolle und -erzeugnisse	390	9,8	2 106	10,3	18,5
25 Seide und -erzeugnisse	60	1,5	727	3,5	8,3
29 Papier und -erzeugnisse	84	2,1	466	2,3	18,0
32 Leder und -erzeugnisse	378	9,5	1 420	6,9	26,6
34 Holzerzeugnisse	62	1,6	336	1,6	18,5
35 Glas und -erzeugnisse	146	3,7	1 379	6,7	10,6
38 Eisen und -erzeugnisse	114	2,9	1 804	8,8	6,3
39 Unedle Metalle u. -erzeugn.	112	2,8	569	2,8	19,7
46 Chemische Erzeugnisse	53	1,3	395	1,9	13,4
51 Abfälle	67	1,7	92	0,4	72,8
Gesamtausfuhr	3 973	100,0	20 499	100,0	19,4

Quelle: Statistická příručka RČS (1932) 206—207. — Statistika zahraničního obchodu, 1929. Díl I. Prag 1930, S. 269 f.

Tabelle 12

Die wichtigsten Positionen der ČSR-Einfuhr aus Deutschland im Jahre 1929 (nach Zollklassen)

Nr. der Zollklasse	Wert der Einfuhr aus Deutschland (ohne Häfen)		Wert der Gesamteinfuhr		Wert des Gesamtumsatzes	Anteil Deutschlands an der Gesamteinfuhr
	Mio. Kčs	%	Mio. Kčs	%	Mio. Kčs	%
6 Getreide, Malz, Mehl u. Mehlerzeugnisse, Hülsenfrüchte, Reis	79	1,6	1 154	5,8	2 158	6,8
7 Obst, Gemüse, Pflanzen u. Pflanzenteile	68	1,4	858	4,3	1 226	7,9
10 Tierische Erzeugnisse	118	2,4	817	4,1	1 111	14,4
11 Fette	74	1,5	620	3,1	680	11,9
15b Kohle und Torf	354	7,1	551	2,8	1 521	64,2
17 Mineral. Rohstoffe	89	1,8	706	3,5	981	12,6
22 Baumwolle u. -erzeugn.	149	3,0	2 417	12,1	5 300	6,2
24 Wolle und -erzeugnisse	507	10,1	1 930	9,7	4 036	26,3
25 Seide und -erzeugnisse	163	3,3	831	4,2	1 558	19,6
29 Papier und -erzeugnisse	155	2,3	175	0,9	641	65,7
30 Kautschuk u. -erzeugn.	101	2,0	382	1,9	451	26,4
32 Leder und -erzeugnisse	188	3,8	342	1,7	1 762	55,0
33 Pelzwaren	162	3,2	216	1,1	285	75,0
38 Eisen und Eisenwaren	407	8,1	763	3,8	2 567	53,3
39 Unedle Metalle u. -waren	357	7,1	755	3,8	1 323	47,3
40 Maschinen und Geräte	535	10,7	796	4,0	1 342	67,2
41 Elektromaschinen	215	4,3	350	1,8	454	61,4
42 Verkehrsmittel	64	1,3	220	1,1	342	29,1
44 Instrumente u. Uhren	173	3,5	320	1,6	434	54,1
46 Chemische Erzeugnisse	226	4,5	535	2,7	931	42,2
47 Farben, Arzneimittel, Parfümerie	227	4,5	303	1,5	409	74,9
50 Literatur u. Kunstwerke	50	1,0	72	0,4	113	69,4
51 Abfälle	97	1,9	314	1,6	406	30,9
Gesamteinfuhr	5 003	100,0	19 962	100,0	40 487	12,4

Quelle: Zahraniční obchod RČS 1929. Prag 1930. Díl I, S. 26 f.; Díl II, S. 45 f.

In der tschechoslowakischen Ausfuhr war Deutschland bei tierischen Erzeugnissen (74,2 %), bei Abfällen (72,8 %), bei Klebegummi und Harz (63,1 %) und bei Getränken (61,5 %) dominierend (nach dem Anteil Deutschlands an der ČSR-Ausfuhr in der jeweiligen Position.

Die wichtigsten Ausfuhrpositionen der ČSR nach Deutschland (im Vergleich mit der ČSR-Gesamtausfuhr nach Deutschland) waren: Kohle und Torf (10,1 %), Wolle und -erzeugnisse (9,8 %), Leder und -erzeugnisse (9,5 %) Baumwolle und -erzeugnisse (8,8 %) und Getreide, Malz, Mehl und Mehlerzeugnisse, Hülsenfrüchte und Reis (7,5 %).

In der tschechoslowakischen Einfuhr war Deutschland bei Pelzwaren (75,0 %), Farben, Arzneimitteln, Parfümerie (74,9 %), Literatur und Kunstwerken (69,4 %), Maschinen und Geräten (67,2 %), Papier- und -erzeugnissen (65,7 %), Kohle und Torf (64,2 %), Elektromaschinen (61,4 %), Leder und -erzeugnissen (55,0 %), Instrumenten und Uhren (54,1 %) und Eisenwaren (53,3 %) dominierend.

Die wichtigsten Einfuhrpositionen der ČSR aus Deutschland waren: Maschinen und Geräte (10,7 %), Wolle und -erzeugnisse (10,1 %), Eisenwaren (8,1 %), Kohle und Torf (7,1 %), unedle Metalle und Waren (7,1 %), chemische Erzeugnisse (4,5 %), Farben, Arzneimittel und Parfümerie (4,5 % und Elektromaschinen (4,3 %).

Diese Analyse, die anhand der tschechoslowakischen Außenhandelsstatistik durchgeführt wurde, kann der Vollständigkeit halber durch Angaben aus der Außenhandelsstatistik des Deutschen Reiches ergänzt werden.

Tabelle 13

Der Spezialhandel des Deutschen Reiches mit der Tschechoslowakei im Jahre 1929 (in Mio. RM)

	Einfuhr				Ausfuhr			
	insges. in Mio. RM	%	aus der ČSR in Mio. RM	%	insges. in Mio. RM	%	nach der ČSR in Mio. RM	%
I. Lebende Tiere	149,7	1,1	1,6	0,3	22,0	0,2	0,4	0,1
II. Lebensmittel u. Getränke	3 817,3	28,4	64,2	13,4	701,5	5,2	37,1	5,6
III. Rohstoffe und halbfertige Waren	7 205,1	53,6	220,3	45,9	2 926,3	21,7	264,8	40,3
IV. Fertige Waren	2 262,5	16,9	194,3	40,4	9 832,4	72,9	355,3	54,0
Warenverkehr insges.	13 434,6	100,0	480,3	100,0	13 482,2	100,0	657,6	100,0

Quelle: Monatliche Nachweise über den Auswärtigen Handel Deutschlands. Statistisches Reichsamt Berlin, Dez. 1929, S. 8 f.

Der aktive Saldo für Deutschland bei den Fertigwaren sowie bei Lebensmitteln zugunsten der Tschechoslowakei entspricht den früheren Feststellungen. Es muß allerdings betont werden, daß im Vergleich mit der Struktur des gesamten Außenhandels Deutschlands sich im Handel mit der Tschechoslowakei eine Verschiebung zu einem stärkeren Anteil von Fertigwaren im tschechoslowakischen Export und zu einem stärkeren Anteil von Rohstoffen und Halbwaren im tschechoslowakischen Import zeigte. Das bedeutet, daß die Tschechoslowakei für Deutschland in der damaligen Zeit ein wirtschaftlich relativ entwickelter Partner war, mit dem sogar eine echte Arbeitsteilung möglich war. Interessant ist weiter, daß die Bilanz bei Rohstoffen und Halbprodukten für die Tschechoslowakei negativ war.

Bei einer ausführlicheren Aufschlüsselung der gehandelten Waren wird das deutlich erkennbar: der Rohstoffhandel weist hohe deutsche Exporte von Metallen, Steinkohle und Koks auf, die tschechoslowakischerseits vor allem mit Holz und Braunkohle ausgeglichen wurden.

Noch aufschlußreicher ist in dieser Hinsicht die Austauschstruktur bei den Fertigwaren. Hier zeigt sich, daß dem aktiven Saldo der Tschechoslowakei vor allem bei den Produkten der Textil-, Glas- und Schuhwarenindustrien der aktive Saldo Deutschlands im Handel mit Erzeugnissen des Maschinenbaus, der elektrotechnischen, der chemischen und der Papierindustrien gegenüberstand.

Bei einigen Maschinenbauerzeugnissen hat die Tschechoslowakei relativ hohe Ausfuhrzahlen verbuchen können (z. B. bei Kesseln und landwirtschaftlichen Maschinen). Über Die Verarbeitungsstufe der Rohstoffe und Materialien sowie über das technische Niveau sowohl im Gesamthandel als auch bei einzelnen Positionen im uns interessierenden Handelsverhältnis Deutschland-Tschechoslowakei bringt die sogenannte Kilogrammpreisanalyse[5] aufschlußreiche Hinweise.

Tabelle 14

Kilogrammpreise im deutsch-tschechoslowakischen Handel im Jahre 1925 (RM pro 1 kg)

	Deutsche Exporte aus der Tschechoslowakei	Deutsche Importe aus der Tschechoslowakei
Warenverkehr insgesamt	0,20	0,09
darunter:		
Fertigprodukte	2,62	2,12
darunter:		
sonstige chemische und pharmazeutische Produkte	0,80	0,28
Glas- und Glaswaren	4,12	0,91
Textilmaschinen	2,92	1,29
Werkzeugmaschinen	2,30	2,99
landwirtsch. Maschinen	1,27	0,96
sonst. Maschinen (außer elektr.)	2,68	2,50
Elektrische Maschinen	4,33	3,77
Elektrotechn. Erzeugnisse	10,65	9,16
Musikinstrumente	6,86	16,88

Quelle: Monatliche Nachweise 39.

[5] Ohne hier auf die Methode näher einzugehen, können die für Tab. 14 errechneten Zahlenangaben folgendermaßen interpretiert werden: Im Außenhandel erkennbare Preisunterschiede je Kilogramm eines bestimmten Gutes deuten auf Qualitätsunterschiede in der Hinsicht, daß höhere Kilogrammpreise anspruchsvollere Qualität und/oder höheres technisches Niveau des gelieferten Gutes voraussetzen. Zur Methode dieser Analyse siehe u. a. Sláma, J. / Vogel, H.: Niveau und Entwicklung der Kilogrammpreise im Außenhandel der Sowjetunion mit Maschinen und Ausrüstungen. Jahrbuch der Wirtschaft Osteuropas 2 (1971).

Bei der Betrachtung der Wirtschaftsbeziehungen zwischen Deutschland und der Tschechoslowakei vor dem Kriege verdient eine besondere Aufmerksamkeit der sogenannte Veredelungs- und Reparaturhandelsverkehr. Zum einen ist es eine typische Art der Wirtschaftsbeziehungen zwischen Nachbarländern und deren Grenzgebieten. Darüberhinaus sind in diesen Wirtschaftsbeziehungen aber bereits Elemente und Ansätze sichtbar, die sich später zu der heute modernen Wirtschaftskooperation weiterentwickelt haben.

Der Veredelungshandelsverkehr ist auf der einen Seite Ausdruck der komparativen und sich ergänzenden Produktionsstruktur der Nachbarländer, auf der anderen Seite ist er ein Spiegel der Lohnrelationen. Manchmal ist er aber auch als versteckter Export und Reexport zu verstehen.

Der Reparaturhandelsverkehr entfällt vor allem auf Maschinen und Geräte und stellt somit einen Teil des Maschinenhandels dar.

Die Rolle und die regionale Gliederung dieser Formen der Wirtschaftsbeziehungen der ČSR legen die folgenden zwei Tabellen 15—16 dar.

Tabelle 15

Veredelung und Reparaturen im Außenhandel der Tschechoslowakei
Umsatz 1924—1929 (Mio. Kčs.)

	1924	1925	1927	1928	1929
Aktiv * (durchgeführt in der ČSR; Umsatz)	1753	1634	2102	2331	2400
Bilanz	+ 779	+ 708	+ 756	+ 1017	+ 1158
Passiv * (durchgeführt im Ausland-Umsatz)	210	218	332	379	432
Bilanz	— 4	— 14	— 6	— 11	— 34
Insgesamt (Aktiv + Passiv)	1963	1852	2434	2710	2832
Anteil am Umsatz des Außenhandels	6,0	5,1	6,4	6,7	7,0
Bilanz des ges. Reparatur- und Veredelungsverkehrs	+ 775	+ 722	+ 750	+ 1006	+ 1124

Quelle: Zahraniční obchod Republiky Československé. Díl II. Prag 1931, S. 86 f.

* Aktiv und passiv gesehen aus der Sicht der Tschechoslowakei: in dem aktiven Veredelungsverkehr wurde die Veredelung für das Ausland in der Tschechoslowakei durchgeführt, im passiven im Ausland für die Tschechoslowakei.

Tabelle 16

Territoriale Gliederung des Veredelungs- und Reparatur-Handelsverkehrs der ČSR im Jahre 1929

		Aktive Veredelung		Aktive Reparatur		Passive Veredelung		Passive Reparatur	
		Import	Export	Import	Export	Import	Export	Import	Export
Deutschland	Mio. Kčs	149,3	166,2	2,9	2,1	3,4	3,4	16,2	17,5
	%	24,5	9,4	27,6	22,8	1,4	1,9	74,7	70,3
Deutschland mit Häfen	Mio. Kčs	153,9	204,8	3,0	2,2	3,0	3,4	16,2	17,5
	%	25,2	11,6	28,6	23,9	1,4	1,9	74,7	70,3
Österreich	Mio. Kčs	231,9	384,3	1,6	1,8	166,9	142,5	3,7	4,2
	%	38,0	21,7	15,2	19,6	78,9	81,7	17,1	16,9
Europa	Mio. Kčs	586,5	1464,6	10,2	8,9	211,5	174,5	21,7	24,9
	%	96,1	82,8	97,1	96,7	100	100	100	100
Welt	Mio. Kčs	610,3	1769,6	10,5	9,2	211,5	174,5	21,7	24,9
	%	100	100	100	100	100	100	100	100

Quelle: Zahraniční obchod Republiky Československé. Díl II. Prag 1931, S. 92 f.

Die Tabellen zeigen eine weit größere Bedeutung des aktiven als des passiven Veredelungsverkehrs für die ČSR, die sich offensichtlich aus der Export- und Lohnspar-Rolle dieses Verkehrs für Deutschland ergab. Deutschland (24,5 %) und Österreich (38,0 %) waren die entscheidenden Partner im aktiven Veredelungsverkehr.

Bei dem passiven Veredelungsverkehr ist die Rolle Österreichs klar dominierend (81,7 %).

Die Analyse der Struktur des Veredelungsverkehrs nach den Veredelungsarten ermöglichen die folgenden zwei Tabellen. Wie es der entscheidenden Rolle des aktiven Veredelungsverkehrs für die ČSR entspricht, ist dieser viel mehr gefächert als der passive Verkehr. Grundsätzlich ist er vor allem auf Endprozesse orientiert, nach denen der Reexport, allerdings nur zum Teil zurück in das Herkunftsland, erfolgt.

Tabelle 17

Passiver Veredelungsverkehr der ČSR im Jahre 1929 nach Veredelungsarten und Ländern (im Wert der Ausfuhr in Mio. Kč)

	Veredelungsart			
	Mehl-erzeug.	Veredelung der Textil.	Andere Veredelung	Insgesamt
Insgesamt	1,5	171,4	6,3	179,2
darunter:				
Deutschland	0,1	2,4	5,3	7,8
Österreich	1,4	142,0	—	143,4
Schweiz	—	27,6	—	27,6

Quelle: Zahraniční obchod RČS v roce 1929. Díl II. Prag 1931, S. 411.

Tabelle 18

Deutscher Anteil (ohne Häfen) am aktiven Veredelungsverkehr der ČSR im Jahre 1929 bei einzelnen Veredelungsarten (im Werte der Einfuhr in Mio. Kč)

Veredelungsart	Insgesamt	Deutschland	
	Mio. Kč	Mio. Kč	%
Mehlerzeugung	3,6	0,8	22,2
Textiliendruck u. -färbung	81,0	14,8	18,3
Strickwarenherstellung	5,2	0,4	7,7
Webwarenherstellung	226,7	12,7	5,6
Webwarenbesticken	8,3	4,6	55,4
Hutherstellung	6,8	3,9	57,4
Wäsche- u. Kleiderherstellung	16,8	5,8	34,5
Handschuhherstellung	32,2	29,0	90,1
Übrige Textilien	0,8	0,6	75,0
Schuhherstellung	16,0	12,2	76,3
Kunstschleifkörperherstellung	6,9	5,0	72,5
Haushaltsgeschirrherstellung	12,2	5,7	46,7
Herstellung übriger Metallwaren	48,9	8,2	16,8
Galvanisieren	4,3	4,3	100
Herstellung bzw. Veredelung von Waren aus unedlen Metallen	22,1	7,1	32,1
Maschinenherstellung (incl. elektrische)	21,8	9,8	45,0
Glühbirnenherstellung	5,1	1,0	19,6
Lokomotiven- u. Verkehrsmittelherstellung	58,0	18,7	32,2
Musikinstrumentenherstellung	0,8	0,3	37,5
Übrige Veredelung	32,7	4,5	13,8

Quelle: Zahraniční obchod RČS. Díl II. Prag 1931, S. 404 f.

Fast in allen aktiven Veredelungsarten hat die Kooperation mit Deutschland eine sehr wichtige Rolle gespielt. Bei dem passiven Veredelungsverkehr handelt es sich fast ausschließlich um die Veredelung der ČSR-Textilwaren in Österreich.

Bezüglich des aktiven Veredelungsverkehrs der Tschechoslowakei sollte folgendes festgestellt werden: eine entscheidende Rolle spielte die Durchführung verschiedener Veredelungsvorgänge bei Textilwaren. Die heute durchwegs aktuellere Kooperation im Maschinenbau war damals nur in Ansätzen erkennbar. Es ist allerdings interessant, daß der Anteil Deutschlands gerade in diesem Bereich überdurchschnittlich groß war.

fehlt Zusamm.-fassung

Peter Krüger

DAS EUROPÄISCHE STAATENSYSTEM UND DIE DEUTSCHE POLITIK GEGENÜBER DER TSCHECHOSLOWAKEI IN DEN 30ER JAHREN

I.

Bei dem Versuch, einen knappen Überblick zu geben über die Richtung, welche die deutsch-tschechoslowakischen Beziehungen in den 30er Jahren nahmen, muß die Tatsache im Bewußtsein bleiben, daß es sich nur um einen Ausschnitt aus einem der radikalsten und erschütterndsten Kapitel in der Geschichte der modernen Staaten handelt. Es war das Bestreben des nationalsozialistischen Deutschland unter der Führung Hitlers, mit der Lehre von dem zu erkämpfenden Lebensraum, von der rassisch begründeten Volksgemeinschaft als höchstem Wert und von der Überlegenheit des Gefolgschaft fordernden, gläubigen Einsatzwillen des einzelnen voraussetzenden Führerprinzips eine neue Ordnung von schwer faßbarer Einseitigkeit und Brutalität in der Mitte Europas aufzurichten. Die im Verlaufe vieler Jahrhunderte aus dem Geiste der abendländischen Völker erwachsene europäische Staatengemeinschaft, bereits in Frage gestellt von den gedanklichen, gesellschaftlichen und wirtschaftlichen Umwälzungen des 19. Jahrhunderts, wurde nun — nicht zuletzt auf Grund des labilen inneren und äußeren Zustandes in der Folge des Ersten Weltkriegs — von völliger Vernichtung bedroht. Die Vorstellungen, die diesem Versuch zugrunde lagen, erlauben es kaum noch, zwischen Innen- und Außenpolitik klar zu trennen, denn es handelte sich um ein dynamisches, grenzenloses Prinzip: Ein ganzes Volk sollte ausgerichtet werden auf dauernden Kampf um Lebensraum und innere, rassisch-volkliche Geschlossenheit, auf ständige Einsatzbereitschaft in unaufhörlichem, alle übrigen menschlichen Bestrebungen völlig zurückdrängendem Daseinskampf und vor allem auf die fraglose Anerkennung der Führerschaft Hitlers als desjenigen, der die wahren Aufgaben und Ziele erkannt hat und sie nun seinem Volke als höchste Verpflichtung voranstellt. In bedingungsloser Hingabe an diese Ziele und an den alle Macht konzentrierenden Führer sollte sich die rassische Überlegenheit erweisen. Eine neue innenpolitische Ordnung war also Voraussetzung des Ringens um den als notwendig erachteten Lebensraum, der wiederum unentbehrlich blieb für die innere Ausgestaltung einer wirtschaftlich und politisch völlig unabhängigen, ihre eigenen Angelegenheiten unbeeinflußt von äußeren Gegebenheiten beherrschenden völkisch-deutschen Großmacht. Darin wird die unlösbare Verquickung von Innen- und Außenpolitik deutlich; sie wird freilich noch deutlicher in der entscheidenden Frage nach dem inneren Zustand einer Gesellschaft, in der Hitler binnen weniger Jahre zur höchsten Macht aufsteigen und breite Zustimmung finden konnte — so formuliert es Hans-Ulrich Wehler —, oder allgemeiner gesagt, die Frage nach Hitlers Ermöglichung, wie Ernst Deuerlein es ausdrückte. Und daß es sich tatsächlich um ein grenzenloses Prinzip handelte, das jedes Maß sprengte, beweist die Forderung nach umfassender Unabhängigkeit einer künftigen deutschen Großmachtstellung, denn insbesondere unter den verwickelten Umständen moderner Staatlichkeit und ihren geographischen, wirtschaftlichen, politischen und gesellschaftlichen Verflechtungen sind selbst die großen Mächte nicht mehr unabhängig, und ohne Ende gäbe es dann irgendwelche Abhängigkeiten zu bekämpfen. Das erfordert stete Einsatzbereitschaft, Mobilisierung und einheitliche geistige Ausrichtung aller, den Ausnahmezustand in Permanenz, und so verstand Hitler auch seine politische Führungsaufgabe. Er legte also bestimmte unverrückbare Vorstellungen oder gar Visionen seiner Politik zugrunde, ohne jedoch über detaillierte und konkrete Planungen seines Vorgehens zu verfügen. Die Maßnahmen im einzelnen bis hin zu kurzfristig zu fällenden wichtigen Entscheidungen sollten den jeweiligen inneren und äußeren Situationen entsprechen, mußten also flexibel und ohne vorzeitige Festlegung gehandhabt werden. Das setzte eine hochgradige Verfügbarkeit des gesamten Staatswesens voraus, vor allem einen einheitlichen, auf grundsätzliche Kampfbereitschaft und gehorsame Disziplin ausgerichteten Geist, damit selbst überraschende Entschlüsse Hitlers ohne größere Umstände oder gar Widerspruch ausgeführt werden konnten.

Alle genannten Vorstellungen und Zusammenhänge bestimmten nicht nur Hitlers Überlegungen vor dem Regierungsantritt, sondern prägten die politischen Leitlinien auch danach. Sie waren 1933 gegenwärtig und wurden — wenn auch wenig präzise — schon frühzeitig im engsten Kreis auch zum Ausdruck gebracht, nämlich in jener bekannten Rede vom 3. Februar 1933[1] vor den Spitzen von Heer und Marine, in der Hitler über seine allgemeine langfristige Zielsetzung sprach und ihre inneren Voraussetzungen: „Einstellung der Jugend u[nd] des ganzen Volkes auf den Gedanken, daß nur d[er] Kampf uns retten kann u[nd] diesem Gedanken gegenüber alles zurückzutreten hat. [...] Ertüchtigung der Jugend u[nd] Stärkung des Wehrwillens mit allen Mitteln. [...] Wirtschaft! Der Bauer muß gerettet werden! Siedlungspolitik! Künft[ige] Steigerung d[er] Ausfuhr zwecklos. Aufnahmefähigkeit d[er] Welt ist begrenzt u[nd] Produktion ist überall übersteigert. [...] Aufbau der Wehrmacht wichtigste Voraussetzung für Erreichung des Ziels: Wiedererringung der pol[itischen] Macht. [...] Wie soll pol[itische] Macht, wenn sie gewonnen ist, gebraucht werden? Jetzt noch nicht zu sagen. Vielleicht Erkämpfung neuer Export-Mögl[ichkeiten], vielleicht — und wohl besser — Eroberung neuen Lebensraums im Osten u[nd] dessen rücksichtslose Germanisierung. [...] Gefährlichste Zeit ist die des Aufbaus der Wehrmacht. Da wird sich zeigen, ob Fr[ankreich] Staatsmänner hat; wenn ja, wird es uns Zeit nicht lassen, sondern über uns herfallen (vermutlich mit Osttrabanten)."

In solchen Zusammenhängen also wurde auch die künftige Stellung der Tschechoslowakei betrachtet, einmal indirekt bei der Eroberung neuen Lebensraums im Osten, die ohne Beherrschung dieses Staates kaum in Angriff genommen werden konnte, und ein zweites Mal schon direkter: Hitler rechnete mit einer längeren und gefährlichen Vorbereitungs- und Übergangsphase, während der die Tschechoslowakei in doppelter Hinsicht besondere Aufmerksamkeit be-

[1] Vogelsang, Thilo: Neue Dokumente zur Geschichte der Reichswehr 1930—1933. VfZ 2 (1954) 434 f.

anspruchte, als zunächst militärisch nicht zu unterschätzender Gegner, der in Verbindung mit Frankreich gewaltsam die bedrohliche Entwicklung in Deutschland unterbinden konnte, und als gerade deshalb vorrangiges Objekt der Unterwerfung, sobald ein gewisses Niveau der deutschen Aufrüstung und erweiterter außenpolitischer Handlungsfreiheit erreicht war. Die Äußerungen Hitlers machen darüber hinaus deutlich, daß er nicht durch Beschwichtigungen und Abkommen zufriedengestellt werden konnte, daß sich sein Denken in völlig anderen Bahnen bewegte und daß die Tschechoslowakei und ihre Verbündeten nicht rechtzeitig und nicht klar genug Hitlers Vorgehen durchschauten. Sie reagierten nicht in der einzigen Form, die Hitler fürchtete und die er selbst in ihrer Lage rücksichtslos angewendet hätte: mit Gewalt.

II.

Dies also stand der nationalsozialistischen Führung klar vor Augen: Frankreich und seine „Osttrabanten" — darunter verstand Hitler vor allem die Tschechoslowakei und Polen — waren in einer längeren Übergangsphase durchaus in der Lage, die außenpolitische Maßlosigkeit des neuen deutschen Regimes im Keime zu ersticken; allerdings nur, solange sie sich als einig und zum Handeln entschlossen erwiesen. Nicht bloß das immer problematische Verhältnis zwischen Polen und der Tschechoslowakei stand dem entgegen, sondern auch der Egoismus und die wachsende Schwäche Frankreichs. Die Franzosen waren zwar gern bereit, die Anhänglichkeit und diplomatischen Dienste Benešs als Außenminister und später als Präsident der Tschechoslowakei in Anspruch zu nehmen, aber man kann kaum behaupten, sie seien mit vollem Einsatz der Einsicht gefolgt, daß die Tschechoslowakei einen Angelpunkt des gesamten europäischen Staatensystems darstelle und deswegen mit allen Kräften zu unterstützen sei. Eine wesentliche Voraussetzung dazu wäre allerdings die frühzeitige Erkenntnis der Stoßrichtung und der Grundsätze Hitlerscher Politik gewesen, die in ihrem unorthodoxen Stil und ihren immer wieder überraschenden Wendungen tatsächlich schwer zu durchschauen war. Außerdem beeinflußten weitere nachteilige Entwicklungen die französische Haltung: die Auswirkungen der Weltwirtschaftskrise, die beträchtlichen innenpolitischen Schwierigkeiten, die sich aus dem Ringen um gesellschaftliche und wirtschaftliche Modernisierung ergaben, und der allmähliche Zerfall jeder internationalen Ordnung im Europa der 30er Jahre. Dies letztere war ein Vorgang von weltgeschichtlicher Bedeutung.

Es hatte zwischen 1924 und 1930 vielversprechende Ansätze zu einer gemischten Lösung zwischen dem System der kollektiven Sicherheit im Völkerbund und einem modernisierten europäischen Konzert der Mächte gegeben. Nachdem es aber in dieser kurzen, relativ ruhigen Phase nicht gelungen war, in Europa eine auch während unruhiger Zeiten dauerhafte internationale Ordnung zu errichten, erwiesen sich unter den katastrophalen außen- und innenpolitischen Auswirkungen der Weltwirtschaftskrise die destruktiven Tendenzen als übermächtig. Die Weltwirtschaftskrise brachte die innere Labilität sowohl der Staaten als auch der internationalen Ordnung an den Tag. Gemeinsames Vorgehen und internationale Solidarität verblaßten immer mehr, die so dringend notwendige gemeinsame Sanierung der europäischen Wirtschaft kam nicht zustande und die meisten Staaten suchten ihr Heil in nationaler Eigenmächtigkeit, ohne dabei allerdings die Brutalität und Bindungslosigkeit Hitlers zu entwickeln. Deshalb gerieten sie ihm gegenüber aussichtslos in Nachteil[2].

Es gab kein europäisches Gleichgewicht mehr, schon gar nicht in den 30er Jahren. Frankreich war innerlich gespalten, hatte in den 20er Jahren, einer Phase französischer Vorrangstellung in Europa, die Möglichkeiten eines langfristigen Ausgleichs mit Deutschland verpaßt, schwankte dann zwischen einem Bündnis mit der Sowjetunion und einer Annäherung an Deutschland und machte sich schließlich abhängig von der britischen Politik. Großbritannien bemühte sich um ein neues Gleichgewicht und eine Verständigung der europäischen Großmächte, unter denen Deutschland wieder einen hervorragenden Platz einnehmen sollte, verkannte aber die völlig anders gearteten Bestrebungen des Dritten Reiches und war im übrigen zugleich stark konzentriert auf den außereuropäischen Bereich, vor allem das Commonwealth, aber auch auf die Vereinigten Staaten von Amerika. Die italienische Regierung hätte sich wohl an einem neuen Konzert der Mächte beteiligen müssen, wenn es sich funktionsfähig gezeigt und Verstöße geahndet hätte. Es funktionierte aber nicht, und so versuchten die Italiener nach Kräften im Trüben zu fischen. Der Sowjetunion schließlich mißtrauten die westlichen Großmächte, vor allem des gesellschaftlichen Systemkonflikts wegen; sie wurde nicht als Bestandteil des europäischen Konzerts anerkannt und es blieb sehr zweifelhaft, ob sie selbst eine solche Rolle konsequent übernommen hätte. So gab es viele schwerwiegende Hemmnisse, aber das bedeutendste war zweifellos das Verhalten der im Grunde stärksten kontinentaleuropäischen Macht, nämlich Deutschlands. Dabei war es nicht so sehr — wie noch oft angenommen wird — das Streben nach Revision des Versailler Vertrags, das sprengend auf die europäische Staatengemeinschaft wirkte. Unter englischem Druck und französischer Resignation hätte dieses Verlangen schon weitgehend befriedigt werden können. Entscheidend war vielmehr der beherrschende Gedanke der nationalsozialistischen Außenpolitik, jeder die eigenen Möglichkeiten einschränkenden Verständigung und Bindung aus dem Wege zu gehen und völlige Handlungsfreiheit für unbegrenzte Ziele zu gewinnen.

Also, gerade die Bemühungen der 30er Jahre bewiesen, daß mit dem Deutschland Hitlers kein europäisches Gleichgewicht aufzurichten war. Und solche Perioden des fehlenden Gleichgewichts gefährdeten bisher immer die Existenz der kleineren Staaten, das hatte schon die Schwäche Frankreichs in der 2. Hälfte des 18. Jahrhunderts gezeigt, die wesentlich zur Ermöglichung der polnischen Teilungen beitrug. Dies berührt das Problem der kleinen Völker und Staaten in der Geschichte[3]; die Tschechoslowakei war ein kleiner Staat, und es erschwerte durch-

---

[2] Den neuesten Überblick bietet Hauser, Oswald (Hrsg.): Weltpolitik 1933—1939. Göttingen-Frankfurt am Main-Zürich 1973.

[3] Siehe dazu vor allem Stökl, Günther: Die kleinen Völker und ihre Geschichte. HZ 212 (1970) 19—40, bes. Anm. 2.

aus ihre Stellung, daß sie der politisch bedeutendste unter den kleinen europäischen Staaten der Zwischenkriegszeit war. Denn angesichts dieser Tatsache und ihrer unglücklichen geographischen Situation lag es nahe, daß sie sich in erhöhtem Maße Eifersucht und Feindseligkeit ihrer Nachbarn zuziehen konnte. Andere kleine Länder befanden sich in einer günstigeren Situation und hatten in ihren Grenzen keine so zahlreiche Minorität von derselben nationalen Herkunft wie die Bevölkerung einer benachbarten Großmacht. Mitten in Europa gelegen, ohne Öffnung zum Meer, vor allem nicht etwa in einer Region konsolidierter Staaten mit stabilisierten Beziehungen zueinander, sondern Nachbar eines labilen Bereichs neuer, ungefestigter Staaten, denen die unberechenbare, von gewaltigen inneren Umwälzungen erschütterte potentielle Weltmacht Sowjetunion im Nacken saß — unter diesen Umständen war das Verhältnis der Tschechoslowakei zur unmittelbar benachbarten Großmacht Deutschland von ausschlaggebender Bedeutung für die Zukunft des Staates. Ein derartiges Verhältnis hängt in der Regel mehr vom Tun und Lassen des Stärkeren als des Schwächeren ab.

Aber damit nicht genug: Frankreich war maßgeblich an der Gründung der Tschechoslowakei beteiligt, gab ihr die außenpolitische Richtung im französischen Bündnissystem in Ost- und Südosteuropa, das gleichermaßen Deutschland wie das sowjetische Rußland in ihrer Bewegungsfreiheit einschränken sollte, und war spätestens seit 1924 der weitaus bedeutendste Bündnispartner der tschechoslowakischen Außenpolitik[4]. Während sich Großbritannien zunehmend desinteressiert zeigte, mußte die Tschechoslowakei auf Grund ihrer immer eindeutiger werdenden Bindung an Frankreich regelmäßig dann in eine schwierige Situation geraten, wenn die Beziehungen zwischen Deutschland und Frankreich schlecht waren. Deshalb war Beneš stets für eine dauerhafte Verständigung zwischen beiden Großmächten eingetreten, die ihm eine gesicherte Position gegeben hätte, obwohl die Aussicht, auch in einem solchen Falle gelegentlich den gemeinsamen freundschaftlichen Pressionen der Franzosen und Deutschen ausgesetzt zu sein, gewiß nicht seinem Ideal eines unabhängigen Nationalstaats entsprach.

Die Tschechoslowakei war eine späte Gründung der Großmächte; schlimmer noch, sie wurde gegründet von den Siegern des Ersten Weltkriegs unter der Voraussetzung der Niederlage Deutschlands und Österreich-Ungarns. Sie war also nicht nur abhängig von den Bewegungen und Verschiebungen unter den Großmächten, sondern auch von den Erfordernissen eines allmählichen Ausgleichs zwischen Siegern und Besiegten. Hierbei bildete die deutsch-französische Verständigung fraglos den Kern; zusammen mit einer allmählichen Festigung der kollektiven Sicherheit und internationalen Solidarität im Rahmen des Völkerbunds hätte dies der Tschechoslowakei unter den gegebenen Umständen die günstigsten

---

[4] Wandycz, Piotr S.: The foreign policy of Edvard Beneš, 1918—1938. In: Mamatey, Victor S. / Luža, Radomir (Hrsg.): A history of the Czechoslovak republic, 1918—1948. Princeton 1973, S. 224. — Zur Außenpolitik Benešs siehe auch Liška, George: Czechoslovak independence and the great powers. Retrospect and prospect. In: Rechcigl, Miloslav (Hrsg.): Czechoslovakia past and present. Bd. 1. Den Haag-Paris 1968, S. 747—59. — Hoensch, Jörg K.: Die „Burg" und das außenpolitische Kalkül. In: Bosl, Karl (Hrsg.): Die „Burg". Bd. 2. München-Wien 1974, S. 31—57.

Zukunftsaussichten eröffnet. Aber dazu kam es nicht. Der Niedergang des Völkerbunds in den 30er Jahren bestätigte und förderte nur die destruktiven Tendenzen unter den europäischen Staaten. Das nationalsozialistische Deutschland war an keinem Ausgleich mit dem als Hauptgegner in Westeuropa empfundenen Frankreich interessiert und trug erst recht zur Schwächung des Völkerbunds bei, aus dem es im Oktober 1933 austrat. Diese Entwicklungen gestalteten die außenpolitische Lage für Beneš immer schwieriger, sein Land grenzte an die gefährlichsten europäischen Krisenherde jener Jahre, an Deutschland, Osteuropa und den Donauraum, und wurde von ihnen in Mitleidenschaft gezogen. Für diese Probleme gab es damals auch nur europäische Lösungen, denn — wie William Sheldon ausgeführt hat[5] — die Vereinigten Staaten, die einzige bedeutende außereuropäische Großmacht, die hätte eingreifen können, standen abseits, schon deshalb, weil ihr vor allem ökonomisch sich ausprägender Einfluß um so geringer war, je stärker die weltwirtschaftliche Verflechtung in den 30er Jahren stranguliert wurde — auch dies wiederum unter wesentlicher Beteiligung der deutschen Politik. Die Tschechoslowakei konnte von politischer und wirtschaftlicher Verflechtung und Zusammenarbeit in Europa das meiste erhoffen, auch wenn sie dieser Tatsache zu ihrem eigenen Schaden nicht genügend Rechnung trug. Das Ziel des nationalsozialistischen Deutschland hingegen, die Beherrschung eines großen ost- und südosteuropäischen Wirtschaftsraums, ließ sich nur unter systematischer Zerstörung internationaler Bindungen und Verflechtungen, d. h. unter autarken Gesichtspunkten, erreichen — und der Schlüssel dazu war die Ausschaltung der Tschechoslowakei als selbständigen Staats.

Nun ist es gewiß unbestreitbar, daß jeder kleinere Staat sich an eine Großmacht anlehnen oder einem Großmachtsystem einordnen muß. Selbst wenn keinerlei hinterhältige Absichten damit verbunden sind, wird eine benachbarte Großmacht wie Deutschland allein auf Grund ihres wirtschaftlichen und politischen Gewichts immer einen starken Einfluß auf ein kleineres Land wie die Tschechoslowakei ausüben. Entscheidend ist aber, ob die Großmacht internationale Bindungen anerkennt, sich selbst den Beschränkungen und Verpflichtungen eines Mächtesystems einfügt und in der Zusammenarbeit auch die Eigenständigkeit und das Lebensrecht der anderen Länder achtet. Deshalb ist es für die Beurteilung der nationalsozialistischen Politik gegenüber der Tschechoslowakei wesentlich zu erkennen, wann und auf Grund welcher Prinzipien und Traditionen Deutschland von diesen Anforderungen sich löste. Hatte also die Politik der nationalen Unabhängigkeit für die Tschechoslowakei von vornherein einen illusionären Zug, so lautet die wichtigere Frage doch, welchen Prinzipien die deutsche Außenpolitik anhing.

III.

Der Spielraum der tschechoslowakischen Außenpolitik war seit den frühen 30er Jahren in zunehmendem Maße eingeengt — nicht nur durch das Verhalten Deutschlands, sondern auch infolge der allgemeinen Verschärfung der internatio-

---

[5] Siehe seinen Beitrag im vorliegenden Band.

nalen Beziehungen seit der Weltwirtschaftskrise, als allenthalben die nationalen Interessen rigoroser vertreten wurden, nicht zuletzt auf Grund der jeweiligen wirtschaftlichen und innenpolitischen Schwierigkeiten. Nur in Deutschland aber verband sich eine Reihe von gefährlichen Entwicklungen zu einer unberechenbaren, für Europa katastrophalen Bedrohung: die besonders drückende wirtschaftliche Not; die daraufhin immer hektischer werdenden Versuche innerhalb der führenden Schichten, der Industriellen und Großgrundbesitzer, mit den Schwierigkeiten fertig zu werden und ihre gesellschaftliche Position zu wahren, und sei es um den Preis eines scharf autoritären Regimes, sofern es zu mehr wirtschaftlicher Rentabilität und zur Entmachtung der organisierten Arbeiterschaft verhelfen würde; die in die gleiche Richtung weisenden verzweifelten Bestrebungen der Mittelschichten in weitestem Sinne, ihre z. T. anachronistischen Standesauffassungen angesichts einer die Existenz bedrohenden Krise doch noch durchzusetzen; die Auflösung demokratisch-liberaler Grundsätze und des vielfach verachteten Parteiensystems der Weimarer Republik; die ungelösten und sich nun verschärfenden Fragen der wirtschaftlichen und politischen Stellung Deutschlands in Europa und der Welt; schließlich der im Extrem bis zum völligen Verfall fortschreitende moralische und geistige Niedergang.

Dies bedeutet insgesamt, daß die Weltwirtschaftskrise wie jede fundamentale Erschütterung der Staaten in der Geschichte sämtliche ungelösten innen- und außenpolitischen Probleme, alle Schwächen bloßlegte, steigerte und in Wechselwirkung miteinander verband. Alle Bevölkerungsschichten wurden erfaßt und in Bewegung gebracht. Weit verbreitet war die Sehnsucht, die vielfältige innere Zerrissenheit Deutschlands zu überwinden, in umfassender Einheit und Gemeinschaft wirtschaftlich und politisch Geborgenheit zu finden. Die darin enthaltene stark nationalistische Komponente nährte sich vor allem aus den Enttäuschungen und vermeintlichen internationalen Zurücksetzungen Deutschlands seit dem Ersten Weltkrieg. Die Neigung, der Schwierigkeiten durch Ablenkung nach außen Herr zu werden, kam dem entgegen. Der Rechtsradikalismus gedieh, und die radikalste Gruppierung, Hitler mit seiner nationalsozialistischen Bewegung, schien der Sehnsucht nach neuer nationaler Einheit und Identität am besten zu entsprechen, innen- wie außenpolitisch neue nationale Ziele zu setzen und einen neuen Aufschwung zu gewährleisten. Die deutsche Außenpolitik der 30er Jahre hatte also ihren Ausgangspunkt in der krisenhaften Entwicklung seit 1929/30, d. h. bereits vor dem Regierungsantritt der Nationalsozialisten. Dabei spielte nicht nur das Bemühen der Reichsregierung eine Rolle, der nationalistischen Radikalisierung nachzulaufen und Prestige-Erfolge zu erringen, um die eigene Anhängerschaft zusammenzuhalten, sondern die Mehrzahl der national-konservativen Führungsgruppen war grundsätzlich darauf eingestellt, die nationale Unabhängigkeit voranzutreiben, nationale Forderungen rigoroser zu stellen und mit Nachdruck die Befreiung vom System des Versailler Vertrags durchzusetzen. Als sie dies nun in die Wege leiten wollten, fanden führende Vertreter der deutschen Außenpolitik, daß dabei die krisenhaften Entwicklungen im eigenen Lande, so beklagenswert sie waren, doch insofern auch von Nutzen sein mochten, als sie die Bereitwilligkeit der aufgeschreckten europäischen Mächte zu größeren Zugeständnissen förderten[6]. Derartige Auffassungen blieben eine wesentliche Komponente traditioneller deutscher Außenpolitik, vor allem also des Auswärtigen Amts, bis weit in den Zweiten Weltkrieg hinein und waren von besonderer Bedeutung für die Behandlung der Tschechoslowakei[7]. So sehr man auch der Expansionspolitik Hitlers und ihren Methoden in den 30er Jahren widerstrebte, ihre ersten Ergebnisse, die zunehmende Wiederherstellung und Stärkung deutscher Großmachtstellung, die man seit 1918 angestrebt hatte, akzeptierte man mit Wohlgefallen.

Dies sind die allgemeinen Voraussetzungen, und schon hierin deutet sich an, wovon jede Behandlung der deutschen Außenpolitik gegenüber der Tschechoslowakei ausgehen muß: Es gibt zunächst keine einheitlich nationalsozialistische Außenpolitik. Weder konnte der Nationalsozialismus sogleich alle Bereiche der Regierungstätigkeit sachlich und personell durchdringen, noch war das notwendig und wünschenswert. Gerade für die auswärtigen Beziehungen erwies es sich als vorteilhaft, daß die Kontinuität der traditionellen Ressortpolitik im großen und ganzen solange gewahrt blieb und in dieser abschirmenden Funktion während der Übergangsphase das notwendige Minimum ausländischen Vertrauens solange sicherte, bis Hitler glaubte, die Basis für die Verwirklichung seiner eigenen außenpolitischen Vorstellungen gelegt zu haben[8]. Dessenungeachtet war Hitler auch vorher außenpolitisch keineswegs enthaltsam, und es gab viel unterschwellige Kritik im Auswärtigen Amt an organisatorischen Neuerungen — Umgehung der Diplomaten durch Sonderbeauftragte der NSDAP sowie den Aufbau konkurrierender Ämter und Parteidienststellen[9] — und an einsamen Entscheidungen Hitlers. Aber mochte auch mancher Entschluß ernsthaften Zweifeln begegnen, wie vor allem die Kündigung des Locarno-Paktes und der Einmarsch in das entmilitarisierte Rheinland am 7. März 1936[10] — die Diskrepanz zwischen traditioneller und nationalsozialistischer Außenpolitik brach erst voll auf in der Behandlung der Tschechoslowakei 1938/39. Bis es dahin kam, nahm die Zukunft der Tschechoslowakei allerdings in den politischen Vorstellungen beider Richtungen — ausgesprochen oder meist unausgesprochen — eine bedeutende Stellung ein. Um aber die Unterschiede und damit den Gang der Entwicklung zu verdeutlichen, führt es nicht zum Ziel, die geschichtlichen Ereignisse in ihrer Abfolge zu schildern, sondern man muß die unterschiedliche Zielsetzung gegenüber der Tschechoslowakei, ihre Herkunft und die jeweilige Kontinuität untersuchen, in der sie steht.

---

[6] Krüger, Peter / Hahn, Erich J. C.: Der Loyalitätskonflikt des Staatssekretärs Bernhard Wilhelm von Bülow im Frühjahr 1933. VfZ 20 (1972) 384.

[7] Hill, Leonidas (Hrsg.): Die Weizsäcker-Papiere, 1933—1950. Frankfurt am Main-Berlin-Wien 1974. — Krüger, Peter: Das Jahr 1941 in der deutschen Kriegs- und Außenpolitik. In: Bosl, Karl (Hrsg.): Das Jahr 1941 in der europäischen Politik. München-Wien 1972, S. 13—16.

[8] Krüger / Hahn 376—410.

[9] Jacobsen, Hans-Adolf: Nationalsozialistische Außenpolitik 1933—1938. Frankfurt am Main-Berlin 1968.

[10] Funke, Manfred: 7. März 1936. Studie zum außenpolitischen Führungsstil Hitlers. Aus Politik und Zeitgeschichte. Beilage zur Wochenzeitung „Das Parlament". B 40/70 (3. 10. 1970) 3—34.

IV.

Eine der Kontinuitäten, welche die Jahre vor 1933 mit denen nach 1933 in der deutschen Außenpolitik verbanden, hat Beneš schon frühzeitig umschrieben, indem er sie abhob von einer Phase, zu der nun in der Tat die Verbindung abgerissen war: Am 31. Oktober 1931 — und öfter — beklagte er, daß Deutschland auf Grund innenpolitischer Entwicklungen die Verständigungspolitik Stresemanns, die Locarno-Politik, aufgegeben habe; zur Locarno-Politik aber müsse Europa zurückkehren[11]. Diese und ähnliche Äußerungen bezeugen die Wirkung, welche die seit 1930 im Zusammenhang mit der Weltwirtschaftskrise begonnene deutsche Außenpolitik des isolierten Vorgehens, der verschärften Forderung, die auf der Pariser Friedenskonferenz geschaffene Ordnung zu ändern, und der einseitigen Ansprüche statt freundschaftlicher Beratung über Möglichkeiten des Interessenausgleichs hervorgerufen hatte. Diese Politik wurde auch unter Hitler fortgesetzt und verschärft. Beneš erblickte darin die unausbleiblichen Folgen des Niedergangs des parlamentarisch-demokratischen Weimarer Systems seit 1930[12]. Aber die Ansicht, alle Reichskanzler, ob sie nun Brüning oder Hitler hießen, vollzögen die gleiche, scharf revisionistische Politik, erwies sich spätestens 1938 als falsch, als es nicht mehr um die Revision von Versailles, sondern um die völlige Vernichtung der Tschechoslowakei ging. Aber dies wurde auch sonst zu spät erkannt.

Was jedoch für Beneš entscheidend war, das war der Wechsel von 1930. Revisionsforderungen gab es vorher auch, aber sie waren nicht so weitgreifend, und vor allem die Methoden der Außenpolitik waren andere. Die Hoffnung auf das für eine Stabilisierung der europäischen Staatengemeinschaft notwendige Maß an Vertrauen und Kompromißbereitschaft zwischen den Mächten, auf das die Tschechoslowakei für ihre Existenz angewiesen war, wurde vom Deutschen Reich der 20er Jahre nicht in Frage gestellt, im Gegenteil. Diese Zeit schien nun vorbei; das System der Friedensverträge von 1919/20 wurde vehement angegriffen, und damit gerieten die wesentlichen Voraussetzungen des von Masaryk und Beneš gegründeten Staates ins Wanken. Sichtbares Zeichen des Wandels war der deutsche Versuch, 1931 mit Österreich eine Zollunion abzuschließen. Das löste bei Beneš geradezu einen Schock aus, denn dahinter stand das Streben nach dem Anschluß Österreichs an das Deutsche Reich. Der Anschluß aber, die Umklammerung durch ein größeres Deutschland auch von Süden her, mußte die Gefahr wirtschaftlicher und militärischer Verwundbarkeit der Tschechoslowakei beträchtlich erhöhen. Damit war ein neuralgischer Punkt der Politik Benešs getroffen. Selbst wenn man den Vorwurf erhebt, der tschechoslowakische Außenminister habe eine realitätsferne Status-quo-Politik geführt oder die Auswirkungen des Anschlusses übertrieben, weil etwa die handelspolitische Abhängigkeit ohnehin gegeben war und der deutsche wirtschaftliche Einfluß in Österreich auch ohne den Anschluß be-

[11] Schlußwort Benešs in der Budgetdebatte des Außenausschusses beider Kammern vom 31. 10. 1931 nach: Prager Presse, Nr. 295 vom 1. 11. 1931.

[12] Campbell, F. Gregory: Confrontation in Central-Europe. Weimar Germany and Czechoslovakia. Chicago 1975, S. 252—54.

stand, so ist doch die Beunruhigung über die allgemeine Ausrichtung der deutschen Politik vollauf gerechtfertigt gewesen. Das wird noch deutlicher, sobald man räumlich über die Tschechoslowakei und zeitlich über das Jahr 1933 hinausblickt. Der Anschluß war kein Selbstzweck, sondern ein erster Schritt zur Errichtung einer neuen deutschen Großmachtstellung in Europa. Die Schlüsselposition hatte die Tschechoslowakei inne. Sie sollte langfristig in einen deutschen wirtschaftlichen und politischen Einflußbereich einbezogen werden, der dann mächtig genug war, einerseits auch die übrigen Länder des Donauraums an Deutschland zu binden, andererseits Polen zu isolieren und dann bei günstiger Gelegenheit unter politischem und wirtschaftlichem Druck zur Revision der deutsch-polnischen Grenze zu veranlassen. Mit dieser angestrebten Stellung Deutschlands in Mittel- und Südosteuropa wird eine Kontinuität mit Bestrebungen im späten Kaiserreich deutlich.

Diese Politik wurde vor allem von Staatssekretär Bernhard Wilhelm von Bülow, der von 1930 bis 1936 praktisch das Auswärtige Amt leitete, trotz beachtlicher Widerstände im eigenen Hause vertreten. Bülow schrieb am 15. April 1931 an den deutschen Gesandten in Prag, Koch[13]: „Die Einbeziehung der Tschechoslowakei in unser Wirtschaftssystem läge ganz in der Richtung der Außenpolitik des Reichs auf weite Sicht, wie sie mir vorschwebt. Ist die deutsch-österreichische Zollunion einmal Tatsache geworden, so rechne ich damit, daß der Druck wirtschaftlicher Notwendigkeiten den Beitritt der Tschechoslowakei nach wenigen Jahren in der einen oder anderen Form erzwingen wird. Ich würde darin den Anfang einer Entwicklung sehen, die geeignet wäre, lebenswichtige politische Interessen des Reichs einer auf anderem Wege kaum möglich erscheinenden Lösung zuzuführen. Ich denke dabei an die deutsch-polnischen Grenzprobleme. Wenn es gelingt, die Tschechoslowakei unserem Wirtschaftsblock anzugliedern, und wenn wir inzwischen auch mit den Randstaaten nähere wirtschaftliche Beziehungen geschaffen haben werden, dann ist Polen mit seinem wenig gefestigten Wirtschaftskörper eingekreist und allerhand Gefährdungen ausgesetzt: Wir haben es in einer Zange, die es vielleicht doch über kurz oder lang reif machen kann, dem Gedanken des Austauschs politischer Konzessionen gegen handgreifliche wirtschaftliche Vorteile näherzutreten." Der Unterschied sticht ins Auge, der die Auffassung Bülows trennt von der Betrachtungsweise Benešs, der das unerläßliche europäische Gleichgewicht in den Mittelpunkt rückte und kein kleines Land einer Großmacht ausgeliefert sehen wollte: „Mit Frankreich hätte Deutschland zunächst ein Zollbündnis suchen müssen, dann wäre ein Erfolg sicher gewesen[14]." Die Überlegungen Bülows bildeten das Grundmuster der Politik der traditionellen national-konservativen Regierungskreise von 1930 bis zum Krisenjahr 1938 hin, eine deutliche Kontinuität — vor 1930 allerdings sind derartige Pläne nicht aufgetaucht —, und auch Hitler ging in der Übergangsphase nach dieser taktischen Richtlinie vor. Welches waren die entscheidenden Elemente?

[13] Schreiben Bülows an Koch vom 15. April 1931; Politisches Archiv des Auswärtigen Amts, Bonn (im folgenden PA), Büro Staatssekretär Pol. B, Bd. 4 (4620/E 199 512—15).

[14] Telegramm Koch Nr. 9 vom 23. 3. 1931; PA, Büro Reichsminister 16: Österreich, Bd. 4 (3086/D 615 068—69).

1) Aus den Problemen der großen Depression heraus wurde die weltwirtschaftliche Verflechtung immer stärker beeinträchtigt durch Protektionismus und Schaffung regionaler, sich nach außen abschließender Märkte, wie Frankreich mit seinen Kolonien, die Commonwealth-Länder seit der Ottawa-Konferenz von 1932, die durch extrem hohe Zölle geschützten Vereinigten Staaten, ähnliche Bestrebungen in den skandinavischen und baltischen Ländern und schließlich im Donauraum. Deutschland war hieran durch seinen Agrarprotektionismus nicht unbeteiligt. Ohne indessen auf die großen Zusammenhänge und schwierigen Verwicklungen dieser Fragen näher einzugehen, möchte ich nur darauf hinweisen, daß diese „Blockbildungen“ bei der Reichsregierung und im Auswärtigen Amt beträchtliche Unruhe auslösten; denn für jeden auf große Exporte angewiesenen Industriestaat waren wirtschaftlicher Austausch und zugängliche Märkte eine Existenzfrage. Nun ergab sich aber gleichzeitig für Deutschland die Chance, in „Wiederaufnahme säkularer Linien“ [15] durch Verstärkung seines Einflusses im Donauraum sich einen eigenen wirtschaftlichen und politischen Einflußbereich mit Absatz- und Ergänzungsmärkten zu schaffen, weil die unterentwickelten Balkanstaaten, von strukturellen und konjunkturellen Krisen geschüttelt, vor allem für ihre Agrarexporte, die auf dem Weltmarkt nicht konkurrenzfähig waren, einen sicheren und zahlungskräftigen Absatzmarkt brauchten. Diese Chance wurde entschlossen genutzt, besonders seit 1933, als unter der nationalsozialistischen Diktatur innere und äußere Hindernisse im vereinfachten Verfahren beseitigt werden konnten, z. B. durch zwangsweise Regulierung und Kontrolle des Agrarmarktes, durch Devisenbewirtschaftung, Außenhandelskontrolle und Aufgabe des Meistbegünstigungsprinzips. Für Jugoslawien, Rumänien, Bulgarien und Ungarn öffneten sich durch Vorzugsbehandlung die deutschen Märkte. Der wirtschaftlichen sollte dann die politische Einflußnahme im Donauraum folgen. Die übrigen Großmächte konnten dem wenig entgegensetzen, weil sie keinen Weg fanden, die Produkte der südosteuropäischen Staaten aufzunehmen, und Kapitalhilfe dafür keinen Ausweg bot [16].

---

[15] Aufzeichnung Posse (Reichswirtschaftsministerium) vom 3. 2. 1932; PA, Handakten Ha. Pol. — Ritter, Donauföderation, Bd. 1 (K 1121/K 289 437—47).

[16] Siehe dazu im größeren Zusammenhang: Adam, Magda: Les pays danubiens et Hitler (1933—1936). Revue d'histoire de la deuxième guerre mondiale 98 (1975) 1—26. — Kosta, Jiří: Die sozioökonomische Entwicklung der ČSR. In: Bosl, Karl (Hrsg.): Die demokratisch-parlamentarische Struktur der Ersten Tschechoslowakischen Republik. München-Wien 1975, S. 7—33. — Raupach, Hans: Strukturelle und institutionelle Auswirkungen der Weltwirtschaftskrise in Ost-Mitteleuropa. VfZ 1 (1976) 38—57. — Schröder, Hans-Jürgen: Südosteuropa als „Informal Empire“ Deutschlands 1933—1939. Das Beispiel Jugoslawien. JbGO 23 (1975) 70—96. — Schröder, Hans-Jürgen: Deutsche Südosteuropapolitik 1929—1936. Zur Kontinuität deutscher Außenpolitik in der Weltwirtschaftskrise. GG 2 (1976) 5—32. — Teichova, Alice: An economic background to Munich. International business and Czechoslovakia 1918—1938. London 1974. — Weber, Eckhard: Stadien der Außenhandelsverflechtung Ostmittel- und Südosteuropas. Stuttgart 1971. — Wendt, Bernd Jürgen: England und der deutsche „Drang nach Südosten“. Kapitalbeziehungen und Warenverkehr in Südosteuropa zwischen den Weltkriegen. In: Geiss, Imanuel / Wendt, Bernd Jürgen (Hrsg.): Deutschland in der Weltpolitik des 19. und 20. Jahrhunderts. Düsseldorf 1973, S. 483—512.

2) Jede Verbindung der Donaustaaten untereinander ohne Deutschland sollte verhindert werden. Sie wäre für die deutsche Wirtschaft unter Umständen nachteilig gewesen, vor allem aber hätte sie die deutschen politischen Ambitionen empfindlich gestört und der Tschechoslowakei eine Vorrangstellung verschafft.

3) Die deutschen Absichten zielten nicht nur auf eine eigene Einflußzone in Südosteuropa, sondern auch auf Revision der deutsch-polnischen Grenze und damit auf eine verstärkte Position in Osteuropa.

4) Aus der Äußerung Bülows wird die wesentliche Voraussetzung des weiteren Vorgehens ganz deutlich: Die Tschechoslowakei und Polen seien zu isolieren und müßten auch untereinander getrennt bleiben. Dies ist die entscheidende Gemeinsamkeit der traditionellen und der Hitlerschen Tschechoslowakei-Politik bis 1938; man hatte die Schlüsselposition der Tschechoslowakei für jede Form deutscher Machterweiterung in Mittel- und Südosteuropa erkannt.

5) Aber zunächst geht es nur um die Verfolgung der politischen Linie der traditionellen, national-konservativen Kräfte, vor allem also des Auswärtigen Amts. Das Auswärtige Amt hat im völligen Gegensatz zu Hitler stets daran festgehalten, daß die allmähliche Einbeziehung der Tschechoslowakei in den deutschen Einflußbereich nur mit friedlichen Mitteln verfolgt werden solle und Deutschland keinerlei territoriale Ansprüche erheben dürfe. Die sudetendeutschen Fragen sollten im Sinne kultureller Autonomie und der Beendigung jeglicher Diskriminierung gelöst werden. In diesem Sinne agierten nach 1933 zunächst auch die Volkstums- und Auslandsdeutschen-Verbände[17].

Der erste Anlauf Bülows scheiterte, die Zollunionspolitik endete in einem Fiasko. Dies änderte nichts an den grundlegenden Voraussetzungen und Richtlinien, es kam nur zu anderen taktischen Varianten. Die handelspolitische Durchdringung Südosteuropas erhielt infolgedessen seit 1932 zusätzliches Gewicht, denn sie sollte die Kleine Entente sprengen und auf diese Weise die Tschechoslowakei isolieren helfen. Dem diente später auch die allmähliche Verbesserung der deutsch-italienischen Beziehungen und vor allem eine überraschende und vom Auswärtigen Amt im Grunde mißbilligte Entwicklung: der Abschluß des deutsch-polnischen Nichtangriffspaktes vom 26. Januar 1934[18]; ein bedeutsamer Eingriff Hitlers in die traditionelle Außenpolitik mit erheblichen Konsequenzen. Die Isolierung der Tschechoslowakei war dadurch sehr viel näher gerückt, und das französische Bündnissystem in Osteuropa entscheidend geschwächt. Anfang März 1933 hatte Bülow die außenpolitischen Grundsätze zur Schwächung des französischen Einflusses, zur Spaltung der Kleinen Entente und zur Isolierung der Tschechoslowakei mit Hilfe der Handelspolitik noch einmal formuliert[19]. Auf diesem

---

[17] Smelser, Ronald M.: The Sudeten-Problem 1933—1938. Volkstumspolitik and the formulation of Nazi foreign policy. London 1975.

[18] Wollstein, Günter: Vom Weimarer Revisionismus zu Hitler. Das Deutsche Reich und die Großmächte in der Anfangsphase der nationalsozialistischen Herrschaft in Deutschland. Bonn 1973, S. 271—286.

[19] Wollstein, Günter: Eine Denkschrift des Staatssekretärs Bernhard von Bülow vom März 1933. Militärgeschichtliche Mitteilungen 13 (1973) 90 f. Wollsteins Einleitung zu

Weg bildete der deutsch-jugoslawische Handelsvertrag vom 1. Mai 1934 einen weiteren bedeutsamen Schritt, und zwar in der erklärten Absicht, einen deutschen Stützpunkt innerhalb der Kleinen Entente zu schaffen[20]. Auch mit Rumänien und anderen Balkanländern kamen Vereinbarungen zustande.

Diese Politik zahlte sich voll aus, als der tschechoslowakische Ministerpräsident Milan Hodža 1936/37 einen erneuten Anlauf nahm, die Länder im Donauraum wirtschaftlich zusammenzufassen, um die immer stärker gefährdete Position der Tschechslowakei abzusichern und der wirtschaftlichen und politischen Anlehnung an Deutschland auszuweichen. Das Auswärtige Amt konnte erfolgreich Druck auf Jugoslawien ausüben, sich in keine den deutschen Interessen widersprechenden Abmachungen einzulassen. Man war im übrigen nur dann bereit, von der bilateralen, jede einheitliche Gruppierung verhindernden Politik gegenüber den Donauländern abzulassen, wenn die Tschechoslowakei mit Deutschland gemeinsam an den Aufbau einer größeren Wirtschaftsverständigung im Donauraum heranginge. Der Grundsatz, dort keine Kombination ohne Deutschland zuzulassen, war in den 20er Jahren noch defensiv vor allem gegen das französische Übergewicht gerichtet, hatte aber bald offensiven Charakter erhalten; und die Isolierung der Tschechoslowakei war offensichtlich, als Stojadinović, der jugoslawische Ministerpräsident, im Juni 1937 Außenminister v. Neurath erklärte: „Die Tschechen hätten beständig Angst vor Deutschland. Sie seien überzeugt, daß Deutschland eines Tages über sie herfallen würde. Er habe ihnen erklärt, daß selbst in einem solchen Falle Jugoslawien ihnen nicht helfen könne noch würde. Sie sollten versuchen, sich mit Deutschland zu vertragen[21]."

Alle — nicht sehr konsequenten und nachdrücklichen — Bemühungen Frankreichs und der Tschechoslowakei, die Kleine Entente zu stärken und eine Verständigung der Donauländer herbeizuführen, waren gescheitert. Diese mit Hilfe der Außenwirtschaftspolitik erzielten deutschen Erfolge profitierten allerdings von der allgemeinen Stärkung der deutschen Machtstellung und der schrittweisen Auflösung internationaler Bindungen durch Hitlers überraschende außenpolitische Paukenschläge, die parallel zum konventionellen Vorgehen des Auswärtigen Amts verliefen und sowohl den Widerstandswillen der Westmächte auf die Probe stellten als auch den Handlungsspielraum des Reiches beträchtlich erweiterten: der Austritt aus dem Völkerbund und der Abrüstungskonferenz im Oktober 1933, die Wiedereinführung der allgemeinen Wehrpflicht im März und das deutsch-britische Flottenabkommen vom Juni 1935 und schließlich der Einmarsch in die entmilitarisierte Zone während der Abessinien-Krise, eine Maßnahme, die Frankreichs Fähigkeit, zur Verteidigung seiner Ost-Verbündeten schnell und wirkungsvoll gegen Deutschland vorzugehen, drastisch einschränkte und damit die

---

diesem Dokument sollte kritisch gelesen werden; sie enthält einige Überinterpretationen. — Vgl. Krüger / Hahn 376—410.

[20] ADAP, Serie C, Bd. II/2, Göttingen 1973, S. 577; Bd. III/1, Göttingen 1973, S. 34.

[21] PA, Handakten Ha. Pol. — Clodius, Tschechoslowakei: Aufzeichnung Ritter vom 3. 7. 1936 (3400/E 013 452—57), Runderlaß Ritter vom 30. 4. 1937 (3400/E 013 466—72); Handakten Ha. Pol., Nachtrag — Benzler, Donauraum, Bd. 1: Runderlaß von Weizsäcker vom 23. 6. 1937.

Tschechoslowakei in größte Gefahr brachte. Daran schloß sich das Eingreifen in den Spanischen Bürgerkrieg 1936—1939 an, von Bedeutung einerseits als Test und Ablenkung der politischen Energien der Westmächte, andererseits als Erweiterung der deutschen Rohstoffbasis.

Die Bedeutung der offiziellen deutsch-tschechoslowakischen Beziehungen blieb, verglichen mit derartigen übergreifenden Entwicklungen, gering. Schwierigkeiten des Wirtschaftsaustauschs, die Behandlung der sudetendeutschen Nationalsozialisten, Verhaftungen Reichsdeutscher in der Tschechoslowakei, die Stellung der deutschen Emigranten, außerdem gelegentliche Pressekampagnen und ganz allgemein die sudetendeutsche Frage führten immer wieder zu gegenseitigen Demarchen, wobei das Auswärtige Amt stets um einen Ausgleich bemüht war. Besonders der deutsche Gesandte Koch stellte sich mutig und entschieden gegen eine Intervention in die inneren Angelegenheiten der Tschechoslowakei[22]. Diese Äußerungen traditioneller Außenpolitik blieben auf die Dauer ebenso vergeblich wie die Bemühungen von Kochs Nachfolger Eisenlohr, der sich noch am 11. November 1937, als die gewaltsame Expansion und die Vernichtung des tschechoslowakischen Staates für Hitler längst beschlossene Sache war, dafür einsetzte, das Vertrauen der Tschechen zu gewinnen und weder das tschechische Volkstum noch die tschechoslowakischen Staatsgrenzen anzutasten[23].

Das Auswärtige Amt ging letzten Endes auf eine Stabilisierung der europäischen Verhältnisse aus, und der Vier-Mächte-Pakt, der nach zähen Verhandlungen im Juni 1933 abgeschlossen wurde und der — sofern er mit Leben erfüllt worden wäre — ein Direktorium der vier Großmächte England, Frankreich, Italien und Deutschland gebracht hätte, mag auf der Linie eines neuen Gleichgewichts gelegen haben, sofern dies für alle Partner ein verpflichtendes Prinzip gewesen wäre. Für Hitlers Deutschland traf das keinesfalls zu. Das einzige Mal, da dieses Direktorium funktionierte, bot es der Welt das beschämende Schauspiel des Münchener Abkommens von 1938[24]. Fast ebenso bedrückend ist, daß der letzte führende Vertreter der traditionellen deutschen Politik, der Staatssekretär des Auswärtigen Amts v. Weizsäcker, der sein Amt angetreten hatte, um den Frieden zu erhalten, sich bis zum Landesverrat dafür einsetzen mußte, daß dieses Münchener Abkommen überhaupt zustandekam, um nur den Krieg zu verhüten[25]. Hitler tobte, denn er wurde in dem Moment zu einem Kompromiß genötigt, als er die Tschechoslowakei vernichten wollte. Es handelte sich jedoch nur um einen Aufschub, denn die grundlegende Entscheidung war gefallen: nicht die traditionelle Politik des Auswärtigen Amts, sondern die von Hitler vertretene Linie hatte sich längst durchgesetzt, auch wenn sie erst mit der tatsächlichen Zerstörung des tschechoslowakischen Staates in aller Brutalität sichtbar wurde.

---

[22] Campbell 261 f.

[23] ADAP, Serie D, Bd. II, Baden-Baden 1950, S. 30.

[24] Campbell 251.

[25] Hill 120—46. — Dazu auch folgende Bemerkung Weizsäckers in einer grundlegenden Aufzeichnung zur Außenpolitik vom Juli 1936: „Tschechei. In Unsicherheit bringen — von innen u. außen — u. in Rolle à la Holland drängen." (Hill 98).

V.

Die Kontinuität, in der Hitler stand und sich entwickelte, ist im Vergleich mit jener der traditionellen Außenpolitik sehr viel schwieriger zu erfassen. Professionelle Außenpolitik und Diplomatie waren bei ihm wenig angesehen, und er duldete ihr relatives Eigenleben nur, solange er innen- wie außenpolitisch nicht darauf verzichten konnte. Seine Vorstellungen erwuchsen überhaupt nicht aus der praktischen Erfahrung in den Geschäften, sondern aus einer autodidaktischen Halbbildung und den Erfahrungen als demagogischer Agitator, bei denen er das psychologische Verhalten der Massen und des einzelnen kennen und manipulieren lernte. In seiner Politik gegenüber der Tschechoslowakei werden außerdem Züge deutlich, die auf konkrete Zusammenhänge und Denkkategorien seiner Zeit und ihrer historischen Voraussetzungen verweisen. Daß Sozialdarwinismus und vulgärbiologisch-rassische Vorstellungen bestimmenden Einfluß auf ihn ausübten, der Antisemitismus, die expansiven und von rücksichtsloser Aggressivität gekennzeichneten Ziele der Alldeutschen ihn beeindruckten und die Lebenserfahrungen in der Habsburger Monarchie und vor allem im Ersten Weltkrieg ihn prägten, ist bekannt. Er zog daraus eindeutige und langfristige Konsequenzen für die Außenpolitik eines Staates und handelte als Kanzler des Deutschen Reiches danach. Die Auffassung vom Kampf ums Dasein, den nur ein rassisch sich als hochwertig erweisendes Volk unter einem hervorragenden Führer bestehen könne, und die konkreten Erfahrungen des Ersten Weltkriegs verbanden sich für ihn zu der Erkenntnis, daß ein Volk, welches seine Existenz sichern will, Unabhängigkeit braucht, und zwar möglichst vollständige. Dies ist der Kern seiner Vorstellungen, davon sollte man sich nicht ablenken lassen, und es ist ein ungeheuerlicher Gedanke, denn er erfordert unbeschränkte Macht. Der Versuch seiner Verwirklichung mußte in vielen Jahrhunderten gewachsene, durch die Industrialisierung noch um ein Vielfaches gesteigerte politische, wirtschaftliche und gesellschaftliche Verflechtungen hinfällig werden lassen. Unabhängigkeit und Macht eines Volkes, das bedeutete für Hitler unbeschränkte Verfügungsgewalt und direkte Beherrschung alles dessen, was ein Volk für seine Existenz und Sicherheit braucht. Dazu gehört vor allem ein ausreichend großes Gebiet, um sämtliche benötigten Nahrungsmittel und Rohstoffe bereitzustellen und eine großräumige Verteidigung zu erlauben: der Lebensraum. Dazu gehören aber weiter unüberwindliche militärische Macht, absolute außenpolitische Handlungsfreiheit, Freiheit von internationalen und völkerrechtlichen Bindungen, um jederzeit mit allen als notwendig erachteten Mitteln vorgehen zu können, und eine einheitliche, das ganze Volk erfassende Weltanschauung, damit es über die geistigen Voraussetzungen verfüge, seiner Selbsterhaltung und Fortdauer als höchstem Wert und ohne moralische Skrupel unter dem fähigsten Führer zu dienen. Anklänge an die Weltmacht-Diskussion von Constantin Frantz bis zum Ersten Weltkrieg sind hierin ebenso spürbar wie die Entbehrungen dieses Krieges und die Auffassung vom Recht des Stärkeren im Daseinskampf.

Zwei weitere Punkte sind bemerkenswert: 1) Die taktische Flexibilität; sie wurde dadurch erreicht, daß nicht mehr begrenzte Ziele und relativ klar umrissene Methoden im Vordergrund standen und in der Öffentlichkeit erörtert wurden. Konventionelle außenpolitische Vorstellungen und Verhaltensweisen traten zugunsten überraschender und unorthodoxer Handlungen zurück. Dies bedeutet einerseits konkret, daß unter dem umfassenden Anspruch dauernden Kampfes um Lebensraum als höchstem Wert die von Beneš so sehr gefürchtete Revision des Versailler Vertrags kein lohnendes oder wesentliches Ziel mehr darstellte, und andererseits, daß Grenzenlosigkeit und Veränderlichkeit die Politik bestimmten und das Volk deshalb in fortdauernder Einsatzbereitschaft, im permanenten Ausnahmezustand gehalten werden mußte. Eine ruhige innere Entwicklung mit alltäglichen Aufgaben hätte völkischen Verfall bedeutet und vor allem die außerordentliche Machtfülle des Führers nicht mehr legitimiert. Den wechselnden Zielsetzungen im einzelnen widerspricht keineswegs, daß Hitler sich schon lange vor der Machtergreifung dafür entschied, daß unter den gegebenen Umständen der Lebensraum für Deutschland nur im Osten zu gewinnen sei[26].

2) Verfügung über alle benötigten Nahrungsmittel und Rohstoffe bedeutet Autarkie. Autarkie-Tendenzen spielten in der öffentlichen Diskussion besonders im Ersten Weltkrieg unter dem Eindruck der Blockade und in der Weltwirtschaftskrise[27] eine größere Rolle. Nun ist Autarkie unter modernen Bedingungen für kein Land voll zu verwirklichen. Das war auch Hitler klar. Er stand in seinen volkswirtschaftlichen Vorstellungen[28] nicht nur unter dem Einfluß des Sozialdarwinismus, sondern auch theoretischer Erwägungen, die schon im Kaiserreich verbreitet waren, in der marxistischen Imperialismustheorie eine Rolle spielten und darauf hinausliefen, daß die Industriestaaten ihre Industrieprodukte auf dem Binnenmarkt und in den weniger entwickelten Agrar- und Rohstoffländern absetzen und deren Produkte im Austausch erwerben. Bei voranschreitender Industrialisierung und wachsender Rivalität verringern sich die Absatzmärkte für die Industriestaaten immer mehr, es kommt zu Wirtschaftskrisen und gewaltsamen Auseinandersetzungen. Diese theoretisch kaum haltbaren Auffassungen waren von erheblichem Einfluß auf Hitlers Denken[29]. Ihm stellte sich im Zusammenhang mit seinen übrigen Anschauungen die entscheidende Frage so: Wenn

---

[26] Dieser Gedankengang könnte — ausgearbeitet und differenziert — eine Verbindung zwischen den Positionen Andreas Hillgrubers, Klaus Hildebrands u. a. einerseits und den Überlegungen Martin Broszats (Soziale Motivation und Führer-Bindung des Nationalsozialismus. VfZ 18 ⟨1970⟩ 392—409) andererseits ermöglichen.

[27] Hoffmann, Friedrich: Der Ruf nach Autarkie in der deutschen politischen Gegenwartsideologie. Weltwirtschaftliches Archiv 36 (1932) 496—511.

[28] Bestimmte Aspekte behandeln Heyl, John D.: Hitler's economic thought. A reappraisal. CEH 6 (1973) 83—96. — Barkai, Avraham: Die Wirtschaftsauffassung der NSDAP. Aus Politik und Zeitgeschichte. Beilage zur Wochenzeitung „Das Parlament". B 9/75 (1. 3. 1975), S. 3—16. — Turner, Henry A.: Hitlers Einstellung zu Wirtschaft und Gesellschaft vor 1933. GG 2 (1976) 89—117.

[29] Siehe u. a. Weinberg, Gerhard (Hrsg.): Hitlers Zweites Buch. Ein Dokument aus dem Jahr 1928. Stuttgart 1961, S. 53—62. — Dieser Aspekt ist in den in Anm. 28 genannten Publikationen nicht genügend berücksichtigt. Zu beachten ist auch der Zusammenhang mit geopolitischen Autarkievorstellungen; siehe Rabe, Hannah: Autarkie. In: Geschichtliche Grundbegriffe. Historisches Lexikon zur politisch-sozialen Sprache in Deutschland. Bd. 1. Stuttgart 1972, S. 377—81.

der Industrie-Absatz zwangsläufig immer mehr zurückgeht, lohnt es sich dann, die Zukunft Deutschlands durch wirtschaftlichen Aufschwung und weltwirtschaftliche Verflechtung zu sichern? Selbst die Schaffung wirtschaftlicher Einflußgebiete und abhängiger Märkte wäre dann eine unsichere Sache, denn sie müßten verteidigt werden. Da Hitler indirekten Einfluß und mittelbare, politische und wirtschaftliche Machtausübung nicht akzeptierte, sondern nur die unmittelbare Beherrschung und überlegene militärische Gewalt als tatsächlichen Machtbesitz anerkannte, kam er zu der Lösung, daß ein lebenskräftiges Volk über alle wirtschaftlich notwendigen Hilfsquellen in seinen eigenen Grenzen verfügen müsse, sonst sei es wirtschaftlich vom Handel und damit von anderen Völkern abhängig. In seinen engen Grenzen aber war Deutschland nicht unabhängig, Autarkie war also nur durch Expansion zu erreichen.

Bei seinen wichtigen politischen Entscheidungen stellte Hitler deshalb immer wieder die Alternative zwischen Industrie-Wirtschaft, starkem Außenhandel und weltwirtschaftlicher Verflechtung einerseits und der Gewinnung von ausreichendem Lebensraum andererseits als grundsätzliche politische Entscheidung heraus. Das war die wichtigste Frage für Deutschlands Zukunft, wie er sie sah; und die für ihn allein mögliche Antwort, Lebensraum zu gewinnen und die eigenen wirtschaftlichen Hilfsquellen ausreichend zu entwickeln, beherrschte seine Denkschrift über den Vierjahresplan vom August 1936[30] — jenem Jahre, das ihm, wie erwähnt, eine beträchtliche Steigerung der außenpolitischen Handlungsfreiheit brachte — und ebenso seine Ausführungen vom 5. November 1937[31]. In beiden Fällen enthüllte er seine geheimen Pläne, und es geht daraus hervor, daß er die Zeit zur Eroberung der Tschechoslowakei und zur Ausweitung des deutschen Lebensraums für gekommen hielt. Die Tschechoslowakei war nicht bloß politisch, militärisch und strategisch, vielmehr auch wirtschaftlich ein wesentlicher Faktor, der einer Ausweitung des deutschen Machtbereichs nach Osten im Wege stand.

In Hitlers Urteil konnte sich Deutschland nur dann als überlegen erweisen, wenn nach dem Anschluß Österreichs, der im März 1938 erfolgte, auch die Tschechoslowakei in den deutschen „Kernbereich“ einbezogen worden war als Basis der weiteren Expansion. Die Sudetendeutschen, überhaupt deutsche Volksgruppen, spielten dabei nur eine untergeordnete Rolle[32]. Henlein und die Sudetendeutsche Partei wurden mit einer sehr wirkungsvollen Taktik, gemischt aus Unterstützung, vager Ermutigung und unbestimmtem Gewährenlassen zu immer weitergehenden Forderungen und in eine Position getrieben, in der Hitler alle Entscheidungen in der Hand behielt. Ausschlaggebend war, daß allgemein angenommen wurde, es gehe um mehr oder weniger berechtigte Forderungen der Sudetendeutschen und um die Revision von Versailles. Dieses verdeckte Vorgehen zeigte sich auch in der Ermunterung des ungarischen Revisionismus, der die Beunruhigung und Isolierung der Tschechoslowakei verstärken mußte. Hitler in-

---

30 Treue, Wilhelm: Hitlers Denkschrift zum Vierjahresplan 1936. VfZ 3 (1955) 204—10.

31 Die „Hoßbach-Niederschrift“ vom 10. 11. 1937; ADAP, Serie D, Bd. I, Baden-Baden 1950, S. 25—32.

32 Dazu wie zur Tschechoslowakei-Politik Hitlers siehe auch Hoensch, Jörg K.: Revision und Expansion. BohJb 9 (1968) 208—28.

dessen war von vornherein nicht an Teillösungen interessiert, insbesondere seitdem sein abtastender Versuch, die Tschechoslowakei 1936/37 auf friedlichem Wege über einen mit schwerwiegenden Bedingungen belasteten Nichtangriffspakt unter seinen Einfluß zu bringen[33], vergeblich gewesen war, und es erst des österreichischen Anschlusses und des Drucks der Westmächte von außen sowie der Sudetendeutschen von innen bedurfte, bevor die tschechoslowakische Republik aufgab.

Die Zerstörung der Tschechoslowakei 1938/39 bewies endgültig, daß Hitler kaum glaubliche Vorstellungen über das Zusammenleben der Völker verwirklichen wollte, daß es für ihn um Knechtschaft und Unterwerfung ging, daß sein Streben nicht einmal mehr als Hegemonialstreben im überlieferten Sinne betrachtet werden konnte. Er wollte eine uneingeschränkte Herrschaft und Verfügungsgewalt aufrichten und die letzten Reste einer überkommenen europäischen Staatenordnung vernichten. Nicht nur das System des europäischen Gleichgewichts, auch die Ära der kollektiven Sicherheit des Völkerbundes schienen Vorstellungen von einem anderen Stern zu sein, und eine neue Periode der Leiden der kleinen Völker brach an.

---

[33] Weinberg, Gerhard: Secret Hitler—Beneš negotiations in 1936—37. JCEA 19 (1959/60) 366—374.

Stephan Dolezel

DEUTSCHLAND UND DIE REST-TSCHECHOSLOWAKEI (1938—1939)

Besatzungspolitische Vorstellungen vor dem deutschen Einmarsch

Tunesien war nach seiner Emanzipation von der türkischen Oberhoheit zu Beginn des 19. Jahrhunderts in eine Beziehung zu Frankreich geraten, die in den 30er Jahren desselben Jahrhunderts „einer undefinierten und vertraglich nicht festgelegten französischen Vorherrschaft" gleichkam. Tendenzen des Beys Mohammed es Sadok jedoch, sein Land englischen und italienischen Einflüssen zu öffnen, begegnete die Dritte Republik mit Gegenmaßnahmen, schließlich mit einer militärischen Expedition [1]. Der an ihrem Ende stehende französisch-tunesische Vertrag von Bardo „d'amitié et de bon voisinage" von 1881, ergänzt durch die Konvention von Marsa „pour régler les rapports respectifs des deux pays" von 1883 [2], sollte Tunesien in ein französisches Protektorat verwandeln. Erst 1956 wurde Tunesien wieder souverän.

Der Gedanke, Deutschland habe 1939 das französisch-tunesische Protektoratsverhältnis zum Vorbild für die Errichtung des Protektorats Böhmen und Mähren genommen, klingt nicht von vornherein absurd. Er wurde erstmalig 1946 von dem tschechischen Juristen E. Sobota entwickelt [3]. Die böhmischen Länder sollten „zu einer Kolonie Hitler-Deutschlands" werden. „Deshalb wurde das neue Kolonialgebilde mit dem Namen ‚Protektorat' bezeichnet, und der 1881 abgeschlossene Protektoratsvertrag zwischen Frankreich und dem Bey von Tunis wurde in zahlreichen Punkten zur Vorlage für den Erlaß Hitlers vom 16. März 1939 . . . [4]." Diese These ging nicht nur in die tschechoslowakische Historiographie, ja sogar in tschechoslowakische Handbücher der Jurisprudenz ein [5], sie fand auch, freilich unter ausdrücklichem Vorbehalt, Eingang in die deutsche Fachliteratur [6]. Im folgen-

---

[1] Rosenbaum, Jürgen: Frankreich und Tunesien. Die Anfänge des Protektorates 1881—1886. Diss. phil. Heidelberg o. J., Zürich-Freiburg 1971, S. 9 ff.

[2] Vertragstexte: Martens, Georg Friedrich: Nouveau Recueil Général de Traités. 2. Série. Bd. 6. Göttingen 1881, S. 507 f. und Bd. 9, S. 697 f.

[3] Sobota, E.: Co to byl protektorát [Was war das Protektorat]? Prag 1946, S. 30 f. Das Buch war dem Verfasser leider nicht zugänglich, s. Anm. 4.

[4] Unter Berufung auf Sobota: Fremund, Karel / Král, Václav, (Hrsg.): Die Vergangenheit warnt. Prag 1960, hier Vorwort, S. 13.

[5] Siehe Král, Václav: Pravda o okupaci [Die Wahrheit über die Okkupation]. Prag 1962, S. 138 sowie Gronský, Ján: Dějiny československého státu a práva 1938—1948 [Geschichte des tschechoslowakischen Staates und Rechts]. Prag 1971, S. 13.

[6] Brandes, Detlev: Die Tschechen unter deutschem Protektorat, Teil 1. München-Wien 1969, S. 20: „Angeblich nach dem Vorbild des Vertrages zwischen Frankreich und dem Bey von Tunis . . ." Brandes bezieht sich auf Král: Pravda. Siehe auch Slapnicka, Helmut: Die böhmischen Länder und die Slowakei 1919—1945. In: Bosl, Karl (Hrsg.): Handbuch der Geschichte der böhmischen Länder. Bd. 4. Stuttgart 1970, S. 118.

den wird der Versuch unternommen, die nationalsozialistischen Vorstellungen über das Schicksal des zu besetzenden Prager Staates zu skizzieren und damit das Problem der Genesis der Protektoratsidee zu berühren [7].

Daß die NSDAP über die Wiederherstellung der deutschen Grenzen von 1914 hinaus eine rücksichtslose Expansionspolitik betreiben wollte, um dem deutschen Volk vor allem in Osteuropa einen beträchtlichen „Lebensraum" mit Waffengewalt zu erwerben, war spätestens seit Erscheinen von Hitlers „Mein Kampf" bekannt [8]. Die Frage, wohin nach einer Landnahme der Deutschen im Osten das tschechische Volk auszusiedeln sei, wurde noch 1928 offen, z. B. im Völkischen Beobachter, diskutiert (Vorschlag, die Tschechen hinter den Polen herzuschieben oder nach Südamerika auszusiedeln) [9]. Als mit Hitlers Wahlerfolg vom 14. September 1930 für die NSDAP eine Übernahme der Regierungsverantwortung greifbar erschien, wurden bekanntlich aus taktischen Überlegungen öffentliche Erörterungen dieser Art nach außen hin durch offizielle Beteuerungen einer aufrichtigen „Friedenspolitik" ersetzt [10]. Dafür, daß sich die Diskussion intern fortsetzte, mag nicht nur die von Rauschning für Sommer 1932 überlieferte Hitler-Äußerung stehen, man werde „das böhmisch-mährische Becken . . . durch deutsche Bauern besiedeln . . ., die Tschechen aus Böhmen nach Sibirien oder in die wolhynischen Gebiete verpflanzen, . . . ihnen in den neuen Bundesstaaten Reservate anweisen . . ." [11]. Führerworten dieser oder ähnlicher Art entspricht eine Flut von Empfehlungen und Denkschriften nicht nur aus Parteikreisen, in denen die Verpflanzung des tschechischen Volkes, z. B. zum Baykalsee als Schutzwall gegen die „gelbe Gefahr" (noch vor dem Rußlandfeldzug!), vorgeschlagen wird [12]. Nicht nur der Vollständigkeit halber

7 Zum Verhältnis Deutschland - Resttschechoslowakei als solchem: Schiefer, Hans: Deutschland und die Tschechoslowakei von September 1938 bis März 1939. Diss. phil. Mss. Göttingen 1953. — Bodensieck, Heinrich: Die Politik des Prager Kabinetts Beran der Zweiten Tschecho-Slowakischen Republik (Herbst 1938 bis Frühjahr 1939). Diss. phil. Mss. Kiel 1956. — Hoensch, Jörg K.: Die Slowakei und Hitlers Ostpolitik. Hlinkas Slowakische Volkspartei zwischen Autonomie und Separation 1938/1939. Köln-Graz 1965. — Zur vorliegenden Fragestellung vor allem: Bodensieck, Heinrich: Zur Vorgeschichte des „Protektorats Böhmen und Mähren". Der Einfluß volksdeutscher Nationalsozialisten und reichsdeutscher Berufsdiplomaten auf Hitlers Entscheidung. GWU 19 (1968) 713—732. — Siehe auch Mastný, Vojtěch: The Origins of the German Protectorate of Bohemia and Moravia in 1939. In: Columbia Essays in International Affairs. New York-London 1966, S. 127—153.

8 Hitler, Adolf: Mein Kampf. 8. Aufl. München 1931, Kap. 13 und 14.

9 Völkischer Beobachter vom 31. Oktober 1928. Siehe Jacobsen, Hans-Adolf: Nationalsozialistische Außenpolitik 1933—1938. Frankfurt-Berlin 1968, S. 10.

10 Hierzu grundlegend Jacobsen 391 ff., passim. Zur Zielstrebigkeit von Hitlers ČSR-Politik treffend Hoensch, Jörg K.: Revision und Expansion. Überlegungen zur Zielsetzung, Methode und Planung der Tschechoslowakei-Politik Hitlers. BohJb 9 (1968) 208—228. Von einem „long-term goal" der NS-Führung, dessen konkrete Realisierung naturgemäß auch Elemente der Improvisation enthielt, spricht Mastný 151 ff.

11 Rauschning, Hermann: Gespräche mit Hitler. New York 1940, S. 43.

12 Zahlreiche Exemplare dieser Gattung befinden sich vornehmlich in den Tschechoslowakei-Akten des Politischen Archivs des Auswärtigen Amts, Bonn (fortan: PA AA), hier vor allem Abteilung II Po 2 Ts, Jahrgänge 1937 und 1938.

sei hier erwähnt, daß sich auch kollaborationsbereite Tschechen mit „wohlgemeinten Ratschlägen" an dieser Diskussion beteiligten. So empfahl z. B. Ende Oktober 1938 ein tschechischer Anwalt dem „Führer und Reichskanzler" den Transfer der Tschechen nach Madagaskar, denjenigen der Slowaken nach Rhodesien und Moçambique, wobei das Deutsche Reich für die Kosten des Transports und des Aufbaus einer modernen Infrastruktur (inclusive Eisen- und Autobahn, Flugplätzen, öffentlichen und privaten Gebäuden) aufzukommen hätte [13]. Es fällt angesichts der nach Kriegsausbruch von Himmlers Mitarbeiterstab vornehmlich in Polen und den besetzten sowjetischen Gebieten praktizierten Besatzungspolitik schwer, im Ausmaß des bereits vor den Kampfhandlungen auf diesem Gebiet Denkbaren, mag es auch nur beispielsweise phantasiebegabten Bewerbern um politische Positionen zuzuschreiben sein, eine quantité négligeable zu sehen.

Man kann nicht umhin, bei der Analyse besatzungspolitischer Vorstellungen vom künftigen Geschick der ČSR eine Quelle heranzuziehen, die sich im Hinblick auf ihren vergleichsweise sehr detaillierten Inhalt von Quellen der vorgenannten Gruppe unterscheidet, allerdings bezüglich ihres Autors Fragen offenläßt und ohne vorherige Autopsie mit Vorbehalt zu benutzen ist. Das undatierte, nach Angabe der Prager Herausgeber der politischen Kanzlei Henleins in Asch entstammende Schriftstück „Grundplanung O.—A." wird von ihnen, wiewohl nicht signiert, als „Aktionsprogramm der Sudetendeutschen Partei aus dem Jahre 1938" bezeichnet und inneren Kriterien zufolge im Zeitraum „ungefähr Mai bis August" angesiedelt. Es scheint in der Euphorie des eben noch erlebten Anschlusses Österreichs die Überzeugung widerzuspiegeln, daß nicht nur die Lösung des Sudetenproblems, sondern die der „Gesamtfrage der heutigen Tschechoslowakei" anstünde [14].

Sieht man von der Tatsache ab, daß der „Grundplanung" nach die kriegsmäßige Besetzung der ČSR, „unter volkspolitischen Gesichtspunkten" geführt, ein gezieltes Bombardement der tschechisch bevölkerten „Herde bolschewistischen und hussitischen Hasses" zur Folge haben sollte (Prag und 14 weitere Städte in den historischen Ländern werden namentlich genannt, die Slowakei wird vom Bombardement verschont), hält ihr Autor das „Tschechentum" grundsätzlich für germanisierbar und sieht in eingedeutschten Tschechen durchaus vollwertige Volksgenossen.

---

[13] PA AA Abteilung II Po 2 Ts D 495336 ff.

[14] [? 1938 Mai bis August, o. O.] „Grundplanung O.—A." In: Fremund - Král 27—38. Neudruck: Král, Václav (Hrsg.): Die Deutschen in der Tschechoslowakei 1933—1947. In: Acta occupationis Bohemiae et Moraviae. Prag 1964, S. 221—227; das Dokument befindet sich laut Anm. S. 227 bei den Beilagen zur Anklageschrift gegen K. H. Frank im Archiv des Prager Justizministeriums. — Von zwei Tagungsteilnehmern wurde in der Diskussion eingewandt, es handle sich hier um das Produkt einer Fälschung bzw. Manipulation. Nach der Tagung entstandene, dem Verfasser zur Verfügung gestellte Erklärungen der SdP-Politiker Köllner und Sebekovsky zielen in dieselbe Richtung. Ein wissenschaftlich fundierter Beweis für diesen gegen die Prager Herausgeber gerichteten gravierenden Vorwurf steht allerdings seit nun mehr als eineinhalb Jahrzehnten aus. Bodensieck: Vorgeschichte 718 vermutet, ohne an der Echtheit der „Grundplanung" Zweifel zu äußern, daß diese „Ausarbeitung ... einen ... Katalog für [den SdP-Abgeordneten]' Kundt [bei der Abfassung seiner Denkschrift vom September 1938] dargestellt haben ... dürfte". Zu letzterer siehe weiter unten Anm. 18.

Wenn man „die seit der germanischen Frühzeit bekannten blutmäßigen Durchmischungen beachte", könne das Tschechentum ohnehin „nicht als eigenständiges Volkstum angesehen werden". Als Mittel zu dessen Germanisierung bietet die „Grundplanung" zunächst die Bekämpfung der intellektuellen und marxistischen Volksführer und ihrer Doktrinen an, letztlich die völlige deutsche Kontrolle über das tschechische Kulturleben, das vermittelst eingesetzter deutscher Kommissare zu „liquidieren" sei. Die fortan „vom Kindergarten bis zur Hochschule" nur im deutschsprachigen Milieu zu erziehenden tschechischen Kinder würden im neugeordneten Geographie- und Geschichtsunterricht sowie auf Fahrten ins Altreich ihre Geschichte als Reichsgeschichte begreifen lernen. „Bei Sicherstellung der deutschen Erziehung der Kinder" seien — „mit gewissen Einschränkungen" — Mischehen mit Deutschen durchaus zu dulden. Statt des Wehrdienstes ist für Tschechen zunächst ein 2 1/2 jähriger Arbeitsdienst vorgesehen, die Zulassung zum Waffendienst selbst, gleichsam „eine hochbegehrte Ehre", aber „unter anderem eine Generationsfrage". Die „Grenzen zwischen Deutsch und Tschechisch" sind demnach, selbstverständlich „zu Gunsten des Deutschtums, flüssig zu halten". „Wer einmal aus dem Tschechentum ... zu uns gefunden hat", so heißt es in der „Grundplanung", „soll spüren, daß wir ihn als Bürger Deutschlands und auch als Volksgenossen werten. Dementsprechend ist bei individueller Handhabung die stufenweise Einführung der DAF, der NVS, der HJ und anderer Gliederungen der Partei im tschechischen Gebiet in Aussicht zu nehmen."

Dürfte sich Himmler kaum mit einer unterschiedslosen Eindeutschung aller Tschechen ohne vorhergehende rassische und weltanschauliche Überprüfung einverstanden erklärt haben, scheinen doch geradezu der Vorstellungswelt seines Rasse- und Siedlungshauptamts diejenigen Passagen der „Grundplanung" zu entstammen, die sich recht eingehend mit einer „Sicherung" der Germanisierungsmaßnahmen durch eine nach volkstumspolitischen Gesichtspunkten geographisch präzisierte deutsche Zersiedlung des vorwiegend tschechischen Siedlungsraums mit Hilfe „kinderreicher Familien" aus „dem ganzen Reichsgebiet" befassen; tschechischen Angehörigen von Bahn-, Post- und Industriebetrieben wird dagegen der Weg in die reichsdeutsche Diaspora zugemutet. Die Konstruktion eines in Prag zu installierenden „Sicherheitsdirektors", der in Wahrheit der „völkische Kampfleiter /ist/ ..., auch volle Machtbefugnisse im übrigen Reichsgebiet /hat/ und ... der Reichsregierung" untersteht, mit der volkspolitischen „Liquidierung der Tschechenfrage" als Hauptaufgabe, erinnert geradezu an die Befugnisse des erst während des Polenfeldzugs geschaffenen „Reichskommissars für die Festigung deutschen Volkstums".

Henleins persönliche Hoffnungen scheint hingegen die „Grundplanung" überall dort widerzuspiegeln, wo sie die völker- bzw. staatsrechtliche Grundkonzeption berührt: nach einer „Wiedereingliederung der böhmischen Länder in das Großdeutsche Reich" (die Lostrennung einer unabhängigen Slowakei wird vorausgesetzt) wird die „Vollendung des ‚Großdeutschen Reiches'" proklamiert. Prag, wo diese in einem Festakt begangen werden soll, erhält den Namen „Stadt der Reichsvollendung", Henlein, nach „interner Geltung schon seit 1935 Gauleiter der Sudetendeutschen", wird zum „Reichsstatthalter für die böhmischen Länder" bestellt. Hier scheint die Naivität Henleins deutlich, der, von Berliner Ministerien und

Parteidienststellen nach Hitlers bekanntem Auftrag, von Prag mehr als das Mögliche zu fordern, nur so weit wie unbedingt nötig informiert, offenbar eigene Wunschvorstellungen mit denjenigen seiner Berliner Gesprächspartner kontaminierte, wobei er der Auffassung schien, daß er durchaus persona grata war [15].

Es steht zweifelsfrei fest, daß Henlein bereits am 19. November 1937 in seinem bekannten „Bericht an den Führer und Reichskanzler" dargelegt hatte, die Sudetendeutsche Partei „ersehn/e/ ... innerlich nichts mehr ... als die Einverleibung des sudetendeutschen Gebiets, ja des ganzen böhmisch-mährisch-schlesischen Raumes in das Reich" [16]. Aus der Tatsache, daß er gleichzeitig die ČSR einen „französischen Vasallenstaat" nannte, sein Parteifreund Kundt im April 1938 [17] im selben Sinne von einem Staatsgebilde „aus Motiven der Machtausweitung und strategischen Dienstleistung zugunsten irgendwelcher /französischer/ Protektoren" sprach, wird man gewiß noch nicht die Geburt der Protektoratsidee ableiten dürfen. Protektoratsvorstellungen konkreterer Art scheinen sich denn auch erst auf dem Höhepunkt der Münchner Krise abgezeichnet zu haben, als klar wurde, daß nicht das Gesamtgebiet der ČSR, sondern lediglich der Sudetensaum dem Deutschen Reich einverleibt werden konnte und das Problem „Rest-Tschechoslowakei" somit offen blieb. Doch ist es für den Wunsch nach einer „Gesamtlösung" der ČSR-Frage geradezu bezeichnend, daß Kundt, Verhandlungsleiter bei den Autonomiegesprächen mit Prag, noch in den ersten Septembertagen des Jahres 1938 die Annahme des sogenannten IV. Plans in einem für die Reichsführung bestimmten Memorial [18] für den richtigen Weg zu einer Einbeziehung des böhmisch-mährisch-schlesischen Raums in das Reich hielt, sei es, daß Beneš den Sudetendeutschen tatsächlich die in Karlsbad geforderte Machtposition gewähren würde — in diesem Falle bliebe dank der dann legitimen „Zusammenwirkung der sudetendeutschen und reichsdeutschen Kräfte" die ČSR innerhalb kürzester Frist nur noch „formell ... als souveräner Staat" bestehen —, sei es, daß Beneš durch alsbaldigen Bruch des von ihm in der Stunde der Not angebotenen Abkommens Deutschland zu einer „Lösung auf anderem Wege" provozieren würde.

Die mangelnde Befriedigung mit der sich abzeichnenden Münchner Lösung spiegelt eine undatierte, offenbar während der Münchner Krise vom „Stab Konrad Henlein, Abteilung VA" verfaßte, für die Reichsregierung bestimmte Studie „Zur Lösung der tschechischen Frage" [19] mit folgendem Grundtenor: Versailles sei voll-

---

[15] Zu den Fraktionskämpfen innerhalb der SdP zuletzt: Smelser, Ronald M.: The Sudeten Problem 1933—1938. Volkstumspolitik and the Formulation of Nazi Foreign Policy. Middletown 1975. Henlein mußte sich später bekanntlich mit dem Gauleiterposten in Reichenberg abfinden.

[16] Akten zur deutschen auswärtigen Politik (fortan: ADAP) 1918—1945, Serie D, Bd. 2. Baden-Baden 1950, Nr. 23. Die bei Bodensieck: Vorgeschichte 718 erwähnte „außenpolitische und militärische Oberhoheit" fehlt hier.

[17] Hierzu Bodensieck: Vorgeschichte 718.

[18] 1938 September 8, Prag: Der Geschäftsträger in Prag an das Auswärtige Amt, darin Anlage 1: ADAP D II, Nr. 440; ebenso bei Král: Deutschen, Nr. 209 a. — Siehe auch Bodensieck: Vorgeschichte 714.

[19] [? 1938 „zur Zeit der Münchner Krise oder kurz nach dem 1. Oktober"] „Zur Lösung der tschechischen Frage". In: Fremund - Král 40—43. Bodensieck vermutet

s t ä n d i g zu revidieren, die Unterstellung Böhmens und Mährens „unter deutsche Oberhoheit", aus einer „tausendjährigen Geschichte" motiviert, das erstrebenswerte Ziel. Von den sich nun bietenden Möglichkeiten wird die nahtlose „Einbeziehung des tschechischen Gebiets" in das Reich, bei Kundt eben noch die einzig ventilierte Lösung, plötzlich verworfen. Die „rechtliche Gleichstellung der Angehörigen des deutschen Volkes mit dem des tschechischen" ist der wichtigste Hinderungsgrund. Erst in zweiter Linie folgen taktische Überlegungen: Wenn man für das Selbstbestimmungsrecht der Sudetendeutschen vor einem internationalen Forum kämpfe, könne man sich die Verweigerung desselben Rechts für die Tschechen kaum leisten. Außerdem müsse man „die steigende Sorge der Völker des Südostens vor dem gleichen Schicksal" einkalkulieren. Empfehlenswert scheint dagegen — nach der Loslösung der Sudetenländer — die „Bildung eines tschechischen/Rest-/Staates mit besonderer Bindung an das deutsche Reich". Eine der Denkschrift beigefügte „Skizze eines Vertrages zwischen dem Deutschen Reich und dem tschechischen Reststaat", die bei späteren Berliner Vertragsentwürfen für das Verhältnis Deutschlands zur ČSR eine nicht unerhebliche Rolle spielen sollte [20], orientiert sich in völkerrechtlich entscheidenen Punkten u. a. an Protektoratsmodellen: Wie Frankreich gegenüber seinem Protektorat Monaco habe Deutschland „die territoriale Integrität des tschechischen Reststaates" anzuerkennen und deren „Schutz" zu übernehmen, „wie wenn dieses Gebiet Teil des Deutschen Reiches wäre", wohingegen sich Prag verpflichten solle, alle „Hoheitsrechte in voller Übereinstimmung mit den politischen, militärischen und wirtschaftlichen Interessen des Deutschen Reichs auszuüben". Die Führung der Außenpolitik soll der tschechischen Regierung selbst überlassen bleiben, freilich nach Zustimmung Berlins und unter seiner Kontrolle (Beispiel: „Vertrag England-Transvaal"). In einer zweiten Variante wird der Sonderstatus Danzigs herangezogen, für welches Warschau alle außenpolitischen Maßnahmen traf. Eine Währungs- und Zollunion, welche das „Mitrede- oder Mitbestimmungsrecht" Berlins auf dem Wirtschaftssektor untermauern sollte, rundet den Vertragsentwurf ab.

Die Überlegungen sudetendeutscher Provenienz, in denen nicht nur die besatzungspolitischen Vorstellungen der SdP, sondern auch implizit solche deutscher Reichs- und Parteistellen zu vermuten sind, finden ihren Höhepunkt in zwei kurz nach dem Münchner Abkommen entstandenen Schriftstücken, einem im annektierten Reichenberg am 15. Oktober 1938 verfaßten Memorial des SdP-Hauptleiters Neuwirth [21] und einem möglicherweise auf diesem fußenden, gegen Neuwirths Thesen

---

Dr. Kier (Rechtsberater der SdP und Verbindungsmann zwischen der Volksdeutschen Mittelstelle und der Partei Henleins) als Verfasser; B o d e n s i e c k, Heinrich: Der Plan eines „Freundschaftsvertrages" zwischen dem Reich und der Tschecho-Slowakei im Jahre 1938. ZfO 10 (1961) 462—476; dort auch Datierungsvorschlag „Anfang Oktober". Siehe zum SdP-Vertragsentwurf auch ADAP D II, Nr. 536.

[20] „Nach den bisherigen Veröffentlichungen wird man in dieser ‚Skizze' die Vorlage für den Gaus'schen ‚Entwurf eines Freundschaftsvertrages' zu erblicken haben." (B o d e n s i e c k : Plan 463. Ministerialdirektor Dr. Gaus war Abteilungsleiter der Rechtsabteilung im Auswärtigen Amt, siehe ADAP D II, S. 830.)

[21] „Bemerkungen zur tschecho-slowakischen Frage": PA AA Abteilung Po 5 Ts D 397783—98. Gedruckt bei K r á l : Deutschen 349—353; hier ein nicht unerheblicher

zumindest partiell polemisierenden Memorial des SdP-Abgeordneten Kundt [22], der, von Hitler mit der Führung der sog. „Restdeutschen" in der ČSR beauftragt, in den letzten Oktobertagen anläßlich eines seiner „dienstlichen" Berlinbesuche seine für die Reichsführung bestimmten Gedanken zu Papier brachte.

Nicht der Denkschrift Kundts, wohl aber derjenigen Neuwirths kann man entnehmen, daß sich „[Reichs-]Behörden aus der Notwendigkeit der Entscheidung konkreter Fragen ... an Sudetendeutsche wenden, bei denen auf Grund ihrer bisherigen Stellung in der politischen Bewegung des Sudetendeutschtums zweckmäßige Beratung erwartet wird". Neuwirth setzt sich demnach offenbar mit den an ihn herangetragenen Vorstellungen offizieller deutscher Stellen auseinander, indem er zwei Möglichkeiten der Lösung der ČSR-Frage abwägt: die gewaltsame Liquidierung des Reststaates oder seine allmähliche Einverleibung in das Dritte Reich. Die erste Variante beschreibt er folgendermaßen: „Man überläßt die Tschechen sich selbst, riegelt den Reststaat wirtschaftlich ab, übersteigert in Ausmaß und Tempo die wirtschaftlichen und sozialen Schrumpfungserscheinungen, befördert dadurch die Verselbständigungsbestrebungen der Slowaken und Ukrainer bis zur staatspolitischen Separation und nimmt endlich nicht zu vermeidende Unruhen, auch soziale und wirtschaftliche Schwierigkeiten, zum Anlaß, um aus dem Titel der für das Reich unvermeidlichen Ordnungsherstellung rein machtmäßig die historischen Länder zu übernehmen und unter direkte Hoheitsverwaltung des Reichs zu stellen." Freilich stelle sich auch dann noch „die Frage der an sich vitalen, keinesfalls arbeitsuntüchtigen tschechischen Bevölkerung. Selbst wenn die Begleiterscheinungen der allenfalls fortzusetzenden Liquidation des Reststaates den Charakter kriegerischen Konflikts tragen sollten ... und mit größter Brutalität aus dem Titel militärischer Notwendigkeit gestaltet würden, könnte die physische Vernichtung des tschechischen Volkes nur in beschränktem Maße erreicht werden. Selbst wenn deutsche Soldaten über ureigenste militärische Notwendigkeiten hinaus mit dem Ziel der physischen Vernichtung des Gegners handeln würden, dürfte der Erfolg dieses Versuches dennoch ein problematischerer sein, weil selbst für den Fall der Vernichtung eines Drittels der Bevölkerung noch immer an vier Millionen bleiben würden." Immerhin fühlt sich Neuwirth bemüßigt, seinen Zweckmäßigkeitsüberlegungen moralische Erwägungen, die freilich systemimmanent bleiben, folgen zu lassen: Es dürfe „nicht übersehen werden, daß ein derartiger Vorgang als Verletzung des nationalsozialistischen Grundsatzes der Achtung fremden Volkstumes wirken würde, daß sich eine schwere moralisch-politische Belastung der Nation und ihrer militärischen Überlieferung ergeben dürfte ...".

Druckfehler auf S. 351: Neuwirth erörtert nicht die Zukunft der ČSR als diejenige eines „souveränen" Staates, sondern spricht von einem „souzeränen" Staat und bewegt sich damit innerhalb der Protektoratsterminologie. Zur Denkschrift Neuwirth bereits D o l e z e l, Stephan: Die deutsch-tschechoslowakischen Beziehungen von ihren Anfängen bis zum Ausgang der Ära Stresemann (1918—1929). In: B o s l, Karl (Hrsg.): Die demokratisch-parlamentarische Struktur der Ersten Tschechoslowakischen Republik. München-Wien 1975, S. 225—246, hier S. 245f.

[22] [? 1938, Oktober] Berlin: K u n d t, Ernst: Vordringliche Aufgaben, Möglichkeiten und Fragen mit und in der Resttschechoslowakei. In: K r á l: Deutschen 357—362, gedruckt nach PA AA, 309217—229. Hierzu B o d e n s i e c k: Vorgeschichte 715 ff.

Als politischen Einwand gegen eine mögliche physische Liquidierung des tschechischen Volkes zitiert Neuwirth nahezu wörtlich das vom „Stab Konrad Henlein" — also unter Umständen unter seiner eigenen Mitwirkung — wenige Wochen zuvor in anderem Zusammenhang gebrachte Argument, die „Völker des Südostens . . ." dürften nicht in Furcht versetzt werden, dereinst dasselbe Schicksal erleiden zu müssen wie die Tschechen. Der „Stab Konrad Henlein" hatte sich mit diesem Argument allerdings nur gegen die Verweigerung des — freilich nur formal verstandenen — Selbstbestimmungsrechts für die Tschechen („Bildung eines tschechischen /Rest-/Staates mit besonderer Bindung an das Deutsche Reich") gewandt, nicht gegen die von ihm überhaupt nicht ventilierte Idee eines Genozids. Selbst wenn man unterstellt, daß Kundt, dessen Denkschrift rund zwei Wochen nach derjenigen Neuwirths entstanden ist, nicht nur, wie vielleicht auch sein Parteifreund, an der Denkschrift „Stab Konrad Henlein" mitgewirkt hat, sondern auch die Denkschrift Neuwirths selbst gekannt haben könnte, ist es doch bemerkenswert, daß auch er sich, ähnlich wie Neuwirth, nunmehr mit dem Genozidgedanken auseinandersetzt, während er in anderen Fragen durchaus nicht immer mit Neuwirths Thesen übereinstimmt. Laut Kundt kommt „Ausrottung und Aussiedlung . . . praktisch nicht in Frage. Im übrigen wird das Verhalten des Reiches und des Nationalsozialismus zum tschechischen Volke entscheidend dafür sein, ob die übrigen Völker des Ostens und Südostens, die als Vorfestungen des Reiches für die Zukunft gewonnen werden müssen, zum Reich und zum Nationalsozialismus Vertrauen gewinnen und für die Reichspolitik gegen die Feinde im Osten und Westen gewonnen werden. Daher kommt nur ein Einbau des tschechischen Volkes in den Dienst des Dritten Reiches in Betracht".

Man wird Kundt nicht überinterpretieren, wenn man seinem Memorial den Versuch abliest, der Reichsregierung das tschechische Volk wenn schon nicht als ein restlos eindeutschungsfähiges und damit gleichsam letztlich mit dem deutschen gleichberechtigtes, so doch als ein für die Reichsinteressen nützliches anzuempfehlen, dessen Vertrauen es, ähnlich wie bei den vielzitierten „Völkern des Ostens und Südostens, zu gewinnen gilt". Da durch das Münchner Abkommen eine militärische Besetzung der Resttschechoslowakei „zu mindestens vorläufig unmöglich ist", komme es nun, so argumentiert Kundt, auf eine „politische Eroberung" dieses Raumes an. Gelänge es Berlin, „dem tschechischen Volke glaubhaft die völkische Existenz und die materielle Entwicklungsmöglichkeit" zu sichern und die neue tschechoslowakische Staatsgrenze gegen weitere ungarische und polnische Ambitionen von Reichs wegen zu schützen, könne Prag sogar veranlaßt werden, auf die in München in Aussicht gestellte internationale Grenzgarantie zu verzichten. Da die Westmächte Prag enttäuscht hätten, sei angesichts des in der ČSR nun eingetretenen weltanschaulichen Vakuums der Zeitpunkt besonders günstig, die Tschechen für die Interessen Berlins „psychologisch" zu gewinnen. „Wer in den letzten Wochen die Gespräche selbst der Prager Straße mit anhören konnte, weiß, daß diesem Volke immer klarer wird, ... daß es mit dem Deutschen Reiche in ein neues Verhältnis kommen muß. Zollunion, Währungsabkommen, Eisenbahntarifunion und selbst Militärabkommen sind heute Diskussionsgegenstände innerhalb der Tschechen und praktische Möglichkeiten politischen Handelns." Um die Vertragstreue des Reststaats könne man unbesorgt sein: „Es wäre ja nur ein Staat mit formeller Souveränität, der praktisch nichts anderes als eine Verwaltungsautonomie der tschechischen Nation darstelle. Eine gewisse Autonomie müßte man den Tschechen ja auch dann geben, wenn man sie direkt in das deutsche Reich eingliedert." Außenminister Chvalkovský und sein Mitarbeiterkreis seien bereits dabei, die Rechtsordnung der Tschechoslowakei an die nationalsozialistische anzugleichen. „Es besteht heute die sofortige Möglichkeit, geeignete reichsdeutsche Fachleute in Prag mit diesen Männern zusammenzubringen und dadurch an der neuen Verfassung und innerstaatlichen Rechtsordnung der Resttschechoslowakei von reichsdeutscher Seite mitzuarbeiten. Dies müßte so rasch wie möglich geschehen. Das gleiche ist möglich auf verschiedenen anderen Arbeitsgebieten, z. B. auch bei dem erst im Aufbau begriffenen tschechischen Arbeitsdienst."

Während sein Parteifreund Neuwirth praktisch der Abriegelung des tschechischen Volkes innerhalb der in München geschaffenen „Reservation" zuneigt, für das Restdeutschtum keinerlei politische Aufgaben mehr sieht, folglich auch die Evakuierung der deutschen Hochschulen aus dem Reststaat in das Reichsgebiet empfiehlt, findet Kundt in der Schaffung eines Volksbürgerrechts für die Restdeutschen ein Mittel, das nicht nur das Restdeutschtum in der Heimat verankern, sondern auch wegen der mit diesem zu verknüpfenden Privilegien eines gleichsam neu aufgelegten civis Romanus Attraktivität für Tschechen und andere Völker des Südostens besitzen sollte und somit ein Mittel der indirekten Germanisierung — die direkte hält Kundt für „unpsychologisch" — wäre [23]. Kundt hat auch bereits begriffen, daß mit dem Besitz der böhmischen Länder keineswegs der Zustand der „Reichsvollendung" erreicht ist: Gelänge Berlin die „politische Eroberung des böhmisch-mährischen Raumes", würde „das deutsche Schwert praktisch über Prag, Preßburg und Ungvar Polen und Ungarn auseinanderhalten und mit seiner Spitze bis in die Ukraine und auch in Richtung des rumänischen Erdöls reichen". Sieht Neuwirth noch die Frage der Überbevölkerung im klassischen Sinne des 19. Jahrhunderts und postuliert, daß Deutschland für ein eventuelles tschechoslowakisches Protektorat gegenüber den Westmächten außereuropäische Kolonialansprüche anmelden soll, damit die überschüssige slawische Bevölkerung sinnvoll in die Kolonialgebiete abgeleitet werden könne, ist Kundt offenbar schon auf die expansionistische Ostpolitik des NS-Regimes eingestimmt, wenngleich er, und das sei hier nochmals hervorgehoben, den Genozidgedanken verwirft.

Darauf, daß Denkschriften von SdP-Politikern nicht nur in den Akten des Auswärtigen Amts ihre Ablage fanden, sondern auch den Entscheidungsprozeß in der Berliner Wilhelmstraße mitbestimmten, hat bereits Bodensieck 1961 verwiesen. Es war offenbar vor allem der oben zitierte relativ gemäßigte Vorschlag des „Stabs Konrad Henlein" zur „Bildung eines tschechischen Staates in besonderer Bindung an das Deutsche Reich", den Staatssekretär von Weizsäcker und seine Mitarbeiter, lediglich in der slowakischen Frage schwankend, seit den ersten Oktobertagen des Jahres 1938 zu verfolgen begannen. Allen Planungsstadien der Wilhelmstraße [24]

---

[23] Siehe Bodensieck, Heinrich: Volksgruppenrecht und nationalsozialistische Außenpolitik nach dem Münchener Abkommen 1938. ZfO 7 (1958) 502—518.

ist die Grundidee gemeinsam, daß das Verhältnis Berlin-Prag, durch eine Abfolge von Einzelverträgen immer enger gestaltet, schließlich durch einen völkerrechtlich korrekten Staatsvertrag auf Dauer fixiert wird, der den Rest — sei es nun ein tschechischer oder tschechoslowakischer — formell als Völkerrechtssubjekt konserviert, selbst wenn seine Bindung als Satellit oder Protektorat an das Reich so eng wie möglich wird. Hierzu gehörte auch, daß die Restdeutschen in der ČSR nach Auffassung des Auswärtigen Amts in ihrer Rechtsstellung befriedigt werden sollten. Daß diese Planung bei anderen Reichs- und Parteibehörden nicht auf Gegenliebe stieß, hatte der stellvertretende Leiter der Kulturabteilung Vortragender Legationsrat von Twardowski, bereits am 11. November 1938 erleben müssen, als er einen von seiner Abteilung entworfenen Volksgruppenschutzvertrag in einer Besprechung mit Vertretern des Reichsinnen-, des Reichserziehungsministeriums, des OKW und des Reichsführers SS vorstellte [25]. „Die Aussprache ergab, daß alle vertretenen Dienststellen den Plan einer vertraglichen Regelung für verfrüht halten. Besonders dringend sprachen sich die Volksdeutsche Mittelstelle (Oberführer Behrends), das Reichsinnenministerium (Min. Dir. Vollert) und das OKW dagegen aus." Twardowski konnte nicht wissen, daß die von ihm genannten drei Kontrahenten einen höchst konkreten Grund für ihre Haltung hatten: am 21. Oktober hatte Hitler seine Weisung zur „Erledigung der Rest-Tschechei" unterzeichnet [26], die „jederzeit" eine „rasche Besetzung der Tschechei und die Abriegelung gegen die Slowakei" für den Fall vorsah, daß Prag „etwa eine deutsch-feindliche Politik betreiben würde". Der „Fall Grün", durch das Münchner Abkommen nur unbefriedigend geregelt, sollte alsbald zu einem Abschluß kommen, der grundlegende Regelungen mit einem souveränen Vertragspartner überflüssig machte [27]. In diesem Sinne ist es denn auch nicht verwunderlich, daß der in den letzten beiden Monaten des Jahres 1938 auf Veranlassung von Staatssekretär von Weizsäcker erarbeitete Entwurf eines „Freundschaftsvertrages" zwischen dem Reich und der Rest-Tschechoslowakei, der — wie Bodensieck bereits festgestellt hat — in wesentlichen Punkten auf dem vom „Stab Konrad Henlein" Anfang Oktober erstellten Vertragsentwurf basiert und zweifellos ein Protektoratsverhältnis, freilich zumindest formell auf völkerrechtlicher Ebene, begründet hätte [28], von Hitler verworfen wurde.

Dennoch glaubten Weizsäcker und seine Mitarbeiter im Auswärtigen Amt noch auf dem Höhepunkt der Märzkrise, zumindest den Schein völkerrechtlicher Grundsätze aufrechterhalten zu können. In den Akten des Staatssekretärs befindet sich in unmittelbarer zeitlicher Nachbarschaft zum 15. März ein undatiertes, möglicherweise sogar während der nächtlichen Verhandlungen Hitlers mit Hácha entstandenes Schriftstück, in dem für den Augenblick des deutschen Einmarsches ein Vor-

---

[24] Hierzu bereits eingehend Bodensieck: Plan 462 ff. passim.
[25] Aufzeichnung von Twardowski: ADAP D IV, Nr. 111.
[26] Weisung des Führers und Obersten Befehlshabers der Wehrmacht: ADAP D IV, Nr. 81.
[27] Zum Ablauf der militärischen Vorbereitungen für den deutschen Einmarsch ab Mitte Januar 1939 und dem „Sonderkalender" für den „Tag Y" siehe Mastný 138 ff.
[28] Siehe oben Anm. 20.

schlag für eine „Proklamation des Führers" vorgelegt wird[29]. Man sollte, so heißt es hier, „im Interesse der legalen Kontinuität an der Fiktion [sic!]" festhalten, der neue Status des besetzten Gebietes sei „in seinen Grundzügen durch Vertrag mit der bisherigen tschechoslowakischen Zentralregierung, aber nicht in der Form einseitiger Verfügung der Okkupationsmacht, und auch nicht in der Form von Abmachungen mit den unter dem Einfluß der Okkupationsmacht erst zu bildenden neuen Regierungen, festzulegen". Offenbar zu dem Zweck, dem auf einer „Zerschlagung" der Rest-Tschechoslowakei bestehenden Führer diesen Vorschlag annehmbar zu machen, wird hier in letzter Minute die Schaffung von z w e i „voneinander unabhängigen Reichsprotektoraten", „Land Böhmen mit der Hauptstadt Prag ..., Land Mähren mit der Hauptstadt Brünn" vorgeschlagen. Sie sollen jeweils von „selbstgewählten, vom /Berliner/ Generalresidenten zu bestätigenden Regierungen verwaltet /werden/ und ... eine Verfassung /erhalten/, die ihnen auf allen Gebieten eine völlig autonome Entwicklung ihres völkischen Lebens gewährleistet."

Weder die als „Vertrag" deklarierte „Erklärung der deutschen und der tschechoslowakischen Regierung" vom 15. März, in welcher Staatspräsident Hácha „das Schicksal des tschechischen Volkes und Landes vertrauensvoll in die Hände des Führers des Deutschen Reiches legt", während jener „das tschechische Volk unter den Schutz des Deutschen Reiches nehmen und ihm eine seiner Eigenart gemäße autonome Entwicklung seines völkischen Lebens gewährleisten wird"[30], noch Hitlers Protektoratserlaß vom 16. März 1939[31] waren inhaltlich und formell den Vorstellungen Weizsäckers vergleichbar.

Gegen 19 Uhr 16 des 15. März traf Hitler mit seiner Suite auf dem Hradschin ein[32]. Wenig später eröffnete er in einer Besprechung, an der neben dem Chef der Reichskanzlei Lammers vom Auswärtigen Amt Ribbentrop und der Leiter der Rechtsabteilung, Ministerialdirektor Gaus, vom Reichsinnenministerium Frick und dessen Staatssekretär Stuckart teilnahmen, daß und — „in großen Zügen" — wie das Reichsprotektorat einzurichten sei. Aus Erklärungen, die Gaus und Lammers 1948 beim Wilhelmstraßeprozeß gemacht haben, können wir auf die Genesis des Protektoratserlasses schließen: sie entsprach ganz und gar nicht der politischen Konzeption des Auswärtigen Amts. Am 16. März, zwischen 1 und 2 Uhr nachts, erfuhr der zu dem „ärgerlichen" Ribbentrop zitierte Ministerialdirektor Gaus, daß das Innenministerium der Wilhelmstraße bereits zuvorgekommen sei und Stuckart die Führerproklamation Hitler vorgelegt habe. Gaus gelang es im Verlauf dieser Nacht nicht mehr, die von ihm beanstandete „völlig einseitige Form" — die Form eines Führererlasses — zugunsten eines völkerrechtlichen Vertrags zu ändern. Dem Reichsaußenminister blieb schließlich nur die „Konzession" Hitlers, den Erlaß im Rundfunk verlesen zu dürfen.

---

[29] [? 1929 März 15 Berlin, ohne Titel, unsigniert] PA AA Büro Staatssekretär: Tschechoslowakei, Abtretung Sudetenland, 447271—3. M a s t n ý 149 vermutet als Autor Dr. Gaus; zu diesem siehe oben Anm. 20.

[30] ADAP D IV, Nr. 229.

[31] E b e n d a Nr. 246: „Proklamation des Führers und Reichskanzlers".

[32] Zur Genesis des Protektoratserlasses in Prag in der Nacht vom 15. zum 16. März 1939 eingehend S c h i e f e r 339 ff. Ohne Kenntnis von dessen Ergebnissen M a s t n ý 149 f.

Der „Vater des Protektoratserlasses“, Staatssekretär im Reichsinnenministerium Stuckart, wurde in der Folgezeit nicht müde, das von ihm geschaffene juristische Gebilde zu interpretieren. Seinen Ausführungen folgt die offiziöse Interpretation des Frankfurter Juristen Klein im „Archiv des öffentlichen Rechts“ von 1940 [33]: „Das Protektorat Böhmen und Mähren ist eine vorbildlose, originäre, selbständige, eigengeschichtliche und der völkischen Grundeinstellung des Nationalsozialismus vollauf entsprechende säkulare Schöpfung nationalsozialistischen Staatsdenkens ....“ „Völlig abwegig sind Vergleiche mit völkerrechtlichen Protektoratsgebilden.“ Zwar erinnere die Bezeichnung an den Begriff, „wie ihn vor allem ... England und Frankreich sowie die Vereinigten Staaten von Nordamerika entwickelt haben, um ihre imperiale Herrschaft auf fremde Lebensbereiche auszudehnen“. Im Sinne des Völkerrechts bilde bekanntlich „das Protektorat einen selbständigen Staat mit eigenem Staatsgebiet, eigener Staatsgewalt, eigener völkerrechtlicher Vertretungsmacht usw. ..“; das Protektorat Böhmen und Mähren sei aber kein völkerrechtliches, „weil es des eigenen Staatsgebiets ermangelt“; ihm liege nur ein „staatsrechtliches Schutzverhältnis“ zugrunde, das sich „aus den geschichtlichen Wandlungen der politischen Beziehungen“ der beiden betroffenen Völker ergebe, „nachdem der ihrem Sinn widersprechende Versuch einer tschechischen Alleinkultur gescheitert war“.

Tunesien aber, so hieß die am Eingang dieses Referats zitierte These, sei das Vorbild gewesen, der französisch-tunesische Vertrag von 1881 „in zahlreichen Punkten Vorlage“ für den Protektoratserlaß. — Nicht nur der formale Vergleich — hier bilateraler völkerrechtlicher Vertrag, dort einseitiger, das okkupierte Territorium in den Bereich des Staatsrechts einbeziehender Erlaß der Besatzungsmacht — ist nicht durchführbar; der Textvergleich beider Urkunden ergibt nicht einmal Ähnlichkeiten zufälliger Art [34].

---

[33] Hervorhebungen im Original. Hier auch Hinweise auf Stuckarts Selbstinterpretationen. Siehe auch die Anm. zum Führererlaß in: Krieser, Helmut: Das neue Recht in Böhmen und Mähren. Prag 1943, Teil A I/01.

[34] Vertragstext 1881 siehe oben Anm. 2, Erlaß siehe Anm. 31. Die Darstellung eines Textvergleichs ist im Rahmen eines Vortrags nicht gut möglich; hier wäre sie obendrein völlig unergiebig.

Hans Lemberg

DIE TSCHECHOSLOWAKEI IN DER KLEINEN ENTENTE

In der zweiten Hälfte der sechziger Jahre hat die Kleine Entente einen erstaunlichen Grad an historiographischer Aktualität gewonnen [1]. Es ist müßig, darüber zu streiten, ob der Grund dafür in der sich neu eröffnenden Gelegenheit zu suchen ist, in Archivbeständen der zwanziger und dreißiger Jahre zu forschen, oder ob man ihn in der Tatsache sehen soll, daß ein Zeitabschnitt der „Entspannung" auch für die Geschichtswissenschaft Möglichkeiten eröffnete, die bislang mit Tabus und festgelegten Sprachregelungen eingezäunte Zwischenkriegszeit in Osteuropa mit größerem Spielraum für die Darstellung zu behandeln.

Daß das Bündnis zwischen der Tschechoslowakei, Jugoslawien und Rumänien, das in loser oder enger organisierter Form immerhin achtzehn Jahre lang bestand, nach so beträchtlichem Abstand wieder interessant wurde, mag sicherlich auch ein Symptom für ein neues Nachdenken über die Chancen kleiner Staaten in einer Welt der Supermächte in einem Augenblick sein, da ihr Zugriff sich zu lockern schien [2]. So ist es wohl nicht nur ein Zufall, daß der August 1968, der diesen Eindruck als Irrtum entlarvte, gleichzeitig die Kleine Entente in einer kurzfristigen tschechoslowakisch-rumänisch-jugoslawischen Interessengemeinschaft der gemeinsamen Angst phantomartig wiederaufleben ließ [3].

Wichtiger als dieser scheinbare Gegenwartsbezug erhellt die neue Aktualität des Themas Kleine Entente aus dem Umstand, daß um 1968 sieben Monographien über diesen Gegenstand in verschiedenen Staaten und weitgehend ohne Kenntnis voneinander im Entstehen begriffen waren oder abgeschlossen wurden [4]. Diese Zahl

---

[1] Einen Überblick über die Darstellung der Kleinen Entente in der Historiographie hat Prof. Dr. Robert Deutsch (Bukarest) in einem Vortrag am 25. 6. 1975 an der Universität Düsseldorf gegeben. Ihm sowie den Teilnehmern meines dortigen Seminars über die Kleine Entente im Sommersemester 1975 danke ich für Anregungen.

[2] So etwa: Stökl, Günther: Die kleinen Völker und die Geschichte. HZ 212 (1971) 19—40. — Müller, Adolf: Malé státy — Evropská velmoc [Die kleinen Staaten — eine europäische Großmacht]. Ekonomická revue 1966, Nr. 2, S. 66—71. — Ders.: Die Rolle der Nation in der gegenwärtigen Politik. Europa-Archiv (1969) 317—324. — Rothstein, Robert L.: Alliances and Small Powers. New York-London 1968. — Šveics, V. V.: Small Nations Survival. Political Defense in Unequal Conflicts. New York 1969.

[3] So z. B.: Michel, Bernard: La Petite-Entente et les crises internationales des années 1930. Revue d'histoire de la deuxième guerre mondiale 20 (1970) 15—24, hier 24.

[4] Dem Erscheinungsdatum nach geordnet: Volkov, Vladimir Konstantinovič: Germano-jugoslavskie otnošenija i razval Maloj Antanty [Die deutsch-jugoslawischen Beziehungen und der Zerfall der Kleinen Entente] (1933—1938). Moskau 1966. — Ádám, Magda: Magyarország és a kisantant a harmincas években [Ungarn und die Kleine Entente in den dreißiger Jahren]. Budapest 1968. (Für Übersetzungshilfe bei der Benutzung dieses Werkes danke ich Frau Vera Lengyel, M. A.) — Campus, Eliza: Mica Înţelegere [Die Kleine Entente]. Bukarest 1968. — Vanku, Milan: Mala Antanta [Die Kleine Entente] 1920—1938. Titovo Užice 1969. — Reichert, Gün-

wird noch höher, wenn man einige, allerdings in breiterer zeitlicher Streuung publizierte Zeitschriftenartikel einbezieht [5].

Bei einem Überblick über diese Literatur fällt auf, daß zwar ungarische, rumänische, jugoslawische, deutsche und englische Archive ausgewertet worden sind, daß aber — in unserem Zusammenhang bedauerlicherweise — eine Parallelarbeit fehlt, die sich speziell mit der Kleinen Entente aus tschechoslowakischer Sicht und aufgrund tschechoslowakischen Archivmaterials befaßt hätte. Zwar sind auch in der ČSSR Historiker darangegangen, die Kleine Entente monographisch zu bearbeiten, doch konnten diese Arbeiten nach 1968 nicht weitergeführt und vollendet werden [6]. Die Ergebnisse einer 1969 in Bratislava abgehaltenen französisch-tschechoslowakischen Konferenz über die Kleine Entente sind m. W. nicht mehr veröffentlicht worden [7]. Für die tschechoslowakische Seite wird man also auf Publikationen zurückgreifen müssen, die das Problem im weiteren Zusammenhang behandeln [8] oder die Einzelaspekte herausgreifen [9].

Die folgende Skizze des tschechoslowakischen Parts in der Kleinen Entente [10] stützt sich über die genannten neueren Bearbeitungen hinaus auf eine zwar umfangreiche Literatur aus den zwanziger und dreißiger Jahren, die jedoch höchstens in

---

ter: Das Scheitern der Kleinen Entente. München 1971 (Veröffentlichung des Sudetendeutschen Archivs 6). — C a r m i , Ozer: La Grande-Bretagne et la Petite Entente. Genf 1972. — Erst nach Abschluß des Manuskripts wurde mir bekannt, bisher aber nicht zugänglich: J a z ' k o v a , A[lla] A[lexeevna]: Malaja Antanta v evropejskoj politike [Die Kleine Entente in der europäischen Politik] 1918—1925. Moskau 1974.

5 Vgl. die in dem vorliegendem Aufsatz enthaltenen Angaben; bibliographische Vollständigkeit wird hierbei nicht angestrebt.

6 Auf das Entstehen einer solchen Arbeit von Jaroslav Valenta hat R e i c h e r t 6 hingewiesen; sie blieb bislang unvollendet.

7 Einen Bericht über diese Tagung gibt V a n t u c h , A.: Správa o I. stretnutí československých a francúzských historikov v Bratislave [Mitteilung über die erste Begegnung tschechoslowakischer und französischer Historiker in Preßburg]. HČ 18 (1970) 153 f. — Teilw. Übersetzung (urb): Die Kleine Entente als Forschungsthema einer tschsl.-französischen Historikertagung. Wissenschaftlicher Dienst für Ostmitteleuropa 20 (1970) 219—222.

8 Zum Beispiel: G a j a n o v á , Alena: ČSR a středoevropská politika velmocí [Die ČSR und die Mitteleuropapolitik der Großmächte] (1918—1938). Prag 1967. — G a j a n o v á , Alena / Š o l l e , Zdeněk: Po stopě dějin. Češi a Slováci v letech 1848—1938 [Auf der Spur der Geschichte. Tschechen und Slowaken in den Jahren 1848—1938]. Prag 1969 (Malá moderní encyklopedie 67). — K v a č e k , Robert: Nad Evropou zataženo. Československo a Evropa [Über Europa (Himmel) bedeckt. Die Tschechoslowakei und Europa] 1933—1937. Prag 1966. — K v a č e k , Robert: Situation de la Tchécoslovaquie dans la politique internationale des années trente du 20e siècle. Historica 11 (1965) 217—272. — O l i v o v á , Věra: Československo v rozrušené Evropě [Die Tschechoslowakei im zerrütteten Europa]. Prag 1968. — Weiter zurückliegend: O československé zahraniční politice. Sborník statí [Über die tschechoslowakische Außenpolitik. Sammelband]. Prag 1956 (Knihovna mezinárodních vztahů 2).

9 S. die unten genannten Aufsätze von B y s t r i c k ý , D e á k und K v a č e k.

10 Dem Überblickscharakter entsprechend werden im folgenden Einzelbelege nur im Ausnahmefall gegeben; in den Anmerkungen soll vor allem auf neuere Abhandlungen hingewiesen werden.

Hinsicht auf zeitgenössische Interpretationen sowie durch die Ausbreitung von Einzeldaten heute noch von Belang ist [11].

Wer zuerst die Idee der Kleinen Entente geboren hat, wird sich mit letzter Sicherheit wohl nicht mehr feststellen lassen [12]. Vorläufer des Bündnisses hat man in Ansätzen zur Solidarität der nichtdeutschen und nichtmadjarischen nationalen Bewegungen des Habsburgerreiches und, noch konkreter, in der Konstellation des „Kongresses der unterdrückten Völker" während des Ersten Weltkrieges gesehen [13]. Besonders bemerkenswert ist in dieser Hinsicht die Zusammenarbeit zwischen der tschechischen, slowakischen und südslawischen Emigration gewesen [14]. Unmittelbar nach dem Zerfall Österreich-Ungarns tauchte in den letzten Monaten des Jahres 1918 in Pariser und Londoner Gesprächen zwischen Tache Ionescu, Masaryk, Beneš und Trumbić der Gedanke an ein Aneinanderrücken der neu entstandenen Staaten in Ostmittel- und Südosteuropa auf. Schon damals wurde diese sich erst als Möglichkeit abzeichnende Staatenkonstellation zumindest von einer russischen, in Bukarest erscheinenden Emigrantenzeitschrift mit dem Namen „Kleine Entente" belegt (Dezember 1918) [15]. Es scheint also nicht nur, wie Masaryk später sagte, die Idee der Kleinen Entente „in der Luft gelegen" zu haben, sondern gleichzeitig auch schon ihr Name, der teils ironisch, teils im Ernst die Analogie zur großen Entente der Westmächte andeuten sollte.

In den Monaten nach dem Zusammenbruch der Habsburgermonarchie und der Gründung der Nachfolgestaaten wuchs die Motivation für ein solches Bündnis: Hatte noch im Januar 1916 für Masaryk als ratio eines Zusammenschlusses zukünftiger freier Staaten in Osteuropa die Errichtung einer Barriere gegen eine Ostexpansion Deutschlands gegolten, so trat 1918 und danach die cordon-sanitaire-Funktion gegenüber dem Bolschewismus hinzu. Überdies erschien wenige Monate später die gemeinsame Abwehr der von Ungarn ausgehenden Gefahr einer Restauration des erst im Juni 1920 unterzeichneten und über ein Jahr lang von Ungarn

---

[11] Der Nachweis dieser älteren Literatur findet sich in den meisten genannten größeren Darstellungen. Eine Auswahl der wichtigsten Titel gibt S c h u l z , Lothar: Entente, Kleine. In: Wörterbuch des Völkerrechts. Begr. von Karl S t r u p p. 2. Aufl. Hrsg. von Hans-Jürgen S c h l o c h a u e r. Bd. 1. Berlin 1960, S. 432—434.

[12] Zu den Anfängen der Kleinen Entente s. besonders: J a z ' k o v a , A. A.: Obrazovanie Maloj Antanty [Die Entstehung der Kleinen Entente]. Voprosy Istorii (1972) H. 11, S. 45—61. — B o r o s , Ferenc: Adalékok a kisantant létrejöttének történetéhez és jellegéhez [Beiträge zur Geschichte der Entstehung und des Charakters der Kleinen Entente]. Századok 100 (1966) 816—849. — B u c z m a , L.: Z genezy Małej Ententy [Zur Entstehung der Kleinen Entente]. Studia z dziejów ZSRR i Europy Środkowej 6 (1970). — S. auch oben Anm. 4, Nachtrag.

[13] S. V a n k u 11—14.

[14] Vgl. K r a j č o v i č , Milan: Slovenská politika v strednej Európe 1890—1901. Spolupráca Slovákov, Rumunov a Srbov [Slowakische Politik in Mitteleuropa 1890—1901. Die Zusammenarbeit der Slowaken, Rumänen und Serben]. Bratislava 1971.

[15] J a z ' k o v a 47. — Traditionell wird die Erfindung der ironischen Bezeichnung dem „Pesti Hirlap" vom 21. 2. 1920 zugeschrieben; so z. B. C o d r e s c u , Florin: La Petite Entente. 2 Bde. Paris (neue Aufl.) 1932, hier Bd. 1, S. 143; noch B a l c e r a k , Wiesław: Powstanie państw narodowych w Europie środkowo-wschodniej [Die Entstehung der Nationalstaaten in Ostmitteleuropa]. Warschau 1974, S. 328, gibt diese Zeitschrift (vom 26. 2. 1920) als erste Fundstelle an.

nicht ratifizierten Friedens von Trianon als notwendig. Die Kombination von ungarischer und bolschewistischer Bedrohung war während der Episode der ungarischen Räterepublik 1919 konkret spürbar; die gleichzeitige rumänisch-tschechoslowakische Intervention könnte unter die Vorläufer der Kleinen Entente eingereiht werden.

Unmittelbarer Anlaß des Bündnisabschlusses, der zum ersten Baustein der Kleinen Entente wurde, des jugoslawisch-tschechoslowakischen Vertrages vom 14. August 1920, war die Gefahr des Bevorstehens einer französisch-ungarisch-polnischen Allianz. Unter Paléologue als Sekretär des Quai d'Orsay hatte die französische Außenpolitik im Frühjahr 1920 mit Besorgnis auf das Nichtfunktionieren des Staatenriegels gegen den Bolschewismus geblickt: Während die Rote Armee bereits vor Warschau stand, verhielt sich die Tschechoslowakei angesichts ihrer Konfliktzonen mit Polen neutral. Eine Anzahl französisch-ungarischer Kontakte brachte daraufhin Pläne einer Donauföderation unter Einschluß Ungarns ins Spiel, ja es war sogar vom Durchmarsch ungarischer Truppen durch die Slowakei und — versteckt — von einer Annexion der Karpatoukraine die Rede.

Das tschechoslowakisch-jugoslawische Defensivbündnis, am Tag der Schlacht von Warschau abgeschlossen, berief sich auf den Völkerbundspakt und den Vertrag von Trianon und bekundete Entschlossenheit, den somit erreichten Frieden durch ein Defensivabkommen zu bewahren; die beiden Staaten versprachen einander Hilfe bei einem unprovozierten Angriff durch Ungarn und bei Vertragsabschlüssen mit Dritten eine gegenseitige vorherige Benachrichtigung [16].

Die polnisch-tschechoslowakischen Probleme hinderten die rumänische Regierung jetzt noch daran, dem Drängen Benešs auf einen parallelen rumänisch-tschechoslowakischen Vertragsabschluß nachzugeben. Gleichwohl entwickelte Tache Ionescu zur gleichen Zeit, Masaryks Gedanken von 1916 aufnehmend, den Plan einer Fünferentente unter Einschluß von Polen und Griechenland. Erst als die polnisch-tschechoslowakischen Beziehungen sich aufgrund der Zusammenarbeit in Oberschlesien verbesserten, war 1921 eine Kombination von rumänisch-polnischem Bündnis und einem Eintritt Rumäniens in die jetzt aus drei zweiseitigen Verträgen bestehende Kleine Entente möglich. Die Ausweitung der Kleinen Entente zu einem Viererbündnis unter Einschluß Polens, von Rumänien ebenso wie von Frankreich befürwortet, wurde für immer von Beneš verhindert: Er lehnte die antisowjetische Stoßrichtung ab, die die Allianz dann erhalten hätte [17].

Die beiden Putschversuche Karls in Ungarn 1921 [18] haben zwar kaum, wie gelegentlich zu lesen, die Bildung der Kleinen Entente hervorgerufen, aber sie brachten ihr erste Gelegenheit, Einigkeit und sogar Macht zu demonstrieren. Im internatio-

---

[16] Hinweise auf Textabdrucke dieses und weiterer Verträge der Kleinen Entente s. Rönnefarth, H. K. G. / Euler, H.: Konferenzen und Verträge. Vertrags-Ploetz. T. 2. Bd. 4 A. Würzburg ²1959, S. 55—57, 122.

[17] Zu den polnisch-tschechoslowakischen Beziehungen vgl. den Beitrag von Valenta, Jaroslav in: Češi a Poláci v minulosti [Tschechen und Polen in der Vergangenheit]. Bd. 2. Prag 1967, S. 431—619. — Kozeński, Jerzy: Czechosłowacja w polskiej polityce zagranicznej w latach 1932—1938 [Die Tschechoslowakei in der polnischen Außenpolitik in den Jahren . . .]. Posen 1964.

[18] S. dazu u. a.: Brook-Shepherd, G.: Um Krone und Reich. Die Tragödie des letzten Habsburg-Kaisers. Wien u. a. 1968.

nalen diplomatischen Rahmen trat die Kleine Entente zum ersten Mal während der Konferenz von Genua 1922 in Erscheinung; sie war, wie man etwas großsprecherisch hören konnte, zur „vierten Großmacht im europäischen Konzert“ [19] geworden. Das war freilich übertrieben: Die Konferenzen der Kleinen Entente zeigten immer wieder Meinungsverschiedenheiten, und bis zur Vertretung einer gemeinsamen Außenpolitik in organisiertem Rahmen mußten noch mehrere Jahre vergehen.

Erst 1929 wurde aus Anlaß einer der zahlreichen Verlängerungen der kurzfristigen Verträge der Kleinen Entente eine Vereinheitlichung des Bündnisses beschlossen; seit dieser Zeit trat die Kleine Entente, die schon 1920 etwas voreilig von Tache Ionescu als „kleiner Völkerbund im großen Völkerbund“ bezeichnet worden war, im Rahmen der Völkerbundsorgane mit einheitlicher Stimme auf. Nicht alle Beobachter gehen freilich so weit wie Vanku, die Zeit von 1929 bis 1933 als eigene „Periode der dreiseitigen Verträge“ in der Geschichte des Bündnisses aufzufassen [20].

Von entscheidender Wichtigkeit für die Form der Kleinen Entente ist erst die Schaffung des Organisationspaktes vom 16. Februar 1933 gewesen. Die Machtergreifung Hitlers war nicht, wie das Datum vermuten lassen könnte, Anlaß für den Paktabschluß. Die Weichen dazu sind schon im Spätherbst 1932 gestellt worden [21]. Daß die Kleine Entente, deren Zerfall wenige Zeit vorher schon bevorzustehen schien, nun zu einer überaus engen Organisationsform vorstieß und damit gewissermaßen die Flucht nach vorn antrat, ist auf ein in den letzten zurückliegenden Monaten sich steigerndes Gefühl der Bedrohung bei allen drei Partnerstaaten zurückzuführen:

In Hinsicht auf den osteuropäischen Bereich hatte Locarno den Revisionismus in Mitteleuropa nicht beendet, sondern ihn eher indirekt gestärkt. In gleicher Richtung wirkte der Übergang Italiens ins revisionistische Lager; eine italienisch-ungarische Achse bahnte sich als neue Konstante in Südosteuropa an. Ein deutsch-österreichischer Zollunionsversuch [22] hatte das antirevisionistische Lager erschreckt, konnte aber noch verhindert werden. Dem französischen Bündnissystem war es hingegen wegen der Rivalität mit italienischen Interessen im Donauraum nicht gelungen, die Kleine Entente ganz zu integrieren. Die neue sowjetische diplomatische Offensive der „kollektiven Sicherheit“ beunruhigte diejenigen, die die Kleine Entente noch als Wall gegen den Bolschewismus verstanden. In den letzten Monaten hatte der Völkerbund erste deutliche Zeichen seiner Schwäche gezeigt: In der Mandschurei-Affäre hatte er eine Schlappe erlitten, und die jüngst begonnenen Abrüstungsverhandlungen wurden von Anfang an skeptisch beurteilt. Jugoslawien und Rumänien hatten sich aus inneren Schwierigkeiten nur durch die Errichtung einer Königsdiktatur „retten“ können.

---

[19] Cosma, Aurel: La Petite Entente. Paris 1926, S. 95.

[20] Vanku 53 ff.

[21] Diesen Nachweis führt z. B. Reichert 7 ff.

[22] Dazu neuerdings: Stambrook, F. G.: The German-Austrian Customs Union Project of 1931: A Study of German Methods and Motives. In: European Diplomacy between Two Wars, 1919—1939. Hrsg. von Hans W. Gatzke. Chicago 1972, S. 94—124.

In dieser Situation also suchten die drei Staaten der Kleinen Entente, durch engere Organisation ihr Bündnis zu stärken. Die Voraussetzungen dafür waren insofern günstig, als mit Jevtić und Titulescu, die beide 1932 Außenminister geworden waren, fähige und der Idee des Bündnisses ebenso wie Beneš zugetane Verhandlungspartner zur Verfügung standen.

Der Organisationspakt brachte nicht nur Neues, er faßte zunächst die Gesamtheit der seit 1920 abgeschlossenen Verträge der Kleinen Entente und die 1930 in Štrbské Pleso vereinbarten Bestimmungen des „Statuts" der Kleinen Entente zusammen. Seit diesem Statut war der bisherige formlose Usus der jährlichen Außenministerkonferenzen zur Regel geworden; zudem bestand seither die Möglichkeit, die drei Staaten der Kleinen Entente bei internationalen Konferenzen und Vertragsabschlüssen nur durch den Außenminister eines der drei Staaten vertreten zu lassen. Jetzt, 1933, kamen neue Institutionen der Kleinen Entente hinzu, die ihr eine neue Völkerrechtsqualität verleihen sollten: Der neueingerichtete „Ständige Rat" der Kleinen Entente, bestehend aus den Außenministern der drei Staaten bzw. deren Vertretern, sollte sich dreimal jährlich treffen; die Präsidentschaft und die Tagungsorte wurden nach einem rotierenden System geregelt. Hilfsorgane des Ständigen Rates waren ein Wirtschaftsrat und ein Sekretariat beim jeweiligen Präsidenten. Die Verbindung zum Völkerbund wurde durch regelmäßige Ratstagungen in Genf und durch die dortige Zweigstelle des Sekretariats aufrechterhalten.

Diese offiziellen Institutionen wurden ergänzt durch eine ganze Reihe von Vereinen und Veranstaltungen, die die Idee der Kleinen Entente populär machen sollten, wie die Kleine Touristik-Entente, die Kleine Studenten-, Eisenbahner-, Journalisten-, Frauen- sowie Kulturentente; es gab Ski-, Fußball- und Flugwettkämpfe der Kleinen Entente, die Nationalfeiertage wurden bei den Partnern der Kleinen Entente gefeiert, die gegenseitigen Hymnen in den Schulen gelernt und 1937 sogar Kleine-Entente-Briefmarken herausgegeben [23].

Ein wichtiges Bindeglied war auch die militärische Zusammenarbeit [24], die vor allem in der, wenn auch zurückhaltend gehandhabten, gegenseitigen Information der Generalstäbe bestand. Die taktischen Planungen waren fast ausschließlich gegen Ungarn und Bulgarien gerichtet: Von 19 ausgearbeiteten Aufmarschplänen betraf nur einer nicht diese beiden Länder; er richtete sich gegen einen angenommenen Restaurationsversuch der Habsburger in Österreich. Daß alle Aufmarschpläne mit der sofortigen Niederschlagung Ungarns begannen, wirft ein bezeichnendes Licht auf die tatsächliche Dürftigkeit der Verkehrsverbindungen zwischen den Staaten der Kleinen Entente, insbesondere zwischen Bukowina und Karpatoukraine und zwischen Rumänien und Jugoslawien.

In den auf den Zusammenschluß der Kleinen Entente-Organisation folgenden Monaten schien es, als kehrte eine neue Stabilität in Südosteuropa ein: Die zwei südlichen Partner des Bündnisses schlossen im November 1934 zusammen mit Griechenland und der Türkei die Balkan-Entente, deren Organisation vollkommen der

---

[23] Reichert 44 f.

[24] S. dazu vor allem: Kiszling, Rudolf: Die militärischen Vereinbarungen der Kleinen Entente 1929—1937. München 1959 (Südosteuropäische Arbeiten 54).

Kleinen Entente nachgebildet war [25]. Bulgarien einzubeziehen und damit der Balkanentente den antirevisionistischen Stachel zu nehmen, gelang nicht [26]; Albanien blieb wegen seiner Eigenschaft als italienischer Satellitenstaat außer Betracht.

Die im Paktsystem des Donauraums bestehende Lücke wurde durch die Römischen Protokolle vom März 1934 abgeschlossen: Unter italienischer Hegemonie entstand ein italienisch-österreichisch-ungarischer Interessenverband, der vor allem wirtschaftliche und Konsultationsaufgaben haben sollte. Die Hoffnung insbesondere Ungarns, auch das Deutsche Reich mit einbeziehen zu können, scheiterte freilich am wachsenden deutsch-italienischen Gegensatz, der sich in bezug auf Südosteuropa alsbald als Wettlauf um Interessensphären erweisen sollte.

In dieser Situation sind die bis 1938 verbleibenden vier Jahre für die Kleine Entente von Belastungen gekennzeichnet, die sich bis zu Zerreißproben steigerten und im „Scheitern der Kleinen Entente" [27] endeten. Wiederum kann es nicht darum gehen, die Schürzung jenes europäischen Knotens zu verfolgen, der schließlich mit dem Schwert des Zweiten Weltkrieges bearbeitet wurde. Es zeigte sich, daß die Übermacht der wirtschaftlichen Probleme von der Kleinen Wirtschaftsentente nicht zu bewältigen waren: Dem vom jugoslawischen Agrarmarkt angestrebten Export in die ČSR wurden vom tschechoslowakischen Getreidemonopol unüberwindliche Schranken entgegengestellt; der tschechoslowakische Industrieexport andererseits fand in den Partnerländern des Bündnisses wenig Aufnahmebereitschaft. So sank die gegenseitige Handelsbilanz gegenüber den zwanziger Jahren, statt sich zu intensivieren.

An die Stelle der Integration innerhalb der Kleinen Entente trat eine bereitwillig gewährte deutsche Wirtschaftshilfe für die Balkanstaaten; da die westeuropäische, insbesondere die französische Wirtschaft mehr und mehr ihr Interesse an Südosteuropa verlor, wurden Rumänien und Jugoslawien immer stärker von der deutschen Wirtschaft abhängig [28]. Jugoslawien wurde zusätzlich von der Sanktionspolitik des Völkerbundes gegen Italien hart geschädigt. Die jugoslawische Außenpolitik wandte sich — seit 1935 unter der Leitung Stojadinovićs — im Zuge der neuen deutsch-italienischen Freundschaft und angesichts des Fiaskos der Völkerbundspolitik Italien zu; 1937 wurde mit diesem Nachbarstaat ein Bündnis abgeschlossen. Genau genommen war das eine Übertretung der Abmachungen der Kleinen En-

---

25 S. dazu neuerdings: Campus, Eliza: Înţelegerea Balcanică [Die Balkanentente]. Bukarest 1972.

26 Zur Situation s. auch: Bystrický, Valerián: Prevrat 19. mája 1934 v Bulharsku a Malá Dohoda [Der Umsturz des 19. Mai 1934 in Bulgarien und die Kleine Entente]. Slovanský přehled 54 (1968) 290—296. — Eine jugoslawisch-bulgarische Annäherung kam erst nach dem Kurswechsel in Jugoslawien zustande; s. Bystrický, Valerián: Juhoslovansko-bulharský pakt a Československo [Der jugoslawisch-bulgarische Pakt und die Tschechoslowakei]. In: Československo a Juhoslávia. Z dejín československo-juhoslovanských vzt'ahov. Bratislava 1968, S. 312—324.

27 Reichert.

28 Eine diplomatische Parallelaktion beschreibt: Avramovski, Živko: Nastojanja Nemačke da odvoji Jugoslaviju od Čehoslovačke i Rumunije putem zbliženja s Madjarskom [Die deutschen Bemühungen um eine Entzweiung Jugoslawiens und der Tschechoslowakei sowie Rumäniens durch eine Annäherung an Ungarn] (1935—1936). In: Československo a Juhoslávia 285—300.

tente, deren Vertragspartner nicht vorher informiert worden waren. Sie nahmen diesen Alleingang aber ebenso hin wie drei Jahre zuvor Jugoslawien die Anerkennung der Sowjetunion durch jene beiden Staaten, ja sogar den Abschluß des tschechoslowakisch-sowjetischen Beistandspaktes 1935, zur Kenntnis genommen hatte [28a].

Auch in Rumänien hatte ein Wechsel in der Führung der Außenpolitik stattgefunden. Titulescu, der neben Beneš energischste Vertreter der Idee der Kleinen Entente, mußte 1936 wegen seiner auf Ausgleich mit der UdSSR gerichteten Politik der kaum noch gefilterten Alleinherrschaft des auf ein gutes Verhältnis zu Deutschland bedachten Königs weichen. Dieser Wechsel wurde oft mit dem in der jugoslawischen Außenpolitik in Parallele gesetzt. E. Campus kommt jedoch aufgrund der Bukarester Akten zu der Überzeugung, daß die rumänische Regierung mindestens bis in die ersten Monate des Jahres 1938 der Kleinen Entente aktive Treue bewahrt habe. Gewisse, mehr demonstrative Spuren davon lassen sich noch bis in die Tage des Münchener Abkommens verfolgen.

Jugoslawien war seit 1936 das schwächste Glied der Kleinen Entente: Angesichts der wachsenden deutschen Gefahr hatte Beneš 1936 versucht, die Kleine Entente zu einem globalen Bündnis unter Einbeziehung Frankreichs auszubauen [29]. Nach anfänglichem Zögern waren Titulescu und später auch der König und Tatarescu zur Mitarbeit an diesem Plan bereit, der Rumänien eine militärische Stärkung gebracht hätte. Er scheiterte jedoch an der Ablehnung durch Stojadinović, und so blieb die Kleine Entente weiterhin auf ihr offizielles Bündnisziel, die Verhinderung eines Angriffs durch Ungarn, beschränkt.

Die Abkühlung Jugoslawiens gegenüber jeglichem Engagement in der Kleinen Entente erreichte mit dem Moment ihren Tiefpunkt, als mit dem Anschluß Österreichs das Deutsche Reich zusätzlich zu seinem wirtschaftlichen Übergewicht auch noch eine gemeinsame Grenze mit Jugoslawien erhielt. Solidarische Aktionen der Kleinen Entente in dem sich immer mehr abzeichnenden deutsch-tschechoslowakischen Konflikt konnten jetzt auf keine jugoslawische Unterstützung mehr rechnen; Rumänien erklärte immerhin in den kritischen Wochen den Durchmarsch deutscher Truppen durch ungarisches Gebiet für einen Casus foederis; diese Drohung wurde in Budapest ernst genommen. In den letzten Tagen vor dem Münchener Abkommen freilich setzte die jugoslawische Regierung alles daran, Italien zu einer

---

[28a] Nach Abschluß des italienisch-jugoslawischen Pakts schlug Henri de Chambon im April 1937 sarkastisch vor, man solle die Petite Entente in „Grande Mesentente" umbenennen. Zit. Stoyanovitsch, Vlastimir: Le rapprochement italoyougoslave et la Petite Entente. Diss. Paris 1938, S. 147.

[29] Zu diesem Komplex s.: Kvaček, Robert: Ke genezi návrhu na jednotný pakt Malé dohody [Zur Genesis des Entwurfs für einen Einheitspakt der Kleinen Entente]. In: Československo a Juhoslávia 301—311. — Avramovski, Živko: Jugoslávská vláda a návrhy na přetvaření Malé dohody v univerzální pakt [Die jugoslawische Regierung und die Pläne zu einer Umwandlung zu einem Universalpakt]. Slovanský přehled 51 (1965) 297—314. — Deák, Ladislav: Cesta prezidenta Beneša do Juhoslávie roku 1937 [Die Reise des Präsidenten Beneš nach Jugoslawien im Jahre 1937]. Slovanský přehled 51 (1965) 220—227. — Deák, Ladislav: Siedmy Marec 1936 a Malá dohoda [Der 7. März 1936 und die Kleine Entente]. ČSČH 17 (1969) 325—350.

Einwirkung auf Ungarn zu bewegen: Ungarn möge auf keinen Fall sich an einer Besetzung der ČSR beteiligen, um nicht den Ententepartnern die vertragliche Notwendigkeit zum Eingreifen zu geben. Ähnliche Befürchtungen waren von rumänischer Seite zu vernehmen. Wieweit Rumänien gewillt war, sowjetischen Truppen Durchmarsch- bzw. Überflugerlaubnis zu erteilen, ist allerdings bis heute nicht geklärt [30].

Die Kleine Entente ist mit der Zerstörung der ČSR sang- und klanglos zu Ende gegangen. Ein letzter Nachhall war im Februar 1939 die Erklärung der rumänischen und jugoslawischen Außenminister auf einer Sitzung der Balkanentente, die Kleine Entente habe aufgehört zu existieren [31].

Der in groben Strichen skizzierten Geschichte der Kleinen Entente sollen abschließend einige Erwägungen angefügt werden, die die Funktion dieses Bündnisses innerhalb der tschechoslowakischen Außenpolitik von einigen Punkten aus beleuchten sollen.

1. Die Frage, wie hoch der Wert der Kleinen Entente von ihren Mitgliedstaaten eingeschätzt wurde, ist schwer zu beantworten. Der erklärte Zweck, die Bewahrung der Friedensordnung von St. Germain, Trianon und Neuilly gemeinsam mit dem Völkerbund, stand sicherlich nicht nur im Vordergrund der Zielsetzung. Die Antemurale-Komponente eines cordon sanitaire gegen die Sowjetmacht schwand nach den ersten zwanziger Jahren mehr und mehr aus dem gemeinsamen Blickfeld der Kleinen Entente, wie sehr auch das Mißtrauen gegen Sowjetrußland für Rumänien wegen der Bessarabienfrage und für Jugoslawien wegen der Furcht vor kommunistischem Einfluß weiterexistierte.

Die zahlreichen außenpolitischen Exposés und die direkt der Kleinen Entente gewidmeten Äußerungen Benešs zeichnen sich durch einen hohen Grad von Farblosigkeit aus [32]; das gilt auch für primär zur Information bestimmte Niederschriften wie Benešs Beitrag zum Dictionnaire Diplomatique, dessen Substanz nicht wesentlich über den Satz hinausgeht: „La Petite Entente est, au demeurant (1933!), une alliance et une collaboration amicale entre trois états de l'Europe centrale [33]." Die intensivsten Formulierungen positiver Ziele halten sich im Rahmen der Beteuerung, die Kleine Entente sei ein Element der Selbstorganisation „Mitteleuropas", ein Gleichgewichtsfaktor in Europa.

Der Mangel eines auch die inneren Verhältnisse der Kleinen Entente-Staaten betreffenden Ziels des Bündnisses, seine primär außenpolitische Akzentuierung,

---

[30] S. Lukeš, František: Poznámky k československo-sovětským stykům v září 1938 [Bemerkungen zu den tschechoslowakisch-sowjetischen Beziehungen im September 1938]. ČSČH 16 (1968) 703—731. — Die gegenteilige Auffasung vertritt Král, Václav: Spojenectví československo-sovětské v evropské politice [Die tschechoslowakisch-sowjetische Bündnispartnerschaft in der europäischen Politik]. Prag 1970.

[31] ADAP, Serie D, Bd. 5, Nr. 304; s. auch ebenda, Nr. 287 u. 299.

[32] Vgl. dazu auch: Zinner, Paul E.: Czechoslovakia: The Diplomacy of Eduard Benes. In: The Diplomats 1919—1939. Hrsg. von G. C. Craig, F. Gilbert. Princeton/N. Y. 1953, S. 100—122.

[33] Benes, Edouard: Petite Entente. In: Dictionnaire diplomatique. Bd. 2. Paris 1933, S. 393—395.

wiesen darauf hin, daß vom sozialen Konservativismus der Anfangszeit nach dem Schwinden der Revolutionsfurcht wenig übriggeblieben war. So war es sicherlich auch im Hinblick auf die Nationalitätenfrage übertrieben, wenn Jaksch von der Kleinen Entente als einem „Kartell zentralistischer Staatsführungen gegen die Autonomiebestrebungen der einzelnen Landesvölker" sprach. Nationaler Zentralismus ist zwar ein gemeinsames Kennzeichen der drei Staaten des Bündnisses, aber eben nicht nur dieser. Wie am Beispiel Polens zu sehen ist, war Zentralismus das Strukturelement aller neu entstandenen Vielvölkerstaaten nach dem Ersten Weltkrieg.

2. In diesen Zusammenhang gehört die wichtige, oft erörterte Frage, welcher völkerrechtlichen Kategorie die Kleine Entente zuzuordnen sei. Im Zeitalter zahlreicher überstaatlicher Zusammenschlüsse und internationaler Organisationen, einer europäischen Integration oder etwa der Breżnev-Doktrin ist heute das Problem der Einschränkung nationaler Souveränität durchaus gegenwärtig. Hat auch die Kleine Entente eine derartige, die Souveränität der ČSR zugunsten eines Staatenbunds einschränkende Funktion gehabt? Die Frage ist wohl negativ zu beantworten. Trotz des Vorhandenseins einer gemeinsamen Organisation in Rat und Sekretariat war die Kleine Entente kein Staatenbund [34]. Man kann sie mit Reichert als „Staatenverband" bezeichnen [35], aber auch als institutionell abgesichertes Verteidigungsbündnis. Da die Lehre von den Staatenverbindungen in der Völkerrechtswissenschaft ohnehin sehr umstritten ist [36], muß eine deskriptive Einordnung genügen: Die Staaten der Kleinen Entente haben keine Institutionen gehabt, die über eine Koordination auf außen-, militär- und wirtschaftspolitischem Gebiet hinausgingen. Faktisch wirksam geworden — und auch das nur sporadisch — ist nur die außenpolitische Zusammenarbeit. Kaum jemand hat in den drei Staaten des Bündnisses daran gedacht, den Weg zu einer auch noch so fernen staatsrechtlichen Integration einzuschlagen.

3. Offen ist die Frage, welchen außenpolitischen Stellenwert die Kleine Entente für die Tschechoslowakei gehabt hat, nachdem die unmittelbare Gefahr einer Restauration Groß-Ungarns in den ersten zwanziger Jahren geschwunden war und angesichts der Tatsache, daß alle Versuche der Ausweitung der Kleinen Entente zu einem allgemeinen Bündnis gescheitert waren. Man wird die eigentliche Funktion der Kleinen Entente für die außenpolitische Führung der ČSR neben der Status quo-Sicherung im Versuch erblicken können, die Tschechoslowakei aus der mißlichen Situation eines Kleinstaats herauszuführen.

Schon seit dem letzten Jahrzehnt des neunzehnten Jahrhunderts hat das „Problem der kleinen Nation" Masaryk in Hinsicht auf eine Sinngebung der nationalen Existenz der Tschechen beschäftigt [37]. Die gleiche Frage wurde nach der Entstehung

[34] Barandou, Paul: Das System der politischen Staatsverträge seit 1918. Stuttgart 1937 (Handbuch des Völkerrechts 4/2) geht sehr weit, wenn er S. 192 f. die Kleine Entente als „fast der Rechtsform eines Bundesstaats" angenähert ansieht.

[35] Reichert 15—18, 152 ff.

[36] Vgl.: Jaenicke, Günther: Staatenverbindungen. In: Handwörterbuch der Sozialwissenschaften. Bd. 6 (1956), S. 729—732. — Fleiner, Thomas: Die Kleinstaaten in den Staatenverbindungen des zwanzigsten Jahrhunderts. Diss. Zürich 1964.

[37] S. Stökl 19 ff.

des tschechoslowakischen Staates für den Leiter seiner Außenpolitik Beneš zum Kernproblem. In innenpolitischer Hinsicht sollte der „Tschechoslowakismus“ ein Mittel zur Überwindung dieses Mangels sein. Gerade aus einer Zeit wachsender Bedrohung der ČSR von außen sind beschwörende Appelle Benešs an die Slowaken bekannt, sich nicht auf die Existenz einer eigenen slowakischen Nation zu versteifen; kleine Nationen seien in dieser Zeit dem Untergang geweiht. Nur eine einige „tschechoslowakische“ Nation könne — zumal bei entsprechend hoher Geburtenrate — eines Tages groß genug werden, um aus der quantitativen Gefahrenzone herauszukommen [38].

Was der Tschechoslowakismus im Inneren des Staates, das war offensichtlich in außenpolitischer Hinsicht die Kleine Entente. Dieses Motiv zieht sich seit der Konferenz von Genua durch die Geschichte des Bündnisses [39]. Die (gemeinsame) Einwohnerzahl von 45 Millionen war ein Topos von offiziellen und offiziösen Publikationen über die Kleine Entente [40]. Noch wichtiger wurde diese Kompensation des Kleinstaatskomplexes angesichts der Neuetablierung Deutschlands als Großmacht um 1936. So stand der Gedanke, die Kleine Entente müsse „eine Großmachtposition erreichen, unabhängig von den anderen und mit ihnen gleichberechtigt“, im Vordergrund der freilich verspäteten tschechoslowakisch-rumänischen Verhandlungen von 1937 um eine Erweiterung der Kleinen Entente zu einem allgemeinen Verteidigungsbündnis [40a].

Robert L. Rothstein hat in seinem Buch über „Alliances and Small Powers“ 1968 diesen Aspekt eingehend diskutiert und die Kleine Entente zum Musterfall für eine „small power alliance“, den Zusammenschluß kleiner Mächte zur Überwindung ihres Status erhoben [41]. Er hat dann allerdings auch die Zeit der dreißiger Jahre als die für die kleinen Mächte ungünstigste charakterisiert. Es war die Zeit einer erheblichen Steigerung der Kriegstechnologie und des Aufstiegs neuer Großmächte in Europa. In dieser Situation gab es nach Rothstein nur drei Möglichkeiten für „kleine Mächte“: Anlehnung an eine Großmacht, small power alliances oder Neutralität. Die Stärkung und Umwandlung der Kleinen Entente zu einer small power alliance war 1937 nicht mehr möglich, da die Anlehnung der Mitgliederstaaten Jugoslawien und Tschechoslowakei an — noch dazu verschiedene — Großmächte schon zu weit fortgeschritten war. Angesichts der für die Tschechoslowakei lebensbedrohenden Krise von 1938 blieb somit nur eine verdeckte Neutralität der Kleinen Entente übrig, der verzweifelte Versuch, unter allen Umständen den Bündnisfall zu vermeiden.

Churchill hat in einer späteren Situation sarkastisch gesagt, jeder hoffe, daß, wenn er das Krokodil nur genug füttere, es ihn als letzten fressen werde. „Alle

---

38 Zum Tschechoslowakismus s.: Lemberg, Hans: Gibt es eine tschechoslowakische Geschichte? Versuche einer nationalen Geschichtsintegration. In: Osteuropa in Vergangenheit und Gegenwart. Festschrift für Günther Stökl. Köln 1976 (im Druck).

39 S. oben Anm. 19. — Machray, Robert: The Little Entente a Great Power. Fortnightly Review. London (März) 1933.

40 Codresco I, 186 nennt als ersten Beleg dafür: Millet, Philippe: La Politique de la Petite Entente. Europe Novelle v. 19. 9. 1920, S. 1347.

40a Kvaček: Nad Evropou 323.

41 Rothstein, bes. 128—178.

hoffen, daß der Sturm vorbei gehen werde, bevor sie an die Reihe kommen, verschlungen zu werden [42]." Im Falle der Kleinen Entente war die Tschechoslowakei die erste, die verschlungen wurde. Die anderen Partner der Kleinen Entente sollten nicht lange danach folgen.

---

[42] Ebenda 233.

Jörg K. Hoensch

POLEN UND DIE TSCHECHOSLOWAKEI — ODER DAS SCHEITERN DER SLAWISCHEN SOLIDARITÄT

Bibliographische Vorbemerkung

Mit der Aufgabe betraut, eine knappe Übersichtsdarstellung der tschechoslowakisch-polnischen Beziehungen in der Zwischenkriegszeit auszuarbeiten, fühlte sich der Verfasser angesichts der Überfülle der — in ihrer wissenschaftlichen Qualität und ihrem heuristischen Erkenntniswert stark divergierenden — aufgefundenen Materialien höchst unterschiedlicher Provenienz weitgehend überfordert. Mit Ausnahme der „stillen Jahre" zwischen 1926 und 1932, die bisher nur eine unzureichende Würdigung in der Historiographie erfahren haben, sind die Kontakte zwischen Prag und Warschau, unbeschadet der Tatsache, daß die Archive des tschechoslowakischen und des polnischen Außenministeriums noch nicht vorbehaltlos allen Benutzern offenstehen, minutiös und fast erschöpfend abgehandelt worden. Die bisher unveröffentlichte Bibliographie der polnisch-tschechoslowakischen Beziehungen des Harvard-Historikers Czesław M. Nowak legt über die Intensität der Auseinandersetzung zwischen Tschechen, Slowaken und Polen ebenso beredt Zeugnis ab wie die — auch die kulturell-literarischen Kontakte berücksichtigende — Zusammenstellung von Józef Chleboczyk[1]. Die wichtigste Literatur zu unserem Thema hat Jerzy Kozeński in seinem konzisen Beitrag Historiografia stosunków polsko-czechosłowackich 1918—1945[2] einer kritischen Würdigung unterzogen.

Bei der Durchsicht der vorhandenen Literatur fällt jedoch auf, daß die polnische Außenpolitik der Zwischenkriegszeit — im Gegensatz zu den Außenbeziehungen der ČSR[3] — bis heute noch keine allen wissenschaftlichen Ansprüchen ge-

---

[1] Powojenny dorobek historiografii polskiej w zakresie stosunków polsko-czeskich i słowackich w XIX i XX wieku (do roku 1945) [Die Nachkriegserrungenschaften der polnischen Historiographie im Rahmen der polnisch-tschechischen und slowakischen Beziehungen im 19. und 20. Jahrhundert (bis zum Jahr 1945)]. In: Śląski Kwartalnik Historyczny Sobótka 16 (1961) 1, S. 20—42.

[2] Die Geschichtsschreibung über die polnisch-tschechoslowakischen Beziehungen 1918—1945. Der Aufsatz wird 1976 in der Festschrift für Günter Stökl im Verlag Böhlau, Köln-Wien, erscheinen.

[3] Neben der soliden, aber heute doch weitgehend veralteten ersten Gesamtdarstellung von Vondracek, Felix John: The Foreign Policy of Czechoslovakia 1918—1935. New York 1937, sowie dem heute doch recht oberflächlich wirkenden Überblick von Strauss, Emil: Tschechoslowakische Außenpolitik. Prag 1936, enthält die von Vladimír Soják edierte Gemeinschaftsarbeit: O československé zahraniční politice 1919—1939. Sborník statí [Über die tschechoslowakische Außenpolitik 1919—1939]. Praha 1956, unter Berücksichtigung ihrer stalinistisch-marxistischen Ausgangsbasis bei verantwortungsvoller Auswertung doch eine Fülle wertvoller Materialien und überzeugender Interpretationen. Dagegen fällt die Monographie von Kejík, F.: O zahraniční politice Československa [Die Außenpolitik der Tschechoslowakei]. Praha 1953, stark

nügende, erschöpfende Darstellung erfahren hat. Die Ansätze von Jan Starzewski[4] und dem Diplomaten Tadeusz Romer[5] sind zwar von dem ehemaligen polnischen Karrierediplomaten Roman Dębicki in einer schmalen Monographie[6] aufgenommen worden, dennoch ist die nicht ins Detail vordringende Synthese von Adam C. Rosé bis heute die beste, wenngleich viele Wünsche offenlassende Zusammenfassung der außenpolitischen Aktivitäten der Warschauer Regierung geblieben[7]. Die vorwiegend mit außenpolitischen Fragestellungen befaßten und ihre Mitarbeiter zum überwiegenden Teil aus dem diplomatischen Dienst rekrutierenden, vom polnischen Außenministerium zeitweise subventionierten Zeitschriften wie der Przegląd Dyplomatyczny (Diplomatische Umschau), Przegląd Polityczny (Politische Rundschau), Przegląd Współczesny (Spiegel der Gegenwart) und Niepodległość (Unabhängigkeit) sowie, später, Sprawy Obce (Fremde Angelegenheiten) oder Sprawy Międzynarodowe (Internationale Beziehungen) sind daher bei der Untersuchung der polnischen Außenpolitik ebenso unentbehrlich wie der Sborník Zahraniční Politiky (Magazin der Außenpolitik), die Zahraniční Politika (Außenpolitik) und The Central European Observer zum Verständnis der tschechoslowakischen.

Als besonders hilf- und materialreich erwiesen sich die Broschüre des langjährigen polnischen Chargé d'affaires in Prag, Karol Bader[8], sowie die Aufsätze und Bücher von Zygmunt J. Gąsiorowski[9], Piotr S. Wandycz[10], Alina Szklarska-Lohmannowa[11], Wiesław Balcerak[12], Jerzy Kozeński[13], Michał Pułaski[14], Stefania

ab. Weitere Literaturangaben in Bosl, Karl (Hrsg.): Die „Burg". Einflußreiche politische Kräfte um Masaryk und Beneš. Bd. 2. München-Wien 1974, S. 44 Anm. 21; sowie bei Slapnicka, Helmut: Internationale Stellung und außenpolitische Orientierung. In: Handbuch der Geschichte der böhmischen Länder IV, 51—59.

4 Zarys dziejów polskiej polityki zagranicznej [Abriß der Geschichte der polnischen Außenpolitik]. London 1944 (hektographiert).

5 The Foreign Policy of Poland. Tokyo 1938.

6 Foreign Policy of Poland 1919—1939. From the Rebirth of the Polish Republic to World War II. New York 1962.

7 La Politique polonaise entre les deux guerres. Neuchâtel 1945.

8 Stosunki polsko-czeskie [Die polnisch-tschechischen Beziehungen]. Warszawa 1938.

9 Polish-Czechoslovak Relations, 1918—1922, bzw. Polish-Czechoslovak Relations, 1922—1926. SEER 35 (1956/57) 172—193 und 473—504.

10 France and Her Eastern Allies, 1919—1925. French-Czechoslovak-Polish Relations from the Paris Peace Conference to Locarno. Minneapolis 1962. — Czechoslovak-Polish Confederation and the Great Powers, 1940—1943. Bloomington/Ind. 1952. — Beneš and Beck. The Central European Federalist 9 (1961) 6—12. — Foreign Policy of Edvard Beneš. In: A History of the Czechoslovak Republic 1918—1948. Hrsg. von V. S. Mamatey and R. Luža. Princeton 1973, S. 216—238.

11 Polsko-czechosłowackie stosunki dyplomatyczne w latach 1918—1925 [Die polnisch-tschechoslowakischen diplomatischen Beziehungen in den Jahren 1918—1925]. Wrocław usw. 1967.

12 Polityka zagraniczna Polski w dobie Locarna [Die Außenpolitik Polens im Zeitraum von Locarno]. Warszawa 1967. — Stosunki polsko-czechosłowackie w okresie kształtowania się systemu lokarneńskiego [Polnisch-tschechoslowakische Beziehungen während der Ausbildung des Systems von Locarno]. Studia z dziejów ZSRR i Europy Środkowej 2 (1967) 228—286.

13 Próby zbliżenia polsko-czechosłowackiego w latach 1926—1931 [Polnisch-tschecho-

Stanisławska[15], Jaroslav Valenta[16] sowie von Věra Olivová und Robert Kvaček[17]. Die Auswertung der im Archiwum Akt Nowych in Warschau liegenden, jedoch unvollständigen Faszikel des polnischen Außenministeriums sowie die Akten der Gesandtschaft Prag, der Konsulate in Mährisch-Ostrau, Preßburg und Kaschau hat zum besseren Verständnis der Gesamtproblematik der tschechoslowakisch-polnischen Beziehungen nicht unwesentlich beigetragen[18].

Die tschechoslowakisch-polnischen Beziehungen bis zum Staatsstreich Piłsudskis (Mai 1926)

Schenkt man den politischen Publizisten aus beiden Lagern in der Zwischenkriegszeit Glauben, dann waren Animosität und Antipathie zwischen Tschechen und Polen trotz ihrer gemeinsamen ethnischen — westslawischen — Basis, trotz ihrer eng verwandten Sprachen sowie trotz ihrer Zugehörigkeit zur gleichen Religion und zum gleichen Kulturkreis das wesentliche Charakteristikum ihrer tausendjährigen Nachbarschaft. Auch wenn sich Aufbau und Fortwirken der Antagonismen durch die Jahrhunderte hindurch verfolgen lassen, so haben die politischen Mißhelligkeiten, die eine vertrauensvolle Zusammenarbeit in der Zwischenkriegszeit verhinderten und dem deutschen Nachbarn das Auslösen der beide Nationen in ihrer Grundsubstanz erschütternden Katastrophe des Zweiten Weltkriegs erleichterten, ihre Wurzeln hauptsächlich im 19. Jahrhundert. Während das dreigeteilte Polen bis 1863 der Hoffnung anhing, durch einen Aufstand — vornehmlich gegen das als Hauptfeind eingestufte russische Zarentum — die staatliche Unabhängigkeit wiedererlangen zu können, erwarteten weite Kreise der tschechischen und der slowakischen Bevölkerung ihre Befreiung gerade von diesem großen

slowakische Annäherungsversuche in den Jahren 1926—1931]. Przegląd Zachodni 20 (1964) 310—327. — Czechosłowacja w polskiej polityce zagranicznej w latach 1932—1938 [Die Tschechoslowakei in der polnischen Außenpolitik in den Jahren 1932—1938]. Poznań 1964. — Rokowania polsko-czechosłowackie na tle niebezpieczeństwa niemieckiego w latach 1932—1933 [Polnisch-tschechoslowakische Verhandlungen angesichts der deutschen Gefahr in den Jahren 1932—1933]. Przegląd Zachodni 18 (1962) 253—275.

14 Stosunki dyplomatyczne polsko-czechosłowacko-niemieckie od roku 1933 do wiosny 1938 [Die polnisch-tschechoslowakisch-deutschen diplomatischen Beziehungen vom Jahre 1933 bis zum Frühling 1938]. Poznań 1967.

15 Wielka i mała polityka Józefa Becka [Die große und die kleine Politik J. Becks]. Warszawa 1962. — Polska a Monachium [Polen und München]. Warszawa 1967.

16 Československo a Polsko v letech 1918—1945 [Die Tschechoslowakei und Polen 1918—1945]. In: Češi a Poláci v minulosti. Bd. 2: Období kapitalismu a imperialismu. Praha 1967, S. 431—619 und S. 634—710.

17 Československo-polské vztahy v letech 1918—1939. Z dějin československo-polských vztahů [Die tschechoslowakisch-polnischen Beziehungen in den Jahren 1918—1939. Zur Geschichte der tschechoslowakisch-polnischen Beziehungen]. Praha 1963, S. 7—44 und S. 83—106 (hektographiert).

18 AAN/MSZ/Gabinet Ministra 23, 24; 5425—5437; 5439—5457; 5594—5597; 5603—5605; Poselstwo RP w Pradze 7, 24, 29—32, 38—45, 50—59, 80; Konsulat RP w Morawskiej Ostrawie 1; Konsulat RP w Bratysławie 1, 3—6, 9, 10; Wicekonsulat RP w Koszycach 1, 2, 6, 10, 14; Poselstwo RP w Wiednia 16, 37, 51, 61, 67; Ambasada RP w Berlinie 17, 19, 49—54.

slawischen Bruder, der mit dem Programm des Panslawismus an die Solidarität aller slawischen Völker appellierte. Als die polnische Aristokratie aus Galizien seit 1869 in konsequenter Verfolgung ihrer Teilgebietshaltung (trójzaborowość) und der „dreifachen Loyalität" (trójlojalizm) eng mit der österreichischen Verwaltung kooperierte und eine zunehmend intolerante Nationalitätenpolitik gegenüber dem ukrainischen Bevölkerungsteil verfolgte, wuchs das latente Mißtrauen gegenüber Polen bei allen Richtungen des tschechischen politischen Spektrums weiter an; auch als die polnische Nationaldemokratie unter Roman Dmowski zur Abwehr des „Deutschen Dranges nach Osten" die Anlehnung an und die Zusammenarbeit mit Rußland proklamierte und sich am Prager Slawenkongreß von 1908 beteiligte, waren die beiderseitigen Vorbehalte über Glaubwürdigkeit und Ernsthaftigkeit des politischen Wollens und des eingeschlagenen Weges nicht ausgeräumt. Auch der Ausbruch des Ersten Weltkriegs hat die beiden slawischen Nachbarn nicht näher zusammenrücken und politisch enger kooperieren lassen[19].

Beide Nationen durften hoffen, durch den Krieg ihrem politischen Ziel, der Erringung der vollen staatlichen Souveränität, näherzukommen[20]. Die Sympathien der Bevölkerung, die dennoch lange in weitgehender Passivität verharrte, lagen eindeutig auf der Seite der Entente-Mächte, wobei vor allem die Tschechen von russischen militärischen Erfolgen ihre Befreiung erwarteten. Für viele Polen dagegen blieb das Zarenreich, das nach 1863 sowohl in den ehemaligen Ostprovinzen als auch in Kongreßpolen eine schroffe Russifizierungspolitik bei strikter Unterdrückung aller nationalpolnischen Aspirationen verfolgt hatte, der Hauptfeind; selbst die gemäßigten Russophilen um Dmowski glaubten bei einem Erfolg der Entente nicht mehr als die Wiedervereinigung des polnischen Siedlungsgebiets mit politischer Autonomie unter russischer Oberherrschaft erwarten zu können. Unter diesen Voraussetzungen nimmt es nicht wunder, daß Beneš bis zum Ausbruch der Russischen Revolution daher nur eine diametral entgegengesetzte Interessenlage bei Tschechen und Polen konstatierte, keine gemeinsame Grundlage für eine konstruktive Zusammenarbeit sah und die antirussische Agitation der polnischen Exilpolitiker im Lager der Westmächte beklagte[21]. Erst als am 29. März 1917 die Russische Provisorische Regierung die Anerkennung der polnischen Selbständigkeit proklamierte, konnte die Zusammenarbeit zwischen dem Tschecho-Slowakischen Nationalrat und dem Polnischen Nationalkomitee intensiviert werden. Die Erkenntnis der Interdependenz des politischen Handelns und die Beschwörung der slawischen Solidarität bestimmten künftig bis zum Kriegsende das gemeinsame politische Vorgehen, wobei im Mai 1918 in Prag die polnischen und die tschechischen Abgeordneten des österreichischen Reichsrates die „ewige Freund-

---

[19] Rose, William J.: Czechs and Poles as Neighbours. JCEA 11 (1951) 2, S. 153—171.

[20] Eine Interpretation des Kriegsverlaufs lieferten jüngst vom tschechoslowakischen Standpunkt Křížek, Jaroslav u. a.: První Světová Válka [Der Erste Weltkrieg]. Praha 1969; von polnischer Warte Holzer, Jerzy / Molenda, Jan: Polska w Pierwszej Wojnie Światowej [Polen im Ersten Weltkrieg]. Warszawa 1973. — Siehe daneben aber auch Komarnicki, Titus: Rebirth of the Polish Republic. London 1957.

[21] Beneš, Edvard: My War Memoirs. New York 1928, S. 310 f. — Vgl. dazu Dmowski, Roman: Polityka polska i odbudowanie państwa [Die polnische Politik und der Aufbau des Staates]. Warszawa 1926, S. 216.

schaft“ ihrer Nationen beschworen oder Dmowski in seinen Gesprächen mit Masaryk die engste Zusammenarbeit, ja eine politische Föderation für unabdingbar erklärte[22]. Und auch Masaryk gelangte zu der Auffassung, daß „wir, Tschecho-Slowaken und Polen, gezwungen sind, eine Verteidigungsallianz zu bilden, nicht nur wegen der geographischen Lage, sondern auch durch den Befehl der Geschichte ... Die politische Arithmetik hat diese zwei westslawischen Nationen dazu gebracht, eine Allianz auf Leben und Tod einzugehen“[23].

Die enge Zusammenarbeit und die weitgehende Übereinstimmung der Zielsetzungen in der Schlußphase des Krieges konnte aber die grundlegenden Meinungsverschiedenheiten — zumal bei der Beurteilung des bolschewistischen Rußlands — nicht überdecken. Die polnischen Politiker aller Couleur gingen nach der Oktoberrevolution von 1917 von einem möglichst langfristigen Ausscheiden Rußlands als Dominanzmacht in Osteuropa aus, während die tschechischen Vertreter anfangs in der kommunistischen Machtübernahme nur ein kurzfristiges *débâcle*, ja einen läßlichen, aber verzeihlichen Fehltritt sahen und durch intensive Unterstützung der demokratischen Kräfte durch die Alliierten sowie nach einer Reorganisation des Russischen Reiches auf der Grundlage des Selbstbestimmungsrechtes die Rückkehr zu einer parlamentarischen Ordnung und die Teilhabe an der Verantwortung für die konstruktive Entwicklung Nachkriegseuropas erhofften. Als die polnischen Sozialisten (= PPS) und Józef Piłsudski unter Berufung auf das historische Staatsrecht die Wiederherstellung Polens in seinen Grenzen von 1772 forderten und für die nicht von Polen bewohnten Territorien im Osten eine Restauration der alten jagiellonischen Föderation in einer neuen Form in Aussicht stellten, fand dieses — auch von der polnischen Nationaldemokratie nur mit Vorbehalten unterstützte — Konzept den einhelligen Widerspruch der Führer der tschechischen Auslandsaktion. Masaryk und Beneš wurden nicht müde, die diesem „polnischen Imperialismus“ innewohnende Gefahr anzuprangern und nicht nur den Verzicht der eindeutig von Weißrussen und Ukrainern bewohnten Gebiete zu fordern, sondern auch die Aufgabe von Ostgalizien und Lemberg zu propagieren[24]. Da die tschechische Seite aber unbeschwert die Lozierung ihres Staatsgebietes in historischen Grenzen für sich in Anspruch nahm, wobei sie dieses Prinzip aus strategischen oder wirtschaftlichen Überlegungen jedoch jederzeit auszuweiten bereit war, bahnte sich, unbeschadet der Beschwörungen, angesichts der auch nach der Kriegsniederlage nicht gebannten deutschen Gefahr die engste Interessengemeinschaft zu wahren, bereits im Augenblick der Befreiung und der Wiedererrichtung der Eigenstaatlichkeit ein neuer Konflikt an, der das so mühsam zustandegekommene Einvernehmen rasch beseitigte und die zwischenstaat-

---

[22] Kasprzak, St.: Stosunek Czech do Polski (1914—1921). Warszawa 1936, S. 19 und 22. — Witt, Kurt: Die Teschener Frage. Volk und Reich 11 (1935) 4, S. 92. — Masaryk, Tomáš Garrigue: Nová Evropa [Das neue Europa]. Praha 1920, S. 58 f., S. 61. — Masaryk, Tomáš Garrigue: Cesta demokracie. Soubor projevů za republiky. Svazek první 1918—1920 [Der Weg zur Demokratie]. Praha 1933, S. 44.

[23] Masarykovy projevy a řeči za války [Masaryks Äußerungen und Reden während des Krieges]. Bd. 1. Praha 1919, S. 56. — Masaryk, Tomáš Garrigue: Slovanské problémy [Slawische Probleme]. Praha 1928, S. 125.

[24] Dmowski: Polityka 216—218. — Beneš: War Memoirs 312.

lichen Beziehungen bis zur erneuten Liquidierung der beiden Nachbarmächte dominierte. Ein Zankapfel war das ehemalige Herzogtum Teschen.

Sowohl die Auslandsrevolution als auch die in der Heimat verbliebenen Politiker beider Seiten hatten diesem kohle- und industriereichen Grenzgebiet keine besondere Bedeutung beigemessen und eine für alle Beteiligten zufriedenstellende Lösung ins Auge gefaßt[25]. Dabei sollten die mehrheitlich von einer polnisch-stämmigen Bevölkerung bewohnten Gebiete an Polen fallen. Die am 5. November 1918 gezogene Demarkationslinie entsprach weitgehend den ethnographischen Bedingungen. Doch bereits am 28. September hatte die französische Regierung ihre Unterstützung zur Delimitation des Tschecho-Slowakischen Staates in seinen historischen Grenzen, also natürlich auch einschließlich des Herzogtums Teschen, verbindlich zugesagt; unter Berufung auf diese Vereinbarung und unter Betonung der wirtschaftlichen und verkehrspolitischen Bedeutung des Gebiets nahm vor allem die Nationaldemokratische Partei unter Ministerpräsident Kramář eine zunehmend intransigente Haltung ein. Polen wurde bei einem Verzicht auf das von Polen — „Wasserpolacken" oder Schlonzaken —, Tschechen und Deutschen bewohnte Gebiet von Teschen die volle tschechoslowakische Unterstützung der polnischen Forderungen auf Zuteilung des gesamten oberschlesischen Industriereviers aus dem Besitz des Deutschen Reiches in Aussicht gestellt. Da die wichtige Ost-West-Verbindung, die Kaschau-Oderberger Bahn, ebenso wie Bielitz und die Stadt Teschen unter polnische Verwaltung gefallen war, allein der Bezirk Friedeck unter tschechoslowakischer Administration stand und der Kreis Freistadt geteilt worden war, ließ die tschechoslowakische Seite in den folgenden Wochen nichts unversucht, ihre Position zu verbessern und durch ein *fait accompli* die Entscheidung der Friedenskonferenz zu ihren Gunsten zu beeinflussen. Polnische Rekrutierungsanordnungen und Vorbereitungen für die Sejm-Wahl beantwortete die Regierung Kramář mit Protesten und — als Marschall Foch als Oberbefehlshaber der alliierten Truppen keine Antwort auf das tschechische Ersuchen nach Besetzung des Gesamtgebietes erteilte — zwischen dem 23. und dem 30. Januar 1919 mit dem Einmarsch ihrer Truppen.

Nach der Intervention des „Rats der Zehn" in Paris mußte Beneš am 3. Februar 1919 einem Abkommen mit dem polnischen Vertreter Dmowski zustimmen, wodurch das Gebiet von Teschen einer interalliierten Kommission unter Graf

---

[25] Die Bibliographie über den Teschen-Konflikt ist einschüchternd umfangreich, auch wenn ein Großteil des Materials einen zeitgebundenen, rein propagandistischen Charakter besitzt. Die bis 1937 erschienenen Titel führt fast vollzählig auf Sworakowski, Witold: Polacy na Śląsku za Olzą [Die Polen in Schlesien jenseits der Olsa]. Warszawa 1937. — Die gegenwärtig brauchbarste Interpretation lieferte Valenta, Jaroslav: Česko-polské vztahy v letech 1918—1920 a Těšinské Sleszko [Die tschechisch-polnischen Beziehungen in den Jahren 1918—1920 und das Teschener Schlesien]. Ostrava 1961. — Edvard Beneš legte seine Auffassung in dem Beitrag nieder: Boj o Těšinsko [Der Kampf um Teschen]. In: Problémy nové Evropy a zahraniční politika Československá. Praha 1924, S. 61—82. — Eine einfühlsame Darstellung der Problematik bieten Wandycz: France and Her Eastern Allies 75—103 (Literaturangaben S. 413 f.) und Perman, Dagmar: The Shaping of the Czechoslovak State. Diplomatic History of the Boundaries of Czechoslovakia, 1914—1920. Leiden 1962.

Manneville zur Vorbereitung einer Volksabstimmung unterstellt wurde. Die tschechoslowakische Regierung konnte diesmal jedoch die Verwaltung der Kaschau-Oderberger Bahn und eine gerechtere Aufteilung der geförderten Kohle durchsetzen. Die polnische Initiative, durch eine rasche Volksabstimmung in den strittigen Bezirken Teschen und Freistadt der Entscheidung der Friedenskonferenz vorzugreifen, stieß bei Verhandlungen in Krakau Ende Juli 1919 auf die strikte Ablehnung der tschechoslowakischen Vertreter. Ihre Chancen sanken aber stetig, zumal die von Polen beigebrachten Bevölkerungsstatistiken in Paris eher Zustimmung zu finden schienen als das tschechische Beharren auf Berücksichtigung der historischen Grenzziehung. Ministerpräsident Tusar sah sich am 10. September 1919 zu der Erklärung veranlaßt, die ČSR werde bei einer unzureichenden Berücksichtigung ihrer Interessen in Teschen die Ratifikation der Friedensverträge verweigern. Beneš konnte eine Entscheidung schließlich durch die Annahme des in der ČSR sehr unpopulären Plebiszitplanes hinausschieben und den polnischen Ministerpräsidenten Grabski am 10. Juli 1920 im Protokoll von Spa zu der Akzeptierung eines Schiedsspruchs der Pariser Botschafterkonferenz veranlassen. Angesichts der desolaten militärischen Lage Polens im Konflikt mit der jungen Sowjetmacht erzielte Beneš am 28. Juli 1920 im Vergleich zu den Demarkationslinien vom 5. November 1918 und 3. Februar 1919 einen unerwarteten Erfolg, denn für geringfügige Grenzberichtigungen in der Slowakei zugunsten Polens erhielt die ČSR zwar durch die Olsa-Grenze das mit seinen Berg- und Hüttenwerken wirtschaftlich bedeutendere Kohlengebiet und die Kaschau-Oderberger Bahn zugeteilt, zog sich aber dadurch die nie so recht ausgeräumte Mißstimmung Polens zu, die mehrfach, so 1934 und während der Sudetenkrise, in offene Feindschaft umzuschlagen drohte. Erst durch die Entscheidung der Botschafterkonferenz vom 16. September 1924 über den Verlauf der gemeinsamen Staatsgrenze in der Javorina, Orava und in der Zips wurden die leidigen, quantitativ in keinem Verhältnis zu den geweckten Emotionen und politischen Vorbehalten stehenden territorialen Querelen zwischen den beiden Staaten endgültig bereinigt[26].

Von ungleich größerer politischer Brisanz war die aktive Ostpolitik, die in Polen unter dem Einfluß von Józef Piłsudski 1919/20 betrieben wurde, in ihren Auswirkungen auf die tschechoslowakisch-polnischen Beziehungen. Spannungen wegen der unkritischen Russophilie des tschechoslowakischen Premiers der ersten Stunde, Karel Kramář, waren schon zu Jahresbeginn 1919 aufgetreten und hatten eine vertrauensvolle Zusammenarbeit mit dem ebenfalls dem nationaldemokratischen Lager entstammenden, dem Piłsudskischen Konzept der jagiellonischen Föderalisationspolitik mit großen Vorbehalten gegenüberstehenden polnischen Chefdelegierten bei der Pariser Friedenskonferenz, Roman Dmowski, verhindert. Da die tschechoslowakische Unterstützung wegen des schwelenden Teschen-Konflikts für das polnische Bemühen um die Zuteilung von Oberschlesien, von Ost-Galizien und der litauischen Gebiete um Wilna bestenfalls lauwarm blieb und Prag weiterhin die Auffassung vertrat, die polnische Ostgrenze sei unter Berücksichtigung ethnischer Kriterien in Anlehnung an die spätere „Curzon-Linie" festzu-

[26] Siehe dazu Wandycz: France and Her Eastern Allies 265—269 und 276—291.

legen, sprach sich der Außenpolitische Ausschuß des Sejm gar für den Abbruch der diplomatischen Beziehungen zur ČSR aus[27]. Die fehlende Bereitschaft beider Seiten, die aus der Selbständigkeit erwachsenden Probleme politischer, ökonomischer oder militärischer Natur der anderen Seite verstehen und einen Beitrag zur Lösung beisteuern zu wollen, sowie die immer spürbarer werdende Rivalität in dem Bemühen, zur eigentlichen Führungsmacht in Ostmitteleuropa aufzusteigen, waren nicht mehr zu übersehen. Ein fehlgeleitetes nationales Prestigedenken unverantwortlicher Politiker, die sich am Schüren der Emotionen gegen den slawischen Bruderstaat beteiligten, und das Buhlen um das Wohlwollen der französischen Siegermacht, deren Unterstützung für das Ausstechen des ungeliebten Rivalen notwendig war, kennzeichneten das politische Klima zwischen Polen und der Tschechoslowakei in der Anfangsphase ihrer staatlichen Souveränität. Weder der Wunsch der Suprematsmacht Frankreich noch die Beschwörung der slawischen Solidarität reichten aus, die nationalen Eigeninteressen in den Nachfolgestaaten hintanzustellen und gemeinsam zur Konsolidierung dieses Raumes beizutragen. Selbst Benešs abgeschwächter Forderung nach einem gemeinsamen Vorgehen der slawischen Nationen in den Fällen, wo es eine gleiche Interessenlage gab, sowie Benevolenz bei Unbeteiligtheit und Nichteinmischung der nichttangierten Slawen bei Streitfragen zwischen slawischen Völkern war bei dem sich ausbildenden und die öffentliche Meinung beider Ländern vergiftenden Antagonismus kein Erfolg beschieden.

Als sich Piłsudskis Polen dann im Mai 1920 leichtfertig mit dem bolschewistischen Rußland anlegte, sah Beneš nicht nur die Gefahr einer totalen polnischen militärischen Niederlage innerhalb von sechs Wochen heraufziehen, sondern auch die Möglichkeit einer deutschen und sowjetischen Waffenkooperation erwachsen, die das in den Pariser Vorortverträgen so mühsam und doch so unzulänglich ausgehandelte Friedenswerk in Frage zu stellen drohten. Als die Gegenoffensive die Rote Armee bis an das östliche Weichselufer führte und das Schicksal des neuen Polen in der Tat besiegelt schien, scheute sich Beneš nicht, durch das Ultimatum von Spa die Gunst der Stunde zur Herbeiführung der für Polen enttäuschenden Aufteilung des Gebiets von Teschen zu nutzen, den Transport der angebotenen ungarischen Waffenhilfe über tschechoslowakisches Territorium nach Polen zu verhindern und am 7. August 1920 trotz massiven französischen Drucks, der Entscheidung der Reichsregierung vom 25. Juli folgend, mit der Erklärung der Neutralität die Bereitstellung oder Beförderung von Kriegsmaterial für eine der beiden kämpfenden Parteien zu untersagen[28]. Obschon der für die Prager Politiker überraschende polnische Erfolg, der schließlich im Frieden von Riga am

---

[27] G ą s i o r o w s k i in: The Slavonic Review 35 (1956/57) 180.

[28] Einzelheiten bei V o n d r a c e k : Foreign Policy 154—157. — K a s p r z a k 92—102. — Eine kompetente, bisher ungenutzte Archivalien verwendende Zusammenfassung verfaßte O l i v o v á , Věra: Polityka Czechosłowacji wobec Polski podczas wojny polsko-radzieckiej 1920 r. [Die Politik der Tschechoslowakei gegenüber Polen während des polnisch-russischen Krieges 1920]. Studia z dziejów ZSRR i Europy Środkowej 2 (1967) 206—227. — Über die oft überschätzte Rolle des französischen Generalstabs und speziell des Generals Weygand am „Wunder an der Weichsel" siehe W a n d y c z , Piotr S.: General Weygand and the Battle of Warsaw of 1920. JCEA 19 (1959/60).

18. März 1921 in eine Festlegung der polnisch-sowjetischen Grenze 150 km östlich der „Curzon-Linie" mündete, die Bereitschaft zur Ausgestaltung konstruktiverer Beziehungen zu Warschau wesentlich förderte, konnte und wollte man in Polen die „tschechische Perifidie" und das Imstichlassen nicht vergessen. Die Forderung, Revanche für den „Coup von Spa" zu nehmen und damit die Regelung über Teschen in Frage zu stellen, eine gemeinsame Grenze mit dem hilfsbereiten Ungarn anzustreben und einen baldigen Zerfall des „Kunstproduktes" Tschechoslowakei zu fördern, fand populäre Unterstützung und Eingang auch in die politisch einflußreichen Kreise der polnischen Hauptstadt[29].

Nicht nur das Schlüsselerlebnis der versagten Hilfe im polnisch-sowjetischen Konflikt, sondern auch andere — unnötige — Mißhelligkeiten trugen in dieser emotionsgeladenen Atmosphäre zu einer Verschlechterung der Beziehungen bei. Von tschechischer Seite wurde der polnischen Regierung unterstellt, den ungarischen Widerstand gegen den Vertrag von Trianon zu schüren und die Regierung in Budapest zu ermutigen, Karpatorußland und die Slowakei nicht kampflos preiszugeben[30]. Die weitgehende Förderung, die ukrainische Emigranten, Gegner des 1919 mit militärischen Mitteln erzwungenen Anschlusses von Ost-Galizien an den polnischen Staat, in Prag fanden, und die Furcht, Karpatorußland könne zu einem Piemont einer die Integrität Polens gefährdenden ukrainischen Irredenta aufsteigen[31], ließen Warschau neben dem Wunsch nach der gemeinsamen Grenze eine Unterstützung des ungarischen Anspruchs auf diese unterentwickelte Provinz angebracht erscheinen. Nach der — allein durch polnische Hilfe ermöglichten — Vorsprache des slowakischen Autonomistenführers Andrej Hlinka bei der Friedenskonferenz in Paris hegte die Prager Regierung zudem den nicht unbegründeten Verdacht, Polen wolle eine Separation der Slowakei vorantreiben, um sie danach in ein Suzeränitätsverhältnis nehmen und politisch-strategisch im Nordkarpatenbogen Fuß fassen zu können[32]. Zudem verdächtigten sich beide Seiten

---

[29] Vgl. in diesem Zusammenhang die Arbeiten von Studnicki, Władysław: Kwestija Czechosłowacji a racja stanu polski [Die tschechoslowakische Frage und die polnische Staatsräson]. Warszawa 1938. — Ders.: System polityczny Europy a Polska [Das europäische politische System und Polen]. Warszawa 1935; oder das Buch des ehemaligen polnischen Außenministers Seyda, Marjan: Polska na przełomie dziejów [Polen am Wendepunkt der Geschichte]. Bd. 2. Poznań 1931.

[30] Das Ausmaß der polnisch-ungarischen Zusammenarbeit zu diesem frühen Zeitpunkt legt offen Kovacs, Endre: Stosunki węgiersko-polskie w latach 1919—1921 [Die ungarisch-polnischen Beziehungen in den Jahren 1919—1921]. Studia z dziejów ZSRR i Europy Środkowej 3 (1967) 151—186.

[31] Lewandowski, Krzysztof: Sprawa ukraińska w polityce zagranicznej Czechosłowacji w latach 1918—1932 [Die ukrainische Frage in der tschechoslowakischen Außenpolitik in den Jahren 1918—1932]. Wrocław usw. 1974.

[32] Vornehmlich der Krakauer Historiker Henryk Batowski hat sich um die Darstellung der polnisch-slowakischen Beziehungen in der Zwischenkriegszeit verdient gemacht: Zarys dziejów Słowacji w ostatnim dwudziestoleciu 1918—1937 [Abriß der Geschichte der Slowaken in den letzten zwei Jahrzehnten]. In: Słowacja i Słowacy. Kraków 1938, S. 119—195. — Ders.: Słowacja w polityce polskiej 1918—1945 [Die Slowaken in der polnischen Politik 1918—1945]. Zborník Filozofickej Fakulty Univerzity Komenského, Historica 22 (1970) 283—295. — Ders.: Z polsko-slovenskych vzt'ahov v obdobi rokov 1931—1939 [Zu den polnisch-slowakischen Beziehungen in

der geheimen Zusammenarbeit mit dem Deutschen Reich: während die polnische Regierung ein Einvernehmen zwischen Berlin und Prag in der Teschen-Frage vermutete, das von tschechoslowakischer Seite bei der Durchsetzung der deutschen Ansprüche in Oberschlesien honoriert werden sollte, glaubten Prager politische Kreise an eine Billigung, ja aktive Unterstützung der expansiven Warschauer Ostpolitik durch die Reichsregierung, der dafür polnische Zugeständnisse in den umstrittenen Grenzziehungskomplexen in Posen und Westpreußen in Aussicht gestellt worden seien[33].

Doch es hat seit 1920 auch nicht an ernstzunehmenden Versuchen gefehlt, die beiden sich voller Mißtrauen belauernden Nachbarn miteinander auszusöhnen. Im November 1920 besuchte der bedeutende rumänische Staatsmann und Außenminister Take Ionescu Warschau und Prag in der Hoffnung, die Mißverständnisse ausräumen und die Voraussetzungen für den Beitritt Polens zur Kleinen Entente schaffen zu können. Die Tatsache, daß sich das bolschewistische Regime in Rußland weiter konsolidierte und auch die deutsche Politik verlorenen Boden in Ostmitteleuropa gutzumachen versuchte, wurde weder in der tschechoslowakischen noch in der polnischen Hauptstadt übersehen, doch beide Regierungen empfanden es als eine Belastung, ihre eigene schwierige politische Ausgangslage mit den ungelösten Problemen des Nachbarn weiter zu komplizieren. Beneš zeigte wenig Neigung, die Politik der ČSR mit dem offenen Wilna-Konflikt mit Litauen oder dem polnisch-sowjetischen Antagonismus zu befrachten; in Warschau herrschte angesichts der weitverbreiteten antitschechischen Haltung in der polnischen Öffentlichkeit die Auffassung, daß eine Gesamtgarantie aller Pariser Vorortverträge nur dann vorteilhaft sei, wenn dabei auch der Frieden von Riga Berücksichtigung fände und wenn die anti-magyarische Zielsetzung der Kleinen Entente durch eine konstruktive, großräumige Politik der Kooperation in Ostmitteleuropa abgelöst werde. Da zudem die jugoslawische Regierung keine Bereitschaft zu erkennen gab, im entfernten baltischen Raum politische Verantwortung zu übernehmen, kam es am 3. März 1921 allein zur Unterzeichnung eines polnisch-rumänischen Bündnisses.

Im Rahmen der polnisch-französischen Bündnisverhandlungen im Februar 1921 setzte auch der Quai d'Orsay sein Bemühen darein, ein dauerhaftes *rapprochement* zwischen Prag und Warschau herbeizuführen. Nach einem Zusammentreffen der Außenminister Beneš und Sapieha in Paris setzten in der Tat ernsthafte Ausgleichsbestrebungen ein, die jedoch bald von der tschechoslowakischen Seite mit zunehmender Skepsis und Distanz betrieben wurden. Die innenpolitische Instabilität in Polen mit den dauernden Regierungswechseln, die unbewältigten ökono-

---

den Jahren 1931—1939]. Historické štúdie 15 (1970) 227—243. — Von slowakischer Seite liegen vor die Aufsätze von Bartlová, Alena: Slovensko-polske vzt'ahy v rokoch 1919—1939 [Die slowakisch-polnischen Beziehungen in den Jahren 1919—1939]. HČ 20 (1972) 363—384. — Dies.: Przyczynek do historii stosunków słowacko-polskich w okresie międzywojennym [Ein Beitrag zur Geschichte der slowakisch-polnischen Beziehungen in der Zwischenkriegszeit]. Studia z dziejów ZSRR i Europy Środkowej 9 (1973) 181—200.

[33] Siehe dazu auch Beneš: Problémy nové Evropy 69—71, 152 f.

mischen Schwierigkeiten, die geopolitische Lage mit der ungeschützten Ostgrenze und, im Zusammenhang mit der sich eskalierenden Auseinandersetzung um Oberschlesien, die gefährliche Zuspitzung der deutsch-polnischen Beziehungen ließen es Beneš angebracht erscheinen, Zurückhaltung zu üben. Erst als unter Zurückdrängung der sozialistischen Kräfte der Führer der gemäßigten Bauernpartei, Wincenty Witos, die Regierung übernahm und unter ihm jene Kräfte an Einfluß gewannen, die einen *modus vivendi* mit Rußland propagierten, weil sie im Deutschen Reich den gefährlicheren Gegner für den so mühsam gewonnenen *status quo* in Nachkriegseuropa erblickten, verbesserten sich wieder die Ausgleichschancen. Die im Juni 1921 erfolgte Ernennung von Konstanty Skirmunt zum Außenminister und von Erazm Piltz zum Gesandten in Prag, die seit ihrer Mitarbeit im polnischen Nationalkomitee entschiedene Fürsprecher einer engen Zusammenarbeit zwischen der ČSR und Polen waren, signalisierte die Bereitschaft Warschaus, die Mißhelligkeiten der Vergangenheit zu vergessen. Erfolgversprechende Handelsvertragsverhandlungen ebneten den Weg zur Intensivierung der politischen Kontakte, die Ende August 1921 bereits zur polnischen Beteiligung an einer Sitzung der Kleinen Entente in Prag und zu einer kritischeren Politik Warschaus gegenüber Ungarn Anlaß gaben. Bei einem Besuch Skirmunts in Prag wurde am 6. November 1921 schließlich eine Abmachung unterzeichnet, in der wohlwollende Neutralität, gegenseitige Gebietsanerkennung und die Durchführung einer Arbitrage bei Streitigkeiten vorgesehen waren. Die ČSR erklärte ihr Desinteresse an der ukrainischen Frage und versprach, die polnischen Ansprüche auf Ost-Galizien im Rahmen der Möglichkeiten zu unterstützen, während Polen zusagte, sich aus der Entwicklung in der Slowakei herauszuhalten und einen Beitrag zur Abwehr der habsburgischen Restaurationsversuche in Ungarn und in Österreich zu leisten. Am Widerstand der öffentlichen Meinung in Polen, die in den Volkszählungsergebnissen von 1921 eine Verfälschung der tatsächlichen Stärke der polnischen Minderheit in Teschen erblicken zu müssen glaubte, scheiterte die Ratifizierung dieser Vereinbarung — sehr zum Bedauern Benešs — im polnischen Sejm[34]. Auch wenn die polnische Politik danach in der Frage der Habsburger-Restauration sowie in der Abwehr der auf der Konferenz von Genua im Vertrag von Rapallo zwischen dem Deutschen Reich und Sowjetrußland niedergelegten Zusammenarbeit eine der tschechoslowakischen Linie weitgehend entsprechende Außenpolitik einhielt, die Arbeit der Kleinen Entente mit wohlwollendem Interesse verfolgte[35] und der militärischen Zusammenarbeit mit der ČSR

[34] Zwei knappe Aufsätze von Piotr S. Wandycz tragen zum Verständnis der Hintergründe bei: The Czechoslovak-Polish Rapprochement of 1921. Central European Federalist 6 (1958) 78—84; und U źródel paktu Skirmunt-Benesz [Über die Quellen des Sirkmunt-Beneš-Abkommens]. Kultura 11 (1958) 133, S. 119—126. Von polnischer Seite stellt den Ablauf der Verhandlungen dar Szklarska-Lohmannowa, Alina: Rokowania polsko-czechosłowackie w 1921 r. [Die polnisch-tschechoslowakischen Verhandlungen im Jahr 1921]. Studia z dziejów ZSRR i Europy Środkowej 3 (1967) 187—206.

[35] Die jüngste Gesamtdarstellung der Geschichte der Kleinen Entente verfaßte Vanku, M.: Mala Antanta 1920—1938. Titovo Uzice 1969, in der unter Überbewertung der Rolle Jugoslawiens auch dem Verhalten der polnischen Regierung zu diesem Paktsystem Auf-

große Bedeutung beimaß[36], war eine gute Gelegenheit vertan, einen Schlußstrich unter die Mißverständnisse der Vergangenheit zu ziehen und zu einer für beide Staaten förderlichen Kooperation zu gelangen. Der bis ins Jahr 1924 schwelende Streit über die Grenzziehung in der Javorina, ein richtiger Sturm im Wasserglas, trug wesentlich mit dazu bei, daß sich beide Nachbarn weiterhin voller Mißtrauen beäugten[37]. Erst als diese Farce beigelegt war, boten sich neue Ansätze, um zu einem *rapprochement* zu gelangen.

Zwar fehlte es auch im Jahre 1923 nicht an Erklärungen beider Seiten, wie wünschenswert doch eine Aussöhnung wäre. Als aber Marschall Foch bei einem Besuch beider Länder im Mai 1923 die Verständigungsbereitschaft auszuloten versuchte, zeigte sich, daß neben dem ungelösten Javorina-Konflikt die unterschiedliche Beurteilung der Ruhr-Krise und der Arbeitsschwerpunkte des Völkerbundes Annäherungsbemühungen fast aussichtslos erscheinen ließen[38]. Die kleinliche Diskriminierung der zahlenmäßig unbedeutenden, weniger als 100 000 Menschen zählenden polnischen Minderheit in Teschen, deren kulturelle Rechte zunehmend eingeengt wurden[39], sowie die Errichtung einer ukrainischen Universität in Prag, die bald zur antipolnischen Propagandazentrale aufstieg[40], schufen unnötig böses Blut in Polen. Selbst als sich Piłsudski 1923 verärgert aus der aktiven Politik vorübergehend zurückzog und in einem neuen Kabinett Witos mit Marjan Seyda ein Dmowskis Vorstellungen[41] nahestehender Politiker das Außenministerium übernahm, war der Nullpunkt in den zwischenstaatlichen Beziehungen nicht zu überwinden. Da auch der polnische Wunsch, anstelle der ČSR einen ständigen Sitz im Völkerbundsrat zu erhalten, keine Unterstützung durch Beneš erfuhr, war ein

---

merksamkeit gezollt wird. — Siehe dazu auch Lewandowski, Józef: Pierwsze próby integracji Europy Środkowej po I wojnie światowej na tle rywalizacji polsko-czechosłowackiej [Erste Versuche nach dem Ersten Weltkrieg zur Integration Osteuropas im Lichte der polnisch-tschechoslowakischen Rivalität]. Studia z dziejów ZSRR i Europy Środkowej 2 (1967) 145—166.

36 Balcerak, Wiesław: Sprawa polsko-czechosłowackiego sojuszu wojskowego w latach 1921—1927 [Die Frage einer polnisch-tschechoslowakischen Militärallianz in den Jahren 1921—1927]. Studia z dziejów ZSRR i Europy Środkowej 3 (1967) 207—226. — Bułhak, Henryk: Z dziejów stosunków wojskowych polsko-czechosłowackich w latach 1921—1927 [Zur Geschichte der polnisch-tschechoslowakischen militärischen Beziehungen in den Jahren 1921—1927]. Studia z dziejów ZSRR i Europy Środkowej 5 (1969) 115—145.

37 Die Hintergründe enthüllt Gąsiorowski in seinen bereits mehrfach zitierten Aufsätzen: Polish-Czechoslovak Relations. The Slavonic Review 35 (1956/57). — Siehe auch Wandycz: France and Her Eastern Allies 265—269 und 276—291.

38 Alexander, Manfred: Zur Reise von Marschall Foch nach Warschau und Prag im Frühjahr 1923. BohJb 14 (1973) 289—319.

39 Bader: Stosunki polsko-czeskie 25 f. — Sworakowski: Polacy 209 ff.

40 Das tschechoslowakische Außenministerium gab 1924 eine Broschüre Czechoslovak Help to the Russian and Ukraine Emigration heraus, in der es sich aller Hilfsmaßnahmen rühmte. Zur Reaktion der Polen siehe Laroche, Jules: La Pologne de Piłsudski: Souvenirs d'une ambassade, 1926—1935. Paris 1953, S. 73.

41 Eine authentische Interpretation dieser Richtlinien in bezug auf die ČSR findet sich bei Grabski, Stanisław: Uwagi o bieżącej historycznej chwili Polski [Betrachtungen über die gegenwärtigen historischen Augenblicke Polens]. Warszawa 1922, S. 152.

neuer Tiefpunkt in den beiderseitigen Kontakten zu beklagen, der auch nicht überwunden werden konnte, als am 27. Oktober 1923 der aussöhnungsbereite Dmowski kurzfristig das Außenministerium übernahm. Beneš spielte zwar am 30. Oktober vor dem Parlament die bestehenden Schwierigkeiten herunter[42] und gab in seiner großen Ansprache über fünf Jahre tschechoslowakischer Außenpolitik[43] seiner Bereitschaft Ausdruck, eine enge Zusammenarbeit mit Polen neben der Kleinen Entente herbeiführen zu wollen, ohne jedoch konkrete Vorhaben zu erwähnen. Als am 6. Mai 1924 endlich die Protokolle über den Verlauf der beiderseitigen Grenze entlang des Karpatenkammes ausgefertigt und somit der Streit über die Javorina und die Zips beigelegt werden konnten, schien endlich die Voraussetzung für eine Intensivierung der Beziehungen gegeben zu sein.

Daran zeigte einmal mehr die französische Regierung ein Interesse, die am 25. Januar 1924 ihren Allianzvertrag mit der ČSR abgeschlossen und in einem Memorandum vom 16. Februar eine engere militärische Zusammenarbeit zwischen ihren osteuropäischen Bündnispartnern verlangt hatte. Die Militärs in beiden Staaten griffen diese Initiative gerne auf, zumal sie schon zuvor die Notwendigkeit einer militärischen Kooperation im Falle eines deutschen Angriffs betont hatten. Allein die tschechoslowakische Regierung sah ihrerseits diesmal keine Notwendigkeit zum Abschluß eines Militärbündnisses mit Polen, das ihrer Politik der guten Beziehungen zu allen Nachbarn Abbruch tun und gerade im Deutschen Reich als Provokation empfunden werden mußte[44]. Die Wahlniederlage von Poincaré im Mai 1924 und die danach einsetzende Änderung in der Ausrichtung der französischen Außenpolitik wirkten sich auch auf die polnisch-tschechoslowakischen Beziehungen aus. Die Ernennung von Aleksander Graf Skrzyński zum Außenminister, dem die polnische Linke die Unterstützung nicht versagte, ermöglichte unter Vermittlung des französischen Premiers Herriot auf der Herbstsitzung 1924 des Völkerbundes eine weitgehende Annäherung des tschechoslowakischen und des polnischen Standpunktes. Benešs ausdrückliches Bekenntnis zur territorialen Integrität des polnischen Staates und die Betonung der Notwendigkeit einer engen slawischen Zusammenarbeit unter strikter Beachtung der nationalen Sonderinteressen und unter Vermeidung einer Einmischung in die innenpolitischen Verhältnisse der Bruderstaaten[45] öffneten im November 1924 den Weg für mühsame, nur langsam vorankommende Vertragsverhandlungen. Erst die Pläne, das Deutsche Reich in den Völkerbund aufzunehmen, und das Bekanntwerden des deutschen Beharrens auf einer unterschiedlichen Behandlung der West- und der Ostgrenzen trieb die Gespräche der beiden jetzt stark verunsicherten Nachbarn voran. Während Prag im strikten Vertrauen auf die französischen Bündniszusagen sich der zu Locarno führenden Entwicklung nicht entgegenstemmte, versuchte die

[42] Beneš: Problémy nové Evropy 268.
[43] Beneš: Problémy nové Evropy 289 f.
[44] Bader: Stosunki polsko-czeskie 31 f.
[45] Beneš, Edvard: Boj o mír a bezpečnost statu [Der Kampf um den Frieden und die Sicherheit des Staates]. Praha 1934, S. 293 f. — Prager Presse vom 5. Dezember 1924 mit dem Bericht von Benešs Ansprache vor dem Kongreß der Tschechoslowakischen Nationalsozialistischen Partei am Vortag; sowie Problémy slovanské politiky [Probleme der slawischen Politik]. In: Slovanský přehled 1925/26.

Warschauer Regierung alles in ihren Kräften Stehende, um eine Diskriminierung und eine Gefährdung ihrer langen Grenze zum Deutschen Reich zu verhindern. In Warschau wurde nicht erkannt, daß eine friedliche Revision der deutschen Ostgrenze die tschechoslowakische Regierung dann nicht zu beunruhigen brauchte, solange die Reichsregierung daraus keine Ansprüche auf tschechoslowakisches Territorium ableitete oder den Anschluß Österreichs forcierte[46]. Unter heftigem Protest der tschechoslowakischen Nationaldemokraten, deren Führer Kramář am 12. April 1925 in Preßburg jede Annäherung an Polen, die auf Kosten der Beziehungen Prags zur UdSSR gehen mußte, heftig verurteilte[47], traf Beneš am 20. April zu seinem ersten und einzigen Besuch in Warschau ein. Die am 23. von ihm und seinem polnischen Kollegen Skrzyński unterzeichneten drei Vereinbarungen sahen ein modifiziertes Arbitrage-Verfahren, die „Liquidation" der aus der neuen Grenzziehung erwachsenen finanziellen, juristischen und minoritätspolitischen Streitpunkte sowie schließlich die Meistbegünstigungsklausel im beiderseitigen Handelsaustausch und Erleichterungen im Transitwarenverkehr vor[48], die diesmal die Ratifikationshürde im polnischen Parlament passierten. Eine weiterreichende politische Absprache konnte nicht getroffen werden, obwohl schon damals Überlegungen angestellt worden sein dürften, die dann in den dreißiger Jahren mit den Schlagworten „Ost-Locarno" und „Ostpakt-System" weiterentwickelt wurden. Die Wahl Hindenburgs zum Reichspräsidenten, die in beiden Ländern übereinstimmend als Zeichen des Wiedererwachens eines deutschen Nationalismus und Militarismus gewertet wurde, ließ im Rahmen der eben vollzogenen Annäherung die beiden Nachbarn enger zusammenrücken; die in den Locarno-Vertrag mündenden Verhandlungen machten aber bald deutlich, daß Prag kein gesteigertes Interesse an der Übernahme von Verpflichtungen zum Schutz der polnischen Westgrenze besaß und auch Warschau eine Garantie der tschechoslowakischen Südgrenze gegenüber Ungarn unter allen Umständen vermeiden wollte.

Während die polnische Regierung nach einer Beilegung des Konflikts um die deutsche Westgrenze das Aufleben einer verstärkten revisionistischen Politik für unvermeidlich hielt, erwartete Beneš gerade durch die Einbeziehung des Deutschen Reiches in den Völkerbund und die Bereinigung der deutsch-französischen Querelen eine generelle Stabilisierung des *status quo* und eine verstärkte Isolierung So-

---

[46] Neben den Arbeiten von Balcerak (siehe oben Anm. 12) geben Aufschluß zu diesem Komplex: Die Dissertation von Alexander, Manfred: Der deutsch-tschechoslowakische Schiedsvertrag von 1925 im Rahmen der Locarno-Verträge. München 1970; sowie die Aufsätze von Gąsiorowski, Zygmunt J.: Stresemann and Poland Before Locarno sowie Stresemann and Poland After Locarno. JCEA 18 (1958/59) 25—47 und 292—317; und: Beneš and Locarno: Some Unpublished Documents. The Review of Politics 20 (1958) 209—224. Eine ausgewogene Darstellung bietet selbstverständlich auch Wandycz: France and Her Eastern Allies 312—368.

[47] Studnicki: System polityczny Europy a Polska 287.

[48] Die Texte nach League of Nations. Treaty Series XLVIII, S. 287—381 und S. 383—395, sowie LVIII, S. 9—95. Eine auch heute noch beeindruckende konzise Darstellung und Analyse des sog. „Liquidationsabkommens" steuerte bei Kutrzeba, Stanisław: Traktat tzw. likwidacyjny Polski z Czechosłowacją [Das sog. Liquidationsabkommen Polens mit der ČSR]. Przegląd Współczesny 15 (1925) 175—192 und 421—439.

wjetrußlands — wodurch auch den polnischen Sicherheitsbedürfnissen Rechnung getragen würde[49]. Auch wenn in der Schlußphase der Locarno-Verhandlungen parallel in Berlin der deutsch-tschechoslowakische und der deutsch-polnische Schiedsvertrag ausgehandelt wurden, so war die von Beneš und Skrzyński eingenommene „identische Haltung" doch weit davon entfernt, zu einer geschlossenen Front gegen den mächtigen deutschen Nachbarn zu gelangen. Das der polnischen Ausgangsbasis keinesfalls entsprechende Ergebnis der Schiedsvertragsverhandlungen wurde dann in Warschau auch der unangebrachten Nachgiebigkeit und Konzilianz Benešs angelastet. Die in Polen schwelenden innen- und wirtschaftspolitischen Probleme, die eine tiefergreifende Konsolidierung bisher verhindert hatten, spitzten sich zu diesem Zeitpunkt weiter zu.

Solange das Deutsche Reich aus einer Position der Schwäche heraus operiert hatte, war Warschau in der Lage gewesen, den deutschen Revisionsanspruch weitgehend zu negieren. Doch jede internationale Aufwertung der Weimarer Republik hätte vom polnischen Standpunkt mit einem verbindlichen Verzicht auf eine Änderung der bestehenden Grenze einhergehen müssen. Denn außer der durch ein Ultimatum erzwungenen Unterschrift unter den Vertrag von Versailles hatte die Reichsregierung jede spätere Anerkennung der polnischen Westgrenze zu vermeiden verstanden und gegen die Teilung Oberschlesiens sogar eine „für alle Zeiten gültige Verwahrung" eingelegt. Gegenüber der ČSR hatte man sich in Berlin mit der bestehenden Grenzlinie dagegen weitgehend abgefunden. Durch den Vertrag von Locarno wurde somit das deutsch-polnische Verhältnis wesentlich beeinflußt — und dadurch eine wesentliche Komponente der polnischen Politik gegenüber dem tschechoslowakischen Nachbarn tangiert. Obschon es 1925 primär um die Bereinigung der deutsch-französischen Beziehungen ging, spielte die Frage der territorialen Integrität Polens eine bedeutsame Rolle, wurde in Paris und Warschau doch die Gefahr erkannt, daß die Reichsregierung nach der Verweigerung einer Garantie für die bestehende Ostgrenze die Möglichkeit besaß, durch ein sukzessives Aufrollen ost- und mitteleuropäischer Probleme „etwa von Danzig und dem Korridor beginnend über Oberschlesien, Posen und den Anschluß Österreichs hinweg den gegenwärtigen Status von Europa umzuwerfen". Und dennoch gelang es Reichsaußenminister Stresemann — nicht zuletzt dank der Mitwirkung der britischen Diplomatie —, einer Grenzgarantie, einem Nichtangriffspakt und einem „restlosen" Schiedsvertrag mit Frankreich als Garantiemacht auszuweichen[50].

Mit Locarno trat Deutschland in den Kreis der europäischen Großmächte ein — Polen trat aus ihm ab. Das Gefühl der diplomatischen Niederlage, die Einsicht, trotz der Revision der polnisch-französischen Beistandsverpflichtungen von seinem wichtigsten Alliierten im Stich gelassen worden zu sein, die Erkenntnis der Rück-

---

[49] Gąsiorowski: Polish-Czechoslovak Relations 1922—1926. The Slavonic Review 35 (1957) 499 f.

[50] Siehe dazu vor allem Balcerak, Wiesław: Polska politica zagraniczna wobec układów lokarneńskich [Die polnische Außenpolitik gegen die Verträge von Locarno]. Przegląd Zachodni 15 (1959) 259—297. — Lippelt, Helmut: Zur deutschen Politik gegenüber Polen nach Locarno. VfZ 19 (1971) 323—372.

stufung seiner Westgrenze zu einer Delimitationslinie „zweiter Klasse" und der Zwang zur Mitunterzeichnung der Vereinbarungen von Locarno zur Vermeidung der vollständigen Isolierung verfestigten sich traumatisch in den Vorstellungen der polnischen Politiker; die von tschechoslowakischer Seite immer wieder angestellte Überlegung, daß mit der Aufnahme in den Völkerbund das Deutsche Reich die Formen internationaler Verbindlichkeit und Kooperation anerkennen müsse, die es ihm erschweren würden, im Sinne der Revisionspolitik unbefangen aufzutreten, besaß nur geringen Trost. Die Erneuerung des polnisch-rumänischen Bündnisses am 26. März 1926, das Angebot der ČSR, durch Verzicht auf ihren Sitz im Völkerbundsrat der polnischen Regierung ein zusätzliches Trostpflaster für die Zustimmung zum deutschen Beitritt zukommen zu lassen, sowie der konstruktive Verlauf des Gegenbesuchs von Skrzyński Mitte April 1926 in Prag deuteten an, daß Warschau sich angesichts der veränderten weltpolitischen Konstellation wieder der Kleinen Entente anzunähern und seine Beziehungen zum tschechoslowakischen Nachbarn enger auszugestalten gedachte. Die Unterzeichnung des Berliner Vertrags zwischen dem Deutschen Reich und der UdSSR am 26. April 1926 wies dramatisch auf die durch die geopolitische Lage gegebene Gefährdung der polnischen Eigenstaatlichkeit und territorialen Unversehrtheit hin: eingepfercht zwischen dem unversöhnlichen reichsdeutschen und dem sowjetischen Revisionismus, mit Ausnahme Rumäniens keinem der Nachbarn in ganz spannungsfreien Beziehungen verbunden, durch zunehmenden Parteihader innenpolitisch weitgehend handlungsunfähig, mit enormen, durch den vom Deutschen Reich vom Zaun gebrochenen Zollkrieg noch verschärften wirtschaftlichen Schwierigkeiten konfrontiert, glaubten die um Marschall Piłsudski gescharten Kreise, das Land nur durch einen am 12. Mai 1926 vollzogenen Staatsstreich retten zu können[51].

Die ČSR-Politik Piłsudskis und Becks

Unter dem autoritären Regime des tschechophoben Marschalls Piłsudski erlangte die polnische Außenpolitik zwar eine größere innere Konsequenz und Stetigkeit, ohne daß sich jedoch in der Anfangsphase eine Vertiefung der bilateralen tschechoslowakisch-polnischen Beziehungen, die nach dem Besuch Skrzyńskis in Prag im Bereich des Möglichen lag, hätte herbeiführen lassen. In beiden Staaten räumte man dem Nachbarn keine langen Überlebenschancen ein: Piłsudski vertrat die Auffassung, daß sich die ČSR wegen ihrer schwächlichen Nationalitätenpolitik, dem deutschen Anspruch auf den Anschluß Österreichs, den zunehmend internationaler Unterstützung zuteil werdenden Forderungen Ungarns nach Revision des Friedens von Trianon und dem Autonomiebegehren der Slowaken nicht werde gewachsen zeigen und früher oder später die karpatorussische und slowakische Osthälfte der Republik nicht werde behaupten können. Masaryk und Beneš waren sich, obschon sie die deutsche Propaganda vom polnischen „Saisonstaat"

---

[51] Die wichtigste Monographie zum Verständnis der Hintergründe, der Zielsetzung und der Durchführung des Staatsstreiches lieferte Rothschild, Joseph: Piłsudski Coup d'État. New York 1966. — Siehe auch Polonsky, Anthony: Politics in Independent Poland 1921—1939. The Crisis of Constitutional Gouvernment. Oxford 1972.

entschlossen ablehnten, der Gefährdung Polens bei einem Zusammengehen seiner mächtigen Nachbarn in Ost und West sehr wohl bewußt. Beide Seiten zeigten sich aber bemüht, ihre Beziehungen korrekt und freundschaftlich auszugestalten, ohne eine intensive politische Zusammenarbeit zu suchen. Vor allem im Rahmen des Völkerbundes arbeiteten Beneš und sein polnischer Kollege August Zaleski eng zusammen, auch wenn sich die tschechoslowakische Regierung genötigt sah, die unflexible polnische Minderheitenpolitik gegenüber den Ukrainern zu tadeln und Mäßigung anzuempfehlen. Polnische Versuchsballons, durch publizistische Aktionen das Ausmaß der tschechoslowakischen Bereitschaft zu einer engeren politischen Zusammenarbeit zu erkunden[52], waren nicht besonders erfolgreich, wenn auch die Ernennung des bisherigen Vizeaußenministers Václav Girsa zu Jahresbeginn 1927 als Nachfolger von Robert Flieder zum Gesandten in Warschau ebenfalls das Interesse Prags bekundete, die Entwicklung in Polen durch einen erfahrenen Diplomaten, der auch das Vertrauen des Piłsudski-Lagers genoß, verfolgen zu lassen. Den polnischen Wunsch, den neugewählten Präsidenten Mościcki zu einem offiziellen Staatsbesuch in die ČSR einzuladen, wußte Beneš so lange dilatorisch zu behandeln, bis die Warschauer Regierung ihr Interesse verloren hatte. Auf wirtschaftlichem Gebiet dagegen ließ sich nach dem Abschluß weiterer Vereinbarungen am 8. Februar, 14. April und 30. Mai 1927[53] die Zusammenarbeit gut an, nicht zuletzt weil Prag den Bau der „Kohlenmagistrale" von Oberschlesien nach Gdingen durchaus unterstützte und im Interesse einer Lockerung der Abhängigkeit von den deutschen Seehäfen an Elbe und Oder stetig anwachsende Warenkontingente über den neuen polnischen Hafen abwickelte[54].

Eine Intensivierung der Kontakte auf militärischem Gebiet, die vor allem vom französischen Botschafter in Warschau, Jules Laroche, unermüdlich gefördert wurde, kam dagegen wegen der auf beiden Seiten gehegten Vorbehalte nicht über

---

[52] Schon Ende 1925 hatte der aus Teschen stammende Senator Jan Buzek Anregungen für eine Intensivierung der polnisch-tschechoslowakischen Beziehungen vorgelegt, die vom „Piasten"-Politiker Jan Dębski aufgegriffen und mit großem propagandistischem Aufwand weiterentwickelt wurden. Beneš zeigte an diesen in der Öffentlichkeit so stark hochgespielten Plänen einer weitgehenden polnisch-tschechoslowakischen Union nur ein geringes Interesse. Vgl. Kozeński, Jerzy: Próby zbliżenia. Przegląd Zachodni 20 (1964) 314 f. — Im Januar 1927 erschien in Warschau eine Broschüre von Sandecki, Ryszard: La Féderation de l'Europe Centrale, in der dem Gedanken eines antideutsch ausgerichteten Bündnisses aller slawischen Völker das Wort geredet wurde. Angesichts des in Polen als besonders bedrohlich empfundenen Anwachsens der nationalsozialistischen Wählerstimmen veröffentlichte der geachtete Publizist Kazimierz Kierski im Dziennik Poznański eine Reihe von Artikeln, die unter dem Titel Problemat polsko-czeski [Die polnisch-tschechische Problematik] auch als Broschüre herauskamen. Doch in dem Bestreben, in der schwierigen weltwirtschaftlichen Lage die ökonomische Zusammenarbeit mit dem Deutschen Reich durch eine Zustimmung zu diesem von schrillen anti-deutschen Tönen geprägten Kooperationsvorschlag auf politischer Ebene nicht zu gefährden, fand dieser „Versuchsballon" in Prag wenig Beachtung.

[53] League of Nations, Treaty Series Bd. LXX, S. 261—303; LXXXII, S. 157—169; XCVIII, S. 233—295; CXIX, S. 385—401. — Vondracek 263—265.

[54] Dopierała, Bogdan: Polska polityka morska a kraje naddunajskie w l. 1919—1932 [Die polnische Seepolitik und die Donauländer in den Jahren 1919—1932]. Przegląd Zachodni 19 (1963) 196—217.

unverbindliche Gesprächsansätze der jeweiligen Militärattachés mit dem Generalstab des Gastlandes hinaus[55]. Die Bemühungen der polnischen Regierung, mit dem russischen Nachbarn zu einem besseren Einvernehmen zu gelangen, fanden bei Beneš jede Unterstützung[56]. Die Tatsache jedoch, daß unter Piłsudski die polnisch-ungarischen Beziehungen auf eine sehr herzliche Ebene gestellt wurden, so daß in Prag sogar der Verdacht der unzulässigen Unterstützung der magyarischen Aufrüstung und der polnisch-italienischen Komplizenschaft zugunsten des Stephansreiches keimte, sowie die Verärgerung darüber, daß der slowakische Emigrant František Jehlička von Polen aus ungehindert seine Stimme für den Anschluß der Slowakei an Ungarn erheben konnte, weckten neue Vorbehalte in Prag, wie auch in Warschau die Exilgewährung für diejenigen demokratischen Kräfte, die sich der Verfolgung durch das Piłsudski-Regime nur durch die Flucht in die ČSR zu entziehen vermochten, als unfreundlicher Akt gewertet wurde.

Es bedurfte der dramatischen Zuspitzung der Lage im Deutschen Reich, um den beiden Nachbarn erneut die Notwendigkeit einer engeren politischen Kooperation deutlich zu machen. Die Gefahr, daß nach der Machtergreifung des Nationalsozialismus die Aufrechterhaltung des *status quo* in Mitteleuropa nicht mehr gewährleistet sei, wurde in beiden Hauptstädten wohl im gleichen Maße erkannt, obschon sich Prag von dem bereits unter der Regierung Brüning intensivierten deutschen Werben um Österreich besonders betroffen fühlen mußte. Auf polnischer Seite war es Jan Dębski, der in mehreren Artikeln auf die gemeinsame Interessenlage der beiden Staaten verwies[57]. Die demonstrative Teilnahme des polnischen Außenministers Zaleski an der Belgrader Ratstagung der Kleinen Entente 1932 und der Abschluß eines Nichtangriffsvertrags mit der Sowjetunion am 25. Juli 1932, wodurch Warschau eine fühlbare Entlastung seiner Ostgrenze erreichte und ein hohes Maß an politischer Bewegungsfreiheit gewann[58], zeigten an, daß Polen nicht gewillt war, die einmal mehr besonders lautstark vorgetragenen deutschen Forderungen nach Grenzrevision und Aufrüstung passiv zur Kenntnis zu nehmen. Die von Piłsudski inszenierten militärischen Abschreckungsmanöver wollte die ČSR jedoch nicht mitmachen, denn diese trugen wegen der deutschen Befürchtung vor einer polnischen Invasion mit annexionistischen — z. B. auf Ostpreußen gerichteten — Zielen nur zu einer politischen Radikalisierung im Reich bei und beschleunigten somit auch den Sturz Brünings. So hat sich die tschecho-

---

[55] Kahánek, F.: Beneš contra Beck. Reportaže a dokumenty [Beneš gegen Beck. Reportagen und Dokumente]. Praha (1938), S. 85. — Celovsky, Boris: Das Münchener Abkommen 1938. Stuttgart 1958, S. 74.

[56] Diesen Komplex handelte bisher am geschlossensten ab Korbel, Josef: Poland Between East and West. Soviet and German Diplomacy Towards Poland, 1919—1933. Princeton 1963.

[57] Kurier Warszawaski, 31. März und 2. April 1931. — Gazeta Warszawaska und Gazeta Polska, 1. April 1931.

[58] Budurowycz, Bogdan: Polish-Soviet Relations 1932—1939. New York-London 1963. — Jaworzniki, B.: Polsko-radziecki pakt o nieagresji z r. 1932 [Der polnisch-sowjetische Nichtangriffsvertrag aus dem Jahr 1932]. Sprawy Międzynarodowe 5 (1952) 70—82. — Umiastowski, R.: Russia and the Polish Republic 1918—1941. London 1945.

slowakische — ebenso wie die französische — Regierung danach zweimal, sowohl im März/April als auch im Oktober/November 1933, nach dem Verlassen der Abrüstungskonferenz und dem Austritt Deutschlands aus dem Völkerbund, konsequent gegen eine Initiative Piłsudskis ausgesprochen, durch das Auslösen eines später so genannten „Präventivkrieges“ [59] eine gemeinsame Polizeiaktion gegen Hitler-Deutschland durchzuführen.

Doch diese polnische Außenpolitik wurde schon von einem neuen Mann, dem Obersten Józef Beck, vertreten, der seit dem 2. November 1932 auf ausdrücklichen Wunsch Piłsudskis dem polnischen Außenministerium vorstand. Diesem engen Vertrauten des Marschalls ist bis heute in der Geschichtsschreibung keine Gerechtigkeit widerfahren; im Gegensatz zu seinem tschechoslowakischen Kollegen Beneš, dem von panegyrischen Biographen mehrere Hagiographien gewidmet wurden, fiel Beck aus der Sicht des Scheiterns seiner Politik einem — wie mir scheinen will weitgehend ungerechtfertigten — fast einhelligen Verdammungsurteil anheim [60]. Das von Beck verfolgte Ziel, ein von Frankreich weniger abhängiges Polen zur Führungsmacht in Ostmitteleuropa und zum Kristallisationskern eines von der Ostsee bis zur Adria reichenden „Dritten Europa“ in einer Riegelfunktion gegen einen expansiven, von der UdSSR getragenen Kommunismus und einen aggressiv-revisionistischen deutschen Nationalismus zu erheben, mißachtete die wahre ökonomische und militärische Stärke Polens und die nach der Machtergreifung Hitlers so einschneidend veränderte Kräftekonstellation. Beck ging von der Prämisse aus, daß bei dem „Österreicher“ Hitler ein geringeres Engagement für die Revision der Ostgrenze vorausgesetzt werden könnte und seine Absorption mit innenpolitischen Fragen fast vollständig sein werde. Mit der ČSR war er in allen Bereichen zu einer Zusammenarbeit bereit, die dem polnischen Sicherheitsinteresse dienten — wobei er anfangs jedoch den Wunsch Piłsudskis zu respektieren hatte, die Möglichkeiten einer engeren Kooperation zwischen den beiden Nachbarn in direkten Kontakten mit Präsident Masaryk selbst auszuloten [61]. Benešs fatale Neigung, sich nach Möglichkeit nicht festlegen zu lassen und erst die weitere Entwicklung im Deutschen Reich abzuwarten, trug der tschechoslowakischen Außenpolitik bereits im Frühjahr 1933 den polnischen Vor-

---

[59] Die angeblichen „Präventivkriegspläne“ Piłsudskis und ihre Bedeutung für die deutsch-polnischen Beziehungen haben in der historischen Publizistik ein starkes, höchst kontroverses Echo ausgelöst. In den beiden erschöpfenden Gesamtdarstellungen von Roos, Hans: Polen und Europa. Studien zur polnischen Außenpolitik 1931—1939. Tübingen 1957; und von Wojciechowski, Marian: Die polnisch-deutschen Beziehungen 1933—1938. Leiden 1971, finden sie ebenso Berücksichtigung wie in Aufsätzen von B. Celovsky, Z. J. Gąsiorowski, M. B. Lepecki, T. Kuźmiński, H. Roos, W. Pobóg-Malinowski u. a. m.

[60] Allein Henry L. Roberts hat in seinem Beitrag: The Diplomacy of Colonel Beck. In: The Diplomats 1919—1939. Hrsg. von G. A. Craig und F. Gilbert. Princeton 1953, S. 579—614, den Versuch einer objektiven Würdigung von Beck unternommen. Nach der Öffnung der polnischen Archive und der Vorlage wichtiger ergänzender Dokumente, Abhandlungen und Memoiren seiner ehemaligen Mitarbeiter wäre es wohl an der Zeit, sich mit diesem — gescheiterten — Politiker ernsthaft auseinanderzusetzen.

[61] Beck, Józef: Dernier Rapport: Politique Polonaise 1926—1939. Neuchâtel 1951, S. 41.

wurf ein, keine klare politische Linie zu verfolgen und das Projekt eines Paktes der vier Großmächte unter Einbeziehung Deutschlands nicht mit dem notwendigen Nachdruck zu bekämpfen[62]. Die Einladung, sich an den Beratungen der Kleinen Entente, die am 16. Februar 1933 in der Unterzeichnung eines neuen Organisationsstatuts mündeten, zu beteiligen, zögerte Beck ebenso wie die Anregung, zu politischen Gesprächen nach Prag zu kommen, so lange hinaus, bevor er ihnen am 30. Mai 1933 eine endgültige Absage erteilte[63]. Enttäuscht über die Unfähigkeit der Alliierten und ihrer osteuropäischen Bündnispartner, zu einer geschlossenen, notfalls auch zu Militärmaßnahmen bereiten Abwehrfront gegen das nationalsozialistische Deutschland zu gelangen, kamen daher Piłsudski und Beck im Spätjahr 1933 der deutschen Initiative zur Beilegung der bilateralen Streitpunkte entgegen.

Anknüpfungspunkte ergaben sich aus der antikommunistischen Innenpolitik Hitlers und der Beendigung der Zusammenarbeit zwischen Reichswehr und Roter Armee im Juni 1933. Ein Abrücken von der UdSSR bedingte indessen die Herstellung verbesserter Beziehungen zu Polen, wo Hitler in Piłsudski anfangs eine kongeniale Führerpersönlichkeit zu erblicken glaubte, weil er dessen zweifellos autoritäres und nur kryptodemokratisches System als faschistisch-diktatorisch mißverstand. Piłsudskis schon lange zurückliegende militärische Erfolge sowie seine antirussische und sodann auch antisowjetische Haltung während seiner Kampfjahre um Polen brachten ihn für Hitler in Parallele zur eigenen Politik gegenüber dem Sowjetstaat. Zudem bedurfte Hitler nach dem Verlassen der Abrüstungskonferenz und dem Austritt aus dem Völkerbund dringend eines außenpolitischen Erfolgs, um innenpolitisch die „nationalsozialistische Revolution" vorantreiben, insgeheim die Voraussetzungen für eine Außenpolitik der Stärke im Interesse einer vollständigen Revision der Versailler Verträge schaffen und mit der Gewinnung neuen „Lebensraums" die deutsche Hegemonie über Europa errichten zu können. Piłsudski und Beck sind auf die — durchaus als taktische Finte erkannte — Verständigungsbereitschaft Hitlers wohl in der Erkenntnis eingegangen, daß eine völkerrechtlich legale Aktion gemeinsam mit den Westmächten zur Unterbindung der deutschen Aufrüstung nicht zustande zu bringen war; sie folgten dem Zwang, sich mit dem Deutschen Reich zu arrangieren, solange Polen militärisch noch stärker war und relativ günstigere Bedingungen zu erzielen vermochte. Das auf zehn Jahre befristete deutsch-polnische Nichtangriffsabkommen vom 26. Januar 1934 sah völligen Gewaltverzicht und unmittelbare Verständigung in allen Fragen der gegenseitigen Beziehungen, Nichteinmischung in innere Angelegenheiten und die „Begründung eines gutnachbarlichen Verhältnisses" vor[64].

---

62 Roos: Polen und Europa 73 f.

63 Stanisławska: Wielka i mała polityka 11 f.

64 In den bereits aufgeführten Studien von Roos und Wojciechowski (Anm. 59) wird dem Zustandekommen des deutsch-polnischen Nichtangriffspakts große Aufmerksamkeit geschenkt. In Spezialuntersuchungen befaßten sich mit der Materie Lapter, Karol: Pakt Piłsudski - Hitler. Polsko-niemiecka deklaracja o niestosowaniu przemocy z 26 stycznia 1934 roku [Der Piłsudski-Hitler-Pakt. Die polnisch-deutsche Deklaration über die Nichtanwendung von Gewalt vom 26. Januar 1934]. Warszawa 1962. — Gąsiorowski, Zygmunt J.: The German-Polish Nonaggression Pact of 1934.

Diese von beiden Seiten als nützlicher Waffenstillstand gewertete Vereinbarung beendete auch den neunjährigen Zollkrieg und leitete eine kurze Ära deutsch-polnischer Zusammenarbeit ein, die in beiden Ländern nicht auf die ungeteilte Zustimmung der völlig überraschten Bevölkerung stieß. Es rächte sich, daß der deutsch-polnische Pakt, der einen Abbau der Pressepolemik und eine Intensivierung des Kulturaustausches beinhaltete, in beiden Ländern gegen die bisherige Stimmung der Öffentlichkeit so plötzlich aufoktroyiert worden war und nicht offen diskutiert werden durfte. Die konstruktiven Elemente der Vereinbarungen, die an frühere Anregungen zur Überwindung der Nationalitätenprobleme anknüpften, wurden von all denen begrüßt, die der Überzeugung waren, daß nur ein deutsch-polnischer Ausgleich eine Befriedung Europas herbeiführen könne. Hitler sah die Nichtangriffserklärung, der er eine erfolgversprechende Fortführung der Revisionspolitik wie auch die Vertretung der Belange der deutschen Minderheit in Polen zeitweilig aufzuopfern bereit war, unter dem Aspekt der Gewinnung eines zukünftigen Aufmarschraums gegen die UdSSR und eine Herauslösung Polens aus dem französischen Bündnissystem; Piłsudski gedachte den erzielten Zeitgewinn zur weiteren militärischen Aufrüstung seines Landes, zur Ablenkung der deutschen außenpolitischen Stoßrichtung nach Südosten und zur Initiierung einer polnischen Gleichgewichtspolitik zwischen den beiden mächtigen Nachbarn zu nutzen. Doch die Umverteilung der außenpolitischen Gewichtung erbrachte eher eine Verschlechterung der polnischen Ausgangslage: der Eintritt der UdSSR in den Völkerbund am 18. September 1934 in konsequenter Verfolgung ihrer Politik der friedlichen Koexistenz führte zu einer engen russisch-französischen (2. Mai 1935) und russisch-tschechoslowakischen (16. Mai 1935) Zusammenarbeit und entwertete die von Beck am 5. Mai 1934 zustande gebrachte Parallelisierung des polnisch-sowjetischen mit dem deutsch-polnischen Nichtangriffspakt. Obwohl sich Piłsudski, der in der UdSSR nach wie vor Polens gefährlichsten Gegner sah, Hitlers Vorschlägen, einen gemeinsamen antisowjetischen Feldzug vorzubereiten, energisch widersetzte, so führte doch das sowjetische Ausgreifen nach Westeuropa, durch das in polnischen Augen das Bündnis Paris-Warschau abgewertet wurde, Polen unfreiwillig näher an Hitler-Deutschland heran, als es der außenpolitisch hellsichtige Piłsudski eigentlich intendiert hatte.

Obgleich Beck noch am 18. Januar 1934 in Genf mit Beneš zusammengetroffen war, wahrte die polnische Regierung bis zur Unterzeichnung des deutsch-polnischen Nichtangriffsvertrags am 26. Januar absolutes Stillschweigen[65]. In Prag und Warschau wurden sogar zur gleichen Zeit halbherzig Gespräche über Mög-

---

JCEA 15 (1955) 3—29. — Lipski, Józef: Przyczynki do polsko-niemieckiej deklaracji o nieagresji [Beitrag zur polnisch-deutschen Nichtangriffsdeklaration]. Bellona 3 (1950) 18—37 und 4 (1951) 3—21. — Den Auswirkungen auf das polnisch-französische Verhältnis schenkt Aufmerksamkeit Kuźmiński, Tadeusz: Polska, Francja, Niemcy 1933—1935. Z dziejów sojuszu polsko-francuskiego [Polen, Frankreich, Deutschland 1933—1935. Zur Geschichte des polnisch-französischen Bündnisses]. Warszawa 1963.

[65] Beneš, Edvard: Paměti. Od Mnichova k nové válce a k novému vítězství [Erinnerungen. Von München zu neuen Kämpfen und neuen Siegen]. Praha 1947, S. 15 f., S. 18—21. — Stanisławska, Stefania: Jak Czesi oceniali pakt polsko-niemiecki [Wie die Tschechen den polnisch-deutschen Vertrag einschätzten]. Świat i Polska (1959) 4.

lichkeiten eines Bündnisvertrages geführt, die nicht den Eindruck erwecken, als ob einem der Partner am baldigen Abschluß einer Vereinbarung und an der Intensivierung der Zusammenarbeit besonders gelegen gewesen wäre. Die Vertragsunterzeichnung vom 26. Januar 1934 machte weitere Gespräche gegenstandslos, weil die polnische Regierung nunmehr entschlossen war, mit deutscher Rückendeckung die noch offene Rechnung mit der ČSR über Teschen zu begleichen[66]. Beck ließ keine Zeit verstreichen: bereits am 23. Januar nahmen regierungsfreundliche Blätter eine Kampagne gegen die ČSR wegen ihrer Minderheitenpolitik in Teschen auf, an der sich nach dem 28. Januar die ganze polnische Presse beteiligte. Eine öffentliche Kundgebung aus Anlaß des 15. Jahrestages der Kämpfe um Teschen-Schlesien bildete den Höhepunkt der anti-tschechischen Aktionen, an denen sich auch die Führer der polnischen Minderheit in der ČSR, der Senator Jan Buzek und der Abgeordnete Leon Wolf, zu beteiligen hatten. Gleichzeitig wurden die Kontakte zu den slowakischen Autonomisten intensiviert und durch die Bereitstellung von Geldern für die polonophile Gruppe um Karol Sidor ausgeweitet. Während Piłsudski bereits öffentlich Überlegungen anstellte, wie sich Polen im Falle eines deutsch-tschechoslowakischen Konflikts zu verhalten haben werde, um Teschen in Besitz nehmen zu können[67], sah sich die Prager Regierung gezwungen, dem besonders aktiven polnischen Konsul in Mährisch-Ostrau, Leon Malhomme, das Exequatur zu entziehen und unliebsame Minderheitenvertreter zwangsweise über die Grenze nach Polen abzuschieben — was natürlich sogleich zu verschärften polnischen Gegenmaßnahmen Anlaß gab[68]. Diese völlig unnötige Verschlechterung der beiderseitigen Beziehungen versuchte der neue französische Außenminister Barthou auf seiner Ende April 1934 durchgeführten Reise nach Warschau und Prag beizulegen; die Zustimmung Polens zu dem von Frankreich, der UdSSR und der ČSR warm befürworteten „Ostpakt-System", das auch ein „Ost-Locarno" vorsah, war jedoch nicht zu erhalten. Auch wenn Beck nach dem Abschluß des deutsch-polnischen Nichtangriffsvertrags die vertraglichen Beziehungen zwischen Warschau und Moskau auf eine gleichrangige Ebene gestellt und sich für die Aufnahme der UdSSR in den Völkerbund verwendet hatte, verfolgte er doch die Politik der internationalen Aufwertung Sowjetrußlands, wie sie schließlich in den Militärallianzen vom Mai 1935 einen Höhepunkt erreichte, mit wachsendem Mißtrauen[69]. Aber auch polnische Maßnahmen, so die einseitige Auf-

---

[66] Siehe dazu C e l o v s k y 44 f. — R o o s 117—128. — L a r o c h e 144.

[67] B e c k 83 f.

[68] Diese Hintergründe hat im Detail anhand der polnischen Konsulatsberichte und der Prager Aktenbestände nachgezeichnet K o z e ń s k i : Czechosłowacja w polskiej polityce 80—111.

[69] Neben Becks eigener Darstellung der Entwicklung in Dernier Rapport geben die Memoiren des französischen Botschafters in Warschau, Léon N o ë l , weitere wichtige Aufschlüsse zum Verständnis jener Jahre: L'Aggression Allemande contre la Pologne. Une ambassade à Varsovie, 1935—1939. Paris 1946. Aufschlußreich sind auch die Aufzeichnungen des Unterstaatssekretärs im polnischen Außenministerium, Graf Jan S z e m b e k : Journal 1933—1939. Paris 1952, die inzwischen durch eine von Tytus K o m a r n i c k i besorgte Ausgabe: Diariusz i teki Jana Szembeka [Tagebuch und Nachlaß Jan Szembeks]. London ab 1964, wesentlich ergänzt wurden.

kündigung der Minderheitenschutzverträge vor dem Völkerbund im September 1934[70] und die immer unverhohlenere Unterstützung der slowakischen Separatisten und der ungarischen Revisionisten riefen in Prag eine schwere Verstimmung gegen Polen hervor.

Bei dem in beiden Ländern so tief verwurzelten Mißtrauen gegen die slawische Brudernation nimmt es nicht wunder, daß damals beide Regierungen hofften, die immer bedrohlicher empfundenen Aktivitäten des „Dritten Reiches" von sich weg und auf den Nachbarn lenken zu können. Die Einsicht, daß allein eine enge Zusammenarbeit in weitem internationalem Rahmen Gewähr für eine Neutralisierung des deutschen Angriffspotentials bieten konnte, war zwar in beiden Kabinetten vorhanden; es fehlten aber Politiker, die unter Abbau der beiderseitigen übersteigerten Nationalismen und des schwelenden Mißtrauens eine Annäherung — auch unter Aufgabe gewisser Prestige-Positionen — durchzukämpfen bereit waren. In Überschätzung der eigenen politischen und militärischen Möglichkeiten und unter Mißachtung der vitalen Interessen des Nachbarn machten beide Staaten einander Konkurrenz und versuchten, sich auf Kosten des jeweils anderen zu profilieren und mit den Großmächten zu arrangieren. In Polen war dieser Zug noch stärker ausgeprägt als in der ČSR: als Józef Piłsudski am 12. Mai 1935 starb, verfiel sein System, dessen Korsettstangen die Offiziere seiner einstigen Legion gewesen waren, sehr schnell, obwohl es äußerlich noch scheinbar unangefochten fortbestand. Es fehlte den Nachfolgern die Autorität, die geniale Skrupellosigkeit und die unbeugsame Charakterstärke des Vorbilds. Nach dem Wegfall des selbst bei Hitler vorhandenen Respekts für den alten Marschall setzte eine deutsche Umarmungspolitik ein, der sich die „Obristen" nur durch eine Schaukelpolitik zu entziehen wußten, die aber ihr Ansehen weder im In- noch im Ausland hob. Ein ausgesprochener Rechtskurs, der sich programmatisch auf die Ideologie der Nationaldemokratie stützte, aber auch durch die Rezeption totalitärer Vorbilder gekennzeichnet war, bestimmte die Regierungspolitik. Die internen Machtkämpfe wußte Beck zu nutzen, um den Primat der Außenpolitik für die künftige Regierungsarbeit zu verankern und eine nicht ungefährliche Balance-Politik zwischen der französisch-sowjetischen Bündnisgruppe und dem Deutschen Reich zu betreiben. Spannungen und unmotivierte Kurskorrekturen konnten nicht ausbleiben, da die immer einflußreicher werdende Generalität einer stärkeren französischen Orientierung das Wort redete, Beck andererseits in lockerer Anlehnung an das Deutsche Reich rasche außenpolitische Erfolge und einen Prestigegewinn für Polen hinsichtlich der selbst angemaßten Führungsrolle in einem „Dritten Europa" erhoffte. Hitler suchte seinerseits aus rein taktischen Überlegungen durch ständig wiederholte Angebote eine Art von deutsch-polnischem Zweckverband gegen die UdSSR zustandezubringen, der nach außen defensive Züge trug, insgeheim aber der Vorbereitung zur Eroberung deutschen Lebensraums im Osten dienen sollte. Die Politik Hitlers war dabei von Anfang an konsequent auf die Niederwerfung Polens gerichtet: entweder durch ein neuerliches Zerschlagen

---

[70] Beck 71. — League of Nations, Official Journal, Special Supplement No. 125. Records of the Fifteenth Ordinary Session of the Assembly. Geneva 1934, S. 43.

der polnischen Staatlichkeit oder durch das Hineinzwingen Polens in ein Satellitensystem unter deutscher Führung. Verhängnisvoll für Polen wirkte sich aus, daß die Nachfolger Piłsudskis nicht an der vom Marschall nüchtern an den Machtverhältnissen orientierten Außenpolitik festhielten und, anstatt den Weg zur Entspannung und Verständigung in einer Richtung konsequent weiterzugehen, eine gefährliche und der eigenen Stärke unangemessene Prestigepolitik betrieben. Wegen ihrer Verteidigungsvorbereitungen großen Ausmaßes an ihrer Westgrenze wurde die Sowjetunion von Polen weiterhin als „Feind Nr. 1" angesehen; die unbarmherzige Verfolgung der Kommunisten im eigenen Land, die schroffe Zurückweisung der von der UdSSR propagierten Volksfrontpläne und die stille Billigung des Antikominternpaktes (25. November 1936) arbeiteten Hitler in die Hände, da die grundsätzlich antisowjetische Haltung Polens die Ostflanke des Deutschen Reiches deckte und dadurch Hitler in die Lage versetzt wurde, nach der Rheinlandbesetzung (7. März 1936) und dem deutschen Engagement im Spanischen Bürgerkrieg den Anschluß Österreichs und die Liquidierung der Tschechoslowakei voranzutreiben. Die verbalen Distanzierungen von der Politik Hitlers führten zu einer kurzfristigen Intensivierung der Zusammenarbeit mit Frankreich (Abkommen von Rambouillet, 3. September 1936), was sich auch auf die polnisch-tschechoslowakischen Beziehungen auswirkte. Die Wiederbesetzung der Gesandtenposten durch den Slowaken Juraj Slávik in Warschau und durch Kazimierz Papée, den bisherigen Generalkommissar in Danzig, in Prag, konnte als Zeichen der Bereitschaft beider Seiten gelten, die Streitpunkte zu vergessen und einen neuen Anlauf zur Verbesserung der Beziehungen zu unternehmen. Der neue tschechoslowakische Außenminister Kamil Krofta ließ es, unterstützt vom französischen Botschafter in Warschau, Leon Noël, zudem an Gesten guten Willens gegenüber Polen nicht fehlen[71]. Selbst Beck schloß im Herbst 1936 bei den Überlegungen über die künftige Ausgestaltung der polnischen Außenpolitik ein gemeinsames Verteidigungsbündnis mit der ČSR nicht aus, machte aber ein Einvernehmen mit Prag allein schon deshalb illusorisch, weil er nicht nur eine Neuaufteilung Teschens zugunsten Polens als unabdingbar erklärte, sondern auch eine gemeinsame Grenze mit Ungarn durch den Verzicht der ČSR auf Karpatorußland für erforderlich hielt und aus seiner Sympathie für die Selbständigkeitsbestrebungen des separatistischen Flügels der slowakischen Autonomisten kein Hehl machte[72].

Doch eine solche Bereitschaft zur vorbehaltlosen Aussöhnung mit Prag bestand in Polen in der Zwischenkriegszeit wohl nie. Zwar war die antitschechische Pressekampagne seit Jahresmitte 1934 etwas gemildert worden, antitschechische Broschüren und publizistische Beiträge, oft vom Außenministerium ermutigt und finanziell unterstützt, erschienen munter weiter. So konnten der Germanophile Władysław Studnicki unbeschwert die Aufteilung der ČSR unter seine Nachbarn

---

[71] Szembek 184.

[72] Szembek 70—77 und 184. — Beck 110 und 189. Die Gewinnung ganz Litauens oder die Eingliederung der Freien Stadt Danzig wollte Beck bei einer größeren „Umstrukturierung" nicht ausschließen. Siehe Szembek 219 f.

propagieren[73] und A. Bocheński[74] den Gedanken einer Abtretung der Sudetengebiete, Teschens und Karpatorußlands als einzige Überlebenschance der ČSR entwickeln. Als der tschechoslowakische Diplomat Jan Šeba in seinem Buch Rusko a Mala Dohoda v politice svetové[75], für das Außenminister Krofta das Vorwort verfaßt hatte, die Auffassung vertrat, daß allein der Rückzug auf die „Curzon-Linie" Polen eine dauerhafte Ostgrenze bescheren werde, brachte Warschau für diese Stellungnahme kein Verständnis auf und ließ die Beziehungen zu Prag wieder einfrieren. Die Versuche des tschechoslowakischen Premiers Milan Hodža, im Verlauf des Jahres 1937 einen Anknüpfungspunkt für die Wiederaufnahme von Verhandlungen zur Verbesserung der Kontakte und im Interesse eines intensivierten politischen Meinungsaustauschs zu finden, blieben in Polen ohne erkennbare Reaktion. Auch der Besuch des französischen Außenministers Delbos im Dezember 1937 konnte keine Änderung dieser ablehnenden Einstellung in Polen herbeiführen.

Denn seit dem Sommer 1937 bereitete sich die polnische Regierung erneut konsequent darauf vor, jedes deutsche Vorgehen gegen die ČSR ihrerseits zur Arrondierung ihrer Grenzen und zur Begleichung der alten Rechnungen zu nutzen. Beck sah in dem vordergründig um das sudetendeutsche Problem gruppierten deutsch-tschechoslowakischen Konflikt nur die Bestätigung seiner These von der Notwendigkeit eines Zerfalls des ungeliebten Nachbarn, durch den das befreundete Ungarn gestärkt und die Voraussetzungen für das Zusammenwachsen jenes ostmitteleuropäischen Staatenblockes unter polnischer Führung geschaffen würden, der neben der traditionsreichen britisch-französischen Entente und der sich herausbildenden „Achse" Rom - Berlin als dritte Kraft bei der Ausgestaltung der europäischen Politik nicht übergangen werden könnte. Mit der Beteiligung an der Zerschlagung der Tschechoslowakei wurde Polen zum Komplizen von Hitlers Aggressionspolitik. Als mit der Entscheidung von München der tschechische Querriegel gegen jeden polnischen Expansionsversuch nach Süden aufgebrochen, die Kleine Entente gesprengt und das französisch-sowjetisch-tschechoslowakische Bündnissystem vom Mai 1935 zerschlagen wurde, erkannte die Warschauer Politik zu spät, daß sich mit dem gewaltigen Machtzuwachs Hitlers und der verbesserten strategischen Ausganslage für die deutsche Wehrmacht die militärische Situation für Polen besorgniserregend verschlechtert hatte. Die Gewinnung des Olsa-Gebietes konnte nicht als ausreichende Kompensation für das künftig wesentlich erhöhte Risiko gelten, zumal Hitler sowohl im Donauraum als auch im Baltikum die Anstrengungen der polnischen Politik des „Dritten Europa" erfolgreich abzublocken wußte[76].

---

[73] In den Büchern System polityczny Europy a Polska und Kwestija Czechosłowacji a Racja Stanu Polski.

[74] Między Niemcamy a Rosją [Zwischen den Deutschen und Rußland]. Warszawa 1937.

[75] Rußland und die Kleine Entente in der Weltpolitik. Praha 1936, S. 58 f.

[76] Die polnische Tschechoslowakei-Politik im Jahre 1938 hat in den Monographien und Aufsätzen von Stefania S t a n i s ł a w s k a eine ausführliche Darstellung erfahren, wobei aber ihre große Arbeit: Polska a Monachium. Warszawa 1967, in der Kritik nicht ohne Widerspruch blieb. Siehe z. B. K v a č e k , Robert: Zum Buch Polen und

Mit der Münchener Entscheidung sah der „Führer" die Voraussetzungen für die Verwirklichung seiner Ostkonzeption gegeben; Polen sollte dabei als das nächste Opfer die politisch-militärische Aufmarschbasis gegen die UdSSR abgeben. Es ist zu bezweifeln, ob die seit dem 24. Oktober 1938 der polnischen Regierung unterbreiteten Vorschläge zu einer „Globallösung" mit der Rückgliederung Danzigs an das Deutsche Reich und der Errichtung einer exterritorialen Straßen- und Eisenbahnverbindung durch den Korridor ernst gemeint waren und ihre Annahme Polen vor dem deutschen Überfall bewahrt hätten, war doch das Angebot der formellen Anerkennung der deutsch-polnischen Grenze und der Verlängerung der Geltungsdauer des Nichtangriffspaktes auf 25 Jahre mit der Beitrittsaufforderung zum Antikominternpakt verbunden. Die offenkundige Gefahr für Polen, sich gegenüber der UdSSR unverantwortlich und provokativ zu exponieren und faktisch aus dem westlichen Bündnissystem auszuscheiden, hätte bei der gewaltigen machtpolitischen und militärischen Überlegenheit des Deutschen Reiches längerfristig den Verlust der Eigenstaatlichkeit bedingt; bei dem Prestigeverlust für die innenpolitisch ohnedies nicht genügend fundierte polnische Regierung wäre eine Machtübernahme der vom Deutschen Reich unterstützten faschistischen Kräfte und damit die Aushöhlung selbst eines Suzeränitätsverhältnisses nicht zu vermeiden gewesen.

Eher als Kuriosität sei hier auch angeführt, daß die Reichsregierung Überlegungen anstellte, Polen mit Hilfe des tschechischen Nachbarn einem zusätzlichen militärischen Druck auszusetzen. Als Ribbentrop am 22. Januar 1939 deutsche Generale über die außenpolitischen Pläne Hitlers unterrichtete, erwog er auch die Möglichkeit, die offenkundige Polonophobie auszunützen und die Č-SR als Militärpartner gegen Polen einzusetzen. Im „nationalen Haß und Widerwillen" der Tschechen gegen die Polen, „der durch die Ereignisse im Olsa-Gebiet und die Abtretung von slowakischem Gebiet zu einer Erbitterung und Empörung der Tschechen und Slowaken gegenüber den Polen geführt" habe, sah er die Voraussetzung, um von der Regierung Beran die Zustimmung zu diesem Plan durch das Versprechen einer Rückgabe der an Polen verlorenen Gebiete zu erkaufen. Strategisch hätte das Reich in der Anfangsphase der Č-SR gegenüber nur einige Beobachtungsabteilungen benötigt, um nach dem Ausbruch des tschecho-slowakisch-

---

Monachium von Stefania Stanisławska. In: Die Entstehung der Tschechoslowakischen Republik und ihre international-politische Stellung. Praha 1968, S. 235—243. — Zur diplomatischen Einbettung in den Gesamtkontext ist heranzuziehen neben Lukeš, František: Podivný mír. Praha 1968, jetzt auch Batowski, Henryk: Zdrada Monachijska. Sprawa Czechosłowacji i diplomacja europejska w roku 1938 [Der Münchener Verrat. Die Frage der Tschechoslowakei und die europäische Diplomatie im Jahr 1938]. Poznań 1973. — Die polnisch-ungarischen Beziehungen in dieser Phase verfolgt Koźmiński, Maciej: Polska i Węgry przed II wojną światową (październik 1938—wrzesień 1939). Z dziejów dyplomacji i irredenty [Polen und Ungarn vor dem Zweiten Weltkrieg (Oktober 1938 — September 1939). Aus der Geschichte der Diplomatie und der Irredenta]. Wrocław usw. 1970. Die Haltung der Westmächte gegenüber Polen zeigt in ihrer Monographie souverän auf Cienciala, Anna M.: Poland and the Western Powers 1938—1939. A Study in Interdependence of Eastern and Western Europe. Toronto 1968.

polnischen Konflikts den Hauptstoß direkt gegen Warschau richten zu können[77].

Zwar garantierte unter dem ungeheueren Eindruck, den die Besetzung Prags (15. März 1939) gemacht hatte, und in dem Gefühl der akuten militärischen Bedrohung Polens die britische Regierung die nationale Integrität des Landes im Falle einer direkten oder indirekten Aggression (31. März bzw. 6. April 1939); der Angriffswille Hitlers gegenüber Polen wurde dadurch jedoch nur gesteigert, weil er darin die Bestätigung für seine These einer englischen Einkreisung Deutschlands mit Hilfe Polens zu finden glaubte. Die schroffe polnische Zurückweisung aller deutschen Vorschläge mit dem Hinweis, daß jeder deutsche Griff nach Danzig den Krieg auslösen werde, nahm Hitler am 3. April zum Anlaß, den Befehl zur Vorbereitung des militärischen Angriffs auf Polen zu geben und am 28. April den deutsch-polnischen Nichtangriffsvertrag mit der Begründung zu kündigen, daß das britisch-polnische Abkommen im Widerspruch dazu stünde. Die im Deutschen Reich schlagartig von neuem einsetzende antipolnische Pressekampagne griff die alten Vorbehalte und Vorurteile gegen den Nachbarn auf. Goebbels betrieb einen so perfiden, aber trotz aller Unglaubwürdigkeit der Behauptungen so perfekten Verleumdungsfeldzug, daß weite Kreise der deutschen Bevölkerung wie ein Jahr zuvor während der Sudetenkrise von der Richtigkeit des Hitlerschen Vorgehens überzeugt waren und sich völlig mit der unnachgiebigen Haltung der Reichsregierung identifizierten. Dieser erneute Rückfall in die akute Feindschaft war mit den äußerlich ähnlichen Krisenphasen der zwanziger Jahre nicht mehr vergleichbar, weil das nationalsozialistische Deutschland im Gegensatz zur Weimarer Republik über die militärischen Machtmittel zu Auslösung einer Aggression verfügte und sich Hitler uneinsichtig in den Gedanken verrannt hatte, die Ehre Großdeutschlands verlange den Gang mit der Waffe gegen Polen. Unbeschadet seiner antisowjetischen Grundhaltung faßte Hitler die Möglichkeit einer Zusammenarbeit mit der UdSSR zur Durchsetzung einer „doppelten Revision" der polnischen Grenzen oder gar einer neuen Teilung Polens ins Auge. Es kann rückschauend der polnischen Diplomatie nicht der Vorwurf erspart werden, daß sie in der dramatischen Phase vor Ausbruch des Zweiten Weltkriegs die als axiomatisch geltenden Gegensätze zwischen Nationalsozialismus und Bolschewismus überbewertete und mit Hilfe der Westalliierten das im Molotow-Ribbentrop-Abkommen am 23. August 1939 sanktionierte Zusammenwirken der beiden Nachbarstaaten nicht zu verhindern wußte. Das seit der Staatsgründung mit schweren ungelösten inneren und äußeren Hypotheken belastete, in seiner Selbstverwirklichung oft über die Grenzen der Staatsklugheit hinausgehende polnische Staatswesen konnte die überwiegend unverschuldete Zerschlagung trotz tapferer militärischer Gegenwehr nicht aufhalten; mit der Niederlage im Weichselbogen am 17. September 1939 setzte die leidvollste Phase der polnischen Geschichte aber erst ein.

So wurde Polen nur ein Jahr nach seiner Beteiligung an der Liquidation der ČSR vom gleichen Schicksal, dem Verlust der Eigenstaatlichkeit und der er-

---

[77] Hoensch, Jörg K.: Der ungarische Revisionismus und die Zerschlagung der Tschechoslowakei. Tübingen 1967, S. 209 Anm. 92.

zwungenen Einbeziehung in den deutschen Herrschaftsbereich mit den Auswüchsen eines unmenschlichen Rassenwahns, ereilt, das es im September 1938 dem tschechoslowakischen Nachbarn beizufügen geholfen hatte. Die Unfähigkeit der verantwortlichen Politiker in Prag und Warschau, in den zwanzig Friedensjahren unter großzügiger Bereinigung der bilateralen Streitpunkte und unter Zurückdrängung nationalen Prestigedenkens zu einer vertrauensvollen politischen, militärischen und ökonomischen Zusammenarbeit zu kommen, hat wesentlich zum Erfolg der deutschen Aggression beigetragen. Frankreich als der selbstproklamierten Garantie- und Schutzmacht der Versailler Nachkriegsordnung war es nicht gegeben, die unterschwelligen Vorbehalte in der Tschechoslowakei und in Polen gegen den jeweiligen Nachbarn abzubauen und eine längerfristige Phase einer gemeinsam getragenen, konstruktiven Kooperation einzuleiten. Weder die Beschwörung der beiden Staaten vom angeblichen „Deutschen Drang nach Osten" drohenden Gefahren noch der Hinweis auf den aggressiven Charakter des von der sich zunehmend konsolidierenden Sowjetmacht proklamierten Exports des Kommunismus nach Ostmitteleuropa, weder die in beiden Ländern anstehende Lösung verwandter ökonomischer und sozialer Probleme noch die Berufung auf die slawische Solidarität trugen dazu bei, die beiden Nachbarmächte zusammenfinden zu lassen. Die Gründe für diese in politische Blindheit und Verantwortungslosigkeit umschlagende Ablehnung des anderen bedürfen noch einer Erklärung, die hier nur ansatzweise und ohne Anspruch auf Vollständigkeit zu erheben geleistet werden kann.

Erklärungsmodelle

Die beiden westslawischen Nachbarn brachten 1918 gewisse gleichgelagerte Voraussetzungen in die Wiedergewinnung ihrer Eigenstaatlichkeit ein. Ihre geopolitische Lage wies verwandte Probleme auf: die langgestreckte ČSR war trotz des natürlichen Verteidigungswalls des böhmischen Kessels wegen ihrer ungeschützten Südflanke ein ebenso leicht verwundbares staatliches Gebilde wie Polen mit seinen offenen Grenzen im Westen und Osten. Während sich Prag anfangs jedoch nur mit den Revisionsforderungen des machtlosen Ungarn konfrontiert fand, hatte es Warschau mit dem durch die Revolution erschütterten Rußland und dem in Versailles amputierten Deutschen Reich zu tun, die bei einer Konsolidierung ihres ökonomischen und militärischen Potentials Polen bereits allein weit überlegen waren und bei einer zielgerichteten Zusammenarbeit eine tödliche Gefahr darstellen mußten. Der Sprengkraft der Minderheitenfrage wurde in beiden Ländern viel zu wenig Aufmerksamkeit eingeräumt, obschon bei beiden Nachbarn mehr als ein Drittel der Gesamtbevölkerung nicht der Staatsnation angehörte und von den Konnationalen nur durch die — oft als widersinnig und ungerecht empfundene — Grenzlinie getrennt war. Eine unnötig unflexible und kurzsichtige Minoritätenpolitik hat den Erfolg der deutschen Aggressionspolitik wesentlich gefördert. Zudem entsprachen die politischen Vorstellungen der französischen Schutzmacht nicht ganz den spezifischen Interessen der beiden durch den Karpatenkamm getrennten Nachbarn: Frankreich sah in Polen und in der ČSR nur

Substituten für den in den Wirren des Krieges und der Revolution untergegangenen zaristischen Bundesgenossen zur Niederhaltung des Deutschen Reiches, während die beiden slawischen Länder bei aller Einsicht in die Notwendigkeit der dauernden Schwächung der Weimarer Republik auch vital an anderen Räumen interessiert waren. Österreich, Ungarn und der Donauraum haben in der tschechoslowakischen Außenpolitik eine vergleichbare Bedeutung besessen wie für die polnische Diplomatie die junge Sowjetmacht und die neuen baltischen Randstaaten. Bei der Bewertung der „deutschen Gefahr" zeigten sich zudem bald — spätestens nach der Unterzeichnung der Locarno-Verträge und der Arbitrage-Vereinbarungen am 16. Oktober 1925 — wesentliche Unterschiede, die selbst nach der nationalsozialistischen Machtergreifung und der von ihr ausgehenden Bedrohung Prag und Warschau davon abhielten, ihren politischen Kurs einander anzunähern.

Die nach dem Zusammenbruch der Mittelmächte vorgefundenen wirtschaftlichen und demographischen Voraussetzungen differierten in Polen und in der ČSR bedeutsam. Die günstigste Ausgangsposition der sich am Ende des Ersten Weltkrieges konstituierenden Staaten besaß zweifellos die Tschechoslowakische Republik. Auf dem von ihr seit Dezember 1918 kontrollierten, von Kriegsschäden fast völlig verschont gebliebenen Fünftel der k. und k. Monarchie, einem Arreal von 140 000 km² und einer Ost-West-Ausdehnung von 950 km Luftlinie, lebte mit 13,6 Mill. Einwohnern ein Viertel der Bevölkerung des alten Österreich-Ungarn, denen in den Pariser Vorortverträgen mit den verkehrsmäßig am besten erschlossenen Gebieten zugleich die wichtigsten Lagerstätten an Bodenschätzen und drei Viertel der Industriekapazitäten zugesprochen wurden. Die sogenannten „historischen Länder", das frühere Königreich Böhmen, die Markgrafschaft Mähren und der bei der ČSR verbliebene Rest des Herzogtums Schlesien, geographisch unter dem Namen Sudetenländer zusammengefaßt, entsprachen in ihrem Sozial- und Wirtschaftsgefüge — unbeschadet einiger regionaler Unausgewogenheiten — durchaus dem in Westeuropa erreichten Entwicklungsstand und hatten seit der Mitte des 19. Jahrhunderts mit der einsetzenden Mechanisierung und Industrialisierung einen steten wirtschaftlichen Aufschwung erlebt. Die fast gleichgroße Osthälfte dagegen, das frühere Oberungarn mit den im Karpatenbogen gelegenen Ländern Slowakei und Karpatorußland, hatte als integraler Bestandteil des Königreichs der Stephanskrone eine andere geschichtliche, kulturelle und sozialökonomische Entwicklung genommen und war trotz einem für die transleithanische Reichshälfte relativ hohen Industrialisierungsgrad über bescheidene Ansätze einer progressiven Wirtschafts- und Gesellschaftsstruktur nicht hinausgelangt. Der Aufgabe, diese deutlich voneinander abgesetzten Wirtschafts- und Verwaltungsräume zu einer Einheit zusammenzuschweißen und das kulturelle, soziale und ökonomische West-Ost-Gefälle zu nivellieren, zeigte sich die Prager Zentralregierung in den zwanzig Jahren des Bestehens der Ersten Republik nicht ganz gewachsen. War in den wirtschaftlich entwickelteren, sozial stärker differenzierten Sudetenländern 1930 nicht einmal mehr ein Viertel der Bevölkerung in der Land- und Forstwirtschaft tätig, so zogen in der Slowakei mehr als die Hälfte und in Karpatorußland gar zwei Drittel der Erwerbstätigen ihren Lebensunterhalt aus dem agrarischen Sektor; umgekehrt belief sich der Anteil der in Industrie, Gewerbe und Handel Beschäftigten im Westen auf 42 %, während in der Slowakei nur ein Fünftel und in Karpatorußland kaum mehr als ein Zehntel in der Industrie arbeitete. Dagegen war bereits 1914 mehr als die Hälfte aller Erwerbstätigen in den deutschen Siedlungsgebieten in Böhmen einer Arbeit in Industrie und Gewerbe nachgegangen. Dank der insgesamt vorteilhaften Ausgangslage und gestützt auf den in der Person des ersten Präsidenten Tomáš Garrigue Masaryk begründeten beträchtlichen Vertrauensvorschuß in der öffentlichen Meinung der ganzen Welt gelang es der tschechoslowakischen Staats- und Wirtschaftsführung nach 1918, ohne wesentliche wirtschaftliche und soziale Erschütterungen und unter Vermeidung eines finanziellen Chaos, den Normalisierungsprozeß in Gang zu setzen und den Produktionsstand der Vorkriegszeit auf allen relevanten Wirtschaftsgebieten zwischen 1924 und 1927 wieder zu erreichen.

In Polen dagegen waren ungleich schwierigere und vielschichtigere Probleme zu überkommen als in der benachbarten ČSR. Erst nach dem Frieden von Riga im März und der Entscheidung des Völkerbundrates über die Aufteilung Oberschlesiens im Oktober 1921 stand fest, daß das nach fast einhundertfünfzigjähriger Teilungszeit wiedererstandene Polen ein Territorium von rund 390 000 km² mit mehr als 27 Millionen Einwohnern umfassen werde. Mehrfach, zuletzt im Sommer 1920, war die Kriegsmaschine über die polnischen Lande gerollt und hatte im Verein mit den hohen Requisitionen Schäden in Höhe von 73 Mrd. Goldfranc hinterlassen. Außer der Schwierigkeit, vier unterschiedliche Verwaltungs-, Rechts-, Finanz-, Verkehrs- und Bildungssysteme zu koordinieren, sahen sich die polnischen Behörden vor die Aufgabe gestellt, die im ganzen unzulängliche wirtschaftliche Ausstattung, eine erhebliche strukturelle Unausgewogenheit sowie die regionalen Gegensätze im technischen Stand der Wirtschaftszweige zu überkommen und die unter sich fast beziehungslosen Wirtschaftsgebiete, deren Ergänzungsräume jetzt außerhalb der Grenzen lagen, zu einer ökonomischen Einheit zu integrieren. Das fast vollständige Fehlen wertvoller Rohstoffe, der chronische Kapitalmangel, der wenig aufnahmefähige Binnenmarkt sowie häufige politische und finanzielle Krisen hemmten den industriellen Ausbau.

Während 1921 nur 10 % der polnischen Erwerbstätigen ihren Unterhalt in der Industrie und knapp 4 % in Handel und Gewerbe fanden, hingen fast drei Viertel der Beschäftigten und mehr als drei Fünftel der Gesamtbevölkerung von der Landwirtschaft ab. So stellte sich als Kernproblem jeder Modernisierung in Polen die Besserung oder gar Beseitigung der strukturellen Mängel des sozialökonomischen Gefüges auf dem Agrarsektor dar. Es galt, vorrangig der ungleichen Verteilung von landwirtschaftlicher und industrieller Bevölkerung zu begegnen und die ungesunde agrarische Betriebsstruktur, eine Folge der Überbevölkerung des Dorfes und der latenten Unterbeschäftigung der Bewohner, zu überwinden. Trotz größter Bedürfnislosigkeit der Bauern reichten die Erträge der Feld- und Viehwirtschaft auf den unrentablen Klein- und Zwergbetrieben Kongreßpolens, Galiziens und der kulturell und ökonomisch noch zurückgebliebeneren östlichen Wojewodschaften nicht einmal zur Sicherstellung des Lebensunterhalts aus. Nur 3,5 % des pflügbaren Bodens standen dem Drittel aller Betriebe offen, die weniger als zwei Hektar umfaßten; zwei Drittel aller Bauern besaßen Höfe von weniger als

5 ha, die nicht einmal 15 % der Ackerfläche bedeckten. Güter von 50 ha und darüber machten zwar nur 0,9 % aller Betriebseinheiten aus, kontrollierten aber fast die Hälfte der landwirtschaftlichen Nutzungsfläche. Zwar war auch die Bodenverteilung in Böhmen und in den Karpatenländern ungesund, doch moderne Wirtschaftsformen, so die Ablösung der Dreifelder- durch die Fruchtwechselwirtschaft, der Einsatz leistungsfähiger Geräte, die Errichtung von Mustergütern, Zuchterfolge, eine am Markt orientierte Produktion und Absatzorganisation, Land-Meliorationen, Ansätze zur Elektrifizierung und zum Wasserleitungsbau auf dem flachen Land, ein funktionierendes Genossenschaftswesen und die Bereitstellung zinsgünstiger Agrarkredite hatten hier — wie auch in Posen, dem ehemals preußisch-deutschen Teilungsgebiet Polens — unvergleichlich günstigere Voraussetzungen für die sofortige Inangriffnahme der überfälligen Bodenreform geschaffen. Allein eine zusätzliche umfassende Industrialisierung schien in Polen Gewähr dafür zu bieten, der im 19. Jahrhundert durch eine Vermehrung der Einwohnerzahl um das Dreifache entstandenen übermäßigen Verdichtung der agrarischen Bevölkerung und ihrer Verelendung mit der Eröffnung eines Abzugs in die Städte Herr zu werden.

Die Schwierigkeiten, aus diesen unausgewogenen strukturellen Grundlagen einen neuen volkswirtschaftlichen Organismus zu schaffen sowie Landwirtschaft, Industrie und Verkehr auf die Bedürfnisse des eigenen Marktes und des Exports abzustimmen, wurden durch das Fehlen eines einheitlichen Verwaltungsapparates, die Kapitalarmut und die Instabilität der politischen Ordnung in den Anfangsjahren in Polen potenziert. Die zur Beseitigung der Kriegsschäden und zur Wiederingangsetzung der Wirtschaft benötigten Investitionen konnten von der Regierung zunächst nur durch die verstärkte Inanspruchnahme der Notenpresse bereitgestellt werden. Die inflationären Tendenzen waren auch durch die Einführung der Złoty-Währung im April 1924 nicht zu bremsen. Selbst die mit dem Schlagwort einer „Sanierung des politischen Lebens“ operierenden, nach dem Staatsstreich vom 12. Mai 1926 an die Macht gelangten Kräfte um Marschall Piłsudski mußten, bedingt durch die mit dem Ausbruch des deutsch-polnischen Zollkriegs einhergehende Produktionskrise und eine katastrophale Mißernte 1926, einen weiteren, besorgniserregenden Währungsverfall hinnehmen, bevor eine mit Hilfe von Auslandskrediten im November 1927 vorgenommene gesetzliche Stabilisierung des Złoty der Wirtschaft eine kurze Konsolidierungsphase bescherte. Die bereits Ende 1928 auftretenden ersten Anzeichen einer Stagnation verhinderten im Verein mit der allgemeinen Weltwirtschaftskrise jedweden ökonomischen Fortschritt. Die danach einsetzende Belebung der Wirtschaft Polens war vorwiegend eine Auswirkung der Festigung der Weltkonjunktur und einer verstärkten Einflußnahme der Regierung, die vor allem seit 1935 eine Anpassung des polnischen Wirtschaftsorganismus an die wehrpolitischen Bedürfnisse verfolgte und dem von Anfang an vorhandenen „Etatismus“ in der Wirtschaftspolitik zum Durchbruch verhalf. Da ein ausgeglichener Staatshaushalt nur zwischen 1926 und 1930 sowie nach 1936 vorgelegt werden konnte und die Handelsbilanz fast immer passiv war, blieben Staat und Privatwirtschaft wegen der Schwäche des inneren Kapitalmarktes auf einen hohen Anleihenzufluß aus dem Ausland angewiesen.

Diese dünne Finanzdecke engte den Spielraum aller polnischen Kabinette bei der Realisierung ihrer Arbeitsbeschaffungsprogramme und der Durchführung der Bodenreform stark ein. Die in den Bodenreformgesetzen vom 15. Juli 1920 und 28. Dezember 1925 angestrebte Zielsetzung, nämlich der Abbau der sozialen Spannungen und eine allgemeine Hebung der Rentabilität der Landwirtschaft, wurde daher nur zum geringen Teil erreicht. Die durch Parzellierung von Großgrundbesitz, Neusiedlung, Landzulagen, Flurbereinigung und Bodenverbesserung neugeschaffenen Bauernstellen konnten weder die regionalen Unterschiede in der Betriebsstruktur und der Intensität der Landbewirtschaftung beseitigen noch den nachdrängenden ländlichen Bevölkerungszuwachs absorbieren. Bei einer Zunahme der Bevölkerung um 8 auf über 35 Millionen mußten zwischen 1919 und 1938 mehr als zwei Millionen Polen ihr Heil in der Auswanderung suchen. Obschon der Anteil der städtischen Bevölkerung kontinuierlich anstieg, nahm die ländliche Überbevölkerung als Folge des hohen Geburtenüberschusses sogar noch zu. Das Scheitern der staatlichen Agrarpolitik und die schwelenden sozialen Spannungen dokumentierten schließlich die sich über ganz Polen ausbreitenden Streiks der Bauern im August 1937.

Mit verwandten Problemen fand sich die tschechoslowakische Regierung eigentlich nur in der Osthälfte der ČSR konfrontiert, obwohl die Bevölkerung in der Zwischenkriegszeit um zwei auf über 15 Millionen anwuchs. Die vom langjährigen Landwirtschaftsminister und späteren Premier Milan Hodža vorangetriebene Bodenreform konnte zwar nicht den hohen Erwartungen einer inneren Kolonisation gerecht werden, sie trug aber durch die Vergrößerung des vorhandenen Kleinbesitzes und die Schaffung neuer Siedlerstellen sowie durch eine staatlich reglementierte Anbau- und Ankaufspolitik dazu bei, daß die ČSR ihren Bevölkerungsüberschuß weitgehend in den Arbeitsprozeß eingliedern konnte, mit Ausnahme von Fetten in ihrer Nahrungsmittelversorgung autark wurde und zum größten Zuckerexporteur in Europa aufstieg. Die von den Vertretern der nationalen Minderheiten und von der slowakischen Opposition vorgetragenen Klagen über die Durchführung der Bodenreform und der Arbeitsbeschaffungsprogramme unter Gesichtspunkten, die das tschechische Siedlungsgebiet und tschechische Bewerber einseitig bevorzugten, erscheinen im Licht der Statistik nicht ganz unbegründet; doch der ungebührlich hohe Anteil von Slowaken an der Zahl der Emigranten oder der Deutschen unter den Arbeitslosen während der Weltwirtschaftskrise findet auch eine Erklärung in der überkommenen Wirtschafts- und Sozialstruktur, deren Disparitäten trotz allen guten Willens in den wenigen Jahren nach der Staatsgründung nicht abgebaut werden konnten. Zwar ist das Recht auf Selbstbestimmung, das von Tschechen, Slowaken und Polen für sich in Anspruch genommen worden war, nach 1918 nicht auf die nationalen Minderheiten ausgedehnt worden, weil es sich nach Auffassung ihrer Regierungen nur auf Völker, nicht auf Volksgruppen bezog; doch hat es die von der deutsch-nationalen und der ungarisch-revisionistischen Presse so stark ausgeschlachtete wirtschaftliche Diskriminierung der Minderheitenbevölkerung nur in der Übergangsphase nach der Staatsgründung gegeben. Allein von der nach 1935 einsetzenden Konjunktur in der Rüstungsindustrie blieben die Firmen in deutschem Besitz weitgehend ausgeschlossen. Insgesamt haben, zumal in der ČSR, die nationalen Minderheiten an dem bis 1929 dauernden wirtschaftlichen Aufschwung vollen Anteil besessen, obschon die Grenzziehung von 1918 die traditionellen Absatzmärkte abgeschnitten, der weitverbreitete Protektionismus mit seinen Zoll- und Autarkiebarrieren die Exportmöglichkeiten eingeschränkt und die knappe Kapitaldecke den Aufbau moderner, konkurrenzfähiger Produktionsstätten behindert hatten. Eine enge wirtschaftliche Kooperation zwischen den beiden Nachbarn wollte — nicht zuletzt wegen der Grenzstreitigkeiten und der daraus erwachsenden politischen Querelen — nicht so recht gedeihen, so daß für beide Staaten das Deutsche Reich der omnipotente Außenhandelspartner blieb, der über die ökonomische Sphäre auch seinen politischen Einfluß zu steigern bestrebt war.

Der Neid, der in Polen über die wirtschaftliche Stabilität in der ČSR keimte, weil sie diesem Land eine politische Bedeutung einbrachte, die in keiner Relation zur Größe seines Territoriums und der Einwohnerzahl zu stehen schien, hat in der polnischen Gesellschaft zu einer Verfestigung von Vorurteilen beigetragen, die auch die Ausgestaltung der bilateralen Beziehungen beeinflußt haben. Die polnische Oberklasse sah die Tschechen als eine halb bäuerliche, halb bürgerliche Nation, die durch Pragmatismus, Opportunismus und eine gehörige Portion Verschlagenheit und Geschäftssinn eine Position usurpiert hatte, die ihr ganz einfach nicht zukam. Die tschechische Fähigkeit, einen Kompromiß einzugehen, wurde als Prinzipienlosigkeit und Feigheit gebrandmarkt, wie dann auch den Tschechen anzukreiden war, nie in einer *levée en masse* den Versuch unternommen zu haben, ihre Freiheit zu erkämpfen. Der harte Arbeitseinsatz und die Diszipliniertheit waren in polnischen Augen nichts weiter als Manifestationen von Krämerseelen, die ihr Lebensziel allein in der Anhäufung materieller Güter sahen. Die Tschechen dagegen empfanden die Polen als unzeitgemäße Romantiker, deren Grundprinzipien wie Ehre, Patriotismus, Mut und Opferbereitschaft hoffnungslos veraltet waren und als Relikte der untergegangenen Adelsrepublik mitleidig belächelt wurden. Der in Polen vorhandene, von tschechischer Seite überinterpretierte Klassenantagonismus ließ das Weichselland als eine Domäne einer überholten Magnatenoligarchie erscheinen, die ihre Untertanen auch im 20. Jahrhundert wie Leibeigene traktierte. Die angebliche Unbeherrschtheit, das ungezügelte Draufgängertum, die Verfolgung idealistischer Konzeptionen machte aus den Polen fragwürdige Bundesgenossen, denen im Interesse der eigenen Sicherheit nicht zu trauen war.

Diese in der politischen Publizistik der Zwischenkriegszeit häufig anzutreffenden Fehl- und Vorurteile weisen auf die Tatsache hin, daß Polen und Tschechen auch nach 1918 sehr wenig voneinander wußten und nur geringe Anstrengungen zum besseren Kennenlernen des Nachbarn und seiner spezifischen Probleme unternahmen. Trotz der nahen Verwandtschaft der beiden Sprachen, die dennoch wegen des unterschiedlichen Begriffsinhalts fast gleichlautender Worte zu Mißverständnissen und Frustrationserlebnissen Anlaß gab, blieb der Reiseverkehr zwischen den Nachbarn unbedeutend — es zeigte sich anscheinend keine Notwendigkeit, durch gegenseitige Besuche ein eigenständiges Urteil zu bilden. So hatten es die Journalisten der in beiden Ländern doch stark von der Regierung gesteuerten Presse leicht, je nach Konjunktur Emotionen gegen den Nachbarn zu wecken oder unvermittelt die Notwendigkeit für eine breitere Kooperation zu propagieren. Die in der polnischen Öffentlichkeit tief verankerte Magyarophilie und das Verständnis für das Anliegen der slowakischen Autonomisten erhielten dabei in der ČSR sehr rasch das Stigma der politischen Takt- und Instinktlosigkeit, während in Polen der tschechische Pan- und Neoslawismus oder die angebliche Prädisposition für marxistisches Gedankengut als unverzeihliche Fehler gewertet wurden.

Diese eher psychologischen Faktoren haben zwar eine gewisse Rückwirkung auf die Ausgestaltung der zwischenstaatlichen Beziehungen besessen, doch der permanente Widerstreit zwischen Tschechen und Polen ist weit stärker durch die in Prag und Warschau bestehenden politischen Konstellationen und durch die aktiven Träger der Politik bestimmt worden. Stärker als in den anderen Nachfolgestaaten war in Polen die Verbindung von Außen- und Innenpolitik. Obschon die Übergangsverfassung vom 20. Februar 1919 gezeigt hatte, daß die Entmachtung des Staatsoberhaupts der Legislative einen zu großen Machtbereich eröffnete, wodurch die Arbeit im Sejm stark beeinträchtigt, ja nicht selten paralysiert wurde und die politischen Kräfte fast ungezügelt aufeinanderprallten, hatte das am 17. März 1921 angenommene Staatsgrundgesetz das Schwergewicht der Entscheidungen dem Unterhaus belassen, das auch praktisch allein die Zusammensetzung der ihm voll verantwortlichen Regierung bestimmen konnte. Zwischen 1919 und 1925 wurden elf Kabinette mit insgesamt zehn verschiedenen Außenministern verschlissen — wobei in der von 1923—1925 die Geschäfte führenden Regierung Grabski allein drei Chefs im Außenministerium tätig waren. Nur zwei Außenminister — Paderewski und Ponikowski — sind wegen eindeutiger außenpolitischer Kontroversen aus dem Amt geschieden, wenigstens zwei andere — Zamoyski und Seyda — stolperten wegen innenpolitischer Querelen. Kein polnischer Außenminister, auch nicht diejenigen ohne enge Parteiaffinitäten, konnte sich einer überparteilichen Unterstützung rühmen, denn die Vorstellungen über die Ausgestaltung der polnischen Außenbeziehungen zwischen der Linken um Piłsudski und der Rechten um Dmowski klafften zu unversöhnlich auseinander. Während Piłsudski aus militärischen und strategischen Überlegungen heraus Polen in den Grenzen von 1772 ein möglichst großes Maß an Unabhängigkeit zu sichern bemüht war und sich trotz einer realistischen Einschätzung der Lage nicht scheute, im Interesse eines breiten populären Konsenses auch die romantische Vorstellung von der „jagiellonischen Konzeption“ für das neue Polen aufzugreifen, sah er den Hauptgegner vor allem in Rußland, dessen Machtpotential er auch nach Revolution, kommunistischer Machtübernahme und Bürgerkrieg richtig zu bewerten wußte. Solange er bis 1922 als amtierender Staatschef dank seiner unbestrittenen militärischen Autorität über ein beträchtliches Maß an Einfluß verfügte, hielt er es für selbstverständlich, in die Anlage und Durchführung der Außenpolitik einzugreifen, ihm unliebsame Regierungen und Außenminister (Ponikowski, Skirmunt) aus dem Amt zu drängen und nur den Außenressortchefs seine volle Unterstützung angedeihen zu lassen, die wie Patek, Narutowicz und Skrzyński konsequent seine eigenen Vorstellungen zu realisieren suchten. Tschechophiler Neigungen wird man Piłsudski weder in der Frühzeit noch nach dem Staatsstreich von 1926 zeihen können. Während er Respekt für Masaryk aufbrachte, hegte er für Beneš und dessen oft bespöttelte „realistische Diplomatie“ nur Mißtrauen, das er auch auf seinen eigentlichen Schüler auf außenpolitischem Gebiet, den Obersten Józef Beck, übertrug. Obwohl auch Piłsudski zwischen 1926 und 1935 zwölf Kabinette benötigte, haben August Zaleski und nach ihm Józef Beck der polnischen Außenpolitik bis Kriegsausbruch ein größeres Maß an Konsistenz verliehen.

Roman Dmowski, der als Chefdelegierter bei der Pariser Friedenskonferenz und während eines nur zweimonatigen Gastspiels im Außenamt der polnischen Diplomatie wichtige Impulse vermittelte, entwickelte seine Vorstellungen aus einem doktrinären Nationalismus, wobei er die geopolitische Ausgangslage der polnischen Politik rationaler als Piłsudski in sein Konzept einbezog und daher entschlossener für eine enge Zusammenarbeit oder wenigstens für einen praktikablen *modus vivendi* mit dem tschechoslowakischen Nachbarn eintrat. Zwar ebenso entschieden antisowjetisch und antikommunistisch eingestellt wie der Marschall, hegte er doch die Hoffnung, ein innerlich konsolidiertes Rußland werde zu den Grundlagen der zaristischen Außenpolitik zurückfinden und Polen die notwendige Rückendeckung gegen den — von Dmowski als besonders bedrohlich empfundenen — „Deutschen Drang nach Osten“ gewähren. Sein fundiertes Wissen von der Auswirkung sozioökonomischer Prozesse auf die Ausrichtung einer praktikablen Außenpolitik versuchte er vor allem den seinen Denkkategorien nahestehenden Außenministern Seyda, Skirmunt und Zamoyski zu vermitteln. Obgleich Skirmunt und Piltz ebenso wie Narutowicz und Skrzyński bemüht waren, in die Anlage der polnischen Außenpolitik eigene Vorstellungen einzubringen, hat allein Seyda die Annäherung an die ČSR zur Hauptaufgabe seiner Amtszeit gemacht und er ist darüber auch gestürzt. Denn wenn auch in der polnischen Rechten Einigkeit darüber herrschte, daß die territoriale Integrität und volle Souveränität Polens auf dem Bündnis mit Frankreich beruhte, so gab es doch bedeutsame Meinungsverschiedenheiten über das gerade noch zu vertretende Ausmaß der politischen Kooperation mit der Tschechoslowakei. — Die Linke hat, um diese einseitige Abhängigkeit von Paris und seinen osteuropäischen Bündnispartnern zu relativieren, mehrfach, aber immer vergeblich versucht, die britische Regierung zu veranlassen, sich stärker als Ordnungsfaktor in Mitteleuropa zu engagieren. Doch auch ihr ist es nicht gelungen, das deutsch-sowjetische Interessenbündnis an einer Niederhaltung Polens zu neutralisieren und politische Kombinationen zu entwickeln, um diese den *status quo* Nachkriegseuropas bedrohende Konstellation zu durchbrechen.

Die Anlage der tschechoslowakischen Außenpolitik besaß von Anfang an dank der größeren innenpolitischen Stabilität und der Wirtschaftskraft, dank der unbestrittenen Autorität Masaryks und der fachlichen Kompetenz des über 17 Jahre in ungebrochener Kontinuität die Außenpolitik seines Landes dominierenden Ressortchefs Beneš eine frappierende logische Konsequenz und Stetigkeit. Zwar haben sowohl die Nationaldemokraten auf der Rechten wie auch die Kommunisten und — zeitweise — die Sozialdemokraten auf der Linken mehrfach Anläufe für eine Änderung des außenpolitischen Kurses genommen, ohne daß ihre Bemühungen sichtbare Spuren hinterlassen haben. In Kramářs von einer unreflektierten Russophilie geprägten neo-slawistischen Vorstellungen war für eine Zusammenarbeit mit den Polen kein Raum, weil er ihnen Verrat an der slawischen Sache und einen ungezügelten Nationalismus vorwerfen zu müssen glaubte. Die Linke hat aus ihrer Sympathie für das bolschewistische Rußland heraus und wegen der in Piłsudskis Polen konsequent durchgeführten Verfolgung der politischen Gegner eine Annäherung an diesen autoritär regierten Militärstaat boykottiert. Auch wenn Beneš als Außenminister und später als Staatspräsident stets bemüht war, korrekte, ja freundschaftliche Kontakte zum slawischen Nachbarn aufrecht zu erhalten[78], ohne sein Land dadurch in ein unkalkulierbares Risiko zu verwickeln — sah er die ČSR doch in einer Brückenfunktion zwischen Ost und West und nicht, wie die Becksche Konzeption eines „Dritten Europa" suggerierte, in einer Riegelfunktion zur Verhinderung des weiteren Ausgreifens eines aggressiven deutschen Nationalismus oder eines expandierenden Kommunismus. Die Parallelität der Bündnisbeziehungen zu Frankreich spielte in Benešs politischem Kalkül zwar eine große Rolle — aber er wollte ihre Wirksamkeit nicht durch die leichtfertige polnische Prestigepolitik gegenüber den großen Nachbarmächten auf die Probe gestellt sehen. Beide Seiten glaubten zudem, dem slawischen Nachbarn überlegen zu sein und sich etwas zu vergeben, wenn sie ein zu starkes Interesse an einem *rapprochement* bekundeten. Verhängnisvoll wirkte sich in der letzten Phase der bilateralen Beziehungen der persönliche Antagonismus zwischen Beneš und Beck aus, die keine Sympathie füreinander empfanden und dem anderen zutiefst mißtrauten[79].

Das seit 1918/19 in beiden Ländern vorhandene, durch mehrere unnötige Zwischenfälle genährte Trauma von der Selbstsucht, Unzuverläßigkeit und Perfidie der anderen Nation hat dazu beigetragen, daß eine aufrichtige, vorurteilsfreie und für beide Seiten profitable Partnerschaft nicht zustande kam und dadurch die nationalsozialistische Aggression leichtes Spiel hatte. In der ČSR herrschte bis 1934 die Auffassung vor, daß eine enge Zusammenarbeit mit Polen inopportun sei, weil sie die Tschechoslowakei dem deutschen Nachbarn gegenüber unnötig exponieren und Sowjetrußland vor den Kopf stoßen müsse. Warschau konnte aus Prag in den zwanzig Jahren auf alle Initiativen zur Intensivierung der Beziehungen nur die stereotype Antwort erhalten, die tschechoslowakische Politik werde nichts unternehmen, was den polnischen Interessen zuwiderlaufen könnte. Die langfristige Interessengemeinschaft mit Polen wurde in Prag erst erkannt, als sich

---

78 Seine Vorstellungen von der Anlage der tschechoslowakischen Außenpolitik gegenüber Polen hat er niedergelegt in Beneš, Edvard: Zahraniční politika a demokracie: Problémy a metody naší zahraniční politiky [Außenpolitik und Demokratie: Probleme und Methoden unserer Außenpolitik]. Zahraniční Politika 1 (1923) 381 f.

79 Wandycz, Piotr S.: Beneš and Beck. The Central European Federalist 9 (1961) 6—12.
„It is doubtful wether Beneš had any real liking for the Poles, and his outlook, mentality, and attitude to politics offered a complete contrast to those of the majority of the Polish leaders. Certainly Masaryk on more than one occasion expressed scepticism of Polish statecraft." Wandycz: France and Her Eastern Allies 386.

die polnische Außenpolitik durch den Abschluß des Nichtangriffsvertrags mit dem Deutschen Reich am 26. Januar 1934 optimal abgesichert wähnte. Als sich Hitler konsequent an die Gewinnung von „Lebensraum“ für die deutsche Herrenrasse im Osten machte, hatten sich Polen und die ČSR bereit soweit auseinanderentwickelt, daß eine gemeinsame Abwehr der Aggression nicht mehr zustande zu bringen war. Der Briefwechsel, den Beneš auf dem Höhepunkt der Münchener Krise mit dem polnischen Staatspräsidenten Mościcki tauschte, war der letzte untaugliche Versuch, ein zwanzigjähriges Versäumnis wettzumachen und Polen in letzter Stunde aus der unheiligen Allianz der Gegner herauszubrechen. Diesem letzten Appell an die slawische Solidarität war kein Erfolg beschieden. Es bedurfte der polnischen Niederlage gegen die deutsche und die sowjetische Aggression im September 1939, um Politiker aus beiden Lagern im britischen Exil Überlegungen anstellen zu lassen, ob ein Staatenbund der beiden Nachbarn die Fehler der Vergangenheit wiedergutmachen könnte [80]. Doch das latente beiderseitige Mißtrauen hat selbst damals noch eine Lösung verhindert, durch deren Realisierung die politische Entwicklung in Ostmitteleuropa nach 1945 wohl einen anderen Verlauf hätte nehmen können.

---

[80] Wandycz, Piotr S.: Czechoslovak-Polish-Confederation and the Great Powers 1940—1943. Bloomington/Ind. 1956.

Stanislav J. Kirschbaum

DIE STELLUNG DER SLOWAKISCHEN VOLKSPARTEI ZUR AUSSENPOLITIK PRAGS*

Nur wenige Länder in der modernen Welt haben ein so verworrenes Schicksal wie die Tschechoslowakei. Innerhalb einer Generation wurde die Tschechoslowakei geschaffen und wieder zerstört, nur um ein paar Jahre später zu neuem Leben erweckt zu werden. Innere und äußere Ursachen haben eine Rolle gespielt und so ist ein weites Forschungsfeld entstanden. Das wurde sehr klar in Karl Bosls: Aktuelle Forschungsprobleme um die Erste Tschechoslowakische Republik, wo alle wichtigeren Aspekte des Lebens in der Tschechoslowakei in den Zwischenkriegsjahren von erfahrenen Gelehrten unter die Lupe genommen worden sind[1]. Das Studium der tschechoslowakischen Außenpolitik in den zwanziger und dreißiger Jahren paßt hervorragend in eine solche Bemühung hinein, insbesondere weil die Außenpolitik ein offenes Laboratorium für das Studium der Rolle sowohl äußerer als innerer Faktoren darstellt, nicht nur im Hinblick auf die Gestaltung der auswärtigen Politik, sondern gerade auch im Hinblick auf ihren Erfolg oder ihr Fehlschlagen.

Die zur Zeit verfügbare Literatur über die tschechoslowakische Außenpolitik gibt nicht viel her für eine derartige Bemühung. Vondraceks Buch[2] zum Beispiel ist vorwiegend erzählend, wogegen sich jüngere Versuche, wie sie Wandycz[3] und Zinner[4] unternommen haben, auf die Persönlichkeit, die Weltanschauung und die Tätigkeit von Eduard Beneš beschränken, der für 17 der 20 Jahre des Bestehens der Ersten Tschechoslowakischen Republik Außenminister war. Benešs Biographien[5] geben uns noch weniger Einblick in die verschiedenen Aspekte der auswär-

---

* Ich möchte Herrn Prof. Dr. Walter Beringer für seine Hilfe bei der Vorbereitung dieses Referates herzlich danken.

1 Aktuelle Forschungsprobleme um die Erste Tschechoslowakische Republik. Hrsg. von Karl Bosl. München-Wien 1969.

2 Vondracek, Felix John: The Foreign Policy of Czechoslovakia 1918—1935. New York 1937.

3 Wandycz, Piotr S.: The Foreign Policy of Edvard Beneš 1918—1938. In: A History of the Czechoslovak Republic 1918—1948. Hrsg. von Victor S. Mamatey und Radomír Luža. Princeton 1973, S. 216—238.

4 Zinner, Paul E.: Czechoslovakia: The Diplomacy of Eduard Benes. In: The Diplomats 1919—1939. Bd. 1. Hrsg. von Gordon A. Craig und Felix Gilbert. New York 1963, S. 100—122.

5 Siehe: Crabitès, Pierre: Beneš, Statesman of Central Europe. New York 1936. — Eisenmann, Louis: Un grand européen: Edouard Bénès. Paris 1934. — Foustka, Radim N.: Život, dílo a příklad Dr. Edvarda Beneše [Das Leben, die Arbeit und das Beispiel von Dr. Edvard Beneš]. Prag 1946. — Hitchcock, Edward B.: „I Built a Temple for Peace": The Life of Eduard Beneš. New York-London 1940. — Hník, František M.: Edvard Beneš: filosof demokracie [Edvard Beneš: Philosoph der Demokratie]. Prag 1943. — Lennhoff, E.: In Defence of Dr. Beneš and Czechoslovak Foreign Policy. London 1938. — Lias, Godfrey: Beneš of Czechoslovakia. London

tigen Politik der Tschechoslowakei. Es gibt einige Studien in der kommunistischen Literatur, die Teilaspekte der Außenpolitik untersuchen, aber auch sie lassen viele Fragen unbeantwortet[6]. Nur ein kommunistischer Forscher hat kürzlich eine neue Perspektive in die Debatte gebracht. Alena Gajanová möchte die Ursachen für das Fehlschlagen der tschechoslowakischen Außenpolitik nicht in den dreißiger Jahren sehen, als der National-Sozialismus in Deutschland Fuß faßte und dies zu Folgen auf dem europäischen politischen Theater führte, sondern vielmehr in den zwanziger Jahren[7]. Über diese These schrieb Ferdinand Seibt: „Mir scheint diese Ansicht für die Vorstellung, daß die Erste Republik unter den in Paris gesetzten Ausgangslinien zu bestehen hatte, ganz konsequent[8]."

Abgesehen von der Aufgabe des Historikers, die tschechoslowakische Außenpolitik in allen ihren Aspekten zu untersuchen, ist da die gleicherweise wichtige Aufgabe der Untersuchung des Verhältnisses zwischen inneren und äußeren Faktoren in der Außenpolitik. In der neueren amerikanischen politologischen Literatur nennt man das „linkage politics"[9]. An der sudetendeutschen Frage könnte man ein hervorragendes Exempel statuieren. Ebenso wichtig, obwohl theoretisch weniger entwickelt, ist das Verhältnis zwischen „interest groups"[10] und auswärtiger Politik oder allgemeiner gesprochen, zwischen innerpolitischer Entwicklung (domestic process) und der Außenpolitik.

1940. — M a c k e n z i e, Compton: Dr. Beneš. London 1946. — Edward Beneš: Essays and Reflections Presented on the Occasion of his Sixtieth Birthday. Hrsg von Jan O p o č e n s k ý. London 1945. — P a p o u š e k, Jaroslav: Dr. Edvard Beneš. Sein Leben. Prag 1937. — W e i l, Fritz: Edouard Bénès ou la renaissance d'un peuple. Paris 1934.

6 Siehe: K v a č e k, Robert: Nad Europou zataženo [Dunkle Wolken über Europa]. Prag 1966. — O československé zahraniční politice, 1918—1939: Sborník statí [Über die tschechoslowakische Außenpolitik 1918—1939: Sammlung von Aufsätzen]. Hrsg. von Vladimír S o j á k. Prag 1956. — Die Entstehung der Tschechoslowakischen Republik und ihre international-politische Stellung. Prag 1968 (Acta Universitatis Carolinae — Philosophica et Historica 2—3). — B ř a c h, Radko: To the Origins and the Beginnings of Czechoslovak Foreign Policy. Problems of Contemporary History 1 (1968) 1—55. — O l i v o v á, Věra: Československá zahraniční politika a pokus o restauraci Habsbursků v roce 1921 [Die tschechoslowakische Außenpolitik und der Versuch, die Habsburger Monarchie wiedereinzuführen im Jahr 1921]. ČČH 7 (1959) 675—698. — O l i v o v á, Věra: K historii československo-rakouské smlouvy z roku 1921 [Zur Geschichte des tschechoslowakisch-österreichischen Abkommens vom Jahr 1921]. ČČH 9 (1961) 198—219. — O l i v o v á, Věra: Československá diplomacie v době rurské krise roku 1923 [Die tschechoslowakiche Diplomatie während der Ruhr-Krise vom Jahr 1923]. ČČH 6 (1958) 59—70.

7 G a j a n o v á, Alena: ČSR a středoevropská politika velmocí (1918—1938) [Die ČSR und die mitteleuropäische Politik der Großmächte]. Prag 1967.

8 S e i b t, Ferdinand: Die Erste ČSR im Bild der Forschung. In: B o s l 189—209, hier 199.

9 Siehe: R o s e n a u, James N.: Linkage Politics. New York 1969. — D e r s.: Theorizing Across Systems: Linkage Politics Revisited. In: Conflict Behavior and Linkage Politics. Hrsg. von Jonathan W i l k e n f e l d. New York 1973, S. 25—56.

10 Siehe: W a l l a c e, William: Foreign Policy and the Political Process. London 1971, S. 39—52 (Studies in Comparative Politics). — M i l b r a t h, Lester W.: Interest Groups and Foreign Policy. In: Domestic Sources of Foreign Policy. Hrsg. von James N. R o s e n a u. New York 1967, S. 231—251.

Es gibt nicht viele Untersuchungen, seien sie rein theoretischer oder mehr empirischer Natur, die es uns ermöglichen, die innere Entwicklung in eine systematische Beziehung zur Außenpolitik zu setzen. Professor Henry Kissinger hat zugegeben, daß „eine systematische Untersuchung der Einwirkung der inneren Struktur auf die Führung der Außenpolitik solche Faktoren wie historische Tradition, gesellschaftliche Werte und das Wirtschaftssystem in Rechnung stellen müßte“ [11]. In seiner eigenen Untersuchung der Verwaltungsstrukturen und der sie prägenden Erfahrung von Führungsgruppen kommt er zur Schlußfolgerung, erstens „die innere Struktur ist schließlich und letztlich entscheidend in der Ausarbeitung positiver Ziele“ [12] und zweitens, daß „die innere Struktur entscheidend die Art und Weise bestimmt, in der die Handlungen anderer Staaten verstanden werden“ [13].

Kissingers zweite Schlußfolgerung gibt uns eine Ausgangsbasis, von der aus wir das Verhältnis zwischen innerer Entwicklung und auswärtiger Politik untersuchen können. Um noch einen Schritt weiter zu gehen, es ist unsere Auffassung, daß die Wahrscheinlichkeit eines kühlen und wohlüberlegten Verständnisses der Handlungen anderer Staaten in direkter Beziehung steht zu dem Ausmaß an Ordnung und Frieden im Inneren. Dabei sind wir uns auch dessen bewußt, daß die internationale Szene direkt die innere Entwicklung beeinflußt. Das Problem besteht dann darin zu zeigen, wie die innere Entwicklung in Beziehung zur Außenpolitik steht.

Die beiden Konzepte, die uns bei der Bestimmung dieser Beziehung helfen können, sind die der Kompatibilität und des Konsensus. Die Kompatibilität kennzeichnet mit Wolfram Hanrieder „den Grad der Stimmigkeit verschiedener politischer Ziele unter Berücksichtigung der Strukturen und Möglichkeiten des jeweiligen *internationalen* Systems; . . . [wohingegen der Konsensus] den Grad der *innenpolitischen* Zustimmung zu den Zielen und Mitteln der Außenpolitik bezeichnet“ [14].

Die Verbindung zwischen der auswärtigen Politik und der inneren Entwicklung wird erst in dem Moment hergestellt, wo Kompatibilität und Konsensus institutionell geklärt sind, sei es durch ein „interest group“ oder eine politische Partei. Die Wichtigkeit dieser Verbindung ist abhängig sowohl von den Kreisen, die die Außenpolitik bestimmen, wie auch von der Gruppe oder Partei, die Kompatibilität und Konsensus artikulieren. Die ersteren mögen nun die Einwirkung von Kompatibilität und Konsensus zugeben oder ablehnen; jedenfalls beeinflussen sie dadurch deren Artikulierung. Die Gruppe oder Partei mag nun rechtens und mit gutem Glauben Kompatibilität und Konsensus in der Absicht formulieren, auf die auswärtige Politik Einfluß zu nehmen, aber sie kann auch versuchen, durch eine solche Formulierung der Erreichung ihrer innenpolitischen Ziele näherzukommen. Die Formulierung von Kompatibilität und Konsensus wird im letzteren Fall einen Hinweis

---

[11] Kissinger, Henry: Domestic Structure and Foreign Policy. In: International Politics and Foreign Policy. Hrsg. von James N. Rosenau. New York 1969, S. 261—275, hier 263.

[12] Ebenda 262.

[13] Ebenda.

[14] Hanrieder, Wolfram F.: Compatibility and Consensus: A Proposal for the Conceptual Linkage of External and Internal Dimensions of Foreign Policy. In: Comparative Foreign Policy: Theoretical Essays. Hrsg. von Wolfram F. Hanrieder. New York 1971, S. 242—264, hier 253.

darauf geben, ob besagte Gruppe oder Partei internationale Hilfe für ihren innenpolitischen Kampf erwägt — dies würde natürlich die Außenpolitik direkt beeinflussen. Die Verbindung zwischen innerer Entwicklung und auswärtiger Politik kann also mannigfach sein und ist empirisch verifizierbar, solange Kompatibilität und Konsensus bestimmt werden können.

Diese beiden Konzepte ermöglichen uns also nicht nur die Analyse der Stellung einer oppositionellen politischen Partei wie der Slowakischen Volkspartei zur tschechoslowakischen Außenpolitik, sondern verbinden auch einen Teil der inneren Entwicklung mit der auswärtigen Politik[15]. Die Slowakische Volkspartei war nicht nur eine Oppositionspartei, sondern sie trat für die Autonomie der Slowakei ein. Dieser Kampf hatte internationale Konsequenzen. Die Beziehung ist also offenbar.

Das Verhältnis der Slowakischen Volkspartei gegenüber der Prager Außenpolitik, wie es im Parlament deutlich wurde, war das Ergebnis nicht nur ihrer eigenen Position innerhalb des politischen Systems, welche mit Ausnahme der Jahre 1927—1929 primär oppositionell war, sondern vor allem dasjenige ihrer ideologischen Plattform und ihrer Wählerschaft. Alles in allem war die Slowakische Volkspartei die einzige Partei in der Slowakei, die die slowakische nationale Unterstützung insofern für sich beanspruchen konnte, als sie mehr slowakische Stimmen in allen Wahlen (mit Ausnahme der ersten) hatte als jede andere Partei, sei es eine slowakische oder eine tschechoslowakische[16]. Wichtiger jedoch war die ideologische Plattform, welche sie die ganze Periode über beständig einnahm, nämlich die Autonomie der Slowakei, wie sie im Pittsburger Abkommen von 1918, das Präsident T. G. Masaryk persönlich unterzeichnet hatte, versprochen worden war[17]. Dieses Verlangen nach Autonomie schloß alle Aspekte des politischen, sozialen und ökono-

---

[15] Hanrieder verbindet diese beiden Konzepte mit einem, wie er es nennt, „penetrated system", das „internal, external, systemic referents" enthält. Unsere Verwendung der beiden Begriffe eignet sich nicht für ein „penetrated system" — die ČSR wird ein solches erst 1935—1939 — und soll einer genaueren Analyse der „internal referents" in der Außenpolitik der ČSR dienen. Über diese „referents" siehe: Hanrieder, Wolfram F.: Actor Objectives and International Systems. In: Hanrieder 108—131.

[16] Siehe: Macartney, C. A.: Hungary and her Successors. London 1937, S. 118.

[17] Bis jetzt gibt es nur einen Aufsatz, der das Programm der Slowakischen Volkspartei untersucht. Siehe Hoensch, Jörg K.: Die Grundlagen des Programms der Slowakischen Volkspartei vor 1938. BohJb 7 (1966) 320—356 (Erweiterte Fassung des ersten Kapitels seines Buches: Die Slowakei und Hitlers Ostpolitik. Köln-Graz 1965). Weiteres in: Kirschbaum, Joseph M.: Slovakia: Nation at the Crossroads of Central Europe. New York 1961. — Mikuš, Joseph A.: Slovakia: A Political History. Milwaukee 1963. — Sidor, Karol: Slovenská politika na pôde pražského snemu 1918—1938 [Die slowakische Politik auf dem Boden des Prager Parlaments]. 2 Bde. Preßburg 1943. — Zum „tschechoslowakischen" Gesichtspunkt siehe: Lettrich, Jozef: A History of Modern Slovakia. New York 1955; zum marxistischen siehe: Lipscher, Ladislav: L'udácka autonomia: ilúzie a skutočnosť [Die Autonomie der Volkspartei: Illusionen und Wirklichkeit]. Preßburg 1957 und die gründlicheren Studien: Kramer, Juraj: Slovenské autonomistické hnutie v rokoch 1918—1929 [Die slowakische autonomistische Bewegung in den Jahren 1918—1929]. Preßburg 1962. — Ders.: Ausländische Einflüsse auf die Entwicklung der slowakischen autonomistischen Bewegung. Historica 3 (1961) 159—193. — Ders.: Die slowakische autonomistische Bewegung in den Jahren 1918—1929. Historica 7 (1963) 115—143.

mischen Lebens in der Tschechoslowakei ein und verschaffte der Partei im Verlauf der Jahre in gewisser Weise das Gefühl, sie, zusammen mit der Slowakischen Nationalpartei (der Rázus-Partei), repräsentiere die slowakische Nation, da die tschechoslowakischen Parteien nicht mit diesem Anspruch auftraten. Diese Position sollte schließlich Früchte tragen, als die Slowakei 1938 die Garantie ihrer Autonomie erhielt und die Slowakische Volkspartei an die Macht kam.

Auf dem Feld der Außenpolitik ermöglichte es das autonomistische Programm den der Slowakischen Volkspartei angehörenden Kritikern der Regierung, den Grad der Kompatibilität und des Konsensus gegenüber der auswärtigen Politik Benešs festzustellen. Basierten letztere jedoch auf den Interessen der Slowaken, so betonte Štefan Onderčo im Prager Parlament bereits 1922:

„Die Slowakei ist ein entscheidender Faktor in Mitteleuropa insofern, als jeder vernünftige Staatsmann, der etwas Dauerhaftes in Mitteleuropa schaffen will, mit der Slowakei rechnen muß. Die Tschechoslowakische Republik hat nur einen Sinn mit einer starken und gut regierten Slowakei. Es war das Schicksal der Slowakei und wird es immer sein, zusammen mit einer anderen Nation einen Staat zu schaffen. Kurz gesagt, es ist die Bestimmung der slowakischen Nation, immer als loyales Element jedweder staatlichen Konfiguration betrachtet zu werden, die es in Mitteleuropa geben mag. Es muß ferner hinzugefügt werden, daß sich die slowakische Nation ehrlich und entschlossen bemühen wird, ungeachtet aller Eventualitäten und internationalen Komplikationen, sich selbst eine so starke und bestimmte nationale Zukunft zu sichern, wie dies ein Leben als nationale Einheit neben einer anderen nationalen Einheit nun einmal erfordert [18]."

Die erste Frage, die sich stellt, ist, inwieweit die Weigerung der Prager Regierung, dies anzuerkennen — sträubte sie sich doch, die Existenz einer slowakischen Nation als einer von den Tschechen verschiedenen zu akzeptieren, also keineswegs als einen Teil der künstlich geschaffenen „tschechoslowakischen Nation" —, schließlich das Ausmaß des Konsensus gegenüber Prags Außenpolitik schwächte. Man kann zweitens fragen, ob die Kompatibilität von Benešs auswärtiger Politik auch von diesem Gesichtspunkt aus beurteilt wurde und ob sie die Slowaken veranlaßte, in außenpolitischen Kategorien zu denken, die sich in den späten 30er Jahren als nützlich erweisen sollten, als die europäische Politik die Slowaken direkt tangierte.

Die Weigerung Prags, die slowakische Kritik ernst zu nehmen, basierte jedoch nicht nur im ideologischen Bereich, nämlich auf der Nichtanerkennung einer eigenständigen slowakischen Nation, sondern in der Struktur ihrer Außenpolitik selbst und in ihrem diplomatischen System. So schrieb Karol Sidor: „Der Bereich der auswärtigen Politik war von Anfang an ein geschlossener ideologischer und personeller Kreis, den die Slowaken nicht nur nicht mit ihrer außenpolitischen Konzeption, sondern erst recht nicht mit ihren Wünschen nach einer personellen slowakischen Repräsentation zu durchbrechen vermochten [19]."

---

[18] Národní shromáždění Republiky Československé [Nationales Parlament der Tschechoslowakischen Republik]: Těsnopisecká zpráva [Stenographische Berichte]. Prag, 30. Mai 1922, S. 611 (zitiert: Zpráva).

[19] Sidor I, 196.

Wurde die Prager Außenpolitik und die Stellung der Slowakischen Volkspartei ihr gegenüber zum Barometer der Beziehungen zwischen Prag und der Slowakei und schließlich auch der slowakischen Gefühle gegenüber der Tschechoslowakei schlechthin? Da ein geschlossener Kreis in Prag auswärtige Politik betrieb, konnte dieser sicherlich nicht begreifen, daß er der slowakischen Politik auch noch den Zugang versperrte und somit die Volkspartei zwang, eine allumfassende nationale Politik zu konzipieren, die, zumindest theoretisch, die Existenz des tschechoslowakischen Staates gefährden konnte. Da dies 1939 in der Tat geschah, ist es wichtig, diese Entwicklung von außenpolitischen Gesichtspunkten aus zu verfolgen, insbesondere, da internationale Ereignisse bei der slowakischen Unabhängigkeitserklärung im März jenes Jahres eine entscheidende Rolle spielen sollten.

Die auswärtige Politik der Tschechoslowakei bestand im wesentlichen darin, Sicherheit durch regionale und bilaterale Vereinbarungen zu garantieren — von diesen würde die Kleine Entente die wichtigste sein — sowie durch kollektive Sicherheitsvereinbarungen im Völkerbund[20]. Beneš suchte vor allem darauf hinzuarbeiten, daß in Mitteleuropa Stabilität herrsche. Zu diesem Zweck vermied er jede die Tschechoslowakei allzu sehr bindende Allianz mit einer Großmacht, um so viel Bewegungsfreiheit wie möglich zu behalten. Lediglich weil es ihm nicht gelungen war, auf der Basis einer Übereinstimmung zwischen Paris und London ein breiteres System aufzubauen, stimmte er einem Bündnis mit Frankreich im Jahre 1924 zu. Dies ließ ihm viele Möglichkeiten offen, insbesondere bezüglich der Beziehungen zu den unmittelbaren Nachbarn der Tschechoslowakei. Die Slowakische Volkspartei würde diese Politik sorgsam beobachten und sie nicht nur als solche beurteilen, sondern vor allem im Hinblick auf die slowakischen Interessen. Die parlamentarischen Reden der Abgeordneten der Partei würden das Ausmaß von Kompatibilität und Konsensus andeuten, das die Partei gegenüber Prags Außenpolitik empfand.

Der erste Fall, welcher der Slowakischen Volkspartei die Gelegenheit bot, die Kompatibilität von Benešs auswärtiger Politik zu prüfen, ergab sich aus Anlaß der Grenzfestsetzung zwischen Polen und der Tschechoslowakei, welche die Kreise von Zips (Spiš) und Orava betraf. In der Teschen-Frage war Beneš, mit französischer Hilfe, erfolgreicher gewesen als die Polen, hatte jedoch somit die Tschechoslowakei letztlich in eine Position gebracht, in der sie zum Zweck der Anbahnung guter Beziehungen zu ihrem Nachbarn im Norden ein gewisses quid pro quo in einem anderen strittigen Grenzbereich leisten zu müssen glaubte. Hier, in Orava und Zips, handelte es sich jedoch nun einmal um slowakisches Territorium, was automatisch eine Antwort von seiten der Slowakischen Volkspartei zu diesem Problem provo-

---

[20] Benešs Außenpolitik ist in zwei Werken seiner Reden verfügbar: bis 1924: Problémy nové Evropy a zahraniční politika Československa [Die Probleme des neuen Europa und die Außenpolitik der Tschechoslowakei]. Prag 1924. Für die nächste Dekade: Boj o mír a bezpečnost státu [Der Kampf für den Frieden und die Sicherheit des Staates]. Prag 1934. — Siehe auch Beneš, Edvard: Paměti [Memoiren]. Prag 1947. Eine der besten Studien der ersten Jahre der Außenpolitik der Tschechoslowakei ist die folgende: Wandycz, Piotr S.: France and Her Eastern Allies 1919—1925: French-Czechoslovak-Polish Relations from the Paris Peace Conference to Locarno. Minneapolis 1962.

zierte; die Partei lehnte es ab, daß Beneš ein Abkommen getroffen hatte, ohne jemanden in der Slowakei zu fragen. So äußerte Andrej Hlinka im Prager Parlament: „Wir müssen öffentlich die Außenpolitik von Dr. Beneš rügen, da er die Sünde beging, den Polen 13 Distrikte von Zips und 7 von Orava zum Geschenk zu machen, ohne auch nur nach [der Meinung] unserer Bergbewohner in Orava und Zips durch ein Plebiszit gefragt zu haben [21]."

Als jedoch gegen Ende des Jahres 1922 der Fall von Javorina zur Debatte stand, begnügte sich Hlinka nicht damit, Beneš nur zu tadeln. Er zieh Beneš der Unredlichkeit, da letzterer behauptet hatte, Hlinka habe ihm in einem einige Zeit zurückliegenden Gespräch vorgeschlagen, Javorina den Polen zu überlassen. Javorina, ein kleines Gebiet in der Hohen Tatra, sollte, wie im Beneš-Skirmunt-Pakt vom November 1921 festgesetzt, zu Polen geschlagen werden, wofür die Slowakei im Austausch zwei Dörfer in Zips erhalten sollte. Hlinka hatte Beneš Petitionen der amerikanischen Slowaken von Zips unterbreitet, in denen die Rückgabe der verlorenen Distrikte an die Slowakei gefordert und Javorina als Tauschobjekt an Polen vorgeschlagen worden war. Hlinka hatte klargestellt, daß er nur im Auftrag dieser amerikanischen Slowaken gehandelt hatte, die für einen solchen Tausch plädiert hatten, keineswegs jedoch aus eigenem Antrieb. Benešs Angriff ging nun, wie Hlinka formulierte, zu weit: „Meine Herren, Sie verhandeln über Javorina ohne uns, gegen uns, und wollen uns [gleichzeitig] die Verantwortung dafür zuschieben . . . . Sie haben uns nie gefragt, haben niemanden von uns in die [Internationale] Kommission delegiert, [die sich mit diesem Problem befaßte] . . . . Wäre ich in dieser Kommission gewesen, hätte ich mein Veto erhoben und gesagt: ‚Brüder, Ihr bekommt gar nichts!' [22]."

Die Chance, Beneš anzugreifen, war nicht nur eine rein rhetorische Übung zur Beeinflussung der slowakischen öffentlichen Meinung. Im August 1919 war Hlinka mit einem polnischen Paß nach Paris gefahren, um die slowakische Frage der Friedenskonferenz vorzulegen. Durch die Ausstellung des Passes hatten die Polen gewissermaßen ihre Sympathien für die slowakischen Belange bewiesen, wie denn überhaupt im Jahre 1919 die polnische Presse die innenpolitische Situation der Tschechoslowakei häufig kommentiert hatte [23]. Hierauf reagierten die führenden Männer der Slowakischen Volkspartei in einer Weise, die sich schließlich zu einer polonophilen Tendenz entwickeln sollte; letztere wurde vornehmlich durch Karol Sidor repräsentiert, den späteren Chefredakteur des Partei-Organs „Slovák". Obwohl man Hlinka selbst nicht als Polonophilen bezeichnen kann, glaubte Hlinka fest, daß er, wäre die Slowakei autonom gewesen, wie dies im Pittsburger Abkommen versprochen worden war, mit Polen in der Grenzfrage zu einem Einvernehmen gekommen wäre, ja sogar Orava gerettet hätte [24]. Mit anderen Worten: eine autonome Slowakei hätte nie Distrikte von Zips und Orava aufgegeben, wie es Prag getan hatte.

---

[21] Zpráva, 21. Juni 1922, S. 1180.

[22] Zpráva, 22. Oktober 1922, S. 207.

[23] Bartlová, Alena: Slovensko-poľské vzťahy v rokoch 1919—1938 [Slowakisch-polnische Beziehungen in den Jahren 1919—1938]. HČ 20 (1972) 366.

[24] Siehe seine Rede im Parlament am 27. Januar 1921. Zpráva, 27. Januar 1921, S. 1885.

Mag dieses Kalkül Hlinkas realistisch gewesen sein oder nicht, es ist nicht verwunderlich, daß dieser Kasus eine Kritik der Prager auswärtigen Politik gegenüber Polen implizierte. Dabei ging es nicht so sehr um die tschechoslowakisch-polnische Grenzvereinbarung als solche — obwohl diese für die Slowaken schmerzhaft war und eine Zeitlang verhindern sollte, daß sich Sidors polonophile Tendenz unter den anderen Mitgliedern der Slowakischen Volkspartei ausbreitete[25] —, sondern es ging vielmehr um die Art und Weise, in der Prag mit Polen verhandelt hatte. Die Ära der tschechoslowakisch-polnischen Annäherung, die Beneš in einer Zeit zustandegebracht hatte, in der Konstanty Skirmunt polnischer Außenminister war, endete mit dem Sturz des letzteren nach dem Vertrag von Rapallo; nun sollte eine Ära folgen, in der sich das tschechoslowakisch-polnische Verhältnis abkühlte. So hatte — laut Wandycz — Beneš, als er die Kleine Entente zu stärken gedachte, gegenüber einem amerikanischen Diplomaten ernste Zweifel geäußert, ob man die Polen überhaupt in diese Staatengruppe mit einbeziehen könne[26].

Gerade gegen die Art und Weise, in der die Prager Außenpolitik Warschau mied, war die slowakische Kritik gerichtet. In einem scharfsinnigen Artikel im „Slovák" vom August 1920 wurde herausgestellt, daß der ungarische Revisionismus nicht ewig dauern würde und die Tschechoslowakei somit kühl die Position betrachten solle, in der sie sich tatsächlich befinde: „Die Kleine Entente ist nur der erste Schritt, die allernächste Gefahr zu bannen, doch wer weiß, ob diese Entente eine große Bedeutung für die Zukunft haben wird, sagen wir, wenn die ungarische Gefahr paralysiert ist. Wir müssen unsere unmittelbaren Nachbarn gewinnen und uns mit ihnen verständigen. Wenn Polen zum Beispiel ein Mitglied der Kleinen Entente würde, wäre diese nicht mehr so klein, und wir könnten uns gegen Ungarn und gegen Deutschland verteidigen[27]." Rumänien schloß sich der Tschechoslowakei und Jugoslawien 1921 an, um die Kleine Entente so zu komplettieren; Polen blieb außerhalb dieses Kreises.

Der Vorschlag im „Slovák" traf nicht zuletzt aus einem innenpolitischen Grund auf taube Ohren. Die Slowakische Volkspartei hatte sich zu jenem Zeitpunkt endgültig auf ihre Autonomiepolitik für die Slowakei fixiert. Diese war für Prag nicht akzeptabel, um so mehr, als man dort die Beschuldigung erhob, daß die Slowakische Volkspartei von außerhalb finanziert würde, speziell von Ungarn, um die ungarischen und polnischen Interessen zu fördern, und daß es in den Reihen ihrer Führung ungarische Agenten gäbe. Die Kontroverse konzentrierte sich auf die Person des Professors Vojtech Tuka, der vor dem Krieg einen Lehrstuhl für Jurisprudenz an einer ungarischen Universität innegehabt hatte. Obwohl die Bekämpfung des ungarischen Revisionismus verständlich ist, war die Beschuldigung „Magyarone", die Prag oft gegenüber den Mitgliedern der Slowakischen Volkspartei gebraucht hatte, durchaus übertrieben; so schrieb C. A. Macartney noch 1937, daß die Tschechen zeitweise nur allzu bereit waren, die meisten Slowaken als „Magyaronen"

---

25 Bartlová 367.
26 Wandycz: France 264.
27 „Slovák", 29. August 1920. Zitiert in Zpráva, 6. November 1935, S. 14, Rede von Karol Sidor.

und politische Verräter zu betrachten[28]. Prag hatte auf diese Weise demonstriert, daß die Interessen der Tschechoslowakei, sowohl aus innenpolitischen, als auch aus außenpolitischen Gründen, nicht notwendigerweise die Interessen der Slowakei mit einschlossen, wie sie die Slowakische Volkspartei verstand.

Auch wenn sich der Blickwinkel Prags einigermaßen von demjenigen Preßburgs unterschied, kann man diesen Unterschied doch nicht als fundamental bezeichnen; zumindest bis zu den Locarno-Verträgen war die Haltung der Slowakischen Volkspartei nicht grundsätzlich kritisch, vielmehr zeigte die Partei die Bereitschaft, die Grundvoraussetzungen von Benešs Außenpolitik im ganzen zu akzeptieren. Nach Piotr Wandyczs Urteil basierte Benešs System nicht nur auf dessen Kriegserfahrungen und dem Ablauf der Pariser Friedenskonferenz, sondern wurde unter anderem von den zwei folgenden Prämissen definiert: „Erstens, daß die Tschechoslowakei ein kleiner Staat war, dessen Geschick mit den europäischen Entwicklungen verbunden war und zweitens, daß sie unter den Großmächten keinen unversöhnlichen Feind hatte[29].“ Solange Beneš erfolgreich war, wurde seine Politik großenteils von den Führern der Slowakischen Volkspartei akzeptiert.

Der Kasus von Orava und Zips hatte jedoch gezeigt, daß es slowakische Interessen gab, die der tschechoslowakische Staat nicht gut ignorieren konnte. Die Slowakische Volkspartei machte es sich fortan zur Aufgabe, Beneš auf diese Interessen aufmerksam zu machen. Dies wurde nochmal illustriert durch die Ungarn-Krise 1921, als Ex-König Karl von Habsburg die Stefans-Krone wieder zu erlangen suchte. In seiner Prager Parlamentsrede betonte Štefan Onderčo, daß Prag annehmen müsse, was er die „slawische Idee“ nannte:

„Die slawische Idee muß die Basis unserer auswärtigen Politik bilden. . . . Sie ist die conditio sine qua non für die Existenz unseres jungen Staates insofern, als niemand bestreiten kann, daß die große Mehrheit unserer Bevölkerung der Sprache und dem Gefühl nach slawisch ist. . . . Wenn wir es aufgeben, die Repräsentanten der slawischen Idee zu sein, wird die Basis unserer staatlichen Unabhängigkeit erschüttert und Europa wird zweifelsfrei eine neue Orientierung brauchen, weil dann unsere Idee durch eine neue abgelöst werden muß[30].“

In der Befürchtung, daß die tschechoslowakische Außenpolitik negativ betroffen würde, kritisierte in ähnlicher Weise Ferdiš Juriga einige Monate später die Militärpolitik der Regierung, von der er behauptete, daß sie nicht den Interessen der Tschechoslowakei entspräche: „Unsere Republik entwickelt sich von Tag zu Tag in einer Weise, daß sie zu einem immer größer werdenden Moloch des Militarismus wird. Wir haben in der Tat das Gefühl, daß sie nichts anderes ist als ein verkleidetes Österreich[31].“

Nach der Genua-Konferenz vom Januar-Februar 1922 nahm jedoch die Kritik der Slowakischen Volkspartei zu und wurde in gewisser Weise direkter. Josef Buday proklamierte: „Die außenpolitische Position unserer Republik ist geschwächt. Wie unser Außenminister behauptet, hielt die Kleine Entente stand. Es ist jedoch

---

[28] Macartney 124.
[29] Wandycz: Foreign Policy 220.
[30] Zpráva, 21. November 1921, S. 698.
[31] Zpráva, 21. Januar 1922, S. 2559.

für jeden evident, daß die Kleine Entente für sich keine tatsächliche Bedeutung hat, wenn sie nicht von einer Großmacht unterstützt wird. Daher ist die Erklärung des Außenministers ziemlich problematisch. Die Sympathie und das Wohlwollen der Großmächte gegenüber unserer Republik sind im Schwinden. Mit einem Wort, unsere außenpolitischen Aussichten sind nicht gerade rosig." Buday zeigte, indem er fortfuhr, daß es unter solchen Umständen nötig sei, zumindest die innenpolitische Situation zu stärken, in erster Linie im Hinblick auf die Slowakei[32]. In dieser Debatte hatte auch Štefan Onderčo die bereits oben zitierte Erklärung abgegeben, daß die Slowakei bei der Errichtung einer dauerhaften Lösung in Mitteleuropa nicht ignoriert werden könne[33].

Prag nahm jedoch den slowakischen Rat nicht an. Die slowakischen Interessen wurden nicht nur nicht in Rechnung gestellt, sondern geradezu den tschechischen untergeordnet. In der Debatte über eine Anleihe Englands, die eine tschechoslowakische Anleihe für Österreich ermöglichen sollte, beklagte Arnold Bobok die Tatsache, daß man den Slowaken immer wieder erklärt habe, es gäbe keine Mittel für die Slowakei, während man nun bereit war, sie Österreich zur Verfügung zu stellen. Die ganze Situation hatte den besonderen Aspekt, daß britische Finanzkreise es abgelehnt hatten, Österreich eine direkte Anleihe zu gewähren, doch bereit gewesen waren, die Gelder an die tschechoslowakische Adresse zu leiten. Was aber sollte geschehen, wenn Österreich nicht bereit war, seine Schulden an Prag zurückzuzahlen? Die Tatsache, daß es tschechische Interessen an Österreich waren, die diese Situation hervorgerufen hatten, trug dazu bei, daß die Slowakische Volkspartei in diesem Punkt verstimmt war[34].

In den ersten 5 Jahren der Tschechoslowakischen Republik hatte die Slowakische Volkspartei zwei Prinzipien formuliert, von denen sie annahm, daß sie nicht nur die slowakischen Interessen wiedergaben, sondern auch den Erfolg der tschechoslowakischen auswärtigen Politik befördern und so die Existenz des Staates garantieren würden. Das erste Prinzip betraf die Notwendigkeit, eine Politik einzuschlagen, die die „slawische Idee", wie Onderčo es nannte, widerspiegelte und die besonders im Falle Polen angewandt werden sollte. Die Führer der Slowakischen Volkspartei, die vollauf verstanden, daß der tschechoslowakische Staat der slowakischen Nation die beste Gelegenheit zur nationalen Entwicklung gab — sie versäumten nie eine Gelegenheit, die Treue zur Republik zu betonen —, hatten die Unsicherheit der Stellung der Tschechoslowakei in Europa erkannt. Die „slawische Idee" sollte die internationale Position der Tschechoslowakei stärken; aber sie sollte auch die slowakische Nation ins Licht rücken, deren Existenz Prag anzuerkennen sich weigerte. Hier kommt das zweite Prinzip ins Spiel: nämlich die Notwendigkeit einer stabilen inneren Lage, die nur erreicht werden konnte, wenn die Slowakei die Autonomie erhielt. Andernfalls würde die Außenpolitik einer schwachen Tschechoslowakei scheitern.

Diese zwei Prinzipien sind der Maßstab, um das Ausmaß von Kompatibilität und Konsensus zu bestimmen, die die Slowakische Volkspartei gegenüber Prags

[32] Zpráva, 26. Mai 1922, S. 469.
[33] Siehe Anm. 18.
[34] Zpráva, 20. Juni 1922, S. 1033.

Außenpolitik artikulieren würde. Der Fall Javorina, obwohl er für die tschechoslowakische auswärtige Politik unbedeutend gewesen sein mag, gab der Partei die erste Gelegenheit zu dieser Artikulierung. Man gab Prag zu verstehen, daß die Haltung der Slowakischen Volkspartei direkt verbunden sei mit der Einstellung der Regierung gegenüber der Slowakei. Im Laufe der Jahre, ganz natürlich und logisch, griff die Partei am direktesten das Wesen von Prags auswärtiger Politik an, nämlich ihren „Tschechoslowakismus". Ferdiš Juriga erklärte im November 1923: „Herr Dr. Beneš meint, daß er mit einer solchen Konzeption, mit einer solchen Welttäuschung, solch einer Propaganda, die innenpolitische Grundlage, die innenpolitische Voraussetzung ersetzt, die es in der Tschechoslowakei überhaupt nicht gibt[35]." Beneš hatte, so fügte Štefan Onderčo in dieser Debatte hinzu, zu begreifen, daß der Erfolg der tschechoslowakischen Außenpolitik in erster Linie von dem Erfolg ihrer Innenpolitik abhängen mußte[36].

Nach den Locarno-Verträgen wurde die Kritik der Partei nicht nur in der Substanz härter, sondern zeigte einmal mehr, daß es eine slowakische Konzeption gab, die von derjenigen Prags verschieden war. Wieder einmal war es Štefan Onderčo, der folgendes unterstrich:

„Es ist unmöglich, heute in Mitteleuropa etwas Dauerhaftes zu errichten ohne die Beteiligung Polens. Was uns am meisten interessiert, ist die Frage der Sicherheit aller neuen Staaten, die auf der Basis des Versailler Friedensvertrags geschaffen worden sind. Deswegen waren wir überrascht, und in der Tat nicht nur wir, sondern auch unsere Nachbarn, die Polnische Republik, als Deutschland neulich ankündigte, daß es die französische Ostgrenze nicht anrühren wolle, daß es aber die Forderung aufstelle, und dies als eine Bedingung für den Beitritt zum Völkerbund, daß Deutschlands Ostgrenzen vom Vorkriegsstand garantiert werden sollten. Deswegen ist unser Rapprochement mit Polen zur Notwendigkeit geworden und die Existenz Polens abhängig von der Existenz unseres eigenen Staates[37]."

Prag hörte nicht auf Onderčos Rat und die tschechoslowakische Politik gegenüber Polen blieb unverändert.

Mit dem Wahlerfolg von 1925 sah sich die Slowakische Volkspartei in einer weitaus besseren Position, von der aus sie die slowakischen Forderungen und Ziele entwickeln konnte. So wurden die Kontakte mit Polen intensiviert, zum Beispiel durch Stipendien, und nicht zuletzt durch eine Studienreise von Karol Sidor, der nach seiner Rückkehr aus Polen ein Buch unter dem Titel „Cestou po Polsku" (Eine Reise durch Polen) veröffentlichte. Doch gab es zur selben Zeit auch einige Spannungen, die daher rührten, daß Polen versucht hatte, die Slowaken, die es mit den Orava- und Zips-Distrikten bekommen hatte, zu assimilieren. Man schickte slowakische Bücher über die polnische Grenze, um so diesen polnischen Tendenzen entgegen zu arbeiten, polnische Gegenreaktionen führten wiederum ihrerseits zu negativen Antworten seitens der Slowakischen Volkspartei ebenso wie einiger tschechoslowakischer Parteien[38]. Freilich sollten diese kleineren Zwischenfälle die generelle

---

[35] Zpráva, 5. November 1923, S. 122.
[36] Ebenda 174.
[37] Zpráva, 29. September 1925, zitiert in Sidor I, 207.
[38] Bartlová 372.

pro-polnische Haltung der Partei nicht trüben. Prag hingegen blieb bei seinem kühlen Verhältnis gegenüber Warschau, als es 1926 einen polnischen Vorschlag zurückwies, der die Unterzeichnung eines gegenseitigen, gegen Deutschland gerichteten Beistandspaktes vorsah.

Mit Ausnahme der zitierten polonophilen Tendenz brachten die 5 Jahre der zweiten Parlamentsperiode bis 1929 keine neue außenpolitische Entwicklung bei der Slowakischen Volkspartei hervor. Als einzige Gefahr hatte sich am Horizont der ungarische Revisionismus abgezeichnet, der noch einmal 1927 sein Haupt in England erhoben hatte, als Lord Rothmere für die Revision des Trianon-Vertrags zugunsten Ungarns plädiert hatte. Dies spornte die Slowakische Volkspartei — neben mehreren anderen Gründen — an, in die Regierung einzutreten[39]. In Prag hörte man in dieser Zeit nur eine erwähnenswerte Rede von Tuka im Februar 1926 aus Anlaß der Entdeckung einer Falschgeldaffäre in Ungarn. Die Slowakische Volkspartei hatte jede Gelegenheit genutzt, um ihre Treue gegenüber der Tschechoslowakei zu erklären, darüberhinaus ihre Ablehnung des ungarischen Revisionismus zu beteuern. Tuka hatte aus dem genannten Anlaß die slowakische Opposition gegenüber Ungarn präzisiert, indem er zwei verschiedene Ungarn unterschied: das Ungarn des Trianon-Vertrags und das Ungarn im Untergrund, welch letzteres er für die Falschgeldaffäre verantwortlich machte. Er ermutigte Beneš nicht nur, intensivere Nachforschungen in dieser Affäre zu betreiben, sondern deutete sogar an, daß es den Slowaken bei der mäßigen, eher reservierten und ungarnfreundlichen Rede des Ministers Beneš unwohl sei. Die slowakische Öffentlichkeit fordere, so setzte Tuka hinzu, „eine klare, abschließende und befriedigende Erklärung“ [40].

Es mag ironisch sein, daß die einzige Rede, die Tuka im Prager Parlament hielt, sich gegen den ungarischen Revisionismus richtete. 1929 wurde Tuka anläßlich eines Artikels im „Slovák“, in dem er 1928 über das „vacuum juris“ in der Tschechoslowakischen Republik 10 Jahre nach der Deklaration von Turčanský Sväty Martin geschrieben hatte, wegen Landesverrats zu 15 Jahren Gefängnis verurteilt, und ein westlicher Beobachter, der die Feststellung traf, daß die Beweisführung gegen Tuka „fadenscheinig“ gewesen sei, war immerhin der Auffassung, das Verfahren habe erwiesen, daß Tuka ausländische Gelder erhalten habe[41].

Obwohl die Tuka-Affäre ein innenpolitisches Problem darstellte, hatte sie doch außenpolitische Folgen. Es war erstens der Umstand, daß Tuka schwieg: Tuka, den die Slowakische Volkspartei laut Karol Sidor beauftragt hatte, die Beschlüsse der Partei in Paris und Genf persönlich zur Kenntnis zu bringen, Tuka, der in ausländischen Zeitungen teils selbst Artikel schrieb, teils solche inspiriert hatte, Tuka, auf dessen Einladung Journalisten und Politiker der Großen Entente in die Slowakei kamen, um sich von ihm, der viele Sprachen sprach, direkt über die Lage in der Slowakei unterrichten zu lassen[42]. Zweitens: Prag demonstrierte, indem es Tuka des Verrats beschuldigte, wie es gesonnen war, mit Staatsbürgern umzugehen, die

[39] Zpráva, 7. November 1934, S. 3, Rede von Štefan Onderčo.
[40] Zpráva, 18. Februar 1926, S. 363.
[41] Macartney 132.
[42] Sidor I, 314—315.

es für feindliche, speziell für ungarische Agenten hielt. Das Ergebnis der Affäre war, daß die Slowakische Volkspartei nicht umhin konnte, sich sofort in die Opposition zurückzuziehen. Nebenbei hatte die Tuka-Affäre auch die slowakische öffentliche Meinung gespalten, worunter die Partei bei den Wahlen des Jahres 1929 zu leiden hatte.

Hier war jedoch auch der erste wichtige Bruch des Konsensus der Slowakischen Volkspartei gegenüber der Prager auswärtigen Politik zu verzeichnen, ebenso wie dies übrigens auch in der Innenpolitik der Fall war. Es war auch am Beginn einer neuen Dekade, in der der einstige Konsensus nicht mehr wiederhergestellt werden sollte.

Štefan Onderčo, der schon vorher seine Reputation als außenpolitischer Kritiker innerhalb der Slowakischen Volkspartei gewonnen hatte, begann am Anfang der dritten Parlamentssession 1930 wieder die Regierung anzugreifen, weil es ihr nicht gelang, bei der Haager Reparations-Konferenz desselben Jahres etwas zu erreichen. Er meinte aus dem Ergebnis der Haager Konferenz schließen zu müssen, daß die Tschechoslowakei völlig auf sich gestellt wäre, und daß Italien und in einem gewissen Maße auch die britische Labour-Regierung damals gegen die Tschechoslowakei eingestellt gewesen seien [43].

Die Slowakische Volkspartei merkte, daß die internationale Stellung der Tschechoslowakischen Republik schwächer wurde. Als diese Erkenntnis an Boden gewann, beschäftigte folgende Frage die Partei zusehends mehr: ob Prag nicht nur die Sicherheit des Staates, sondern vor allem die der slowakischen Nation garantieren könnte. Mehr denn zuvor würde die tschechoslowakische Außenpolitik an die innere Entwicklung gebunden sein. Aber würde Prag dies verstehen und akzeptieren?

Hitlers Machtübernahme im Januar 1933 leitete die Ära der Veränderungen in Mitteleuropa ein. Die Slowakische Volkspartei hatte dies bald begriffen, und Štefan Onderčo fand wieder einmal eine Gelegenheit nicht nur zum Angriff auf die auswärtige Politik der Regierung, sondern auch, um einmal mehr die Position der Slowakischen Volkspartei zu betonen, wonach die slowakischen Interessen berücksichtigt werden müßten. Onderčo machte 1933 zunächst auf die Tatsache aufmerksam, daß der größte slawische Staat — Rußland — bislang aus der europäischen Politik herausgehalten worden sei, womit man ein Vakuum geschaffen habe, das die Kleine Entente gemeinsam mit Polen ausfüllen solle. Nun sei der Vierer-Pakt dabei, die Situation der kleinen mitteleuropäischen Staaten ins Wanken zu bringen. Wieder einmal drängte Onderčo dazu, Polen in die Kleine Entente aufzunehmen, um somit Grenzrevisionen zu vereiteln.

Für Onderčo war es jedoch wichtiger, daß er in Benešs Rede keinerlei ausreichende Versicherung bezüglich einer Grenzgarantie finden konnte. Er fuhr fort:

„Ich möchte hier ganz klar stellen, daß wir, so weit es uns betrifft, das Schicksal unserer slowakischen Nation keineswegs in die Hände dieses Parlaments legen werden. Dieses Parlament setzt sich zusammen aus Menschen und Tendenzen, mit denen die Mehrheit der slowakischen Nation nicht übereinstimmt, sei es politisch, religiös oder national. Daher können wir das Prinzip nicht anerkennen, daß dieses

[43] Zpráva, 4. Februar 1930, S. 59.

Parlament dereinst in einer möglichen Frage der Grenzrevision eine Entscheidung treffen sollte[44]."

Es wurde allmählich evident, daß sowohl die Kompatibilität als auch der Konsensus gegenüber der Prager Außenpolitik im Schwinden begriffen waren. Dies wurde besonders deutlich im Mai 1933, einen Monat nach Onderčos Rede, als sich die Slowakische Volkspartei weigerte, gemeinsam mit anderen tschechoslowakischen Parteien an anti-revisionistischen Demonstrationen teilzunehmen. Jozef Tiso, der im allgemeinen als ein Anhänger der gemäßigten Richtung innerhalb der Partei angesehen war, hielt eine ziemlich starke Rede im Parlament, in der er die tschechoslowakischen Parteien angriff, die für „die Kolonial-Politik verantwortlich seien, welche die Slowakei bis zum äußersten auszubeuten und sie in einen offenen ökonomischen und sozialen Untergang zu treiben zum Ziele habe". Zur Frage der Demonstrationen fügte er hinzu: „Bis jetzt hat die Slowakische Volkspartei immer offen und mannhaft gegen jeden revisionistischen Versuch opponiert, während sich die anderen tschechoslowakischen Parteien auf feige Weise zurückhielten oder sogar hinter unpolitischen Korporationen verbargen, ohne den Mut aufzubringen, ein Wort gegen die äußeren Feinde der Slowakei zu sagen. Die ehrliche Loyalität der Slowakischen Volkspartei blieb dahingehend unbemerkt. . . . Diese Haltung signalisiert nichts anderes als die Ignorierung der slowakischen Nation in der Tschechoslowakischen Republik[45]!" Die Slowakische Volkspartei wolle freie Hand, sie könne sich auf niemanden verlassen. Er, Tiso, wisse freilich, daß diese Rede wieder einmal als ein neues Beispiel des Separatismus der Slowakischen Volkspartei angesehen werde. Dies sei sie aber keineswegs, sondern ein weiteres Zeichen dafür, daß die Slowakische Volkspartei es verstehe, für die slowakische Nation Sorge zu tragen, wie sie es in der Vergangenheit stets getan habe.

Das Jahr 1933 wurde zum Scheideweg nicht nur in der europäischen, sondern auch in der tschechoslowakischen Politik. Im Dezember 1933 hielt Beneš während des Besuchs des rumänischen Außenministers, den die von Bethlen angeführte Intensivierung der ungarischen Revisionismus-Kampagne in die Tschechoslowakei geführt hatte, eine bedeutende Rede in Nové Zámky in der Slowakei über die Gegenwart und die Zukunft dessen, was Beneš die „tschechoslowakische Nation" nannte. Beneš machte in akademischer Manier eine tour d'horizon über die Ereignisse seit dem Weltkrieg und stellte heraus, daß Europa nun vor zwei politischen Systemen stehe; im Kampf zwischen diesen beiden könne die Tschechoslowakei alles gewinnen oder verlieren. Er ermahnte deswegen die Tschechen und Slowaken, ein für allemal die historische Entwicklung zu vollenden, in der sie sich befänden, und eine starke nationale Einheit zu werden, die allen Angriffen widerstehen könnte, die von Nationen herrührten, welche sich bereits in früheren Epochen der Geschichte gebildet hätten.

Nach Benešs Auffassung stellte dies eine natürliche biologische Entwicklung der tschechoslowakischen Nation dar, und aus diesem Grunde war er der entschiedene Gegner einer Autonomie oder Separation der Slowakei. Er behauptete sogar, diese

[44] Zpráva, 26. April 1933, S. 42.
[45] Zpráva, 30. Mai 1933, S. 6. Tiso war Vizepräsident der Partei.

tschechoslowakische Nation würde sich bereits schnell entwickeln und somit fähig sein, den expansiven Nationalismen der Ungarn, Italiener und Deutschen zu widerstehen. Autonomie und Separation würden hingegen ausländischen Mächten in die Hände spielen [46].

Sowohl Inhalt als auch Zeitpunkt dieser Rede konnten nicht unglücklicher gewählt werden. Es besteht kein Zweifel, daß dasjenige, was Beneš sagte, in diesem Augenblick für die Slowakische Volkspartei und die Mehrheit der Slowaken überhaupt keinen Sinn hatte. Ein Jahr zuvor hatte die Matica Slovenská die von einer tschechischen Gruppe vorbereitete Revision der slowakischen Grammatik, welche die slowakische Sprache der tschechischen hätte näherbringen sollen, abgewiesen; und überhaupt war die Idee einer Vereinigung der tschechischen und der slowakischen Nationen jetzt bereits soziologisch dépassé und wenn, dann höchstens mit Gewalt durchführbar. Das einzige positive Ergebnis, wenn man so will, das man dieser Rede abgewinnen kann, ist, daß sie offenbarte, wie weit Prag von einer Verständigung mit den Slowaken und der Slowakischen Volkspartei entfernt war.

In dem Maße, in dem sich die europäische Lage nach 1933 entwickelte, schwand der Konsensus der Slowaken gegenüber Benešs Außenpolitik immer mehr. 1934 schloß Polen einen Nichtangriffspakt mit Deutschland; dadurch wurde ein tschechoslowakisch-polnisches Abkommen unmöglich und die Tschechoslowakei in einer ziemlich verwundbaren Situation zurückgelassen. Wieder einmal war es Štefan Onderčo, der nicht zögerte, dies seinen Kollegen im Parlament zu verdeutlichen. Er machte ferner deutlich, daß die Opposition der Slowakischen Volkspartei gegenüber Prag nichtsdestotrotz bedeute, daß „wir nie so oppositionell sein werden, den Staat zu zerstören, den wir als den unseren begreifen!“ [47]. Die Opposition jedoch wuchs weiter, sowohl auf dem Gebiet der Kompatibilität als auch auf demjenigen des Konsensus.

Es war der Abschluß des sowjetisch-tschechoslowakischen Vertrags von 1935, der den Bruch in der Kompatibilität mit sich brachte, die die Partei gegenüber Prags auswärtiger Politik fühlte. Bis zu diesem Zeitpunkt war die Slowakische Volkspartei zu Prags Außenpolitik kritisch eingestellt, ohne jedoch in grundsätzlichem Widerspruch zu ihr zu stehen. Benešs auswärtige Politik war auf zwei Prinzipien gegründet: Sicherheit durch regionale und bilaterale Abkommen — die Kleine Entente und der Vertrag mit Frankreich — und die Institutionalisierung von Schlichtungsbemühungen sowie die friedliche Beilegung von Streitigkeiten durch den Völkerbund [48]. Wie wir gesehen haben, war die Kritik der Slowakischen Volkspartei darin begründet, daß sie die Kleine Entente, zu der Polen nicht gehörte, für zu schwach hielt.

Der Vertrag mit der Sowjetunion war das Ergebnis der veränderten Machtverhältnisse in Europa zu dieser Zeit sowie des Versagens des Völkerbundes in der abessinischen Krise. Deswegen verlagerte Beneš die auswärtige Politik der Tschechoslowakei ein wenig und verließ sich mehr auf Frankreich. Er versuchte durch einen

[46] Bénès, Edouard: Discours aux Slovaques sur le présent et l'avenir de notre nation. Le Monde slave (Februar 1934) 33—45.

[47] Zpráva, 7. November 1934, S. 3.

[48] Zinner 108.

Vertrag mit der UdSSR seine Sicherheitsbemühungen zu vollenden. Die Slowakische Volkspartei widersetzte sich diesem Vertrag grundsätzlich aus zwei Gründen, einem ideologischen und einem praktischen.

Die ideologische Opposition beruhte auf ihrer Beurteilung der Natur des Sowjetsystems und seiner Tätigkeiten im Ausland. Wie Karol Sidor im Parlament andeutete, war dieser Vertrag für die Sicherheit des Staates gefährlich:

„Die Normalisierung diplomatischer Beziehungen zwischen strukturell so verschiedenen Staaten, wie unsere demokratische Tschechoslowakische Republik und die Sowjetunion es sind, ist verständlich. Solche diplomatischen Beziehungen werden auch von anderen Staaten aufgenommen, die ähnlich sind wie der unsere. Aber nach der Unterzeichnung dieses Vertrages wurden solche Sympathiekundgebungen für die Sowjetunion und ihr [politisches] System laut, daß uns christliche Nationalisten dies mit Besorgnis für die Zukunft unseres Staates erfüllen mußte. Unser Schicksal mit dem der Sowjetunion zu verbinden, auf Verträgen zu stehen, die von Bolschewisten unterzeichnet wurden, halte ich für den größten Irrtum unserer gegenwärtigen Außenpolitik [49]." Sechs Monate später betonte Jozef Tiso in ähnlicher Weise die Tatsache, daß die kommunistische Bewegung ihren Plan einer Weltrevolution nicht aufgegeben habe, wie die Anwesenheit von Béla Kun in Spanien andeute [50].

Die Politik der Slowakischen Volkspartei als einer ideologischen Opposition zum Vertrag wurde auf dem 7. Parteitag in Peišťany im September 1936 in ihr Programm aufgenommen. Eine Resolution forderte, daß „die Tschechoslowakei sich in die antikommunistische Front der Nationen einreihe, die von christlichen Prinzipien gelenkt wurden" [51]. Wie Tiso ein Jahr später im Parlament andeutete, war der Vertrag zu „einem Diktat vom Komintern geworden, das auf diese Weise die moralische Zerstörung unserer Nation ins Werk setzen und so eine neue Bastion in Mitteleuropa errichten will" [52].

Das praktische Argument wurde von Martin Sokol 1938 im Parlament angeführt, als die europäische Lage sich verschlechterte. Er betonte, daß die Tschechoslowakei weder mit Frankreich noch mit der UdSSR gemeinsame Grenzen habe, und daß weder Polen noch Rumänien sowjetischen Truppen erlauben würden, durch ihr Territorium zu marschieren, um der Tschechoslowakischen Republik zu Hilfe zu kommen. Er führte weiterhin aus:

„Wir glauben nicht an die Stärke unseres Vertrages mit der Sowjetunion, ganz einfach weil wir nicht an die Stärke des Regimes glauben, das heute in der Sowjetunion am Ruder ist. Die Ereignisse der letzten Jahre in der Sowjetunion bestätigen durchaus die Richtigkeit unserer Sicht. Ein Staat, der seine Gründer und Erbauer erschießt und hinrichtet, kann für uns keine Garantie sein, und ein Vertrag mit einem solchen Staat kann unserer auswärtigen Position nur schaden [53]."

In Weiterführung dieser Opposition bestand Karol Sidor ferner darauf daß die

---

[49] Zpráva, 6. November 1935, S. 13.
[50] Zpráva, 29. April 1936, S. 27.
[51] Lettrich 80.
[52] Zpráva, 1. Dezember 1937, zitiert in Sidor II, 223.
[53] Zpráva, 9. März 1938, S. 4.

tschechoslowakisch-polnischen Beziehungen normalisiert würden, insbesondere, da es immer — ungeachtet der Orava- und Zips-Situation — gute polnisch-slowakische Beziehungen gegeben habe. Nach seinen Worten wollten die Slowaken als Nation „nicht eine eigene Außenpolitik betreiben, sie wünschten jedoch, daß die Außenpolitik auch den slowakischen Interessen dienen sollte und nicht gegen die slowakische nationale Mentalität gerichtet sei. Es wird uns zufriedenstellen, wenn es eine brüderliche Koexistenz zwischen beiden slawischen Nationen geben wird“ [54].

Sidors Rede brachte nicht nur die wachsenden polonophilen Tendenzen [55] innerhalb der Slowakischen Volkspartei an den Tag, sondern enthielt auch eine implizite Warnung gegenüber Prag. Sie war in gewissem Sinn ein Indiz dafür, daß das Maß von Kompatibilität und Konsensus immer geringer wurde und daß die Slowakische Volkspartei — sollte sich die Lage zu Schlimmerem wenden — Schritte unternehmen konnte, die für die Rettung der slowakischen Nation notwendig waren.

Man muß jedoch herausstellen, daß die Slowakische Volkspartei, während sie Alternativen erwog, immer noch fortfuhr darauf zu drängen, daß die Tschechoslowakische Republik alle Maßnahmen zur Stärkung des Staates unternehmen sollte. Dies war der Sinn von Tisos Rede im April 1936 [56]. In ähnlicher Weise sprach Martin Sokol im März 1938 über die Notwendigkeit, die Tschechoslowakei von innen her zu stärken und alles, was zwischen Tschechen und Slowaken stehe, zu beseitigen, d. h. den Slowaken die Autonomie zu gewähren. Er ließ jedoch die Prager Regierung wissen, daß sich die Slowakische Volkspartei der außenpolitischen Situation durchaus bewußt sei und daß sie diese von einer slowakischen nationalen Perspektive aus betrachte: „Der Kampf um die Erhaltung der tschechoslowakischen Unabhängigkeit erreicht im Augenblick ein entscheidendes Stadium; von seinem Ausgang wird das Geschick sowohl der slowakischen als auch der tschechischen Nation abhängen [57]!“

Daß Sokol von zwei Nationen und nicht von einem Staat sprach, war signifikant. Als im Herbst 1938 die Großmächte das Schicksal der Tschechoslowakei entschieden und die Verhandlungen mit Präsident Beneš über die Autonomie der Slowakei scheiterten [58], bereitete sich die Slowakische Volkspartei auf die Möglichkeit eines Auseinanderbrechens der Tschechoslowakei vor. So führte Pal'o Čarnogurský in seinen Memoiren aus: „Die Gefahr, der man begegnen mußte, war, daß im Falle eines Auseinanderbrechens der Tschechoslowakischen Republik Ungarn in die Slowakei einmarschieren würde; und dies mußte verhindert werden.“ So wurde eine Erklärung über eine Union mit Polen vorbereitet, die eine Autonomie der Slowakei einschloß, und dem polnischen Botschafter in der Tschechoslowakei am 28. September 1938 überreicht. Čarnogurský fährt fort: „Obwohl die Union der Slowakei mit Polen nie politisches Programm von Andrej Hlinka oder seiner Partei war, weil weder Hlinka noch die Partei mit einem Auseinanderbrechen der Tschechoslowakei vor der September-Krise rechneten, erwies sich in dem Augen-

---

54 Zpráva, 6. November 1935, S. 16.
55 Bartlová 376.
56 Zpráva, 29. April 1936, S. 27. — Siehe auch Lettrich 80.
57 Zpráva, 9. März 1938, S. 4.
58 Hoensch: Die Slowakei 77—98.

blick, in dem eine solche Gefahr akut wurde, die Erklärung einer Einheit mit Polen als die einzige Möglichkeit, die der slowakischen Politik in jener Zeit geblieben war[59]."

Da das Münchener Abkommen einen tschechoslowakischen Rest-Staat existieren ließ, war die Erklärung einer slowakisch-polnischen Union gegenstandslos geworden[60]. Durch den Akt als solchen hatte jedoch die Slowakische Volkspartei einen Prozeß zu seinem logischen Ende geführt, der weniger als 20 Jahre zuvor begonnen hatte, nämlich mit Štefan Onderčos Ankündigung, daß die slowakischen Interessen nicht ignoriert werden konnten und die Slowakische Volkspartei die tschechoslowakische auswärtige Politik immer vom Gesichtspunkt der slowakischen Interessen aus werde beurteilen müssen. Da es Prag nicht gelungen war, den Staat zu schützen, mußten die Slowaken nun für sich selbst sorgen.

Die Idee einer staatlichen Selbständigkeit der Slowakei, wie sie wenige Monate später, im März 1939, verwirklicht wurde, stellte eine neue Alternative dar, die von der Slowakischen Volkspartei während der Ersten Tschechoslowakischen Republik im Parlament nie ernsthaft ventiliert worden war. Sie ergab sich jedoch logischerweise aus der Entwicklung vor dem Münchener Abkommen. Die Lage ist freilich etwas komplizierter, weil die Tschecho-Slowakei wegen der Sudetendeutschen Frage schon 1935 ein „penetrated system"[61] geworden war. Das Prager Parlament hörte auf, das Zentrum politischer Aktivität in der Tschecho-Slowakei zu sein. Da eine solche Untersuchung über den Rahmen dieser Studie hinausginge[62], möge es genug sein zu versichern, daß der Zerfall des Staates hätte vermieden werden können, wenn Prag den Wünschen der Slowakischen Volkspartei entsprochen hätte. Die slowakischen Führer griffen zu der einzigen Alternative, die ihnen noch verblieben war[63].

Es wäre falsch, die Haltung der Slowakischen Volkspartei gegenüber Prags Außenpolitik als einen Faktor in deren Fehlschlag zu beurteilen, besonders in den Jahren vor dem Münchener Abkommen. Von einer Oppositionspartei erwartet man Opposition, und die Slowakische Volkspartei machte hiervon den vollsten Gebrauch. In der Haltung der Slowakischen Volkspartei kamen ernste innere Probleme der

---

59 Čarnogurský, Paľo: Deklarácia o únii Slovenska s Poľskom z 28. septembra 1938 [Die Erklärung über eine Union der Slowakei mit Polen vom 28. September 1938]. HČ 16 (1968) 407—423, hier 407—408.

60 Die Erklärung ist spät in Warschau gekommen. Ebenda 421.

61 Hanrieder definiert ein „penetrated system" so: „a political system is penetrated (1) if its decision-making process regarding the allocation of values or the mobilization of support on behalf of its goals is strongly affected by external events, and (2) if it can command wide consensus among the relevant elements of the decision-making process in accomodating to these events." Hanrieder: Compatibility and Consensus 258.

62 Für eine solche Untersuchung siehe: Hoensch: Die Slowakei. — Vnuk, František: Slovakia's Six Eventful Months (October 1938 — March 1939). Slovak Studies 4 (1964) 7—164. — Kirschbaum 98—129.

63 Vnuk 153—155. — Ďurica, Milan Stan.: Die Slowakei in der Märzkrise 1939. In: Die Slowakei als Mitteleuropäisches Problem in Geschichte und Gegenwart. München 1965, S. 155—180 (Veröffentlichungen des Collegium Carolinum 15). — Für eine gegenteilige Interpretation siehe Hoensch: Die Slowakei 308.

Tschechoslowakei zum Durchbruch, und die spielten schließlich eine wichtige Rolle beim Fehlschlagen der Prager auswärtigen Politik.

Das herausragende Merkmal in der Stellung der Slowakischen Volkspartei war ihre Treue zum tschechoslowakischen Staat und ihr Wunsch, daß Prag berücksichtigen möge, was die Partei als die slowakischen Interessen definiert hatte. Ihre Einstellung zur tschechoslowakischen Außenpolitik war klar und deutlich. Da Prag dies jedoch ablehnte, nahm die Partei in Erfüllung ihrer Aufgabe als Kritiker der tschechoslowakischen auswärtigen Politik ihre Verantwortung gegenüber der slowakischen Nation wahr. Sie bemühte sich um Alternativlösungen, damit die Slowaken sich retten konnten, falls Prag nicht in der Lage wäre, die Republik zu erhalten. Die Konzepte von Kompatibilität und Konsensus haben es uns ermöglicht, diesen Prozeß zu verfolgen und zu Schlußfolgerungen über die tschechoslowakische Außenpolitik zu gelangen.

Vom Standpunkt der Slowakischen Volkspartei aus gesehen, war die Exklusivität der Kreise, die die auswärtige Politik bestimmten, ein größeres Hindernis für die Anerkennung der slowakischen Interessen. Der Ausschluß der Slowaken bedeutete, daß sie bei der Gestaltung der auswärtigen Politik nicht mitwirken konnten. Dies ermöglichte es Prag, die Ideologie des „Tschechoslowakismus" auf die auswärtigen Beziehungen auszudehnen. Wenn auch zuerst „[der Tschechoslowakismus] als eine ideologisch-politische Verteidigungswaffe gegen den ungarischen Revisionismus gedacht war" [64], so entfremdete doch das zähe Festhalten am Tschechoslowakismus die Slowakische Volkspartei und schwächte schließlich die innere Einheit der Republik.

Wenn auch die Kritik der Partei am Tschechoslowakismus mehr innenpolitische Bedeutung hatte, so brachte sie doch auch für den außenpolitischen Sektor gewisse Konsequenzen. Dies zeigte sich besonders in der Rede Benešs in Nové Zámky im Jahr 1933, als er versuchte, die Slowaken nicht nur von der unvermeidlichen „historischen" und „biologischen" Entwicklung der tschechoslowakischen Nation zu überzeugen, sondern auch von der Unabdingbarkeit, im Hinblick auf die neuen Herausforderungen, die sich in Europa zu dieser Zeit stellten, eine starke tschechoslowakische Nation zu haben.

Prags Unfähigkeit, das Fortbestehen des Staates im Jahr 1938 zu garantieren, deutete also nicht nur das Scheitern der auswärtigen Politik Benešs an, sondern rechtfertigte auch das ihr gegenüber immer weitergehende Nachlassen des Konsensus der Slowaken. So schrieb Čarnogurský: „In dieser kritischen Lage [im September 1938] fiel alles vor jedermanns Augen zusammen, vor allem aber war die Idee einer tschechoslowakischen Außenpolitik, institutionell geschaffen und überempfindlich verteidigt von Dr. Beneš, völlig zusammengebrochen [65]."

Der Konsensus der Slowakischen Volkspartei zur Prager Außenpolitik war offenkundig, wenngleich nur indirekt, in ihrer Artikulation der Kompatibilität. Die Lage ist hier etwas verwickelter, weil die Partei kein umfassendes Wissen in internationalen Beziehungen hatte. Das offenkundigste Beispiel für diese Lage war

---

[64] Gajanová 17.
[65] Čarnogurský 407.

die Haltung der Regierung und diejenige einiger Parteiführer gegenüber Polen. Aus mancherlei Gründen fühlten sich einige Mitglieder der Partei zu Polen hingezogen, wie Gromada gezeigt hat: Polen war ein anti-kommunistischer, katholischer Staat mit Sympathien und Verständnis für die Slowakische Volkspartei[66]. Wenn die Orava- und Zips-Frage nicht gewesen wäre, hätte Sidors polonophile Einstellung vielleicht einen größeren Erfolg gezeitigt, als sie es in Wirklichkeit tat, besonders in den ersten 10 Jahren. Prag andererseits war sich offenkundig der Stärke der polnisch-ungarischen Beziehungen sowie des Wunsches dieser Staaten nach einer gemeinsamen Grenze bewußt. Dies konnte nur auf Kosten der Tschechoslowakei erreicht werden. Wie Hoensch gezeigt hat, standen sich die tschechischen und polnischen Führer damals unversöhnlich gegenüber[67].

Nichtsdestoweniger beharrte eine Gruppe in der Slowakischen Volkspartei auf ihrer polonophilen Einstellung und gab den Parteikritikern der Prager Außenpolitik das wichtigste Argument an die Hand. Die „slawische Idee", das andauernde Wiederholen der Notwendigkeit, Polen in die Kleine Entente einzubeziehen, beweist dies. Zu Recht oder Unrecht war es auf dem Hintergrund dieses Arguments, daß die Slowakische Volkspartei den Grad der Kompatibilität gegenüber Prags auswärtiger Politik bestimmte.

Das andere Prinzip, das die Kompatibilität mit Inhalt füllte, obgleich in geringerem Ausmaß, war die innere Lage in der Tschechoslowakischen Republik. Die Partei ließ keine Gelegenheit vorübergehen, Prag wissen zu lassen, daß kein Staat eine erfolgreiche Außenpolitik führen könne, wenn seine innere Lage nicht geklärt sei. Was die Slowakische Volkspartei anlangte, so konnte die Lage nur durch die Autonomie der Slowakei geklärt werden. Aber die Partei fand sich zum Regierungsbeitritt 1927 bereit, als die Lord Rothmere-Affäre auf dem Höhepunkt stand, damit Prag zeigen könne, daß die Tschechoslowakei wirklich ein geeignetes Land sei. Als Beneš 1938 die Unterstützung der Slowakischen Volkspartei haben wollte, wurde sie ihm verweigert, bis er dem Verlangen nach Autonomie entsprechen würde. Zu dieser Zeit war die Tschechoslowakei schon ein „penetrated system" geworden und die Parteiführer hatten erkannt, daß Prag die Existenz des Staates nicht länger werde garantieren können. Es war die Weigerung der Regierung, die slowakische und sudetendeutsche Frage schon früher aufzugreifen, was die Tschechoslowakei zum „penetrated system" gemacht hatte. Auch ihre Außenpolitik hatte es nicht verhindern können. Zu guter Letzt, im allerkritischsten Augenblick, als die Tschechoslowakische Republik am Rande des Abgrunds zu stehen schien, entschied sich die Slowakische Volkspartei, mit Polen zu gehen.

Arnold Wolfers schrieb, daß die Selbsterhaltung eines der wichtigeren außenpolitischen Ziele jedes Staates sei[68]. Prags Außenpolitik verfehlte dieses Ziel 1939, weil

---

[66] Gromada, Thaddeus V.: Polish-Slovak Relations Between the Wars — (1918—1939). In: Slovakia in the 19th and 20th Centuries. Hrsg. von Joseph M. Kirschbaum. Toronto 1973, S. 243—264, hier S. 246. — Siehe auch Bartlová 367.

[67] Hoensch, Jörg K.: Polen und die Tschechoslowakei — oder das Scheitern der slawischen Solidarität. In diesem Buch.

[68] Wolfers, Arnold: Discord and Collaboration: Essays on International Politics. Baltimore 1962, S. 91.

der Staat nicht in der Lage gewesen war, die innere Einheit aufrechtzuerhalten, die ein solches Ziel voraussetzt. Die Stellung der Slowakischen Volkspartei gegenüber Prags Außenpolitik, wenn man sie an dem Grad von Kompatibilität und Konsensus, wie sie sie artikulierte, mißt, zeigt dies deutlich. Sogar in den kritischen Monaten des Jahres 1939 war das Problem, dem die Slowakische Volkspartei konfrontiert war, nicht, wie man die Tschecho-Slowakei auflösen, sondern vielmehr wie der Fortbestand der slowakischen Nation garantiert werden könnte, nun wo Prag dazu nicht mehr in der Lage war. Prags Außenpolitik war, infolge ihrer Unfähigkeit, die Verbindung zwischen auswärtiger Politik und innerer Entwicklung zu begreifen, gescheitert.

Francesco Leoncini

ITALIEN UND DIE TSCHECHOSLOWAKEI 1919—1939

Ich muß gestehen, daß sich dieses Thema als viel weitläufiger, verwickelter und bedeutender erwies, als man glauben würde. So wäre ich schon zufrieden, wenn es mir mit diesem Vortrag gelänge, die zahlreichen Bedeutungen aufzuzeigen, die die Beziehungen zwischen diesen beiden Ländern annehmen, die verschiedenen Blickpunkte anzudeuten, unter denen man diese Beziehungen in weiteren und tiefergreifenden Studien sehen könnte, und wenn es mir gelänge zu zeigen, welches Interesse diese Beziehungen in einem Forscher über die Geschichte Mitteleuropas wecken können. Ich möchte hier einen Grundgedanken wiedergeben, den ich immer vor Augen hatte, während ich meine Studien über die Sudetenfrage betrieb und sie vor mir rechtfertigte — eine Arbeit, die gerade vor wenigen Wochen veröffentlicht wurde [1] —, nämlich, daß die Sudetenfrage ein bezeichnender „Anzeiger" der verschiedenen Richtlinien der europäischen Politik in der Zwischenkriegsperiode ist, so wie auf der anderen Seite die Beziehungen zwischen Italien und der Tschechoslowakei ein bezeichnender „Anzeiger" sind, um die ganze italienische Politik im Donauraum zu verstehen.

Wenn man die Beziehungen Italiens zu den anderen ost-mitteleuropäischen Staaten untersucht, wird man vielleicht mehr Dokumente dafür finden, aber die prägnante geschichtlich-politische Bedeutung, d. h. das was der Verlauf dieser Beziehungen über die italienische Politik aussagt, und welchen Wert er für das Verständnis der Außenpolitik hat, ist, meiner Ansicht nach, weitaus geringer.

Was die Quellenforschung betrifft, möchte ich an dieser Stelle gleich bemerken, daß in Italien von den unveröffentlichten Dokumenten nur diejenigen untersucht werden dürfen, die mindestens fünfzig Jahre zurückliegen. Diese Beschränkung wird streng eingehalten und gilt hauptsächlich für italienische Forscher. Der Grund dafür ist die Anzahl der Nachfragen: es würden natürlich viel mehr italienische Studierende als ausländische davon Gebrauch machen, falls diese Einschränkung leicht umgangen werden könnte. Nur der Außenminister kann eine Sondererlaubnis erteilen, doch entsprechende Gesuche — auch ich habe eines eingereicht — müssen einen ziemlich langen bürokratischen Weg gehen, anderseits wäre mir in diesem Moment nicht die nötige Zeit zur Verfügung gestanden, um in Rom das einschlägige Material über zwanzig Jahre Geschichte durchzuarbeiten. Außerdem befindet sich nicht das ganze Material im Archiv des Ministeriums für Auswärtige Angelegenheiten; interessante Dokumente finden sich sicher auch im Zentralarchiv des Staates, da sie zu den Akten Mussolinis gehören [2]. Folglich werde ich über die schon veröffentlichten Dokumente sprechen, und zwar handelt es sich um alle Bände der 7. Serie, die bisher erschienen sind (vom 1. bis zum 9., vom Jahr 1922 bis zum Ende

[1] La questione dei Sudeti 1918—1938. Padua 1976, 514 S. (Collana di studi sull'Europa orientale dell'Università di Padova).

[2] In nächster Zukunft werde ich einen ausführlichen Aufsatz über die Thematik dieses Vortrages auf italienisch schreiben können.

des Jahres 1930), und über einige noch unveröffentlichte Dokumente bis zum Jahr 1925. Insbesondere werde ich mich mit dem Problem der Autonomie der Slowaken auseinandersetzen. Ich habe nämlich darüber im Archiv des Außenministeriums einen interessanten Faszikel gefunden mit sehr anregenden Untersuchungen und Notizen. Im übrigen muß ich mich auf die spärliche Literatur beschränken, die sich in etwa auf dieses Thema bezieht.

Als erstes muß festgehalten werden, daß man zwei Zeitabschnitte unterscheiden muß, der erste ist sehr kurz und reicht vom Ende des Ersten Weltkrieges bis zum Oktober 1922, als Italien noch eine demokratische Regierung bürgerlich-liberaler Prägung hatte, darauf folgt die lange Zeitspanne der faschistischen Diktatur. Was diese letztere betrifft, möchte ich gleich einige wichtige bibliographische Hinweise für die faschistische Außenpolitik geben, auf die ich mich in diesem Vortrag beziehe. In deutscher Sprache die Abhandlungen von Jens Petersen „Die Außenpolitik des faschistischen Italien als historiographisches Problem" (VfZ 4 [197-] 417—457) und „Gesellschaftssystem, Ideologie und Interesse in der Außenpolitik des faschistischen Italien" (Quellen und Forschungen. Aus italienischen Archiven und Bibliotheken 54 [1974] 428—470), in italienischer Sprache die Abhandlung von Giampiero Carocci „Appunti sull'imperialismo fascista negli anni '20" (Studi Storici 7 (1967) 1, S. 113—137, kürzlich abgedruckt in der Sammlung: Il regime fascista, hrsg. von A. Aquarone-M. Vernassa, Bologna 1974); vom selben Autor vgl. auch den Band: La politica estera dell'Italia fascista (1925—1928), Bari 1969; von Renzo De Felice vgl. den Aufsatz „Alcune osservazioni sulla politica estera mussoliniana" (L'Italia fra tedeschi e alleati. La politica estera fascista e la seconda guerra mondiale, hrsg. von R. De Felice, Bologna 1973, S. 57—74) und die viel erweiterte Abhandlung im 4. Kapitel (Alla ricerca di una politica estera fascista) seines Werkes: Mussolini il duce. I. Gli anni del consenso 1929—1936, Turin 1974, S. 323—533. Ich möchte auch gleich das noch heute klassische Buch von Gaetano Salvemini: Mussolini diplomatico (1922—1932), Bari 1952 (erste Auflage Paris 1932), anführen, das erste, das über dieses Thema geschrieben wurde und zwar „mit der Leidenschaft eines militanten Antifaschisten", ohne die reiche Dokumentation zu kennen, die heute zur Verfügung steht, aber in welchem Salvemini, wie Carocci behauptet, trotz seiner zahlreichen Irrtümer bei der Analyse der einzelnen politischen Aktionen „mit großer Klarheit ... einige Leitlinien der Außenpolitik Mussolinis" erfaßt hat[3]. Und gerade mit einem Urteil von Salvemini in bezug auf die faschistische Politik im Bereich des Donau-Balkan Gebietes möchte ich nun zum eigentlichen Thema übergehen, in dem er nämlich den Fehler Mussolinis hervorhob, „als dieser glaubte, er könne die österreichischen Sozialisten vernichten, Jugoslawien niederwerfen und die Kleine Entente zerschlagen und gleichzeitig verhindern, daß ein viel stärkeres Deutschland, das viel gefährlicher als Jugoslawien sein würde, gegen den Brenner und das Adriatische Meer vordringe" [4].

Diese Tendenz zu verhindern, daß die neuen Staaten, die sich nach dem Zusammenbruch von Österreich-Ungarn gebildet hatten, und zwar die slawischen Staaten,

---

[3] Vgl. Petersen: Die Außenpolitik 417—418.
[4] Salvemini: Mussolini 216.

besonders Jugoslawien und die Tschechoslowakei, eine Form der Zusammenarbeit finden und sich in ihrem Innern festigen könnten, war ein Zug der italienischen Politik der Nachkriegszeit, sowohl der liberalen, als auch der faschistischen Regierung, mit Ausnahme der Regierung Giolitti-Sforza. Der Urheber und hartnäckige Vertreter dieser wesentlich slawenfeindlichen Haltung war Sidney Sonnino, der Minister, der im Jahre 1915 die widerspruchsvollen Verträge von London ins Leben rief, die über den Eintritt Italiens in den Krieg handelten. Folglich, anstatt eine Politik aktiver Zusammenarbeit besonders mit Jugoslawien zu betreiben, nahm Ungarn im Bereich der osteuropäischen Staaten in der italienischen Außenpolitik eine Vorzugsstellung ein. Auf diese Weise wurde der Rolle, die dieser Staat spielte, und seinen Beziehungen zu Italien, die auf das Risorgimento zurückgehen, eine slawenfeindliche Bedeutung zugemessen und er wurde den Ideen des italienischen Imperialismus untergeordnet. Desungeachtet war Frano Supilo, der begeisterte Verfechter des serbo-kroatischen Zusammenschlusses, nicht weniger aktiv, als er die Notwendigkeit einer Einigung zwischen Italien und dem zukünftigen Jugoslawien vertrat. Und diese Idee verteidigte er unermüdlich in seinen zahlreichen Begegnungen mit Vertretern der italienischen Politik und Kultur, bei denen er durch seinen Freund Guglielmo Ferrero und dessen Gattin Gina Lombroso eingeführt worden war; aber nicht nur vor Italienern, auch vor Verantwortlichen für die Politik der Entente hatte er auf dieser Idee bestanden. In einer Denkschrift, die er dem britischen Außenminister Grey im Januar 1915 überreichte, erklärte Supilo: „Italien würde nichts einbüßen, wenn es auf dieser Seite sein nationales Programm auf den realen völkischen Besitz und auf seine Rasse beschränkte. Im Gegenteil, es würde dabei gewinnen, denn wir Jugoslawen, besonders an der adriatischen Küste, sind dem italienischen Geist sehr zugeneigt und bereit, alle unsere Türen und Tore der italienischen Sprache zu öffnen, als kulturellem Element, und der italienischen Kultur, als unserem natürlichen Verbündeten gegen den gefährlichen Einfluß der sogenannten deutschen Kultur [5]."

Anderseits hatte Italien mit dem Kongreß von Rom im April 1918 und mit der Zustimmung zur Bildung einer tschechoslowakischen Legion in der Konvention vom 21. desselben Monats [6] eine überaus wichtige Stellung im Kampf zugunsten der Völker eingenommen, die ehemals Untertanen der österreichisch-ungarischen Monarchie waren. Nach der Interpretation des italienischen Ministerpräsidenten Vittorio Emanuele Orlando kam diese Konvention, die mit Štefánik unterschrieben worden war, einer effektiven Anerkennung des tschechoslowakischen Nationalrates als eigentlicher Regierung gleich. Darin ging Italien allen anderen verbündeten Staaten voraus. In der Tat hatte Frankreich eine innenpolitische Anordnung getroffen, als es die tschechoslowakische Legion aufstellte, und nicht so sehr ein Über-

[5] Vgl. Valiani, L.: La dissoluzione dell'Austria-Ungheria. Mailand 1966, S. 27—35, 152—153, 157—163, 173—174, 179—180 (hier die Denkschrift an Grey, Text in: Arhivski Vjesnik. Bd. 2, S. 348—349), 211—212, 234—236, 257—264, 282—283, 310—311, 374—375.

[6] Vgl. die photographische Reproduktion des Originaltextes der Konvention in: Parolin, G.: L'attività politica, militare e diplomatica di Milan Rastislav Štefánik in Italia (Mit unveröffentlichten diplomatischen und militärischen Dokumenten). Il mondo slavo 6 (1974/75) Dok. 5.

einkommen mit einem anderen Vertragsstaat geschlossen [7]. Aber alle diese Tatsachen schienen mehr die Folge einer augenblicklichen Notwendigkeit als das konsequente Bekenntnis zu einer anderen Verhaltensweise. Das strenge Schema der Realpolitik von Sonnino gewann bald wieder die Oberhand. „Nach ihm", so behauptet Valiani, „lag die Feindschaft zwischen Italien und dem entstehenden Jugoslawien auf jeden Fall in den Dingen selbst [8]." Als die habsburgische Monarchie aufgelöst wird, weiß die italienische Diplomatie folglich nichts Besseres, als sich für die Aufrechterhaltung der beiden übriggebliebenen Teile des Reiches, Deutsch-Österreich und Ungarn, einzusetzen. Diese Diplomatie sucht man auf irgendeine Weise zu neuem Leben zu erwecken, was immer ein unnatürliches Leben bleiben muß, und glaubt ihnen eine für Italien nützliche Rolle im geopolitischen Bereich, in das sie eingefügt sind, zuzuteilen, indem man sie, um ein Wort von Rumi zu zitieren, „als unsichere Vormauer gegen eine mögliche Revanche des Deutschtums verwenden will oder als antijugoslawischen, antitschechoslowakischen, antirumänischen Unruheherd, als Herz des Revisionismus (den man auf Entfernung kontrollieren kann), der langsam, langsam die ganze Ordnung, die durch den Frieden hergestellt worden war, untergräbt" [9]. Von einem Bund der Donauländer will man nichts wissen; nach dem Corriere della sera vom 12. August 1920, der wichtigsten italienischen Tageszeitung, erscheint die Aussicht auf den Anschluß, das heißt Deutschland am Brenner, für die Interessen Italiens beinahe weniger gefährlich als ein Bund der Donauländer; und so auch in dem darauffolgenden Artikel vom 3. Januar 1922 [10]. Somit ist es klar, welche Bedeutung die italienische Haltung in der Frage des Burgenlandes annimmt. Dies betrifft erstens die Friedensverhandlungen, als es sich mit Nachdruck der Bildung eines tschechisch-jugoslawischen Korridors widersetzt [11]; und zweitens betrifft es, in der Folge, die österreichisch-ungarische Streitfrage, als der damalige Außenminister Pietro Tomasi della Torretta, ein sizilianischer Adeliger und Liebling der Nationalisten [12], eine Vermittlerrolle spielte, in der Absicht, den schwachen österreichischen Staat zu festigen [13]. Man war sich nämlich über die Aufgabe dieses Staates im klaren, zusammen mit Ungarn einen antislawischen Gegenpol zu bilden. „Die verbündeten Tschechoslowakei und Jugoslawien, schrieb della Torretta im September 1920, werden immer eine panslawistische Politik treiben und es ist da-

---

[7] Vgl. Valiani: La dissoluzione 400.

[8] Vgl. Valiani: Sonnino e la vittoria mutilata. L'Espresso, 14. Jan. 1973, S. 19 (Besprechung des 3. Bandes von Sonninos Tagebuch: Sonnino, S.: Diario 1916—1922. Bari 1972).

[9] Rumi, G.: Mussolini, „Il Popolo d'Italia" e l'Ungheria (1918—1922). Storia contemporanea 6 (1975) 4, S. 676.

[10] Vgl. Carocci: La politica 318 Anm. 4.

[11] Im Zusammenhang mit der tschechischen Forderung nach der Internationalisierung der Eisenbahn Bratislava—Triest erweckte dieser Korridor in Italien die Furcht, Triest könnte völlig in den Bereich der slawischen Wirtschaft und des slawischen Handels geraten. Vgl. Perman, D.: The Shaping of the Czechoslovak State. Leiden 1962, S. 146—148, 209. — Sonnino: Diario 3, S. 325 (2. Jan. 1919).

[12] Vgl. Rumi: Alle origini della politica estera fascista 1918—1923. Bari 1968, S. 160 Anm. 15 und S. 165 Anm. 31.

[13] Vgl. Lindeck Pozza, I.: I rapporti austro-italiani dal Trattato di St. Germain all'avvento al potere del fascismo. Storia e Politica 12 (1974) 1—2, S. 1—16.

her das offenkundige Interesse Italiens, daß das Bündnis nicht durch den Beitritt Österreichs verstärkt wird [14].“ Mehr Aufmerksamkeit widmeten Sforza und Schanzer den Beziehungen zur Tschechoslowakei, hauptsächlich ersterer, dessen Politik einer progressiven Beseitigung der Gegensätze zu Jugoslawien und einer Zusammenarbeit mit der Kleinen Entente, deren Bildung er selbst unterstützt hatte [15], mehr erschien als eine konkrete Alternative im Bereich des liberalen Italien. An dieser Stelle muß das Übereinkommen vom Februar 1921 zwischen Sforza und Beneš erwähnt werden, das eine vollkommene Übereinstimmung in den Fragen der Außenpolitik zwischen den beiden Ländern feststellte und der darauffolgende Vertrag für Handel und Schiffahrt vom März desselben Jahres, der hauptsächlich dem Hafen von Triest zugute kam [16]. Sforza konnte deshalb im Parlament behaupten, „daß Italien, das als erstes an das Schicksal des tschechoslowakischen Volkes geglaubt hatte und das stolz darauf ist, an seiner Befreiung und an seiner Unabhängigkeit mitgearbeitet zu haben, in dieser jungen Republik, die in geographischer, in politischer und in wirtschaftlicher Hinsicht eine so wichtige Stellung innehatte, einen sicheren Verbündeten für seine Politik des Friedens, der Arbeit und des gegenseitigen Austausches haben werde“ [17]. Auch das Treffen Beneš-Schanzer in Venedig im Oktober 1922 ist reich an positiven Ergebnissen: das italienisch-tschechoslowakische Übereinkommen von Genf über die Sanierung Österreichs wird vertieft und man beschließt, die Zusammenarbeit auf wirtschaftlicher Ebene stärker auszubauen. Schanzer, ein Finanzmann, ist besonders ansprechbar für eine konkrete Politik und wieder konzentriert sich die Verständigung auf eine Erleichterung für den tschechoslowakischen Warenverkehr im Hafen von Triest und in der Folge steht am Anfang des Jahres 1924 die tschechische Wareneinfuhr (durch Eisenbahn) nach Triest an zweiter Stelle und die Ausfuhr von Triest (wieder durch Eisenbahn) an erster Stelle [18].

Es sei mir erlaubt, bevor ich in die Finsternis des Faschismus eintrete, über einige Dokumente zu berichten, die sich auf die Autonomie der Slowakei beziehen, und die gerade die erste Nachkriegszeit betreffen. Ich möchte gleich vorwegnehmen, daß die italienische Regierung und folglich die Vertreter der italienischen Diplomatie in der Tschechoslowakei, in Polen und in Ungarn den slowakischen Nationalisten gegenüber im allgemeinen eher kalt bleiben. Als Vertreter der slowakischen Widerstandsbewegung nach Italien kommen, und zwar František Jehlička und František Unger, um anläßlich der Wirtschaftskonferenz in Genua die politischen Kreise für ihre Anliegen zu interessieren, beschränkt sich die Sicherheitsbehörde darauf, die Tatsachen festzuhalten und eventuelle Ortsveränderungen der einzelnen Personen anzugeben, falls es sich um politische Tätigkeit handelte.

Dabei achtet man jedoch darauf, wie das Außenministerium dem Innenministerium

---

14 Vgl. Lindeck Pozza 3.

15 Vgl. Salvemini 210.

16 Vgl. Gajanová, A.: ČSR a středoevropská politika velmocí (1918—1938). Praha 1967, S. 83; Kybal, V.: La Cecoslovacchia e l'Italia. In: La Cecoslovacchia. Pubblicazioni dell'Istituto per l'Europa orientale. Roma 1925, S. 130.

17 Vgl. Kybal 130—131.

18 Vgl. Kybal 132—133. — Gajanová 123—124.

(Generaldirektion der staatlichen Sicherheit) in einem telegraphischen Schreiben aufträgt, „daß bei diesen Leuten nicht der Eindruck erweckt wird, die königliche Regierung wolle sie irgendwie wegen der Verbreitung von politischen Ideen verfolgen, die gegen Italien freundschaftlich gesinnte Regierungen gerichtet sind, solange diese sich auf abstrakter Ebene bewegen und das gute Verhältnis zwischen Italien und der Tschechoslowakei nicht gefährden“ [19]. Dies ist ein Beweis für die bemerkenswerte demokratische Festigkeit der einzelnen Staatsorgane im präfaschistischen Italien. Auf polizeiliche Überwachung wurde von seiten der tschechoslowakischen Vertreter in Rom gedrängt, die unser Ministerium für Auswärtige Angelegenheiten über die Anwesenheit von Unruhestiftern der slowakischen Unabhängigkeitsbewegung in Italien benachrichtigte. Diese Anwesenheit war in der Tat durch ein Interview mit Personen, die sich als Vertreter der Unabhängigen Slowakischen Regierung bezeichneten, deutlich in den Vordergrund getreten, ein Interview, das in der Tageszeitung „La Voce Repubblicana“ am 14. Mai 1922 veröffentlicht wurde [20]. Und es ist interessant zu beobachten, wie dieser Kampf, den die Slowaken gegen die angebliche Unterdrückung von seiten der Tschechen führen, in diesem Artikel gleichsam von „linker Seite“ interpretiert wird, das heißt, man sieht darin nicht so sehr die Tätigkeit einer nationalistischen Gruppe als vielmehr den Ausdruck einer demokratischen Freiheitsbewegung. Der Journalist beginnt mit der Behauptung, daß in Rom ein effektiver slowakischer Nationalrat existiere und stellt befriedigt fest, daß „Italien, das klassische Land der Freiheit“, in diesen Jahren die Flüchtlinge von den verschiedensten Widerstandsbewegungen Osteuropas aufnehme. Er teilt mit, daß die Ausgaben dieser Regierung durch Beiträge der Slowaken Amerikas unterstützt würden, und daß diese aus vier Ministern bestehe: Außenminister, Finanz-, Werbungs- und Wohlfahrtsminister (für slowakische Flüchtlinge, die in Europa verstreut sind). Nach Angaben des Journalisten behaupten die Slowaken, daß ihr größter Feind die Legionäre seien, die mit den italienischen Faschisten verglichen und deren Taten mit denen der faschistischen Sturmtruppe gleichgestellt werden. Man sagt, daß das Oberhaupt der tschechischen Legionäre in Preßburg ein ehemaliger russischer Offizier sei, der zur berüchtigten Okrana gehöre — der russischen Geheimpolizei der zaristischen Regierung. Man sagt, daß in den Städten und in ihrer Umgebung der Terror herrsche, daß Masarick (sic!) und Beneš Gefangene der Legionäre seien. Man behauptet, daß Prag überfüllt sei von russischen Flüchtlingen, Anhängern der Regierung der Zaren, und daß in Preßburg eine russische Universität eröffnet worden sei. Die Tschechen wollten sich mit den Russen verbünden, um sich gegen die Slowaken, die Deutschen und die Madjaren zu behaupten. Die neuen Schulen, die in der Slowakei eröffnet wurden, wären den Tschechen übergeben worden: Schuldiener aus Prag wären zu Lehrern ernannt worden und die tschechischen Lehrerinnen seien von zweifelhafter Sittlichkeit.

[19] „. . . senza dare ad essi l'impressione che il R. Governo intenda in qualsiasi modo perseguitarli per la propaganda delle idee politiche ostiche a governi amici se questa si mantiene nel campo astratto e non mette in pericolo i buoni rapporti dell'Italia con la Cecoslovacchia.“ ASAE (Archivio Storico del Ministero degli Affari Esteri — Roma), Bündel 937, Fasz. 1878, telespresso n. 32381/1720 vom 6. Juni 1922.

[20] Der Zeitungsausschnitt mit dem Text des Interviews liegt bei dem telegraphischen Schreiben des Außenministeriums.

Außer diesem Artikel scheint es mir notwendig, auch das wiederzugeben, was die italienischen Sicherheitsbehörden auf diese Hinweise hin ermittelt zu haben behaupten. Im Bereich des Innenministeriums vom 6. Juli 1922 wird bestätigt, daß Jehlicka Franciszek und Unger Francesco (so die Namen im Dokument) von Genua kamen, wo sie den Volksvertretern der einzelnen Staaten, die sich dort befanden, eine Denkschrift über die Slowakei überreicht hätten. Nun seien sie in Rom gemeldet und hätten sich als Glieder der provisorischen Regierung der slowakischen Unabhängigkeit von Krakau ausgegeben. Die beiden Slowaken, steht weiter in dem Bericht, hätten Kontakt zu einem gewissen Gruick Stano aus Montenegro aufgenommen, der Beziehungen zu den kommunistischen Abgeordneten Bombacci und Graziadei unterhalte. Sie hätten diese beauftragt, Männer für die slowakische Unabhängigkeit zu suchen. Sie hätten Kontakt aufgenommen zu der nationalistischen Sektion vom vicolo Sciarra [in Rom] und gefragt, ob diese bereit seien, in Italien für die slowakische Unabhängigkeit zu arbeiten oder Personen in die Slowakei zu schicken, doch die Nationalisten hätten dies abgelehnt. Sie hätten auch im Vatikan Kontakt zu Msgr. Borgognini Francesco. Diese Tätigkeit der Slowaken, kommentiert der Verfasser weiter, wird von den Polen als Gegenpol zur galizien-freundlichen Politik von Beneš begünstigt, sie werden jedoch von den Madjaren und vom polnischen Generalstab finanziert [21].

Und nun wollen wir sehen, wie die italienischen Vertreter in der Tschechoslowakei das Verhalten der Zentralbehörden der Slowakei gegenüber beurteilen und wie sie die slowakische Frage sehen. Der Bericht der italienischen Gesandtschaft in Prag vom 1. Juni 1922, der über „die Lage in der Slowakei“ handelt, beginnt mit der Feststellung: „Mit ihren zahlreichen Fehlern, besonders auf schulischem und religiösem Gebiet, und mit der Tatsache, daß die Regierung von Prag erlaubt hatte, daß eine Politik der Trennung und der Verfolgung in einer Region überhand nahm, die wegen ihrer Geschichte und wegen ihrer völkischen Zusammensetzung mit besonderer Rücksicht hätte behandelt werden müssen, hat diese Regierung dazu beigetragen, einen Zustand des Mißbehagens aufrechtzuerhalten, der sicher nicht die Stärkung der Republik fördert und die Bestrebungen ihrer Feinde ermutigt [22].“ Es werden schwere Unruhen aus Preßburg gemeldet, weil die unabhängige Presse ehemalige Legionäre angriff. Es werden außerdem Tumulte von seiten slowakischer Volksvertreter in der Kammer gegen die Regierung gemeldet (Sitzung vom 1. Juni) und man betont, daß eine deutsche Zeitung „mit Recht bemerkt, daß die tschechischen Abgeordneten einen sehr deprimierenden Eindruck von der Tatsache gehabt haben

---

[21] ASAE, Bündel 937, Fasz. 1878. Vgl. eine historische Darstellung über die Tätigkeit der slowakischen Separatisten während der ersten Jahre der tschechoslowakischen Republik in: Kramer, J.: Ausländische Einflüsse auf die Entwicklung der slowakischen autonomistischen Bewegung. Historica 3 (1961) 159—193, hier 182—187.

[22] „Il Governo di Praga coi molteplici errori commessi, sopratutto (sic) dal punto di vista scolastico e religioso, con l'aver permesso il prevalere di una politica settaria e di persecuzione in una regione che per i suoi precedenti storici e la sua formazione etnica aveva bisogno di essere trattata con tutti i riguardi, ha contribuito a mantenere uno stato di disagio che non facilita di certo il consolidamento della Repubblica ed incoraggia le aspirazioni dei suoi nemici.“ ASAE, Bündel 937, Fasz. 1878, Legazione d'Italia a Praga, Prot. 667/270.

müssen, daß die slowakischen Brüder sich mit Gewalt gegen die gerade entstandene Republik gewendet haben, was bisher ein Privileg der deutschen staatsfeindlichen Partei gewesen war... Ich habe den Eindruck", so schließt der Bericht, „daß sich die Regierung nicht genügend Rechenschaft darüber gibt, welche Gefahr die Slowakenfrage für das Heil des Staates bedeutet, und außerdem den Fehler begeht, den Anhängern von Hlinka und Juriga, den zwei erregten und turbulenten Priestern, die an der Spitze dieser Bewegung stehen, zu wenig Aufmerksamkeit zu schenken (gez. Bordonaro)" [23]. In der Folge wird die Lage in einem Bericht vom 23. Dezember desselben Jahres, der im 1. Band der 7. Serie veröffentlicht wurde, vom Beauftragten in Prag, Barbaro, mit dramatischen Worten und mit Akzenten einer harten und ungewohnten Kritik an der Zentralgewalt geschildert: „Aus allen Berichten über die politische Lage in der Slowakei und in Karpato-Rußland, die diese königliche Gesandtschaft die Ehre hatte, dem königlichen Ministerium zu übermitteln, kann man leicht entnehmen, daß die Unabhängigkeitsbewegung, anstatt ihre Intensität zu verringern, in einer eher beunruhigenden Weise zunimmt. Wenn das Problem des Verhältnisses zwischen Deutschen, Polen und Tschechen schon groß ist, so gibt die slowakische Frage noch viel mehr Grund zur Beängstigung. In der Tat, die Tschechen können in ihrem Kampf gegen die Deutschen mit der Sympathie der Franzosen rechnen und mit der englisch-italienischen Gleichgültigkeit; und es ist nicht ausgeschlossen, daß es zu einem für beide Teile befriedigenden Ausgleich kommt. Die slowakische Frage birgt jedoch Gefahren jeder Art in sich. Insbesondere steht dieser Regierung, außer der madjarischen Partei des Irredentismus, die die Trennung der Slowaken von der Republik wünscht, um sich an Ungarn anzuschließen, die nun schon unüberwindbare Opposition der Slowaken gegenüber, eines Volkes, das immer als Abkömmling jenes Stammes angesehen wurde, von dem auch die Tschechen ihre Herkunft ableiten. Während man das Problem des madjarischen Irredentismus durch die Anwendung der Verträge lösen könnte, die die Mächte der Kleinen Entente binden, überschreitet die slowakische Bewegung die von dem Bündnis vorgesehenen Fälle. Vom ethischen Standpunkt aus gesehen bedeutet die slowakische Erhebung gegen die Union eine Verurteilung der Methoden, die von den ehemaligen und von den gegenwärtigen tschechischen Regierenden in der Verwaltung der Slowakei angewandt wurden [24]." Es ist klar, daß es sich hier

---

[23] „. . . giustamente un giornale tedesco ha osservato come i deputati cechi debbono aver avuto un'impressione assai deprimente dal fatto che per la prima volta che la Repubblica esiste, i fratelli slovacchi si sono rivoltati contro il governo con dei metodi di violenza che erano stati finora esclusivo privilegio dei partiti antistatali tedeschi. . . . Ho l'impressione che il governo non si prenda abbastanza conto del pericolo che la questione slovacca rappresenta per la saldezza dello stato ed affetti di dare troppo poca importanza ai seguaci di Hlinka e di Juriga, i due preti agitati e turbolenti che sono a capo del movimento." Ebenda.

[24] „Da tutti i rapporti che questa R. Legazione ebbe l'onore di spedire al R. Ministero, in argomento alle condizioni politiche della Slovacchia e della Carpato-Russia, si rileva facilmente come il movimento autonomista, anzichè diminuire d'intensità, continua ad aumentare in modo piuttosto allarmante. Se grave è il problema delle relazioni tra tedeschi-boemi e cechi nella Repubblica, molto più assillante è la questione slovacca. Infatti nella loro lotta contro i tedeschi i cechi possono contare sulla simpatia della Francia e sull'indifferenza anglo-italiana; e non è esclusa la possibilità di un com-

um sehr wichtige Dokumente handelt, sowohl an sich als auch als eventuelle Vergleichsmomente. Schließlich ist eine streng vertrauliche Depesche aus Warschau vom 12. Dezember vorhanden, in der der italienische Vertreter Tommasini über die Existenz einer Zusammenarbeit zwischen den Führern der slowakischen Nationalpartei und Piłsudski informiert, aber gleichzeitig erklärt, daß sich die Slowakei, falls sie sich von Prag trennte, an Ungarn anschlösse und nicht an Polen. Aus diesem Grunde wird die Gefahr unterstrichen, daß der Anschluß der Slowakei an Ungarn den ersten Schritt zur Wiederherstellung der Krone des Hl. Stefan bedeuten könnte. Man teilt außerdem mit, daß ein polnischer Vertrauensmann anscheinend nach Rom gekommen sei, um in Erfahrung zu bringen, welches die italienische Meinung in diesem Falle sei und ob eine Möglichkeit bestehe, daß Italien eine Erhebung der Slowaken unterstützte, daß es ihm aber nicht gelungen sei, die Meinung des Ministerpräsidenten zu ermitteln [25]. Man bezieht sich dabei auf Mussolini oder auf einen Vorgänger; sicher ist, daß Italien nicht in der Lage war, sich in diesem Moment in der Außenpolitik Abenteuer zu erlauben. Gleichzeitig muß aber festgehalten werden, daß Mussolini in der Folge nie die Absicht hatte, sich irgendwie zugunsten der Slowakei einzusetzen, obwohl er der Unabhängigkeitsbewegung Aufmerksamkeit schenkte [26], da diese der Regierung von Prag Schwierigkeiten bereiten konnte. Dabei war er sich — bis er dann in den dreißiger Jahren seine Taktik änderte — gerade der Gefahren bewußt, die Tommasini in dem obengenannten Dokument befürchtet, nämlich, daß der Anschluß der Slowakei an Ungarn im Gebiet der Donau die Lage vor dem Krieg wiederherstellen könnte [27]. Im übrigen setzte er kein besonderes Vertrauen in die reelle Bedeutung der slowakischen Unabhängigkeitsbewegung, ebensowenig wie in jene der Ruthenen von Alexis Gerowsky, obwohl in diesem Falle von seiten einiger Beamter ein gewisses Interesse gezeigt wurde [28].

Zur Hauptentscheidung, einen slawenfeindlichen Block zu bilden, die das liberale Italien getroffen hatte, und die sich der Faschismus zueigen machte, kam nun die Tatsache der andersgearteten politischen Regierung hinzu, die das Verhältnis zur Tschechoslowakei noch erschwerte. Auch in der ersten Hälfte der zwanziger Jahre, als sich zwischen den zwei Ländern noch keine offene Feindschaft zeigte, waren

---

promesso soddisfacente per entrambe le parti. La questione slovacca invece presenta pericoli d'ogni genere; anzitutto oltre al partito irredentista magiaro che vorrebbe il distacco della Slovacchia dalla Repubblica per unirsi all'Ungheria, questo governo si trova innanzi all'opposizione ormai divenuta irrimediabile degli slovacchi, che furono sempre considerati come discendenti della stessa stirpe donde derivano le loro origini i cechi. Mentre pertanto il problema dell'irredentismo magiaro si dovrebbe risolvere coll'applicazione degli accordi, che legano le potenze partecipanti alla Piccola Intesa, il movimento automista slovacco esorbita dai casi contemplati dall'alleanza. Dal punto di vista poi morale, la sollevazione slovacca contro l'unione alla Repubblica costituisce di fronte al mondo civile europeo una condanna dei metodi usati dai passati e dagli attuali governanti cechi nell'amministrazione della Slovacchia." DDI (I Documenti Diplomatici Italiani [1861—1945]. Roma 1952 ff.), 7. Serie, Bd. 1, Dok. 263, S. 176.

25 ASAE, Bündel 937, Fasz. 1878.

26 Vgl. DDI, 7., Bd. 5, Dok. 337, S. 332, Anm.

27 Vgl. Carocci: La politica 129—130.

28 Vgl. DDI, 7., Bd. 6, Dok. 58. — Carocci: La politica 130.

ihre Beziehungen durch ein latentes Mißtrauen und durch Unsicherheit gekennzeichnet, obwohl man gerade im Jahre 1924 den Pakt für freundschaftliche Zusammenarbeit unterschrieb [29]. In einem Telegramm vom 2. November 1922, das der italienische Minister in Prag, Chiaramonte Bordonaro, schickte, teilte er mit: „In den politischen Kreisen von Prag ist der erste Eindruck über die jüngsten Ereignisse von Italien [die Machtergreifung durch Mussolini] der einer Unruhe und Nervosität gewesen ... Im Sieg des Faschismus sieht man an dieser Stelle hauptsächlich die drohende Gefahr eines Konfliktes zwischen Italien und Jugoslawien, in den die Tschechoslowakei unausweichlich verwickelt würde. Es taucht außerdem die Furcht auf, es könnte Schwierigkeiten wegen österreichischer Probleme geben und im allgemeinen eine Revision der Verträge. Man fürchtet auch, daß die italienischen Faschisten durch den deutschen Nationalismus ermutigt würden, und man sieht die Möglichkeit eines deutsch-italienischen Bündnisses gegen die Aufrechterhaltung des territorialen Status quo [dies ist eine bedeutende, man könnte fast sagen seherische Bemerkung]. Der faschistischen Bewegung wurde aus zwei besonderen Gründen nie Sympathie entgegengebracht und zwar wegen der Forderung nach einer slawenfeindlichen Politik und wegen ihres Kampfes gegen den Sozialismus, mit dessen Theorie diese demokratische Republik ihren rein bürgerlichen Charakter bemäntelt [30]."

Mussolini seinerseits machte in einer Depesche vom Juli 1923 an die italienischen Gesandten in Paris, London und Brüssel darauf aufmerksam, eventuelle Vermittlungen von Beneš zwischen London und Paris nicht zu unterstützen, „da es nicht im Interesse Italiens liege, das Ansehen des Oberhauptes der Kleinen Entente und eines Mannes, der im geheimen der neuen politischen Lage in Italien feindlich gesinnt sei, zu vergrößern; außerdem sei dies für alle großen Verbündeten wenig ehrenvoll" [31]. Im Mai 1924, gerade als man über die Möglichkeit eines Freundschaftsbündnisses zwischen den beiden Staaten diskutiert, erklärt Pignatti, der italienische Minister in Prag, folgendes: „Ich glaube nicht, daß in der Richtung der Außenpolitik dieses Staates eine Änderung zu unseren Gunsten zu erwarten sei, solange Masaryk und Beneš regieren. Beneš ist der Vertrauensmann Frankreichs in Mitteleuropa. Meiner Ansicht nach kann seine Tätigkeit von uns nicht ohne Miß-

[29] Vgl. Kybal: Czechoslovakia and Italy: my negotiations with Mussolini. Teil 2. JCEA (1954). — Gajanová 162—167.

[30] „Prime impressioni per recenti avvenimenti italiani [presa del potere di Mussolini] nei circoli politici di Praga sono state di allarme e nervosismo ... Nel trionfo fascismo si è visto qui anzitutto un pericolo imminente conflitto tra Italia e Jugoslavia nel quale Cecoslovacchia verrebbe necessariamente trascinata. Si affacciano anche timori complicazioni per questioni austriache e in generale per revisione trattati. Si teme anche che fascisti italiani incoraggiati tendenza nazionalismo tedesco e si prevede possibilità alleanza italo-tedesca diretta contro mantenimento statu quo territoriale. Movimento fascista non è stato mai considerato con simpatia per due speciali ragioni. Per la pretesa politica antislava e la sua lotta contro il socialismo nelle cui teorie questa democratica repubblica ammanta suo carattere prettamente borghese." DDI, 7., Bd. 1, Dok. 30.

[31] „... non essendo interesse Italia aumentare prestigio capo Piccola Intesa e uomo larvatamente ostile nuovo ordine cose italiane oltre che poco dignitosa per tutti grandi alleati." DDI, 7., Bd. 2, Dok. 119, S. 80.

trauen betrachtet werden" [32]. Als in der zweiten Hälfte jenes Jahres die Lage Mussolinis wegen der Ermordung Matteottis [33] bedenklich zu werden scheint, hält es Masaryk für angemessen, den geplanten Besuch in Italien zu verschieben, und gegen Ende des Jahres ist in der Tschechoslowakei erneut eine heftige Pressekampagne „gegen den Chef der italienischen Regierung und seine Mitarbeiter" [34] zu verzeichnen. Beneš gibt in einem Gespräch mit dem Geschäftsbeauftragten in Prag, Barbaro, zu verstehen, er glaube, ein Rückzug der Regierung Mussolinis stehe bevor, und er weist auf eine neue Regierung Giolitti oder Salandra hin [35]. In Wirklichkeit gelingt es Mussolini, mit dem stillschweigenden Einverständnis des Königshauses diese Krise zu überwinden und im Januar 1925 geht er zur Offensive über, indem er mit der fortschreitenden Faschistisierung des Staates beginnt. Die Gründe für das Mißtrauen bleiben nichtsdestoweniger bestehen. Dino Grandi, der Unterstaatssektretär für Auswärtige Angelegenheiten, stellt in einer Depesche von Genf im März 1926 fest: „... je besser ich Beneš kenne, um so mehr gelange ich zur Überzeugung, daß man nur mit großem Vorbehalt seiner freundschaftlichen Gesinnung uns gegenüber vertrauen kann" [36]. Desungeachtet weisen die Dokumente auf ein bemerkenswertes Interesse von seiten des tschechoslowakischen Außenministers hin, eine Form für eine dauerhafte Zusammenarbeit mit Italien zu finden, die den Anschluß verhindern könnte und im allgemeinen gegen die deutsche Gefahr gerichtet wäre [37]. Infolgedessen wünscht er auch den Vertrag von 1924 zu erneuern. Der Minister in Prag, Preziosi, berichtet dem italienischen Regierungschef im August 1927, Beneš habe mit ihm „spontan" über das mitteleuropäische Problem gesprochen und, kurz zusammengefaßt, habe er sich so ausgedrückt: „Es ist meine unverrückbare Überzeugung, daß Italien eine Vormachtstellung in Mitteleuropa hat und haben muß. Wien kann und könnte in diesem Teil Europas nichts unternehmen ohne, geschweige denn gegen seine Zustimmung. Anderseits finden die besonderen Interessen der Tschechoslowakei eine günstige Übereinstimmung mit den wichtigsten Interessen Italiens, sei es um den Anschluß zu verhindern, sei es im Falle eines eventuellen Erstarkens Deutschlands in Osteuropa [38]. Ähnliche Gedanken werden

---

[32] „Non credo che finchè imperino Masaryk e Beneš ci sia da aspettarci ad un mutamento serio a nostro favore delle direttive di politica estera di questo paese. Beneš è il fiduciario della Francia nell'Europa centrale. A mio avviso la sua azione non può non essere considerata da noi con diffidenza." DDI, 7., Bd. 3, Dok. 178, S. 112.

[33] Der sozialistische Abgeordnete, der im Parlament mit Nachdruck auf die Gewalttaten und die Wahlvergehen der Faschisten hingewiesen hatte, wurde aus diesem Grunde entführt und am 10. Juni ermordet und seine Leiche wurde zwei Monate später auf dem Land in der Nähe von Rom gefunden.

[34] DDI, 7., Bd. 3, Dok. 647, S. 393—394.

[35] Vgl. DDI, 7., Bd. 3, Dok. 651.

[36] . . . . quanto più conosco Beneš tanto più mi persuado che possiamo fare affidamento molto relativo sopra suoi sentimenti amichevoli a nostro riguardo". DDI, 7., Bd. 4, Dok. 280.

[37] Vgl. DDI, 7., Bd. 4, Dok. 6, 14, 25, 124, 261; Bd. 5, Dok. 266, 379.

[38] „Mia assoluta convinzione è che l'Italia ha e non può che avere una situazione predominante nell'Europa centrale. Nulla Vienna può e potrebbe mai fare in questa parte d'Europa al di fuori o tanto meno contro il volere di essa. D'altra parte gli interessi particolari della Cecoslovacchia hanno una felice corrispondenza con quelli principali

in der Folge von Beneš im Januar und im Februar 1928 vertreten [39], unter anderem möchte er dem zehnten Jahrestag seit der Bildung der tschechoslowakischen Legion eine große Bedeutung beimessen, aber Mussolini zieht vor, die Feier auf die militärischen Kreise zu beschränken [40].

Für das Erstarken des tschechoslowakischen Staates ist Vannutelli Rey, der neue italienische Minister in Prag, der es sogar für zweckmäßig hält, das Land nach einem klaren Programm im Sinne einer deutschfeindlichen Politik finanziell zu durchdringen, und zwar weil die Tschechoslowakei das einzige wirkliche Hindernis für die Wiederaufnahme der deutschen Expansionspolitik ist. Dabei zeigt er eine klare Urteilsfähigkeit, die ich äußerst bemerkenswert finde und die mich natürlich in Anbetracht der Tatsache überraschte, daß sie in offenkundigem Gegensatz zur Regierung steht; es wäre interessant, die Persönlichkeit dieses Beamten näher kennenzulernen.

In einem Fernschreiben vom 7. Mai 1928 berichtet der italienische Minister zuerst über den Aufenthalt des österreichischen Kanzlers in Karlsbad und gibt den Eindruck seines ungarischen Kollegen Masirevič wieder, der gewöhnlich sehr gut informiert ist und nach dessen Ansicht die Pläne für eine wirtschaftliche Zusammenarbeit zwischen Österreich und der Tschechoslowakei keinen Fortschritt machen würden. Dann erinnert er außerdem an die allgemeine Überzeugung des ungarischen Diplomaten, der erklärt, daß Österreich allzusehr durch nationale Bande an Deutschland gebunden und dieses zu eifersüchtig auf jede Konkurrenz für den Anschluß sei, als daß sich irgendeine Verbindung zwischen Prag und Wien entwickeln könne. „Über diesen Gegenstand, bemerkt seinerseits der italienische Vertreter, bin ich dazu geneigt, das, was mir Herr Masirevič gesagt hat, mit dem zu verbinden, was mir der deutsche Minister Dr. Koch nicht gesagt hat [als Vannutelli mehrmals versuchte, seine Meinung über die Tätigkeit von Seipel in Erfahrung zu bringen] . . . Und ich fühle mich veranlaßt, eine Annahme auszusprechen, die gewagt oder zumindest verfrueht scheinen mag, die aber einen Kern von Wahrheit haben kann. Deutschland, das wegen seines Hanges zum Programmieren gewohnt ist, große Pläne bis in die Einzelheiten zu entwerfen, das aber jetzt wegen der Situation, die sich durch die Niederlage ergeben hat, dazu gezwungen ist, sie auf lange Frist hin zu programmieren, verbindet schon jetzt den Anschluß mit der Zerstückelung der Tschechoslowakei. Mit dieser Zerstückelung würde von selbst wieder jene Grenze entstehen, die für fast tausend Jahre die Grenze zwischen dem Heiligen Römischen Reich und der Krone des Heiligen Stefan war und die den deutschen Einfluß außer im gegenwärtigen Österreich auch in Böhmen, in Mähren und in Schlesien sichern könnte, während der Rest der gegenwärtigen Tschechoslowakei Ungarn überlassen würde. Dieser Plan ist ein Wahnbild, wenn man die aktuelle Landkarte Europas betrachtet, aber er fußt auf festen geschichtlichen, verwaltungstechnischen und wirtschaftlichen und in gewisser Hinsicht auch ethnischen Grundlagen, wenn man an die

---

dell'Italia, sia per impedire l'Anschluss, che per un eventuale rafforzamento della Germania nell'Europa orientale." DDI, 7., Bd. 5, Dok. 363, S. 353.

[39] Vgl. DDI, 7., Bd. 6, Dok. 33, 87.

[40] Vgl. DDI, 7., Bd. 6, Dok. 104.

starke Position der deutschen Gruppe im Westen der Tschechoslowakei denkt, die dazu berufen ist, noch stärker zu werden [41]." Im Bericht über die politisch-wirtschaftliche Ordnung in der Tschechoslowakei, der am 17. Dezember desselben Jahres nach Rom geschickt wurde, wird die Untersuchung von Vannutelli Rey noch genauer und vollständiger. Insbesondere gibt er einen allgemeinen Überblick über die bestehenden Beziehungen auf wirtschaftlich-finanziellem Gebiet zwischen den nationalen Kräften und den ausländischen: „Das Geldwesen, die Industrie und der Handel", schreibt er, „lehnen sich teils durch Selbständigkeitsstreben, teils durch Opposition dagegen auf, durch das Ausland aufgesogen zu werden. Der Zusammenschluß des ‚Deutschen Hauptverbandes' mit dem ‚Ustřední Svaz' ist ein Zeichen dafür, wie auch die vor kurzem eröffnete Kampagne für die Entfernung von allen ausländischen Verwaltungsräten und Generaldirektoren aus den großen Bank-, Industrie- und Handelsgesellschaften. Die wirtschaftliche Übermacht des deutschen Reiches jedoch zieht sich nicht zurück, sondern greift immer stärker, unbemerkt und zäh an die Wurzeln der widerspenstigen Organisationen, indem sie danach trachtet, diesen Widerstand zu vereiteln, so daß es Leute gibt, die glauben, daß sie ein einziges Ziel habe, die Kapitulation, sobald diese unumgänglich wird, um einen möglichst hohen Preis zu erhandeln, auch wenn dieser Tag zur Zeit noch fern liegt. Und das um so mehr, als Frankreich, das bis vor kurzem gewußt hätte, wie dies zu verhindern sei und es auch hätte verwirklichen können, sich nun darauf zu beschränken scheint, die gewonnene Position zu verteidigen, (auch in Hinsicht auf seine Politik der Annäherung an Deutschland) [42]." Der italienische Diplomat

---

41 „Su tale argomento sono portato a connettere quanto mi ha detto il Signor Masirevič con quanto non mi ha detto il Ministro di Germania dr. Koch. . . . E sono indotto a formulare una ipotesi che potrà sembrare temeraria o per lo meno prematura, ma che può avere un fondo di verosimiglianza. La Germania, abituata com'è per la sua stessa psicologia programmatica a concepire piani grandiosi in tutti i loro particolari, ma obbligata ora, per la situazione creatale dalla sconfitta, a premeditarli con lunghissima scadenza, va abbinando fin d'ora l'Anschluss allo sfasciamento della Cecoslovacchia. Con tale sfasciamento risorgerebbe automaticamente quel confine che per quasi mille anni fu la frontiera tra il Sacro Romano Impero e la Corona di Santo Stefano e che, oltre all'attuale Austria, assicurerebbe alla influenza germanica la Boemia, la Moravia e la Slesia, abbandonando il resto dell'attuale Cecoslovacchia all'Ungheria.
Piano chimerico, se si considera la presente carta d'Europa, ma che poggia su salde basi storiche, amministrative, economiche ed anche fino a un certo punto etniche, data la posizione forte, e destinata a divenire sempre più forte, che ha nella sezione occidentale della Cecoslovacchia il gruppo tedesco." DDI, 7., Bd. 6, Dok. 314.

42 „La finanza l'industria ed il commercio locale danno segni frequenti di velleità autonome e di opposizione all'assorbimento straniero. La fusione del ‚Deutscher Hauptverband' con lo ‚Ustřední Svaz' ne è una prova, come pure lo è la campagna recentemente aperta per la eliminazione di tutti i consiglieri di amministrazione e dei direttori generali di nazionalità estera nelle grandi Società bancarie, industriali e commerciali. L'invadenza economica del Reich però non desiste, ma s'insinua sempre più, insensibile e tenace, nelle radici delle organizzazioni refrattarie, mirando a frustrare di fatto la loro resistenza, tanto che vi ha chi pensa che questa abbia l'unico scopo di patteggiare a più caro prezzo la capitolazione il giorno, sia pur lontano, in cui diverrà inevitabile. E ciò tanto più che la Francia, la quale fino a poco tempo fa avrebbe potuto e saputo impedirla, appare ormai qui ridotta (anche in funzione della sua politica di riavvicinamento alla Germania) a semplicemente difendere le posizioni acquisite." DDI, 7., Bd. 7, Dok. 115, S. 136.

behauptet, es sei nötig, der Gesandtschaft einen sehr tüchtigen Menschen zu schicken, der den Markt gut kenne, um einen Plan für einen konkreten Eingriff auszuarbeiten zu können; außerdem müsse man die Existenz eines entsprechenden Kapitals ermitteln, das man als Bewegungsmasse benützen könnte, falls der Eingriff beschlossen würde. Auf diese Weise könnte man „den tschechoslowakischen Widerstand an den geeignetsten Ansatzpunkten gegen die deutsche Kartellisierung unterstützen und so im Herzen Europas einen Schützengraben gegen den neuen Vormarsch wirtschaftlicher Form des deutschen Imperialismus schaffen. Sobald es diesem nämlich gelänge, die Tschechoslowakei zu überrollen, die das einzige wirkliche Hindernis auf seinem Wege sei, würde er auf keine anderen Hindernisse mehr stoßen, die ihn auf seinem Weg zum Balkan und zum östlichen Mittelmeer aufhalten könnten, und so auf lebenswichtige Gebiete für die italienische Ausdehnung stoßen [43].

Die Vorschläge und die Ermahnungen von Vannutelli Rey fallen ins Leere. Grandi setzt auf den Bericht des Büros III, Europa und Osten, in dem es sich dafür ausspricht, die Forderungen des Diplomaten zu untersuchen, folgende Randbemerkungen: „Gesehen. Geschwätz. Unmögliche Träume. Man kann im Augenblick der italienischen Wirtschaft keine Lira entziehen [44].“

In Wirklichkeit hätte man, wenn auch die finanzielle Möglichkeit für einen geplanten Eingriff nicht vorhanden war, doch eine neue politische Taktik in die Wege leiten können, die die Anweisungen irgendwie verwirklicht hätte. Doch die Politik des faschistischen Italien ging bereits in eine andere Richtung. Seit den Jahren 1926/27 hatte Mussolini bereits den Weg des Revisionismus betreten und er tat dies „einerseits, gewöhnlich, für den internen Gebrauch [um als Führer der revisionistischen Länder zu erscheinen], anderseits, um ein Wort von Guariglia [eines wichtigen Vertreters der italienischen Diplomatie] zu gebrauchen, um zu versuchen, jene Möglichkeit des Hin- und Herpendelns wiederzuerlangen, die traditionsgemäß für uns vorteilhaft war“ [45]. Carocci bezweifelt entschieden, daß man den Revisionismus dieser Jahre bis zu den Jahren 1932—35, im Gegensatz zur nachfolgenden Phase, als gemäßigt bezeichnen könne. Er sagt, wenn man in diesem Zeitabschnitt von einer gemäßigten Linie sprechen könne, sei das nicht so sehr darauf zurückzuführen, daß „sie damals noch nicht die internationale Ordnung umstürzen wollte, sondern weil sie den Umsturz nur in einige Gebiete bringen wollte und zwar ins Donau-Balkan Gebiet, dabei stand sie im Gegensatz zum deutschen Revisionismus und bewegte sich noch im Bereich der englischen Freundschaft“ [46]. In den Jahren

[43] „. . . rafforzare, nei punti più acconci, la resistenza cecoslovacca alla cartellizzazione germanica e creare cosi nel centro dell'Europa una trincea alla rinnovata marcia, sotto spoglie economiche, dell'imperialismo tedesco, il quale, ove riuscisse a travolgere la Cecoslovacchia, che rappresenta ancora l'unico serio ostacolo nel suo cammino, non ne incontrerebbe più nessun altro che potesse praticamente arrestarlo verso i Balcani e il Mediterraneo orientale, dove urterebbe contro vitali interessi della espansione italiana.“ Ebenda.

[44] „Visto. Chiacchere. Sogni impossibili. Non si può distrarre una lira dall'economia italiana, al momento attuale.“ DDI, 7., Bd. 7, Dok. 229, S. 252, Anm. 3.

[45] De Felice: Mussolini 337—338. Und zwar nach dem Autor wollte Mussolini im Grunde durch diese revisionistische Wendung einen Druck auf Frankreich indirekt üben, um ein Übereinkommen mit ihm zu erreichen. Vgl. Ebenda 357—360.

[46] Carocci: La politica 117.

1928—29 wird folglich mit einer fortschreitenden systematischen Einkreisungspolitik der Tschechoslowakei begonnen, die den Schwerpunkt in Ungarn hat und die ihren Höhepunkt in dem Abkommen vom März 1934 zwischen Mussolini, Gömbös und Dollfuß findet. Genau ein Jahr vorher hatte Mussolini dem französischen Gesandten De Jouvenel gegenüber erwähnt, es sei zweckmäßig, „die territoriale Annäherung zwischen beiden Teilen Deutschlands (auf Kosten Polens) zu gewähren und Ungarn die Gebiete zurückzugeben, die an den gegenwärtigen Grenzen liegen und die vorwiegend von Madjaren bewohnt sind“ [47]. Über das Schicksal der Tschechoslowakei scheint er sich zum erstenmal dem österreichischen Kanzler Schuschnigg gegenüber in direkter Weise ausgesprochen zu haben, und zwar im August 1934 in Florenz: „... die ist, sagte Mussolini, von den Deutschen bedroht; ich glaube, daß der deutsche Expansionsdrang sich in diese Richtung bewegen wird; wir haben keinen Grund, es in diesem Falle zu verhindern. Die Tschechoslowakei ist ein unnatürlicher Staat mit unmöglich gezogenen Grenzen. Die deutschen Gebiete Mährens gehören zu Österreich so wie die Slowakei zu Ungarn [48].“ Diese Aussage wird vom österreichischen Kanzler beim Hochverratsprozeß gegen Guido Schmidt, seinen ehemaligen Außenminister, wiedergegeben [49]. Um die Besorgnis abzuschwächen, die die italienische Erklärung über die Unverletzlichkeit Jugoslawiens bei den ungarischen Politikern erregt hatte, erklärt Mussolini im darauffolgenden Jahr dem ungarischen Gesandten in Rom gegenüber, daß er für die Zerstückelung der Tschechoslowakei sei, auf diese Weise könne Ungarn seine slowakischen Provinzen wiedergewinnen [50]. Ciano stellte wenige Tage nach Abschluß des Bündnisses mit Deutschland, während seines Besuches in Budapest im November 1936, den ungarischen führenden Persönlichkeiten gegenüber fest, daß Voraussetzungen bestünden, die es nötig erscheinen ließen, „daß Ungarn weiterhin als Hauptziel seiner Politik territoriale Forderungen den Tschechen gegenüber stellen müsse“ [51], und er gibt einen neuen Beweis für die Tatsache, daß Italien nicht an dem Schicksal der Tschechoslowakei interessiert ist, als er energisch die Meldung zurückweist, die Kánya be-

---

[47] Vgl. De Felice: Mussolini 441. In diesem Vorschlag war vor allem der Kalkül, von seiten Mussolinis die deutsche Expansion in Richtung des slawischen Ostens abzuleiten. Vgl. Petersen: Hitler - Mussolini. Die Entstehung der Achse Berlin—Rom 1933—1936. Tübingen 1973, S. 149.

[48] Schuschnigg, K.: Ein Requiem in Rot-Weiß-Rot. Zürich 1946, S. 236—237. Ein Jahr vorher hatte Mussolini in Il Popolo d'Italia „den sogenannten tschechoslowakischen Staat“ „als hybride Mißgeburt . . . als Sprachenkuddelmuddel, als Rassenragout“ bezeichnet, „mit dem verglichen Habsburger-Österreich ein Staat war, den man als Einheitsstaat betrachten konnte“ (quell'ibrido aborto che è lo Stato cosiddetto cecoslovacco; guazzabuglio di lingue, ragù di razze appo il quale l'Austria degli Absburgo era uno Stato che poteva chiamarsi unitrario). Il Popolo d'Italia (PI), 4. Juli 1933. In: Mussolini, B.: Opera omnia. Hrsg. von E. u. D. Susmel, 35 Bde. Firenze 1951—1963, hier Bd. 26, S. 19.

[49] Vgl. Der Hochverratsprozeß gegen Dr. G. Schmidt. Vor dem Wiener Volksgericht, Wien 1947, S. 439.

[50] Vgl. Ormos, M. Sz.: Sur les causes de l'échec du pacte danubien (1934—1935). Acta Historica 14 (1968) 1—2, S. 64—65.

[51] „l'Ungheria debba continuare a tenere al primo piano della sua politica le rivendicazioni territoriali verso i cechi.“ Ciano, G.: L'Europa verso la catastrofe. Milano 1948, S. 109.

kommen hatte, daß nämlich eine Unterhandlung mit Prag im Gange sei, die das Verhältnis zwischen den beiden Staaten bessern solle, oder daß eine solche geplant sei [52]. Diese Stellungnahme wird den tschechoslowakischen Politikern persönlich nahegebracht, als Stojadinović im Auftrag der Prager Regierung in den Gesprächen in Rom im Dezember 1937 Mussolini fragt, ob eine Möglichkeit der Zusammenarbeit zwischen Italien und der Tschechoslowakei bestünde. „Der Duce", schreibt Ciano, „antwortet, daß Italien nicht zugunsten von Prag eingreifen kann und das auch nicht zu tun wünscht. Die Tschechoslowakei muß sich in einer äußerst schwierigen Lage behaupten, die uns jedoch nicht direkt angeht, die aber unsere deutschen und ungarischen Freunde gegen die Tschechoslowakei einnimmt. Italien muß deshalb jedes Angebot von seiten Prags ablehnen" [53]. Frau Wiskemann urteilt deshalb richtig, daß „Mussolini failed to grasp that in Hitler's mind the liquidation of Austria and Czechoslovakia were two aspects of the same undertaking ... It was therefore absurd of Mussolini or any other statesman at the time to suppose that one could bolster up Austria without backing up the Czechs; only too late and too rarely does the Duce seem to have understood this" [54].

Dies war unter anderem ein Gedanke, den Oberst Moravec gerade in der Mitte der dreißiger Jahre mit großer Klarheit in einer Broschüre über den strategischen Wert der Tschechoslowakei für Westeuropa dargelegt hatte. An dieser Stelle hebt der hohe Offizier hervor, daß „eine Tschechoslowakei, die Italien über die mittlere Donau seine Hand reicht, den Zutritt Deutschlands zum Adriatischen Meer wegen seiner seitlichen Lage erschwere". Und er schließt in diesem Zusammenhang mit richtiger Erkennung der Dynamik der Kräfteverhältnisse: „Wenn die Tschechoslowakei fällt, ist besonders Norditalien gefährdet. Deshalb ist die Aufrechterhaltung der strategischen Front Genua-Prag von lebenswichtiger Bedeutung für Italien so wie für die balkanische Entente [55]."

Der italienische Diktator zeigt in den Reden, die er im September 1938 in einigen Städten des nordöstlichen Italien hielt, unmißverständlich seine ganz anders geartete Stellungnahme, indem er sich auf die schwere Krise der Tschechoslowakei bezieht: „Wir wünschen, daß in diesen letzten Stunden eine friedliche Lösung erreicht sei", erklärt er in Triest. „Wir wünschen noch, wenn das nicht möglich ist, daß der eventuelle Krieg begrenzt und beschränkt sei. Wenn das aber nicht der Fall sein sollte, und wenn für oder wider Prag eine universelle Aufstellung entsteht, so sei klargestellt, daß Italien seinen Platz schon gewählt hat [56]." Dann

---

[52] Ebenda 109.

[53] „Il Duce risponde che l'Italia non può e non desidera comunque intervenire a favore di Praga. La Cecoslovacchia si trova a dover fronteggiare una situazione difficilissima che a noi non interessa direttamente, mentre invece pone contro i cecoslovacchi i nostri amici tedeschi e ungheresi. L'Italia non può quindi che lasciar cadere ogni profferta proveniente da Praga." Ebenda 232.

[54] Wiskemann, E.: The Rome-Berlin Axis. London 1966, S. 77.

[55] Moravec, E.: La valeur stratégique de la Tchécoslovaquie pour l'Europe occidentale. Prague 1936, S. 41—42 u. 44.

[56] „Noi ci auguriamo che in queste ultime ore si raggiunga una soluzione pacifica. Noi ci auguriamo altresì che, se questo non è possibile, il conflitto eventuale sia limitato e circoscritto."

Ma se questo non avvenisse e si determinasse pro o contro Praga uno schieramento di

am 24. sagte er in Padua, daß es absurd wäre, wenn Millionen Europäer gegeneinander kämpfen müßten, „um die Herrschaft von Herrn Beneš über acht verschiedene Rassen [sic-acht Rassen] zu erhalten“ [57]. Daß er sich nicht sehr für die Gerechtigkeit zwischen den einzelnen Nationalitäten interessierte, zeigt — außerdem, was man über seine Herrschaft über die Minderheiten in Italien sagen könnte — bald darauf der Fall der Slowaken, denen durch den Schiedspruch von Wien vom 2. November — in der Hauptsache ein Werk Cianos — zugunsten Ungarns territoriale Gebiete genommen werden, die „in Wirklichkeit Gegenstand langer und umstrittener Diskussionen hätten sein können“ [58]. Zu welchen Ergebnissen konnte diese enge Zusammenarbeit mit dem nationalsozialistischen Deutschland führen? Den Vertretern des demokratischen Italien, die damals im Exil lebten, war es klar, daß dabei in keiner Weise etwas zu gewinnen war. „Mit ein wenig gesundem Menschenverstand“, schrieb im Jahre 1938 Giuseppe Antonio Borgese, ein antifaschistischer Literaturkritiker und Schriftsteller, „hätte er [Mussolini] bald begriffen, in welch schreckliche Lage er ebenso wie die anderen durch die Faschisierung Deutschlands geraten war; und wie der Zauberlehrling, der die Geister rief, hätte er nichts sehnlicher wünschen müssen, als sie loszuwerden. Der Plan, ein unabhängiges Römisches Imperium unter den Augen und Kanonen von hundert Millionen Deutschen aufzurichten, die eines Tages Europa von der Ukraine bis Belgien, von Dänemark bis Tirol in Besitz halten würden, war purer Wahnsinn. Den westlichen Nationen zwecks wechselseitigen Schutzes entschlossen näherzurücken, mit ihnen auszuhandeln, was an Handels- und Kolonialverträgen für ihn zu erreichen war, und stufenweise ein Mindestmaß von Recht und Gerechtigkeit in Italien wiederherzustellen: das hätten ihm nicht so sehr Vaterlandsliebe und Weisheit wie der nackte Selbsterhaltungstrieb raten müssen [59].“ So schrieb Borgese, und ähnliche Stimmen konnte man in den politischen und diplomatischen Kreisen hören [60], aber es war jetzt nicht mehr die Zeit umzukehren.

---

carattere universale, si sappia che il posto dell'Italia è già scelto.“ PI, 19. Sept. 1938. In: Mussolini XXIX, 146.

57 „. . . per mantenere la signoria del signor Beneš su otto razze diverse.“ PI, 25. Sept. 1938, ebenda 157.

58 „. . . in favore dell'Ungheria zone di territorio che, in realtà, potevano essere oggetto di molta e controversa discussione.“ Ciano: Diario 1937—1938. Bologna 1948, S. 285. Vgl. auch Luciolli, M.: Palazzo Chigi: anni roventi. Ricordi di vita diplomatica italiana dal 1933 al 1948. Mailand 1976, S. 66.

59 Vgl. Borgese, G. A.: Der Marsch des Faschismus. Amsterdam 1938, S. 354. Faschismus. Amsterdam 1938, S. 354.

60 Vgl. Petersen: Gesellschaftssystem 461—463. Auch in den offiziellen Kreisen der italienischen Diplomatie erschien eine bedeutende deutschfeindliche Tendenz, vgl. Luciolli 67—72.

Karl F. Richter

DIE ÖSTERREICHISCH-TSCHECHOSLOWAKISCHEN BEZIEHUNGEN IN DER ZWISCHENKRIEGSZEIT

Im Herbst 1918 trennten sich nach Jahrhunderten enger Verbundenheit die Wege Österreichs und Böhmens. Verschiedene Vorstellungen über Ziele und Wege in eine bessere Zukunft waren ausgedacht worden, Mißverständnisse und Abneigung hatten sich seit Jahrzehnten zwischen den Völkern ausgebreitet. In der Beurteilung der eigenen Vergangenheit unterschieden sich die mehr oder weniger national romantisch oder loyalistisch geprägten Geschichtsbilder der Deutschösterreicher wie der Tschechen weitgehend [1]. War für die einen das alte Österreich nur ein Hort der Reaktion, allenfalls ein fortschrittlicher Feudalstaat, so schien anderen alles, was fortan unter anderen Zeichen geschah, als Schmach und der neue Staat, in dem sie zu leben hatten, galt nicht als echte Heimstätte und Gemeinwesen, mit dem man sich identifizieren konnte, allenfalls als vorübergehende Erscheinung [2].

Beide neuen Staaten vermochten es nicht, die Bürger aller Schichten und Klassen, im Falle der ČSR auch aller Nationalitäten, wenigstens in ihren Mehrheiten spontan und für die Dauer für sich zu gewinnen. Dabei war die Entwicklung beider von einander sehr ähnlichen bestimmenden Faktoren gezeichnet: Einmal durch die geographische Lage: Beide Staaten in der Mitte Europas grenzten nahezu rundum an nur selten wirklich freundliche Nachbarn. Dann waren beide Staaten ganz jung und konnten westeuropäischen Vorstellungen entsprechen, sie lehnten feudal-monarchistische Traditionen ab und suchten doch vorhandene Kontinuität mehr oder weniger zu verbergen oder mit ganz neuem Inhalt zu füllen [3]. Der dritte Faktor, die heterogene innere Situation beider Staaten, unterscheidet beide noch am ehesten: Die Bevölkerung Österreichs war durchwegs deutsch, hing nur wenigen im Parlament vertretenen Parteien und Verbänden an, Bauern, Arbeiter und Bürger standen einander aber voller Mißtrauen und zunehmend schärferer Gegnerschaft gegenüber. Die Bevölkerung der ČSR zerfiel in eine Anzahl Völker, unterschied sich beträchtlich in wirtschaftlicher, sozialer und kultureller Beziehung, teilte sich in zahlreiche

---

[1] Bosl, Karl: Deutsche romantisch-liberale Geschichtsauffassung und „slawische Legende". BohJb 5 (1964) 1—16; Lemberg, Eugen: Volksbegriff und Staatsideologie der Tschechen. In: Das böhmische Staatsrecht in den deutsch-tschechischen Auseinandersetzungen des 19. und 20. Jahrhunderts. Hrsg. von Ernst Birke und Kurt Oberdorffer. Marburg/L. 1960, S. 42—78; Ders.: Das Geschichtsbewußtsein der Sudetendeutschen. StJb 4 (1955) 1—32.

[2] Kann, Robert A.: Czechoslovakia and Austria. In: Czechoslovakia Past and Present. Hrsg. von Miloslav Rechcigl, Jr. Bd. 2. Den Haag, Paris 1968, S. 649—660, hier 650 f.

[3] Bezeichnend hierfür ist unter anderem die Diskussion der neuen Staatssymbole (Wappen, Hymne u. ä.) in Deutsch-Österreich; der Sturz alter Denkmäler in der Tschechoslowakei und die Aufstellung neuer, die versuchte Verdrängung Johann Nepomuks durch Cyrill und Method sowie Jan Hus und so weiter. — Broschüren wie die von Joklík, František: Jak se odrakoušťujeme [Wie wir uns entösterreichern]. Prag 1921, zeigen Zielrichtung und Mängel der Abkehr vom Alten.

politische Parteien, die trotz starker nationaler Sonderinteressen nie eine bürgerkriegähnliche Situation herbeiführten.

Überraschend mag die Feststellung klingen, daß in beiden Staaten etwa gleich viel Personen in Industrie und Bergbau beschäftigt waren: in Österreich wie in der ČSR 34 % und auch in der Landwirtschaft in Österreich 30 % und in der ČSR 37 % Zum Bereich Handel und Verkehr gehörten jedoch in Österreich 16 % und in der ČSR 10 % [4]. Die für Österreich wichtigsten Einfuhrländer waren 1930: Deutschland, ČSR, Ungarn, für die ČSR: Deutschland und mit Abstand: Österreich und Ungarn. Unter den Ausfuhrländern lagen 1930 für Österreich: Deutschland, die ČSR und Italien, für die ČSR: Deutschland, Österreich und mit Abstand Jugoslawien an der Spitze. Auch die Ausgangslage des Parteienspektrums war ähnlich: die Linke überflügelte in den ersten Wahlen nach dem Krieg die Bürgerlichen, erlitt bald darauf in beiden Staaten kleine, aber bedeutungsschwere Einbußen.

Desgleichen hatte das Beamtentum beider Seiten eine ähnliche Entwicklung genommen, weg von alten Prinzipien und staatserhaltenden Funktionen und hin zu nationalpolitischen Zielsetzungen [5]. Für die Aversionen aus Deutsch-Böhmen stammender Beamten in Wien gab es Entsprechungen in der ČSR. Hier in der Tschechoslowakei bestand die einmalige Gelegenheit, einen Staat nach einer von den Gründern schon ausformulierten Idee zu gestalten. In Österreich war dem überlieferten deutsch-österreichischen Sendungsbewußtsein jede Wirkungsmöglichkeit genommen worden, man begann nach einer neuen „Schicksalsbestimmung" zu suchen, um eine allseits anerkannte Staatsidee wurde noch lange gerungen [6]. Zwischen den neuen

---

[4] S c h a c h e r, Gerhard: Die Nachfolgestaaten Österreich, Ungarn, Tschechoslowakei und ihre wirtschaftlichen Kräfte. Stuttgart 1932; D e r s. (nun mit anderer Tendenz): Mitteleuropa und die westliche Welt. Prag (Orbis) 1936; D i t t r i c h, Erich: Staatszerfall, Staatsneubildung und Wirtschaft. Eine Untersuchung über die Probleme der Volkswirtschaftsbildung in Österreich und der Tschechoslowakei. Leipzig 1937; W e s s e l y, Kurt: Die Wirtschaftsverflechtung im Donauraum seit 1918. Don 14 (1969) 43—66; Der Außenhandel Österreichs in der Zeit zwischen den beiden Weltkriegen. Wien 1946 (Beiträge zur österreichischen Statistik 1). Eine Verschiebung — nicht zuungunsten Deutschlands — zeigt sich in den dreißiger Jahren.

[5] D i t t r i c h, Erich: Staatszerfall 56 ff.; R e d l i c h, Josef: Österreichische Regierung und Verwaltung im Weltkriege. Wien 1925, S. 286, 293. — Inwieweit österreichische Beamte deutschböhmischer Abkunft etwa gerade im Außenministerium auf die Normalisierung der Beziehungen zwischen der ČSR und Österreich einwirkten, ist noch nicht untersucht. Ohne große Weigerung gingen sudetendeutsche Beamte in der ČSR (in den unteren Rängen!) in den Dienst des neuen Staates über; F r e i ß l e r, Robert: Vom Zerfall Oesterreichs bis zum tschechoslowakischen Staate. Berlin 1921, S. 126.

[6] Zur Problematik eines „österreichischen Bewußtseins" in dieser Zeit und zum „Staat wider Willen": D r i m m e l, Heinrich: Das österreichische Staatsbewußtsein in der Zeit von 1918—1938. ÖGL 9 (1965) 308—318; W e i n z i e r l, Erika: Das österreichische Staatsbewußtsein. In: Der Österreicher und sein Staat. Hrsg. von Erika W e i n z i e r l. Wien 1965, S. 7—34; K l e i n, Anton Adalbert: War die Erste Republik tatsächlich der Staat wider Willen? ÖGL 11 (1967) 457—470; W a n d r u s z k a, Adam: Zur Problematik der österreichischen Geschichte. MIÖG 78 (1970) 468—484; L h o t s k y, Alphons: Das Problem des österreichischen Menschen. ÖGL 12 (1968) 429—443; F r a n z e l, Emil: Die Sudetendeutschen und die österreichische Staatsidee. Österreichische Begegnung 5 (1965) 5—16; H a a s, Hanns: Die deutsch-böhmische Frage 1918—1919 und das österreichisch-tschechoslowakische Verhältnis. Teil 1. BohJb 13 (1972) 336—383.

Republiken bestand von allem Anfang ein eigenartiges Verhältnis: Einerseits blieben sie einander weiterhin durch zahlreiche wirtschaftliche, kulturelle und persönliche Beziehungen verbunden, andererseits standen sie einander mißtrauisch bis feindlich gegenüber, da sie entgegengesetzten Lagern bzw. Einflußbereichen angehörten.

Das Kriegsende hatte für die Menschen berechtigte Hoffnung auf Beendigung aller Schrecken, der Hungerzeit, Heimkehr der Kriegsgefangenen und friedliches Leben und Arbeiten bedeutet. Über den Rahmen, in dem sich das verwirklichen ließ, bestanden unter den Vertretern mächtiger Interessen zunächst verschiedene Auffassungen und Pläne. Den Besiegten fielen Entscheidungen schwerer. Eine erste Reaktion auf die Unabhängigkeitsbewegungen der Slawen war die Resolution der österreichischen Sozialdemokraten unter Otto Bauer vom 3. Oktober 1918, in der das Selbstbestimmungsrecht für alle überwiegend deutschsprachigen Teile Österreichs gefordert wurde. Diese Gebiete sollten sich vereinigen zu einem Staate, „der seine Beziehungen zu anderen österreichischen Nationen und zum Deutschen Reich nach den Notwendigkeiten gestalten sollte“. Bald übernahmen auch die Deutschnationalen und die Christlichsozialen diese ziemlich unklare Formulierung. Sie ließ drei Möglichkeiten offen:

1. ein deutschsprachiger österreichischer Staat in Föderation mit den abgefallenen slawischen Ländern, gewissermaßen eine verbesserte neue Monarchie;
2. ein völlig unabhängiger Staat ohne Bindungen;
3. ein eventueller Anschluß des deutschsprechenden Österreich an Deutschland.

Unsicher über den einzuschlagenden Weg, diskutierte man alle vermeintlichen Möglichkeiten. Bauer erklärte sich am 13. und 15. Oktober, noch vor dem Oktober-Manifest Kaiser Karls, in der Arbeiter-Zeitung für die Anschlußlösung. Am 21. Oktober konstituierte sich die Provisorische Nationalversammlung für Deutsch-Österreich, drei Wochen später, am 11. November, verzichtete der Kaiser auf Teilnahme an den Staatsgeschäften, worauf die Nationalversammlung einmütig die Republik Deutschösterreich proklamierte. Bereits vierzehn Tage zuvor, am 28. Oktober, hatte der Tschechische Nationalrat zu Prag die Tschechoslowakische Republik ausgerufen.

Für Otto Bauer waren vor allem innen-, d. h. parteipolitische und erst in zweiter Linie wirtschaftliche und nationale Gründe für die Anschlußforderung maßgebend. Er sah im Anschluß an die deutsche Republik, die ebenfalls von Sozialdemokraten geführt wurde, die Garantie für die Fortführung einer sozialistischen Politik auch in Österreich. Staatskanzler Renner, der nach Bauer das Außenressort innehatte, sah das Anschlußproblem realistisch. Er erklärte später, er habe die Anschlußpolitik von Anfang an für verfehlt gehalten, man hätte sie aber gut gegen die Ententemächte als Druckmittel verwenden können [7].

---

[7] Pollak, Walter: Dokumentation einer Ratlosigkeit. Österreich im Oktober/November 1918. Wien 1970; Weinzierl, Erika: Republik ohne Republikaner. Die Diskussion über Monarchie oder Republik im Herbst 1918. Die Republik. Staatspolitische Blätter des österreichischen Nationalinstituts 1 (1969) 11—17; Österreich im Jahre 1918. Berichte und Dokumente. Eingel. und hrsg. von Rudolf Neck. Wien 1968. — Kerekes, Lajos: Zur Außenpolitik Otto Bauers 1918/19, die „Alternative“ zwischen Anschlußpolitik und Donaukonföderation. Vj. f. Zeitgeschichte 22 (1974) 18—45; Mil-

In diesen Oktoberwochen fand auch die deutsche Regierung zu einer Entscheidung. In dringlichen Noten hatte der deutsche Botschafter in Wien, Botho Graf Wedel darauf hingewiesen, daß die überwältigende Mehrheit der Deutschösterreicher einen möglichst raschen Anschluß wünsche, um einer Föderation zu entgehen, in der die Slawen zahlenmäßig dominieren würden. Die Reichsregierung solle sich ohne weiteren Aufschub für den Anschluß einsetzen, das deutsch-österreichische Recht auf Selbstbestimmung beachten, keinen äußeren Druck ausüben und Initiativen durchaus den Österreichern überlassen, um der Entente keinen Vorwand zum Eingreifen zu liefern. An diesen damals vorgebrachten Empfehlungen Wedels hielt die Wilhelmstraße im großen und ganzen bis zur nationalsozialistischen Machtübernahme fest [8].

Der Entscheidung über die politische Trennung stimmte nun auch Wien zu. Die neue Republik Deutsch-Österreich lehnte die Rechtsnachfolge nach der Donaumonarchie ab, einmal, um sich vor übermäßigen Forderungen der Nachfolgestaaten zu schützen; dann, um frei von staatsrechtlichen Gegebenheiten die Forderung der Deutschen in den böhmischen Ländern vertreten zu können. Hier stieß man auf den harten Widerstand der tschechoslowakischen Politiker, die in der Grenzfrage historisch argumentierten. Vor allem war der tschechischen Seite klar, daß eine Abtrennung der sudetendeutschen Gebiete über kurz oder lang zu deren Anschluß an Deutschland führen werde, was wiederum ganz von selbst dann eine deutsche Vorherrschaft über den verbliebenen tschechischen Staat zur Folge haben würde. Sie stellten daher „ihre“ Deutschen und Deutsch-Österreich vor vollendete Tatsachen, indem sie die Grenzgebiete militärisch besetzen ließen [9].

---

ler, S.: Das Ringen um „Die einzige großdeutsche Republik“. Die Sozialdemokratie in Österreich und im Deutschen Reich zur Anschlußfrage 1918—1919. Archiv für Sozialgeschichte 11 (1971) 1—67; Steiner, Herbert: Otto Bauer und die „Anschlußfrage“ 1918/19. In: Plaschka / Mack (Hrsg.): Die Auflösung des Habsburgerreiches. Wien 1970, S. 468—482.

8 Suval, Stanley: The Anschluss Question in the Weimar Era. A Study of Nationalism in Germany and Austria, 1918—32. Baltimore, Md. 1974; Kořalka, Jiří: Die Haltung des Deutschen Reiches zu den nationalstaatlichen Bestrebungen in Zisleithanien (April bis Oktober 1918). In: Plaschka / Mack: Die Auflösung des Habsburgerreiches 209—218; Ders.: Vznik Československé republiky roku 1918 v oficiální politice Německé říše [Die Entstehung der Tschechoslowakischen Republik in der offiziellen Politik des Deutschen Reiches]. ČSČH 16 (1968) 819—848; Burian, Peter: Politische Probleme zwischen der Republik Österreich und den Nachfolgestaaten. In: Plaschka/Mack 456—461; Ders.: Deutsch-tschechoslowakische Beziehungen. In: Politische Ideologien und nationalstaatliche Ordnung. Festschrift für Theodor Schieder. München 1968, S. 359—376; Keleher, Edward P.: Deutschland, Deutschösterreich und die Anschlußfrage in den letzten Wochen des Ersten Weltkrieges. ÖGL 12 (1968) 132—147; Kozeński, Jerzy: Le problème du rattachement de l'Autriche à l'Allemagne après la première guerre mondiale. La Pologne et les affaires occidentales 3 (1967) 100—135.

9 Perman, D(agmar): The Shaping of the Czechoslovak State. Diplomatic history of the boundaries of Czechoslovakia, 1914—1920. Leiden 1962, S. 183—212; Haas, Hanns: Zur Problematik der österreichisch-tschechoslowakischen Grenze 1918—1919. In: Jižní Morava — brána a most [Südmähren — Tor und Brücke]. Nikolsburg 1968, S. 131—138; Ders.: Die deutsch-böhmische Frage 1918—1919 und das österreichisch-tschechoslowakische Verhältnis. BohJb 13 (1972) 336—383.

Gegenaktionen hätten eine kräftige Unterstützung durch das Reich bzw. durch deutsche Länder zur Voraussetzung gehabt. Diese blieb aus allgemeinen Gründen aus, aber auch weil innere Unruhen Reich und Länder beanspruchten. Schließlich war die Einstellung der deutschen Außenpolitik zur böhmischen Frage zunehmend differenzierter geworden. Botschafter von Wedel hatte im Sommer 1918 an Staatssekretär Kühlmann geschrieben: „Ich bin ernstlich der Ansicht, daß wir einmal — nicht durch offizielle, sondern durch außeramtliche Leute ... — mit den Tschechen Fühlung nehmen sollten. Es wäre ein Kinderspiel, uns mit ihnen zu verständigen. Wir brauchten ihnen nur zu sagen: »Wir haben nichts gegen Ihren böhmischen Staat, wenn Ihr die Deutschen Böhmens entsprechend sichert, wir sind sogar bereit, diese Entwicklung in Wien zu befürworten«. So wie wir die Tschechen haben, müssen uns die K. u. K.s aus der Hand fressen, aber bisher sind uns die Tschechen trotz der nahen Nachbarschaft noch so fremd wie die Marsbewohner, worüber sich die K. u. K.s ungeheuer freuen [10]."

Auch der deutsche Generalkonsul in Prag, Freiherr von Gebsattel, war seit Sommer 1918 — anders als zu Beginn des Krieges — zur Einsicht gekommen, das Deutsche Reich solle die politische Realität in Böhmen zur Kenntnis nehmen.

Um den 28. Oktober erwog man bei verantwortlichen Stellen des Reichs noch drei Möglichkeiten der Beziehungen zur ČSR:

1. bedingungslose Anerkennung des neuen Staates in den historischen Grenzen (wie von Gebsattel vorschlug);
2. Anerkennung des tschechischen Selbstbestimmungsrechtes in den ethischen Grenzen, Einfügung des neuen Staates in die deutsche Einflußsphäre (was die Wiener Botschaft für möglich hielt);
3. Entsendung reichsdeutschen Militärs nach Böhmen (Vertreter der Obersten Heeresleitung gegen den ausdrücklichen Widerspruch der Wiener Botschaft und des sächsischen Gesandten von Nostitz).

Am 2. November 1918 teilte Gebsattel aus eigener Initiative dem Nationalausschuß in Prag die Anerkennung des tschechoslowakischen Staates durch Deutschland mit. Das Auswärtige Amt suchte den Widerspruch zwischen den verschiedenen Standpunkten zu überbrücken, ohne Gebsattels Schritt zu dementieren oder sonst öffentlich anzuzweifeln [11].

Damit blieb die Wahrung der sudetendeutschen Interessen zunächst Wien bzw. Deutsch-Österreich überlassen.

Das Vertrauen, das die ČSR und ihre führenden Politiker bei den Siegermächten genossen, brachte auf der Friedenskonferenz bedeutende Vorteile, vor allem günstige Entscheidungen über die Grenzfragen. Österreich dagegen hatte bedeutende Lasten und Einschränkungen zu übernehmen. In dieser Lage änderte sich im Sommer 1919 die politische Zielsetzung der österreichischen Regierung. Renner über-

---

[10] Kořalka: Die Haltung des Deutschen Reiches 212; Burian: Deutsch-tschechoslowakische Beziehungen.

[11] Kořalka: Vznik Československé republiky 843 ff.

nahm auch das Außenamt und suchte von der bisher vorherrschenden Orientierung auf Deutschland wegzukommen und Anschluß an die Alliierten, besonders an Frankreich, zu finden, welche noch am besten Österreich vor den Forderungen anderer Nachfolgestaaten schützen konnten [12]. Auf diese Entscheidung wirkte sehr stark die Lage im Lande selbst ein, denn Österreich stand vom Frühjahr 1919 an unter der Einwirkung einer stetig wachsenden revolutionären Bewegung. Zwei Putschversuche schlugen fehl. So ließ auch die Bedrohung im Innern den politisch Gemäßigten nun die Alliierten als einzige konkrete Kraft erscheinen, welche den befürchteten Umsturz aufhalten konnte [13]. Die neue Orientierung stellte Österreich auch eine Verbesserung der Grenze gegen Ungarn — trotz der Anwartschaft der ČSR und Jugoslawiens auf einen verbindenden Korridor zwischen beiden Staaten in Westungarn — in Aussicht. Wenn der Friedensvertrag auch in weiten Kreisen Österreichs wegen seiner harten Konsequenzen für eine Tragödie gehalten wurde, trug er doch faktisch zur Festigung der inneren Verhältnisse bei. Renner trat zwar zurück, bildete aber umgehend eine neue rot-schwarze Koalition. Dem österreichischen Koalitionsausschuß, einer Art Konzentrationsregierung, entsprach ungefähr seit dieser Zeit in der ČSR ein ähnliches Führungsgremium der fünf größten Parteien. Beide suchten die Interessen des bürgerlichen und des sozialistischen Lagers auf oberster Ebene zu koordinieren.

Der Vertrag von St. Germain (Sept. 1919) berichtigte grundsätzlich das Verhältnis zwischen Österreich und der ČSR. Die deutschen Abgeordneten aus den böhmischen Ländern verließen das österreichische Parlament [14].

Die neue offizielle Orientierung auf die Entente-Staaten hin ermöglichte erstmals Vorverhandlungen mit der ČSR, die von Österreich angeregt wurden. Mitte September 1919 erkundigte sich Renner beim Vertreter der ČSR in Wien, Dr. Flieder, ob sein Staat bereit wäre, über die Liquidation der nordböhmischen Landesregierung Verhandlungen aufzunehmen. Ministerpräsident Tusar erklärte sich „im Grundsätzlichen bereit, vertrauliche Verhandlungen über die Verbesserung des Verhältnisses zwischen der Tschechoslowakei und Österreich zu führen“, verweigerte jedoch irgendwelche Gespräche über die Reichenberger Landesregierung, weil sie diese nie anerkannt habe. Kurz darauf, Ende September oder Anfang Oktober 1919, traf der Vertreter Österreichs in Prag, Dr. Marek, erstmals mit Amtsträgern der ČSR in Prag zusammen. In persönlichem Gespräch mit Flieder bekundete Renner, daß ihm an einem Bündnis zwischen der ČSR und Österreich gelegen wäre und schlug Verhandlungen zwischen den Ministerpräsidenten und Außenministern beider Staaten an einem „unauffälligen“ Orte vor. Schließlich bot Renner an, selbst nach

[12] Renner, Karl: Österreich von der Ersten zur Zweiten Republik. Wien 1953, S. 30.

[13] Hautmann, Hans / Kropf, Rudolf: Die österreichische Arbeiterbewegung vom Vormärz bis 1945. Sozialökonomische Ursprünge ihrer Ideologie und Politik. Wien 1974, S. 104 ff., 121 ff.; Botz, Gerhard: Die kommunistischen Putschversuche 1918/19 in Wien. ÖGL 14 (1970) 13—23. — Kunschak, Leopold: Österreich 1918—1934. Wien 1934, S. 7 ff.

[14] Protokoll über die Mittwoch, 24. September, im Sitzungssaal der deutsch-österreichischen Nationalversammlung zu Wien abgehaltenen Verhandlungen zur feierlichen Verabschiedung der sudetendeutschen Vertretungen und Regierungen durch die Republik Deutschösterreich. Wien 1919.

Prag zu kommen [15]. Die Initiativen des Bundeskanzlers wurden von der innerösterreichischen Lage wie auch von internationalen Faktoren bestimmt. Die revolutionäre Bewegung hatte immer weiter um sich gegriffen, an vielen Orten wurden Revolutionsräte und Arbeitermilizen gegründet, selbst die Armee galt als kommunistisch unterwandert. Die Rechte stand der Regierung Renner ebenfalls feindlich gegenüber, sie hatte, wie die Linke, Verbindung zu verwandten Gruppierungen in Nachbarländern aufgenommen. Gleichzeitig nahm die Auseinandersetzung zwischen Sozialdemokraten und Christlichsozialen in der Regierung zu, die beide im Widerstand gegen die Extreme zusammengehen mußten und zunächst auch gingen. In seinen vorbereitenden Gesprächen mit dem tschechoslowakischen Vertreter in Wien Anfang 1920 führte Renner aus, daß britische diplomatische Kreise die Zerschlagung Österreich-Ungarns bedauerten und sich die Tschechoslowakei gegen die Errichtung eines aufgenötigten Verbandes von Bestandteilen der ehemaligen Donaumonarchie werde wehren müssen. In seiner Situation sehe Österreich keinen anderen Ausweg, als eine Föderation zunächst der ČSR, Jugoslawiens und Österreichs anzustreben. Renner gab an, daß er bereits Verbindungen zu Jugoslawien zur vertraulichen Besprechung dieser Frage aufgenommen zu haben. Mit diesem Projekt glaubte Renner wohl dem Druck österreichischer und ungarischer Monarchistenkreise begegnen zu können, die auf das direkte Angebot der ungarischen Regierung, einem ungarisch-polnisch-österreichischen Block beitreten zu wollen, setzten [16]. In der ČSR war man aber nicht geneigt, die erworbene günstige Position in einer Föderation mit Österreich zu teilen. Die von der Entente dringend gewünschte Hilfe für Österreich leistete man nicht gerade freudig, es gab auch eigene Schwierigkeiten. Die österreichische Offerte gab jedoch gute Gelegenheit, die bedeutende internationale Position der ČSR in Mitteleuropa herauszustellen. Beneš ließ Renner ausrichten, er begrüße dessen Besuch in Prag sehr, lehne es jedoch grundsätzlich ab, über irgendeine Verbindung zwischen der ČSR und Österreich zu sprechen. In

---

[15] Olivová, Věra: K historii československo-rakouské smlouvy z roku 1921 [Zur Geschichte des tschechoslowakisch-österreichischen Vertrages von 1921]. ČSČH 9 (1961) 198—219. Ferner Gasiorowsky, Z.: Czechoslovakia and the Austrian Question, 1918—1928. SOF 16 (1957) 87—101; Bruckmüller, Ernst: Österreich, die Tschechoslowakei und Frankreich in der Zwischenkriegszeit. ÖGL 16 (1972) 417—431. — In weiteren Zusammenhängen: Gajan, Koloman: Die Rolle der Tschechoslowakei in Mitteleuropa 1918—1945. ÖO 8 (1966) 183—191; Gajanová, Alena: Entstehung und Entwicklung der internationalen Beziehungen der ČSR. In: Die Entstehung der Tschechoslowakischen Republik. Prag 1968, S. 135—162; Dies.: Die Nachkriegsbeziehungen zwischen den Nachfolgestaaten und die Politik der Großmächte in Mitteleuropa. In: Mezinárodní konference k 50. výročí Československé republiky [Internationale Konferenz zum 50. Jahrestag der Tschechoslowakischen Republik]. Prag 1968, Bd. 2, S. 16—44; Hoensch, Jörg K.: Die „Burg" und das außenpolitische Kalkül. In: Die „Burg". Hrsg. von Karl Bosl. München 1974, Bd. 2, S. 31—58; Olivová, Věra: The Doomed Democracy: Czechoslovakia in a Disrupted Europe, 1914—1938. London 1972; Campbell, F. Gregory: Confrontation in Central Europe. Weimar Germany and Czechoslovakia. Chicago-London 1975, bes. S. 87 ff. — Nicht eingesehen wurde Vondráček, Felix: The Foreign Policy of Czechoslovakia, 1918—1935. New York 1937.

[16] Kerekes, Lajos: Die weiße Allianz. Bayrisch-österreichisch-ungarische Projekte gegen die Regierung Renner im Jahre 1920. ÖO 7 (1965) 353—366.

einem Zirkulartelegramm wurde den tschechoslowakischen Vertretungen mitgeteilt, daß sich die Verhandlungen mit Österreich auf wirtschaftliche, Staatsangehörigkeits- und Minderheitenprobleme beziehen werden [17]. „Alles wird freundschaftlich gelöst und gemäß der Politik der Verbündeten, denn die tschechoslowakische Regierung wünscht hier mit den Verbündeten einig zu sein.“ Ausdrücklich wurde betont, die Verhandlungen würden nicht über eine Allianz oder Föderation geführt werden. Am 10. Januar begannen in Prag die Verhandlungen. In einem besonderen Protokoll wurde als Ziel festgestellt, den Frieden von St. Germain zu verwirklichen, nicht aber einen Pakt oder irgendein dauerndes Abkommen herbeizuführen. Die Verhandlungen hätten noch nicht den Charakter normaler internationaler Verträge. Es wurde festgehalten, daß sich beide Staaten im Fall einer Gefahr gegenseitig diplomatisch und politisch unterstützen werden. Mit dieser Gefahr meinte man die Bedrohung durch die Habsburgerrestauration in Ungarn, deshalb auch das Verbot der Einfuhr von Munition und Konterbande nach Ungarn. Gleichzeitig damit wurde der ČSR Vorrang bei der Liquidierung des österreichischen Kriegsmaterials eingeräumt, eine politische Unterstützung von Österreichs Anspruch auf das Burgenland, sagte die ČSR zu. Das Abkommen richtete sich auch gegen alle Pläne und Restaurationsversuche zugunsten des alten Regimes im Innern und nach außen. Die Organe beider Staaten sollten einander bei der Bekämpfung geheimer Umtriebe unterstützen.

Für die ČSR war dieses Abkommen ein bedeutender Erfolg, auch wenn es manche tschechisch-nationale Verbände, vor allem die Nationaldemokraten, heftig angriffen und im Namen des Nationalismus besonders die wirtschaftlichen Zusagen an Österreich ablehnten. In einem wahrscheinlich von Außenminister Beneš selbst verfaßten Einleitungsartikel des „Sborník zahraniční politiky“ wurde die große Befriedigung über das Ergebnis kundgetan [18]. Auch Renner betrachtete das Abkommen als Sieg seiner Konzeption. Er betonte besonders, daß damit der feindliche Ring um das besiegte Österreich durchbrochen wäre. Gleichzeitig glaubte er mit dem Abkommen einen ersten Schritt in Richtung auf eine Donauföderation erreicht zu haben, die er wohl von Anfang an im Sinne hatte. Ähnlich wie in der ČSR kam es auch in Österreich zu Widerspruch und Aktionen, hier deutschösterreichischer und monarchistischer Kreise, die nicht zuletzt an den antimagyarischen Absichten Anstoß nahmen.

---

[17] Über die Lieferungsschwierigkeiten, die Österreich durch die ČSR bereitet wurden (vor allem Zucker, Kohle, Textilprodukte) die demnächst erscheinende Arbeit von Reiner Franke über britisch-tschechoslowakische Beziehungen, welche die in diesem Fall sehr kritischen Berichte der britischen Gesandten in Prag und Wien auswertet. — Im übrigen siehe Anm. 4. — Das Problem wird später auch angesprochen von Kapp, Otto: Welche Länder ergänzen sich? PR 3 (1933) 333—339. — Eine Übersicht der wirtschaftlichen Beziehungen bei Flaningam, M. L.: A Survey of Czechoslovak-Austrian Tariff and Commercial Treaty Relations, 1919—1937. JCEA 6 (1946) 30—42. — Černý, Bohumil: Wirtschaftliche Voraussetzungen der tschechoslowakischen Politik zwischen den Weltkriegen. Historica 11 (1965) 177—215.

[18] Sborník zahraniční politiky (Almanach der Außenpolitik). Hrsg. vom Ministerium des Äußeren. 1, 2 (Prag 1920, 1921), ab Jahrgang 3 (1922) unter dem Titel „Zahraniční politika“ (Außenpolitik) erschienen.

Direkt berührten die Prager Verhandlungen die Interessen Italiens, das politischen Einfluß über Mitteleuropa und den Südosten auszuüben suchte und sich nun blockiert sah. Italien bemühte sich, den österreichisch-tschechoslowakischen Vertrag zu paralysieren. Bundeskanzler Renner fuhr im April 1920 zu vertraulichen Verhandlungen nach Rom und schloß einen ähnlichen Vertrag wie mit der ČSR auch mit Italien ab, das Österreich — allerdings geheim — in der burgenländischen Frage ebenfalls Unterstützung zusagte. Die antiungarischen Passagen des Vertrages zwischen Prag und Wien verstimmten, abgesehen natürlich von Ungarn selbst, jene englischen und französischen Diplomatenkreise, für die Horthy-Ungarn wegen der bis Warschau vordringenden Sowjets an Bedeutung zunahm, da es die Interventionsfront zu stärken versprach. Im Zusammenhang damit wurden Pläne geschmiedet für eine engere Verbindung auf der Grundlage einer Militärorganisation von Polen, Ungarn, Rumänien, Österreich und Süddeutschland, „welche einen Wall gegen den Ansturm des russischen Bolschewismus bilden sollte“ [19]. Da sich Ungarn daraus Hoffnung auf die Rückgewinnung verlorener Gebiete machte, wehrten sich die betroffenen Staaten: Rumänien, Jugoslawien, ČSR und Österreich. Die drei erstgenannten verbanden sich als Kleine Entente im Sommer 1920 vor allem zur Abwehr des ungarischen Revisionismus [20]. Als Mitte August 1920 eine Wende eintrat — die Sowjets wurden vor Warschau geschlagen —, war der Höhepunkt der Revolutionsbewegungen nach dem Ersten Weltkrieg überschritten. Mitte September 1920 wurde in der ČSR die Regierung Tusar mit ihrer sozialdemokratischen Mehrheit durch ein Beamtenkabinett ersetzt, in Österreich gewannen die Christlichsozialen die Parlamentswahlen, Renner wurde von dem Historiker Dr. Mayr abgelöst, Christlichsoziale, Agrarier und Großdeutsche wählten den Schulkameraden und Freund des tschechoslowakischen Präsidenten T. G. Masaryk vom Wiener Akademischen Gymnasium her, Dr. Michael Hainisch, zum Bundespräsidenten Österreichs [21].

Auch die neuen Regierungen waren bestrebt, im Sinne des Abkommens vom Januar 1920 ihre beiderseitigen Beziehungen weiter zu entwickeln. Im Januar 1921 wurde zu Wien in Verhandlungen zwischen Beneš und Mayr das vorige Abkommen bestätigt. Mayr sagte zu, in Österreich weder habsburgische Propaganda noch antitschechoslowakische Agitation zu dulden; Beneš versicherte Österreich weiterhin der wirtschaftlichen und politischen Unterstützung durch die ČSR. Benešs Vertragssystem und seine ganze Politik suchten in erster Linie eine Rückkehr zu Vorkriegsverhältnissen zu verhindern, sie bewährten sich bei den Versuchen Kaiser

---

[19] H o v i , Kalervo: Cordon Sanitaire or Barrière de l'Est? The Emergence of the New French Eastern European Alliance Policy 1917—1919. Turku 1975 (Annales Universitatis Turkuensis Serie B, 135); W a n d y c z , Peter: France and Her Eastern Allies 1919—1925. Minneapolis 1962.

[20] Siehe oben L e m b e r g , Hans: Die Tschechoslowakei in der Kleinen Entente.

[21] W e i s s e n s t e i n e r , Friedrich: Michael Hainisch. Persönlichkeit und Werk. ÖGL 19 (1975) 137—153; ÖBL 2 (1959) 151 f. — Hainisch förderte Viktor Adler, war u. a. mit Pernerstorfer, L. M. Hartmann, K. Renner, Otto Wittelshöfer und dessen „Fabiern“ sowie mit G. Stolper gut bekannt. Als großbürgerlicher Liberaler war Hainisch traditionsgemäß antimonarchistisch, antiaristokratisch und antiklerikal eingestellt.

Karls, den ungarischen Thron wiederzugewinnen (April und September 1921)[22]. Nach Abschluß eines Vertrages mit Italien reiste Beneš von Rom nach Paris, wo er einerseits in seiner Mitteleuropapolitik bestätigt, andererseits aber auch zu Verhandlungen mit Polen angehalten wurde.

Zur Beruhigung der österreichischen Bevölkerung erging ein Gesetz gegen eine Rückkehr der Habsburger. Darauf trat die Regierung Mayr zurück und wurde vom Beamtenkabinett Schober abgelöst, das mit Unterstützung der Großdeutschen regierte, aber auch die Sympathie gewisser Entente-Kreise genoß. Die neue Regierung in Österreich reorganisierte Armee und Polizeiapparat, der Arbeiterbewegung war sie weniger wohlgesinnt. Schober kann sich allerdings auch die Integration der Rechten in das bürgerliche Lager zurechnen[23].

Nach der Abweisung des Habsburgerputsches erwiesen sich stärker als die Bestrebungen nach Erneuerung der alten Monarchie jene vom Deutschen Reich her ermunterten Tendenzen zum Anschluß Österreichs an Deutschland. Tatsächlich erfaßte die Anschlußbewegung breite Bevölkerungsschichten, selbst Bundespräsident Hainisch erklärte sich im Februar 1921 in einem Gespräch mit Berliner Korrespondenten als Großdeutscher aus Überzeugung, er betonte, daß Österreich niemals ein selbständiger Staat werde, denn es wäre isoliert, deshalb müsse es zum Anschluß kommen, wenn das auch ein Problem erst der weiteren Zukunft wäre[24]. Eine starke Bewegung für den Anschluß mit Probeabstimmungen und anderen Aktionen ging seit April 1921 durch das Land. Frankreich engagierte sich stark mit Gegenmaßnahmen. Großbritannien verhielt sich reserviert. Beneš konferierte in Paris. Die Besetzung Österreichs durch französische oder tschechoslowakische und jugoslawische Truppen, die Einstellung aller Hilfeleistungen wurde angedroht, falls Österreich nicht von einer auf Deutschland hin orientierten Politik abgehe.

Bundeskanzler Mayr erfuhr allerdings auch auf seiner sogleich angetretenen Reise nach Paris und London, daß dort mindestens so sehr wie ein Anschluß die Ausbreitung der sozialistischen Bewegung gefürchtet würde. Die neue Beamtenregierung hatte, wie auch alle weiteren österreichischen Regierungen, die Interessen einflußreicher westeuropäischer Wirtschaftsgruppen zu berücksichtigen, denn Österreich war auf ausländische Kapitalhilfen angewiesen. Auf der Rückreise von Capri trafen am 10. August 1921 Präsident Masaryk mit Präsident Hainisch, ebenso Schober mit Beneš, in Wien zusammen, besprachen aktuelle Fragen sowie das Burgenlandproblem, das Italien zu nutzen suchte. Sie bestätigten die Ergebnisse der Beneš-Renner-Bewegung vom Januar 1920, lehnten neuerlich jede Restauration der Habsburger ab und einigten sich in der Burgenlandfrage. Man diskutierte auch das Verhältnis Österreichs zur Kleinen Entente und konstatierte, daß dieses Verhältnis „gut" sei, Österreich jedoch nicht dem Verband beitreten werde, da „ihm die

---

[22] Olivová, Věra: Československá zahraniční politika a pokus restauraci Habsburků v r. 1921 [Die tschechoslowakische Außenpolitik und der Restaurationsversuch der Habsburger 1921]. ČSČH 7 (1959) 675—692.

[23] Kondert, Reinhart: Schober und die Heimwehr. Der Niedergang des Austrofaschismus 1929—30. Zeitgeschichte 3 (1975/6) 163—175.

[24] Weissensteiner 138: der prononcierte Deutsche Hainisch verabscheute den Hitler-Staat als Perversion der deutschen Geschichte.

materiellen, militärischen und anderen Voraussetzungen fehlten" [25]. In Hallstatt trafen sich am 23. September Schober und Beneš zu persönlichem Gespräch, denn Italien hatte zunehmend Erfolg mit seinem Streben, in Österreich einflußreicher als die ČSR zu werden, und Kaiser Karl unternahm den zweiten Restaurationsversuch. Ein Krieg wegen Ungarn schien bevorzustehen.

Frankreich und die Kleine Entente setzten sich durch. Schober hatte Mühe, den Ärger Benešs zu beschwichtigen, weil sich das diesmal in der Habsburgerfrage uneinige Österreich neutral verhalten hatte. Vertrauliche Berichte über Schobers Einstellung zur ČSR hatten auf ein Doppelspiel des Kanzlers Ungarn und der ČSR gegenüber hingewiesen. Schober halte die persönliche und politische Freundschaft zwischen Hainisch und Masaryk, die sich — angeblich — um einen österreichisch-tschechoslowakischen Bund bemühten, für gefährlich, Schober sei aber gegen die Folgen dieser Freundschaft machtlos und müsse ihnen assistieren [26]. In dieser Situation ging Österreich auf die Einladung nach Lána zu Verhandlungen am 15.—16. Dezember 1921 ein. An der Spitze ihrer Delegationen beteiligten sich beide Präsidenten an den Beratungen, als deren Ergebnis ein offizieller tschechoslowakisch-österreichischer Vertrag, der sogenannte Vertrag von Lána, unterzeichnet wurde. Er beinhaltete im besonderen, daß beide Staaten hinter den Friedensverträgen stehen und sich gegenüber Nachbarstaaten politisch und diplomatisch unterstützen werden. Im Angriffsfall werde der zunächst nicht betroffene Staat wohlwollende Neutralität üben. Gegen alle Organisationen, deren Tätigkeit die Staatsintegrität gefährde, werde der andere Staat einschreiten. Bestrebungen und Versuche, das alte Regime auf dem Gebiet der ehemaligen Donaumonarchie zu erneuern, würden unterbunden. Ergänzt wurde dieser politische Vertrag durch ein handelspolitisches Abkommen, in dem die ČSR Österreich eine Anleihe von 500 Mill. Kč zu gewähren versprach und dafür Hypotheken und den Ertrag einiger Eisenbahnlinien verschrieben erhielt.

Der Abschluß dieses Vertrages war ein großer politischer Erfolg für die ČSR, traf aber auf den Widerstand Ungarns und Italiens. In Österreich erregte er die monarchistischen Kreise, in der ČSR löste er umfangreiche Protestaktionen der Sudetendeutschen aus, deren Führer, Lodgman von Auen, nach Wien reiste, um hier den „Verrat" der österreichischen Regierung anzuklagen. Er wurde von Kanzler Schober, aber nicht von Präsident Hainisch, empfangen. Unter dem Druck von verschiedenen Seiten begehrte Schober bestimmte Abänderungen, insbesondere sollte der Hinweis auf die Gültigkeit der Friedensverträge entfallen. Beneš lehnte das ab, konzedierte aber die Einschränkung „nach Berücksichtigung der wirtschaftlichen Möglichkeiten Österreichs" [27].

Auf dieser Grundlage war es jetzt erst zur vollen Normalisierung der Beziehungen zwischen beiden Staaten gekommen. In Prag und Wien wurden Gesandtschaften errichtet. Erster Gesandter der ČSR in Wien wurde der bisherige Gesandte beim Vatikan, Prof. Dr. Kamil Krofta, bekannter als Historiker und späterer Außen-

---

[25] Olivová: K historii československo-rakouské smlouvy.
[26] Ebenda.
[27] Ebenda.

minister. Zum Gesandten Österreichs in Prag wurde der bisherige Geschäftsträger, Dr. Ferdinand Marek bestellt, der über ausgezeichnete Kontakte zu T. G. Masaryk und Beneš verfügte und von seinen aufschlußreichen Gesprächen ausführlich nach Wien berichtete. Der perfekt tschechisch sprechende Marek — ein geborener Prager, der in Leitmeritz das deutsche und in Königgrätz das tschechische Gymnasium besucht, in Wien studiert hatte und Sekretär der Handelskammer in Brünn gewesen war, vertrat Österreich durchgehend bis zum März 1938. Von einem Verhör durch russisches Militär in Prag im Mai 1945 kehrte er nicht mehr zurück [28].

In Österreich führte der Vertrag zum Sturz der Regierung Schober, dem seine Partei, die Großdeutschen, nun ebenfalls Verrat an Deutschland vorwarf. Neuer Bundeskanzler wurde im Mai 1922 Prälat Prof. Dr. Seipel, der mit den Christlichsozialen regierte und von Großdeutschen und Agrariern unterstützt wurde. Seipel suchte mit aller Kraft Vertrauen in Österreich beim Ausland zu wecken und enthielt sich aller politischen Tätigkeit, die das Mißfallen der Gläubigerstaaten ausgelöst hätte [29]. Im ganzen wirkte sich der Vertrag von Lána in der Folge stabilisierend auf die politische Landschaft Mitteleuropas aus.

Die neue Regierung unter Seipel suchte sich durch eine energische Staatspolitik im Lande durchzusetzen und von den Sozialdemokraten zu distanzieren. In dieser Partei drängten linke Theoretiker den rechten Flügel unter Renner zurück. Die Betonung klassenkämpferischer Programmpunkte durch die Sozialdemokratie Österreichs ließ die Kommunisten nicht zum Zuge kommen. In der ganzen Ersten Republik hatten diese weder im Nationalrat noch im Wiener Gemeindeparlament Vertreter. Die Kluft zwischen den beiden Großparteien erweiterte sich allerdings seit 1922 immer mehr [30].

Das Hauptproblem Österreichs blieb weiter die verzweifelte Finanzlage des Staates, über deren Beseitigungsmöglichkeiten sich die Parteien immer mehr zerstritten [31]. Die ehemalige Donaumonarchie war eine beachtlich funktionierende Wirtschaftseinheit gewesen und hatte — den Naturgegebenheiten entsprechend — eine nützliche Arbeitsteilung bewirkt. Durch den binnenländischen Freihandel gefördert, waren die einzelnen Gebiete aber wirtschaftlich voneinander abhängig geworden. Als Kleinstaat blieb Österreich zunächst noch mit den Einrichtungen eines Großstaates versehen. Weitreichend angelegte Bahnen waren zu Lokalstrecken und

---

[28] ÖBL 4 (1973) 75. — Mareks Berichte aus Prag wurden für dieses Thema vor allem von Walter Hummelberger ausgewertet. Veröffentlichungen der Wissenschaftlichungen Kommission des Th.-Körner-Stiftungsfonds und des L.-Kunschak-Preises zur Erforschung der österreichischen Geschichte der Jahre 1927 bis 1938. Bd. 2 ff. Wien 1975 ff.

[29] Klemperer, Klemens von: Ignaz Seipel, Christian Statesman in a Time of Crisis. Princeton 1972; Ders.: Chancellor Seipel and the Crisis of Democracy in Austria. JCH 22 (1963) 468—473.

[30] Reimann, Viktor: Zu groß für Österreich. Seipel und Bauer im Kampf um die Erste Republik. Wien 1968.

[31] Klingenstein, Grete: Die Anleihe von Lausanne. Ein Beitrag zur Geschichte der Ersten Republik in den Jahren 1931—1934. Wien 1965, S. 17 ff. (Publikationen des Österreichischen Instituts für Zeitgeschichte 5). — Aus der zahlreichen Literatur: Stolper, Gustav: Deutsch-Österreich als Sozial- und Wirtschaftsproblem. München 1921.

die Industrie mit einem Mal auf einen kleinen Teil ihres Absatzgebietes beschränkt worden. Einerseits fehlten Rohstoffe, andererseits konnten vorhandene Naturschätze ohne hinreichende Mittel nicht gehoben werden. Die übernommenen Großbanken paßten sich nur schwer dem wesentlich verringerten neuen Geschäftsumfang an.

Die ganze Wirtschaftsstruktur mußte erst den neuen, sehr beengten Verhältnissen angepaßt werden. Dazu war aber Zeit und Geld notwendig. Da beides fehlte, nahm die Arbeitslosigkeit gewaltig zu und es kam die These von der Lebensunfähigkeit Österreichs auf, die den Lebenswillen des Volkes hemmte. Tatsächlich waren die Friedensvertragsbestimmungen in vielen Beziehungen nicht dazu angetan, den Lebenswillen des jungen Staates zu ermutigen, zumal die aktive Generation von 1918, die in anderen Verhältnissen aufgewachsen war, sich schwer tat, umzudenken [32]. Das westliche Ausland hielt die österreichischen Finanzen unter seiner Kontrolle und blockierte des öfteren Maßnahmen der Regierung, so brachten die von Frankreich und England abhängigen Finanzinstitute Anglo-Bank und Länderbank die Selbsthilfeaktion Seipels zum Scheitern.

Auch die Währungsstabilisierung gelang zunächst nicht. Direkte Appelle an die Großmächte blieben ungehört. Im Herbst 1922 gelang es Seipel aber doch, mit Hilfe des Völkerbundes einen Weg zur „Sanierung" der Finanzen zu öffnen. Am 4. Oktober wurden die „Genfer Protokolle" zwischen Großbritannien, Frankreich, Italien und der ČSR auf der einen und Österreich auf der anderen Seite unterzeichnet. Die Mächte sagten 650 Mill. Goldkronen zu und bestätigten das Anschlußverbot des Friedensvertrags für weitere 20 Jahre. Ein Reform- und Sanierungsprogramm sollte die Finanzen stabilisieren, harte Sparmaßnahmen wurden auferlegt und die Staatsfinanzen unter die Kontrolle eines ausländischen Völkerbund-Generalkommissärs gestellt. Nach heftigen Auseinandersetzungen im Wiener Parlament wurde das Sanierungsgesetz angenommen. Trotz der Unvollkommenheit der Sanierungsaktion und ihren die Souveränität einschränkenden Formen, die Österreich den Ruf einer „Völkerbundkolonie" einbrachten — Seipel hat diesen Vorwurf zurückgewiesen — ist zu sagen, daß Österreich damit vor dem Zusammenbruch bewahrt werden konnte [33]. Wesentlich war dann, daß Schober nach schwierigen Verhandlungen in Den Haag gegen erheblichen Widerstand tschechoslowakischer Kreise, die Aufhebung aller Kriegsschulden, die endgültige Liquidierung des Generalpfandrechtes sowie eine Annäherung an Italien gelang.

Inzwischen war immer deutlicher geworden, daß Österreich eine Schlüsselposition einnahm, allerdings als wichtiges Objekt, nicht als Subjekt. Wer hier maßgeblichen Einfluß ausübte, dem fiel eine vorrangige Stellung im Donauraum zu. Neben

---

[32] Im Juni 1922 war die Krone auf den 15 000. Teil ihres Goldwertes gesunken. Zur Finanznot des Staates traten soziale Gefahrenmomente, welche die Großmächte und die an der Unabhängigkeit Österreichs interessierten Staaten zu Hilfsaktionen veranlaßten, denn „Leben-wollen" in einem unabhängigen Staate setzt ein „Leben-können" voraus.

[33] Klingenstein: Anleihe 21—29; Kienböck, Viktor: Das österreichische Sanierungswerk. Stuttgart 1925; Ladner, Gottlieb: Seipel als Überwinder der Staatskrise vom Sommer 1922. Graz 1964; Rost van Tonningen, Meinoud: Der finanzielle Wiederaufbau in Österreich. Wien 1935.

Frankreich, Italien und der zunächst eher indirekten Einflußnahme Deutschlands machte die ČSR ein Einspruchsrecht immer wieder geltend, um das Eindringen konkurrierender Mächte zu verhindern, eifrig bedacht, die Unabhängigkeit Österreichs zu erhalten und zwar in einer der Moldaurepublik nachgeordneten Rolle [34].

Neue Probleme ergaben sich aus der Verschiedenheit der Industrie- und der Agrarländerinteressen. Die neuen Staaten lösten die wirtschaftlichen Bindungen von früher und strebten sowohl in industrieller als auch in landwirtschaftlicher Sicht Autarkie an. Dieses Streben führte dazu, daß die Politik der Staatssubventionen fast überall entscheidend wurde und auf handelspolitischem Gebiet ein kaum zu überbietender Protektionismus den Ausgangspunkt für die meisten Maßnahmen der Nachfolgestaaten bildete. Nach einer kurzen Erholungsphase wurde Österreich unter schwierigeren Bedingungen als die Nachbarn von der Weltwirtschaftskrise heimgesucht. Eine Zollunion mit Deutschland, die auch anderen europäischen Staaten offen stehen sollte, wurde geplant [35]. Die Ankündigung dieses Projektes fand zwar in Großbritannien und den USA ein nicht ungünstiges Echo, stieß aber auf den heftigen Widerstand Frankreichs, Italiens, der Kleinen Entente und besonders der ČSR. Ihnen gelang es zwar, die deutsch-österreichischen Zollunionspläne vom 19. 3. 1931 zu blockieren, sie scheiterten jedoch auch mit eigenen Donauraum-Plänen [36]. Die große Wirtschaftskrise verschärfte die wirtschaftlich-politische Situation in dieser Region. Alle Projekte für umfassende Lösungen, die in Wirklichkeit nur bestimmten eigenen Interessen dienen sollten, schlugen fehl, denn am Konferenztisch saß auch immer die Konkurrenz.

Die innenpolitische Situation Österreichs war ein Abbild dieser Entwicklung, hier stritten sozusagen die Stellvertreter der ausländischen Anwärter auf Schutzherrschaft oder volle Gewalt über Österreich. Die Machtübernahme Hitlers bestimmte die Situation Österreichs nachhaltig. Die nationalsozialistische Anschlußbewegung von Deutschland her konnte nicht auf Unterstützung durch die großen österreichischen Parteien rechnen, weder von den Christlichsozialen und noch weni-

---

[34] Die Verwirklichung der Friedensvertragsartikel 222 und 224 (Berücksichtigung alter wirtschaftlicher Zusammenhänge) konnte zwar nie die zerstörten Bindungen ersetzen, hätte aber das mitteleuropäische Wirtschaftsleben wohltuend beeinflußt. Sie scheiterte vor allem am starken Eigenstaatsbewußtsein besonders der Tschechoslowakei, der eine engere Zusammenarbeit mit den ehemaligen Staatspartnern einer Beherrschung durch diese gleichkam. Hantos, Elmar: Die Neuordnung des Donauraumes. Wien 1935; Klingenstein: Anleihe 13 ff.; Campbell: Confrontation in Central Europa 212 ff.

[35] Goldinger, Walter: Das Projekt einer deutsch-österreichischen Zollunion von 1931. In: Österreich und Europa. Festgabe für Hugo Hantsch. Graz 1965, S. 527—546; Houštecký, Miroslav: Plán Rakousko-Německé celní unie v roce 1931 a postoj ČSR [Der Plan einer deutsch-österreichischen Zollunion 1931 und die Haltung der ČSR]. ČSČH 4 (1956) 27—51; Hauser, Otto: Der Plan einer deutsch-österreichischen Zollunion von 1931 und die europäische Föderation. HZ 179 (1959); Klingenstein: Anleihe 30—42. — Galera, K. S.: Österreichs Rückkehr ins Reich. Leipzig 1938, S. 146: „Die Tragödie der Zollunion bildet die erste Stufe zum Aufstieg des Nationalsozialismus."

[36] Kühl, Joachim: Föderationspläne im Donauraum und in Ostmitteleuropa. München 1958, S. 75 ff.

ger von den Sozialdemokraten. Die Heimwehren waren überwiegend italienisch orientiert [37]. Die Ausbreitung des österreichischen Nationalsozialismus lag zunächst auch beträchtlich hinter der im Reich, wie die Wahlergebnisse zeigen. Parteienstreit und allgemeine Unsicherheit hatten aber so sehr zugenommen, daß die in ihrer Entwicklung immer wieder gestörte junge österreichische Demokratie sich zu schwach erwies und nun von autoritärer Gewalt abgelöst werden konnte. Am 4. März 1933 kam es zur sogenannten „Selbstausschaltung" des Parlaments durch Rücktritt aller drei Nationalratspräsidenten, am nächsten Tag sagte Dollfuß in Villach dem Parlamentarismus ab und am 7. 3. beschloß der Ministerrat mit Hilfe des „Kriegswirtschaftlichen Ermächtigungsgesetzes", ohne Parlament weiterzuregieren [38].

Aus einer am 25. 4. 1933 mit Beneš geführten Unterredung Mareks wird deutlich, daß durch den in Deutschland zur Macht gelangten Nationalsozialismus die Anschlußfrage als jetzt allein entscheidend in den Vordergrund getreten ist. Von da an scheinen die bisherigen außenpolitischen Hauptprobleme der ČSR, der ungarische Revisionismus und die Habsburgerrestauration, auf einmal sekundär geworden zu sein. Beneš erklärte Marek: „Für Österreich wäre jetzt die große Gelegenheit da, sich zu konsolidieren und insbesondere international seine Stellung zu festigen. Es wäre ... die einzigartige Gelegenheit gegeben, die Neutralisierung des Landes durchführen zu lassen, wozu Österreich selbst die Initiative zu ergreifen hätte. Dies sei kein Antrag seinerseits, noch habe er darüber mit Paris oder London gesprochen, es sei dies so eine Idee, ein Gedanke, der dem Minister im Hinblick auf die allgemeine europäische Situation sich neuerdings aufdrängt. Einem Österreich, dessen Anschluß man jeden Moment fürchten mußte, konnte und wollte man nichts geben; ein garantiert selbständiges Land werde jedoch von seinen Nachbarn alles haben können, Österreich würde eine zumindest ebenso gute Position wie die Schweiz haben und es würde außerdem dem europäischen Frieden einen ungeheuren Dienst erweisen ... Auf meinen (Mareks) Einwand, daß Deutschland wahrscheinlich einer Neutralisierung Österreichs seine Zustimmung versagen würde, antwortete Dr. Beneš, daß er davon gar nicht so fest überzeugt sei und daß schließlich im Falle als alle anderen Staaten die österreichische Selbständigkeit und Neutralität verbürgen würden, Deutschland ja gar nichts dagegen machen könne ... [39]."

Aber in der geringen wirtschaftlichen Unterstützung werden die Zwiespältig-

---

[37] Kondert: Schober und die Heimwehr; Kerekes, Lajos: Italien, Ungarn und die österreichische Heimwehrbewegung 1928—1931. ÖGL 9 (1965) 1—15. — Österreich 1927 bis 1938. Protokoll des Symposiums in Wien 1972. Wien 1973; Scheu, Friedrich: Der Weg ins Ungewisse. Österreichs Schicksalskurve 1929—1938. Wien 1972; Novotny, Alexander: Die erste Krise der Republik Österreich (1927—1933). ÖGL 13 (1969) 163—172.

[38] Rath, John R.: Authoritarian Austria. In: Native Fascism in the Successor States, 1918—1945. Hrsg. von Peter F. Sugar. Santa Barbara/Calif. 1971, S. 24—43; Klingenstein, Grete: Bemerkungen zum Problem des Faschismus in Österreich. ÖGL 14 (1970) 1—13. — Kvaček, Robert: Boj o Rakousko v letech 1933—38 a československá zahraniční politika (Der Kampf um Österreich 1933—38 und die tschechoslowakische Außenpolitik). SbH 12 (1964) 241—287.

[39] Hummelberger: Österreich und die Kleine Entente. In: Das Jahr 1934: 12. Februar. Wien 1975, S. 34—44, hier S. 36 f.

keit tschechoslowakischer Österreich-Politik, daneben auch die abwartende Haltung Frankreichs und Großbritanniens deutlich. Bei zunehmender Prosperität hätte gerade die innenpolitische Lage Österreichs fühlbar entschärft werden können. Trotz zunehmend positiverer Einstellung zur Regierung Dollfuß verliefen die Anleiheverhandlungen in Paris und London derart schleppend, daß Finanzminister Buresch den Gesandten Marek im Juli 1933 aufforderte, er möge Beneš an sein dem Bundeskanzler gegebenes Versprechen einer Beteiligung der ČSR an der österreichischen Anleihe erinnern und dahin wirken, daß eine Beteiligung tatsächlich erfolgte. „Beneš gab sogleich eine verbindliche Zusage ..., dann aber: vorher aber müßten einige Voraussetzungen erfüllt sein, die ČSR werde wegen der prekären Lage kaum mehr als höchstens 18—20 Mill. Kč beitragen können ... [40].“

Im gleichen Gespräch vom 4. Juli 1933 lobte Beneš Österreich: „Der Widerstand gegen Hitler und das Auftreten Herrn Bundeskanzlers in London haben Österreich in der Welt ungeheuer populär gemacht und haben ihm allgemein große Sympathien erworben ... Zum ersten Mal seit 15 Jahren habe sich die Situation ergeben, daß Österreich mit seinem ganzen Gewicht auch in das Schicksal von Mitteleuropa eingegriffen habe und daß es sich nicht mehr als Objekt für die Politik der anderen, sondern als ein selbständiges Subjekt mit seiner eigenen Politik präsentiere. Nach Beendigung des Kampfes gegen Hitler werde sich niemand mehr trauen Österreich zu etwas zu nötigen, es werde in jeder Beziehung ein gleichwertiger Partner der anderen Staaten sein ... Was die Kleine Entente selbst anbelangt, so bestehe die Absicht, im Verlaufe der nächsten Jahre bis zur Zollunion zu kommen .... Österreich werde sich sodann mit dieser Tatsache auseinandersetzen müssen, oder es werde einfach mitgehen können ... Ein Zwang werde nicht ausgeübt werden. Natürlich könnte ein solches weitgehendes Zusammengehen nicht ohne eine entsprechende Vereinbarung mit Deutschland, Italien und Frankreich geschehen ... Zu allem gehörte, wie Dr. Beneš nochmals wiederholen wolle, Courage und die Kleine Entente und auch die Haltung des österreichischen Bundeskanzlers hätten bewiesen, daß man mit Courage alles machen könne, auch gegen die Großmächte“ [41].

Das Jahr 1933 brachte aber auch einen erkennbaren Umschwung in der Bewertung der österreichischen Sozialdemokratie durch Beneš. Da von allen Staaten der Kleinen Entente nur der tschechoslowakische Außenminister mit Sozialdemokraten in der Regierung zusammenarbeitete, konzentrierten sich alle Erwartungen der österreichischen Sozialdemokraten auf die ČSR, die dazu durch die von Anfang

---

[40] Die Berichte des österreichischen Gesandten Marek vermitteln eine deutliche Vorstellung von der geschmeidigen Politik Prags gegenüber Österreich, die bis zu Hodžas Ministerpräsidentschaft ganz einheitlich von Beneš bestimmt wird: insofern reduziert sich das Verhältnis ČSR - Österreich auf die Einstellung Benešs zu Österreich. Hier scheint der tschechoslowakische Außenminister seine politischen Maximen intensiv durchgesetzt zu haben. Aufschlußreich, weil differenzierend im Gegensatz zu den allermeisten anderen Würdigungen der außerpolitischen Tätigkeit: Zinner, Paul E.: Czechoslovakia: The Diplomacy of E. Beneš. In: The Diplomats 1919—1939. Princeton 1953, S. 100—122; Wandycz, Piotr S.: Foreign Policy of Edvard Beneš. 1918—1938. In: A History of the Czechoslovak Republic 1918—1948. Hrsg. von Victor S. Mamatey und Radomír Luža. Princeton 1973, S. 216—238.

[41] Hummelberger: Österreich und die Kleine Entente 40.

an engen Beziehungen beider Parteien und die Nähe Wiens gestärkt wurden. Aus Mareks Gesandtenberichten wird dieser Wandel in der Beurteilung deutlich.

Die Außenpolitik der ČSR zielte in dieser Zeit darauf ab, den Einfluß Frankreichs im östlichen Mitteleuropa zu stärken, indem sie alle französischen Ordnungspläne unterstützte und die Kleine Entente, die sich im Februar ein Organisationsstatut mit von Beneš formulierten Zielen gegeben hatte [42], zu kräftigen suchte. Die wirtschaftliche Zusammenarbeit der Kleinen Entente sollte sich nach den Vorstellungen Benešs „später" auch auf Österreich und Ungarn erstrecken. Da aber schob sich Italien mit seiner Vierer-Pakt-Politik wieder vor, welche von der ČSR für bedrohlich angesehen wurde, und die nun alle Möglichkeiten, vor allem den Hebel der Sanationsanleihe, wahrnahm, um Österreich auf den parlamentarischen Weg zurück- und von Italien abzubringen. Andererseits erschien es der ČSR aber auch wichtig, italienische Einflußnahme in Österreich zu respektieren, wie Beneš im Juni 1933 Renner mitteilte, damit dem deutschen Einfluß entgegengewirkt werde [43].

Als Frankreich und Italien aufeinanderzugingen, schlug Beneš einmal die Neutralisierung Österreichs, dann ein gemeinsames Patronat Frankreichs und Italiens über einen wirtschaftlichen Verband der Kleinen Entente samt Österreich und Ungarn vor. Offiziellen französischen Stellen gefiel Benešs Einstellung zum Dollfuß-Regime nicht, ihnen lag an der Zurückweisung Hitlers mehr und sie drängten die ČSR zu wirtschaftlicher Unterstützung Österreichs. Eine Anleihe von 4 Mill. Schilling und Zustimmung zur Erhöhung der österreichischen Heeresstärke, gewissermaßen als Unterstützung zur Abwehr der Nationalsozialisten, gingen darauf (am 29. Januar 1934) Österreich zu. Offensichtlich um den Gleichschaltungsprozeß zu beschleunigen, war im Januar der italienische Staatssekretär des Äußeren, Suvich, in Wien, am 11. Februar rief der Heimwehrführer Fey praktisch zum Bürgerkrieg auf, der dann unter Einsatz auch schwerer Waffen drei Tage gegen die sozialdemokratischen Arbeiter in Österreich geführt wurde. Der tschechoslowakische Gesandte in Wien Fierlinger berichtet, daß in diesen Tagen im Palais der französischen Botschaft am Schwarzenbergplatz bei allem Kampflärm gefeiert und getanzt wurde. Der Sieg der Heimwehren bedeutete zunächst das Ende des tschechoslowakischen Einflusses in Wien, ja einen scharf antitschechoslowakischen Kurs [44].

In ihrer Offenheit oder Berechnung stellenweise verblüffend wirkt die Unterredung über „die Ereignisse der letzten Zeit und ihre mutmaßlichen Auswirkungen" vom 21. Februar 1934.

„In Österreich, sagte mir Herr Dr. Beneš, beurteile man seine Politik scheinbar nicht ganz richtig. Er wolle sich weder persönlich wichtig machen, noch seine tradi-

---

[42] s. o. Lemberg, Hans: Die Tschechoslowakei in der Kleinen Entente.

[43] Reichert, Günter: Das Scheitern der kleinen Entente. Internationale Beziehungen im Donauraum von 1933—1938. München 1971, S. 59 ff. (Veröffentl. d. Sudetendt. Archivs 6).

[44] Neck, Rudolf: Der Februar 1934. Die politische Entwicklung. In: Österreich 1927 bis 1938. Bd. 1. Wien 1973, S. 104 ff.; Stuhlpfarrer, Karl: Österreichs außenpolitische Lage 1934. In: Österreich 1927 bis 1938, S. 144 ff.; Jedlicka, Ludwig: Das Jahr 1934. In: Österreich 1918—1938. Wien 1970, S. 73—93.

tionelle Politik gegenüber Österreich irgendwie ändern ... Dafür, daß gegenwärtig einige Narren in der Tschechoslowakei herumschreien, könne er nichts und man dürfe ihm dies nicht als Schuld anlasten und er könne nicht einmal dagegen etwas tun, weil er hiezu kein Recht habe. Sollten aber gewisse Grenzen überschritten werden, so würde er nicht zögern, gegen die Störenfriede loszugehen. Das was in Österreich geschehen sei, glaubt Herr Dr. Beneš sehr gut begreifen zu können, es handle sich eben um den Beginn eines neuen Regimes .... Auch er sei überzeugt, daß die herrschenden demokratischen Systeme in ihrer heutigen Form überholt seien und daß man zu einem anderen demokratischen System werde kommen müssen, doch trachte er diese Entwicklung in seinem Lande in evolutionäre Bahnen zu leiten und er halte sich deshalb über den Parteien. Auch in der Tschechoslowakei gebe es Leute, die sich nicht scheuen würden, diese Entwicklung mit Schießereien und Massakers zu beschleunigen, davor wolle er aber sein Land bewahren ... Aus allen diesen theoretischen Erwägungen und den tatsächlichen Ereignissen der letzten Zeit ergeben sich ... im Bezug auf Österreich folgende Konklusionen: 1. Was immer man in Österreich machen werde, gehe ihn nichts an und er werde sich auch gegenüber dem neuen Regime so peinlich korrekt verhalten, wie er es bisher allen früheren österreichischen Regierungen getan ... 2. Daraus folgte: Die politischen Beziehungen zu Österreich blieben auch weiterhin tschechoslowakischerseits die gleichen, wie sie bisher gewesen. Voraussetzung dafür sei allerdings, daß sich auch bei uns in dieser Richtung nichts ändern werde ... Was die weitere Entwicklung anlange, so hege er keinen Zweifel, daß wir durch die gegenwärtige Umwälzung noch näher zu Italien gerückt werden. Dagegen habe der Minister nichts einzuwenden, doch sei er der festen Überzeugung, es werde sich bald zeigen, daß eine volle Befriedigung Mitteleuropas nur durch geeignete Vereinbarungen zwischen den kleinen Staaten zugleich mit einer vernünftigen Zusammenarbeit mit den beiden Großmächten Deutschland und Italien zu erreichen sein werde[45]." Dieser Durchleuchtung der Lage des Nachbarstaates war eine Unterredung am 3. März 1934 zwischen Beneš und Marek vorausgegangen, die wohl als Angebot und Warnung für den Bundeskanzler in Zusammenhang mit der bevorstehenden Konferenz in Rom (vom 13.—17. März) gedacht war. Benešs Ausführungen verraten eine nicht geringe Besorgnis über die Möglichkeit einer „italienischen oder österreichisch-ungarischen Lösung" mit allen daraus resultierenden Belastungen für die Kleine Entente. Seine folgenden selbstbewußten Bemerkungen zum „Anschlußproblem" sollten über den italienischen Gesandten in Prag, Rocco, an Mussolini gelangen.

Marek über sein Gespräch mit Beneš: „Herr Rocco habe in seiner Unterredung mit Herrn Beneš das Gespenst des deutsch-österreichischen Anschlusses in lebhaften Farben geschildert und das besondere Interesse der Tschechoslowakei an den Bemühungen Italiens betont, diesen Anschluß zu verhindern, indem es Österreich in seine Interessensphäre ziehe. Demgegenüber habe Herr Dr. Beneš erwidert, daß die Tschechoslowakei erst in letzter Linie an dem Nichtzustandekommen des Anschlusses interessiert sei und er müsse daran erinnern, daß die Länder der böhmischen Krone bis zum Jahre 1620 mit und in Deutschland gelebt haben und daß es ihnen

[45] Hummelberger: Österreich und die Kleine Entente.

in dieser Symbiose gar nicht so schlecht gegangen sei ... nicht Deutschland war es, das das Königreich Böhmen vernichtet (hat), sondern die Habsburger mit ihrer Gegenreformation und mit der Schlacht am Weißen Berge. Deshalb hätte die Tschechoslowakei auch heute keinen Anlaß, eine Umklammerung durch das Deutsche Reich besonders zu fürchten. Herr Rocco und andere Entente-Diplomaten, zu denen er ähnlich gesprochen (habe), seien wie aus den Wolken gefallen gewesen. Wenn der Minister trotzdem gegen den Anschluß arbeite, so sei dies hauptsächlich deswegen, weil der Anschluß seiner Überzeugung nach unbedingt einen Krieg herbeiführen würde und Beneš wolle keinen Krieg. Sein Bestreben, den Anschluß zu verhindern, bedeute keineswegs, Österreich „undeutsch" machen zu wollen. Wien werde in Prag immer dafür Verständnis finden, daß Österreich ein deutscher Staat sein und bleiben werde und Dr. Beneš wisse auch sehr gut, daß die Spannung zwischen Wien und Berlin nicht ewig sei [46]."

„Um der Welt zu beweisen, daß zwischen uns ungetrübte Beziehungen herrschten, schlage der Minister die Fortsetzung der handelspolitischen Verhandlungen ... vor. Er lade Herrn Bundeskanzler ein, noch vor seiner Reise nach Rom oder zugleich mit dieser seine Delegation nach Prag zu schicken, was auch deshalb von Vorteil wäre, weil es zeigen würde, daß die römischen Verhandlungen ... nicht etwaigen anderen wirtschaftlichen Verhandlungen im Wege stehen sollen".

Nach den Februar-Ereignissen und den Römischen Verträgen vom 17. März 1934 zwischen Italien, Ungarn und Österreich, gegen die Frankreich auf Drängen der ČSR auftreten sollte, das aber nicht tat, trat eine Beruhigung der Lage ein. Nun wurde über die nicht weniger akuten und ebenso komplizierten Probleme der Wirtschaft Mitteleuropas verhandelt. Wien brauchte dringend einen Rückhalt, wollte aber nur einer konzertierten Aktion der Großmächte Frankreich, Großbritannien und Italien beitreten. Dazu kam es aber nicht, es mußte auf bessere Gelegenheit gewartet werden. Für kurze Zeit ergab sich die seltene Situation, daß sich die Kleine Entente, vor allem Jugoslawien, mit Deutschland in einer Interessengemeinschaft befand, nämlich gegen Italiens Hegemonialstreben im Donauraum. Allmählich näherten sich die agrarisch geprägten Mitglieder der Kleinen Entente immer mehr dem Deutschen Reiche [47].

In dieser Situation befaßte sich Außenminister Beneš am 21. 3. 1934 vor den Auswärtigen Ausschüssen des Abgeordnetenhauses und des Senates, wie er es immer wieder zu tun pflegte, in einer weit ausholenden Überschau mit dem Problem Mitteleuropas und der Lösung der österreichischen Frage, deren Vorhandensein auch er nicht in Frage stellte. Er sprach alle eventuellen Lösungsmöglichkeiten an: „1. Vor allem ... die sogenannte deutsche Lösung in der Form des Anschlusses; 2. Die italienische Lösung, ... in ihren konkreten Formen weniger klar ... als der Anschluß ...; 3. Die mitteleuropäische Lösung ... Sie ist a) Die verbreitete Ansicht ..., daß sich die kleineren Staaten Mitteleuropas gemeinsam mit Österreich zu irgendeiner Form

---

[46] Hummelberger: Österreich und die Kleine Entente um die Jahresmitte 1934. In: Das Jahr 1934: 25. Juli. Wien 1975, S. 61.

[47] Kühl: Föderationspläne S. 85 ff.; Steinböck, Erwin: Die Verhandlungen zwischen den Nationalsozialisten und jugoslawischen Stellen vor dem Juliputsch 1934. ÖGL 12 (1968) 532—538.

einer neuen mitteleuropäischen Föderation zusammenschließen sollten; b) Die zweite Eventualität ... ist eine Art politisch-rechtliche und wirtschaftliche Vereinigung Österreichs und Ungarns; c) Die dritte Eventualität ist die Lösung in Form einer völligen Unabhängigkeit Österreichs von allen seinen Nachbarn ..." Dazu stellte Beneš fest, daß „diese (zuletzt genannte) Lösung bisher einzig und allein eine konkrete Form und einen ganz klaren internationalen politisch-rechtlichen Ausdruck in dem bekannten Genfer Protokoll vom 4. Oktober 1922 erhalten" habe. Zur „deutschen Lösung" für Österreich führte Beneš aus:

„Es mag scheinen, daß die heutige Zeit zu gespannt ist, als daß von čechoslovakischer Seite mit voller Offenheit über eine politisch so heikle Frage gesprochen werden könnte ... Ich will aufrichtig und unvoreingenommen sprechen ... Zwischen uns und Deutschland hat bisher ein gutes Verhältnis bestanden, weil zwischen uns beiden keine direkten Streitfragen bestehen ... Präsident Masaryk und ich persönlich haben jedoch eine Berechtigung, die vielleicht bisher noch nicht genug bekannt ist, dazu, auch über diese Frage objektiv und offen sprechen zu können. Während des Krieges, zur Zeit als wir die Westmächte zur Annahme des Planes einer Teilung Österreich-Ungarns gewannen, haben wir ganz unvoreingenommen die Vereinigung Österreichs mit dem Deutschen Reiche empfohlen, da wir der Annahme waren, daß dies vielleicht auch für die Verbündeten die annehmbarste Lösung sein wird, daß damit die für uns ungünstige Lösung in Form des sogenannten Klein-Österreich wegfällt und daß dies vielleicht sogleich die übrigen selbständigen kleineren Staaten Mitteleuropas zu einer engen politischen und wirtschaftlichen Zusammenarbeit führen werde. Es war dies damals eine der Eventualitäten unseres politischen Programmes und unsere damaligen Propagandalandkarten haben dieses neue Europa mit Groß-Deutschland in diesem Sinne gezeigt. Wir haben diese Ansichten jedoch bereits 1917 fallen gelassen, als wir feststellten, daß sie auf den absoluten Widerstand damals vor allem in Italien und Frankreich, aber auch in England stießen. Auch Rußland war damals entschieden gegen eine Vereinigung Österreichs mit Deutschland.

In voller Loyalität zu unseren Freunden während des Krieges ... haben wir in dieser Angelegenheit ihren Standpunkt eingenommen und wollen ihm auch jetzt treu bleiben. Wenn etwa dieser unser Standpunkt aus der Kriegszeit heute jemanden überraschen sollte, möchte ich betonen, daß wir uns bereits damals ebenso wie auch heute aller ungünstigen Folgen des Anschlusses bewußt waren ... daß wir es zwar auch heute als sicherer und richtiger für den europäischen Frieden erachten, wenn es nicht zum Anschlusse kommt, daß wir uns aber auch heute vor dieser Eventualität nicht fürchten würden, wenn sie die westeuropäischen Großmächte nicht hintanhalten wollten [48]."

Die österreichische Juli-Krise im Jahr 1934 hatte von seiten der Tschechoslowakei und der Kleinen Entente keinerlei warnende oder vorsorgliche Maßnahmen in der augenblicklichen Situation oder für später zur Folge. Man kann sagen, daß der tschechoslowakische Kurs gegenüber Österreich der gleiche blieb, das Verhältnis

[48] Beneš, Edvard: Das Problem Mitteleuropas und die Lösung der österreichischen Frage. Exposé des Ministers ... am 21. März 1934. Prag 1934 (Čechoslovakische Quellen und Dokumente 9), hier besonders 7 ff., 28 ff.

zum Deutschen Reich von Anpassung an die jeweilige Lage bestimmt war. Als Bundeskanzler Dollfuß am 25. Juli von nationalsozialistischen Putschisten ermordet worden war, kündigte der stellvertretende Außenminister Krofta die Vorbereitung einer Demarche der Großmächte für Berlin an „... die Tschechoslowakei sei hierdurch keineswegs tangiert ... Es werden vorläufig keine Vorbereitungen gemacht, um sich in irgendeiner Richtung dieser Demarche anzuschließen. Vermutlich werde Frankreich sich vor der Demarche mit der Kleinen Entente ins Einvernehmen setzen und möglicherweise auch Sprecherin der Kleinen Entente sein ... Die Gerüchte über irgendwelche militärische Vorbereitungen in der ČSR seien (— Antwort auf direkte Frage des Gesandten —) falsch. Für die ČSR sei vorläufig kein Grund vorhanden, derartiges zu tun. Die militärischen Maßnahmen Herrn Mussolinis beunruhigten Prag nicht, man wisse, daß dies eine drohende Geste an die Adresse Berlins sei". Zwischen Italiens aktiver Abwehrbereitschaft — aus welchen Gründen immer — und der lethargischen Kleinen Entente, unter der nur Jugoslawien in der Hoffnung, einen Teil von Kärnten und Steiermark abzubekommen, eine Sonderrolle spielte, hat es in diesen Krisenmonaten vor und nach dem 25. Juli 1934 keinerlei Verbindung gegeben, von einer Aktionseinheit gar nicht zu reden [49].

Die Kolonialunternehmung Mussolinis ließ eine französisch-italienische Verständigung über Österreich im Januar 1935 möglich erscheinen. Großbritannien, d. h. dessen Gesandter in Prag, Addison, blieb skeptisch, wollte sich eine Beruhigung aber gefallen lassen [50]. Das Deutsche Reich war mit einem solchen Donau-Pakt nicht einverstanden, es hielt an seinen weitgesteckten Zielen fest, wandte aber aus taktischen Gründen nichts ein — die Donaupaktgespräche störten ja zunächst die Projekte eines Ostpaktes und eines Sicherheitspaktes unter Einschluß der Sowjetunion. Da Beneš auf Zweiseitigkeit dieses Donau-Vertragswerks bestand und vor allem, weil Jugoslawien und Rumänien ausbrachen, verliefen sich die Gespräche. Auch Deutschland, Polen, Ungarn und selbst Österreich verkündeten schließlich ihr Desinteresse.

Die Entwicklung der internationalen Lage — der Ausfall Italiens wegen Abessinien —, und vor allem sein Übertritt auf die Seite Deutschlands in Sachen Anschluß, aber auch wirtschaftliche Gründe nötigten Österreich, neuerlich Kontakte zur ČSR zu suchen. Ein gewichtigter Ansatz für Gespräche war der sogenannte Hodža-Plan. Dr. Milan Hodža, Ministerpräsident 1935—1938 und zeitweise auch Außenminister, hatte ein neues wirtschaftlich-politisches System für Mitteleuropa und den Donauraum entwickelt, das mit bestimmten Garantien gegen eine deutsche Hegemonie ausgestattet war, darüber hinaus aber auch eine Brücke zwischen Deutschland und den Westmächten bilden sollte. Eine allmähliche wirtschaftliche und politische Annäherung der Donaustaaten sollte zur Blockbildung führen, dieser Block dann als gleichgewichtiger Partner Deutschlands mit diesem zusammen die Agrarprobleme Südeuropas zu lösen suchen [51]. Hodža suchte zuerst Kleine

---

49 Hummelberger: Österreich und die Kleine Entente 64 ff.

50 Franke, Reiner: Deutsch-tschechoslowakische Beziehungen 1918—1938 im Lichte der Akten und Dokumente (Manuskript).

51 Kühl: Föderationspläne 85 ff.; Wierer, Rudolf: Der Föderalismus im Donauraum. Graz 1960, S. 170 ff.; Schlesinger, Rudolf: Federalism in Central and

Entente und Römischen Block zusammenzubringen. Als Beneš Präsident geworden war, schlug Hodža Schuschnigg direkte Verhandlungen über die verschiedensten Gegenstände vor, man dachte sogar an einen Freundschaftspakt. Schuschnigg suchte dafür zwischen Prag und Budapest zu vermitteln [52].

Jugoslawien und Rumänien beobachteten jedoch die Reisen Schuschniggs und den Plan Hodžas voll Mißtrauen, sie fürchteten vor allem eine Habsburgerrestauration, denn Österreich hatte am 4. Juli das Rückkehrverbot aufgehoben und die konfiszierten habsburgischen Güter zurückgegeben. Was den Legitimimus in Österreich angeht, so hatte dieser seit dem Scheitern der Versuche Kaiser Karls 1921 ein sehr stilles Dasein in relativ verborgenen Regionen geführt. Nach 1933 zeigte es sich, daß Legitimisten, wie der britische Österreich-Kenner Gordon Shepherd formuliert, politisch die einzigen hundertprozentigen Hitlergegner von Natur aus waren. Alle anderen unter den „Legalen" waren in einen Zwiespalt von Interessen und Gefühlsrichtungen verstrickt. Schuschnigg versuchte beiden Seiten durch eine Art Kompromiß gerecht zu werden, indem er die Restaurationsfrage ebenso behandelte, wie Seipel einst die Anschlußfrage: als etwas, von dem geredet, aber nicht gehandelt wird. Seine persönlichen Sympathien neigten zu den Monarchisten, er hinderte Otto von Habsburg nicht an direkten Worten, auch nicht an dessen Kritik der Regierung z. B. im Juli 1936 oder am 19. Februar 1938, als er die Kanzlerschaft verlangte. Erzherzog Ottos Argumente vermochten Schuschnigg aber nicht umzustimmen. Persönliche Anhänglichkeit, aber politische Ablehnung kennzeichnen wahrscheinlich am ehesten die Einstellung der meisten habsburgfreundlichen Österreicher. Eine Gefahr konnte von hier nicht drohen. Anders war es im westlichen Ausland, wo französische Kreise und schließlich auch die britische Regierung seit 1935 zunehmend freundlicher eine Restauration aufzunehmen verhießen [53].

Ein wichtiges Ergebnis von Schuschniggs Verhandlungen war die Zusicherung Benešs gegenüber Schuschnigg, daß Österreich keinem antideutschen Block oder Bündnis beitreten werde. Hodža erschien es innenpolitisch sehr wichtig, daß auch einige deutsche Parteien der ČSR, vor allem die Christlichsozialen (Mayr-Harting, Zajicek) und Agrarier, sein Projekt zu stützen bereit waren und daß es den außenpolitischen Vorstellungen des Jungaktivismus nicht widersprach [54]. Hod-

---

Eastern Europe. London 1945, S. 431 ff.; Ort, Alexandr: Plán dunajského paktu (1935) [Der Donaupaktplan]. ČSČH 3 (1955) 593—610. — Im Exil hat Milan Hodža aus der Erinnerung und offenbar ohne ausreichende Unterlagen über seine Planungen berichtet, Hodža, Milan: Federation in Central Europe. Reflections and Reminiscences. London 1942, S. 125 ff., 181 ff.

52 Diese Vorgänge liegen noch weit im Dunkeln, insbesondere sind noch die Auseinandersetzungen zwischen Beneš und Hodža zu untersuchen.

53 Auf ein realistisches Maß zurückgeführt von Holmes, Blair S.: Europe and the Habsburg Restoration 1930—1938 in Austria. EEQ 9 (1975/6) 173—184; ähnlich Brook-Shepherd, Gordon: Der Anschluß. Graz 1963, hier S. 156 ff.; Wagner, Friedrich: Der österreichische Legitimismus 1918—1938. Seine Politik und Publizistik. Philos. Dissertation Wien 1956. — Der Beneš nachgesagte Ausspruch „Lieber Hitler als Habsburg!" läßt sich nicht nachweisen, aber sicherlich war Habsburg für Hitler wie für Beneš ein Greuel.

54 Mayr-Harting, Robert: Wege und Ziele der deutschen Politik. Reichenberg 1934;

žas Plan setzte auch eine kräftige Unterstützung durch die Westmächte voraus. Aber Frankreich ging im Frühjahr 1936 eigenen Interessen im Südosten nach, die Briten hatten verschiedene gute Ratschläge wie etwa: auf Deutschland nicht zu vergessen (Eden, Austin Chamberlain). In Jugoslawien und Rumänien war der deutsche wirtschaftliche Einfluß sehr stark geworden, Ungarn lehnte den Hodža-Plan ab, weil man von einer Stabilisierung eine Stärkung der tschechoslowakischen Position befürchtete. Ein entscheidendes Wort hätte Italien sprechen müssen, das wegen Äthiopien aber genug Schwierigkeiten hatte und sich immer mehr an Deutschland orientierte. Das Deutsche Reich wiederum sah im Hodža-Plan eine Gefährdung seiner eigenen Mitteleuropa-Vorstellungen, ähnlich sah Polen sein angestrebtes „Intermarium" bedroht. Im Frühsommer 1936 war die Diskussion zunächst abgeschlossen [55].

Deutschlands starke Position wird zunächst aus dem zwischen ihm und dem „zweiten deutschen Staat" geschlossenen Abkommen vom 11. Juli 1936 deutlich: Österreich sollte seine Außenpolitik mit der deutschen abstimmen. Die tschechoslowakischen Außenpolitiker fanden auch an diesem Vertrag Gutes: Wenigstens zeitweiliges Abgehen von Anschluß und Restauration, Minderung der deutsch-italienischen Rivalität in Mitteleuropa, die nun den Weg öffnen könnte für ein dem Hodža-Plan ähnliches System durch Abkommen mit Deutschland und anderen Staaten. In Wirklichkeit befürchtete Außenminister Krofta schlimme Weiterungen.

Die ČSR war Österreich in manchen Punkten ziemlich entgegengekommen: so in der gemäßigten Reaktion auf die Einführung der allgemeinen Wehrpflicht, in der Einstimmung der Kleinen Entente, österreichische Interessen zu verteidigen und zugunsten Wiens zu wirken, aber auch in der tschechoslowakischen Haltung zur österreichischen sozialdemokratischen Emigration in der ČSR. Krofta sichert dem österreichischen Außenminister auf dessen Beschwerden hin zu, „daß er veranlassen werde, daß die Agitation aufhört. Die österreichische Emigration habe wohl Asyl, aber nicht die Freiheit zu politischen Aktionen". Ab 20. 3. 1937 erschien die „Arbeiter-Zeitung" nicht mehr in der ČSR, sondern in Paris, der neuen Zentrale der österreichischen Sozialdemokratie [56].

Im ganzen ging es der ČSR immer noch darum, internationale Garantien für Österreich zu bewirken, besonders von Frankreich. Am 21. Oktober 1936 erklärte Hodža den Gesandten Schuschniggs Marek und Wildner, daß sich ohne Deutschland keine mitteleuropäische Politik machen lasse. Sein Gesandter in Rom, Veverka, suchte zur gleichen Zeit Italien für Hodžas Pläne zu gewinnen, indem er die Leitung der Reorganisation Mitteleuropas Rom anbot, unmittelbar darauf, am 1. 11. 1936, griff Mussolini die Tschechoslowakei in einer Rede in Mailand scharf an und erinnerte sie an die Forderungen Ungarns. In dieser Zeit war man in Italien von der Besetzung und Aufteilung der ČSR überzeugt, auch das erkannte man in Prag erst sehr spät, trotz allgemein guter Unterrichtung. Deutschland, d. h. Papen, ließ

Ders.: Politika [Die Politik]. In: Němci v Československé republice o sobě [Die Deutschen in der Tschechoslowakischen Republik über sich selbst]. Prag 1937, S. 28—40.

55 Ort: Plán dunajského paktu 604; Reichert: Das Scheitern der Kleinen Entente 86 ff.

56 Hummelberger: Österreich und die Kleine Entente 40 ff. Benešs Ausführungen über das politische System Österreichs und die österreichische Sozialdemokratie.

die ČSR, den Gesandten Veverka, wissen, daß das Reich Anspruch auf die Führung Mitteleuropas erhebe [57].

Die Beziehungen zwischen österreichischen und tschechoslowakischen Politikern, Kontakte und Gespräche, gingen auch 1937 weiter, wenn man sich auch der Einschränkungen bewußt war, welche das neue Verhältnis zwischen Deutschland und Österreich mit sich brachte. Schuschnigg wirkte weiter als Vermittler für die ČSR in Ungarn; bei solchen und anderen Angelegenheiten bediente er sich öfters der guten Dienste des Prager deutsch-christlich-sozialen Ministers Zajicek. Eine Zusammenarbeit zwischen Wien—Prag—Budapest zeichnete sich im März 1937 ab. Die ČSR, d. h. Hodža, erwog erstmals Gebietsabtretungen an Ungarn, wollte seine Partner aber auch an das Bündnis Paris—Prag heranführen. Darüber aber war man in Wien geteilter Meinung. Auch diesmal entschied Italien und sein Einfluß in Ungarn über eine mögliche Entwicklung. Nach dem gescheiterten Versuch Schuschniggs am 22. 4. in Venedig, Mussolini für das Projekt zu gewinnen, teilt der Kanzler Zajicek am 28. 4. 1937 mit, daß er „gern nicht nur eine wirtschaftliche, sondern auch eine politische Zusammenarbeit mit der ČSR erreicht hätte" [58].

Hodža legte im Sommer 1937 eine neue Variante seines Planes vor, Deutschland und Italien wurde eine gerechte Beteiligung am mitteleuropäischen Handel in Aussicht gestellt. Deutschland blieb bei seiner ablehnenden Haltung, besonders da bekannt wurde, daß Schuschnigg und Hodža am 27. September 1937 in Baden bei Wien konferiert hatten, wo die Beziehungen Österreichs zu Deutschland behandelt worden waren. Hodža hatte dem Kanzler geraten, sein Kabinett statt mit Nationalsozialisten mit rechten Sozialdemokraten zu erweitern, worauf Schuschnigg mitteilte, daß er darüber schon verhandelt habe, mit aller Vorsicht wegen der Bürgerlichen. Diese Kontakte mit den österreichischen „Illegalen" wurden bis zum Anschluß, nicht zuletzt durch wiederholte Initiativen der deutschen Christlichsozialen aus der ČSR (Parteivorsitzender Hans Schütz, Dr. Gottlieb Pruscha), immer wieder aufgenommen [59].

Der Berliner Gesandte Mastný berichtete, daß Hitler von einem geheimen tschechoslowakisch-österreichischen Strategiepapier für den Kriegsfall gesprochen habe, doch waren noch keine wichtigen Abmachungen zwischen Wien und Prag getroffen worden. Über die Möglichkeit einer Zusammenarbeit Österreichs mit der ČSR ereiferte sich Hitler ganz ausdrücklich auch bei Schuschniggs Besuch in Berchtesgaden

---

[57] Gehl, Jürgen: Austria, Germany and the Anschluß. London 1963; Gedye, George Eric Rowe: Die Bastionen fielen. Wie der Faschismus Wien und Prag überrannte. Wien 1948 (London 1939); Luža, Radomír: Austro-German Relations in the Anschluss Era. Princeton 1975.

[58] César, Jaroslav / Černý, Bohumil: Politika německých buržoazních stran v Československu 1918—1938 [Die Politik der deutschen bürgerlichen Parteien in der Tschechoslowakei 1918—1938]. Bd. 2. Prag 1962.

[59] Diskussionsbeitrag von Staatsminister Hans Schütz. Den österreichischen Hintergrund für diese Kontakte geben Reichhold, Ludwig: Opposition gegen den autoritären Staat. Christlicher Antifaschismus 1934—1938. Wien 1964; sowie Brook-Shephert, Gordon: Der Anschluß 152 ff.; Reichhold, Ludwig in: Das Jahr 1934: 25. Juli 131 f. über die Bemühungen von Hans Schütz und Benešs Illusionismus.

am 12. Februar 1938. Am 15. Februar, als Hodža, der bis zuletzt Mitteleuropa-Pläne schmiedete, Schuschnigg telefonisch zu einer weiteren Begegnung bewegen wollte, sagte der Kanzler ab [60].

Prag und Wien standen jetzt nach 20 Jahren beide allein, von den unmittelbaren Nachbarn im Stich gelassen und von den Westmächten mehr oder weniger gern aufgegeben. Der späte Versuch einer Partnerschaft konnte beiden nicht mehr helfen. Über das Ergebnis der Berchtesgadener Unterredung war Außenminister Krofta sehr beunruhigt, Präsident Beneš dagegen bestrebt, ruhige Nerven zu zeigen, wie der deutsche Gesandte Eisenlohr aus Prag am 16. 2. berichtet. Beneš suchte „darzutun, daß er an bisheriger Linie festhält unter Bewahrung seiner Bündnisse, durch praktisches Entgegenkommen Vertrauen Deutschlands zu erwerben ... Deutschland habe das Recht zu verlangen, daß keine Macht aus der Tschechoslowakei ein Instrument gegen Deutschland mache. Er arbeite daran, uns schrittweise näherzukommen, Atmosphäre zu entgiften, bis er gutes Verhältnis ... eines Tages auch öffentlich manifestieren könne ...“ [61].

Zirkularnoten zeigen weiter, daß die führenden Politiker der ČSR die Gefahr für ihren Staat entweder nicht zugeben wollten oder nicht erkannten, nicht einmal einen vollen Anschluß Österreichs hielten sie für möglich. Daher waren sie und ihre Militärs auf eine selbständige Aktion auch nicht vorbereitet. Man suchte vielmehr die Westmächte zum Eingreifen zu bewegen. Deren Passivität übertrug sich aber in den kritischen Tagen vom 11. bis 13. März 1938 auch auf die ČSR [62]. In dieser ihrer Situation legte die ČSR nicht einmal einen diplomatischen Protest ein. Beneš suchte vergeblich eine Sondersitzung der Kleinen Entente einzuberufen. Schon am 12. März hatte sich die tschechoslowakische Außenpolitik mit der Liquidierung des österreichischen Staates abgefunden. „Nach den gestrigen Ereignissen halten wir Österreich für de facto mit dem Reich vereinigt ...“ erläutert Krofta in einer Zirkulardepesche den Standpunkt der ČSR.

„Nach den vorliegenden Nachrichten aus Paris und London ist mit einem energischen und konsequenten Einschreiten des Westens nicht zu rechnen; eine diplomatische Intervention oder Genf werden nur von eher theoretischem Wert sein. Bei der praktischen Passivität des Westens fällt natürlich unser Eingreifen, welcher Art auch immer, überhaupt nicht ins Gewicht; auf Anfragen erklären wir, daß wir unmittelbar nicht betroffen sind, daß es sich um eine Sache Berlins und Wiens auf der Grundlage des Vertrags von 1936 handelt, im übrigen ist das ein Problem ganz Europas, d. h. vor allem der Großmächte [63].“

Aus diesem Geflecht vielfältiger außenpolitischer Beziehungen zwischen Paris, Genf, Rom, Berlin, Den Haag usw. konnten die österreichisch-tschechoslowakischen Beziehungen nur angedeutet, konnte auf die wirtschaftlichen Probleme nur hingewiesen werden. Das gilt auch für die Einflüsse der so schwer beschreibbaren, kaum quantifizierbaren irrationalen Strömungen und Widerstände, die für die Wiener wie die Prager Außenpolitik und deren Rückhalt wichtig gewesen sind.

---

[60] Kvaček: Boj o Rakousko 284.

[61] ADAP D II, Nr. 56: Bericht des deutschen Gesandten vom 16. II. 1938.

[62] Wathen, Mary Antonia: The Policy of England and France towards the Anschluss of 1938. Washington 1954; Kvaček 285.

[63] Ebenda 285 f.

Von entscheidender Bedeutung waren die Führer, die Wegweiser: auf der einen Seite die auch international hochgeachteten Staatsgründer Masaryk und Beneš, in dessen Hand die Außenpolitik seines Staates von Anfang bis 1938 lag, auf der anderen Seite: Bauer und Renner, Seipel und Schober, Dollfuß und Schuschnigg die für ein geplagtes, dann auch zerrissenes Volk sorgen sollten.

Die einem Historiker nicht zustehende Frage, ob diese Staatsmänner alle Möglichkeiten ihres Wirkens wirklich ausgeschöpft haben, drängt sich in der Rückschau doch immer wieder auf, ob sich ihre idealen Ziele mit den praktischen Interessen gedeckt haben und wie es um die Ehrlichkeit ihrer Aussagen und die Eindeutigkeit ihrer Politik bestellt gewesen ist, natürlich unter Berücksichtigung des vorhandenen oder fehlenden politischen Rückhaltes.

Auf recht verschlungenen Wegen sind die beiden Kleinstaaten, der eine doppelt so groß und stark wie der andere, miteinander — meist nebeneinander —, kaum offen gegeneinander durch die Zwischenkriegszeit gegangen. Das machtpolitische Vakuum, das die Sieger des Ersten Weltkrieges im Donauraum zurückließen, war nicht von Dauer, nachdem alle echten Föderationspläne und Hoffnungen auf ein friedliches Zusammenleben gescheitert waren. Der nationalsozialistischen folgte die sowjetische Gewaltherrschaft, welche wohl grundlegende Veränderungen herbeigeführt, den Völkern Ostmitteleuropas aber noch immer keine wirkliche Freiheit gebracht hat. Österreich jedoch konnte seine freie Existenz um den guten Preis der Verpflichtung zur Neutralität wiedergewinnen.

Peter Burian

DIE UNGARISCH-TSCHECHOSLOWAKISCHEN BEZIEHUNGEN ALS EUROPÄISCHES PROBLEM *

Zwischen den beiden Weltkriegen unterschied sich das Verhältnis der Tschechoslowakei zu Ungarn grundlegend von den Beziehungen der ČSR zu allen anderen Nachbarstaaten [1]. Weder Deutschland noch Österreich noch Polen, von Rumänien ganz zu schweigen, hatten die Entstehung des tschechoslowakischen Staates zu verhindern gesucht oder nur widerwillig und unter Protest hingenommen. Gewiß hatte Österreich auf die von Deutschen bewohnten Randgebiete der Tschechoslowakei Ansprüche erhoben, gewiß gab es zwischen der ČSR und Polen einen erbitterten, bis vor das Forum der siegreichen Großmächte getragenen Streit um das Teschener Gebiet, gewiß hatte das Deutsche Reich bis zuletzt versucht, die im Friedensvertrag von Versailles vereinbarte Abtretung des Hultschiner Ländchens zu vermeiden, aber keiner dieser Nachbarstaaten hat jemals den Tschechen das Recht bestritten, unter Berufung auf das Prinzip der nationalen Selbstbestimmung und mit dem historisch argumentierenden Hinweis auf die politische Ordnung, die in den böhmischen Ländern vom hohen Mittelalter bis in die Neuzeit hinein bestanden hatte, sich zusammen mit den ihnen verwandten Slowaken in einem eigenen Staat zu organisieren. Auch der polnische Wunsch nach einer gemeinsamen Grenze mit Ungarn war keine prinzipielle Negierung des tschechoslowakischen Staatskonzepts, sondern richtete sich im wesentlichen nur gegen die vornehmlich aus strategischen Gründen für nötig gehaltene Erwerbung der Karpatenukraine durch die ČSR. Und über der Tatsache, daß die Hegemonialpolitik des nationalsozialistischen Deutschland, anfangs noch aus vorgeblicher Sorge um das Schicksal der Sudetendeutschen, im Vorfeld des Zweiten Weltkriegs diesen tschechoslowakischen Staat zerstört hat, darf nicht vergessen werden, daß zur Weimarer Zeit die Staatsleitungen in Berlin wie in Prag mit Erfolg darum bemüht gewesen waren, ihre Beziehungen zueinander auf die Grundlage eines gutnachbarlichen Einvernehmens zu stellen.

Ganz anders verhielt es sich mit Ungarn! Hier war man in allen sozialen Schichten und in allen politischen Gruppen davon überzeugt, daß die im Friedensvertrag von Trianon verfügte Grenzziehung eine Verletzung der historischen Rechte Un-

---

* Das Thema „Ungarn und die Tschechoslowakei" ist wegen Verhinderung des ursprünglichen Referenten auf der Tagung nicht behandelt worden. Um die dadurch entstandene Lücke wenigstens teilweise zu schließen, wurde während der Herstellung des Buches noch diese Skizze geschrieben. Entsprechend dem im Buchtitel genannten Generalthema beschränkt sie sich auf die Untersuchung der Frage, welche Bedeutung die tschechoslowakisch-ungarischen Beziehungen für die europäische Nachkriegsordnung gehabt haben.

[1] Eine Monographie über die ungarisch-tschechoslowakischen Beziehungen während der Zwischenkriegszeit gibt es noch nicht. Einen knappen Überblick bietet Stephen Borsody: Czechoslovakia and Hungary. In: Miloslav Rechcigl Jr. (Hrsg.): Czechoslovakia. Past and present. Bd. 1. Haag 1968, S. 661—672.

garns bedeute, daß die Zuweisung breiter, ausschließlich oder doch überwiegend von Ungarn bewohnter Gebiete an die Nachfolgestaaten gegen den von den Siegern sonst so hoch geschätzten Grundsatz der nationalen Selbstbestimmung verstoße und daß die auf diese Weise herbeigeführte Verkleinerung des ungarischen Territoriums die wirtschaftliche Lebensfähigkeit von Nachkriegsungarn gefährde, zumal bei der protektionistischen Handelspolitik aller Nachbarn. Und wenn sich Zorn und Erbitterung über das Unrecht, das Ungarn in Trianon angetan worden sei, auch gegen alle Nachbarstaaten in gleicher Weise richteten — wegen der Abtretung des Burgenlandes sogar auch gegen Österreich, das selbst einer der Verlierer des Krieges war —, so wurde doch der Verlust der nördlichen Komitate an die ČSR als eine besonders harte Demütigung empfunden, nicht allein in Erinnerung an die große Vergangenheit des Vaterlandes — während der Türkenzeit war dieses Gebiet das Zentrum desjenigen Teils des alten Ungarn gewesen, der der osmanischen Fremdherrschaft nicht unterworfen gewesen war —, sondern auch als Folge der Einsicht, daß der tschechoslowakische Außenminister der leider erfolgreiche Inaugurator einer Politik war, durch die das besiegte Ungarn daran gehindert werden sollte, die Ergebnisse des Krieges zu seinen Gunsten zu verändern.

Das ungarische Streben nach einer solchen Revision, ob sie nun historisch, ökonomisch oder ethnisch gerechtfertigt wurde, richtete sich der ČSR gegenüber auf die Wiedergewinnung des gesamten Gebiets, das jetzt die östliche Hälfte des neuen tschechoslowakischen Staates bildete, oder zumindest auf große Teile dieses Gebiets und stellte deshalb nicht allein den territorialen Bestand, sondern die Existenz der jungen Republik überhaupt in Frage. Die tschechoslowakische Auffassung von der Slowakei als einem originären Teil der ČSR und der ungarische Wunsch nach einer möglichst weitgehenden Wiederherstellung des Vorkriegszustands aber waren politische Vorstellungen, die einander ausschlossen, und in diesem prinzipiellen Gegensatz liegt die Erklärung dafür, daß die ungarisch-tschechoslowakischen Beziehungen während der ganzen Zwischenkriegszeit von Furcht, Mißtrauen und gegenseitiger Abneigung bestimmt gewesen waren und daß keine Seite jemals ernsthaft versucht hat, die eigenen Vorbehalte gegenüber dem Nachbarn aufzugeben und eine bleibende Verbesserung des gegenseitigen Verhältnisses anzustreben. Zu Beginn der großen ostmitteleuropäischen Krise, die dem Zweiten Weltkrieg voranging, standen sich Ungarn und die Tschechoslowakei noch genauso feindselig gegenüber wie zwanzig Jahre zuvor, als die staatliche und machtpolitische Neuordnung unseres Kontinents, die durch die Niederlage der Mittelmächte und durch das vorübergehende Ausscheiden Rußlands aus dem europäischen System möglich geworden war, ihre internationale Sanktion erhalten hatte [2].

---

[2] Für die frühe Nachkriegszeit: „Daß es nicht gelang, zu einem freundschaftlichen Verhältnis zu Magyarien zu gelangen, blieb ein fehlender Stein in dem Gebäude der außenpolitischen Beziehungen der Tschechoslowakei"; für die Mitte der dreißiger Jahre: „Von einer Besserung der (ungarischen) Beziehungen zur Tschechoslowakei konnte nicht die Rede sein. ‚Mit Ungarn bleiben unsere Beziehungen, wie sie gewesen sind', stellte Beneš am 2. Juli 1934 resigniert fest. . . . Hier hatte die tschechoslowakische Außenpolitik keine Fortschritte zu verzeichnen." (Emil Strauß: Tschechoslowakische Außenpolitik. Eine geschichtliche Einführung. Prag 1936, S. 91, 151).

Eine Darstellung der Bedeutung, die die ungarisch-tschechoslowakischen Beziehungen zwischen den beiden Weltkriegen für die europäische Geschichte gehabt haben, darf sich aber nicht damit begnügen, lediglich diese Beständigkeit der gegenseitigen politischen Entfremdung festzustellen. Sie muß vielmehr so angelegt werden, daß verständlich wird, warum im Unterschied zu der anderswo fortschreitenden friedlichen Normalisierung der internationalen Beziehungen hier ungeminderte zwischenstaatliche Spannungen konstatiert werden mußten, die diesen Teil des Kontinents in ständiger Unsicherheit hielten. Ein solches historiographisches Vorhaben kann aber nur dann sein Ziel erreichen, wenn es gelingt zu erklären, warum Ungarn und die Tschechoslowakei in ihrem Verhältnis zueinander zu Beginn der Zwischenkriegszeit Positionen bezogen haben, die sie später nicht wieder aufgeben wollten. Dabei darf freilich nicht übersehen werden, daß sich mit dem Inkrafttreten des Friedensvertrags von Trianon ein wesentliches Merkmal in der Einstellung zum Nachbarn bei diesen Staaten in sein Gegenteil verkehrte. Waren die Grenzänderungen, die damals völkerrechtlich für verbindlich erklärt wurden, durch das revolutionär-aktionistische Territorialkonzept der tschechoslowakischen politischen Führung ausgelöst worden, so wurde diese, nachdem ihre Forderungen verwirklicht worden waren, konservativ-abwehrend, während umgekehrt die ungarische Staatsleitung, nachdem sie zunächst vergeblich versucht hatte, den alten Gebietsstand zu verteidigen, jetzt durch ihr beharrlich vorgetragenes Verlangen nach einer durchgreifenden Revision der Friedensbestimmungen nun ihrerseits zum Angriff überging.

Diese Weigerung Ungarns, die Festlegungen, die in Trianon über den Umfang des ungarischen Staatsgebiets getroffen worden waren, für mehr zu halten als das Diktat der Kriegssieger, auf dessen Beseitigung man mit allen Mitteln hinarbeiten müsse, war zweifellos eine Bedrohung für die Dauerhaftigkeit der neuen Ordnung in Europa. Man wußte nämlich in Budapest sehr gut, daß der Verlust der nordungarischen Gebiete nicht die Folge eines gegen die Tschechoslowakei verlorenen Krieges war noch auch die Anwendung neuer, für alle Mitglieder der Staatengemeinschaft verbindlich gewordener politischer Prinzipien, sondern daß die Tschechoslowakei die Befriedigung aller ihrer Ansprüche der offenen Unterstützung durch die Alliierten zu verdanken hatte. Eine solche Einschätzung der tschechoslowakischen Position konnte vor allem aus der Tatsache abgeleitet werden, daß es der tschechoslowakischen Führung bereits in den ersten Monaten nach der Ausrufung der tschechoslowakischen Unabhängigkeit gelungen war, gegenüber Ungarn die volle Verwirklichung ihres Territorialprogramms durchzusetzen, so daß im Vertrag von Trianon, jedenfalls soweit er den Verlauf der ungarisch-tschechoslowakischen Grenze betraf, lediglich ein Zustand international sanktioniert wurde, der schon seit geraumer Zeit bestand. Und die wiederholten ungarischen Versuche, sich gegen diese Inbesitznahme bisher ungarischer Gebiete zur Wehr zu setzen, waren nicht so sehr am tschechoslowakischen Widerstand gescheitert als an den Interventionen seitens der Alliierten [3].

---

[3] Für die Einzelheiten der slowakischen Sezession und die Behandlung dieses Vorgangs auf der Friedenskonferenz s. Emil Strauß: Die Entstehung der tschechoslowakischen Republik. Prag ²1935, S. 311—319; Carlile Aylmer Macartney: Hungary and her

Dabei waren die Voraussetzungen für eine die tschechoslowakischen Vorstellungen berücksichtigende Grenzziehung, von der erwartet werden konnte, daß die Sieger sie als berechtigt anerkennen würden, in Nordungarn wesentlich ungünstiger als in den böhmischen Ländern, wo man auf der Beibehaltung der jahrhundertealten „historischen" Grenzen beharren und das dem neuen nationalen Prinzip widersprechende Vorhandensein nichttschechischer Bevölkerungsteile innerhalb dieser Grenzen — unter Berufung auf die historisch fundierten Thesen des böhmischen Staatsrechts — als Folge der politischen Ohnmacht erklären konnte, in der das tschechische Volk bisher gelebt hatte. Zur raschen Anerkennung des tschechischen Anspruchs auf die böhmischen Länder in ihrem ganzen Umfang hat aber gewiß auch die Tatsache beigetragen, daß die Geltung dieser alten Grenzen, auch über das Ende des Habsburgerreiches hinaus, eben wegen ihres historischen Charakters, weder von Deutschland noch von Österreich ernsthaft bestritten wurde.

Solche historischen Territorialrechte konnten aber für das in den nordungarischen Komitaten lebende, bisher staatslos gewesene Volk der Slowaken nicht geltend gemacht werden. Im Gegenteil: die Tatsache, daß diese Gebiete seit fast einem Jahrtausend zu Ungarn gehörten, ließ sich, sofern hier ebenfalls politische Forderungen aus der Geschichte begründet werden sollten, geradezu als ein Argument verwenden, mit dem man der Verwirklichung des tschechoslowakischen Staatskonzepts auch in diesem Teil der Habsburgermonarchie mit Aussicht auf Erfolg entgegentreten konnte. Wenn die Einwohner dieser Gebiete ihr Recht zum Verlassen des ungarischen Staatsverbands und zur Vereinigung mit dem hier im Entstehen begriffenen neuen slawischen Staat durchsetzen wollten, so waren sie gezwungen, sich viel ausschließlicher, als dies die Tschechen in den böhmischen Ländern tun mußten, auf das Prinzip der nationalen Selbstbestimmung zu berufen: sie hatten einen solchen Sezessionsanspruch auf ihre unbezweifelbare ethnische Verschiedenheit gegenüber dem ungarischen Staatsvolk zu stützen.

Aber es war überaus schwierig, aus diesem nationalen Postulat die Kriterien für eine in sich widerspruchsfreie Grenzziehung zwischen der ČSR und Ungarn abzuleiten. Nicht nur bildeten, als Folge der harten ungarischen Nationalitätenpolitik in den vergangenen Jahrzehnten, die Volkszählungsergebnisse eine sehr unsichere Grundlage für eine solche Abgrenzung nationaler Siedlungsgebiete, auch die Tatsache, daß die Bevölkerung in den Städten, im Gegensatz zur ländlichen Umgebung, hier mehrheitlich ungarisch oder doch madjarisiert war, machte eine Deliminierung allein nach ethnischen Kategorien problematisch. Ebenso fiel für ein

---

successors. The treaty of Trianon and its consequences 1919—1937. London 1937 (Nachdruck: 1968), S. 110—135, 148—190, 212—234; Dagmar Perman: The Shaping of the Czechoslovak state. Diplomatic history of the boundaries of Czechoslovakia, 1914—1920. Leiden 1962, S. 72—80, 91—95, 213—227 (Studien zur Geschichte Osteuropas 7); Jörg K. Hoensch: Der ungarische Revisionismus und die Zerschlagung der Tschechoslowakei. Tübingen 1967, S. 1—20 (Tübinger Studien zur Geschichte und Politik 23); L'udovít Holotík: Der Zerfall Ungarns: Die Rolle der slowakischen Volksbewegung. In: Richard Georg Plaschka und Karlheinz Mack (Hrsg.): Die Auflösung des Habsburgerreiches. Zusammenbruch und Neuorientierung im Donauraum. München 1970, S. 408—424 (Schriftenreihe des Österreichischen Ost- und Südosteuropa-Instituts 3).

solches Vorhaben das Fehlen eines einmütigen politischen Willens bei den nationalbewußten Slowaken erschwerend ins Gewicht: die hier in Angriff genommene tschechoslowakische Lösung der slowakischen Frage, die die vollständige Abtrennung dieser Gebiete von Ungarn und deren Vereinigung mit dem neuen tschechischen Nationalstaat zum Ziel hatte, wurde keineswegs von allen Angehörigen der ohnehin sehr kleinen politischen Führungsschicht der Slowaken gebilligt und unterstützt, ja im Herbst 1918 hat es sogar einiger entschlossener Interventionen von seiten der Prager Revolutionsregierung bedurft, um slowakische Versuche zu vereiteln, mit der neuen ungarischen Staatsleitung einen autonomen Status oder ein slowakisch-ungarisches Kondominium für die Slowakei auszuhandeln [4]. Schließlich war bei dem gebirgigen Charakter der von Slowaken bewohnten Landstriche und beim damaligen Zustand des Verkehrswesens die Tatsache, daß es im rein slowakischen Gebiet keine durchgehende West-Ost-Verbindung gab, die innere Kommunikation ernsthaft behindert, und die militärischen Erfahrungen der Zeit verlangten, daß eine Grenze, zumal die eines Staates, der als Ergebnis eines Krieges entstanden war, gut verteidigt werden konnte. Dies wurde auch für um so nötiger gehalten, als hier der Nachbar des neuen Staates — und dies war der wohl wichtigste Unterschied zur Situation in den böhmischen Ländern — sich erbittert gegen die Festlegung einer jeden Grenze zur Wehr setzte.

Daß es trotz all diesen Schwierigkeiten der tschechoslowakischen Regierung in kurzer Zeit gelang, eine vom slowakischen Standpunkt aus optimale Demarkationslinie gegenüber Ungarn durchzusetzen und sie noch lange vor dem Inkrafttreten des Friedensvertrages von Trianon zur faktischen Südgrenze der ČSR zu machen, läßt sich auf drei Gründe zurückführen. Einmal hatte es Beneš verstanden, die für eine solche Grenzziehung verantwortlichen Alliierten von der Berechtigung der tschechoslowakischen Territorialansprüche dadurch zu überzeugen, daß er diese auf eine geschickte Kombination von nationalen, verkehrsgeographischen und strategischen Argumenten stützte [5]. Dabei war das nationale Motiv zweifellos das entscheidende, aber darüber hinaus durfte Beneš bei den Siegern auch volles Verständnis dafür erwarten, daß ein Gebiet wie die Slowakei, das geographisch und militärisch seinem südlichen Nachbarn gegenüber völlig ungeschützt war, durch eine günstige Grenzführung wirkungsvoll gesichert werden müsse, auch wenn deswegen rein oder mehrheitlich ungarische Bezirke zur ČSR geschlagen

---

[4] Strauß: Außenpolitik 44; s. dazu auch Slovenský rozchod s Maďarmi roku 1918. Dokumentárny výklad o jednaniach dra Milana Hodžu ako čsl. plnomocníka s Károlyiho maďarskou vládou v listopade a prosinci 1918 o ústup maďarských vojsk zo Slovenska [Die Trennung der Slowaken von den Ungarn im Jahre 1918. Dokumentarische Darstellung der Vehandlungen Hodžas als tschechoslowakischen Bevollmächtigten mit der ungarischen Regierung Károlyi im November und Dezember 1918 über den Abzug der ungarischen Truppen aus der Slowakei]. Preßburg 1929.

[5] S. dazu die von Beneš der Friedenskonferenz vorgelegten Denkschriften: Mémoire No. 2: Les revendications territoriales de la république Tchécoslovaque: III. La Slovaquie; Mémoire No. 5: La Slovaquie. Le territoire revendiqué de la Slovaquie. In: Hermann Raschhofer (Hrsg.): Die tschechoslowakischen Denkschriften für die Friedenskonferenz von Paris 1919/1920. Berlin 1937, S. 44—56, 158—204 (Beiträge zum ausländischen öffentlichen Recht und Völkerrecht 24).

werden müßten. Und als im Frühjahr 1919 durch den erfolgreichen Vormarsch der Truppen der ungarischen Räterepublik der frühere Territorialstand für kurze Zeit fast zur Gänze wiederhergestellt war und es sogar zur Bildung einer freilich nur kurzlebigen slowakischen Räterepublik gekommen war, konnte Beneš die Friedenskonferenz auch noch mit einem zusätzlichen Argument für den tschechoslowakischen Anspruch beeindrucken: er berief sich darauf, daß die Konsolidierung der Tschechoslowakei entscheidend sei für eine erfolgreiche Bekämpfung der bolschewistischen Revolutionierung von Ostmitteleuropa [6]. Der zweite Grund für den raschen tschechoslowakischen Erfolg Ungarn gegenüber ist darin zu sehen, daß die tschechoslowakische Regierung sich nicht damit begnügte, Forderungen zu erheben und möglichst überzeugend zu begründen, im übrigen aber die Entscheidung der Friedenskonferenz abzuwarten, sondern daß sie unter Ausnutzung ihres Status als Verbündeter der Kriegssieger die militärische und zivile Kontrolle über das von ihr beanspruchte Gebiet effektiv ausübte und dabei sogar die Alliierten wiederholt vor vollendete Tatsachen stellte. Aber weder die kluge Verwendung eindrucksvoller Argumente noch die Besetzung bisher ungarischer Gebiete unter Berufung auf die Waffenstillstandsbedingungen hätten der tschechoslowakischen Regierung geholfen, ihr Territorialprogramm zu verwirklichen, wenn sie sich drittens bei ihrem Vorgehen nicht der nachdrücklichen Unterstützung durch die Alliierten hätte erfreuen können. Die Alliierten sind es gewesen, die sich von Anfang an auf die Seite ihres tschechoslowakischen Verbündeten stellten und die ihnen durch den Ausgang des Krieges zugewachsene machtpolitische Autorität dazu benutzten, die militärischen und zivilen Behörden des besiegten Ungarn immer wieder dazu zu zwingen, die keineswegs von vornherein aussichtslosen Unternehmungen gegen die tschechoslowakischen Aktionen abzubrechen.

Auch der tschechoslowakische Wunsch nach Erwerbung der Karpatenukraine, eines bisher zu Ungarn gehörenden, mehrheitlich von Ukrainern besiedelten Gebiets südlich des Karpatenhauptkamms, wurde mit den gleichen Argumenten begründet und durchgesetzt wie der Wunsch nach der Erwerbung der Slowakei. Zwar handelte es sich hier, anders als bei den Slowaken, nicht um ein ganzes slawisches Volk, das seinen Anspruch auf nationale Selbständigkeit geltend machen wollte, sondern nur um eine kleine Gruppe eines solchen Volkes, deren Angehörige wegen ihrer zivilisatorischen Rückständigkeit zudem überhaupt noch nicht in der Lage waren, Forderungen dieser Art zu stellen, und man konnte von tschechischer Seite auch nicht auf eine enge ethnische Verwandtschaft und auf eine schon seit längerem praktizierte politische Zusammenarbeit hinweisen. Aber mit demselben Erfolg wie bei der Slowakei wurde zur Begründung des tschechoslowakischen Kon-

---

[6] S. dazu Martin Vietor: Slovenská sovietska republika v r. 1919. Príčiny jej vzniku a jej vplyv na ďalší vývoj robotníckého hnutia v ČSR [Die Slowakische Sowjetrepublik im Jahre 1919. Die Ursachen ihres Entstehens und ihr Einfluß auf die weitere Entwicklung der Arbeiterbewegung in der ČSR]. Preßburg 1955; Eva S. Balogh: Nationality Problems of the Hungarian soviet republic. In: Iván Völgyes (Hrsg.): Hungary in revolution, 1918—19. Nine essays. Lincoln (Nebr.) 1971, S. 89—120, hier: S. 115—120; Alfred D. Low: Soviet Hungary and the Paris peace conference. In: Ebenda, S. 137—157, hier: S. 147—154.

zepts auch im Fall der Karpatenukraine die Überlegung geltend gemacht, daß es notwendig sei, die durch den alliierten Sieg möglich gewordene nationale Befreiung der in Ostmitteleuropa lebenden kleineren slawischen Völker und Volksteile überall dort zu verwirklichen, wo dies durchführbar sei. Wegen der Unsicherheit über die Zukunft Rußlands, vor allem der Westgebiete des alten Zarenreiches, und weil die Einwohner der Karpatenukraine zur politischen Selbständigkeit noch nicht reif seien, bleibe, wenn man auch diesen bisher unterdrückt gewesenen Slawen helfen wolle, nur die Vereinigung dieses Gebiets mit der ČSR [7]. Auch die strategischen und verkehrsgeographischen Argumente, die für den tschechoslowakischen Wunsch vorgetragen wurden, lauteten hier ähnlich wie in der Rechtfertigung für die slowakische Südgrenze; vor allem war Prag an der durchgehenden Eisenbahnlinie nach Rumänien interessiert.

Weil die Unterstützung des tschechoslowakischen Territorialprogramms durch die Alliierten bereits in den ersten Monaten nach dem Ende der Kampfhandlungen so offenkundig gewesen war, war es nicht überraschend, daß auch bei der Ausarbeitung des Friedensvertrags selbst allein die tschechoslowakischen Vorschläge Berücksichtigung fanden, die ungarischen aber verworfen wurden, obwohl die ungarische Delegation zur Rechtfertigung ihrer Vorstellung von der Zukunft des bisherigen Nordungarn sich ebenso wie die tschechoslowakische einer für sie günstigen Zusammenstellung von historischen, ethnischen, verkehrs- und siedlungsgeographischen sowie strategischen Begründungen bediente. Auch die von der ungarischen Seite vorgebrachte Forderung, in den von der ČSR beanspruchten Gebieten eine Volksabstimmung über die faktisch schon längst vollzogene Sezession durchzuführen, hatte keinen Erfolg [8]. Der Tschechoslowakei kam es zweifellos zugute,

---

[7] S. dazu die von Beneš der Friedenskonferenz vorgelegten Denkschriften: Mémoire No. 2: Les revendications territoriales de la république Tchécoslovaque: IV. Les Ruthènes en Hongrie; Mémoire No. 6: Le problème des Ruthènes de Hongrie. In: Raschhofer: Denkschriften 56—58, 206—222. — Mit den gleichen Argumenten verteidigte Beneš noch 15 Jahre später, am 8. Mai 1934, in einer Rede in Užhorod die Erwerbung der Karpatenukraine durch die ČSR: Man habe diese Komitate nicht bei Ungarn lassen können, weil dann nicht einmal eine bescheidene nationale Entwicklung der hier lebenden Ukrainer möglich gewesen wäre, und die russische Ukraine sei von der Karpatenukraine durch das von Ukrainern besiedelte, aber von Polen beanspruchte ehemalige Ostgalizien getrennt. „Selbst wenn das zaristische Rußland noch existiert und an den Friedensverhandlungen teilgenommen hätte, wäre ihm Karpathenrußland nicht überlassen worden, denn die Westmächte sind sich vom Kriegsbeginn an darüber einig gewesen, daß man bei einer Aufteilung der österreichisch-ungarischen Monarchie nicht zulassen dürfe, daß Rußland die Karpathen überschreite und so zu einem mitteleuropäischen Staat werde." (Archiv der Gegenwart (1934) 1418 G). — S. auch Kamil Krofta: Die Podkarpatská Rus und die Tschechoslowakei. Prag 1934; Hans Ballreich: Karpathenrußland. Ein Kapitel tschechischen Nationalitätenrechts und tschechischer Nationalitätenpolitik. Heidelberg 1938 (Heidelberger Akten der von-Portheim-Stiftung 25); Robert Nowak: Der künstliche Staat. Ostprobleme der Tschecho-Slowakei. Oldenbourg i. O. 1938, S. 176—187.

[8] Zur ungarischen Verhandlungsführung s. den amtlichen Bericht: Les Négociations de la paix hongroise. Compte rendu sur les travaux de la délégation de paix de Hongrie à Neuilly-sur-Seine de janvier à mars 1920. 3 Bde. Budapest 1920/21, und Francis Deák: Hungary at the Paris peace conference. The diplomatic history of the treaty of Trianon. New York 1972.

daß sie ihre Staatswerdung als Folge des Siegs der neuen politischen Prinzipien erklären und deshalb die möglichst weitgehende Unterstützung und Förderung durch die Alliierten erwarten konnte, während Ungarn für die Alliierten ein Staat war, der die politische und nationale Selbstbestimmung seiner Staatsangehörigen mißachtet hatte und dafür bestraft werden mußte.

Als zusätzliche Sicherung der neuen Grenzen empfand man in Budapest, völlig zurecht, die sich unter dem Namen der Kleinen Entente ebenfalls bereits in der frühen Nachkriegszeit anbahnende bündnispolitische Kooperation zwischen der Tschechoslowakei, Rumänien und Jugoslawien, also derjenigen Staaten im Norden, Osten und Süden Ungarns, die, wie die ČSR, bei Kriegsende entweder überhaupt erst ins Leben getreten waren oder, wie die beiden anderen Allianzpartner, die damals gegebene Möglichkeit zur territorialen Vergrößerung genutzt hatten: auch Rumänien und Jugoslawien hatten, ebenfalls erst mit nachträglicher Sanktionierung durch die Friedenskonferenz, bisher ungarische Gebiete in Besitz genommen. In der Tat hatte dieses Regionalabkommen primär die Aufgabe, den neuen Gebietsstand dadurch zu sichern, daß es Ungarn bei jedem Versuch einer gewaltsamen Revision der territorialen Friedensbestimmungen der Gefahr aussetzte, mit koordinierten Gegenaktionen aller drei Bündnisstaaten rechnen zu müssen [9].

Aber nicht nur stand der in den neuen Grenzen manifeste Territorialstatus unter dem Schutz der Siegermächte, sie griffen auch in rein innenpolitische Vorgänge Ungarns ein, wenn diese als eine Gefährdung der neuen Ordnung verstanden wurden oder glaubhaft gemacht werden konnten. So erreichten sie im August 1919 auf Benešs Initiative hin, daß Erzherzog Joseph von seinem Amt als provisorisches Staatsoberhaupt Ungarns zurücktrat, in das er nach dem Ende der Räterepublik berufen worden war; die Annahme war nicht unbegründet, daß die Betrauung eines Mitglieds des ehemaligen Königshauses mit einer Funktion in der Staatsleitung den Beginn der Habsburgerrestauration und damit einen ersten Schritt in Richtung auf Wiederherstellung des Vorkriegszustands im ehemaligen Reich der Stephanskrone bedeuten konnte [10]. Noch offenkundiger wurde dieses Interesse der Alliierten an dem innenpolitischen Wohlverhalten Ungarns, wie sie es verstanden, als im Jahre 1921 König Karl zweimal aus dem Exil nach Ungarn zurückkehrte und versuchte, durch einen Staatsstreich die Wiedereinsetzung in seine Herrscherrechte zu erreichen. Auch diesen Unternehmungen gegenüber ist der neue Status, wiederum unter der internationalen Wortführerschaft des tschechoslowakischen Außenministers, durch gemeinsame Aktionen der Nachfolgestaaten und der Alliierten erfolgreich verteidigt worden [11].

Die tatkräftige Unterstützung der tschechoslowakischen Gebietsansprüche, die

---

[9] Vgl. dazu in diesem Sammelband den Beitrag von Hans Lemberg: Die Tschechoslowakei in der Kleinen Entente.

[10] Zu dieser Intervention s. Strauß: Außenpolitik 56; Erzherzog Joseph wird hier allerdings irrtümlich als Ministerpräsident bezeichnet.

[11] S. dazu die tschechoslowakische Aktenedition: Documents diplomatiques concernant les tentatives de restauration des Habsbourg sur le trône de Hongrie. Août 1919 — novembre 1921. Prag 1922; ferner: Strauß: Außenpolitik 58—61, und Nikolaus von Horthy: Ein Leben für Ungarn. Bonn 1953, S. 141—154.

Gründung der Kleinen Entente und die Verhinderung der Habsburgerrestauration haben schon in der frühen Nachkriegszeit die ungarische Staatsleitung zur Überzeugung gebracht, die neue, von ihr nach wie vor abgelehnte Grenzführung werde so lange Bestand haben, solange die gegenwärtige machtpolitische Situation auf dem Kontinent aufrechterhalten bleibe [12]. Das bedeutete aber, daß die von ihr erstrebte Revision, also die gänzliche oder zumindest teilweise Wiederherstellung des Vorkriegszustands, allein von einer grundlegenden Veränderung der machtpolitischen Lage in Europa erhofft werden konnte [13]. Kein Ungar widersprach, als die Regierung trotz dieser scheinbaren Aussichtslosigkeit auf das Ziel der Revision nicht verzichtete [14], sondern im Gegenteil daranging, durch publizistische Ak-

---

[12] Bereits am 10. Mai 1921 erklärte der ungarische Außenminister, Graf Bánffy, in der Nationalversammlung, die ungarische Außenpolitik sei „die notwendige Folge des gegenwärtigen unerschütterlichen Beschlusses der Ententemächte, die die Vollstreckung der Pariser Friedensschlüsse in ihrer Vollständigkeit fordern" (Schultheß' Europäischer Geschichtskalender 62 (1921) Teil I, 381). — Gleiche Gedanken wurden auch in den folgenden Jahren immer wieder geäußert. So erinnerte Ministerpräsident Graf Bethlen am 8. Mai 1925 in einer Rede daran, daß die Annahme des Vertrags von Trianon unter Zwang erfolgt sei und daß Ungarn die Vertragsbestimmungen niemals als billig anerkannt habe. „Wir müssen aber die von unseren inneren Gefühlen eingegebenen Wünsche streng von denen trennen, die unter Berücksichtigung der allgemeinen politischen Lage als diplomatisch möglich erscheinen." (Schultheß' Europäischer Geschichtskalender 66 (1925) 214). Am 26. Oktober 1927 rügte Beneš in einer Erklärung vor den Außenausschüssen beider Häuser des tschechoslowakischen Parlaments den ungarischen Ministerpräsidenten, weil dieser vor kurzem erklärt habe, eine Änderung der Friedensverträge werde in erster Linie „eine Folge . . . der Macht" sein (Schultheß' Europäischer Geschichtskalender 68 (1927) 225). Am 25. Januar 1929 bestätigte Bethlen vor dem Abgeordnetenhaus, daß die ungarische Regierung nur ein Ziel kenne, die Revision der Friedensbestimmungen. Er könne aber, „solange die internationale Lage für diesen Zweck nicht reif sei, keinerlei Schritte unternehmen". Auch jede andere Regierung werde genötigt sein, „die internationalen Beziehungen zu respektieren", weil es ihr sonst „wie dem Don Quichotte" gehen würde (Schultheß' Europäischer Geschichtskalender 70 (1929) 257 f.).

[13] Am 15. Januar 1929 erklärte Ministerpräsident Graf Bethlen auf einem Festbankett der Regierungspartei: „Viele machen der Regierung Vorwürfe, warum sie nicht vor den internationalen Instanzen die Frage der Revision aufgeworfen habe. Diese Kreise verkennen die in dem internationalen Leben sich auswirkenden Kräfte. Solange die internationale Lage nicht dazu angetan ist, bin ich nicht geneigt, auf Wunsch übereifriger Patrioten die Nation vor der ganzen Welt einer Blamage auszusetzen. Die ungarische Frage lebt und kann nicht mehr begraben werden. Durch Propaganda allein können die nationalen Ideale nicht verwirklicht werden. Hierzu müssen Mittel der Staatskunst und der Diplomatie in Anspruch genommen werden, um beim Eintritt günstiger Voraussetzungen die Ideale der Nation zu erkämpfen." (Schultheß' Europäischer Geschichtskalender 70 (1929) 256 f.). — Am 26. Mai 1937 erklärte Außenminister Kánya vor dem Abgeordnetenhaus in einem Bericht über sein Ressort, Ungarns außenpolitische Lage habe sich in den letzten Jahren entscheidend gebessert. „Die Erschütterung der Alleinherrschaft der Kleinen Entente im Donauraum hat die Aussichten für eine Annäherungspolitik wesentlich gebessert." (Schultheß' Europäischer Geschichtskalender 78 (1937) 210 f.).

[14] So billigte etwa die Sozialistische Partei am 24. Juli 1929 in einem außenpolitischen Manifest ausdrücklich das Beharren der Regierung auf der Forderung nach Revision der Friedensbestimmungen, wenn sie zugleich auch feststellte, eine Politik, die mit einem solchen Programm sich um die Verwirklichung des Selbstbestimmungsrechts der Völker

tionen und vorsichtige diplomatische Vorstöße diesen ungarischen Wunsch nach Revision der Friedensverträge der europäischen politischen Öffentlichkeit ständig gegenwärtig zu halten [15]. Das bedeutete aber auch, daß diese auf den ersten Blick utopische Erwartung eine ständige Gefahr nicht nur für die auf Kosten Ungarns vergrößerten Nachbarstaaten, sondern für die Entwicklung in Europa überhaupt darstellte. Es war der ungarischen Führung vollkommen klar, daß sie eine solche machtpolitische Veränderung nicht durch eigene Initiativen auslösen und fördern konnte, sondern daß sie hier von einer übergreifenden Verschiebung innerhalb der kontinentalen politischen Ordnung abhängig war. Aber eben deshalb konnte das von ihr vertretene revisionistische Programm von einem jeden Staat, der seinerseits auf eine solche Veränderung hinarbeitete, als Instrument zur Durchsetzung eigener Absichten genutzt werden. Auch wurde die Unbedingtheit des ungarischen Revisionsanspruchs und damit seine europäische Bedeutung dadurch keineswegs geschmälert, daß man im Laufe der Jahre in Ungarn zu differenzieren begann zwischen verschieden weitgehenden revisionistischen Programmen [16]; entscheidend war, daß hier ein Mitglied der europäischen Völkerfamilie sich standhaft weigerte, die durch den Ausgang des Ersten Weltkriegs bewirkten Veränderungen nicht nur vertragsrechtlich, sondern auch politisch anzuerkennen. Für einen Staat wie die Tschechoslowakei, dessen Existenz als neuer slawischer Nationalstaat durch diesen Revisionismus in Frage gestellt wurde, war diese ungarische Beharrlichkeit im Verfolgen eines solchen Programms besonders gefährlich.

Die tschechoslowakische Einstellung gegenüber Ungarn beruhte auf der Überzeugung, daß die Slowakei und — mit gewissen, zur Zeit aber unerheblichen Einschränkungen — auch die Karpatenukraine essentielle Bestandteile der jungen Republik seien. Deshalb war die Revision der territorialen Friedensbestimmungen, wenn sie nach den Regeln der neuen Ordnung auch nicht von vornherein ausgeschlossen war, in diesem Fall für Prag völlig undiskutabel [17], und deshalb wurde die tschechoslowakische Regierung auch nicht müde, den südlichen Nachbarn immer wieder aufzufordern, sich nicht nur unter Zwang mit dem Verlust des bisherigen Nordungarn abzufinden, sondern ihn auch publizistisch und diplomatisch nicht mehr in Frage zu stellen. Ebenso wie in Ungarn wußte man auch in der Tschechoslowakei sehr wohl, daß die Existenz der ČSR und vor allem die Zugehörigkeit

---

bemühe, werde mehr Aussicht auf Erfolg haben, wenn Ungarn nach republikanisch-demokratischen Grundsätzen regiert werde (Schultheß' Europäischer Geschichtskalender 70 (1929) 261).

[15] Am 20. April 1934 erklärte Ministerpräsident Gömbös im Finanzausschuß des ungarischen Abgeordnetenhauses, Ungarn passe sich der allgemein ersehnten Friedenspolitik an, ohne die gerechten ungarischen Forderungen preiszugeben, deren Billigkeit in immer höherem Maße von der europäischen öffentlichen Meinung anerkannt werde (Archiv der Gegenwart (1934) 1386 E).

[16] Hoensch: Revisionismus 11.

[17] Am 26. Oktober 1927 stellte Beneš in einer Erklärung vor den Außenausschüssen der beiden Häuser des tschechoslowakischen Parlaments fest, er werde jede Aktion, die auf eine Revision der Verträge hinziele, ablehnen, auch wenn sie sich auf den Revisionsartikel der Völkerbundssatzung (§ 19) berufe. Solche Aktionen brächten nur Unsicherheit, Unruhen, politischen und sozialen Umsturz hervor. (Schultheß' Europäischer Geschichtskalender 68 (1927) 225).

der Slowakei zu diesem Staat nur so lange gesichert war, solange das europäische System von 1919 unverändert blieb, und man suchte deshalb alles zu verhindern, was zu einer Störung dieser Ordnung führen konnte, und die Warnung vor den europäischen Konsequenzen auch nur eines kleinen Erfolgs des ungarischen Revisionismus gehörte zu den besonders nachdrücklich vorgetragenen tschechoslowakischen Argumenten bei der Ablehnung der ungarischen Ansprüche [18]. Diese Haltung der Tschechoslowakei gegenüber den ungarischen Forderungen war um so überzeugender, als auch die Einwohner der Slowakei selbst von einer Rückkehr unter ungarische Herrschaft nichts wissen wollten. Auch wenn gerade die politisch aktiven Slowaken entschiedene Vorbehalte gegen den Prager Zentralismus gegenüber dem slowakischen Volk hatten, dessen ethnische Individualität sogar offiziell ignoriert wurde, so ging dieses Mißverständnis an der gegenwärtigen innenpolitischen Situation in der ČSR bei ihnen niemals so weit, daß sie an der Wiederherstellung des Vorkriegszustands ernsthaft interessiert gewesen wären [19]. Dazu waren auch die Erinnerungen an die Politik der nationalen Unterdrückung durch den ungarischen Staat noch zu lebendig und die jetzt von ungarischer Seite gemachten Autonomieversprechen zu unbestimmt.

Anders verhielt es sich mit der ungarischen Minderheit in der ČSR, die rund ein Drittel der Gesamtbevölkerung in der Slowakei ausmachte. Unter Berufung

---

[18] Am 6. Juni 1928 erklärte Beneš vor den Außenausschüssen der beiden Häuser des tschechoslowakischen Parlaments: „Ich betone . . . , was heute in Frankreich, England und rings um uns jedermann sieht, daß jeder praktische Versuch um die Revision der Friedensverträge derartige Erschütterungen, Streitigkeiten und Konflikte hervorrufen würde, daß Europa von neuem zu einem gewaltigen Brandherd verwandelt wäre. Die Agitation für eine Revision der Verträge verlangsamt nur die Entwicklung zur Konsolidierung der europäischen Verhältnisse . . . Deshalb wende ich mich konsequent gegen alle derartigen Bestrebungen und bekämpfe sie in der entschiedensten Weise, da ich den Frieden und die Ruhe Zentraleuropas und Europas überhaupt will." (Edvard Beneš: Die internationale Lage und die tschechoslovakische Außenpolitik. Exposé des Außenministers . . . am 6. Juni 1928. Prag 1928, S. 17 f. (Quellen und Dokumente zur tschechoslovakischen Zeitgeschichte 1).

Am 6. Dezember 1933 erklärte Beneš in einem Vortrag in Preßburg, die deutsche und die italienische Politik werde die nationale Einheit dieser beiden Staaten festigen, und diese Entwicklung werde in gewissem Sinn durch die „Expansion des magyarischen Nationalismus" ergänzt. Die organische Entwicklung des heutigen Europa würde aber durch eine nationale Expansion gefährdet werden, deren erstes Ziel die Bedrohung der tschechoslowakischen Grenzen sei. Eine Revision der Grenzen müsse abgelehnt werden, weil ohne die Slowakei und ohne die Karpatenukraine weder die Kleine Entente noch die von ihr ins Auge gefaßte Organisation Mitteleuropas möglich wäre. Die Regierung werde an der tschechoslowakischen Einheitsidee immer festhalten (Archiv der Gegenwart (1933) 1174 J). — Auf einer Versammlung der tschechoslowakischen nationalsozialistischen Partei am 14. Dezember 1934 bestritt Beneš, daß es einen friedlichen Revisionismus geben könne. Jeder Revisionismus habe vielmehr das Ziel, „den heutigen Stand in Mitteleuropa zu zerschmettern" (Archiv der Gegenwart (1934) 1777 H).

[19] Hoensch: Revisionismus 12. — Auf einem Kongreß tschechischer und slowakischer Katholiken in Leitomischl erklärte am 9. September 1934 Andrej Hlinka, auch die Slowaken seien entschlossen, die Errungenschaften des Friedens von Trianon „gemeinsam bis zum letzten Blutstropfen zu verteidigen". Die Slowaken seien bereit, die heutige Grenze gegen jede Revision zu verteidigen (Archiv der Gegenwart (1934) 1615 F).

auf das neu geschaffene Institut der Minderheitenschutzverträge wurden die Revisionswünsche, die sich auf die Lage dieser Minderheit bezogen, sogar zu einer Art systemkonformer Kritik, der gegenüber es die tschechoslowakische Zurückweisung schon schwerer hatte. In der Tat galten bei dem Andauern des ungarischen Revisionismus die Angehörigen dieser Minderheit als eine potentielle Gefahr für die Integrität des tschechoslowakischen Staates [20], und vor allem in den ersten Jahren ihrer Zugehörigkeit zur ČSR waren sie nicht selten einer demütigenden und schikanösen Behandlung ausgesetzt. Dennoch wurde auch bei ihnen kein einmütiger Wunsch zur Wiedervereinigung mit dem Vaterland laut. Das hatte seinen Grund nicht nur in der häufig besseren wirtschaftlichen Lage der Tschechoslowakei im Vergleich zu Ungarn [21]. Aus neueren Forschungen wissen wir, daß, ähnlich wie bei den Sudetendeutschen, auch bei der ungarischen Minderheit in der ČSR die parteipolitischen und sozialen Gegensätze innerhalb dieser Bevölkerungsgruppe stärker waren als das Empfinden, gemeinsam für die nationale Zukunft eintreten zu sollen [22]. Und angesichts der innenpolitischen Entwicklung im Ungarn des Reichsverwesers [23] gab es, abgesehen von der gewiß nicht befriedigenden nationalen Lage, für die Ungarn in der Slowakei gewiß auch gute politische Gründe für das Verbleiben in einem parlamentarisch regierten Rechtsstaat. Die ungarische Minderheit in der ČSR konnte von Budapest deshalb nur sehr beschränkt als mögliche Irredenta in revisionistische Planungen einbezogen werden.

Die von tschechoslowakischer Seite wiederholt unternommenen Versuche, die ungarische Erstarrung durch Entgegenkommen in Fragen der internationalen Reputation Ungarns (Zulassung zum Völkerbund, Sanierungsanleihe) [24] und bei dem Ausbau der wirtschaftlichen Beziehungen aufzulockern, konnten bei der gegebenen Konstellation zu keinem bleibenden Erfolg führen [25]. So konnte etwa

---

[20] Am 20. Dezember 1927 beklagte Außenminister Walkó im ungarischen Oberhaus das Verhalten der ČSR, wo „die immer häufigeren Kundgebungen zugunsten einer Revision des ungarischen Friedensvertrags leider eine härtere Behandlung der ungarischen Minorität" zur Folge hätten (Schultheß' Europäischer Geschichtskalender 68 (1927) 221).

[21] Hoensch: Revisionismus 12.

[22] S. dazu Endre Arató: Political Differentiation in the Hungarian population of Czechoslovakia in the post-world war I years. In: Études historiques hongroises 1975 publiées à l'occasion du XIVe Congès international des sciences historiques . . . Bd. 2. Budapest 1975, S. 383—410. Vgl. Charles Hoch: Les Partis politiques en Tchécoslovaquie. Prag 1936, S. 45—48: „Partis magyars" (Sources et documents tchécoslovaques 28).

[23] S. dazu jetzt Antony Polonsky: The little Dictators. The history of Eastern Europe since 1918. London 1975, S. 44—61.

[24] S. dazu Jaroslav Papoušek: Dr. Edvard Beneš. Sein Leben. Prag 1937, S. 116 f., 120.

[25] Am 15. Dezember 1933 erklärte Gömbös in einer Rede, Ungarn halte seine wirtschaftlichen Interessen nicht für so wichtig, daß es ihnen zuliebe seine nationale Zukunft preisgeben werde (Archiv der Gegenwart (1933) 1188 M). Den gleichen Gedanken wiederholte er am 7. Mai 1934 in seiner Budgetrede im Abgeordnetenhaus: es werde gesagt, daß die „Aufhebung des Rumpfdaseins" Ungarns am ehesten auf dem Wege der wirtschaftlichen Annäherung gesucht werden müsse; dazu stelle er fest, die ungarische Nation sei „noch nicht so tief gesunken, um diese Frage ausschließlich vom wirtschaftlichen Standpunkt aus zu beurteilen" (Archiv der Gegenwart (1934) 1416 B). — Am 29. Oktober 1936 erklärte Außenminister Kánya im Außenausschuß des Abgeordneten-

der Handelsvertrag erst nach sehr langwierigen Verhandlungen abgeschlossen werden, und nach seinem Auslaufen wurde er nicht erneuert [26].

Die ungarische Erwartung, durch eine machtpolitische Verschiebung innerhalb des europäischen Systems zu einer zumindest teilweisen Erfüllung des Revisionsprogramms, gerade auch gegenüber der ČSR, zu kommen, fand ihre Erfüllung während des durch das Deutsche Reich herbeigeführten Auflösungsprozesses der Tschechoslowakei. Seit den späten zwanziger Jahren war durch die zunehmend engere Koordinierung der ungarischen Politik mit derjenigen des faschistischen Italien das machtpolitische Störpotential, das der ungarische Revisionismus zweifellos darstellte, aus seiner regionalen Begrenzung bereits gelöst und in einen für Europa als Ganzes bedeutsamen Zusammenhang gestellt worden [27]. Schließlich wurde durch den Ersten Wiener Schiedsspruch vom 2. November 1938 und durch die Annexion des der Č-SR zunächst noch verbliebenen Teils der Karpatenukraine im März 1939 das damals mögliche Höchstmaß an Revisionismus verwirklicht [28].

Die Freude über diesen Erfolg des ungarischen Territorialprogramms währte aber nur kurz. Er war Teil der von den Achsenmächten betriebenen Expansionspolitik gewesen und wurde deshalb bei deren Niederlage am Ende des Zweiten Weltkriegs wieder rückgängig gemacht. Im Februar 1947 wurde im Friedensvertrag von Paris zwischen der Tschechoslowakei und Ungarn die Trianongrenze aufs neue international bestätigt. In dem von der Sowjetunion als neuer Vormacht beherrschten Ostmitteleuropa ist für ein politisch wirksames Wiederaufleben des ungarischen Revisionismus kein Platz mehr; auch ist ihm durch die allerdings nur teilweise durchgeführte Aussiedlung der ungarischen Minderheit ein wichtiger Anlaß entzogen worden.

---

hauses, Ungarn sei nicht bereit, „für ungenügende politische und wirtschaftliche Kompensationen seine Diskriminierung zu verewigen“ (Schultheß' Europäischer Geschichtskalender 77 (1936) 201).

Über die grundsätzlichen Schwierigkeiten, die einer wirtschaftlichen Konsolidierung in diesem Teil Europas damals im Weg standen, s. jetzt Hans Raupach: Strukturelle und institutionelle Auswirkungen der Weltwirtschaftskrise in Ost-Mitteleuropa. VfZ 24 (1976) 38—57.

[26] S. dazu Strauß: Außenpolitik 91, 106.

[27] Während des Besuchs des ungarischen Ministerpräsidenten Gömbös in Rom im November 1932 hob die offiziöse italienische Presse die ungarisch-italienische Interessengemeinschaft hervor. Ungarn wisse, daß es zur Wahrung seiner Interessen auf Italien zählen könne. Der Vertrag von Trianon sei einer jener ungerechten Verträge, die den Krieg fortsetzten, und müsse daher zur Sicherung des Friedens revidiert werden (Archiv der Gegenwart (1932) 553 B). — Am 19. März 1934 erklärte Mussolini auf einer faschistischen Parteitagung, das isolierte Ungarn, das selbst rein ungarischer Gebiete beraubt worden sei, habe schon lange bei Italien Verständnis gefunden. Ungarn fordere Gerechtigkeit und werde hierbei von Italien unterstützt. Das starke ungarische Volk verdiene ein besseres Schicksal und werde es auch haben (Archiv der Gegenwart (1934) 1339 A).

[28] S. dazu Hoensch: Revisionismus 107—289; über das Ausmaß der Grenzverschiebungen im einzelnen s. Alfred Bohmann: Die tschechoslowakischen Gebietsabtretungen an Polen und Ungarn 1938/39. ZfO 20 (1971) 465—495.

Detlef Brandes:

DIE BEZIEHUNGEN ZWISCHEN DER TSCHECHOSLOWAKEI UND JUGOSLAWIEN 1918—1938

Das Bild, das die Tschechoslowakei und Jugoslawien in der Zwischenkriegszeit boten, war sehr verschieden. Häufige Regierungswechsel, Parlamentsboykott durch die kroatische Bauernpartei, Verbot der kommunistischen und zeitweise auch anderer Parteien, Terror und Gegenterror in den makedonischen und albanischen Landesteilen standen im Kontrast zu der vergleichsweise friedlichen und demokratischen Entwicklung in der Tschechoslowakei. Andererseits flößte die serbische Armee den Nachbarn Respekt ein, während sowohl die jugoslawischen Militärs als auch andere Beobachter eine geringe Meinung vom Kampfwert der tschechoslowakischen Armee hatten [1]. Mit dem Hinweis, daß die serbische Armee das eigentliche Rückgrat des jugoslawisch-tschechoslowakischen Bündnisses vom August 1920 sei, kompensierten viele in Jugoslawien die internationalen Erfolge des tschechoslowakischen Außenministers, der nach Meinung des britischen Botschafters Clerk 1923 „endgültig ein wichtiger Faktor in den europäischen Konferenzen geworden ist und für sich und sein Land eine Stellung erreicht hat, die die tatsächliche Bedeutung seines Landes weit übersteigt". In Masaryk und Beneš hatte die Tschechoslowakei nach Meinung Alexander Cadogans, damals Mitarbeiter der Mitteleuropa-Abteilung des Foreign Office, „zwei Staatsmänner von einem Kaliber, das sie von den Führern der anderen Nachfolgestaaten unterscheidet" [2]. Die unterschiedliche Bewertung der Qualitäten von Beneš und des langjährigen jugoslawischen Außenministers Ninčić z. B. zeigte sich in der Tatsache, daß Ninčić 1922 trotz Benešs Verzichts zu seinen Gunsten nicht in den Völkerbundsrat gewählt, Beneš jedoch im folgenden Jahr bei einer erneuten Kandidatur prompt wieder in den Rat entsandt wurde [3].

Zum Verhältnis zwischen Innen- und Bündnispolitik

Das tschechoslowakisch-jugoslawische Bündnis, das durch gegenseitige Besuche von Parlaments-Delegationen und Teilnahme an Sokol-Treffen in Prag und Beograd in der Bevölkerung verankert werden sollte, hatte auch eine innenpolitische Bedeutung. Die tschechoslowakische Regierung war an der Vorherrschaft der Serben in Jugoslawien und die jugoslawische an der Vorherrschaft der Tschechen in der Tschechoslowakei interessiert. Nur ein zentralistisch regierter Staat erschien der befreundeten Regierung militärisch verläßlich. Nur wenn Slowaken bzw.

[1] Addison an Henderson: Czechoslovakia. Annual report 1930 — PRO, FO 371/15179, S. 141 ff. — Serb-Croat-Slovene State. Annual report 1921 — FO 371/7686, S. 94 ff. — Young on FO: Serb-Croat-Slovene Kingdom. Annual report 1922 — FO 371/8910, S. 170 ff.

[2] Memorandum Cadogan v. 18. 10. 1923 — PRO, FO 371/8575, S. 77 ff.

[3] Young an Curzon und Clerk an FO v. 28. 8. 1922 — PRO, FO 371/4700, S. 303 u. 325.

Kroaten nicht allzu großen Einfluß auf die Außenpolitik beider Staaten ausüben konnten, schien die anti-ungarische Zielsetzung in der Außenpolitik und die Abwehr gegenüber Deutschland bzw. Italien gesichert.

Während der innenpolitischen Krise in Jugoslawien im Jahre 1928 äußerten sich Masaryk und Beneš deshalb gegen den geplanten Besuch des kroatischen Oppositionspolitikers Trumbić in Prag. Der Staatsstreich König Alexanders vom 6. Januar 1929 wurde von der tschechoslowakischen ebenso wie von der französischen Regierung und Presse positiv beurteilt, da diese sich eine Lösung der innenpolitischen Schwierigkeiten und eine Sicherung der militärischen Handlungsfähigkeit Jugoslawiens erhofften. Allerdings änderte sich die tschechoslowakische Haltung, je länger die Diktatur andauerte und je deutlicher wurde, daß sie die innenpolitischen Schwierigkeiten in Jugoslawien nicht beheben konnte.

Im Oktober 1930 erschienen in der tschechoslowakischen Presse die ersten kritischen Artikel über die Zustände in Jugoslawien und Masaryk lehnte ihretwegen 1931 einen Staatsbesuch in diesem Lande ab. Die oktroyierte Verfassung vom 3. September 1931 war dann nicht nur das Ergebnis innenpolitischen Drucks, sondern auch eine wenigstens formale Anpassung an die Wünsche der Verbündeten, obgleich die offene Stimmabgabe, die Zweidrittel-Mehrheit der Sitze für die stärkste Partei und die großen Machtbefugnisse des Königs die Unterschiede zwischen der parlamentarischen Demokratie in der Tschechoslowakei und dem persönlichen Regime König Alexanders kennzeichneten[4]. Diese Differenzen in der Innenpolitik blieben bestehen, als nach Alexanders Ermordung im Oktober 1934 Prinz Paul seine Nachfolge angetreten hatte. Jede Opposition gegen den Belgrader Zentralismus galt als staatsgefährdend und wurde entsprechend unterdrückt. Außenpolitisch sollte sich auswirken, daß Prinz Paul von der Furcht vor der kommunistischen Gefahr „geradezu besessen" war. Dadurch fand die deutsch-ungarische Propaganda, die die Tschechoslowakei seit ihrem Bündnis mit der Sowjetunion als bolschewistisches Flugzeugmutterschiff bezeichnete, Anklang bei Paul und seinen Regierungen. Eine Anerkennung der Sowjetunion oder gar ein Bündnis mit ihr erschien Paul besonders nach der Bildung der Volksfrontregierung in Frankreich und der sowjetischen Unterstützung für die spanische Regierung als innenpolitische Gefahr. Diese innenpolitische Auseinanderentwicklung Jugoslawiens und der Tschechoslowakei beeinflußte ihre außenpolitische Zusammenarbeit ebenso wie die Entwicklung ihrer wirtschaftlichen Beziehungen[5].

---

[4] Stojkov, Teodor: O nastojanju jugoslovenskih krugova da obezbede režimu monarhodiktature podršku čehoslovačke vlade (1929—1931) [Über die Bemühungen jugoslawischer Kreise, dem Regime der Königsdiktatur die Unterstützung der tschechoslowakischen Regierung zu sichern (1929—1931)]. In: Československo a Juhoslávia. Bratislava 1968, S. 272 ff. — Vinaver, Vuk: Jugoslavija i Madjarska 1918—1933. Beograd 1971, S. 423. — N. Henderson an A. Henderson: Annual report on Yugoslavia 1930 — PRO, FO 371/15273, S. 99 ff.

[5] Campbell an Eden: Yugoslavia. Annual report 1936 — PRO, FO 371/21201, S. 3 ff. — Král, Václav: Spojenectví čs.-sovětské v evropské politice [Das tschechoslowakisch-sowjetische Bündnis in der europäischen Politik]. Praha 1970, S. 245 ff.

Die wirtschaftlichen Beziehungen

Die Voraussetzungen für den jugoslawisch-tschechoslowakischen Handel waren nicht günstig. Obwohl die Tschechoslowakei eine hochentwickelte Industrie hatte und Jugoslawien ein Agrarstaat war, in dem $^{3}/_{4}$ der Bevölkerung von der Landwirtschaft lebten, war doch in der Tschechoslowakei immerhin auch $^{1}/_{3}$ der Bevölkerung in der Landwirtschaft beschäftigt. Im Durchschnitt produzierte eine männliche landwirtschaftliche Arbeitskraft in der Tschechoslowakei fast dreimal soviel wie in Jugoslawien. Die Tschechoslowakei war deshalb nur zu einem Teil auf den Import landwirtschaftlicher Erzeugnisse angewiesen. Die Kaufkraft der jugoslawischen Agrarbevölkerung litt unter der geringen Produktivität, den niedrigen Weltmarktpreisen für landwirtschaftliche Produkte, der raschen Zunahme der Bevölkerung und der verdeckten Arbeitslosigkeit. Für den Aufbau einer Schwerindustrie fehlten die Bodenschätze, für die Entwicklung einer umfangreichen Leichtindustrie Standortvorteile und Kapital[6].

Nachdem der Warenhunger der ersten Nachkriegsmonate gestillt und die erste Ernte eingebracht war, lockerte die jugoslawische Regierung das Ausfuhrverbot für Getreide, führte Kontingentierungen ein und übernahm die Zölle Serbiens für den neuen Staat. 1919 schloß sie außer mit Österreich auch mit der Tschechoslowakei einen Vertrag, der den Austausch von Agrarprodukten gegen Kohle und Eisen vorsah[7]. Auf Grund schlechter Ernten hatten die jugoslawischen Ausfuhren und damit auch diejenigen in die Tschechoslowakei 1921 und 1922 nur geringen Umfang, während die Tschechoslowakei damals schon den zweiten Platz nach Österreich bei den jugoslawischen Einfuhren einnahm.

Rund die Hälfte der jugoslawischen Importe aus der Tschechoslowakei bestand in den ersten Jahren aus Stoffen und Textilien, die andere Hälfte aus Zucker, Eisen- und Glaswaren. Jugoslawien exportierte vor allem Weizen und Mais, Schweine und Geflügel, Brenn- und Bauholz[8].

Bis 1928 wickelten die Tschechoslowakei und Jugoslawien ihren Handelsverkehr ohne Vertrag ab. Die Tschechoslowakei lieferte zwischen 1922 und 1928 18 bis 22 % der gesamten jugoslawischen Importe und nahm 8 bis 12 % der jugoslawischen Exporte ab.

Nachdem Jugoslawien seine Handelsbeziehungen mit Italien vertraglich geregelt hatte, schloß es im November 1928 auch ein Abkommen mit der Tschechoslowakei, das aber noch keine Abmachungen über Zollsenkungen enthielt. Die Tschechoslowakei wollte eine Reduktion der Zölle für Textilien und Jugoslawien eine solche für landwirtschaftliche Produkte erreichen. Da die tschechoslowakische Regierung unter dem Druck der Agrarpartei nicht nachgeben konnte, kamen die Verhandlungen zum Stillstand. Die Agrarpartei hatte 1926 eine Erhöhung der

---

6 Raupach, Hans: Strukturelle und institutionelle Auswirkungen der Weltwirtschaftskrise in Ostmitteleuropa. VfZ 24 (1976) 38 ff.

7 Lamer, Mirko: Weltwirtschaftliche Verflechtungen Südslawiens. Zagreb 1933, S. 36 ff.

8 Young an FO: Serb-Croat-Slovene Kingdom. Annual report 1922 — PRO, FO 371/8910, S. 170 ff. — Young an A. Chamberlain: Serb-Croat-Slovene Kingdom. Annual report 1924 — FO 371/10797, S. 85 ff.

Agrarzölle durchgesetzt, so daß zum Beispiel von 1923 bis 1930 die Einfuhr von Rindern aus Jugoslawien von Lieferungen im Wert von 161 Millionen Dinar auf Null und von Schweinen von 170 auf 84 Millionen Dinar sank[9]. Jugoslawien hatte allerdings damals schon bedeutende Einnahmen aus dem Tourismus. 1930 ließen 246 000 Touristen — die Bürger der Tschechoslowakei waren mit rund 19 % beteiligt — ungefähr 340 Millionen Dinar in Jugoslawien, während in diesem Jahr Jugoslawien nur für insgesamt 556 Millionen Dinar in die Tschechoslowakei exportieren konnte. Diese Einnahmequelle blieb auch über die Krisenjahre hinweg ziemlich stabil[10].

Bei den Importen konnte die Tschechoslowakei 1928 Österreich vom ersten Platz verdrängen, mußte aber diese Spitzenstellung schon 1931 gegenüber Deutschland räumen, das 1927 ein Handelsabkommen mit Jugoslawien geschlossen hatte. Die Zusammensetzung der jugoslawischen Einfuhren änderte sich von 1922 bis 1930 beträchtlich. Der Anteil der Roh- und Halbstoffe für die Textil- und Schuhindustrie stieg von 8 auf 17 %, der Anteil der Fertigwaren sank von 35 auf 20 %. Dies war ein Erfolg der jugoslawischen Schutzzollpolitik. Einige tschechoslowakische Firmen hatten sich den 1925 drastisch heraufgesetzten Zöllen durch Verlagerung ihrer Produktion angepaßt. So entstanden in Jugoslawien vor allem tschechoslowakische Zucker-, Textil- und Schuhfabriken. Lamer schätzt, daß tschechoslowakische Firmen 1930 jugoslawische Aktiengesellschaften mit einem Kapital von rund 300 Millionen Dinar kontrollierten. Der Anteil des tschechoslowakischen Kapitals war damit geringer als der des österreichischen (500 Millionen) und reichte nicht an die Größe des französischen und englischen heran, das sich die Ausbeutung der jugoslawischen Bodenschätze gesichert hatte (800 bzw. 700 Millionen Dinar). Er entsprach aber der Größenordnung des schweizerischen und amerikanischen und überstieg den Einfluß etwa des deutschen und italienischen Kapitals[11]. Tschechoslowakische Banken erwarben die Majorität bei der „Jugoslawischen Bank" und zwei Gewerbebanken in Zagreb und größere Anteile bei einem bosnischen und einem slowenischen Geldinstitut[12]. Nach einem Wirtschaftsbericht der IG Farben AG von 1938 verschob sich das Gewicht innerhalb des ausländischen Kapitals in Jugoslawien bis 1937 zugunsten der Tschechoslowakei[13].

Die Weltwirtschaftskrise verringerte seit 1930 die Preise für landwirtschaftliche Produkte und die Nachfrage nach industriellen Gütern und führte zur Bildung wirtschaftlicher Großräume. Im Handel mit der Sowjetunion war die Tschechoslowakei den großen Industriestaaten unterlegen, weil sie keine modernen Produktionsanlagen liefern und langfristige Großkredite gewähren konnte. Die Abwertung des britischen Pfunds im September 1931 und die Beschlüsse der Konferenz von Ottawa riegelten Großbritannien gegen tschechoslowakische Zucker-

---

[9] Lamer 100 f.
[10] Wirtschaftsbericht Jugoslawien der IG Farben für 1938, J 5.
[11] Lamer 64 ff. — Teichová, Alice: An economic background to Munich. Cambridge 1974, S. 21 f.
[12] Lamer 53. — Wirtschaftsbericht 43 f.
[13] Wirtschaftsbericht J 14.

und Industrieprodukte und gegen jugoslawische landwirtschaftliche Erzeugnisse ab. Frankreich mit seiner starken eigenen Landwirtschaft und seinen kolonialen Präferenzen übernahm ebenfalls nicht die Agrarüberschüsse Jugoslawiens. Die Tschechoslowakei und Jugoslawien waren dadurch noch mehr als bisher auf den Warenaustausch mit Deutschland und Italien angewiesen. Der Zusammenbruch der multilateralen Handelsbeziehungen und die neuen Clearingsysteme verstärkten die deutsche Position[14]. Das Fallen der Preise für landwirtschaftliche Produkte und eine erneute Erhöhung der Agrarzölle belasteten die Beziehungen zwischen Jugoslawien und der Tschechoslowakei. Während die Lieferungen nach Jugoslawien 1929 und 1930 langsamer abnahmen als die gesamten tschechoslowakischen Ausfuhren, bekamen die Jugoslawen 1929 154 Millionen Dinar weniger für ihre Exporte in die Tschechoslowakei. Als dann der Plan einer deutsch-österreichischen Zollunion bekannt wurde und die jugoslawische Regierung mit ihrer Stellungnahme zu diesem Vorhaben zögerte, sah sich die tschechoslowakische Regierung unter Druck gesetzt. Am 30. März 1931 wurde zwischen beiden Staaten ein System von Zollsenkungen vereinbart, das tschechoslowakischen Erzeugnissen wie Bier, Textilien, Porzellan und Glaswaren und jugoslawischen Waren wie Geflügel, Schweinen und Obst zugute kam. In einem geheimen Zusatz räumte die Tschechoslowakei Jugoslawien auch Präferenzen für Getreide ein, das sie z. T. reexportierte[15]. Der Anteil der Tschechoslowakei an der jugoslawischen Ausfuhr erreichte daraufhin 1931 mit 15,5 % einen Höchststand. Die Tschechoslowakei kaufte doppelt soviel Getreide in Jugoslawien wie alle anderen Staaten zusammen. Fast die Hälfte der tschechoslowakischen Importe bestand aus Tabak[16]. Dieses Volumen hatte allerdings für die Tschechoslowakei mit ihrem wesentlich größeren Außenhandel geringere Bedeutung. An der gesamten tschechoslowakischen Einfuhr war Jugoslawien 1931 nur mit 3,3 %, an der Ausfuhr mit 6,3 % beteiligt. Die tschechoslowakischen Ausfuhren nach Jugoslawien nahmen 1931 um rund 1/3 ab, ebenso wie die in andere Länder. Die einzige Branche, die damals ihre Exporte steigern konnte, war die Schuhindustrie[17].

1932 brachte eine Halbierung und 1933 einen weiteren Rückgang des tschechoslowakisch-jugoslawischen Handels. Jugoslawien war auf Grund der Devisenbewirtschaftung und des Clearingvertrages zwischen beiden Staaten bestrebt, nicht mehr aus der Tschechoslowakei zu importieren, als es dorthin exportieren konnte. Die Lieferungen konnten aber nicht gesteigert werden, da die Schutzmaßnahmen für die Landwirtschaft inzwischen zu einem solchen Anwachsen der Produktion in der Tschechoslowakei geführt hatten, daß diese, was Getreide und besonders Weizen anging, 1933 autark wurde[18].

---

[14] Raupach 51 ff.

[15] Vinaver 441 ff. — Addison an Simon: Czechoslovakia. Annual report 1931 — PRO, FO 371/15900, S. 97 ff. — N. Henderson an John Simon: Yugoslavia. Annual report 1931 — FO 371/15994, S. 220 ff. — Průcha, Václav a kol.: Hospodářské dějiny Československa v 19. a 20. storoči [Wirtschaftsgeschichte der Tschechoslowakei im 19. und 20. Jahrhundert]. Bratislava 1972, S. 168 f.

[16] Lamer 105 u. 149. — Vinaver 446.

[17] Addison an Simon: Czechoslovakia. Annual report 1931 — FO 371/15900, S. 97 ff.

[18] Addison an Simon: Czechoslovakia. Annual report 1933 — PRO, FO 371/18383. —

In den nächsten beiden Jahren stiegen die Umsätze im tschechoslowakisch-jugoslawischen Handel allmählich wieder, doch konnten die tschechoslowakischen Exporte wegen des Clearingsystems nicht über die Höhe der Importe hinausgehen. Jugoslawien hatte eine aktive Bilanz gegenüber den meisten Clearingstaaten, besonders Deutschland, so daß es mehr aus Deutschland importieren mußte, wenn es den Überschuß realisieren wollte[19].

Seit der Stabilisierung der Handelsbeziehungen im Jahre 1936 vergrößerte sich der Abstand zwischen den jugoslawischen Einfuhren aus der Tschechoslowakei und den Ausfuhren dorthin wieder, während die Umsätze 1937 und 1938, absolut gesehen, abnahmen. Diese Entwicklung konnte auch durch ein Abkommen über Zollsenkungen für tschechoslowakisches Bier und landwirtschaftliche Maschinen einerseits und jugoslawisches Geflügel, Eier und Schweine andererseits nicht aufgehalten werden, das beide Regierungen im November 1936 abgeschlossen hatten[20].

Im übrigen änderte sich die Richtung des jugoslawischen Außenhandels seit 1936 radikal. Auf Grund der Sanktionen des Völkerbundes wegen Abessinien erreichte der Handel mit Italien einen Tiefstand von 2,2 % (Importe) und 3,1 % (Exporte). 1937 ging über 1/5 der jugoslawischen Ausfuhren nach Deutschland und fast 1/3 der Einfuhren kam von dort.

Ein wesentlicher Teil der jugoslawischen Importe aus der Tschechoslowakei bestand aus Rüstungsgütern. Die jugoslawischen Streitkräfte wurden ebenso wie die rumänischen weitgehend mit tschechoslowakischen Waffen ausgerüstet. Um in der Tschechoslowakei einkaufen zu können, erhielt Jugoslawien wiederholt Kredite, 1928 sogar einen Kredit von 700 Millionen Dinar, mit dem es allein 1929 und 1930 rund 800 Kanonen, 500 leichte Maschinengewehre, 100 000 Gewehre und andere militärische Güter kaufte[21]. Jugoslawische Versuche, eigene Rüstungsfabriken zu errichten, wurden von den tschechoslowakischen Firmen nicht gerne gesehen. So wollte Jugoslawien zum Beispiel 1931 eine Munitionsfabrik in Kragujevac bauen, doch scheiterte das Projekt am jugoslawischen Kapitalmangel. Jeder Versuch, die Abhängigkeit vom Ausland durch Aufbau einer eigenen Rüstungsindustrie zu mildern, mußte am Fehlen eines modernen Stahlwerks scheitern[22].

Die tschechoslowakischen Waffenexporte nach Jugoslawien gingen auch während der Wirtschaftskrise weiter[23].

1935 wurde der tschechoslowakische Kredit von 1928 auf 3 Milliarden Dinar erhöht. 80 % sollten in Rohstofflieferungen, 20 % bar im Laufe von 25 Jahren zurückgezahlt werden. Die ersten fünf Jahre waren frei[24]. 1936 bot die Tschecho-

---

Hildebrandt, Walter: Die kleine Wirtschaftsentente als agrarpolitisches Problem der Tschecho-Slowakei. Leipzig 1937, S. 61 ff.

[19] Wirtschaftsbericht 82.

[20] Ebenda.

[21] N. Henderson an A. Henderson: Yugoslavia. Annual report 1930 — PRO, FO 371/15273, S. 99 ff. — Addison an Henderson: Czechoslovakia. Annual report 1930 — FO 371/15179, S. 141 ff.

[22] Vgl. Anm. 17.

[23] Addison an Simon: Czechoslovakia. Annual report 1934 — PRO, FO 371/19495, S. 40 ff.

[24] Campbell an Eden: Yugoslavia. Annual report 1935 — PRO, FO 371/20436, S. 164 ff.

slowakei Jugoslawien die kostenlose Lieferung von 10 000 MG's an, da sich die jugoslawische Regierung schon entschlossen hatte, diese für 90 Millionen Dinar in Belgien zu kaufen. Jugoslawien erklärte sich daraufhin zu einer freiwilligen Zahlung von 40 Millionen Dinar bereit[25].

Trotz der manchmal besseren Qualität der Waffen aus anderen Staaten gingen die meisten jugoslawischen Aufträge auch 1936 und 1937 an die Tschechoslowakei. Politisches Ziel war die Standardisierung innerhalb der Kleinen Entente[26].

Staatsgründung und Grenzziehung

Das Bündnis zwischen Jugoslawien und der Tschechoslowakei war, wie wir gesehen haben, nicht auf einer gleichgerichteten innenpolitischen Entwicklung und auch nicht auf intensiver wirtschaftlicher Zusammenarbeit aufgebaut, sondern eine Folge der Pariser Friedensverträge und beruhte in erster Linie auf der gemeinsamen Politik gegenüber dritten Staaten, und zwar einerseits gegenüber den Großmächten und andererseits gegenüber Ungarn und Österreich. Beide Staaten verdankten ihre Existenz dem Sieg der Entente und besonders dem politischen Willen Frankreichs. Als Rußland am 15. Dezember 1917 aus dem Krieg ausgeschieden, seit ihrem Frieden mit den Mittelmächten vom 9. Februar 1918 auch die Ukraine als mögliches anti-deutsches Bollwerk ausgefallen und die Verhandlungen über einen Separatfrieden mit Österreich-Ungarn gescheitert waren, suchte die französische Regierung in den Völkern Ostmittel- und Südosteuropas Ersatz für den russischen Verbündeten. Bündnisse mit einem polnischen, tschechoslowakischen und jugoslawischen Staat sollten die strukturbedingte Schwäche Frankreichs gegenüber Deutschland ausgleichen. Eine slawische Barriere sollte dem „Drang nach Osten" entgegengestellt werden. Polen, die Tschechoslowakei und Jugoslawien mußten möglichst stark werden, um diese Aufgabe erfüllen zu können[27]. Die slowakischen Gebiete sollten mit den tschechischen, die slowenischen und kroatischen mit den serbischen vereinigt werden, doch die Festlegung des genauen Grenzverlaufs erforderte Zeit. Deshalb wurden erst einmal Demarkationslinien gezogen, die im Falle Jugoslawiens bis in die Batschka, das Banat und die Baranja reichten und von den serbischen Truppen sogar noch überschritten wurden. Die ungarische Verwaltung sollte dagegen in diesen Gebieten vorläufig erhalten bleiben. Als tschechische Truppen in die Slowakei einrückten und rumänische Einheiten immer mehr Teile Ungarns im Osten an sich rissen, versuchte die Regierung Károlyi, sich dieser Umklammerung durch eine Annäherung an Jugoslawien zu entziehen[28]. Obwohl die Verhandlungen scheiterten, verfolgte Jugoslawien eine weniger agressive Politik gegenüber Ungarn als Rumänien und die Tschechoslowakei. Jugoslawien beteiligte sich auch nicht an den militärischen Aktionen gegen die ungarische Räterepublik. Die jugoslawische Regierung war entgegen den

---

25 Hadow an Eden: Czechoslovakia. Annual report 1936 — PRO, FO 371/21134, S. 23 ff.

26 Campbell an Halifax: Yugoslavia. Annual report 1937 — PRO, FO 371/22480, S. 18 ff.

27 H o v i , Kalervo: Cordon sanitaire ou barrière de l'est? The Emergence of the New French Eastern European Alliance Policy 1917—1919. Turku 1975, S. 203.

28 V i n a v e r 7 ff.

französischen Aufforderungen nicht bereit, die „weiße“ Gegenregierung in Szeged zu unterstützen. Die Räterepublik erschien ihr damals weniger gefährlich als eine Restauration in Ungarn, die mit einer Rückkehr der Habsburger enden konnte.

Am 1. August 1919 legte die Pariser Friedenskonferenz, kurz vor der Besetzung Budapests durch rumänische Truppen, die ungarischen Grenzen gegenüber seinen Nachbarn fest. Jugoslawien bekam zwar das Transmurgebiet, doch nicht die Baranja mit Pecs (Fünfkirchen). Außerdem wurde die während der ungarischen Revolution wiederbelebte Forderung nach einem Landkorridor zwischen Jugoslawien und der Tschechoslowakei abgelehnt. Zwischen Oktober 1919 und Februar 1920 bemühten sich Beauftragte der Entente vergeblich, Rumänien und Jugoslawien zum Rückzug aus den Ungarn zugesprochenen besetzten Gebieten zu bewegen. Jugoslawien hoffte immer noch auf Pecs und stützte sich auf die vor der „weißen“ Verfolgung geflohenen Ungarn. Die jugoslawische Regierung erhielt damals geheime ungarische Angebote, die bis zu Horthys Vorschlag einer Militärkonvention und Wirtschaftsunion mit anti-rumänischer Zielsetzung reichten. Zu einer solchen Kehrtwendung ihrer außenpolitischen Orientierung war die jugoslawische Regierung aber nicht bereit. Sie zog es vor, mit der Tschechoslowakei und Rumänien bei den abschließenden Verhandlungen über den Vertrag von Trianon, der am 4. Juni 1920 unterzeichnet wurde, zusammenzuarbeiten. Nach der Entscheidung über die territorialen Fragen ging es ihr vor allem darum, möglichst günstige finanzielle Bedingungen bei der Bemessung der ungarischen Reparationen, der Übernahme ungarischen Staatseigentums und der Verteilung der österreichisch-ungarischen Vorkriegsschulden, der Höhe des sogenannten „Befreiungs“-Tributs und der erlaubten militärischen Stärke Ungarns zu erreichen. Am 2. Februar 1920 verbot die Botschafterkonferenz auf österreichisches, jugoslawisches und tschechoslowakisches Drängen die Rückkehr der Habsburger nach Ungarn[29].

Die Einordnung der Tschechoslowakei und Jugoslawiens in das französische Sicherheitssystem

Jugoslawien und die Tschechoslowakei sahen in einer engen Zusammenarbeit Großbritanniens und Frankreichs die Voraussetzung ihrer Sicherheit und die Gewähr für die Aufrechterhaltung des von den Friedensverträgen geschaffenen Zustandes. Sie beobachteten mit Besorgnis jedes Zeichen einer Meinungsverschiedenheit zwischen beiden Siegermächten[30]. Als es während der russischen Offensive gegen Polen so schien, als wäre Frankreich für eine ungarische Beteiligung an der „Verteidigung Europas gegen den Bolschewismus“ zu Zugeständnissen bereit[31], schlossen Jugoslawien und die Tschechoslowakei am 14. August 1920 ein Verteidigungsbündnis gegen einen eventuellen ungarischen Angriff und für die Aufrechterhaltung des Vertrages von Trianon. Beneš nannte als Ziele der Allianz außer-

---

[29] V i n a v e r 47 ff.
[30] Clerk an FO: Czechoslovakia. Annual report 1920 — PRO, FO 371/5830, S. 4 ff.
[31] V i n a v e r 136 ff. — Young an Curzon v. 19. 8. 1920 — PRO, FO 371/4700, S. 47.

dem den Widerstand gegen eine „Wiederbelebung des österreichisch-ungarischen Reiches in Form einer Donauföderation" und sprach von strikter Neutralität im polnisch-russischen Krieg. Die britische Regierung begrüßte das Bündnis und drängte Rumänien zum Beitritt, das mit Rücksicht auf Polen und Frankreich zögerte. Lord Curzon sah in der Kleinen Entente die Möglichkeit zur Befreiung dieser Staaten von allzugroßer Abhängigkeit von Frankreich und sprach sich gegen einen polnischen Beitritt aus[32]. Der Bündnisvertrag zwischen Rumänien und der Tschechoslowakei wurde erst nach dem Vertrag von Riga und der Vertrag zwischen Rumänien und Jugoslawien erst im Juni 1921 unterzeichnet.

In den folgenden Jahren gewann Frankreich immer größeren Einfluß auf die Politik Jugoslawiens und der Tschechoslowakei, indem es beide Staaten durch Anleihen und Hilfe beim Aufbau ihrer Armeen unterstützte, während das britische Interesse an Jugoslawien und der Tschechoslowakei „akademisch" und die britische Haltung in der Frage der Revision der Friedensverträge zweifelhaft erschien[33].

Im Gegensatz zur Anfangsphase war Frankreich daher an einer weiteren Festigung des Zusammenhalts der Kleinen Entente interessiert. Im August 1922 erweiterten Jugoslawien und die Tschechoslowakei ihr Bündnis gegen Ungarn zu einer allgemeinen Zusammenarbeit in internationalen Angelegenheiten und bei Fragen von gemeinsamen Interesse, womit die Abwehr des italienischen Einflusses in Österreich gemeint war[34]. Im Mai 1929 legten sich Jugoslawien, Rumänien und die Tschechoslowakei auf eine automatische Erneuerung ihrer Bündnisverträge nach jeweils fünf Jahren fest, falls sie nicht ein Jahr vor Ablauf gekündigt würden, und unterzeichneten eine dreiseitige Schieds- und Vergleichsakte[35]. Auch das „Organisationsstatut" vom Februar 1933 und die Beteiligung Jugoslawiens und Rumäniens am Balkanpakt vom Februar 1934 lagen im französischen Interesse. Im Organisationsstatut bildeten die Partner einen Außenministerrat, der dreimal jährlich tagen sollte, und einen Wirtschaftsbeirat. Beide Verträge sollten dem italienischen und deutschen Einfluß entgegenwirken. Sie gaben besonders Jugoslawien eine Rückendeckung gegen Italien und brachten es seinem Ziel „der Balkan den Balkanvölkern" näher, wenngleich Bulgarien und Albanien nicht einbezogen waren. Jugoslawien schloß aber auf der Basis des Balkanpaktes Handelsabkommen mit beiden Staaten ab und setzte die begonnene Annäherung an Bulgarien fort[36].

Ebenso wie die Tschechoslowakei gegen Deutschland konnte Jugoslawien in einem Konflikt mit der benachbarten Großmacht Italien Hilfe nur von Frankreich erwarten. An dieser Abhängigkeit änderte sich auch nichts, als der jugoslawi-

---

32 Rattinger an FO v. 19. 8. 1920. — Curzon an Rattinger v. 17. 9. 1920 — FO 371/4700, S. 33 u. 97 f. — Vinaver 144 ff.

33 Vgl. Anm. 30.

34 Clerk an FO v. 6. 9. 1922 — PRO, FO 371/4700, S. 342.

35 Reichert 7.

36 Addison an Simon: Czechoslovakia. Annual report 1934 — PRO, FO 371/19495, S. 40 ff. — Bystrický, Valerian: Vník Balkánskej dohody a čs. zahraničná politika [Die Entstehung der Balkan-Entente und die tschechoslowakische Außenpolitik]. HČ 15 (1967) 365 ff.

sche Außenminister Ninčić im Januar 1924 einen Freundschaftsvertrag mit Italien unterzeichnete, im gleichen Monat, in dem Beneš einen Bündnisvertrag mit Frankreich nach Hause brachte. Presse und Diplomaten sahen in beiden Verträgen einen Gegensatz, während die beiden Außenminister diese in Wahrheit aufeinander abgestimmt hatten. Beneš war nämlich an einem jugoslawisch-italienischen Ausgleich interessiert, und dieser war nicht zu bekommen, wenn Jugoslawien sich zu deutlich an Frankreich band. Der jugoslawische Vertrag stieß allerdings auf französische und der tschechoslowakische auf italienische und britische Kritik[37]. Nach der Verschlechterung der italienisch-jugoslawischen Beziehungen im Jahre 1926 leistete Beneš dann auch Vermittlerdienste bei der Unterzeichnung des jugoslawisch-französischen Freundschaftsvertrages vom 11. November 1927, um den Ninčić sich 1926 vergeblich bemüht hatte[38].

Die Wirtschaftskrise brachte anfangs eine weitere Anlehnung Jugoslawiens und der Tschechoslowakei an Frankreich, zumal dieses das einzige Land war, von dem beide Staaten Anleihen erhoffen konnten. Jugoslawien bekam 1931 eine französische Stabilisierungsanleihe von über 1 Milliarde Francs. Es hatte seit 1929 mit einem anglo-amerikanischen Bankenkonsortium über die Stabilisierungsanleihe verhandelt, doch als sich die Ausgabe verzögerte, weil diese Gruppe zuerst die Young-Anleihe auf den Markt bringen wollte, brach die jugoslawische Regierung die Verhandlungen auf französischen Druck ab. Der britische Botschafter in Beograd kommentierte diesen Vorgang: Die französische Regierung nutze die jugoslawische Angst vor Italien „hauptsächlich im Interesse der französischen Rüstungsfirmen und zum Zwecke der Ausschaltung aller anderen ausländischen Einflüsse“[39]. Die Tschechoslowakei erhielt 1932 ebenfalls eine Anleihe, und zwar von 600 Millionen Francs. Doch trotz neuer Bemühungen bekamen weder Jugoslawien noch die Tschechoslowakei danach zusätzliche Kredite, da nach der nationalsozialistischen Machtergreifung Großbritannien und Frankreich lieber in ihren Kolonien und die USA vorzugsweise in Kanada und Argentinien investierten[40].

Die Einbeziehung der Sowjetunion in das französische Sicherheitssystem

1932 und 1933 konnte die Sowjetunion aus ihrer außenpolitischen Isolierung ausbrechen. Sie schloß Nichtangriffspakte mit einigen Nachbarn, der Kleinen Entente und Frankreich, wurde von den USA anerkannt und trat der Konvention über die Definition der Aggression bei. Damit stellte sich auch für Jugoslawien und die Tschechoslowakei das Problem der Normalisierung der Beziehungen. Die Voraussetzungen waren nicht ungünstig, denn die Tschechoslowakei und Jugoslawien hatten weder den polnischen Besitz von Ostgalizien noch die Zugehörigkeit Bessarabiens zu Rumänien anerkannt und die Tätigkeit russischer Emigranten kaum unterstützt[41]. In der Tschechoslowakei brauchte die Anerkennung

---

37 Memorandum Butler v. 15. 1. 1924 — PRO, FO 371/9676, S. 2 ff. — Vinaver 258 ff.
38 Vinaver 358 f.
39 N. Henderson an A. Henderson v. 3. 3. 1931 — PRO, FO 731/15273, S. 99 ff.
40 Teichová 370 f.
41 Clerk an Curzon: Czechoslovakia. Annual report 1921 und 1922 — PRO, FO 371/

nicht mehr am Widerstand der Nationaldemokraten zu scheitern, da diese aus der Regierung ausgeschieden waren. Zudem war die tschechoslowakische Wirtschaft gerade in der Wirtschaftskrise an einer Ausweitung des Handels mit der Sowjetunion interessiert.

Jugoslawien aber wehrte sich gegen Benešs Bemühungen um eine parallele Politik beider Staaten gegenüber der Sowjetunion. Alexander und Prinz Paul sahen keinen Grund, ihre traditionelle Abneigung gegen das bolschewistische Regime aufzugeben, da sie in Deutschland nicht die Hauptgefahr sahen und von einer Anerkennung der Sowjetunion eine Stärkung der innenpolitischen Opposition besonders in Kroatien befürchteten [42]. Jugoslawien wurde weder in Barthous Projekt eines „Ostpaktes" einbezogen, noch war es bereit, im Juni 1934 zusammen mit der Tschechoslowakei und Rumänien die diplomatischen Beziehungen zur UdSSR aufzunehmen. Die jugoslawische Regierung stand den Beistandsverträgen zwischen der Sowjetunion und Frankreich bzw. der Tschechoslowakei vom Mai 1935 ablehnend gegenüber. Beneš dagegen unterstützte die Aufnahme der Sowjetunion in den Völkerbund und sprach von einem Friedensbund zwischen Frankreich, der Sowjetunion, der Kleinen Entente, dem baltischen und dem Balkanblock [43].

Die Unterschiede zwischen der tschechoslowakischen und jugoslawischen Politik, die in der Haltung beider Regierungen gegenüber der französischen Sowjetunion-Politik deutlich geworden waren, verstärkten sich mit dem deutschen Einmarsch in die entmilitarisierte Zone des Rheinlandes. Dieser schwächte nicht nur die strategische Position Frankreichs, sondern auch der Kleinen Entente. Die französische Reaktion auf das deutsche Vorgehen zeigte, daß Frankreich ohne britische Unterstützung zu keinen Aktionen bereit war. Der neue Ministerpräsident und Außenminister Jugoslawiens, Milan Stojadinović, zog daraus Schlußfolgerungen, die sowohl der Zunahme des politischen Gewichts Deutschlands und Italiens als auch seinen persönlichen Anschauungen entsprachen. Er ließ eine Äußerung des rumänischen Außenministers Titulescu dementieren, daß die Kleine Entente sich hinter die französischen Forderungen gegenüber Deutschland stelle. Jugoslawien war nicht bereit, an eventuellen wirtschaftlichen oder finanziellen Sanktionen teilzunehmen, auch um nicht nach dem Verlust des italienischen Marktes wegen des Abessinien-Konflikts noch den deutschen zu verlieren [44].

Der Unsicherheit, die die Hinnahme der Besetzung des Rheinlandes ausgelöst hatte, wollte Beneš durch den Ausbau der Kleinen Entente zu einem Verteidigungsbündnis gegen jeden möglichen Angreifer begegnen. Dies schlug er auf der Konferenz der Staatsoberhäupter der Kleinen Entente im Juni 1936 vor. Obwohl Beneš mit diesem Plan bei Prinz Paul sofort auf Ablehnung stieß, verfolgte

---

7392, S. 8 u. 8584, S. 112 ff. Young an FO: Serb-Croat-Slovene State. Annual report 1921 u. 1922 — FO 371/7686, S. 94 ff. u. 8910, S. 170 ff.

[42] Deák, Ladislav: Juhoslávia a Malá dohoda [Jugoslawien und die Kleine Entente]. In: Československo a Juhoslávia 246 f.

[43] Vgl. Anm. 36.

[44] Deák 252. — Kvaček, Robert: Nad Evropou zataženo [Dunkle Wolken über Europa]. Prag 1966, S. 227.

Außenminister Krofta das Projekt weiter und sicherte sich französische Unterstützung. Zwar ging Frankreich auf Titulescus Forderung ein, zugleich ein Verteidigungsbündnis mit der Kleinen Entente zu schließen, doch blieb die jugoslawische Regierung mit Rücksicht auf Deutschland und Italien bei ihrer Ablehnung. Auch die rumänische Regierung war nach dem Ausscheiden Titulescus schwankend geworden und versteckte dies hinter der jugoslawischen Ablehnung. Die Interessen und politischen Regime der drei Staaten waren damals schon zu unterschiedlich. Die jugoslawische Regierung sah die Tschechoslowakei schon als sowjetischen Satelliten und Rumänien fürchtete einen Durchmarsch der Roten Armee für den Fall eines deutschen Angriffs auf die Tschechoslowakei. Dazu kam, daß die britische Regierung Jugoslawien in seiner ablehnenden Haltung unterstützte, da sie als Folge eines solchen Vertrages ein noch engeres Zusammenrücken Deutschlands und Italiens fürchtete[45].

Nach seinem Abkommen mit Italien vom 25. März 1937 war Stojadinović noch weniger bereit, Jugoslawien in das unsicher gewordene französische Sicherheitssystem einzuordnen. Unter diesen Umständen waren sowohl Delbos' Besuch in Beograd als auch Benešs Staatsbesuch im April 1937 zum Mißerfolg verurteilt. Beneš wurde vor allem von der jugoslawischen Opposition gefeiert, deren Anhänger für die „tschechoslowakische Freiheit und Demokratie" demonstrierten. Seine Gespräche mit jugoslawischen Oppositionspolitikern wurden als Unterstützung für einen Putsch gegen die Regierung gedeutet[46]. Der deutsche Außenminister Neurath konnte im Juni 1937 mit den Ergebnissen seiner Belgrader Gespräche zufrieden sein, denn Stojadinović sagte ihm, daß Jugoslawien der Tschechoslowakei bei einem deutschen Angriff nicht zu Hilfe kommen würde und die Tschechen sich mit Deutschland einigen sollten[47].

Jugoslawien, die Tschechoslowakei und Italien

Im Mittelpunkt der außenpolitischen Überlegungen in Jugoslawien stand stets die italienische Gefahr, auch wenn Italien bis 1934 der wichtigste Abnehmer jugoslawischer Produkte blieb und es immer wieder zu Verträgen mit Italien kam. Die Unberechenbarkeit der italienischen Außenpolitik wurde durch den frühen Sieg des Faschismus verstärkt. Die Nachbarn Jugoslawiens mit Gebietsansprüchen, also besonders Ungarn, Bulgarien und Albanien, konnten dem Staat nur mit italienischer Unterstützung gefährlich werden, innenpolitische Separatisten unter Makedonen, Albanern und Kroaten nur mit italienischer Hilfe die Existenz des Staates bedrohen. Zudem waren durch den Vertrag von Rapallo von 1920 Gebiete mit slowenischer und kroatischer Mehrheit unter italienische Herrschaft gera-

---

[45] Deák 263. — Král 223 ff. — Kvaček, Robert: Ke genezi návrhu na jednotný pakt Malé dohody [Zur Genesis der Vorschläge für einen Einheitspakt der Kleinen Entente]. In: Československo a Juhoslávia 304 ff. — Vgl. Anm. 26.

[46] Campbell an Halifax: Yugoslavia. Annual report 1937 — PRO, FO 371/22480, S. 166 ff. — Newton an Eden: Czechoslovakia. Annual report 1937 — FO 371/22215, S. 339 ff.

[47] Kvaček: Nad Evropou 362.

ten. Allein ihre ablehnende Haltung gegenüber einer Restauration der Habsburger in Österreich und Ungarn verband beide Regierungen, da sie die Attraktivität einer solchen Restauration auf Südtiroler, Slowenen und Kroaten fürchteten.

Sowohl im Vertrag von Rapallo als auch im Freundschaftsvertrag von 1924 mußte Jugoslawien als der Schwächere auf Ansprüche bzw. Rechte verzichten, um die Zusage wohlwollender Neutralität Italiens im Konflikt mit dritten Staaten einzuhandeln.

Der tschechische Außenminister sah dagegen in Italien einen möglichen Verbündeten und im italienischen Einfluß in Österreich und Ungarn auch eine positive Seite. Wenige Monate nach dem Vertrag von Rapallo schloß er mit der italienischen Regierung einen Vertrag über die Aufrechterhaltung des Status quo in Österreich und Ungarn, und nach dem jugoslawisch-italienischen Vertrag von 1924 vereinbarte er mit Italien ein Handelsabkommen und einen Freundschaftsvertrag [48].

Als die jugoslawische Regierung 1926 mit Rücksicht auf Frankreich sowohl Mussolinis Vorschlag eines Verteidigungsbündnisses ablehnte, als auch eine Reihe von Verträgen mit Italien nicht durch das Parlament bringen konnte, begann Mussolini mit einer großangelegten Einkreisungspolitik gegenüber Jugoslawien, das dadurch, wie der britische Botschafter berichtete, „in a not very splendid isolation" geriet. Ninčić konnte 1926 weder einen dreiseitigen Pakt mit Italien und Frankreich noch einen zweiseitigen mit Frankreich abschließen, während Rumänien sowohl mit Italien als auch mit Frankreich Freundschaftsverträge bekam. Zu der italienischen Unterstützung für makedonische und kroatische Separatisten kam im November 1926 eine Verstärkung des italienischen Einflusses in Albanien (das Gebietsforderungen gegenüber Jugoslawien geltend machte) und im April 1927 ein Freundschaftsvertrag Italiens mit Ungarn. Doch diese Verträge führten Jugoslawien und Rumänien wieder näher zusammen und riefen französische Gegenwehr hervor. Jugoslawien erhielt größere Waffenlieferungen und das französische Versprechen, daß es bei einem italienischen Angriff nicht allein stehen werde. Beneš vermittelte eine jugoslawisch-bulgarische Annäherung, die allerdings nach der Ermordung eines serbischen Generals durch die makedonische Organisation IMRO wieder in Frage gestellt war. Jugoslawien stellte sich nämlich nun gegen die Völkerbundsanleihe an Bulgarien, solange dieses nicht den makedonischen Terroristen das Handwerk gelegt habe [49].

Als Mussolini 1928 nicht bereit war, den Freundschaftsvertrag mit Jugoslawien von 1924 zu verlängern, teilte die tschechoslowakische Regierung der italienischen mit, daß sie unter diesen Umständen eine Verlängerung des tschechoslowakisch-italienischen Vertrages für überflüssig halte [50]. Die tschechoslowakische Presse zeigte ihre Sympathie für Jugoslawien gegenüber Italien im September 1930, als

---

[48] Vinaver 258 ff. — Young an Au. Chamberlain: Serb-Croat-Slovene Kingdom. Annual report 1924 — PRO, FO 371/10797, S. 85 ff.

[49] Kennard an Au. Chamberlain: Yugoslavia. Annual report 1927 — PRO, FO 371/12981, S. 134 ff. — Vinaver 336 ff.

[50] Macleay an Au. Chamberlain: Czechoslovakia. Annual report 1928 — PRO, FO 371/13580, S. 97 ff.

in Triest vier slowenische Terroristen exekutiert wurden. Bei der Demonstration in Prag wurden damals einige Fenster der italienischen Botschaft eingeschlagen[51].

Die Kleine Entente protestierte auch im März 1933 gegen Mussolinis Vorschlag eines Viermächtevertrages, in dem die Möglichkeit von Grenzrevisionen erwähnt wurde. Erst als der entsprechende Passus gestrichen war, und Frankreich gegenüber der Kleinen Entente die Versicherung abgegeben hatte, daß die Völkerbundssatzung Vorrang genieße, war die Kleine Entente mit dem Vertrag einverstanden[52].

Bald nach der Unterzeichnung des Balkanpaktes einigten sich Italien, Österreich und Ungarn auf die „Römischen Protokolle". Die Partner verpflichteten sich am 17. März 1934 zur „Achtung der Selbständigkeit und der Rechte jedes einzelnen Staates", was gegen den „Anschluß" gerichtet war, und zu regelmäßigen Beratungen. Außerdem vereinbarten sie wirtschaftliche Zusammenarbeit[53].

Jugoslawien sah in den Römischen Protokollen die Gefahr einer Umklammerung von Westen und Norden. Auf Grund dieser Bedrohung ging seine Regierung auf die Annäherungsversuche Deutschlands ein, die in einem Handelsvertrag und einem ersten Besuch Görings zum Ausdruck kamen[54]. Im Gegensatz zur tschechoslowakischen unterstützte die jugoslawische Regierung nicht die französischen Versuche, Italien für eine anti-deutsche Front zu gewinnen. Die britisch-französische Tendenz, das Attentat von Marseille allein Ungarn anzulasten, die Gespräche Lavals mit Mussolini in Rom und die Konferenz von Stresa stießen deshalb in Jugoslawien auf Mißtrauen.

Als der Völkerbund am 11. Oktober 1935 wirtschaftliche Sanktionen gegen Italien verhängte, mußte Jugoslawien größere wirtschaftliche Verluste in seinem Außenhandel hinnehmen als die Tschechoslowakei. Obwohl die Sanktionen unter Benešs Vorsitz verhängt worden waren, erklärte dieser, daß die Tschechoslowakei nur die Völkerbundsmaßnahmen gegen Italien durchführe, diesem gegenüber aber nicht feindlich eingestellt sei. Er hoffte damals ebenso wie Frankreich auf die Rückkehr Italiens in die Stresa-Front und auf eine italienische Zustimmung zu den Plänen für eine wirtschaftliche Zusammenarbeit der Donau-Staaten. Die jugoslawische Regierung sah in dem französischen und tschechoslowakischen Lavieren ebenso wie in dem schließlichen britischen Nachgeben eine Schwäche der beiden Demokratien des Westens, die sie zur Selbsthilfe zwinge. Nachdem der Völkerbund am 4. Juli 1936 die Sanktionen aufgehoben hatte, bemühte sich Jugoslawien sofort um eine Verbesserung seiner Beziehungen zu Italien und die Wiedergewinnung des italienischen Marktes[55].

---

51 Addison an A. Henderson: Czechoslovakia. Annual report 1930 — FO 371/15179, S. 141 ff.

52 Reichert 51 ff.

53 Reichert 24 f.

54 N. Henderson an Simon: Yugoslavia. Annual report 1934 — PRO, FO 371/19578, S. 53 ff.

55 Addison an Eden: Czechoslovakia. Annual report 1935 — PRO, FO 371/20377, S. 9 ff. — Campbell an Eden: Yugoslavia. Annual report 1935 — FO 371/20436, S. 164 ff. — Stojadinović, Milan: Ni rat ni pakt. Jugoslavija izmedju dva rata [Weder Krieg noch Frieden. Jugoslawien zwischen zwei Kriegen]. Buenos Aires 1963, S. 358 ff.

Eine Rückversicherung gegen Italien suchte Stojadinović nun auf dem Balkan und besonders bei der Türkei und nicht mehr bei der Kleinen Entente[56]. Im Januar 1937 gelang es ihm, einen Vertrag über „ewige Freundschaft“ mit Bulgarien abzuschließen. Zwei Monate später konnte er seine Neutralitätspolitik gegenüber den Großmächten durch einen Freundschaftsvertrag mit Italien krönen, vor dessen Unterzeichnung Stojadinović seine Partner in der Kleinen Entente nicht konsultierte, wie es noch Ninčić 1924 getan hatte. Dieser Vertrag wurde von der französischen und tschechoslowakischen Regierung und Presse als Schlag gegen das französische Sicherheitssystem empfunden, eine Einschätzung, die durch Stojadinovićs Besuche in Rom und Berlin und seine dortigen Erklärungen, daß er keinem Bündnis gegen Italien oder Deutschland beitreten werde, bestätigt wurde[57].

Das Bündnis gegen Ungarn

Während sich die Beziehungen Jugoslawiens und der Tschechoslowakei gegenüber den Großmächten im Laufe der Jahre änderten, überstand das Bündnis gegen Ungarn, der ursprüngliche Kern der Vereinbarungen der Kleinen Entente, die Veränderungen in den internationalen Beziehungen. Nach dem Abschluß des Bündnisvertrages mit Jugoslawien von 1920 fühlte sich die tschechoslowakische Regierung soweit gesichert, daß sie Wirtschaftsverhandlungen mit Ungarn aufnahm. Die anfangs erfolgversprechenden Gespräche wurden jedoch durch den ersten Karlsputsch im März 1921 unterbrochen. Während Beneš sich auf diplomatische Mittel verließ, blieb die jugoslawische Regierung mit ihren militärischen Maßnahmen allein[58]. Nach Beendigung der Krise setzten die Tschechoslowakei und Jugoslawien ihre Hoffnungen auf die neue Regierung Bethlen, mit deren Außenminister Bánffy sich Beneš im Juni 1921 auf die Grundzüge eines Handelsabkommens, über einige Fragen des Minderheitenschutzes und eine Amnestie für politische Gefangene einigen konnte[59].

Der Vertrag von Trianon trat am 26. Juni 1921 in Kraft. Es bestand die Gefahr, daß Jugoslawien die ungarische Weigerung, das Österreich zugesprochene Burgenland zu evakuieren, als Vorwand benutzen würde, seine Positionen in der Baranja nicht aufzugeben. Dort hatten die ungarischen Linksparteien noch die Macht in der Hand und versuchten, die jugoslawischen Truppen zum Bleiben zu bewegen, die im August jedoch abzogen, begleitet von zahlreichen politischen Flüchtlingen. Im Streit um das Burgenland bat die ungarische Regierung anfangs Beneš um Vermittlung, der im September den Vorschlag eines ungarischen Rückzuges, verbunden mit der Übergabe von Ödenburg und Umgebung an Ungarn, machte. Die jugoslawische Regierung war damit nicht einverstanden, da eine sol-

56 Deák 258.
57 Stojadinović 480 ff.
58 Vinaver 152 ff. — Clerk an FO: Czechoslovakia. Annual report 1920 — PRO, FO 371/5830, S. 4 ff.
59 Vinaver 172 ff. — Clerk an Curzon: Czechoslovakia. Annual report 1921 — PRO, FO 371/7392, S. 4. — Young an FO: Serb-Croat-Slovene State. Annual report 1921 — FO 371/7686, S. 94 ff.

che Regelung einen Verstoß gegen den Vertrag von Trianon bedeutete. Dieser Gegensatz zwischen den Verbündeten kam jedoch nicht mehr zur Geltung, da die ungarische Regierung sich inzwischen an Italien um Vermittlung gewandt hatte. Nach einem Plebiszit im Dezember 1921 bekam dann Ungarn das Gebiet um Ödenburg.

Diese Situation hielt Ex-Kaiser Karl für einen zweiten Restaurationsversuch für günstig. Im Oktober 1921 traf er wieder in Ungarn ein, doch Jugoslawien und die Tschechoslowakei reagierten mit einer Teilmobilmachung. Die Großmächte versuchten, besonders Jugoslawien von militärischen Maßnahmen abzuhalten, solange sie mit der ungarischen Regierung verhandelten. Auf ihre und der Kleinen Entente Forderung verkündete das ungarische Parlament die Absetzung der Habsburger und hob die Pragmatische Sanktion auf. Auf tschechoslowakischen Wunsch mußte die ungarische Regierung außerdem zusagen, daß die Habsburger auch nicht zu Königen gewählt werden könnten und Ungarn vor einer Königswahl die Großmächte konsultieren würde[60].

Obwohl das Verhältnis zwischen Ungarn und der Kleinen Entente durch viele kleine Zwischenfälle und eine aufgebauschte Berichterstattung in der Presse weiterhin belastet blieb, unterstützte die Kleine Entente die Aufnahme Ungarns in den Völkerbund im September 1922. Als Ungarn sich im Jahre 1923 auf Grund seiner Währungskrise um eine Völkerbundsanleihe bemühte, stellte die Kleine Entente Bedingungen. Zwar konnte sie keine Reduktion ihrer Zahlungen auf Grund der Übernahme österreichisch-ungarischen Staatseigentums erreichen, doch mußte Ungarn sich im März 1924 zur korrekten Einhaltung des Vertrages von Trianon und besonders seiner militärischen Klauseln verpflichten[61].

Nach der „Zähmung" Ungarns durch die Anleihe gewann die Regierung Bethlen auch das Vertrauen der Großmächte, die ebenso wie die Tschechoslowakei und Jugoslawien deren Erfolge im Kampf gegen die Rechtsopposition anerkannten. In den nächsten Jahren entspannten sich die Beziehungen zwischen Ungarn und Jugoslawien mehr als das ungarisch-tschechoslowakische Verhältnis. Die tschechoslowakische Regierung begleitete diese Entspannungspolitik, die von der Regierung Davidović eingeleitet wurde, mit Warnungen vor jugoslawischen Alleingängen. Allerdings boten die ungarischen Bemühungen um eine Lockerung der Kontrolle über ihre Armee und die Aufdeckung einer Affäre um gefälschte Banknoten, mit denen die Revisionspropaganda finanziert werden sollte, erneut Gelegenheit zur Betonung der gemeinsamen Interessen Jugoslawiens und der Tschechoslowakei. In diesem und anderen Fällen riß die tschechoslowakische Presse die anfangs eher zurückhaltenden jugoslawischen Zeitungen zu gemeinsamen Kampagnen gegen den ungarischen Revisionismus mit[62].

Die ungarische Regierung nutzte ab März 1926 die Verschlechterung der jugo-

---

60 Ebenda.

61 Vinaver 244 ff. — Clerk an FO: Czechoslovakia. Annual report 1923 — PRO, FO 371/9678, S. 83 ff. — Young an FO: Yugoslavia. Annual report 1923 — FO 371/9964, S. 63 ff.

62 Vinaver 276 ff. — Kennard an Chamberlain: Serb-Croat-Slovene Kingdom. Annual report 1925 — PRO, FO 371/11410, S. 156 ff.

slawisch-italienischen Beziehungen zu Angeboten an Jugoslawien, deren Ziel die Schwächung des Zusammenhalts der Kleinen Entente war. Im Juli wurden ein Handelsvertrag und mehrere Konventionen, unter anderem über den Austausch politischer Gefangener, abgeschlossen. Ungarn bot Jugoslawien damals einen Schiedsvertrag an. Dessen Annahme hätte jedoch den Zerfall der Kleinen Entente und den Verlust französischer Unterstützung und damit die Kapitulation vor Italien bedeutet [63]. 1927 konnte auch die Tschechoslowakei einen Handelsvertrag mit Ungarn abschließen.

Auch in den nächsten Jahren gab es „die üblichen Beschuldigungen" meist wegen Vorfällen, die an sich von geringer Bedeutung waren. Bei diesen Vorfällen „versuchte Beneš, wie schon früher, die Tschechoslowakei als das besonnene Mitglied der Kleinen Entente herauszustellen" und zu beweisen, „daß man darauf vertrauen könne, daß er den Kopf nicht verlieren und seine ungestümen Kollegen zurückhalten" würde [64]. Es gab eine Flut von Pamphleten, Karten und Broschüren über die ungarischen Gebietsforderungen, wobei es der ungarischen Propaganda gelang, einen Teil der britischen Öffentlichkeit für sich zu gewinnen. So brachte Lord Rothermere eine Artikelserie über die Ungerechtigkeit des Vertrages von Trianon und unterschrieben 161 britische Unterhausabgeordnete eine Erklärung zugunsten einer Revision dieses Vertrages [65]. Gründe für weitere Auseinandersetzungen boten die Entdeckung italienischer Waffenlieferungen an Ungarn, die Aufdeckung eines ungarischen Spionageringes in Jugoslawien, die Unterstützung Ungarns für makedonische und kroatische Separatisten [66] und die Haager Verhandlungen über die Verringerung der ungarischen Reparationsleistungen, durch die besonders Jugoslawien betroffen war [67].

Die Hoffnungen der neuen rechtsgerichteten Regierung Gömbös, im nationalsozialistischen Deutschland einen Förderer des ungarischen Revisionsprogramms zu finden, wurden anfangs enttäuscht, so daß sich Ungarn weiterhin nach Italien orientierte [68]. Als am 9. Oktober 1934 König Alexander zusammen mit dem französischen Außenminister Barthou einem Attentat zum Opfer fiel, geriet Ungarn in eine außenpolitische Isolierung. Die Kleine und die Balkan-Entente lasteten den Mord dem ungarischen Revisionismus an. Ungarn müsse diejenigen bestrafen, die kroatische und makedonische Terroristen unterstützten. Jugoslawien wandte sich am 11. November an den Völkerbund und warf Ungarn die Verantwortung für das Attentat vor. Der Völkerbund nahm schließlich einen britischen Entschließungsentwurf an. Dieser verurteilte die Duldung terroristischer Aktivitäten auf dem Territorium jedes Staates, erklärte die Verantwortung be-

---

[63] Vinaver 311 ff. — Kennard an Chamberlain. Yugoslavia. Annual report 1927 — PRO, FO 371/12981, S. 134 ff.

[64] Macleay an Henderson: Czechoslovakia. Annual report 1929 — FO 371/1432, S. 64 ff.

[65] Vinaver 351 ff.

[66] Vinaver 363 ff. — Kennard an Chamberlain: Yugoslavia. Annual report 1928 — PRO, FO 371/13708, S. 57 ff.

[67] N. Henderson an Simon: Yugoslavia. Annual report 1931 — FO 371/15994, S. 220 ff.

[68] Hoensch, Jörg K.: Der ungarische Revisionismus und die Zerschlagung der Tschechoslowakei. Tübingen 1967, S. 29 ff.

stimmter ungarischer Beamter für möglich, und forderte die ungarische Regierung zur Untersuchung und evtl. Bestrafung der Schuldigen auf[69].

Nachdem die Völkerbundsverhandlungen über die Ermordung Alexanders abgeschlossen waren, konnten 3 000 nach dem Attentat aus ihrer Heimat ausgewiesene Ungarn nach Jugoslawien zurückkehren. Nun setzte sich Deutschland für eine Verbesserung der ungarisch-jugoslawischen Beziehungen ein, um die Kleine Entente zu sprengen. Bei seinen Besuchen in Beograd und Budapest im Juni 1935 erklärte Göring, daß Ungarn bei seinen territorialen Ansprüchen gegen Jugoslawien auf keine deutsche Hilfe rechnen könne[70]. Da die ungarische Aufrüstung nach der deutschen und österreichischen Aufrüstung nicht mehr zu verhindern war, entschloß sich die Kleine Entente im April 1937 zu Verhandlungen. Sie wollte Ungarn, das de facto schon aufgerüstet war, auch offiziell die Rüstungsgleichberechtigung zugestehen und dafür Nichtangriffspakte einhandeln. Doch die ungarische Regierung verlangte Verbesserungen für die Minderheiten. Nachdem Eden die Bitte der Kleinen Entente um Vermittlung abgelehnt und die rumänische Regierung eine Wahlniederlage erlitten hatte, kamen die Verhandlungen zum Stillstand. Danach schränkte der Anschluß Österreichs die Manövrierfähigkeit der ungarischen Regierung ein und erhöhte ihre Ansprüche. Deshalb lehnte sie ein rumänisches Angebot zu administrativen Maßnahmen zugunsten der ungarischen Minderheit als ungenügend ab.

Im April 1938 entschloß sich die britische Regierung, die vier Staaten zum Abschluß ihrer Gespräche zu drängen. Der ungarische Außenminister erklärte, daß sein Land nur zu Verhandlungen mit Rumänien und Jugoslawien bereit sei und Gespräche mit der Tschechoslowakei erst nach Lösung der tschechoslowakischen Minderheitenprobleme in Frage kämen. Jugoslawien und Rumänien lehnten jedoch separate Verhandlungen ab. Als Rumänien im August 1938 ein Nationalitätenstatut verkündete, war ein wichtiges Hindernis aus dem Wege geräumt. Die ungarische Regierung schlug nun ein provisorisches Abkommen über Gewaltverzicht und Rüstungsgleichheit vor, das auf der Konferenz der Kleinen Entente in Bled angenommen und bekanntgemacht wurde. Als sich die ungarische Regierung in der Septemberkrise an der Treibjagd gegen die Tschechoslowakei beteiligte, versicherte sie der jugoslawischen und der rumänischen Regierung, daß sie die Vereinbarungen von Bled ihnen gegenüber als bindend betrachte[71].

---

69 Vgl. Anm. 54.

70 Campbell an Eden: Yugoslavia. Annual report 1936 — FO 371/21201, S. 3 ff. — Avramovski: Nastojanja Nemačke da odvoji Jugoslaviju od Čehoslovačke i Rumunije putem zbliženija s Madjarskom (1935—1936) [Die Bemühungen Deutschlands, Jugoslawien von der Tschechoslowakei und Rumänien durch Annäherung an Ungarn zu trennen (1935—1936)]. In: Československo a Juhoslávia 285 ff.

71 Newton an Halifax: Czecho-Slovakia. Annual report 1938 — PRO, FO 371/22903, S. 23 ff. — Kvaček, Robert: Podíl Československa na jednáních Malé dohody a Mad'arska v letech 1936—1938 [Der Anteil der Tschechoslowakei an den Verhandlungen der Kleinen Entente mit Ungarn in den Jahren 1936—1938]. HČ 11 (1963) S. 408 ff. — Adamová, Magda: Madársko a Malá dohoda v obdobi před druhou světovu válkou (1937—1938). ČSČH 11 (1963) 742 ff.

Die jugoslawische und tschechoslowakische Politik gegenüber Österreich

„Bis ein solider Block befreundeter Staaten in Mitteleuropa gebildet ist, stark genug, einer deutschen Aggression zu widerstehen, politisch, wirtschaftlich und militärisch, wenn jenes Land sein Kraft wiedergewinnt, ist die Tschechoslowakei in Gefahr", schrieb der britische Botschafter in Prag 1922[72].

Doch die Staaten der Kleinen Entente entwickelten jahrelang keine gemeinsame Initiative in dieser Richtung. Zwar kam ein Ausgleich mit Ungarn kaum in Frage, da die Mitglieder der Kleinen Entente ihr Territorium auf ungarische Kosten übermäßig ausgedehnt hatten, doch mußten sie eigentlich zumindest eine enge Zusammenarbeit mit Österreich anstreben. Die Tschechoslowakei und Jugoslawien waren jedoch eher in den negativen Zügen ihrer Politik gegenüber Österreich einig: Die österreichische Unabhängigkeit sollte erhalten, die Rückkehr der Habsburger verhindert werden. Jugoslawien fürchtete aber besonders den italienischen Einfluß in Österreich und die Tschechoslowakei einen Anschluß an Deutschland.

Unter diesen Gesichtspunkten beurteilten die Regierungen beider Staaten auch die verschiedenen Vorschläge für die Lösung der wirtschaftlichen Probleme der Donaustaaten während der Weltwirtschaftskrise. Weder die Tschechoslowakei noch Jugoslawien waren zu einer Zollunion mit Österreich und Ungarn bereit, besonders weil sie darin eine Wiederbelebung Österreich-Ungarns sahen. Sie konnten nur für Vorzugszölle zwischen den Donaustaaten gewonnen werden. Beneš übernahm diesen Gedanken erst nach der Bekanntgabe des deutsch-österreichischen Zollunionsprojektes und Jugoslawien stimmte ihm erst zu, als es eine Vorzugsstellung für seine Produkte auf dem tschechoslowakischen Markt und eine große französische Anleihe erhalten hatte[73]. Frankreich wollte mit Tardieus Plan einer engeren wirtschaftlichen Zusammenarbeit der Donaustaaten Österreich dem deutschen und Ungarn dem italienischen Einfluß entziehen, doch war es ebensowenig wie Großbritannien bereit, seine Importe aus Übersee zugunsten der europäischen Agrarstaaten einzuschränken. Deutschland und Italien als Hauptabnehmer dieser Staaten wollten nicht auf Meistbegünstigung und politischen Einfluß verzichten. Unter diesen Umständen blieben die internationalen Wirtschaftskonferenzen von Lausanne bis London ohne Ergebnis[74].

Während der innenpolitischen Krisen in Österreich von 1929 bis 1934 waren die Sympathien Jugoslawiens und der Tschechoslowakei auf seiten der Sozialisten. Bei der Alternative Heimwehr oder Nationalsozialisten waren sie allerdings ge-

---

[72] Clerk an Curzon v. 13. 2. 1922: Czechoslovakia. Annual report 1921 — PRO, FO 371/7392, S. 3.

[73] Addison an A. Henderson: Czechoslovakia. Annual report 1930 — PRO, FO 371/15179, S. 141 ff. — Addison an Simon: Czechoslovakia. Annual report 1931 — PRO, FO 371/15900, S. 97 ff. — Vinaver 451 ff.

[74] Vinaver 472 ff. — Germey an Simon: Czechoslovakia. Annual report 1932 — PRO, FO 371/16660, S. 127 ff. — Cowan an Simon: Yugoslavia. Annual report 1932 — FO 371/16830, S. 197 ff. — Addison an Simon: Czechoslovakia. Annual report 1933 — FO 371/18383, S. 3. — Kühl, Joachim: Föderationspläne im Donauraum und in Ostmitteleuropa. München 1958, S. 43 ff.

teilter Meinung. Während die tschechoslowakische Regierung im Gefolge der französischen Politik in Dollfuß und der Heimwehr das kleinere Übel sah, erblickte die jugoslawische Regierung im nationalsozialistischen Einfluß in Österreich die Möglichkeit, die italienische Einkreisung Jugoslawiens zu durchbrechen. (Die Tschechoslowakei bemerkte schon seit 1929 Anzeichen, daß Jugoslawien mit dem Anschluß einverstanden sein könnte.) Bis zur Niederlage des Republikanischen Schutzbundes im Februar 1934 gelang es, die tschechoslowakische und jugoslawische Politik auf einen Nenner zu bringen. Die finanzielle Hilfe für die Regierung Dollfuß nach ihrem Vorgehen gegen die österreichischen Nationalsozialisten und die Genehmigung zur Bildung einer Hilfspolizei fanden noch die Zustimmung beider Staaten. Als aber nach dem Sieg der Heimwehr und den Römischen Protokollen Österreich in noch stärkere italienische Abhängigkeit geraten war, trat der Gegensatz zwischen der tschechoslowakischen und jugoslawischen Politik zutage[75].

Dieser Gegensatz verstärkte sich, als Laval und Mussolini nach ihrer Besprechung in Rom im Januar 1935 mit dem Plan eines Nichtangriffs- und Nichteinmischungspaktes zwischen den Donaustaaten und Italien herauskamen. Dieser Donaupakt sollte vor allem die Unabhängigkeit Österreichs garantieren. Mussolini verband mit dem Pakt auch die Forderung nach einer Aufhebung der militärischen Bestimmungen der Pariser Friedensverträge gegenüber Österreich Ungarn und Bulgarien, wogegen die Kleine Entente die Forderung nach Beistandsverträgen stellte.

Die Tschechoslowakei hatte weniger Bedenken, sich zur Nichteinmischung in die inneren Angelegenheiten Österreichs zu verpflichten, als Jugoslawien, das in einer Restauration der Habsburger eine größere Gefahr als im Anschluß sah und nicht zu einer Verteidigung Österreichs gegen Deutschland gezwungen sein wollte. Beneš setzte im Gegensatz zu Jevtić, dem jugoslawischen Außenminister, große Hoffnungen auf die französisch-italienische Annäherung. Jevtić sah sich im Juni 1935 deutschem, aber auch tschechoslowakischem Druck ausgesetzt. Als er sich auf die Seite der Tschechoslowakei schlagen wollte, wurde er von Prinz Paul entlassen und durch Stojadinović ersetzt[76]. Als der österreichische Bundestag am 5. Juli 1935 die Verbannung der Habsburger aufhob und ihnen einen Teil ihres Eigentums wieder zusprach, versteifte sich die jugoslawische Haltung gegen den Donaupakt. Der rumänische Außenminister Titulescu drohte im Namen seiner und der jugoslawischen Regierung sogar militärische Aktionen für den Fall einer Restauration in Österreich an. Beneš dagegen war im Sinne der französischen Politik bereit, bei der Konferenz der Kleinen Entente im August 1935 auf eine Stellungnahme zur Habsburg-Frage zu verzichten. Doch gab er dem vereinten jugoslawisch-rumänischen Druck nach. Die Kleine Entente erklärte, daß die Frage der

---

[75] Vinaver 511 f. — Kvaček, Robert: Boj o Rakousko v letech 1933—1938 a čs. zahraniční politika [Der Kampf um Österreich in den Jahren 1933—1938 und die tschechoslowakische Außenpolitik]. SbH 12 (1964) 245 ff.

[76] Campbell an Eden: Yugoslavia. Annual report 1935 — FO 371/20436, S. 164 ff. — Deák 242 f. — Kvaček: Boj 252 f. — Ort, Alexander: Plán dunajského paktu (1935) [Der Plan eines Donaupakts (1935)]. ČSČH (1955) 596 ff. — Stojadinović 367 ff.

Staatsform zwar eine innere Angelegenheit Österreichs sei, eine Restauration der Habsburger aber ihren Besitzstand gefährden und deshalb durch Sanktionen und, wenn diese nicht helfen, durch militärischen Einmarsch beantwortet würde[77].

Der Plan eines Donaupaktes wurde nach dem italienischen Angriff auf Abessinien aufgegeben. Als Hodža nach Schuschniggs Prag-Besuch im Januar 1936 mit seinem Plan einer Wirtschaftsunion der Donauländer und Bulgariens einen neuen Anlauf unternahm, diese Staaten von der deutsch-italienischen Dominanz zu befreien, lehnte Stojadinović ab. Ohne Deutschland, das schon rund 1/4 der jugoslawischen Exporte abnahm, ginge nichts mehr. Bald darauf bekam Krupp und nicht die tschechoslowakische Konkurrenz den Zuschlag für den Bau eines Stahlwerkes. Nach dem italienischen Sieg in Abessinien, der Besetzung des Rheinlandes und den römischen Zusatzabkommen zwischen Italien, Österreich und Ungarn war es für solche Pläne schon wieder zu spät[78].

Als Österreich im April 1936 die Wehrpflicht einführte, ließ es die Kleine Entente bei einem allgemein gehaltenen Protest bewenden und folgte nicht dem jugoslawischen Vorschlag, den Völkerbund anzurufen. Im Gegensatz zur tschechoslowakischen reagierte die jugoslawische Regierung auf das deutsch-österreichische Abkommen vom 11. Juli 1936 mit Erleichterung, da es ihr die Furcht vor einer Restauration der Habsburger nahm[79]. Als die österreichische Regierung und Presse im Februar 1937 wieder den Gedanken einer Rückkehr der Habsburger diskutierten, ließ sich Jugoslawien vom deutschen Außenminister Neurath versichern, daß Deutschland in diesem Fall in Österreich einmarschieren würde. So konnte die Konferenz der Kleinen Entente in Beograd vom 1. bis 2. April 1937 auf eine Erwähnung dieser Frage verzichten[80]. Stojadinović erklärte schließlich im Januar 1938, daß er „in der deutschen Lösung der österreichischen Frage eine Garantie gegen Habsburg und Italien" sehe[81].

Jugoslawien in der tschechoslowakischen Krise

Am 15. Oktober 1937 sprach der jugoslawische Außenminister Stojadinović mit Eden. In diesem Gespräch lehnte er das schon erwähnte, von Krofta vorgeschlagene Bündnis zwischen der Kleinen Entente und Frankreich ab. „Dies zu fordern, heißt zu viel von kleinen Staaten verlangen, denn es würde so aussehen, als seien sie verbunden, die Tschechoslowakei gegen Deutschland zu verteidigen. Dies wäre eine zu schwere Aufgabe für Jugoslawien und Rumänien allein, und Frankreich sei etwas weit entfernt." Die beste Hilfe, die Großbritannien den Mittelmeerstaaten bieten könne, sei eine Information über die britische Aufrüstung, besonders in der Luft. Diese Staaten erwarteten ängstlich die nächsten 18 Monate

---

77 Ebenda. — Außerdem Addison an Eden: Czechoslovakia. Annual report 1935 — FO 371/20377, S. 35.

78 Hadew an Eden: Czechoslovakia. Annual report 1936 — FO 371/21134, S. 21 f. — Kvaček: Nad Evropou 201 f.

79 Campbell an Eden: Yugoslavia. Annual report 1936 — FO 371/21201, S. 18 ff.

80 Newton an Eden: Czechoslovakia. Annual report 1937 — FO 371/32339, S. 339 ff.

81 Kvaček: Boj 282.

bis 2 Jahre, die ihrer Meinung nach nötig wären, bis Großbritannien kriegsbereit sei[82].

Der britische Botschafter Campbell faßt die Grundzüge der damaligen jugoslawischen Außenpolitik folgendermaßen zusammen: Stojadninović habe Zweifel an der militärischen Aktionsfähigkeit Frankreichs und stehe der französischen Volksfrontregierung und Italien-Politik kritisch gegenüber. Die Kleine Entente sei ihm lästig, da sie ihn ständigem französischen und tschechoslowakischen Druck aussetze. Stojadinović habe ihn auch gefragt: „Angenommen, ich komme auf Deutschlands schwarze Liste und wache eines Tages auf, um herauszufinden, daß Sie sich mit ihm geeinigt haben, wo wäre ich dann[83]?"

Als die tschechoslowakische Regierung nach dem Anschluß Österreichs eine Sitzung der Kleinen Entente einberufen wolle, lehnte die jugoslawische Regierung ebenso wie die rumänische ab[84]. Obwohl Jugoslawien nach außen seine Bündnistreue für den Fall eines ungarischen Angriffs auf die Tschechoslowakei betonte, waren Campbell und das Foreign Office überzeugt, daß Jugoslawien nicht über eine Mobilmachung hinausgehen würde, zumindest nicht, bevor nicht die Haltung der Großmächte klar wäre[85]. Stojadinović hatte sogar Ciano um Einwirkung auf Ungarn gebeten, damit er nicht gegen seinen Willen in den Konflikt hineingezogen werde[86]. Als Campbell Stojadinović am Abend des 28. September nach seiner Haltung im Kriegsfalle befragen wollte, war gerade die Nachricht von der bevorstehenden Münchener Konferenz eingetroffen. „I found him jubilant", berichtete Campbell[87]. In seiner Analyse der jugoslawischen Politik nach dem Münchener Abkommen stellte der britische Botschafter fest, „in den Augen eines Volkes, für das Gewalt das stärkste Argument ist, erscheint das Münchener Abkommen als Kapitulation der Demokratien vor den Diktaturen. Niemand in diesem Lande hat die Illusion, daß Jugoslawien, sollte es morgen in einen Kampf auf Leben und Tod verwickelt werden, eine wirksame Hilfe von Großbritannien und Frankreich erhalten werde"[88].

---

[82] Eden an Campbell v. 14. 10. 1937 — FO 371/21200, S. 117 ff. — Stojadinović 481.
[83] Campbell an Eden v. 26. 4. und 17. 12. 1937 — FO 371/21200, S. 73 ff. u. 218 ff.
[84] Telegramm Newton an FO v. 15. 3. 1938 — FO 371/22349, S. 2.
[85] Telegramm Stone an FO v. 1. 8. 1938 — FO 371/22475. — Campbell an Halifax v. 3. 9. 1938 — ebenda 156 ff. — Campbell an FO v. 24. 9. 1938 — ebenda 166 ff.
[86] Vanku, Milan: Stav vlade Milana Stojadinoviča prema minhenskom sporazumu [Die Haltung der Regierung Milan Stojadinović gegenüber dem Münchner Abkommen]. In: Československo a Juhoslávia 334 ff.
[87] Campbell an FO v. 29. 8. 1938 — FO 371/22475, S. 166 ff.
[88] Campbell an Halifax v. 21. 10. 1938 — ebenda 195 ff.

ABKÜRZUNGSVERZEICHNIS

BohJb	Bohemia. Jahrbuch des Collegium Carolinum
ČČH	Český časopis historický
CEH	Central European History
ČSČH	Československý časopis historický
EEQ	East European Quarterly
GG	Geschichte und Gegenwart
GWU	Geschichte in Wissenschaft und Unterricht
HČ	Historický časopis
HZ	Historische Zeitschrift
JbGO	Jahrbücher für Geschichte Osteuropas
JCEA	Journal of Central European Affairs
MIÖG	Mitteilungen des österreichischen Instituts für Geschichtsforschung
ÖBL	Österreichisches biographisches Lexikon
ÖGL	Österreich in Geschichte und Literatur
ÖO	Österreichische Osthefte
PR	Prager Rundschau
SbH	Sborník historický
SEER	The Slavonic and East European Review
StJb	Stifter-Jahrbuch
VfZ	Vierteljahrshefte für Zeitgeschichte
ZAÖR	Zeitschrift für ausländisches und öffentliches Recht und Völkerrecht
ZfO	Zeitschrift für Ostforschung

Das Jahr 1941 in der europäischen Politik

Herausgegeben von Karl Bosl
1972. 160 Seiten, Gr. -8°, Leinen DM 22,—

Inhalt: Krüger, Das Jahr 1941 in der deutschen Kriegs- und Außenpolitik — Hartmann, Frankreich im Jahr 1941, seine militärische, politische und wirtschaftliche Situation — Brandes, Der Kriegseintritt der Sowjetunion und die kleinen osteuropäischen Alliierten — Bachstein, Die Exilpolitik der tschechoslowakischen Auslandsregierung im Jahre 1941 — Reinhardt, Das Scheitern der Strategie Hitlers vor Moskau im Winter 1941/42 — Lipscher, Die Verwirklichung der antijüdischen Maßnahmen in den vom Dritten Reich beeinflußten Staaten — Lemberg, Kollaboration in Europa mit dem Dritten Reich um das Jahr 1941.

Die „Burg". Einflußreiche politische Kräfte um Masaryk und Beneš

Band 1

Herausgegeben von Karl Bosl
1973. 176 Seiten, Gr. -8°, Leinen DM 32,—

Inhalt: Bosl, Zur Theorie, Methode und Problematik des Tagungsthemas — Prinz, Die „Burg". Ihre Entstehung und Struktur als Forschungsaufgabe — Seibt, T. G Masaryk und Edvard Beneš: Die „Burgherren" im politischen Profil — Bachstein, Die soziologische Struktur der „Burg" — Versuch einer Strukturanalyse — Lemberg, Die politische Funktion der „Burg" — Firt, Die „Burg" aus der Sicht eines Zeitgenossen — Kuhn, Der Anteil der Deutschen an der „Burg" — Glassl, Die Slowaken und die „Burg" — Lipscher, Zur allgemeinen Analyse des politischen Mechanismus der Ersten Tschechoslowakischen Republik — Zeßner, Die Haltung der deutschböhmischen Sozialdemokratie zum neuen tschechoslowakischen Staat 1918/1919.

Band 2

Herausgegeben von Karl Bosl
1974. 218 Seiten, Gr. -8°, Leinen DM 36,—

Inhalt: Bosl, Zwischenbilanz — Slapnicka, Die Rechtsstellung des Präsidenten der Republik nach der Verfassungsurkunde und in der politischen Wirklichkeit — Hoensch, Die „Burg" und das außenpolitische Kalkül — Alexander, Die „Burg" und die Deutschen — Stölzl, Die „Burg" und die Juden — Firt, Die „Burg" und die Zeitschrift Přítomnost — Wessely, „Burg" und Banken — Kostrba-Skalicky, Die „Burg" und der Adel — Huber, Die „Burg" und die Kirchen — Bosl, Der Burgkreis. Leitende Figuren, Minoritäten, gesellschaftliche Kräfte (Zusammenfassung).

Die demokratisch-parlamentarische Struktur der Ersten Tschechoslowakischen Republik

Herausgegeben von Karl Bosl
1975. 278 Seiten, Gr. -8°, Leinen DM 44,—

Inhalt: Kosta, Die sozioökonomische Entwicklung der ČSR. Wirtschaftliche und soziale Probleme — Shaw, Massenorganisationen und parlamentarische Demokratie — Oschlies, Die Kommunistische Partei der Tschechoslowakei in der Ersten Tschechoslowakischen Republik (1918—1938) — Hoensch, Die Verfassungsstruktur der ČSR und die slowakische Frage — Slapnicka, Der neue Staat und die bürokratische Kontinuität. Die Entwicklung der Verwaltung 1918—1938 — Lipscher, Die Personalbesetzung der Verwaltungsbehörden in der Slowakei unmittelbar nach der Gründung der Tschechoslowakei — Prinz, Die tschechische Literatur zwischen Staatsbejahung, Gesellschaftskritik und Internationalismus — Kostrba-Skalicky, Die tschechischen Konservativen - Mentalität und Politik — Lemberg, Tschechen und Russen. Die slawische Idee in der Tschechoslowakei 1918—1938 — Linz, Die Binnenstruktur der deutschen Parteien im ersten Jahrzehnt der ČSR — Dolezel, Die deutsch-tschechoslowakischen Beziehungen von ihren Anfängen bis zum Ausgang der Ära Stresemann (1918—1929) — Franke, Die Tschechoslowakei in der politischen Meinung Englands 1918—1938.